LES

MURAILLES POLITIQUES FRANÇAISES

DEPUIS

LE 4 SEPTEMBRE 1870

PARIS
ARMAND LE CHEVALIER, ÉDITEUR
61, RUE RICHELIEU, 61

1873

Rien de ce qui peut apporter la lumière dans l'Histoire ne doit être négligé.

Les affiches sont l'histoire écrite pour tous, au jour le jour, dans les rues, sur les murailles.

Elles sont l'expression la plus vraie, vivante en quelque sorte, des faits.

Et que de faits depuis cette date mémorable : 4 septembre 1870 !

Un ardent collectionneur a mis à notre disposition la précieuse collection, collection sans lacunes, qu'il a commencée dès cette époque.

C'est sa reproduction *fac-simile* que nous offrons au public, persuadé à l'avance qu'elle sera bien accueillie par lui.

L'ÉDITEUR.

Paris. — IMPRIMERIE MODERNE (Barthier, dr), rue J.-J.-Rousseau, 61.

FRANÇAIS !

Le Peuple a devancé la Chambre qui hésitait. Pour sauver la Patrie en danger, il a demandé la République.

Il a mis ses représentants non au pouvoir, mais au péril.

La République a vaincu l'invasion en 1792; la République est proclamée.

La Révolution est faite au nom du droit du salut public.

Citoyens, veillez sur la Cité qui vous est confiée; demain vous serez, avec l'armée, les vengeurs de la Patrie !

Emmanuel Arago,
Crémieux,
Dorian,
Jules Favre,
Jules Ferry,
Guyot-Montpayroux,
Léon Gambetta,
Garnier Pagès,
Magnin,
Ordinaire,
E. Pelletan,
Ernest Picard,
Jules Simon.

Hôtel-de-Ville, 5 septembre 1870.

Paris.—Imp. Serrière et Ce, rue Montmartre, 123.

RÉPUBLIQUE FRANÇAISE

PRÉFECTURE DE POLICE

Aux Habitants de Paris,

Après dix-huit ans d'attente, sous le coup de cruelles nécessités, les traditions interrompues au 18 Brumaire et au 2 Décembre sont enfin reprises. Les Députés de la gauche, après la disparition de leurs collègues de la majorité, ont proclamé la déchéance. Quelques instants après, la République était acclamée à l'Hôtel-de-Ville.

La révolution qui vient de s'accomplir est restée toute pacifique; elle a compris que le sang français ne devait couler que sur le champ de bataille. Elle a pour but, comme en 1792, l'expulsion de l'étranger.

Il importe donc que la population de Paris, par son calme, par la virilité de son attitude, continue de se montrer à la hauteur de la tâche qui lui incombe, à elle et à la France.

C'est pour cette raison qu'investi par le Gouvernement provisoire de pouvoirs dont on a tant abusé sous les régimes antérieurs, j'invite la population parisienne à exercer les droits politiques qu'elle vient de reconquérir dans toute leur plénitude, avec une sagesse et une modération qui soient de nature à montrer à la France et au monde qu'elle est vraiment digne de la liberté.

Notre devoir à tous, dans les circonstances où nous sommes, est surtout de nous rappeler que la Patrie est en danger.

Au moment où, sous l'égide des libertés républicaines, la France se dispose à vaincre ou à mourir, j'ai la certitude que mes pouvoirs ne me serviront que pour nous défendre contre les menées de ceux qui trahiraient la Patrie.

Paris, le 4 Septembre 1870.

Le Préfet de Police,
Cte DE KERATRY.

Par le Préfet de Police :
Le Secrétaire général,
ANTONIN DUBOST.

Paris, 1870. — BOUCQUIN, imp. de la Préfecture de Police, rue de la Ste-Chapelle, 5

DÉPÊCHE

TÉLÉGRAPHIQUE

Paris, le 4 Septembre 1870.

Le Ministre de l'Intérieur aux Préfets :

RÉPUBLIQUE FRANÇAISE

MINISTÈRE DE L'INTÉRIEUR.

La déchéance a été proclamée au Corps Législatif.

La République a été proclamée à l'Hôtel-de-Ville.

Un Gouvernement de défense nationale composé de onze membres, tous députés de Paris, a été constitué et ratifié par l'acclamation populaire.

Les noms sont :

Emmanuel ARAGO, CRÉMIEUX, Jules FAVRE, FERRY, GAMBETTA, GARNIER-PAGÈS, GLAIS-BIZOIN, PELLETAN, PICARD, ROCHEFORT, Jules SIMON.

Le général TROCHU est à la fois maintenu dans ses pouvoirs de Gouverneur de Paris et nommé Ministre de la Guerre en remplacement du général PALIKAO.

Pour le Gouvernement de la défense nationale :

Le Ministre de l'Intérieur,

Léon GAMBETTA.

3224. — Versailles, BEAU, imprimeur de la Préfecture, rue de l'Orangerie, 46.

RÉPUBLIQUE FRANÇAISE

Liberté, Égalité, Fraternité

Dépêche Télégraphique.

4 septembre 1870, 8 *heures* 55.

MINISTÈRE DE L'INTÉRIEUR,

La déchéance a été proclamée au Corps législatif.

La République a été proclamée à l'Hôtel-de-Ville.

Un gouvernement de Défense nationale composé de 11 Membres, tous Députés de Paris, a été constitué et ratifié par l'acclamation populaire.

LES NOMS SONT :

MM. Emmanuel Arago.
Crémieux.
Jules Favre.
Ferry.
Gambetta.
Garnier-Pagès.

MM. Glais-Bizoin.
Pelletan.
Picard.
Rochefort.
Jules Simon.

Le Général TROCHU est maintenu dans ses pouvoirs de Gouverneur de Paris, et nommé Ministre de la Guerre en remplacement du Général Palikao.

Veuillez faire afficher et proclamer la présente déclaration pour le Gouvernement de Défense nationale.

2e DEPÊCHE, 4 *Septembre* 1870, 7 *heures* 35.

Paris est debout.

Le nouveau gouvernement est acclamé partout. Enthousiasme et pas le moindre désordre.

Le Général TROCHU est nommé Ministre de la Guerre.

GAMBETTA, Ministre de l'Intérieur.

CRÉMIEUX, Ministre de la Justice.

JULES SIMON, Ministre de l'Instruction publique.

DE KÉRATRY est nommé Préfet de Police.

ETIENNE ARAGO, Maire de Paris.

Pour Copie : LE MAIRE,

MOREAUX.

Saint-Denis. — Typographie de A. MOULIN, rue de Paris, 17.

RÉPUBLIQUE FRANÇAISE

VILLE DE GRENOBLE

Chers Concitoyens,

Après dix-huit ans de honte et de malheur, nous saluons de nouveau la République — notre chère République de 1792 et de 1848.

Vous savez combien elle fut pure et comment elle a été odieusement assassinée. Aujourd'hui ELLE NOUS APPARTIENT et nous répondons tous de sa durée, de son avenir, devant la conscience publique et devant l'histoire.

Mais, vous le savez aussi, République c'est le symbole de l'ordre autant que de la liberté. Pourquoi faut-il que ce soit en ce moment le symbole de l'indépendance nationale ?

Eh bien ! jurons ici que cette grande tâche n'est pas au-dessus de nos forces. Nous aurons l'ordre, nous aurons la liberté et nous vaincrons nos ennemis.

Les membres de la Commission municipale provisoire exécutive :

ANTHOARD,
Auguste ARNAUD,
DESAYES,
EYMARD-DUVERNAY,
JULHIET,
REFAIT,
Édouard REY.

Les membres de la Commission municipale provisoire délibérante :

BANDEL,
Victor BIGOURDAT,
Ernest CALVAT,
DUHAMEL,
DURANTON,
DANTART,
JUVIN,
LEBORGNE père,
MICHAL-LADICHÈRE,
PÉLISSIER,
PINET,
SORRET,
TONNELIER.

2003. — Grenoble, F. ALLIER PÈRE et FILS, imprimeurs, 8, cour de Chaulnes.

AU PEUPLE ALLEMAND

A LA DÉMOCRATIE SOCIALISTE

DE LA NATION ALLEMANDE

Tu ne fais la guerre qu'à l'empereur, et point à la Nation française, a dit et répété ton gouvernement.

L'homme qui a déchaîné cette lutte fratricide, qui n'a pas su mourir, et que tu tiens entre tes mains, n'existe pas pour nous.

La France républicaine t'invite, au nom de la justice, à retirer tes armées; sinon, il nous faudra combattre jusqu'au dernier homme et verser à flots ton sang et le nôtre.

Par la voix de 38 millions d'êtres, animés du même sentiment patriotique et révolutionnaire, nous te répétons ce que nous déclarions à l'Europe coalisée en 1793 :

« Le Peuple français ne fait point la paix avec un ennemi qui occupe son territoire.

» Le Peuple français est l'ami et l'allié de tous les Peuples libres. — Il ne s'immisce point dans le » gouvernement des autres nations; il ne souffre pas que les autres nations s'immiscent dans le » sien. »

Repasse le Rhin.

Sur les deux rives du fleuve disputé, Allemagne et France, tendons-nous la main. Oublions les crimes militaires que les despotes nous ont fait commettre les uns contre les autres.

Proclamons : la Liberté, l'Egalité, la Fraternité des Peuples.

Par notre alliance, fondons les ÉTATS-UNIS D'EUROPE.

VIVE LA RÉPUBLIQUE UNIVERSELLE!

Démocrates socialistes d'Allemagne, qui, avant la déclaration de guerre, avez protesté, comme nous, en faveur de la paix, les démocrates socialistes de France sont sûrs que vous travaillerez avec eux à l'extinction des haines internationales, au désarmement général et à l'harmonie économique.

Au nom des Sociétés ouvrières et des Sections françaises de l'Association internationale des Travailleurs.

Ch. BESLAY, — BRIOSNE, — BACHRUCH, — CAMELINAT, — Ch.-L. CHASSIN, — CHEMALÉ, — DUPAS, — HERVÉ, — LANDECK, — LEVERDAYS, — LONGUET, — MARCHAND, — PERRACHON, — TOLAIN, — VAILLANT.

Paris. Imp. Balitout, Questroy et Ce, 7, rue Baillif.

Formation des Tirailleurs de Saint-Hubert

APPEL

AUX

CHASSEURS DE PARIS

Un ennemi audacieux menace de venir sous nos murs, pour le repousser et l'anéantir, chaque habitant a le devoir de joindre ses efforts à ceux de notre brave Armée.

Qu'un seul sentiment anime notre immense population :

Écraser l'ennemi et sauver la Patrie!

Tandis que le feu régulier de nos Frères de la Garde nationale foudroiera nos assaillants, que chaque coup de nos carabines mette un ennemi hors de combat.

L'Autorité approuve hautement le principe de l'Institution des Tirailleurs de Saint-Hubert; forts de cette approbation nous faisons appel à nos confrères Chasseurs pour défendre notre capitale menacée.

Tous les Officiers seront choisis et nommés par les Compagnies.

Que tous ceux qui, munis d'un permis de chasse, adhèrent à notre Association envoient leur adresse à M. THOMAS, petit-fils du général THOMAS, *rue Saint-Martin,* 237.

Hâtons-nous, car l'heure est venue de prendre pour devise :

Du Cœur, du Fer et du Plomb!

La Tenue sera aussi simple que possible, sans éclat et sans luxe.

8837. Paris — Imprimerie Ve Poitevin et Ce, rue Damiette, 2 et 4.

CITOYENS DE PARIS,

La République est proclamée.

Un Gouvernement a été nommé d'acclamation.

Il se compose des Citoyens :

EMMANUEL ARAGO,	GLAIS-BIZOIN,
CRÉMIEUX,	PELLETAN,
JULES FAVRE,	PICARD,
JULES FERRY,	ROCHEFORT,
GAMBETTA,	JULES SIMON,
GARNIER-PAGÈS,	

réprésentants de Paris.

Le général TROCHU est chargé des pleins pouvoirs militaires pour la défense nationale.

Il est appelé à la Présidence du Gouvernement.

Le Gouvernement invite les Citoyens au calme; le Peuple n'oubliera pas qu'il est en face de l'ennemi.

Le Gouvernement est, avant tout, un Gouvernement de défense nationale.

Le Gouvernement de la défense nationale,

ARAGO, CRÉMIEUX, JULES FAVRE, FERRY,
GAMBETTA, GARNIER-PAGÈS, GLAIS-BIZOIN,
PELLETAN, PICARD, ROCHEFORT, SIMON,
Général TROCHU.

IMPRIMERIE NATIONALE. — Septembre 1870,

A LA GARDE NATIONALE.

Ceux auxquels votre patriotisme vient d'imposer la mission redoutable de défendre le Pays vous remercient du fond du cœur de votre courageux dévouement.

C'est à votre résolution qu'est due la victoire civique rendant la liberté à la France.

Grâce à vous, cette victoire n'a pas coûté une goutte de sang.

Le pouvoir personnel n'est plus.

La nation tout entière reprend ses droits et ses armes. Elle se lève prête à mourir pour la défense du sol. Vous lui avez rendu son âme, que le despotisme étouffait.

Vous maintiendrez avec fermeté l'exécution des lois, et, rivalisant avec notre noble armée, vous nous montrerez ensemble le chemin de la victoire.

Le Gouvernement de la défense nationale,

EMMANUEL ARAGO,
CREMIEUX,
JULES FAVRE,
JULES FERRY,
GAMBETTA,
GARNIER-PAGÈS,
GLAIS-BIZOIN,
PELLETAN,
PICARD,
ROCHEFORT,
JULES SIMON,
Général TROCHU.

2 IMPRIMERIE NATIONALE. — Septembre 1870.

RÉPUBLIQUE FRANÇAISE.

PRÉFECTURE DE POLICE

DÉPÊCHE TELEGRAPHIQUE

DE MAUBEUGE,

L'ex-Impératrice a quitté la France hier soir 4 septembre, par Maubeuge.

Son fils était déjà passé avec sa suite, à *cinq heures* du soir.

Paris, le 5 septembre 1870.

Le Préfet de Police,
Cte DE KERATRY.

Par le Préfet de Police :
Le Secrétaire général,
ANTONIN DUBOST.

Paris, 1870.—BOUCQUIN, Imp. de la Préfecture de Police, rue de la Ste-Chapelle, 5.

RÉPUBLIQUE FRANÇAISE

LIBERTÉ, ÉGALITÉ, FRATERNITÉ

143 MAIRIE DU CINQUIÈME ARRONDISSEMENT

6 septembre, 8 heures du soir.

Le Préfet de Laon télégraphie qu'aucun ennemi n'a encore paru.

Le Ministre de l'intérieur : LÉON GAMBETTA.

Contresigné, le Maire : J.-B. BOCQUET.

PARIS. — Imprimerie DE SOYE, 5, place du Panthéon.

RÉPUBLIQUE FRANÇAISE.

HOTEL DE VILLE DE PARIS.

CITOYENS,

Je viens d'être appelé par le Peuple et par le Gouvernement de la défense nationale à la Mairie de Paris.

En attendant que vous soyez convoqués pour élire votre municipalité, je prends, au nom de la République, possession de cet Hôtel de Ville d'où sont toujours partis les grands signaux patriotiques, en 1792, en 1830, en 1848.

Comme nos pères ont crié en 1792, je vous crie : Citoyens, **LA PATRIE EST EN DANGER** ! Serrez-vous autour de cette Municipalité parisienne, où siége aujourd'hui un vieux soldat de la République.

VIVE LA RÉPUBLIQUE !

Le Maire de Paris,
ÉTIENNE ARAGO.

IMPRIMERIE NATIONALE. — Septembre 1870.

MAIRIE DE PARIS.

GARDE NATIONALE MOBILE

de la classe de 1869.

AVIS.

Les Gardes nationaux mobiles de la classe de 1869 devront se rendre à l'Hôtel des Invalides (boulevard des Invalides, nº *4 bis*), aux jours et heures indiqués ci-après, pour être incorporés et habillés, savoir :

Le 9 septembre, à 8 heures du matin.	Ceux qui ont tiré dans le 1er arrondissement, formant le 1er bataillon. Ceux qui ont tiré dans le 9e arrondissement, formant le 8e bataillon. Ceux qui ont tiré dans le 17e arrondissement, formant le 14e bataillon.	Quel que soit leur domicile actuel.
Le 10 septembre, à 8 heures du matin.	Ceux qui ont tiré dans le 2e arrondissement, formant le 2e bataillon. Ceux qui ont tiré dans le 10e arrondissement, formant le 9e bataillon. Ceux qui ont tiré dans le 18e arrondissement, formant le 15e bataillon.	
Le 11 septembre, à 8 heures du matin.	Ceux qui ont tiré dans le 3e arrondissement, formant le 3e bataillon. Ceux qui ont tiré dans le 11e arrondissement, formant le 10e bataillon. Ceux qui ont tiré dans les 19e et 20e arrondissements, formant le 16e bataillon.	
Le 12 septembre, à 8 heures du matin.	Ceux qui ont tiré dans le 4e arrondissement, formant le 4e bataillon. Ceux qui ont tiré dans les 12e et 13e arrondissements, formant le 11e bataillon. Ceux qui ont tiré dans l'arrondissement de Saint-Denis, formant le 17e bataillon et l'artillerie.	
Le 13 septembre, à 8 heures du matin.	Ceux qui ont tiré dans le 5e arrondissement, formant le 5e bataillon. Ceux qui ont tiré dans le 14e arrondissement, formant le 12e bataillon. Ceux qui ont tiré dans l'arrondissement de Sceaux, formant le 18e bataillon et l'artillerie.	
Le 14 septembre, à 8 heures du matin.	Ceux qui ont tiré dans le 6e arrondissement, formant le 6e bataillon. Ceux qui ont tiré dans les 15e et 16e arrondissements, formant le 13e bataillon.	
Le 15 septembre, à 8 heures du matin.	Ceux qui ont tiré dans les 7e et 8e arrondissements, formant le 7e bataillon.	

Paris, le 6 septembre 1870.

Le Maire de Paris,

ÉTIENNE ARAGO.

Les adjoints au Maire de Paris,

CHARLES FLOQUET,
HENRI BRISSON.

Paris. — Typ. CHARLES DE MOURGUES frères, rue J.-J. Rousseau, 58. — 7164.

RÉPUBLIQUE FRANÇAISE

A L'ARMÉE

Quand un général a compromis son commandement, on le lui enlève.

Quand un gouvernement a mis en péril, par ses fautes, le salut de la Patrie, on le destitue.

C'est ce que la France vient de faire.

En abolissant la dynastie qui est responsable de nos malheurs, elle a accompli d'abord, à la face du monde, un grand acte de justice.

Elle a exécuté l'arrêt que toutes vos consciences avaient rendu.

Elle a fait en même temps un acte de salut.

Pour se sauver, la Nation avait besoin de ne plus relever que d'elle-même et de ne compter désormais que sur deux choses : sa résolution, qui est invincible, votre héroïsme, qui n'a pas d'égal, et qui, au milieu de revers immérités, fait l'étonnement du monde.

Soldats ! en acceptant le pouvoir dans la crise formidable que nous traversons, nous n'avons pas fait œuvre de parti.

Nous ne sommes pas au pouvoir, mais au combat.

Nous ne sommes pas le gouvernement d'un parti, nous sommes le gouvernement de la défense nationale.

Nous n'avons qu'un but, qu'une volonté : le salut de la Patrie, par l'Armée et par la Nation, groupées autour du glorieux symbole qui fit reculer l'Europe il y a quatre-vingts ans.

Aujourd'hui, comme alors, le nom de République veut dire :

UNION intime de l'Armée et du Peuple pour la défense de la Patrie !

Paris, le 6 septembre 1870.

Le Gouvernement de la défense nationale,

Général TROCHU, JULES FAVRE, EMMANUEL ARAGO, CRÉMIEUX, JULES FERRY, GAMBETTA, GARNIER-PAGÈS, GLAIS-BIZOIN, E. PELLETAN, PICARD, ROCHEFORT, JULES SIMON.

IMPRIMERIE NATIONALE. — Septembre 1870.

RÉPUBLIQUE FRANÇAISE.

HOTEL DE VILLE DE PARIS.

Paris, 6 septembre, 8 heures du soir.

Le Maire de Paris reçoit du Ministère de l'Intérieur la communication suivante :

Le commandant de Mézières signale la marche des ennemis sur Soissons.

Les troupes de Vinoy, en bon ordre, se replient.

Les Prussiens, dont le bruit public avait annoncé l'approche dans le département de l'Aube, n'ont point paru.

Les dépêches de Mulhouse signalent la belle résistance des francs-tireurs et des gardes nationaux du Haut-Rhin, qui ont empêché l'ennemi de franchir le fleuve.

Les blessés français qui encombraient Sedan ont été, à la faveur d'un armistice provisoire, évacués sur les places du Nord

Le Ministre de l'Intérieur,
GAMBETTA.

Le général Vinoy est arrivé intact à Paris, à 4 heures du soir, avec treize trains d'artillerie, onze trains de cavalerie, quatorze trains d'infanterie.

Le matériel de tout le chemin de fer du Nord, renforcé des matériels des autres compagnies, retourne immédiatement vers le Nord prendre le reste des troupes du général Vinoy.

Le Ministre de l'Intérieur,
GAMBETTA.

Le Maire de Paris,
ÉTIENNE ARAGO.

2 IMPRIMERIE NATIONALE. — Septembre 1870.

LA

PATRIE EN DANGER

En présence de l'ennemi, plus de partis ni de nuances.

Avec un pouvoir qui trahissait la Nation, le concours était impossible.

Le gouvernement sorti du grand mouvement du 4 septembre, représente la pensée Républicaine et la défense nationale.

Cela suffit.

Toute opposition, toute contradiction doit disparaître devant le salut commun.

Il n'existe plus qu'un ennemi, le Prussien et son complice, le partisan de la dynastie déchue qui voudrait faire de l'ordre dans Paris avec les baïonnettes prussiennes.

Maudit soit celui qui, à l'heure suprême où nous touchons, pourrait conserver une préoccupation personnelle, une arrière-pensée, quelle qu'elle fût.

Les soussignés, mettant de côté toute opinion particulière, viennent offrir au gouvernement provisoire leur concours le plus énergique et le plus absolu, sans aucune réserve ni condition, si ce n'est qu'il maintiendra quand même la République, et s'ensevelira avec nous sous les ruines de Paris, plutôt que de signer le déshonneur et le démembrement de la France.

BALSENQ, BLANQUI, BREUILLET, BRIDEAU, CARIA, EUDES, FLOTTE, E. GOIS, GRANGER, LACAMBRE, Ed. LEVRAUD, Léonce LEVRAUD, PILHES, REGNARD, SOURD, TRIDON, Henri VERLET, Emile VILLENEUVE, Henri VILLENEUVE.

Le journal quotidien, LA PATRIE EN DANGER, paraîtra demain, 7 septembre

CINQ CENTIMES LE NUMÉRO

BUREAUX PROVISOIRES, 54, RUE DES ÉCOLES

821 — Paris. — Imprimerie VALLÉE, 16, rue du Croissant.

RÉPUBLIQUE FRANÇAISE

CIRCULAIRE

Adressée aux Agents diplomatiques de France,

PAR LE VICE-PRÉSIDENT

DU GOUVERNEMENT DE LA DÉFENSE NATIONALE,

MINISTRE DES AFFAIRES ÉTRANGÈRES.

Monsieur,

Les événements qui viennent de s'accomplir à Paris s'expliquent si bien par la logique inexorable des faits qu'il est inutile d'insister longuement sur leur sens et leur portée.

En cédant à un élan irrésistible, trop longtemps contenu, la population de Paris a obéi à une nécessité supérieure, celle de son propre salut.

Elle n'a pas voulu périr avec le pouvoir criminel qui conduisait la France à sa perte.

Elle n'a pas prononcé la déchéance de Napoléon III et de sa dynastie : elle l'a enregistrée au nom du droit, de la justice et du salut public.

Et cette sentence était si bien ratifiée à l'avance par la conscience de tous, que nul, parmi les défenseurs les plus bruyants du pouvoir qui tombait, ne s'est levé pour le soutenir.

Il s'est effondré de lui-même, sous le poids de ses fautes, aux acclamations d'un peuple immense, sans qu'une goutte de sang ait été versée, sans qu'une personne ait été privée de sa liberté.

Et l'on a pu voir, chose inouïe dans l'histoire, les citoyens auxquels le cri du peuple conférait le mandat périlleux de combattre et de vaincre, ne pas songer un instant aux adversaires qui, la veille, les menaçaient d'exécutions militaires. C'est en leur refusant l'honneur d'une répression quelconque qu'ils ont constaté leur aveuglement et leur impuissance.

L'ordre n'a pas été troublé un seul moment ; notre confiance dans la sagesse et le patriotisme de la garde nationale et de la population tout entière nous permet d'affirmer qu'il ne le sera pas.

Délivré de la honte et du péril d'un gouvernement traître à tous ses devoirs, chacun comprend que le premier acte de cette souveraineté nationale, enfin reconquise, est de se commander à soi-même et de chercher sa force dans le respect du droit.

D'ailleurs, le temps presse : l'ennemi est à nos portes ; nous n'avons qu'une pensée, le repousser hors de notre territoire.

Mais cette obligation que nous acceptons résolûment, ce n'est pas nous qui l'avons imposée à la France, elle ne la subirait pas si notre voix avait été écoutée.

Nous avons défendu énergiquement, au prix même de notre popularité, la politique de la paix. Nous y persévérons avec une conviction de plus en plus profonde.

Notre cœur se brise au spectacle de ces massacres humains dans lesquels disparaît la fleur des deux nations, qu'avec un peu de bon sens et beaucoup de liberté on aurait préservées de ces effroyables catastrophes.

Nous n'avons pas d'expression qui puisse peindre notre admiration pour notre héroïque armée, sacrifiée par l'impéritie du commandement suprême, et cependant plus grande par ses défaites que par les plus brillantes victoires.

Car, malgré la connaissance des fautes qui la compromettaient, elle s'est immolée, sublime, devant une mort certaine, et rachetant l'honneur de la France des souillures de son gouvernement.

Honneur à elle! La Nation lui ouvre ses bras! Le pouvoir impérial a voulu les diviser, les malheurs et le devoir les confondent dans une solennelle étreinte. Scellée par le patriotisme et la liberté, cette alliance nous fait invincibles.

Prêts à tout, nous envisageons avec calme la situation qui nous est faite.

Cette situation, je la précise en quelques mots; je la soumets au jugement de mon pays et de l'Europe.

Nous avons hautement condamné la guerre, et, protestant de notre respect pour le droit des peuples, nous avons demandé qu'on laissât l'Allemagne maîtresse de ses destinées.

Nous voulions que la liberté fût à la fois notre lien commun et notre commun bouclier; nous étions convaincus que ces forces morales assuraient à jamais le maintien de la paix. Mais, comme sanction, nous réclamions une arme pour chaque citoyen, une organisation civique, des chefs élus, alors nous demeurions inexpugnables sur notre sol.

Le gouvernement impérial, qui avait depuis longtemps séparé ses intérêts de ceux du pays, a repoussé cette politique. Nous la reprenons avec l'espoir qu'instruite par l'expérience, la France aura la sagesse de la pratiquer.

De son côté, le roi de Prusse a déclaré qu'il faisait la guerre non à la France, mais à la dynastie impériale.

La dynastie est à terre. La France libre se lève.

Le roi de Prusse veut-il continuer une lutte impie qui lui sera au moins aussi fatale qu'à nous?

Veut-il donner au monde du XIXe siècle ce cruel spectacle de deux nations qui s'entre-détruisent, et qui, oublieuses de l'humanité, de la raison, de la science, accumulent les ruines et les cadavres?

Libre à lui qu'il assume cette responsabilité devant le monde et devant l'histoire!

Si c'est un défi, nous l'acceptons.

Nous ne céderons ni un pouce de notre territoire, ni une pierre de nos forteresses.

Une paix honteuse serait une guerre d'extermination à courte échéance.

Nous ne traiterons que pour une paix durable.

Ici notre intérêt est celui de l'Europe entière, et nous avons lieu d'espérer que, dégagée de toute préoccupation dynastique, la question se posera ainsi dans les chancelleries.

Mais fussions-nous seuls, nous ne faiblirons pas.

Nous avons une armée résolue, des forts bien pourvus, une enceinte bien établie, mais surtout les poitrines de trois cent mille combattants décidés à tenir jusqu'au dernier.

Quand ils vont pieusement déposer des couronnes aux pieds de la statue de Strasbourg, ils n'obéissent pas seulement à un sentiment d'admiration enthousiaste, ils prennent leur héroïque mot d'ordre, ils jurent d'être dignes de leurs frères d'Alsace et de mourir comme eux.

Après les forts, les remparts; après les remparts, les barricades. Paris peut tenir trois mois et vaincre; s'il succombait, la France, debout à son appel, le vengerait; elle continuerait la lutte, et l'agresseur y périrait.

Voilà, Monsieur, ce que l'Europe doit savoir. Nous n'avons pas accepté le pouvoir dans un autre but. Nous ne le conserverions pas une minute, si nous ne trouvions pas la population de Paris et la France entière décidée à partager nos résolutions.

Je les résume d'un mot devant Dieu qui nous entend, devant la postérité qui nous jugera : nous ne voulons que la paix. Mais, si on continue contre nous une guerre funeste que nous avons condamnée, nous ferons notre devoir jusqu'au bout, et j'ai la ferme confiance que notre cause, qui est celle du droit et de la justice, finira par triompher.

C'est en ce sens que je vous invite à expliquer la situation à Monsieur le Ministre de la Cour près de laquelle vous êtes accrédité, entre les mains duquel vous laisserez copie de ce document.

Agréez, Monsieur, l'expression de ma haute considération.

Le 6 septembre 1870.

Le Ministre des Affaires étrangères,

JULES FAVRE.

2 IMPRIMERIE NATIONALE. — Septembre 1870.

MAIRIE DE PARIS.

RÉOUVERTURE

DES

CIMETIÈRES

De Montmartre-Saint-Vincent, de Vaugirard, de Belleville, de Bercy, de La Villette, de La Chapelle (rue Marcadet) et de Charonne.

LE MAIRE DE PARIS,

Vu le décret du 23 prairial an XII, sur les sépultures;

Vu le Règlement général concernant les cimetières de la ville de Paris, en date du 4 septembre 1850;

Vu l'arrêté en date du 15 décembre 1869, qui a prescrit la réouverture des cimetières des Batignolles et de Montmartre-Saint-Ouen, pour être affectés aux inhumations des 16e, 17e, 10e et 18e arrondissements;

Vu l'arrêté en date du 14 septembre 1861, par lequel le cimetière d'Ivry a été affecté aux inhumations des 5e et 13e arrondissements;

Vu les arrêtés des Maires des anciennes communes de Montmartre et de La Chapelle, en date du 15 septembre 1849 et du 1er juillet 1858, qui ont prescrit la fermeture du cimetière dit de *Montmartre-Saint-Vincent*, et du cimetière de La Chapelle, situé rue Marcadet;

Vu les arrêtés des 20 décembre 1859, 14 septembre 1861 et 26 février 1867, qui ont prescrit la fermeture des cimetières de Belleville, de Charonne, de Bercy, de Vaugirard et de La Villette;

Vu la loi du 16 juin 1869;

Vu le rapport de la Direction des Affaires municipales, relatif aux mesures à prendre en cas de siége, pour assurer le service des inhumations;

ARRÊTE :

ARTICLE 1er.

A partir du 10 septembre présent mois, les cimetières du Sud, de l'Est, du Nord, de Montmartre-Saint-Vincent, de La Chapelle (rue Marcadet), de Belleville, de Charonne, de Bercy, de Vaugirard et de La Villette, seront affectés, savoir :

1° Le cimetière du Sud, aux inhumations des 5e, 6e, 7e, 13e et 14e arrondissements;

2° Le cimetière de l'Est, aux inhumations des 1er, 3e, 4e, 11e arrondissements et de la partie du 19e arrondissement comprise entre le canal et le 20e arrondissement;

3° Le cimetière du Nord, aux inhumations de 2e, 8e et 9e arrondissements;

4° Le cimetière de Montmartre-Saint-Vincent, aux inhumations du 17e arrondissement;

5° Le cimetière de La Chapelle (rue Marcadet), aux inhumations de la partie du 19e arrondissement comprise entre le canal et le 18e arrondissement;

6° Le cimetière de Belleville, aux inhumations du 10e arrondissement;

7° Le cimetière de Charonne, aux inhumations du 20e arrondissement;

8° Le cimetière de Bercy, aux inhumations du 12e arrondissement;

9° Le cimetière de Vaugirard, aux inhumations des 15e et 16e arrondissements;

Et 10° le cimetière de La Villette, aux inhumations du 18e arrondissement.

ART. 2.

Le présent arrêté sera affiché dans l'étendue des arrondissements susindiqués et inséré au *Recueil des Actes administratifs.*

Ampliation en sera adressée à Mgr l'Archevêque de Paris, aux Maires des 20 arrondissements et à M. le Préfet de Police.

Fait à Paris, le 6 septembre 1870.

Signé : ÉTIENNE ARAGO.

Paris. — Typ. CHARLES DE MOURGUES frères, rue J.-J. Rousseau, 58. — 7183.

RÉPUBLIQUE FRANÇAISE.

MINISTÈRE DE L'INTÉRIEUR.

L'ennemi est en marche sur Paris.

La défense de la Capitale est assurée.

Le moment est venu d'organiser celle des départements qui l'environnent.

Des ordres sont expédiés aux Préfets de la Seine, de Seine-et-Oise et de Seine-et-Marne pour réunir tous les défenseurs du pays.

Ils seront appuyés par les compagnies franches de Paris et par les nombreuses troupes de cavalerie, réunies aux environs.

Les Commmandants des corps francs se rendront immédiatement chez le Président du Gouvernement, Gouverneur de Paris, pour y recevoir les instructions.

Chaque citoyen s'inspirera des grands devoirs que la Patrie lui impose.

Le Gouvernement de la défense nationale compte sur le courage et le patriotisme de tous.

6 septembre 1870.

Le Président du gouvernement de la défense nationale,
Gouverneur de Paris,

Général TROCHU.

3 IMPRIMERIE NATIONALE. — Septembre 1870.

RÉPUBLIQUE FRANÇAISE.

PRÉFECTURE DE POLICE.

ARRÊTÉ

Le Préfet de Police,

Par délégation du Gouverneur de Paris,

ARRÊTE :

Tout individu appartenant aux pays en guerre avec la France et non muni d'une autorisation spéciale, sera tenu de quitter les départements de la Seine et de Seine-et-Oise dans les vingt-quatre heures, à partir d'aujourd'hui, huit heures du matin, sous peine de l'application des lois militaires.

Paris, 6 septembre 1870.

Le Préfet de Police,
DE KÉRATRY.

Par le Préfet de Police :
Le Secrétaire général,
ANTONIN DUBOST.

IMPRIMERIE NATIONALE. — Septembre 1870.

RÉPUBLIQUE FRANÇAISE.

MAIRIE DE PARIS.

LE MAIRE DE PARIS,

Vu les ordonnances des 27 novembre 1816 et 18 janvier 1817.

ARRÊTE :

Seront immédiatement affichés dans Paris et dans toutes les communes du département de la Seine :

1° Le décret du 5 septembre 1870, relatif à l'abolition du timbre sur les journaux et autres publications;

2° Le décret du 6 du même mois, concernant la publication du décret précédent.

Fait à Paris, le 7 septembre 1870.

Signé : **ÉTIENNE ARAGO.**

Pour ampliation :

Le Secrétaire général,
JULES MAHIAS.

DÉCRET

Relatif à l'ABOLITION DU TIMBRE sur les Journaux et autres Publications.

LE GOUVERNEMENT DE LA DÉFENSE NATIONALE DÉCRÈTE :

L'impôt du Timbre sur les Journaux ou autres Publications est aboli.

Général **TROCHU**, **GARNIER-PAGÈS**,
JULES **FAVRE**, **GLAIS-BIZOIN**,
EMMANUEL **ARAGO**, ERNEST **PICARD**,
CRÉMIEUX, **PELLETAN**,
JULES **FERRY**, **ROCHEFORT**,
GAMBETTA, JULES **SIMON**.

DÉCRET prescrivant la publication de celui qui précède.

LE GOUVERNEMENT DE LA DÉFENSE NATIONALE,

Vu le décret du 5 septembre 1870, relatif à l'abolition du Timbre sur les Journaux et autres publications ;

Vu les ordonnances des 27 novembre 1816 et 18 janvier 1817, concernant la promulgation des lois ;

DÉCRÈTE :

ARTICLE 1er. — La publication du décret du 5 septembre 1870 susvisé, et relatif à l'abolition des droits de Timbre sur les Journaux et autres Publications, sera faite conformément aux ordonnances des 27 novembre 1816 et 18 janvier 1817.

ART. 2. — Le Ministre de la Justice est chargé de l'exécution du présent décret.

Fait à Paris, le 6 septembre 1870.

Général TROCHU, GARNIER-PAGÈS,
EMMANUEL ARAGO, GLAIS-BIZOIN,
CRÉMIEUX, PELLETAN,
JULES FAVRE, ERNEST PICARD,
JULES FERRY, ROCHEFORT,
GAMBETTA, JULES SIMON.

Typ. CHARLES DE MOURGUES frères, Imprimeurs de la Mairie de Paris, rue J.-J. Rousseau, 58.—7191.

RÉPUBLIQUE FRANÇAISE.

ARRÊTÉ.

Le Préfet de Police arrête :

ARTICLE PREMIER.

Le corps des Sergents de Ville est licencié.

ARTICLE 2.

Il sera procédé immédiatement à la formation d'un corps de Police chargé uniquement de veiller au maintien du bon ordre et à la sécurité des personnes et des propriétés.

ARTICLE 3.

Les hommes appelés à faire partie de ce corps, pris exclusivement parmi les anciens militaires, prendront le titre de

GARDIENS DE LA PAIX PUBLIQUE

Ils ne seront point armés.

Le Préfet de Police les confie au patriotisme de la population parisienne.

ARTICLE 4.

Dès que les circonstances l'exigeront, les Gardiens de la Paix publique seront envoyés aux remparts pour concourir avec tous les Citoyens à la défense de la Patrie.

Paris, le 7 Septembre 1870.

Le Préfet de Police,
DE KÉRATRY.

Par le Préfet de Police,
Le Secrétaire général,
ANTONIN DUBOST.

IMPRIMERIE NATIONALE. — Septembre 1870.

SOCIÉTÉ DE SECOURS

AUX

APPEL A LA FRANCE

Au nom de Dieu, au nom de la Patrie, au nom de nos Fils, de nos Frères, de nos braves Soldats tombés, avec honneur, sur le Champ de Bataille, et toujours héroïques quoique vaincus aujourd'hui, nous faisons appel à tous les cœurs français.

De grâce, donnez-nous de l'argent, du linge, des chemises, des couvertures, des vêtements de flanelle, etc., etc. — Là-bas, sur nos Frontières, l'élan des Villes, les Offrandes touchantes des Villages ne suffisent déjà plus à nos chers blessés.

Les besoins sont immenses. — Le temps presse. — Donnez, oh! donnez-vite!

POUR LE COMITÉ DES DAMES :

MMmes la Ctesse DE FLAVIGNY, *Présidente;*
— Male CANROBERT-MACDONALD, *Vice-Présidente;*
— Marie BUFFET, — LEFORT, — Ctesse DE NADAILLAC,
— Bne DE BOURGOING, — Marie VILBORT,
— Vtesse DE FLAVIGNY, — Coralie CAHEN.

Envoyer les Dons en nature et en argent,

AU SIÉGE DE LA SOCIÉTÉ A PARIS, PALAIS DE L'INDUSTRIE (CHAMPS-ÉLYSÉES), PORTE N° IV.

Imprimerie centrale des chemins de fer, A. CHAIX et Ce, rue Bergère, 20. — 12346-0.

RÉPUBLIQUE FRANÇAISE.

GARDES NATIONALES
DE LA SEINE

La circulaire du Ministre de l'Intérieur du 6 septembre a prescrit la formation de 60 bataillons nouveaux de garde nationale dans le département de la Seine.

L'effectif maximum de chaque bataillon est fixé à 1,500 hommes.

Des instructions sont données pour que l'armement ait lieu dans les 48 heures. Afin d'éviter tout retard, les Commissions d'arrondissement chargées d'établir les contrôles désigneront provisoirement un délégué qui, porteur d'une lettre du Maire, recevra de l'état-major général de la garde nationale un bon de distribution d'armes.

Les Maires des vingt arrondissements de Paris et les Sous-Préfets de Saint-Denis et de Sceaux sont convoqués ce soir à 9 heures à l'Hôtel-de-Ville, sous la présidence du Maire de Paris et en présence du Chef d'état-major général des gardes nationales, pour y recevoir les instructions nécessaires et procéder immédiatement à leur exécution.

Paris, le 7 septembre 1870.

Le Ministre de l'Intérieur,
Léon GAMBETTA.

IMPRIMERIE NATIONALE. — Septembre 1870.

RÉPUBLIQUE FRANÇAISE.

A LA GARDE MOBILE

DE PARIS.

Les gardes mobiles de la Seine ont été appelés à un poste d'honneur : celui de la défense des forts de Paris.

Un certain nombre d'entre eux n'ont pas rejoint leurs détachements.

Le Gouverneur de Paris leur donne l'ordre de se rendre à ces postes avancés.

Ceux qui n'auraient pas déféré à cet ordre dans le délai de 48 heures, seraient poursuivis, conformément à la loi militaire, pour abandon de leur poste devant l'ennemi et leurs noms seraient livrés à la publicité.

Paris, le 8 septembre 1870.

Le Président du Gouvernement de la défense nationale,
Gouverneur de Paris,

Général **TROCHU.**

MPRIMERIE NATIONALE. — Septembre 1870.

REPUBLIQUE FRANÇAISE.

COMPAGNIES
DE CANONNIERS AUXILIAIRES

AVIS.

Les compagnies de canonniers auxiliaires sont convoquées pour jeudi 8 septembre, à 2 heures, à l'effet de procéder à leur organisation.

LIEUX DE RÉUNION.

1re Compagnie. Mairie du 12e arrondissement.
2e ———— Mairie du 20e.
3e ———— Mairie du 19e.
4e ———— Mairie du 18e.
5e ———— Mairie du 17e.
6e ———— Mairie du 16e.
7e ———— Mairie du 15e.
8e ———— Mairie du 14e.
9e ———— Mairie du 13e.

Un officier d'artillerie sera envoyé à chaque Mairie par le général commandant supérieur pour fixer le lieu et les heures des instructions qui commenceront dès le lendemain.

Paris, le 7 septembre 1870.

Le Président du Gouvernement, Gouverneur de Paris,

Général TROCHU.

2 IMPRIMERIE NATIONALE.—Septembre 1870.

RÉPUBLIQUE FRANÇAISE

PRÉFECTURE DE POLICE

AVIS

Le Préfet de Police invite les habitants de Paris qui doivent quitter la capitale à accélérer leur départ et à s'informer à l'avance, dans les bureaux des compagnies de chemins de fer, de l'heure à laquelle il pourra s'effectuer pour éviter l'encombrement.

Paris, le 8 Septembre 1870.

Le Préfet de Police,
DE KÉRATRY.

Par le Préfet de Police :
Le Secrétaire général,
ANTONIN DUBOST.

Paris, 1870. — BOUCQUIN, imp. de la Préfecture de Police, rue de la Ste-Chapelle. 5.

VILLE DE GRENOBLE.

REPUBLIQUE FRANÇAISE

FORMATION
d'une Compagnie de

FRANCS-TIREURS

VOLONTAIRES

Le Comité exécutif provisoire de la ville de Grenoble invite les citoyens qui voudraient faire partie d'une compagnie de Francs-Tireurs volontaires, à se faire inscrire à la Mairie (2e division).

Aussitôt que le nombre des inscrits paraîtra suffisant, ils seront réunis pour régler leur organisation.

Grenoble, 8 septembre 1870.

Pour le Comité exécutif :

Le Président,
ANTHOARD.

2052. — Grenoble, imp. F. Allier père et fils, Grande-Rue, 8, Cour de Chaulnes.

RÉPUBLIQUE FRANÇAISE.

PRÉFECTURE DE POLICE

AVIS.

Des bruits alarmants ont été répandus au sujet des Carrières et des Catacombes des environs de Paris.

Le Préfet de Police informe les Habitants qu'une visite minutieuse de ces endroits dangereux a été effectuée pendant trois jours.

Cette visite n'a rien fait découvrir qui fût de nature à inquiéter les populations.

Des précautions ont été prises en vue des tentatives qui pourraient ultérieurement se produire, mais le Préfet de Police invite formellement les Citoyens paisibles à s'abstenir de chercher à y pénétrer.

Paris, le 8 *Septembre* 1870.

Le Préfet de Police,

DE KÉRATRY.

Par le Préfet de Police :

Le Secrétaire général,

ANTONIN DUBOST.

BOUCQUIN, imprimeur de la Préfecture de Police, rue de la Sainte-Chapelle, 5.

RÉPUBLIQUE FRANÇAISE.

MAIRIE DE PARIS.

Logement des Gardes Mobiles.

AUX HABITANTS DE PARIS.

CHERS CONCITOYENS,

La Garde mobile des départements accourt à la défense de la grande Cité.

Vous accueillerez comme des frères ces braves enfants de la France, qui viennent partager vos dangers.

Il leur faut un abri : vous leur ouvrirez vos demeures.

Le Gouvernement de la défense nationale s'est préoccupé de la charge nouvelle qui vous est imposée.

Cette charge, il a hâte de vous le dire par la voix de votre Maire, n'est que momentanée : des baraquements vont être rapidement construits pour le casernement des Gardes mobiles.

Jusqu'à ce que cette installation soit terminée, les Gardes mobiles seront logés chez l'habitant, mais seulement chez l'habitant qui peut supporter cette charge. Un examen scrupuleux a été fait à cet égard, et les rôles des contributions ont servi de base au travail de répartition. Votre Maire ne pouvait l'approuver qu'après s'être assuré que la plus stricte équité avait présidé à son élaboration.

Chaque Garde mobile recevra un billet de logement délivré par le Maire d'un des arrondissements ou par son représentant, et indiquant le nom et la demeure de l'habitant chez lequel il devra se rendre.

Ceux des habitants ainsi désignés qui ne pourront accepter la charge réelle du logement, auront la faculté de se racheter. A cet effet, ils devront se pourvoir d'une chambre dans les environs de leur demeure, et en venir faire la déclaration à la Mairie de leur arrondissement. Sur cette déclaration, un bon, valable pour 8 jours de logement, sera délivré, par un des agents de l'Administration, au Garde mobile, qui se rendra à l'endroit indiqué. L'hôtelier viendra toucher à la Mairie le montant de ce bon.

Les absents ne sauraient échapper à la charge qui pèse sur ceux qui restent courageusement à leur poste et attendent d'un cœur ferme le moment du danger.

Le Gouvernement de la défense nationale saura les atteindre.

L'absence étant constatée sur le billet de logement délivré au Garde mobile, celui-ci reviendra à la Mairie, où l'on avisera à le loger dans un hôtel au moyen d'un bon, qui permettra à l'hôtelier de se faire rembourser.

L'avance faite sera recouvrée sur les absents au moyen d'un rôle spécial de contribution établi d'après le maximum du prix des logements.

Je suis sûr, chers concitoyens, que vous accepterez résolûment le fardeau que les besoins de la défense nationale vous imposent.

Pour en abréger la durée, comptez sur la Mairie de Paris.

Le Maire de Paris,
ÉTIENNE ARAGO.

Paris, le 8 septembre 1870.

Les Adjoints au Maire de Paris,
FLOQUET, BRISSON, CLAMAGERAN, DURIER.

Pour ampliation :
Le Secrétaire général de la Mairie,
JULES MAHIAS.

Typ. CHARLES DE MOURGUES frères, Imprimeurs de la Mairie de Paris, rue J.-J. Rousseau, 58. — 7193.

RÉPUBLIQUE FRANÇAISE.

MINISTÈRE DE L'INTÉRIEUR.

8 septembre, 2 heures.

L'ennemi s'avance sur Paris en trois corps d'armée. L'un est arrivé à Sissonne dans le département de l'Aisne. L'avant-garde de ce corps a sommé Laon qui a fermé ses portes et résiste.

L'interruption des communications télégraphiques avec Épernay et Château-Thierry fait croire que l'ennemi est sur ces deux points.

Les communications subsistent avec Mézières, Épinal et Mulhouse.

On n'a aucune nouvelle du maréchal Bazaine.

Le bruit de la mort du maréchal Mac-Mahon n'est pas officiellement confirmé.

Les opérations de révision se poursuivent dans tous les départements activement et avec ordre. La garde mobile demande à marcher. Plusieurs bataillons sont à Paris ou en marche.

Le Ministre de l'Intérieur,
Léon GAMBETTA.

IMPRIMERIE NATIONALE. — Septembre 1870.

RÉPUBLIQUE FRANÇAISE

Mairie du 2e Arrondissement

AVIS

Les élections des Officiers, Sous-Officiers et Caporaux du Bataillon de la Garde Nationale en formation dans le quartier Bonne-Nouvelle ainsi que celles du Chef de Bataillon et du Porte-Drapeau, se feront le 9 de ce mois, à midi très-précis, dans les locaux suivants :

NUMÉROS des Compagnies	RUES	DÉLIMITATION.	LOCAL où les élections auront lieu.
1re	Rue Beauregard,	impairs.	Rue de la Lune, 14.
	Boulevard Bonne-Nouvelle,	du 5 bis à la fin.	
	Rue de la Lune,	entière.	
	— N.-D.-Bonne-Nouvelle,	entière.	
	— N.-D.-Recouvrance,	entière.	
	— Poissonnière,	du 18 à la fin.	
	— Pourtalès,	entière.	
	— de la Ville-Neuve,	entière.	
2me	Rue d'Aboukir,	du 81 à la fin.	ÉCOLE DES FILLES Cour des Miracles.
	— Beauregard,	pairs.	
	Boulevard Bonne-Nouvelle,	du 1 au 5.	
	Rue Chénier,	du 5 à 7 et de 6 à 10	
	— Cléry,	du 31 à fin, 46 à fin	
	— Petit-Carreau,	de 38 à la fin.	
	— Poissonnière,	de 2 à 16.	
	— Saint-Denis,	de 385 à la fin.	
	— Saint-Philippe,	entière,	
3me	Rue d'Aboukir,	du 98 à la fin.	ÉCOLE DES GARÇONS Cour des Miracles.
	Passage Aubert,	entier.	
	Rue du Caire,	de 14 à 48.	
	Passage du Caire,	entier.	
	Rue Chénier,	du 1 à 3, de 2 à 4.	
	— Filles-Dieu,	entière.	
	Impasse de la Grosse-Tête,	entière.	
	Rue Saint-Denis,	de 327 à 383.	
	— Sainte-Foy,	entière.	
	— Saint-Spire,	entière.	
4me	Rue Blondel,	entière.	ASILE Cour des Miracles.
	— du Caire,	de 7 à 15, de 2 à 12	
	Passage Lemoine,	entier.	
	Rue Palestro,	de 31 à 41, de 2 à 10	
	— Ponceau,	entière.	
	Passage du Ponceau,	entier.	
	Rue Réaumur,	de 48 à 54.	
	— Neuve-Sainte-Appoline,	de 13 à fin, 12 à fin	
	Boulevard Saint-Denis,	de 11 à 19.	
	Rue Saint-Denis,	de 302 à la fin.	
	Boulevard Sébastopol,	de 105 à la fin.	
	Rue de Tracy,	entière.	
	— Guérin-Boisseau,	entière.	
	— Réaumur,	de 48 à 54.	
5me	Rue d'Aboukir,	de 80 à 96.	ÉCOLE DES GARÇONS Rue du Sentier, 21.
	— du Caire,	de 17 à 53.	
	— Damiette,	entière.	
	Impasse de l'Étoile,	entier.	
	Rue des Forges,	entière.	
	Passage des Miracles,	entière.	
	Cour des Miracles.	entière.	
	Rue du Nil,	entière.	
	— du Petit-Carreau,	de 18 à 36.	
	— Saint-Denis,	de 297 à 325.	
	— Thévenot,	pairs.	
6me	Rue Greneta,	de 30 à 66.	ÉCOLE DES FILLES Rue de la Jussienne, 16.
	— Montorgueil,	de 80 à la fin.	
	Impasse Mauconseil,	entière.	
	Rue du Petit-Carreau.	de 2 à 16.	
	— des Deux-Portes,	de 11 à 33, 18 à 38	
	— Saint-Sauveur,	de 1 à 61, 2 à 36	
	— Saint-Denis,	de 257 à 295.	
	— Thévenot,	impairs.	
7me	Rue Française,	de 5 à 13, 4 à 14	ÉCOLE DES GARÇONS Rue Tiquetonne, 66-68. 1er Étage.
	Passage du Grand-Cerf,	entier.	
	Rue Greneta,	de 35 à la fin.	
	— Marie-Stuart,	entière.	
	— Montorgueil,	de 44 à 78.	
	— aux Ours,	de 38 à 50.	
	— des Deux-Portes,	de 1 à 9, 2 à 16	
	— Saint-Denis,	de 199 à 253.	
	— Tiquetonne,	de 1 à 39, 2 à 50	
8me	Passage Basfour,	entier.	ÉCOLE DES GARÇONS Rue de la Jussienne, 11, 2e Étage.
	Cour des Bleus,	entière.	
	Passage Bourg-l'Abbé,	entier.	
	Rue Greneta,	de 12 à 28, 17 à 33	
	— aux Ours,	de 30 à 36.	
	— Palestro,	de 1 à 29.	
	Impasse des Peintres,	entière.	
	Rue Réaumur,	de 41 à 47.	
	— Saint-Denis,	de 210 à 318.	
	Passage Saucède,	entier.	
	Boulevard Sébastopol,	de 67 à 103.	
	Passage de la Trinité,	entier.	
	Rue Turbigo,	entière.	

Les réunions seront présidées par le Citoyen Maire, ou à son défaut, par un des Membres du Conseil de recensement ou de la Commission d'armement.

Le Maire,
TIRARD.

Fait à Paris, ce 8 *Septembre* 1870.

Les Adjoints,
DE BENAZÉ,
SERMET.

NOTA. — Un second Bataillon est dès à présent en voie de formation, et se composera dans ce même quartier, des Citoyens inscrits à la Mairie, dans les journées des 6, 7 et 8 de ce mois, quant aux Citoyens non inscrits, ils sont invités à se présenter aussitôt l'apposition de la présente affiche, sinon ils seront requis d'office immédiatement.

Paris. — Imprimerie PRISSETTE, passage Kussner, 17 — Maison passage du Caire, 17.

Français, mes chers Compatriotes,

Mon exil de dix-neuf ans voulait dire que le gouvernement du Deux-Décembre ne pouvait produire que l'esclavage et la ruine de la France.

Ce gouvernement est tombé, la justice est satisfaite, l'honneur est sauf. Mon exil n'a plus de raison d'être. Je viens parmi vous m'associer à vos périls.

En rentrant à Paris, ma première parole est : Vive Paris! Vive à jamais ce foyer de civilisation! Vouloir l'investir, c'est prétendre investir la civilisation elle-même.

Qu'avons-nous à craindre, l'humanité entière est avec nous.

Union, union de tous avec le gouvernement de la défense nationale!

Nous sommes revenus au droit, à la vérité, à la justice. Tout cela s'appelle la République.

Après ce long esclavage, la France est rentrée dans la liberté; elle s'enveloppe du drapeau de la démocratie républicaine; c'est le drapeau de tous les peuples. La terre a encore une fois reconnu en elle le soldat du droit.

Plus de subterfuges! plus de familles princières, substituées à l'intérêt de tous! Le péril est trop certain pour que nous puissions jouer avec nous-mêmes. L'instinct du salut nous crie : Un prince nous a jetés dans l'abîme; ce n'est pas un prince, une dynastie qui nous en fera sortir : c'est nous-mêmes. La France seule peut sauver la France.

L'héroïsme même de nos soldats nous a montré ceci : puisqu'ils n'ont pas vaincu, c'est qu'il n'était pas possible de vaincre sous le drapeau du Deux-Décembre.

Nous avons repris ce drapeau républicain, qui n'a jamais été souillé par l'invasion.

Il a reparu de lui-même, avec la plus grande légalité qui soit au monde : par la force des choses et l'acclamation de toute la nation qui y voit son salut.

Là et nulle part ailleurs est l'étendard de cette force morale que le général Trochu invoquait ces derniers jours.

Tous les peuples sentent qu'il s'agit ici de leur cause, puisqu'il s'agit de justice, de vérité. C'est un gage de victoire d'avoir pour soi l'adhésion de tous les peuples, et même en secret celle de nos ennemis.

Allemands de toutes races, votre sincérité est mise à l'épreuve; vous avez dit, vous avez répété par la bouche du roi de Prusse, par celle du prince royal, par celle de vos publicistes, que vous faisiez la guerre non pas à la France, mais au chef du gouvernement.

L'occasion est venue de montrer votre franchise.

Le chef criminel de ce gouvernement, qui nous a trompés les uns et les autres, s'est précipité lui-même dans le gouffre. Il a disparu, il n'est plus. Il a été vomi par la nation française.

Les Assemblées qui lui servaient d'instrument ont été brisées comme lui. Que faut-il de plus? Les crimes commis contre la France et le monde ont été châtiés. C'est l'arrêt de la suprême justice. Voulez-vous à votre tour condamner la justice? Voulez-vous refaire l'usurpation sous d'autres noms?

Si vous avez été sincères dans vos déclarations unanimes, la cause de la guerre a disparu avec notre ennemi commun.

Si, au contraire, vous vous obstinez dans la guerre, quand la justice a prononcé et que la cause de la guerre a disparu, vous n'échapperez pas au reproche d'avoir voulu tromper la France.

Dans ce cas, ce n'est plus à nous seuls que vous faites la guerre : c'est à la vérité, et vous perdriez la renommée de la vieille franchise allemande.

Voulez-vous donc recommencer le système du parjure qui vient de s'écrouler sous nos malédictions et sous les vôtres?

Voulez-vous vous substituer à ce régime de duplicité qui vient de finir? Est-ce pour cela que vous vous êtes armés?

Vous n'arracherez pas du cœur des peuples cette idée de justice que nous venons de relever; elle est indestructible, immortelle; et vous irez vous briser contre cet instinct du genre humain!

On dirait, on aurait le droit de dire que les peuples allemands ont, à leur tour, trompé les peuples, et qu'ils n'ont combattu la fraude que pour la recommencer à leur profit. Ce serait l'écueil et la ruine de la civilisation allemande.

Nous aussi, Dieu merci! nous avons été rassasiés de victoires. Elles se sont retournées contre nous, le jour où nous avons paru infidèles au droit et à la conscience humaine.

La réprobation de l'histoire vous attend, si notre exemple est perdu pour vous, si vous bravez une nation qui représente désormais la justice, la liberté, et qui n'est plus armée que pour la cause de toutes les nations.

Ce serait la politique que vous avez accusée dans Louis XIV et dans Napoléon; vous échoueriez comme eux.

Pour nous, la République a déjà fait cesser toute division. Nous sommes sur le terrain commun à tous les peuples. Nous combattrons en pleine lumière; nous défendons la cause du genre humain. Cette cause ne peut périr.

Paris, 9 septembre 1870.

EDGARD QUINET.

Paris.—Typ. CHARLES DE MOURGUES frères, rue J.-J. Rousseau, n° 58.—6897.

AUX ALLEMANDS

Allemands, celui qui vous parle est un ami.

Il y a trois ans, à l'époque de l'Exposition de 1867, du fond de l'exil, je vous souhaitais la bienvenue dans votre ville.

Quelle ville?

Paris.

Car Paris ne nous appartient pas à nous seuls. Paris est à vous autant qu'à nous. Berlin, Vienne, Dresde, Munich, Stuttgard, sont vos capitales; Paris est votre centre. C'est à Paris que l'on sent le battement du cœur de l'Europe. Paris est la ville des villes. Paris est la ville des hommes. Il y a eu Athènes, il y a eu Rome, et il y a Paris.

Paris n'est autre chose qu'une immense hospitalité.

Aujourd'hui vous y revenez.

Comment?

En frères, comme il y a trois ans?

Non. En ennemis.

Pourquoi?

Quel est ce malentendu sinistre?

Deux nations ont fait l'Europe. Ces deux nations sont la France et l'Allemagne. L'Allemagne est pour l'Occident ce que l'Inde est pour l'Orient, une sorte de grande aïeule. Nous la vénérons. Mais que se passe-t-il donc? et qu'est-ce que cela veut dire? Aujourd'hui cette Europe, que l'Allemagne a construite par son expansion et la France par son rayonnement, l'Allemagne veut la défaire.

Est-ce possible?

L'Allemagne déferait l'Europe en mutilant la France.

Réfléchissez.

Pourquoi cette invasion? Pourquoi cet effort sauvage contre un peuple frère?

Qu'est-ce que nous vous avons fait?

Cette guerre, est-ce qu'elle vient de nous? c'est l'Empire qui l'a voulue, c'est l'empire qui l'a faite. Il est mort. C'est bien.

Nous n'avons rien de commun avec ce cadavre.

Il est le passé, nous sommes l'avenir.

Il est la haine, nous sommes la sympathie.

Il est la trahison, nous sommes la loyauté.

Il est Capoue et Gomorrhe, nous sommes la France.

Nous sommes la République française; nous avons pour devise : **LIBERTÉ, ÉGALITÉ, FRATERNITÉ**; nous écrivons sur notre drapeau : **ÉTATS-UNIS D'EUROPE**. Nous sommes le même peuple que vous. Nous avons eu Vercingétorix comme vous avez eu Arminius. Le même rayon fraternel, trait d'union sublime, traverse le cœur allemand et l'âme française.

Cela est si vrai que nous vous disons ceci :

Si par malheur votre erreur fatale vous poussait aux suprêmes violences, si vous veniez nous attaquer dans cette ville auguste confiée en quelque sorte par l'Europe à la France, si vous donniez l'assaut à Paris, nous nous défendrons jusqu'à la dernière extrémité, nous lutterons de toutes nos forces contre vous; mais, nous vous le déclarons, nous continuerons d'être vos frères: et vos blessés, savez-vous où nous les mettrons? dans le palais de la nation. Nous assignons d'avance pour hôpital aux blessés prussiens les Tuileries. Là sera l'ambulance de vos braves soldats prisonniers. C'est là que nos femmes iront les soigner et les secourir. Vos blessés seront nos hôtes, nous les traiterons royalement, et Paris les recevra dans son Louvre.

C'est avec cette fraternité dans le cœur que nous accepterons votre guerre.

Mais cette guerre, Allemands, quel sens a-t-elle? Elle est finie, puisque l'Empire est fini. Vous avez tué votre ennemi qui était le nôtre. Que voulez-vous de plus?

Vous venez prendre Paris de force! Mais nous vous l'avons toujours offert avec amour. Ne faites pas fermer les portes par un peuple qui de tout temps vous a tendu les bras. N'ayez pas d'illusions sur Paris. Paris vous aime; mais Paris vous combattra. Paris vous combattra avec toute la majesté formidable de sa gloire et de son deuil. Paris, menacé de viol brutal, peut devenir effrayant.

Jules Favre vous l'a dit éloquemment: et tous nous vous le répétons, attendez-vous à une résistance indignée.

Vous prendrez la forteresse, vous trouverez l'enceinte; vous prendrez l'enceinte, vous trouverez la barricade; vous prendrez la barricade, et peut-être alors, qui sait ce que peut conseiller le patriotisme en détresse? vous trouverez l'égout miné faisant sauter des rues entières. Vous aurez à accepter cette condamnation terrible : prendre Paris pierre par pierre, y égorger l'Europe sur place, tuer la France en détail, dans chaque rue, dans chaque maison; et cette grande lumière, il faudra l'éteindre âme par âme. Arrêtez-vous.

Allemands, Paris est redoutable. Soyez

pensifs devant Paris. Toutes les transformations lui sont possibles. Ses mollesses vous donnent la mesure de ses énergies ; on semblait dormir, on se réveille ; on tire l'idée du fourreau comme l'épée ; et cette ville qui était hier Sybaris peut être demain Saragosse.

Est-ce que nous disons ceci pour vous intimider? Non, certes! On ne vous intimide pas, Allemands. Vous avez eu Galgacus contre Rome et Kœrner contre Napoléon. Nous sommes le peuple de la **MARSEILLAISE**, mais vous êtes le peuple des **SONNETS CUIRASSÉS** et du **CRI DE L'ÉPÉE.** Vous êtes cette nation de penseurs qui devient au besoin une légion de héros. Vos soldats sont dignes des nôtres : les nôtres sont la bravoure impassible, les vôtres sont la tranquillité intrépide.

Ecoutez pourtant :

Vous avez des généraux rusés et habiles ; nous avions des chefs ineptes ; vous avez fait la guerre adroite plutôt que la guerre éclatante ; vos généraux ont préféré l'utile au grand, c'était leur droit ; vous nous avez pris par surprise ; vous êtes venus dix contre un ; nos soldats se sont laissé stoïquement massacrer par vous qui aviez mis savamment toutes les chances de votre côté ; de sorte que, jusqu'à ce jour, dans cette effroyable guerre, la Prusse a la victoire, mais la France a la gloire.

A présent, songez-y, vous croyez avoir un dernier coup à faire : vous ruer sur Paris, profiter de ce que notre admirable armée, trompée et trahie, est à cette heure presque tout entière étendue morte sur le champ de bataille, pour vous jeter, vous sept cent mille soldats, avec toutes vos machines de guerre, vos mitrailleuses, vos canons d'acier, vos boulets Krupp, vos fusils Dreyse, vos innombrables cavaleries, vos artilleries épouvantables, sur trois cent mille citoyens debout sur leur rempart, sur des pères défendant leur foyer, sur une cité pleine de familles frémissantes, où il y a des femmes, des sœurs, des mères, et où à cette heure, moi qui vous parle, j'ai mes deux petits enfants, dont un à la mamelle. C'est sur cette ville innocente de cette guerre, sur cette cité qui ne vous a rien fait que vous donner sa clarté, c'est sur Paris isolé, superbe et désespéré, que vous vous précipiteriez, vous, immense flot de tuerie et de bataille ! ce serait là votre rôle, hommes vaillants, grands soldats, illustre armée de la noble Allemagne ! Oh ! réfléchissez !

Le dix-neuvième siècle verrait cet affreux prodige : une nation, de policée devenue sauvage, abolissant la ville des nations ; l'Allemagne éteignant Paris ; la Germanie levant la hache sur la Gaule ! Vous, les descendants des chevaliers teutoniques, vous feriez la guerre déloyale, vous extermineriez le groupe d'hommes et d'idées dont le monde a besoin, vous anéantiriez la cité organique, vous recommenceriez Attila et Alaric, vous renouvelleriez après Omar, l'incendie de la Bibliothèque humaine, vous raseriez l'Hôtel-de-Ville comme les Huns ont rasé le Capitole, vous bombarderiez Notre-Dame comme les Turcs ont bombarbé le Parthénon ; vous donneriez au monde ce spectacle : les Allemands redevenus des Vandales, et vous seriez la barbarie décapitant la civilisation !

Non, non, non !

Savez-vous ce que serait pour vous cette victoire? ce serait le déshonneur.

Ah ! certes, personne ne peut songer à vous effrayer, Allemands, magnanime armée, courageux peuple ! mais on peut vous renseigner. Ce n'est pas, à coup sûr, l'opprobre que vous cherchez ; eh bien, c'est l'opprobre que vous trouveriez ; et moi, européen, c'est-à-dire ami de Paris, moi Parisien, c'est-à-dire ami des peuples, je vous avertis du péril où vous êtes, mes frères d'Allemagne, parce que je vous admire et que je vous honore, et parce que je sais que si quelque chose peut vous faire reculer, ce n'est pas la peur, c'est la honte.

Ah ! nobles soldats, quel retour dans vos foyers ! Vous seriez des vainqueurs la tête basse ; et qu'est-ce que vos femmes vous diraient?

La mort de Paris, quel deuil !

L'assassinat de Paris, quel crime !

Le monde aurait le deuil, vous auriez le crime.

N'acceptez pas cette responsabilité formidable. Arrêtez-vous.

Et puis, un dernier mot. Paris poussé à bout, Paris soutenu par toute la France soulevée, peut vaincre et vaincrait ; et vous auriez tenté en pure perte cette voie de fait qui déjà indigne le monde. Dans tous les cas, effacez de ces lignes écrites en hâte les mots **DESTRUCTION, ABOLITION, MORT.** Non, on ne détruit pas Paris. Parvint-on, ce qui est malaisé, à le démolir matériellement, on le grandirait moralement. En ruinant Paris, vous le sanctifieriez. La dispersion des pierres fera la dispersion des idées. Jetez Paris aux quatre vents, vous n'arriverez qu'à faire de chaque grain de cette cendre la semence de l'avenir. Ce sépulcre criera Liberté, Égalité, Fraternité ! Paris est ville, mais Paris est âme. Brûlez nos édifices, ce ne sont que nos ossements, leur fumée prendra forme, deviendra énorme et vivante, et montera jusqu'au ciel, et l'on verra à jamais sur l'horizon des peuples, au-dessus de nous, au-dessus de vous, au-dessus de tout et de tous, attestant notre gloire, attestant votre honte, ce grand spectre fait d'ombre et de lumière, Paris.

Maintenant, j'ai dit, Allemands, si vous persistez, soit, vous êtes avertis, faites, allez, attaquez la muraille de Paris. Sous vos bombes et vos mitrailles, elle se défendra. Quant à moi, vieillard, j'y serai, sans armes. Il me convient d'être avec les peuples qui meurent, je vous plains d'être avec les rois qui tuent.

VICTOR HUGO.

Paris, 9 septembre 1870.

Paris,— Imprimerie Balitout, Questroy et Cie, 7, rue Baillif, et rue de Valois, 18.

RÉPUBLIQUE FRANÇAISE

3e ARRONDISSEMENT DE PARIS — MAIRIE DU TEMPLE

FORMATION D'UNE LÉGION
DE
VÉTÉRANS PARISIENS

Par suite de l'autorisation accordée par le Général Gouverneur de Paris au citoyen Thorné de Gamond d'organiser une Légion de VETERANS PARISIENS, le Maire du 3e Arrondisssement invite les Citoyens libérés du service de la Garde nationale, par suite de la limite d'âge, à se faire inscrire, à partir d'AUJOURD'HUI 10 SEPTEMBRE, à la Mairie, Bureau de la Garde nationale.

BONVALET
Maire.

9 Septembre 1870.

Paris. — EDOUARD VERT, Imprimeur de la Mairie du 3e arrondissement, rue Notre-Dame-de-Nazareth, 29.

APPEL
DE LA

SOCIÉTÉ DE SOLIDARITÉ
DES DAMES DU VIe ARRONDISSEMENT

La Nation se lève, et nous confie ce qu'elle a de plus cher, ses foyers, ses pères, ses enfants !

Femmes, nos frères versent leur sang pour venger l'insulte faite à la France !

Soyons courageuses, tendons nos bras dévoués pour les recevoir s'ils succombent, pour les soulager s'ils sont blessés, pour les aider à écraser un déloyal ennemi.

Point d'intimidation! Point d'hésitation! Il y va de l'honneur!

Debout, debout, aidons nos frères à vaincre, ou mourons avec eux !

VIVE LA FRANCE ! VIVE LA LIBERTÉ !

La Présidente, G. BLANCHE.
La Trésorière, C. PRIOLET.

Les Membres du Bureau,
Mmes LAFORET, MOTET, THIRION, PARIS, MARFAING, MILLON, LOUIS.

Paris, — Imprimerie H. Carion, 61, rue Bonaparte.

RÉPUBLIQUE FRANÇAISE

Liberté, Égalité, Fraternité.

Les Membres de la Commission Municipale du Onzième Arrondissement de Paris, à leurs Concitoyens.

CITOYENS,

Si nous sommes vraiment les fils de 92, la République proclamée unanimement par le peuple peut seule conjurer le péril qui nous menace et sauver **LA PATRIE EN DANGER.**

Debout donc Citoyens!

Vous êtes appelés à élire les Chefs de la Garde Civique ; choisissez, pour vous conduire contre l'étranger qui foule notre sol des hommes fermes et résolus.

Que ceux-là seuls qui, comme nos pères, sont décidés à faire un pacte avec la mort viennent demander des armes, car c'est seulement ainsi que nous pouvons espérer la victoire et le triomphe de la République.

Le Maire,
COFFARD.

Les Adjoints,
POIRIER, BLANCHON.

Les Membres de la Commission,

AVRIAL.	**GUILLAUME.**	**POTRON.**
J. BONY.	**JAUD.**	**REBIERRE.**
DERVEAUX.	**LALOGE.**	**SCHMITTE.**
DUTOIT.	**MALARMET.**	**TOLAIN.**

Paris. — Typographie MORRIS Père et Fils, rue Amelot, 64.

HABITANTS

DE LA

VILLE DE SAINT-DENIS

Appelé au commandement supérieur de la Ville de Saint-Denis et des Forts environnants qui constituent le point le plus important de la défense de Paris, je viens combiner les efforts partiels qui ont été déjà faits par les Officiers à qui le commandement de chacun des Forts a été confié.

Je fais appel à votre dévouement et à votre patriotisme pour concourir, en unissant vos efforts aux nôtres, au salut de la Patrie. Il importe que chacun, population civile ou armée, fasse son devoir. A nous les dangers du combat, que votre position vous fera peut-être malheureusement partager, mais à vous surtout le calme, la patience, la résignation, qui demandent assurément un courage plus difficile encore.

Je serai au milieu de vous; j'allégerai, autant que possible, les lourdes charges qui vous incombent; soyons tous animés du même sentiment, du même élan, celui du salut de la Patrie, et rappelons-nous ce vieil adage populaire : DIEU PROTÉGE LA FRANCE.

Fait au Quartier général, Hôtel de la Sous-Préfecture, le 10 *Septembre* 1870.

Le Général commandant supérieur de la Ville de St-Denis et Forts,

DE BELLEMARE.

Saint-Denis. — Typographie de A. MOULIN, rue de Paris, 17.

RÉPUBLIQUE FRANÇAISE

LE GOUVERNEMENT

DE LA DÉFENSE NATIONALE

Sur la proposition du Maire de Paris;

Considérant qu'il est urgent de faciliter aux populations des communes du département de la Seine l'entrée immédiate des denrées et marchandises qui doivent être soustraites aux approches de l'ennemi.

DÉCRÈTE :

La perception des droits d'entrée et d'octroi est PROVISOIREMENT suspendue aux entrées de Paris.

Fait à l'Hôtel de Ville de Paris, le 9 Septembre 1870.

Général TROCHU, EMMANUEL ARAGO, CRÉMIEUX, JULES FAVRE, JULES FERRY, GAMBETTA, GARNIER-PAGÈS, GLAIS-BIZOIN, PELLETAN, E. PICARD, ROCHEFORT, JULES SIMON.

IMPRIMERIE NATIONALE. — Septembre 1870.

MAIRIE DE PARIS.

PUITS PARTICULIERS.

LE MAIRE DE PARIS,

Vu la loi des 16-24 août 1790, tit. XI, art. 3, § 1er;

Vu l'art. 471 du Code pénal;

Vu le décret du 10 octobre 1859;

Vu l'ordonnance de police du 20 juillet 1838, sur les puits;

Considérant que, dans les circonstances présentes, il importe de ne négliger aucune ressource d'eau;

ARRÊTE :

ARTICLE 1er.

Il est enjoint aux propriétaires et aux principaux locataires, à Paris, de, DANS LE DÉLAI DE TROIS JOURS, mettre en état de service : les puits, pompes, réservoirs, poulies, cordes, seaux et autres appareils hydrauliques existant dans leurs maisons, de manière à assurer le puisage de l'eau, notamment pour le cas d'incendie.

Cette mesure sera prise même à l'égard des puits abandonnés pour quelque cause que ce soit.

ART. 2.

L'accès libre de l'intérieur des propriétés devra être donné aux Agents du Service Municipal de l'Assainissement chargé d'assurer l'exécution du présent Arrêté.

ART. 3.

Passé le délai susindiqué, il sera pourvu d'office aux mesures ci-dessus prescrites, aux frais, risques et périls des contrevenants.

ART. 4.

Ampliation du présent Arrêté sera adressé au Directeur des Eaux et des Égouts.

Paris, le 10 septembre 1870.

POUR LE MAIRE DE PARIS.
L'Adjoint,
HENRI BRISSON.

Pour ampliation :
Le Secrétaire général de la Mairie,
JULES MAHIAS.

Typ. CHARLES DE MOURGUES frères, Imprimeurs de la Mairie de Paris, rue J.-J. Rousseau, 58.—7232.

✚ AMBULANCE

De la place Royale, 13.

Avec l'appui de la Société de Secours aux Blessés des Armées, nous organisons, place Royale, 13, une Ambulance pour les victimes des Combats qui vont, dans quelques jours, se livrer autour de nous.

Cette Ambulance contiendra de dix à douze lits. Placée dans un endroit très-sain, parfaitement aéré et éloigné des bruits de la rue, elle conviendra parfaitement pour l'hygiène et le repos des malades.

Nous désirons que cette Ambulance soit autant que possible l'œuvre du quartier de la place Royale; aussi nous adressons-nous de préférence à tous ses Habitants, en réclamant leurs généreux concours.

Bien des choses nous sont nécessaires : nous citerons, par exemple, les Lits et objets de Literie, les articles de Lingerie, tels que Chemises et flanelles, les objets de Vêtement, de Mobilier, d'Éclairage, d'Alimentation.

Que chacun envoie ses offrandes soit en nature, soit en argent. Donnez ou **prêtez** suivant vos moyens; apportez le plus que vous aurez; un emploi judicieux sera fait de vos dons.

Tout le monde peut se rendre utile. Le concours des femmes ne sera pas moins précieux que celui des hommes : elles peuvent faire de la charpie, des compresses, soigner les pauvres malades, penser à mille détails que leur cœur d'épouse ou de mère ne saurait oublier.

Dans l'ardeur de la lutte qui se prépare, nous songeons aux engins et aux armes de combat; songeons aussi aux victimes nombreuses qu'ils engendrent, à ceux de nos Concitoyens que nous irons dans quelques jours ramasser sur le champ de bataille, mutilés et sanglants, tombés, sans bruit comme sans plainte, pour la défense et pour l'honneur de la Patrie!

Paris, le 10 septembre 1870.

Eug. HUBIN, — Léon DONNAT.
13, place Royale.

Nous ne négligerons pas de dresser la Liste des coopérateurs de l'Œuvre, et de l'inscrire sur la porte de l'Ambulance.

Paris. — Imprimerie administrative de Paul Dupont, rue Jean-Jacques-Rousseau, 41 (Hôtel des Fermes) 3790.9.70

SOCIÉTÉ DE SECOURS

AUX

BLESSÉS MILITAIRES DES ARMÉES

AVIS

La Société de Secours aux Blessés va organiser dans Paris des ambulances mobiles et des ambulances fixes pour que tous les blessés soient secourus sans retard et avec le moindre déplacement possible.

Les médecins de chaque quartier sont invités à faire connaître le temps que chacun d'eux peut consacrer chaque jour à visiter et à soigner les blessés.

Les ambulances fixes et les maisons particulières où les blessés pourront être transportés et où conséquemment les visites des médecins se trouveront nécessaires seront indiquées d'une manière visible par le drapeau de la Société, timbré conformément à la Convention internationale de Genève.

Les ambulances volantes seront spécialement confiées aux soins des médecins de la Société.

Tout Blessé sera transporté à bras d'hommes sur un brancard dans les ambulances volantes et de là il sera évacué avec toute la sollicitude possible dans les ambulances fixes à l'aide des voitures de la Société, de celles des Messageries que cette administration a bien voulu mettre à la disposition de la Société, et de toutes autres qui seraient offertes et reconnues commodes pour ce service.

Les hommes de bonne volonté qui voudraient concourir à l'enlèvement et au transport des blessés sont invités à se faire connaître au siége de la Société (Champs-Elysées, Palais de l'Industrie, porte n° IV).

Quatre ambulances seront spécialement attachées au service des quatre divisions de la Garde mobile existantes à Paris. Ces ambulances seront pourvues de médecins et d'infirmiers pour suivre ces divisions, et d'autres ambulances seront affectées aux besoins de l'armée.

Quant aux ambulances nombreuses que la Société a envoyées dans toute la France, elles resteront hors de Paris avec tout leur personnel, afin que les blessés existants ne soient abandonnés à aucun prix avant leur rétablissement ou leur évacuation régulière sur des hôpitaux, et sur des maisons particulières ou avant leur renvoi dans leurs familles.

Le Président de la Société,

COMTE DE FLAVIGNY.

Paris le 12 septembre 1870.

Imprimerie centrale des chemins de fer. — A. CHAIX et Cᵉ, rue Bergère, 20, à Paris. — 13618-0.

RÉPUBLIQUE FRANÇAISE.

Le Président du Gouvernement de la Défense nationale, Gouverneur de Paris et Commandant de l'état de siége,

Considérant que les forêts, bois et portions de bois qui environnent Paris sur toute l'étendue de son périmètre, offrent à l'ennemi, des couverts dont il se servira infailliblement pour masquer les mouvements de ses armées, pour arriver à l'abri jusqu'à portée des fortifications, pour préparer des ateliers de fascinage et de gabionnage en vue du siége de la Capitale;

Convaincu que la Nation ne reculera devant aucun effort pour faire son devoir, et que Paris voudra donner au pays tout entier l'exemple des grands sacrifices,

ARRÊTE :

Seront incendiés, à l'approche de l'ennemi, les forêts, bois et portions de bois qui peuvent compromettre la défense.

Les Ministres des finances et des travaux publics se concerteront pour que les travaux préparatoires soient immédiatement exécutés sous la direction du service des forêts, des ingénieurs des ponts et chaussées, des ingénieurs civils de la capitale, par des escouades d'ouvriers requis.

Toutes dispositions seront prises pour que les villes, villages, hameaux et habitations soient isolés et mis à l'abri des ravages de l'incendie, et pour que les matières inflammables soient recueillies, transportées et employées sur les lieux, avec les précautions nécessaires.

Par les soins du même personnel d'ingénieurs, le fonds des fossés de la fortification sera garni de fagots et branchages qui recevront des matières liquides incendiaires et seront livrés aux flammes quand il y aura lieu.

HABITANTS DE PARIS,

Votre patience, votre résolution, opposeront à l'ennemi des obstacles dont il ne soupçonne pas la puissance. Donnez-lui la formidable surprise d'une immense capitale qu'il croit énervée par les jouissances de la paix et qui, devant les malheurs de la Patrie, se redresse tout entière pour le combat.

A Paris, le 10 Septembre 1870.

Général TROCHU.

IMPRIMERIE NATIONALE. — Septembre 1870.

RÉPUBLIQUE FRANÇAISE.

MINISTÈRE DE L'INTÉRIEUR.

Soissons, le 11 Septembre 1870.

Un parlementaire prussien s'est présenté hier sous les murs de Soissons et a sommé la ville de se rendre.

Le commandant de la place a répondu qu'il se ferait plutôt sauter.

Les habitants ont approuvé cette réponse.

Ce matin, quatre uhlans ont été aperçus aux environs.

On a tiré sur eux, ils ont aussitôt disparu.

Le Ministre de l'Intérieur,
LÉON GAMBETTA.

2 IMPRIMERIE NATIONALE. — Septembre 1870.

RÉPUBLIQUE FRANÇAISE.

GOUVERNEMENT DE LA DÉFENSE NATIONALE.

LE GOUVERNEUR DE PARIS,

A LA GARDE NATIONALE MOBILE.

Les gardes nationaux mobiles des départements appelés à Paris pour concourir à la défense de la Capitale sont informés des dispositions suivantes, arrêtées par le Gouverneur de Paris.

La garde nationale mobile départementale forme 4 divisions.

1re DIVISION, Général de LINIERS
(Quartier général à l'Élysée),

Comprenant les bataillons logés dans le 8e arrondissement, le 9e (partie située à l'ouest de la rue Laffite), le 16e et le 17e.

2e DIVISION, Général de BEAUFORT-D'HAUTPOUL
(Quartier général au Palais-Royal),

Comprenant les bataillons logés dans le 1er arrondissement, le 2e, le 9e (partie située à l'est de la rue Laffite) et le 18e.

3e DIVISION, Général BERTHAUT
(Quartier général au Conservatoire des arts et métiers),

Comprenant les bataillons logés dans le 3e arrondissement, le 4e, le 10e, le 11e, le 12e, le 19e et le 20e.

4e DIVISION, Général CORRÉARD
(Quartier général au Luxembourg),

Comprenant les bataillons logés dans le 5e arrondissement, le 6e, le 7e, le 13e, le 14e et le 15e.

Paris, le 11 Septembre 1870.

Le Gouverneur de Paris,
Président du Gouvernement de la défense nationale.

Par ordre :
Le Général, Chef d'état-major général,
SCHMITZ.

IMPRIMERIE NATIONALE. — Septembre 1870.

RÉPUBLIQUE FRANÇAISE.

PRÉFECTURE DE POLICE

AVIS

Dans plusieurs Communes des environs de Paris, les récoltes de Pommes de terre n'ont pas encore été faites, et il importe de les soustraire à l'ennemi.

Toute personne, homme ou femme actuellement sans ouvrage, peut, en conséquence, se présenter aux Mairies de la Banlieue de Paris, notamment à Asnières, à Gennevilliers, à Saint-Denis, et offrir ses services, soit à titre gratuit, soit moyennant rétribution.

On demande aussi des voitures pour enlever les récoltes en meules.

Paris, le 12 septembre 1870.

Par le Préfet de Police :
Le Secrétaire général,
ANTONIN DUBOST.

Le Préfet de Police,
DE KÉRATRY.

Paris, 1870. — BOUCQUIN, imp. de la Préfecture de Police, rue de la Ste-Chapelle, 5

RÉPUBLIQUE FRANÇAISE.

MINISTÈRE DE L'INTÉRIEUR.

A MESSIEURS LES MAIRES PROVISOIRES.

Le Gouvernement est informé qu'un certain nombre d'hommes habitant Paris, âgés de vingt-cinq à trente-cinq ans, appelés sous les drapeaux par la loi votée le 10 août dernier et pouvant être astreints au service dans l'armée active, se sont, à raison de cette circonstance, dispensés de se faire inscrire sur les contrôles de la garde nationale sédentaire.

Les opérations militaires devant retenir dans l'enceinte de Paris le plus grand nombre d'hommes en état de porter les armes, le Gouvernement invite MM. les Maires des arrondissements à procéder d'office à l'inscription des personnes comprises dans la catégorie ci-dessus désignée, et à les avertir que le service de la garde nationale est, à partir de la publication du présent avis, obligatoire pour elles.

Paris, le 12 septembre 1870.

Le Ministre de l'Intérieur,
LÉON GAMBETTA.

IMPRIMERIE NATIONALE. — Septembre 1870.

RÉPUBLIQUE FRANÇAISE

LIBERTÉ, ÉGALITÉ, FRATERNITÉ.

MAIRIE DU Ve ARRONDISSEMENT

AUX FEMMES DU Ve ARRONDISSEMENT

Lorsque, il y a dix ans, prise au dépourvu par les armées organisées des esclavagistes, la République américaine sembla devoir sombrer dans une crise plus formidable que la nôtre, ses Citoyens, improvisés soldats, la relevèrent plus grande que jamais en étonnant le monde par des prodiges de ténacité civique et d'intelligence militaire. Les femmes américaines, avec cette initiative sérieuse et raisonnée qui sied aux peuples libres, organisèrent spontanément, outre les sociétés de secours, tout un service d'ambulances; et jamais le service médical de guerre n'a trouvé d'auxiliaires plus intelligents et plus dévoués.

Femmes de Paris, voilà votre exemple comme voilà le nôtre; et tandis que, affermis par vous dans la résolution inébranlable de défendre à outrance sur nos remparts, avec la patrie, vous, nos enfants, tout ce qui vous est cher, les Citoyens de Paris, unis à l'Armée et à la Marine, sauveront l'intégrité du sol sacré et l'honneur de nos foyers, vous Femmes, vous serez ce que vous êtes toujours, la bonté compâtissante et tendre, l'esprit de sacrifice et de dévouement : vous ferez l'œuvre de l'Humanité.

A l'œuvre donc, et sur le champ!

A vous, Femmes du Ve arrondissement, je vous propose de former immédiatement dans chacun des quatre quartiers qui le composent, un Comité qui, s'inspirant avant tout de sa propre initiative, se consacrera tout entier à l'accomplissement de ce devoir sublime.

Et d'abord nous demanderons à ces quatre comités de provoquer, de centraliser les offrandes d'argent immédiatement nécessaires à l'achat des premiers objets indispensables au service d'ambulance de rempart de chaque compagnie de Garde nationale, tels que brancards et boîtes médicales; nous leur demanderons de réunir les dons de linge et de charpie, etc. Votre dévouement sera ingénieux à découvrir les ressources comme à multiplier vos devoirs.

Il y aura bientôt des blessés à soigner, des indigents à secourir, des enfants à recueillir peut-être. Votre tâche est grande; vous n'y faillirez pas. Toutes, à cette sainte cause, vous avez quelque chose à donner, votre temps, votre argent, votre travail, vos soins : toutes vous lui donnerez votre cœur!

Le Maire du Ve arrondissement,

Paris, le 12 Septembre 1870.

J.-B. BOCQUET.

FRISER et VIMONT, Adjoints.

PARIS. — Imprimerie DE SOYE, 5, place du Panthéon.

RÉPUBLIQUE FRANÇAISE.

MAIRIE DE PARIS.

LE MAIRE DE PARIS,

ARRÊTE :

ARTICLE 1er.

Une Commission de vingt citoyens sera chargée de réviser la dénomination des rues de Paris.

ART. 2.

Le Maire de Paris, ses Adjoints et le Secrétaire général de la Mairie de Paris, sont membres de cette Commission.

ART. 3.

Les quatorze autres membres de la Commission seront élus par l'assemblée des Maires et Adjoints des vingt arrondissements de Paris.

ART. 4.

Dès à présent, la Mairie de Paris, interprête du vœu populaire, décide :

1° La rue dite *du Dix-Décembre* prendra le titre de rue DU 4 SEPTEMBRE ;

2° L'avenue dite *de l'Impératrice* prendra le nom d'avenue DU GÉNÉRAL UHRICH, le gloreux défenseur de Strasbourg.

ART. 5.

Le Secrétaire général de la Mairie de Paris est chargé de l'exécution du présent arrêté.

Fait à l'Hôtel de Ville de Paris, le 12 septembre 1870.

Le Maire de Paris,
ÉTIENNE ARAGO.

Les Adjoints au Maire :
CH. FLOQUET, HENRI BRISSON, CLAMAGERAN.

Pour ampliation :
Le Secrétaire général de la Mairie,
JULES MAHIAS.

Typ. CHARLES DE MOURGUES frères, Imprimeurs de la Mairie de Paris, rue J.-J. Rousseau, 58. — 7301.

RÉPUBLIQUE FRANÇAISE

MAIRIE DU 3E ARRONDISSEMENT

L'ennemi est aux portes de Paris. Le sang de nos Défenseurs est sur le point de couler. Par le fer et le feu, l'art terrible de la guerre va leur infliger des souffrances dont il sera demandé compte, un jour, à qui les aura causées! A l'approche de ces épreuves douloureuses et innombrables, en prévision des blessures à panser, des infortunes à soulager, de la désolation des familles pleurant des maris, des fils, des pères glorieusement atteints et mutilés au poste d'honneur, la Municipalité du 3e Arrondissement vient faire un appel chaleureux au patriotisme des Femmes qui suivent de cœur les péripéties de dangers qu'elles ne peuvent partager.

Les ressources s'épuisent, si abondantes qu'on les suppose; en des jours où chaque minute peut marquer un nouveau malheur, il faut qu'elle apporte une compassion et une offrande de plus.

Que nos généreuses Concitoyennes s'organisent donc au plus vite, par quatre ou six sections dans chaque Quartier. A cet égard, leur initiative fera le mieux possible, mais il importe que le résultat soit prompt. Aussitôt que la répartition du service aura eu lieu, nos Mères, nos Femmes, nos Sœurs nommeront elles-mêmes des Commissaires, pour aller de rue en rue, de maison en maison, d'étage en étage, solliciter les sympathies des Habitants, à l'effet de pouvoir établir dans le 3e arrondissement des **AMBULANCES PARISIENNES** de Secours aux Blessés, de recueillir les offres de concours personnels, les dons en argent ou en nature, de quelque espèce que ce soit : Linge, Literie, Flanelle, Vêtements, Aliments, Médicaments, etc., etc.

De tels élans ne contribueront pas moins que la valeur des Combattants à maintenir au premier rang, parmi les peuples civilisés, la Nation Française, dont Paris est appelé à sauvegarder les destinées.

DIEU PROTÉGE LA FRANCE ET LA RÉPUBLIQUE!

13 Septembre 1870. **BONVALET**, *Maire.*

MURAT, CLÉRAY et CHAVAGNAT, Adjoints.

Paris. — Typ. MORRIS père et fils, rue Amelot, 64.

RÉPUBLIQUE FRANÇAISE

DISPOSITIONS

A PRENDRE CONTRE L'INCENDIE

PENDANT LA DURÉE DU SIÉGE.

Un service de surveillance sera organisé jour et nuit et sans interruption, au moyen de rondes permanentes faites tant dans les salles que dans les combles.

Ce service sera confié aux sapeurs-pompiers conjointement avec les surveillants et gardiens spéciaux des établissements, et en nombre déterminé pour chacun d'eux.

Lors de la prise du service, les surveillants et sapeurs devront s'assurer du bon état du matériel et de l'existence des réserves d'eau dans les récipients de toutes grandeurs (vases, tonnes, réservoirs), qui doivent être constamment remplis.

Dès qu'un commencement d'incendie se manifestera, le surveillant le plus rapproché se transportera sur ce point avec un seau, une éponge ou les autres moyens de secours qu'il aura à sa disposition et commencera l'extinction. Pendant ce temps, les autres gardiens viendront à son aide avec la pompe, et, au besoin, l'un d'eux se détachera pour aller prévenir le poste de sapeurs-pompiers le plus voisin.

Si ce commencement d'incendie est dû à un projectile, le surveillant devra attendre l'explosion de celui-ci avant d'agir, et, au cas où il renfermerait des matières incendiaires (pétrole, roche à feu, etc.), il devrait employer la couverture mouillée, dont il couvrirait les parties enflammées.

Toutes les lumières devront être renfermées dans des lanternes dites *marines*.

L'interdiction de fumer ou de faire du feu est absolue ; les allumettes employées à l'allumage devront être amorphes.

Les surveillants devront, en outre, se conformer à la consigne particulière de chaque établissement.

Paris, le 13 septembre 1870.

Le Colonel du régiment de sapeurs-pompiers,

Signé VILLERME.

Les présentes dispositions, arrêtées par M. le colonel des sapeurs-pompiers de Paris, seront affichées dans l'endroit le plus apparent de toutes les salles des musées et bibliothèques, et dans le vestibule des établissements d'instruction publique.

Le Ministre de l'Instruction publique
et des Cultes,

JULES SIMON.

IMPRIMERIE NATIONALE. — Septembre 1870.

GUERILLA

DE

L'ILE-DE-FRANCE

Trois Bataillons d'Infanterie. — Un Escadron de Cavalerie.

BUREAU D'ORGANISATION

AU JOURNAL DE LA GUERRE

11, *rue du Faubourg-Montmartre.*

Le but de la création de ce corps franc, dont le *Journal de la Guerre* a pris l'initiative, est de protéger, en cas de siége, la campagne de Paris, célèbre depuis tant de siècles sous le nom d'ILE-DE-FRANCE !

C'est là un but éminemment national dans les circonstances graves que nous traversons, et de plus, un but éminemment parisien.

Nous faisons appel aux adhésions, aux souscriptions EN ARGENT et EN NATURE, de tous les enfants de Paris, de tous les enfants de la France.

Est-il besoin de représenter aux habitants des départements limitrophes de la Seine que nous soutenons avant tout leur cause, celle de leur foyer, celle de tous leurs intérêts les plus intimes ?

Notre appel est pressant. L'heure est instante. Les minutes sont devenues des siècles.

Levons-nous ! unissons nos efforts, et l'ennemi n'apparaîtra sous nos murs que pour assurer le triomphe de la France !

*Les Enrôlements et les souscriptions sont reçus au Journal, rue du Faubourg-Montmartre, nº 11, et dans les Bureaux de l'*Association générale typographique, *rue du Faubourg-Saint-Denis, 19. — On s'inscrit aussi, pour les enrôlements, chez M.* André PERI, *commandant provisoire, rue du Château-d'Eau, 61.*

588. PARIS. — ASSOCIATION GÉNÉRALE TYPOGRAPHIQUE, RUE DU FAUBOURG-SAINT-DENIS, 10, BERTHELEMY ET Cⁱᵉ.

RÉPUBLIQUE FRANÇAISE.

GOUVERNEMENT DE LA DÉFENSE NATIONALE.

ORDRE.

Aux Gardes nationaux et aux Gardes mobiles de la Seine;

Aux Gardes mobiles des départements.

Jamais aucun général d'armée n'a eu sous les yeux le grand spectacle que vous venez de me donner : trois cents bataillons de citoyens, organisés, armés, encadrés par la population tout entière, acclamant dans un concert immense la défense de Paris et la liberté.

Que les nations étrangères qui ont douté de vous, que les armées qui marchent sur vous ne l'ont-elles entendu! Elles auraient eu le sentiment que le malheur a plus fait en quelques semaines, pour élever l'âme de la nation, que de longues années de jouissance pour l'abaisser. L'esprit de dévouement et de sacrifice vous a pénétrés, et déjà vous lui devez le bienfait de l'union des cœurs, qui va vous sauver.

Avec notre formidable effectif, le service journalier de garde dans Paris ne sera pas de moins de 70,000 hommes en permanence. Si l'ennemi, par une attaque de vive force, ou par surprise, ou par la brèche ouverte, perçait l'enceinte, il rencontrerait les barricades, dont la construction se prépare, et ses têtes de colonnes seraient renversées par l'attaque successive de dix réserves échelonnées.

Ayez donc confiance entière, et sachez que l'enceinte de Paris, défendue par l'effort persévérant de l'esprit public et par trois cent mille fusils est inabordable.

GARDES NATIONAUX DE LA SEINE ET GARDES MOBILES,

Au nom du Gouvernement de la défense nationale, dont je ne suis devant vous que le représentant, je vous remercie de votre patriotique sollicitude pour les chers intérêts dont vous avez la garde.

A présent, à l'œuvre dans les neuf sections de la défense! De l'ordre partout, du calme partout, du dévouement partout! Et rappelez-vous que vous demeurez chargés, je vous l'ai déjà dit, de la police de Paris pendant ces jours de crise.

Préparez-vous à souffrir avec constance. A cette condition vous vaincrez.

A Paris, le 14 septembre 1870.

Le Président du Gouvernement de la défense nationale,
Gouverneur de Paris,
Général TROCHU.

IMPRIMERIE NATIONALE. — Septembre 1870.

RÉPUBLIQUE FRANÇAISE.

GOUVERNEMENT DE LA DÉFENSE NATIONALE.

ARRÊTÉ.

LE MINISTRE DE L'AGRICULTURE ET DU COMMERCE,

En exécution du décret du 11 septembre courant, qui a rétabli la taxe de la viande de boucherie à Paris,

ARRÊTE :

ARTICLE PREMIER.

A dater du *vendredi* 16 *septembre* jusqu'au *jeudi* 22 *septembre* inclusivement, la viande de bœuf et la viande de mouton seront payées, dans la ville de Paris, aux prix suivants :

VIANDE DE BOEUF.

Catégorie	Morceaux	Prix
1re Catégorie	Tende de tranche.. Culotte. . . . . . . Gîte à la noix . . . Tranche grasse. . . Aloyau.	2 fr. 10 le kil.
2e Catégorie.	Paleron. . . . . . . Côtes. . . . . Talon de collier . . Bavette d'aloyau . . Rognons de graisse	1 fr. 70 le kil.
3e Catégorie.	Collier. . . . . . . Pis. . . . . Gîtes. . . . . Plats de côtes. . . . Surlonges . . . . . Joues.	1 fr. 30 le kil.

Le filet et le faux filet détachés, ainsi que le rognon de chair, ne seront pas soumis à la taxe.

VIANDE DE MOUTON.

Catégorie	Morceaux	Prix
1re Catégorie	Gigots . . . . . . Carrés	1 fr. 80 le kil.
2e Catégorie.	Épaules.	1 fr. 30 le kil.
3e Catégorie.	Poitrine. . . . . . Collet. . . . . Débris de côtelettes	1 fr. 10 le kil.

Les côtelettes *parées* ne sont pas soumises à la taxe.

ART. 2.

Les différentes espèces et catégories de viande exposées en vente seront indiquées par des écriteaux.

ART. 3.

Il est défendu aux bouchers d'introduire dans les pesées de viande des os décharnés et ce que l'on appelle vulgairement de la *réjouissance*.

ART. 4.

Les bouchers ne peuvent obliger l'acheteur à prendre avec le morceau de son choix de la viande d'une autre espèce ou d'une autre catégorie, non plus que des morceaux différents de la même catégorie.

ART. 5.

Le présent arrêté devra être placardé dans l'endroit le plus apparent de la boutique de chaque boucher.

Paris, le 14 septembre 1870.

Le Ministre de l'Agriculture
et du Commerce,
J. MAGNIN.

2 IMPRIMERIE NATIONALE — Septembre 1870.

MAIRIE DE TOULON.

DÉPARTEMENT DU VAR.

RÉPUBLIQUE FRANÇAISE

Liberté, Égalité, Fraternité.

NOUS, MAIRE DE LA VILLE DE TOULON,

Considérant que la ville de Strasbourg, par l'énergie de ses habitants, par l'héroïsme de ses défenseurs, a bien mérité de la patrie ;

Considérant qu'il importe de perpétuer le souvenir de cette lutte acharnée de nos frères d'Alsace contre l'invasion barbare de la Prusse,

ARRÊTONS :

ARTICLE 1er. — Le boulevard Louis-Napoléon prendra désormais le nom de boulevard de Strasbourg.

ARTICLE 2. — Le citoyen ingénieur de la ville est chargé de l'exécution du présent arrêté.

Fait à Toulon, en l'Hôtel-de-Ville, le 14 Septembre 1870.

Le Maire de Toulon,
Noël BLACHE.

3640 Toulon — Typographie et Lithographie F. ROBERT, boulevard de Strasbourg.

RÉPUBLIQUE FRANÇAISE

MAIRIE DU 2me ARRONDISSEMENT

LOGEMENTS VACANTS

Aux termes d'une circulaire de M. le Maire de Paris en date du 11 septembre, les Propriétaires, Gérants ou Concierges des maisons situées dans le 2e Arrondissement sont invités à se présenter IMMÉDIATEMENT au bureau de l'Architecte situé à la Bourse (1).

A l'effet de déclarer les appartements non loués ou dont les locataires sont absents.

Les mesures de rigueur que l'état de siége donne le droit d'exercer aux représentants de l'autorité, seront appliquées à l'égard de ceux qui voudraient se soustraire à cette obligation.

LE MAIRE,
TIRARD.

(1) Les déclarations seront reçues demain Mardi et après-demain Mercredi de huit à onze heures et de une heure à six. (Entrée par le grand Escalier.)

Imprimerie PRISSETTE, passage Kuszner, 17. Maison passage du Caire, 17.

RÉPUBLIQUE FRANÇAISE.

MAIRIE DE PARIS.

AVIS.

Les Gardes mobiles des départements appelés à Paris pour la défense nationale ont été logés chez les habitants.

Les billets de logement délivrés fixaient un délai de huit jours.

Le Maire requiert les citoyens de Paris de continuer à loger les Gardes mobiles jusqu'à nouvel ordre de l'Autorité.

Il compte sur le patriotisme de ses concitoyens, mais il doit leur rappeler que ceux qui résisteraient à cette réquisition, conséquence de l'état de siége, s'exposeraient à des pénalités sévères.

Fait en l'Hôtel de Ville de Paris, le 14 septembre 1870.

Le Maire de Paris,
ÉTIENNE ARAGO.

Typ. CHARLES DE MOURGUES frères, Imprimeurs de la Mairie de Paris, rue J.-J. Rousseau, 58. — 7343.

MINISTÈRE DES FINANCES.

BONS DU TRÉSOR.

Sur la demande qui en a été faite, et pendant la durée du siége, le Trésor recevra les sommes qui lui seront versées contre des Bons :

A l'échéance d'un mois, avec intérêt à 5 p. 0/0 ;

Et de deux mois, avec intérêt à 5 1/2 p. 0/0.

L'intérêt des Bons ordinaires, de trois mois à un an, est fixé à 6 p. 0/0.

IMPRIMERIE NATIONALE. — Septembre 1870.

MINISTÈRE DES TRAVAUX PUBLICS
Commission du Génie civil

VILLE DE PARIS

SERVICE DES PRESCRIPTIONS ET SECOURS
CONTRE L'INCENDIE
EN CAS DE BOMBARDEMENT

Il est rappelé que, jusqu'ici, les Compagnies d'assurances ne répondent pas des incendies occasionnés par guerre, invasion, émeute et force militaire quelconque.

I.—Dans chaque maison, à tous les étages, *spécialement aux étages supérieurs*, dans chaque cour, des cuves, tonneaux défoncés, baquets, etc., devront constamment être tenus pleins d'eau; on aura, à côté, des seaux en nombre suffisant : l'approvisionnement devra être en rapport avec l'importance de la propriété. Au moment du bombardement, il sera bon de placer dans chaque chambre un seau plein d'eau ou tout autre récipient de capacité équivalente.

II. — Les puits, pompes, cordes, poulies, seaux, etc., seront mis et entretenus en parfait état de service; à côté de chaque puits, on devra placer des réservoirs ou des tonneaux défoncés.

III. — Dans les maisons où il y aurait des approvisionnements d'essence, d'alcool, de pétrole, etc., on devra placer, à proximité, du sable ou de la terre en quantité suffisante pour éteindre le feu. Les tonneaux ou bonbonnes renfermant ces matières doivent toujours rester dans les caves, et autant que possible être enterrés.

Les dépositaires de poudre, cartouches et autres substances fulminantes devront prendre la plus grande précaution pour les abriter et les noyer en cas d'urgence.

IV. — Les approvisionnements de bois et de toute autre matière combustible qui seraient déposés dans les cours des maisons d'habitation, devront être enlevés ou descendus dans les caves. En cas d'impossibilité, il faudra placer des réservoirs, des tonneaux pleins d'eau et, à côté, des seaux en nombre suffisant.

On devra maintenir, à proximité des soupiraux de caves, des sacs de terre ou des volets permettant de fermer complétement ces ouvertures, en cas d'incendie.

V. — Dans l'intérieur des appartements, les rideaux et tentures, en étoffes autres que celles en laine ou en soie, devront être retirés au moment du danger.

VI. — Il faut absolument enlever des greniers et autres pièces de débarras des étages supérieurs, les caisses, amas de bois et matières facilement inflammables. Ces emplacements, ordinairement encombrés, sont les plus exposés et exigent le plus de précautions.

VII. — Afin de permettre l'accès immédiat des logements, dans le cas de pénétration de projectiles ou d'un commencement d'incendie, les personnes qui s'absenteront, même momentanément, devront remettre leurs clefs étiquetées chez le concierge.

Les clefs des maisons ou appartements non occupés devront également être déposées chez les concierges ou chez les voisins.

VIII. — Dès qu'un commencement d'incendie se manifeste, il faut prévenir immédiatement le poste de pompiers le plus voisin et maintenir fermées les portes, fenêtres et cheminées.

IX. — Dans toutes les maisons, il devra être ménagé un moyen facile d'arriver sur les toits.

X. — Les planches, madriers et autres pièces mobiles, faisant partie des échafaudages des maisons en construction, seront descendus dans les caves, ainsi que les bois de charpente et de menuiserie non encore utilisés. Des tonneaux défoncés et pleins d'eau seront disposés à proximité.

AVIS ET CONSEILS AUX HABITANTS

Les projectiles qui, en cas de bombardement, tomberont sur la ville, sont des bombes ou des obus. Il n'y a pas de moyen pratique d'empêcher leur pénétration dans les maisons, mais il ne faut pas s'exagérer le danger. Grâce à l'étendue de Paris, le nombre des quartiers sur lesquels le bombardement peut être dirigé sera restreint, et nos maisons sont construites de façon à ne pas être facilement démolies. Les rez-de-chaussées et les étages inférieurs seront généralement à l'abri de l'action directe des projectiles; il sera probablement nécessaire d'évacuer les étages supérieurs dans les quartiers bombardés et de protéger les étages inférieurs contre les éclats de projectiles tombant dans les rues ou dans les cours, en plaçant des matelas entre les persiennes et les fenêtres.

La plupart des obus éclatent par le choc, au moment même de leur chute. On évite leurs effets meurtriers en se précipitant à plat ventre, le plus loin possible du projectile, si on n'a pas eu le temps de se mettre à l'abri derrière un mur ou un meuble solide. Ils communiquent rarement l'incendie et seulement quand l'explosion a lieu tout auprès de matières inflammables.

Il est, en tout cas, absolument nécessaire d'aller se rendre compte immédiatement de l'effet d'une explosion d'obus.

On doit craindre également l'emploi des obus incendiaires qui, en général, ne font pas explosion; ils sont remplis d'une composition volatile qui fournit, par plusieurs ouvertures, des jets violents de flammes très-puissantes. Ces obus incendiaires se distinguent facilement des autres, surtout la nuit, puisqu'ils sont lumineux. On pourrait *peut-être* s'en approcher sans danger; mais, néanmoins, il est *de toute prudence* et il est *bien recommandé* d'attendre que leurs flammes propres aient cessé de se dégager, avant de venir éteindre les objets qu'ils auront enflammés. On éteindrait, du reste, difficilement avec de l'eau le projectile lui-même pendant l'émission des flammes.

Pour remédier de suite aux commencements d'incendie qui pourraient se produire, il est recommandé d'avoir sous la main une couverture, une toile d'emballage ou autre toujours mouillée, un bâton muni, à une de ses extrémités, d'une grosse éponge ou d'un tampon de linge imbibé d'eau.

On pourra empêcher l'altération de l'eau qui séjournerait longtemps dans les tonneaux, en y mettant du charbon de bois concassé enfermé dans un sac de toile (environ un demi-litre par hectolitre d'eau); dans le cas où, après un certain temps, l'eau présenterait des traces de mauvaise odeur, il suffirait de renouveler le charbon en même quantité. L'acide phénique (environ un petit verre par tonneau), le goudron, produiront des effets analogues.

Une bonne mesure à prendre consisterait à recueillir les eaux pluviales d'une façon quelconque.

Dans toutes les maisons qui possèdent des extincteurs à eau saturée d'acide carbonique, il faut s'assurer de l'approche facile de ces appareils et de la possibilité de leur bon fonctionnement.

On prie les propriétaires, dans un but de secours réciproques, de rechercher et d'établir les moyens de communication possible, par les cours ou les jardins, entre les immeubles mitoyens, afin de faciliter l'accès des maisons, pour le cas du bombardement des rues dans le sens de leur longueur.

Les cartes d'Inspecteur du service des Prescriptions et Secours contre l'incendie portent :

X... en qualité d'Inspecteur, sous la direction du colonel des Sapeurs-Pompiers, est autorisé, avec l'assistance des Maires de Paris, à requérir ce qui sera nécessaire pour l'exécution des prescriptions contre l'incendie.

Les réquisitions seront signées par les Maires.

(Timbres de la Commission et de l'Administration)

Le Président de la Commission

H. TRESCA.

IMPRIMERIE CENTRALE DES CHEMINS DE FER, — A. CHAIX ET Cie, RUE BERGÈRE, 20, A PARIS. — 13962-0

GOUVERNEUR DE PARIS.

AVIS.

Un grand nombre d'anciens militaires ayant répondu à l'appel qui a été fait à leur dévouement pour la création d'un Corps de Canonniers volontaires, il va être procédé à la formation de neuf compagnies qui répondront à neuf sections formées sur l'enceinte des fortifications.

Les volontaires inscrits, et ceux qui ne le sont pas encore, pourront choisir la Compagnie dans laquelle ils désirent être incorporés. A cet effet, ils iront donner leur nom, DIMANCHE PROCHAIN, de 9 heures à 4 heures, dans les Mairies indiquées sur le tableau ci-dessous.

Les Compagnies ainsi formées seront chargées du service de l'artillerie de l'enceinte de la section correspondant à cette Mairie, et ne seront jamais déplacées pour être employées ailleurs.

Aussitôt le personnel de chaque Compagnie connu, un avis affiché indiquera le lieu, le jour et l'heure d'une première réunion, et il sera procédé immédiatement à tous les détails d'organisation.

Nos DES BASTIONS.	NUMÉROS des COMPAGNIES.	CIRCONSCRIPTIONS.	LIEUX D'INSCRIPTION.
Bastions no 1 jusqu'au no 11 inclus.	1re Compagnie	de Bercy à la porte de Montreuil.	MAIRIE DU 12e ARRONDISSEMENT : Reuilly, place de l'Église, Bercy.
Bastions de 12 à 24.	2e Compagnie	de la porte de Montreuil à la porte de Pantin.	MAIRIE DU 20e ARRONDISSEMENT : Ménilmontant, rue de Belleville, 128-130.
Bastions de 25 à 33.	3e Compagnie	de la porte de Pantin à la porte de La Chapelle.	MAIRIE DU 19e ARRONDISSEMENT : Buttes-Chaumont, rue de Crimée, 160.
Bastions de 34 à 45.	4e Compagnie	de la porte de La Chapelle à la porte d'Asnières.	MAIRIE DU 18e ARRONDISSEMENT : Buttes-Montmartre, place des Abbesses.
Bastions de 46 à 54.	5e Compagnie	de la porte d'Asnières à l'avenue de l'Impératrice.	MAIRIE DU 17e ARRONDISSEMENT : Batignolles-Monceaux, Mairie des Batignolles, rue de la Mairie.
Bastions de 55 à 67.	6e Compagnie	de l'avenue de l'Impératrice à la Seine.	MAIRIE DU 16e ARRONDISSEMENT : Passy, rue de Passy, 67.
Bastions de 68 à 76.	7e Compagnie	de la Seine à la porte de Vanves.	MAIRIE DU 15e ARRONDISSEMENT : Vaugirard, rue de Vaugirard.
Bastions de 77 à 94.	8e Compagnie	de la porte de Vanves à la Bièvre.	MAIRIE DU 14e ARRONDISSEMENT : Observatoire, chaussée du Maine.
Bastions de 87 à 94.	9e Compagnie	de la Bièvre à la Seine.	MAIRIE DU 13e ARRONDISSEMENT : Gobelins, place Pinel.

Le Gouverneur de Paris,
GÉNÉRAL TROCHU.

Typ. CHARLES DE MOURGUES frères, Imprimeurs de la Préfecture de la Seine, rue J.-J. Rousseau, 58.—7079.

AMBULANCES SPÉCIALES

DE LA

GARDE NATIONALE SÉDENTAIRE

APPEL AUX PARISIENS !

CHERS CONCITOYENS,

Les graves et périlleux événements que nous allons traverser nous imposent la douloureuse nécessité de penser aux misères qu'ils vont faire naître.

Dans quelques jours, *la Garde Nationale sédentaire*, cette grande famille étroitement unie pour la plus noble des causes, va combattre et donner son sang pour défendre et sauver notre honneur national.

Quelques-uns tomberont martyrs de leur bravoure et de leur patriotisme. Pensons à eux !

Pensons à l'anxiété de la mère et de l'enfant qui verront partir le mari, le père, qu'une blessure peut ramener au logis sans feu et peut-être sans pain !

Unissons-nous dans un même sentiment d'humanité et de fraternité ! Que ceux qui possèdent viennent en aide aux plus pauvres !

Faisons un suprême effort ; imposons-nous de nouveaux sacrifices pour calmer les angoisses des familles et faire face aux malheurs qui nous menacent !

Dans cette pensée et sous les auspices du *Gouverneur de Paris*, des *Ministres*, du *Commandant supérieur de la Garde nationale sédentaire*, de *l'Archevêque de Paris*, de différents *Maires et Chefs de bataillon*, UN COMITÉ D'INITIATIVE composé de Commerçants et de Gardes nationaux, vient de créer les AMBULANCES SPÉCIALES DE LA GARDE NATIONALE SÉDENTAIRE.

Déjà une grande quantité de chevaux et de voitures ont été mis à la disposition du Comité pour une partie des services qu'il organise. Des dons de toute nature lui ont été envoyées ; mais IL FAUT DAVANTAGE !

Nous prions donc ceux qui peuvent disposer de chevaux, de voitures et de locaux vastes et bien aérées, d'en informer immédiatement l'*Administration centrale*, 131 *rue Montmartre*.

Nous faisons à la GARDE NATIONALE SÉDENTAIRE un pressant et chaleureux appel.

Que chacun apporte son offrande, si minime qu'elle soit.

DONNEZ! mais DONNEZ VITE!! car, dans quelques jours, nous aurons des infortunes à soulager, des blessés à soigner.

EXTRAIT DE L'ORGANISATION GÉNÉRALE

1° Les Ambulances spéciales de la Garde nationale sédentaire ont pour but d'établir un lien direct entre les familles et ceux de leurs membres qu'un service actif appelle à la défense de nos remparts;

2° Dans chaque Ambulance sont nommés deux Administrateurs responsables chargés de la bonne exécution des ordres et de la surveillance générale;

3° Les voitures d'Ambulance porteront les numéros de leurs bataillons respectifs et les suivront à chaque prise d'armes pour se tenir prêtes à toutes réquisitions;

De deux en deux heures, une ou plusieurs voitures partiront du dépôt pour faire le service des bataillons envoyés soit aux fortifications, soit ailleurs. Elles seront mises à la disposition de qui de droit;

Des affiches apposées aux Mairies et aux Ambulances indiqueront les heures de départ des voitures pour les fortifications;

Les familles pourront, par ce moyen, faire parvenir aux hommes de garde les vivres ou toutes choses qu'elles jugeront nécessaires; de leur côté, les Gardes Nationaux auront la faculté de remettre aux voitures de retour les objets qu'ils désireront renvoyer à leurs familles;

4° Le service médical est placé sous la haute direction de M. le docteur NONAT, médecin honoraire des hôpitaux;

Le service chirurgical est confié à M. le docteur de MAISONNEUVE, chirurgien en chef de l'Hôtel-Dieu;

5° Conformément à la Convention de Genève, les ambulances spéciales de la Garde Nationale sédentaire, avec l'autorisation de son Conseil d'administration, seront protégées par le drapeau de la Société Internationale;

6° Les noms des généreux citoyens qui nous auront aidé dans la tâche désintéressée que nous nous imposons, seront publiés par voie d'affiches et par les journaux.

ARTICLE UNIQUE DES STATUTS.

TOUT SECOURS OU CONCOURS EST GRATUIT.

LE CONSEIL DE SURVEILLANCE EST COMPOSÉ DE :

MM. le Général TAMISIER, Commandant supérieur de la Garde Nationale de la Seine, *Président honoraire*.

HAURÉAU, membre de l'Institut, directeur de l'Imprimerie nationale, *Président*.

Monseigneur DARBOY, Archevêque de Paris.

Docteur HORTELOUP, chirurgien-major de l'État-Major de la Garde nationale sédentaire.

Docteur MAISONNEUVE, Chirurgien en chef de l'Hôtel-Dieu.

Docteur NONAT, médecin honoraire des hôpitaux.

MM. RANC, Maire du IXe arrondissement.

ROTHSCHILD (Baron ALPHONSE DE), banquier.

SERURIER (comte), Vice-Président de la Société internationale.

TIRARD, Maire du 2me arrondissement.

VAN HOORICK, chef du 11me bataillon de la Garde Nationale.

L'organisation des Ambulances de la Garde Nationale sédentaire a été approuvée par MM. :

LE GOUVERNEUR DE PARIS. — LE MINISTRE DE L'INTÉRIEUR. — LE MINISTRE DU COMMERCE.

Le Comte DE FLAVIGNY, Président de la Société internationale de secours aux blessés de terre et de mer.

Directeur délégué, E. CLÉMENT (Imprimerie internationale); — Rapporteur, Me RENARD, notaire; — Trésorier, F. GAYTTE, banquier; — Secrétaire, O.-E. LAMY.

Nota. — **LES DONS PATRIOTIQUES SERONT REÇUS RUE MONTMARTRE, 131.**

1481 — Paris, EDOUARD BLOT, rue Bleue, 7.

GARDE NATIONALE
DE LA SEINE

ORDRE DU JOUR

Les habitants de Paris sont prévenus que demain 16 septembre les exercices de Tir commenceront sur les remparts de l'enceinte dans toutes les sections avec l'autorisation du Gouverneur général.

Les exercices auront lieu pendant toute la journée et continueront les jours suivants.

Les Tambours et Clairons annonceront sur le rempart le commencement des exercices de Tir un quart d'heure à l'avance.

Les Gardes nationaux ne se rendront au rempart pour le Tir que sur l'ordre des Commandants de Sections.

Paris, le 15 septembre 1870.

Le Commandant supérieur de la Garde nationale,
TAMISIER.

Paris. — Imprimerie PAUL DUPONT, rue J.-J.-Rousseau, 41 (Hôtel des Fermes). 3825.9.70

HABITANTS
DE LA
Ville de Saint-Denis

Une panique ridicule a mis en émoi ce matin toute la Ville de Saint-Denis. Quelques soulards ou quelques individus affolés de terreur et qui croient voir l'ennemi partout, ont tiré quelques coups de fusil isolés, qui ont suffi pour mettre en fuite la population, faire battre le rappel et prendre les armes sans ordre à la Garde nationale. Il faut avant tout se prémunir contre ces surprises qui peuvent amener les plus grands malheurs.

Vous êtes à l'abri de choses de ce genre : un réseau d'avant-postes de 2,500 hommes environ, infanterie et cavalerie, vous couvre de toutes parts; en outre, des reconnaissances nombreuses sillonnent le terrain à sept ou huit kilomètres. Restez en paix : nous vous protégeons et nous vous gardons.

La Garde nationale va recevoir des cartouches, chacun connaîtra bientôt son poste de combat, quand le moment sera venu ; jusque-là, et sans mon ordre, que les tambours ne battent pas le rappel, que les Gardes nationaux qui ne sont pas de service restent chez eux.

L'armée veille.

Au Quartier général, 16 *Septembre* 1870.

Le Général commandant supérieur de Saint-Denis et Forts,
DE BELLEMARE.

Saint-Denis. — Typographie de A. MOULIN, rue de Paris, 17.

RÉPUBLIQUE FRANÇAISE

PRÉFECTURE DE POLICE

AVIS

Tous les Industriels, Usiniers, Propriétaires de Lavoirs sont invités à tenir constamment en état et remplir les Réservoirs dont ils disposent. Ces Réservoirs seront mis en communication avec la rue au moyen de tuyaux adaptés au robinet de décharge qui devra être établi, dans ce but, là où il n'en existe pas.

Les machines nécessaires à l'alimentation devront être tenues constamment sous vapeur, à la pression voulue, pour pouvoir remplir presque immédiatement les récipients vides, au moyen de l'eau des puits que possèdent un grand nombre de ces établissements.

Il devra être placé sous la porte extérieure un écriteau indiquant qu'il existe dans l'établissement un approvisionnement d'eau.

Les Habitants sont tenus d'avoir chez eux, et à tous les étages, des récipients solides, tels que Baquets, Seaux, etc., constamment pleins d'eau, afin de pouvoir porter eux-mêmes les premiers secours, en cas d'incendie.

Paris, le 17 *Septembre* 1870.

Le Préfet de Police,
DE KÉRATRY.

Par le Préfet de Police :
Le Secrétaire général,
ANTONIN DUBOST.

BOUCQUIN, imp. de la Préfecture de Police, rue de la Ste-Chapelle, 5. — Paris, 1870.

RÉPUBLIQUE FRANÇAISE

GOUVERNEMENT DE LA DÉFENSE NATIONALE.

Le Gouvernement de la Défense nationale,

Vu la loi du 28 janvier 1868 (art. 8);

Considérant que les circonstances dans lesquelles a eu lieu la nomination des officiers de la garde mobile rendent nécessaire l'élection des officiers;

DÉCRÈTE :

ARTICLE PREMIER.

Les bataillons de la Garde mobile actuellement armés et réunis à Paris sont appelés à élire leurs officiers.

ART. 2.

Les élections auront lieu le lundi 19 septembre par les soins du Chef de bataillon en exercice.

ART. 3.

Le Ministre de la guerre est chargé de l'exécution du présent décret.

Paris, le 16 septembre 1870.

Général TROCHU, JULES FAVRE, EMMANUEL ARAGO, JULES FERRY, GAMBETTA, GARNIER-PAGÈS, PELLETAN, E. PICARD, ROCHEFORT, JULES SIMON.

I IMPRIMERIE NATIONALE. — Septembre 1870.

RÉPUBLIQUE FRANÇAISE

VILLE DE PARIS

FOURNEAUX ÉCONOMIQUES

Des FOURNEAUX ECONOMIQUES viennent d'être installés, par les soins de l'Administration municipale, dans les dépendances des Maisons de Secours ci-après désignés. — Des aliments y seront distribués à prix réduits.

- 1er Arr. Rue **du Marché-St-Honoré**, 32.
- 2e Arr. Rue **de la Jussienne**, 16. — Rue **de la Lune**, 14.
- 3e Arr. Rue **de Béarn**, 10. — Rue **du Verbois**, 50.
- 4e Arr. R. **Ste-Croix**-de-la-**Bretonnerie**, 22 — Rue **du Cloître-St-Merri**, 10.
- 5e Arr. Rue **de l'Épée-de-Bois**, 5. — Rue **Saint-Jacques**, 250. — Rue **Boutebrie**, 1.
- 6e Arr. Rue **Saint-Benoît**, 10. — Rue **de Vaugirard**, 82.
- 7e Arr. Rue **Oudinot**, 1.
- 8e Arr. Rue **de Monceaux**, 19.
- 9e Arr. Rue **de La Rochefoucauld**, 25.
- 10e Arr. Rue **Parmentier**, 4. — Rue **du Terrage**, 16.
- 11e Arr. Rue **du Chemin-Vert**, 72. — Rue **Saint-Maur**, 135. — Rue **Salut-Bernard**, 33.
- 12e Arr. Rue **de Cîteaux**, 170. — Rue **de Reuilly**, 77. — Passage **Corbes**.
- 13e Arr. Place **Jeanne-d'Arc**. — Rue **Jenner**. — Rue **de la Glacière**, 58.
- 14e Arr. Rue **de la Tombe-Isoire**, 73. — Rue **Mouton-Duvernet**. — Rue **de Constantine**, 55.
- 15e Arr. Rue **Violet**, 69.
- 15e Arr. Rue **d'Alleray**, 5. — Rue **de Vaugirard**, 171.
- 16e Arr. Rue **Jouvenet**, 14. — Rue **de Lauriston**, 22. — Rue **du Ranelagh**, 50.
- 17e Arr. Rue **Gautey**, 43. — Rue **Salneuve**, 21. — Rue **de Villiers**, 15.
- 18e Arr. Rue **Affre**, 9. — Rue **Duranton**, 2 ter.
- 19e Arr. Rue **de Louvain**, 7. — Rue **de Meaux**, 38. — Place **do l'Eglise**, à La Villette.
- 20e Arr. Rue **de Bagnolet**, 118. — Rue **de la Mare**, 24. — Rue **de Ménilmontant**, 113.

TARIF

Un demi-litre de Bouillon de Bœuf. . . . . 5 centimes

Une portion de Viande cuite d'environ 60 grammes. . . . . 5 —

45 centilitres de légumes cuits au gras ou au maigre . . 5 —

45 centilitres de potage au riz . . . . 5 centimes

125 grammes de pain de 1re qualité. . . . . 5 —

N. B. Les aliments peuvent être emportés ou consommés sur place.

Paris, imp. PAUL DUPONT et Ce, rue Jean-Jacques-Rousseau, 41. (L. Pr.)

MAIRIE
DE TOULON.

DÉPARTEMENT
DU VAR.

République Française.

PROCLAMATION

CITOYENS,

L'heure des sacrifices héroïques vient de sonner. Jamais, à aucune époque de son histoire, la France n'avait dû faire face à d'aussi terribles dangers.

C'est au milieu de ces circonstances, à la fois douloureuses et solennelles, que le Gouvernement républicain, que votre Conseil municipal m'appelle au redoutable honneur de diriger les affaires de notre cité.

Le poste qui m'est confié est un poste de combat : c'est là la suprême excuse de mon acceptation.

Je viens à vous plein de confiance dans les ardeurs de votre patriotisme, et je vous demande, au nom de la nation en deuil, de me seconder vigoureusement dans la tâche ardue que je dois accomplir.

J'ai besoin du concours de tous, et c'est à tous que je fais appel. Celui-là serait traître à la Patrie qui pourrait oublier un instant que devant l'invasion amenée par une main criminelle, la France entière doit battre d'un seul cœur.

Travaillons donc sans relâche au succès de nos armes; à la grandeur, à l'indépendance de notre pays. Montrons par notre accord, par notre enthousiasme, par nos vertus civiques si longtemps oubliées, que nous sommes encore les dignes fils des héros de 1792. Contribuons, par tous les moyens, à sauver la nation : nous aurons alors fondé la République et affranchi l'humanité.

Pour moi, qui, quoique jeune encore, ai pu déjà apprécier tant de fois vos élans républicains, je ne faillirai à aucun des devoirs qui m'incombent.

Quels que soient les périls qui puissent vous menacer, quelles que soient les luttes que l'avenir vous réserve, vous me verrez toujours parmi vous et au premier rang, prêt à partager ces périls et ces luttes, décidé à toutes les mesures que ma conscience et mon amour inébranlable de la République me conseilleront.

Le jour du triomphe viendra, soyez en sûrs, car la République est invincible. Et ce jour-là nous réunirons nos mains dans une fraternelle étreinte et devant le monde ébloui nous pousserons vibrant et sonore ce cri de délivrance et de fraternité universelle :

Vive la République !

Le Maire de Toulon,
Noël BLACHE.

3622 Toulon. — Typographie et Lithographie F. ROBERT, boulevard Louis-Napoléon.

RÉPUBLIQUE FRANÇAISE

Liberté, Égalité, Fraternité.

MAIRIE DU XIE ARRONDISSEMENT

Les Chirurgiens et Médecins de l'Arrondissement, désireux de donner les premiers soins aux Gardes Nationaux blessés aux remparts, sont instamment priés de vouloir bien se rendre à la Mairie, bureau de la Commission d'Armement et de Défense.

Les citoyens de bonne volonté non incorporés dans la Garde nationale, soit qu'ils n'aient pas encore atteint la limite d'âge ou qu'ils l'aient dépassée, et qui voudraient s'offrir comme infirmiers et brancardiers pour le service des bastions, sont priés de se présenter à la Mairie, au bureau d'armement et de défense.

PARIS, le 17 septembre 1870.

Le Maire, **JULES MOTTU.**

Paris. — Imp. MORRIS père et fils, rue Amelot, 64.

RÉPUBLIQUE FRANÇAISE.

ORDRE

CONCERNANT

LA GARDE NATIONALE MOBILE

LOGÉE CHEZ L'HABITANT.

Considérant que le logement des Gardes mobiles chez l'habitant est une charge que le patriotisme des Parisiens a acceptée avec empressement, mais que l'autorité militaire doit s'efforcer de rendre aussi légère que possible;

Considérant, d'autre part, qu'une discipline sévère doit être maintenue dans tous les Corps de troupes;

LE GOUVERNEUR DE PARIS

ARRÊTE :

ART. 1er. Les Gardes mobiles logés chez l'habitant doivent être rentrés à DIX HEURES du soir, au plus tard, au domicile qui leur est assigné.

ART. 2. Tout Garde mobile rencontré dans les rues, passé dix heures, et qui ne sera pas porteur d'une permission régulière, sera arrêté et puni disciplinairement.

ART. 3. Les habitants ne sont pas tenus d'ouvrir leurs portes, pendant la nuit, aux Gardes mobiles logés chez eux, après l'heure indiquée ci-dessus.

Paris, 17 Septembre 1870.

Le Président du Gouvernement de la défense nationale,
Gouverneur de Paris,
Général TROCHU.

1 IMPRIMERIE NATIONALE. — Septembre 1870.

RÉPUBLIQUE FRANÇAISE.

GOUVERNEMENT DE LA DÉFENSE NATIONALE.

Le Gouvernement de la Défense nationale,

Considérant qu'un grand nombre d'habitants se sont éloignés de Paris; qu'il ne serait pas juste qu'ils fussent affranchis des charges qui résultent de l'état de siége,

DÉCRÈTE :

Art. 1er. Les locaux dont les habitants se sont éloignés de Paris pour toute autre cause que pour un service public seront soumis, à partir du 10 septembre courant, à une taxe graduée suivant la valeur locative desdits locaux.

Au-dessous de 600 fr., lesdits locaux ne supporteront aucune taxe.

A partir de 600 fr., la taxe sera réglée de la manière suivante :

De 600 francs à 1,000 francs.	20 francs par mois.
De 1,001 francs à 2,000 francs.	60 francs par mois.
De 2,001 francs à 3,500 francs.	120 francs par mois.
De 3,501 francs à 6,000 francs.	180 francs par mois.
De 6,001 francs à 10,000 francs.	240 francs par mois.
De 10,001 francs à 20,000 francs.	300 francs par mois.
De 20,001 francs et au-dessus.	500 francs par mois.

La taxe cessera à partir de la levée de l'état de siége.

Art. 2. Les rôles comprenant cette taxe seront dressés et arrêtés par le Maire de Paris, sur la proposition d'une Commission constituée par lui.

Le recouvrement en sera effectué par les receveurs-percepteurs des contributions directes.

La taxe mensuelle devra être acquittée en une seule fois et dans le délai de quinze jours, à partir de la notification.

Art. 3. Les réclamations auxquelles cette taxe pourrait donner lieu devront être présentées dans le même délai de quinze jours et seront jugées par le Maire de Paris, sur l'avis de la commission constituée par l'article 2 ci-dessus.

Art. 4. Le Maire de Paris est chargé de l'exécution du présent décret.

Fait à Paris, le 17 septembre 1870.

Général TROCHU, JULES FAVRE, EMMANUEL ARAGO, JULES FERRY, GAMBETTA, GARNIER-PAGÈS, PELLETAN, E. PICARD, ROCHEFORT, JULES SIMON.

1 IMPRIMERIE NATIONALE. — Septembre 1870.

LE COMBAT

Aujourd'hui LE COMBAT! Demain LE TRAVAIL! Ouvriers, sauvons l'atelier!

Qui sait travailler sait combattre! Qui verse sa sueur, verse son sang! L'homme de peine est l'homme de cœur; dur au travail, rude au combat! Brave partout! Aujourd'hui l'arme, demain l'outil! Le sol avant la gerbe! La Patrie avant la vie! La France avant tout! Même cri que nos pères : la France ou la mort!

Le droit de vivre dans la ruche..... ajourné, quand le frélon sera dehors.

Le devoir est de mourir ou de vaincre. Décrétons la victoire! L'empereur se rend et le Peuple meurt... Non, le Peuple triomphe. Ce souverain-là ne met pas les pouces... ne connaît pas la mort. Il vaincra, il gardera sa France. Et qui la lui reprendra quand il l'aura sauvée? La victoire, c'est l'éternité de la République. La France à qui la sauvera! Ouvriers, à nous la France!

Notre journée, c'est le combat! Notre tâche, le salut; notre ouvrage, le Prussien; notre salaire, la France!.... Voilà le prix! Tête, cœur et bras, tout pour elle! Traître qui ne l'entend pas! Elle crie au secours! Présents! Français contre Prussiens, libres contre esclaves, républicains contre roi! L'ennemi est aux portes! Citoyens, aux remparts! Le combat d'abord! Le reste, après!

Tant que l'ennemi aura le pied sur le sol, présents et prêts tous, pour défendre le berceau de l'enfant, le tombeau du mort, le foyer du vivant; pour défendre l'honneur de nos femmes, l'héritage sacré de nos pères, notre France, son droit, son nom, sa langue, sa race, sa vie; pour garde, sa gloire passée, venger sa honte présente, fonder sa paix future; pour la garder au monde intacte, entière, avec les trois principes de sa révolution : Liberté, Égalité, Fraternité.

Tant que l'envahisseur ne sera pas expulsé, notre ruche est un camp! Tous debout, en armes et en deuil, le crêpe au drapeau! en deuil de nos frontières prises, de nos villes forcées, de nos soldats livrés, de nos frères cernés; en deuil des héros de Metz, de Toul, de Montmédy, de Strasbourg et de Laon! Ils nous montrent l'exemple du sacrifice à l'unité de la France! Paris les vengera ou les suivra.

Union et action, dévouement sans réserve, sans parti, sans crainte et sans cesse, jusqu'au dernier soupir! Ni travail, ni repos, ni plaisir, ni souci que la France en danger, ni haine ni amour que Prusse ou France.

Tant qu'il nous restera une goutte de sang dans les veines, un souffle dans la poitrine, un cœur pour battre au saint nom de Patrie, un regard pour voir l'ennemi, une main pour le frapper, debout en armes, tout le monde sur le pont et le branle-bas!

Le vaisseau de Paris est le vaisseau *le Vengeur;* nous le montons, le drapeau de la République cloué au mât, résolus tous à périr... non, citoyens, résolus à vaincre! Et, après, nous quitterons le deuil, nous cesserons le feu... et nous reprendrons l'outil, en gardant le fusil.

FÉLIX PYAT

416 Paris. — Imprimerie DUBUISSON et Cie, rue Coq-Héron, 5.

GARDE NATIONALE

Du Département de la Seine

ÉTAT-MAJOR GÉNÉRAL

A partir du 8 septembre au matin, les bataillons de la Garde Nationale de la Seine, formés ou à former, sont répartis en neuf Commandements ou Sections, correspondant à des Divisions de l'enceinte désignées sous le nom des villages adjacents.

Voici le tableau de cette répartition :

SECTION DE BERCY (1re)

Général FARON, Commandant de la Section.
Maison rue Michel-Bizot, 26.

52e Bataillon.	51e Bataillon.
56e —	50e —
14e —	49e —
53e —	48e —

Plus les nouveaux bataillons formés dans les 4e et 12e arrondissements.

SECTION DE BELLEVILLE (2e)

Général CALLIER, Commandant de la Section.
Rue de Belleville, 53.

27e Bataillon.	31e Bataillon.
30e —	
57e —	
58e —	
54e —	
55e —	

Plus les nouveaux bataillons formés dans les 3e, 11e et 20e arrondissements.

SECTION DE LA VILLETTE (3e)

Général de MONTFORT, Commt de la Section.
Maison place de l'Argonne, 17, appartenant à la Compagnie l'URBAINE,

29e Bataillon.	28e Bataillon.
24e —	25e —
9e —	23e —
10e —	26e —

Plus les nouveaux bataillons formés dans les 10e et 19e arrondissements.

SECT. DE MONTMARTRE (4e)

Amiral COSNIER, Commandant de la Section.
Avenue de Saint-Ouen, 105.

32e Bataillon.	36e Bataillon.
6e —	34e —
7e —	
11e —	

Plus les nouveaux bataillons formés dans les 9e et 18e arrondissements.

SECTION DES TERNES (5e)

Amiral QUILIO, Commandant de la Section.
Boulevard de Neuilly, 117.

33e Bataillon.	35e Bataillon.
2e —	37e —
3e —	
8e —	

Plus les nouveaux bataillons formés dans les 1er, 2e et 17e arrondissements.

SECTION DE PASSY (6e)

Amiral FLORIOT DE LANGLE, Ct de la Section
Avenue Raphaël, 32.

38e Bataillon.	39e Bataillon.
4e —	
1er —	
5e —	
13e —	
12e —	

Plus les nouveaux bataillons formés dans les 8e et 16e arrondissements.

SECTION DE VAUGIRARD (7e)

Amiral de MONTAGNAC, Comt de la Section.
Gare de Vaugirard-Ceinture.

45e Bataillon.	41e Bataillon.
47e —	
15e —	
17e —	

Plus les nouveaux bataillons formés dans les 7e et 15e arrondissements.

SECT. DE MONTPARNASSE (8e)

Amiral MEQUET, Commandant de la Section.
Maison JACQUIN, avenue d'Orléans, 93.

46e Bataillon.	40e Bataillon.
19e —	43e —
18e —	
20e —	
16e —	

Plus les nouveaux bataillons formés dans les 6e et 14e arrondissements.

SECTION DES GOBELINS (9e)

Amiral de CHALLIÉ, Commandant de la Section
Maison BERENDORFF, av. d'Italie, 93.

42e Bataillon.	44e Bataillon.
59e —	
21e —	
22e —	
60e —	

Plus les nouveaux bataillons formés dans les 5e et 13e arrondissements.

MM. les Chefs de bataillon ne recevront pour le service de guerre que les ordres du Commandant de leur Section. MM. les Chefs de bataillon se mettront, au reçu du présent ordre, à la disposition de MM. les Généraux commandant leurs Sections respectives.

Les adresses des Officiers généraux, contenues dans le présent état, sont celles de leur domicile particulier.

Dès que MM. les Officiers généraux auront choisi sur la ligne de leur secteur, le lieu destiné à leur servir de quartier général, leurs nouvelles adresses seront portées à la connaissance des bataillons placés sous leur commandement.

Paris, imp. Paul Dupont, rue Jean-Jacques-Rousseau, 41 (Hôtel des Fermes) 3763. 9.70

RÉPUBLIQUE FRANÇAISE

LIBERTÉ, ÉGALITÉ, FRATERNITÉ.

Citoyens,

Un fait incontestable ressort de la crise terrible que nous traversons. Hors de la République, pas de salut possible pour la France, dont la perte était certaine, si l'Empire n'avait pas été renversé.

Aujourd'hui la République ne peut effrayer que les lâches; elle ne peut être redoutable que pour les mauvais citoyens traîtres à la patrie qui susciteraient des difficultés au Gouvernement de la défense nationale.

La journée du 4 septembre 1870 a donné ce spectacle unique dans l'histoire d'une révolution triomphant sans qu'une goutte de sang ait coulé. Quel contraste avec les journées de Décembre 1851 et quel enseignement !

Le Gouvernement Républicain n'a pas pris le pouvoir, il l'a ramassé au moment où il tombait des mains défaillantes de ce Bonaparte dont la reddition honteuse a entraîné la reddition de nos soldats héroïques, trahis et livrés aux Prussiens, alors qu'ils étaient prêts à mourir en combattant comme les glorieux vaincus de Waterloo.

Citoyens de l'arrondissement de Saint-Malo, j'ai vécu au milieu de vous, je vous connais, je sais que vous êtes dignes de continuer ces traditions de patriotisme ardent et de courage, transmises par vos pères, les marins intrépides qui ont illustré le nom malouin.

La patrie est en danger. Enrôlez-vous! Armez-vous! Levez-vous en masse pour chasser l'ennemi, pour rétablir l'ordre si compromis par ce gouvernement impérial dont les fautes et les crimes ont creusé l'abîme où sont engloutis tant de cadavres et tant de millions.

Sous un régime despotique les administrés sont les serviteurs des fonctionnaires, sous un régime vraiment démocratique les fonctionnaires sont les serviteurs de la nation. Je suis à votre service, disposez de moi.

J'ai accepté la mission de représenter ici le Gouvernement Républicain pour me dévouer au salut de la patrie, cet intérêt général qui doit dominer tous les autres. Mais en remplissant ce devoir suprême, je ne négligerai pas les intérêts particuliers de l'arrondissement.

Vous me verrez à l'œuvre et vous me jugerez,

VIVE LA FRANCE ! VIVE LA RÉPUBLIQUE !

Le Sous-Préfet de Saint-Malo,

HENRI LEFORT.

Saint-Malo. — E. Renault, imp.

RÉPUBLIQUE FRANÇAISE

Citoyens de Paris,

Le Gouvernement de la défense nationale n'entend usurper aucun des droits du Peuple. Dans un délai aussi court que le permettront les circonstances, les Citoyens seront appelés à élire leur municipalité. En attendant, et afin de pourvoir aux nécessités urgentes du service de la Cité dans une situation exceptionnelle, le Maire de Paris nomme pour *Maires provisoires* des 20 arrondissements les Citoyens dont les noms suivent :

1er Arrondissement. TENAILLE-SALIGNY, Avocat à la Cour de Cassation.
2e ——— TIRARD, Négociant.
3e ——— BONVALET, Négociant.
4e ——— GREPPO, Ancien Représentant du Peuple.
5e ——— J.-B. BOCQUET, ancien Adjoint.
6e ——— HÉRISSON, Avocat à la Cour de cassation.
7e ——— RIBAUCOURT, Docteur-médecin.
8e ——— CARNOT, Ancien Membre du Gouvernement provisoire de 1848.
9e ——— RANC, Homme de lettres.
10e ——— TURPIN, Négociant.
11e ——— LÉONCE RIBERT, Professeur.
12e ——— ALFRED GRIVOT, Négociant, à Bercy.
13e ——— PERNOLET, Ingénieur.
14e ——— LENEVEU, Rédacteur du *Siècle*.
15e ——— CORBON, Ancien Représentant du Peuple.
16e ——— HENRI MARTIN, Historien.
17e ——— FRANÇOIS FAVRE, Homme de lettres.
18e ——— CLÉMENCEAU, Docteur-médecin.
19e ——— RICHARD, Fabricant.
20e ——— BRALERET, Commerçant.

Ces citoyens sont invités à entrer immédiatement en fonctions et à désigner chacun deux adjoints. Il est inutile de rappeler aux nouveaux administrateurs des mairies parisiennes qu'en face de l'ennemi marchant sur Paris, leur premier devoir est de veiller sans relâche à l'armement des citoyens et de se tenir, nuit et jour, prêts à seconder la défense nationale.

VIVE LA RÉPUBLIQUE !

Le Maire de Paris,
ÉTIENNE ARAGO.

Les Adjoints au Maire de Paris,
CHARLES FLOQUET.
HENRI BRISSON.

I IMPRIMERIE NATIONALE. — Septembre 1870.

RÉPUBLIQUE FRANÇAISE.

MINISTÈRE DE LA GUERRE.

Le Ministre de la Guerre,

Vu le décret du 16 septembre 1870,

Arrête ce qui suit :

Les élections aux divers emplois de capitaines, de lieutenants et de sous-lieutenants dans les bataillons et batteries de Garde nationale mobile auront lieu successivement, pour ces trois grades, par compagnie et batterie, le lundi 19 septembre, à 8 heures du matin, sur l'emplacement des réunions ordinaires des bataillons et batteries.

Ces élections se feront, pour l'infanterie, sous la présidence du chef de chaque bataillon, assisté d'un officier, d'un sous-officier, d'un caporal et d'un soldat, désignés par le chef de bataillon.

Dans les batteries d'artillerie, les élections se feront sous la présidence du capitaine de chaque batterie, assisté également d'un officier, d'un sous-officier, d'un brigadier et d'un artilleur.

Là où plusieurs batteries se trouveraient réunies sous les ordres d'un chef d'escadron, le chef d'escadron présidera les opérations électorales.

L'élection se fera à la majorité relative. En cas de ballotage, l'officier le plus âgé sera préféré.

Les officiers ainsi élus seront immédiatement reconnus.

Ces premières opérations électorales terminées, il sera procédé immédiatement : 1° à l'élection du chef de bataillon, qui aura lieu par les officiers élus dans chaque bataillon et sous la présidence du capitaine le plus âgé ; 2° pour les bataillons enrégimentés, à l'élection d'un lieutenant-colonel, laquelle aura lieu par les officiers réunis des bataillons composant le régiment.

Il sera dressé procès-verbal de ces diverses opérations électorales et ampliation en sera immédiatement adressée à M. le Ministre de la Guerre.

Paris, le 17 septembre 1870.

Le Général de division,
LE FLO.

1 IMPRIMERIE NATIONALE. — Septembre 1870.

RÉPUBLIQUE FRANÇAISE

GOUVERNEMENT DE LA DÉFENSE NATIONALE.

Le Gouvernement de la Défense nationale,

Considérant qu'il importe de régler provisoirement et conformément à notre droit public la situation municipale de Paris, en attendant son organisation définitive par l'Assemblée constituante,

DÉCRÈTE :

ARTICLE 1er.

La Ville de Paris procédera, le mercredi 28 septembre, à l'élection de son Conseil municipal, dont les attributions seront les mêmes que celles des autres Conseils municipaux de France.

Partout où il y aura lieu à un second tour, il y sera procédé le jeudi 29.

ARTICLE 2.

Ce Conseil sera composé de 80 membres nommés par circonscriptions correspondant aux arrondissements. Chaque arrondissement élira 4 membres au scrutin de liste.

Le Conseil élu nommera son président, 4 vice-présidents et 6 secrétaires.

ARTICLE 3.

A raison des circonstances, les élections se feront sur les listes existantes; néanmoins, tout garde national sera admis au vote sur un certificat délivré par la Commission d'armement de son arrondissement, constatant qu'il a justifié des conditions de l'électorat.

ARTICLE 4.

Il sera statué ultérieurement sur la nomination du Maire de Paris et de ses Adjoints, et sur celle des Maires et Adjoints d'arrondissement.

Provisoirement, les maires et adjoints de Paris et les maires et adjoints d'arrondissement resteront en fonctions. Ils seront éligibles au Conseil municipal.

Fait à Paris, le 18 Septembre 1870.

Général TROCHU, JULES FAVRE, EMMANUEL ARAGO, JULES FERRY, GAMBETTA, GARNIER-PAGÈS, PELLETAN, E. PICARD, ROCHEFORT, JULES SIMON.

De nouvelles élections ayant eu lieu régulièrement à Lyon le Jeudi 15, il est devenu inutile, dans les circonstances actuelles, de statuer sur le renouvellement du Conseil de Lyon.

IMPRIMERIE NATIONALE.— Septembre 1870.

MAIRIE DE SAINT-DENIS

RÉPUBLIQUE FRANÇAISE.

LA MUNICIPALITÉ DE SAINT-DENIS

AUX HABITANTS

CITOYENS,

La patrie est en danger;

La Ville de Saint-Denis est à la veille d'être investie, et bientôt, peut-être, elle sera soumise aux rudes épreuves d'un bombardement.

Dans cette situation, il est du devoir de tout Citoyen de prendre une arme pour la défense de la Cité, et dans le rôle des Administrateurs de se préoccuper des mesures à prendre au point de vue de la résistance, de la sécurité et de l'alimentation des habitants. Ces mesures ont été prises d'urgence et comprennent les objets suivants :

1° Un Comité de défense, pris dans le sein du Conseil, s'occupera de l'ordre et de la défense intérieurs, et si, par impossible, nos ennemis venaient à franchir les remparts, des barricades construites aux points stratégiques de la ville serviraient à les arrêter et à les écraser.

2° Des pompes en grand nombre, servies par des sapeurs exercés, sont disposées sur différents points de la Ville; des escouades de volontaires sont attachés à ce service et de prompts secours pourront être dirigés sans délai vers les points menacés par l'incendie.

3° L'alimentation de la Ville, qui sera constamment en relation avec la Capitale, est assurée pour un temps suffisamment long.

4° Une commission, prise dans le sein du Conseil, s'occupe d'urgence d'assurer dans la limite des ressources de la ville, la subsistance des familles qui sont momentanément dans le besoin par suite des événements de la guerre.

5° Des ambulances sont établies par les soins des personnes animées de sentiments de sollicitude et d'humanité en faveur des blessés.

6° Enfin, en cas de sinistres, conséquences inévitables de la guerre, des locaux désignés à l'avance seront mis provisoirement à la disposition des incendiés, afin de les recueillir.

Rassurés par ses dispositions qui témoignent de la ferme volonté de se défendre et de la sollicitude de l'Administration, les habitants de Saint-Denis, pénétrés du sentiment de leur devoir, comme Français et comme Citoyen, sauront, avec l'aide de leurs frères de l'armée et de la mobile, combattre énergiquement, et par là ils contribueront dans une large mesure à protéger la Capitale, principal rempart de la défense nationale.

La Municipalité fait appel aux sentiments patriotiques de la population et l'adjure de combattre avec une persévérante énergie, afin que, semblable à Toul et Strasbourg, la ville de Saint-Denis ait bien mérité de la Patrie.

Confiants dans l'énergie et le patriotisme de chacun, attendons avec calme la fin de cette guerre qui sera l'anéantissement du despotisme, le triomphe du droit et de la justice sur la force brutale, et qui amènera la paix universelle avec cette glorieuse devise inscrite sur le drapeau de nos pères de 92 : LIBERTÉ, ÉGALITÉ, FRATERNITÉ.

Vive la République.

Saint-Denis, 18 *septembre* 1870.

POUR LA MUNICIPALITÉ,

Le Maire, MOREAUX.

Saint-Denis. — Typographie de A. MOULIN, rue de Paris, 17.

RÉPUBLIQUE FRANÇAISE.

PRÉFECTURE DE POLICE

AVIS

Tout débitant de boissons convaincu d'avoir servi à boire gratuitement, ou moyennant payement, à un homme ivre armé ou non armé, verra son établissement immédiatement fermé, sans préjudice des poursuites qui pourront être exercées contre lui conformément aux lois.

Paris, le 19 Septembre 1870.

Le Préfet de Police,
DE KÉRATRY.

IMPRIMERIE NATIONALE. — Septembre 1870.

RÉPUBLIQUE FRANÇAISE.

MAIRIE DE PARIS.

Le Maire de Paris

ARRÊTE :

ARTICLE PREMIER.

L'entrée des monuments publics élevés est interdite jusqu'à nouvel ordre.

ART. 2.

Les architectes, gardiens ou autres agents chargés de ces monuments sont personnellement responsables de l'exécution de cette mesure d'urgence.

Fait à l'Hôtel de Ville de Paris, le 19 septembre 1870.

Le Maire de Paris,
ÉTIENNE ARAGO.

Pour ampliation :
Le Secrétaire général de la Mairie de Paris,
JULES MAHIAS.

2 IMPRIMERIE NATIONALE. — Septembre 1870.

CITOYENS,

A cette heure suprême, où le salut de la France dépend de l'attitude de Paris, il faut se rappeler ce qu'est la paix des Prussiens :

« Après les désastres du premier empire, lorsque Blücher, parcourant nos Musées, s'appropriait nos « chefs-d'œuvre, M. le baron Denon, qui l'accompagnait, lui faisait observer que les objets dont il « s'emparait n'avaient jamais appartenu à la Prusse. Voici la réponse du Maréchal Blücher, vrai « type du Prussien : **HALT'S MAUL** ***(Tais ta gueule.)*** **»**

(Water Scott, Lettres de Paul).

Ainsi, pas d'illusions; aujourd'hui, comme en 1815, le Prussien serait un vainqueur implacable.

Si nous ne voulons pas qu'un nouvel *HALT'S MAUL* nous fasse rougir de honte devant nos enfants, restons inébranlables dans la défense, et prouvons au monde qui nous regarde, que nous sommes toujours dignes du nom de Français.

VIVE LA RÉPUBLIQUE !

Imprimerie centrale des chemins de fer. — A. CHAIX ET Cie, rue Bergère, 20, à Paris.

RÉPUBLIQUE FRANÇAISE.

MINISTÈRE DE L'INTÉRIEUR.

Citoyens, le canon tonne. Le moment suprême est arrivé.

Depuis le jour de la Révolution, Paris est debout et en haleine. Tous, sans distinction de classes ni de partis, vous avez saisi vos armes pour sauver à la fois la Ville, la France et la République.

Vous avez donné dans ces derniers jours la preuve la plus manifeste de vos mâles résolutions, vous ne vous êtes laissé troubler ni par les lâches ni par les tièdes; vous ne vous êtes laissé aller ni aux excitations ni à l'abattement; vous avez envisagé avec sang-froid la multitude des assaillants. Les premières atteintes de la guerre vous trouveront également calmes et intrépides, et si les fuyards venaient, comme aujourd'hui, porter dans la cité le désordre, la panique et le mensonge, vous resteriez inébranlables, assurés que la *Cour martiale qui vient d'être instituée par le Gouvernement pour juger les lâches et les déserteurs* saura efficacement veiller au salut public et protéger l'honneur national.

Restons donc unis, serrés les uns contre les autres, prêts à marcher au feu et montrons-nous les dignes fils de ceux qui, au milieu des plus effroyables périls, n'ont jamais désespéré de la Patrie!

Paris, le 19 septembre 1870.

Le Membre du Gouvernement, Ministre de l'Intérieur,

LEON GAMBETTA.

IMPRIMERIE NATIONALE. — Septembre 1870.

RÉPUBLIQUE FRANÇAISE

MAIRIE DU XIVE ARRONDISSEMENT

CITOYENS,

Les nouvelles que nous transmettent à l'instant les envoyés directs des combattants, maintiennent notre inébranlable confiance.

Défiez-vous des alarmistes, des peureux et des réactionnaires, qui sèment la panique et le découragement !

Toute rencontre et tout combat entraînent des blessures et des morts; ce qui peut être une habileté de la défense ne doit pas être considéré comme un insuccès.

Courage et confiance, républicains! les nouvelles qui nous arrivent font disparaître les craintes que des trembleurs se hâtent trop de répandre.

Citoyens, la victoire se rangera du côté du bon droit et de la justice.

VIVE LA RÉPUBLIQUE!

Paris, le 19 Septembre 1870.

Les Adjoints,
ALFRED DEBERLE
CHARLES LIMOUSIN.

Le Maire,
Élie DUCOUDRAY.

Paris. — Imprimerie A.-E. Rochette, 90, boulevard Montparnasse.

RÉPUBLIQUE FRANÇAISE.

MINISTÈRE DE L'INTÉRIEUR.

19 Septembre 1870.

Avant-hier dans la journée, la division d'Exéa du 13e corps était sortie de ses lignes, en avant de Vincennes, dirigeant une reconnaissance contre des colonnes ennemies signalées du côté de Choisy-le-Roi; l'opération, conduite par le général Vinoy, commandant le 13e corps, avait amené un engagement à distance où l'avantage nous était resté. Nos pertes ont été de 6 hommes tués et 37 blessés; celles de l'ennemi, d'après des renseignements que le général Vinoy a lieu de croire exacts, auraient été de 400 hommes environ, dont 58 tués. Les troupes prussiennes engagées formaient l'arrière-garde (3,000 à 4,000 hommes) d'un corps qui se dirigeait de Choisy-le-Roi sur Versailles, contournant les positions de Châtillon et de Clamart, et il a été acquis que l'ennemi opérait dans ce sens un mouvement très-considérable que put constater dès hier soir une reconnaissance de cavalerie ordonnée par le général Ducrot. Cet officier général occupait ces positions avec quatre divisions d'infanterie qui s'étendaient des hauteurs de Villejuif à celles de Meudon.

Aujourd'hui 19, dès la pointe du jour, le Général a fait une reconnaissance offensive en avant de ces positions.

Il a rencontré des masses importantes dissimulées dans les bois et les villages, et surtout un très-grand déploiement d'artillerie. Après un engagement assez vif, les troupes ont dû se replier en arrière : une partie de la droite a effectué ce mouvement avec une regrettable précipitation. L'autre partie s'est concentrée en bon ordre autour de la redoute en terre qui avait été élevée sur le plateau de Châtillon; la gauche, faiblement attaquée, a pu tenir sur les hauteurs de Villejuif.

A ce moment, le feu d'artillerie de l'ennemi a pris des proportions qu'il n'avait pas atteintes jusqu'alors; vers quatre heures, le général Ducrot, après une lutte qui avait duré toute la journée, a dû prendre la résolution de porter ses troupes en arrière sur les points où elles devaient rencontrer la protection des forts. Après avoir assuré la marche vers Paris des attelages et avant-trains des 8 pièces en position dans la redoute de Châtillon, il a fait enclouer les pièces sous ses yeux, et il s'est retiré le dernier au fort de Vanves.

Il avait fait, pendant toute la journée, des preuves personnelles de résolution et de constance dignes de la grande réputation qu'il a dans l'armée.

L'artillerie a montré la plus grande solidité au milieu d'une crise dont elle a porté presque tout le poids. La garde nationale mobile, représentée au feu par deux bataillons qui voyaient l'ennemi pour la première fois, a montré de l'équilibre et du calme.

Des ordres sont donnés pour que les troupes se concentrent définitivement dans Paris.

Nos pertes, encore mal connues, ne paraissent pas être considérables. On est fondé à croire que l'ennemi a sérieusement souffert du feu de notre artillerie.

L'ennemi, d'ailleurs, n'a fait aucune démonstration contre les forts.

Pour copie conforme du rapport militaire :

Le Ministre de l'Intérieur,

LÉON GAMBETTA.

Il résulte de renseignements reçus par le Gouverneur de Paris, après la rédaction de la note qui précède, que notre artillerie a eu dans le combat d'aujourd'hui un rôle glorieux pour nos armes et a fait de grands ravages dans les rangs ennemis.

Nos batteries ont tiré plus de 25,000 coups de canon; elles ont été bien servies. Le feu des batteries ennemies a été éteint deux fois. Ce résultat n'a pu être atteint sans que les pertes de l'ennemi aient été très-considérables.

La garde nationale mobile a reçu avec fermeté le baptême du feu. Un bataillon de la garde nationale mobile de Paris s'est conduit avec vigueur. Une compagnie de la garde nationale mobile d'Ille-et-Vilaine s'est particulièrement distinguée. Elle a quitté la dernière la redoute de Clamart, au moment où la retraite a été ordonnée par le général Ducrot.

Le 15e régiment de marche, sous les ordres du colonel Bonnet, s'était parfaitement retranché à Plessis-Piquet. Il a tenu toute la journée dans cette position avancée avec une fermeté remarquable.

Le Ministre de l'Intérieur,

LÉON GAMBETTA.

2 IMPRIMERIE NATIONALE. — Septembre 1870.

RÉPUBLIQUE FRANÇAISE.

GOUVERNEMENT DE LA DÉFENSE NATIONALE.

A la Garde Nationale,
A la Garde Mobile,
Aux Troupes en garnison dans Paris.

Dans le combat d'hier, qui a duré presque toute la journée, et où notre artillerie, dont la solidité ne peut être trop louée, a infligé à l'ennemi des pertes énormes, des incidents se sont produits que vous devez connaître dans l'intérêt de la grande cause que nous défendons en commun.

Une injustifiable panique, que n'ont pu arrêter les efforts d'un excellent chef de corps et de ses officiers, s'est emparée du régiment provisoire des zouaves, qui tenait notre droite. Dès le commencement de l'action, la plupart des soldats se sont repliés en désordre dans la ville et s'y sont répandus en semant l'alarme.

Pour excuser leur conduite, ces fuyards ont déclaré qu'on les avait menés à une perte certaine, alors que leur effectif était intact et qu'ils étaient sans blessures; qu'ils avaient manqué de cartouches, alors qu'ils n'avaient pas fait usage, je l'ai constaté moi-même, de celles dont ils étaient encore pourvus; qu'ils avaient été trahis par leurs chefs, etc.

La vérité, c'est que ces indignes ont compromis, dès son début, une affaire de guerre dont, malgré eux, les résultats sont considérables. D'autres soldats d'infanterie de divers régiments se sont joints à eux.

Déjà les malheurs que nous avons éprouvés dans le commencement de cette guerre avaient fait refluer sur Paris des soldats indisciplinés et démoralisés qui y portent l'inquiétude et le trouble, et échappent, par le fait des circonstances, à l'autorité de leurs chefs et à toute répression.

Je suis fermement résolu à mettre fin à de si graves désordres. J'ordonne à tous les défenseurs de Paris de saisir les hommes isolés, soldats de toutes armes ou gardes mobiles, qui errent dans la ville en état d'ivresse, répandent des propos scandaleux et déshonorent par leur attitude l'uniforme qu'ils portent.

Les soldats et gardes mobiles arrêtés seront conduits à l'État-major de la place, 7, place Vendôme; les habitants arrêtés dans le même cas, à la Préfecture de police.

Ils seront traduits devant les Conseils de guerre, qui jugent en permanence, et subiront la rigoureuse application des dispositions ci-après, édictées par la loi militaire :

Art. 213. Est puni de mort tout militaire qui abandonne son poste en présence de l'ennemi ou de rebelles armés.

Art. 218. Est puni de mort, avec dégradation militaire, tout militaire qui refuse d'obéir lorsqu'il est commandé pour marcher à l'ennemi.

Art. 250. Est puni de mort, avec dégradation militaire, tout pillage ou dégât de denrées, marchandises ou effets, commis par des militaires en bande, soit avec armes ou à force ouverte, soit avec violence envers les personnes.

Art. 253. Est puni de mort, avec dégradation militaire, tout militaire qui détruit des moyens de défense, approvisionnements en armes, vivres, munitions, etc., etc.

C'est un égal devoir pour le Gouverneur de défendre Paris, qui va subir directement les épreuves du siége, et d'y maintenir l'ordre. Par les présentes dispositions, il associe à son effort tous les hommes de cœur et de bon vouloir, dont le nombre est grand dans la cité.

Paris, le 20 Septembre 1870.

Le Président du Gouvernement de la défense nationale,
Gouverneur de Paris,

Général TROCHU.

1 IMPRIMERIE NATIONALE. — Septembre 1870.

RÉPUBLIQUE FRANÇAISE

GOUVERNEMENT

DE LA DÉFENSE NATIONALE.

On a répandu le bruit que le Gouvernement de la Défense nationale songeait à abandonner la politique pour laquelle il a été placé au poste de l'honneur et du péril.

Cette politique est celle qui se formule en ces termes :

Ni un pouce de notre territoire,

Ni une pierre de nos forteresses.

Le Gouvernement la maintiendra jusqu'à la fin.

Fait à l'Hôtel de Ville, le 20 Septembre 1870.

Général TROCHU, EMMANUEL ARAGO, JULES FAVRE, JULES FERRY, GAMBETTA, GARNIER-PAGÈS, PELLETAN, E. PICARD, ROCHEFORT, JULES SIMON.

DORIAN, Ministre des Travaux publics.
Général LE FLO, Ministre de la Guerre.
MAGNIN, Ministre du Commerce.

2 IMPRIMERIE NATIONALE. — Septembre 1870.

RÉPUBLIQUE FRANÇAISE.

COMMISSION D'ARMEMENT

DU 2E ARRONDISSEMENT

SÉANCE DU 20 SEPTEMBRE 1870.

Il est arrêté que le corps des Gardiens de la sécurité publique du 2e Arrondissement sera immédiatement formé sur les bases suivantes :

Le corps se composera des hommes âgés de plus de 55 ans ou de ceux qui ne font pas de service dans la Garde nationale active par suite de leur inscription dans la réserve.

Il portera le nom de Bataillon des Vétérans du 2e Arrondissement, il sera divisé en 8 Compagnies.

Le Chef de Bataillon, les Officiers, Sous-Officiers et Caporaux seront nommés par le suffrage universel.

Les Élections auront lieu le 21 Septembre à 4 heures du soir, dans la grande salle de la Bourse; le recensement définitif des Vétérans inscrits jusqu'à ce jour aura lieu en même temps sans préjudice des inscriptions subséquentes, auxquelles il sera fait droit par voie d'incorporation dans les 8 compagnies primitives.

Chaque Vétéran portera un galon rouge conforme à un modèle adopté dès aujourd'hui par la Commission.

Les Adjoints
DE BÉNAZÉ,
SERMET,
TURPIN.

Le Maire provisoire,
TIRARD.

Paris, le 20 *Septembre* 1870.

Imprimerie PRISSETTE, passage Kuszner, 17. Maison passage du Caire, 17.

RÉPUBLIQUE FRANÇAISE.

PRÉFECTURE DE POLICE.

AVIS.

A partir d'aujourd'hui 20 septembre, tous les débits de boissons, cafés et restaurants devront être clos à 10 HEURES ET DEMIE du soir.

Toute contravention à cette mesure sera punie de la fermeture de l'établissement, sans préjudice des poursuites qui pourront être exercées conformément aux lois.

Paris, le 20 septembre 1870.

Le Préfet de Police,
DE KÉRATRY.

IMPRIMERIE NATIONALE. — Septembre 1870.

RÉPUBLIQUE FRANÇAISE.

PRÉFECTURE DE POLICE

Attendu qu'il est constaté que les Crieurs de Journaux sur la voie publique ajoutent fréquemment au titre de leur feuille l'annonce de certains faits qui n'y sont pas mentionnés, ou qu'ils dénaturent et exagèrent ceux qui y sont mentionnés réellement;

Attendu que cette façon de procéder, outre qu'elle est contraire à la vérité, peut induire en erreur les Citoyens sur le véritable état des choses et nuire à la tranquillité publique,

LE PRÉFET DE POLICE arrête :

ARTICLE PREMIER.

Il est interdit à tout Crieur ou Vendeur de Journaux sur la voie publique, d'énoncer autre chose que le titre et la date des Journaux qu'il vend.

ARTICLE II.

Toute contravention à la disposition qui précède sera punie par le retrait de l'autorisation, sans préjudice des poursuites qui pourron être exercées conformément à la loi.

Paris, le 21 *Septembre* 1870.

Par le Préfet de Police :
Le Secrétaire général,
ANTONIN DUBOST.

Le Préfet de Police,
DE KÉRATRY.

Paris, — BOUCQUIN, imp., rue de la Ste-Chapelle, 5

FORMATION
DE
Compagnies auxiliaires
DU
GÉNIE MILITAIRE

Créées par Décret en date du 24 Août 1870.

Il est formé, pour la défense de Paris, six Compagnies d'ouvriers, destinées à servir d'auxiliaires au corps du génie militaire.

Ces six Compagnies sont ainsi réparties :

La 1re comprend les 5e, 6e et 13e arrondiss		

La 1re comprend les 5e, 6e et 13e arrondissts
La 2e — 7e, 14e et 15e —
La 3e — 8e, 16e et 17e —

La 4e comprend les 1er, 2e, 9e et 18e arrondissts
La 5e — 3e, 10e et 19e —
La 6e — 4e, 11e, 12e et 20e —

Le Capitaine en 1er de la 1re Compagnie est M. Davioud, architecte de la Ville, demeurant boulevard Saint-André-des-Arts, n° 1 ;

Le Capitaine en 1er de la 2e Compagnie est M. Laming, ingénieur civil, demeurant rue de l'Odéon, n° 20, ou à son bureau, place de l'Hôtel-de-Ville, n° 9 ;

Le Capitaine en 1er de la 3e Compagnie est M. Sibien, architecte de la Ville, demeurant boulevard des Batignolles, n° 21, ou à son bureau, chaussée de la Muette, n° 1, et chez M. Fleury, rue Royale-Saint-Honoré, n° 5 ;

Le Capitaine en 1er de la 4e Compagnie est M. Marchant, architecte, demeurant rue de Douai, 12;

Le Capitaine en 1er de la 5e Compagnie est M. d'Arbousier, inspecteur des Promenades, demeurant au Parc des Buttes-Chaumont, ou à ses bureaux du Panorama des Champs-Élysées et de la Rotonde du Parc Monceaux;

Le Capitaine en 1er de la 6e Compagnie est M. Tétard, entrepreneur de charpente en bois et fer, demeurant rue du Chevaleret, n° 9.

Tous les Architectes, Ingénieurs, Entrepreneurs, Chefs d'ateliers et Ouvriers maçons, Charpentiers, Serruriers, Plombiers, Menuisiers, qui voudraient faire partie de ces Compagnies, destinées au service de la défense de Paris, exclusivement, voudront bien se faire inscrire dans le plus bref délai, au domicile des Capitaines de leur circonscription.

Ces Compagnies se composeront de :

1 Capitaine en premier;
2 Capitaines en second;
2 Lieutenants en premier;
2 Lieutenants en second ;

1 Sergent-Major;
1 Sergent-Fourrier;
1 Caporal-Fourrier;
8 Sergents;

16 Caporaux;
2 Tambours;
2 Clairons;
96 Hommes, au moins.

L'uniforme ne consistera qu'en un habit civil; vareuse, redingote ou paletot noir ou bleu, sur la manche gauche desquels sera cousu un faisceau de haches en drap rouge posées en sautoir; et d'un képi ayant les mêmes insignes. Les Officiers seront distingués par des gances d'or aux parements des manches et au képi, suivant leurs grades; les Sous-Officiers et Caporaux par les insignes en usage dans ces grades.

L'uniforme sera fourni gratuitement à ceux qui ne pourront l'acheter.

Les ouvriers travaillant recevront le salaire de leur profession, fixé à la série de la Ville.

On demande également des Clairons et des Tambours; se faire inscrire place de l'Hôtel-de-Ville, 9.

LE COMMANDANT EN PREMIER,
ALPHAND
Inspecteur général des ponts-et-chaussées.

LE COMMANDANT EN SECOND,
VIOLLET-LEDUC
Architecte.

Paris — Imprimerie Ve Poitevin et Ce, rue Damiette, 2 et 4.

DIRECTION GÉNÉRALE DES POSTES.

AVIS AU PUBLIC.

Correspondance avec les départements occupés par l'ennemi.

Les lettres ordinaires d'origine française pour les parties du territoire français occupées par l'ennemi peuvent être expédiées par la voie de la Belgique et de l'Allemagne,

Ces lettres doivent être forcément affranchies jusqu'à la frontière.

La taxe d'affranchissement est la même que pour les lettres circulant à l'intérieur de bureau à bureau, c'est-à-dire 20 centimes par lettre simple.

Quant aux lettres provenant des parties du territoire français occupées par l'ennemi et qui parviennent en France par la voie d'Allemagne et de Belgique, l'affranchissement en est obligatoire jusqu'à la frontière d'entrée en France. Ces lettres sont passibles, à la charge des destinataires, de la taxe des lettres non affranchies circulant en France de bureau à bureau, c'est-à-dire de la taxe de 30 centimes, à moins que le prix du parcours entre la frontière et le lieu de destination n'ait été acquitté par l'envoyeur en timbres-postes français, conformément à notre tarif intérieur, auquel cas, ce prix ne serait que de 20 centimes.

Envois de mandats de poste aux prisonniers de guerre français en Allemagne.

Une entente s'est établie entre la Suisse et la France pour faire parvenir à nos soldats prisonniers de guerre en Allemagne les secours que leurs familles voudraient leur envoyer, au moyen de mandats internationaux délivrés par les bureaux de poste autorisés dans chaque département à l'échange de mandats avec la Suisse.

En conséquence, le public est admis, dès aujourd'hui, à user de cette faculté et à effectuer le dépôt de ses fonds.

Les mandats ne seront pas remis aux déposants, mais ils seront dirigés directement sur le bureau de Bâle par les Receveurs qui auront reçu les fonds, avec un bulletin écrit sous la dictée des envoyeurs qui devra indiquer très-exactement le nom et la résidence des destinataires des sommes déposées. Le bureau de Bâle, après avoir encaissé les fonds, délivrera à son tour des mandats internationaux suisses-allemands payables au lieu de résidence des destinataires. Outre le droit déjà perçu en France, un nouveau droit de 50 centimes ou 75 centimes sera prélevé sur le montant des sommes versées, suivant que ces sommes n'atteindront pas 92 fr. 75 cent. d'une part, ou ne dépasseront pas 185 fr. 50 cent. d'autre part.

IMPRIMERIE NATIONALE. — Septembre 1870.

RÉPUBLIQUE FRANÇAISE

MINISTÈRE DE L'INTÉRIEUR.

12 septembre 1870.

Les avant-gardes ennemies arrivent à Noisy-le-Sec.

La résistance de Toul continue; le 10 septembre, l'ennemi a tenté de forcer la place de 7 heures du matin à 4 heures du soir.

Malgré un bombardement et une canonnade d'une extrême vigueur, toutes les tentatives d'assaut ont été repoussées par la garnison.

A 4 heures, toutes les batteries de l'ennemi étaient démontées.

Le Ministre de l'Intérieur,
LÉON GAMBETTA.

IMPRIMERIE NATIONALE. — Septembre 1870.

RÉPUBLIQUE FRANÇAISE.

Le Président du Gouvernement, Gouverneur de Paris, Commandant de l'état de siége,

Ordonne à toute personne ayant en dépôt des huiles de pétrole d'en faire la déclaration dans les vingt-quatre heures aux bureaux du Directeur de la voie publique, place de l'Hôtel-de-Ville, n° 9.

Le présent ordre sera immédiatement publié et affiché.

Paris, le 12 septembre 1870.

Le Président du Gouvernement de la défense nationale,
Général TROCHU.

IMPRIMERIE NATIONALE. — Septembre 1870.

RÉPUBLIQUE FRANÇAISE.

PROCLAMATION
AUX HABITANTS DE SEINE-ET-MARNE.

CITOYENS !

Paris se prépare à une résistance héroïque.

La France entière donne le spectacle sublime d'un peuple disposé à tous les sacrifices, pour sauvegarder l'indépendance nationale et la liberté.

Au milieu de ce concours de toutes les forces vives du pays, il faut que votre département, par son énergie et son patriotisme, sache tenir une place glorieuse parmi les défenseurs de la Patrie.

Déjà d'énergiques enfants de Seine-et-Marne, organisés en corps francs, arrivent de Paris pour défendre votre territoire. Joignez vos efforts aux leurs et que leur résolution virile rencontre parmi vous de nombreux imitateurs.

Songez surtout que l'invasion ennemie menacera d'autant plus vos contrées que la résistance y sera moins ardente.

Les armes ne manquent pas. Il en sera délivré à tous ceux qui en feront la demande.

Le Citoyen valide qui ne prendrait pas un fusil dans les circonstances actuelles, déserterait ses intérêts personnels en même temps que ceux de la Nation.

S'armer, comme nous l'écrit le Ministre de l'Intérieur, c'est le seul moyen de se protéger soi-même, de protéger ses enfants et ses biens.

Là est le salut. Que l'initiative individuelle rivalise avec l'activité du Gouvernement. Un Peuple énergique ne saurait périr !

Citoyens de Seine-et-Marne, nous comptons sur votre courage !

Le Préfet de Seine-et-Marne,

H. ROUSSEAU.

Melun. — H. MICHELIN, imprimeur de la préfecture.

RÉPUBLIQUE FRANÇAISE.

LIBERTÉ, ÉGALITÉ, FRATERNITÉ.

MAIRIE DU 4E ARRONDISSEMENT.

Citoyens !

Voici le moment des résolutions énergiques.

Le Canon gronde autour de Paris, et la population, avec calme et assurance, voit sonner l'heure suprême où elle est appelée à défendre la Patrie et ses foyers; l'heure où au nom de la FRANCE, au nom de l'OCCIDENT tout entier, elle va remplir la noble mission de verser son sang pour la Capitale de la Civilisation.

Ils mentaient, en effet, ces Rois allemands dont les sujets naguère se prétendaient les plus éclairés de l'univers et qui aujourd'hui, fondant leurs droits sur la force, organisent systématiquement la conquête, assimilent les peuples à un vil bétail et font une guerre de sauvages.

Haut les Cœurs! et souvenons-nous qu'en défendant nos maisons, nos familles et la Cité, nous combattons pour la République universelle et pour l'humanité.

Femmes parisiennes! vous accourez dans les Ambulances, vous offrez votre travail et vos soins pour les blessés, vous vous montrez égales par le cœur, aux hommes qui vont combattre, aussi nous comptons que lorsqu'ils viendront chercher dans leurs maisons un instant de repos, ils y trouveront non pas ces plaintes et ces terreurs qui énervent, mais l'attitude fière et résolue qui reconforte.

Vous ne faillirez pas à cette noble mission.

Tous, Hommes ou Femmes, ne l'oublions pas, nous avons le même devoir, sauver la Patrie.

La Prusse nous met dans la nécessité de vaincre ou de mourir.

La France et la République sont immortelles.

L'empire s'est lâchement rendu, la République ne capitule pas.

Nous vaincrons !

VIVE LA FRANCE ! VIVE LA RÉPUBLIQUE !

Le Maire, GREPPO.

Arthur ARNOULD, BIDAULT (de l'Isle), HARANT, *Adjoints*.
FILLON, HAVARD Père, Paul JOLY, MARRE, OGIER.

Typ. VERT Frères, 8, rue François-Miron.

RÉPUBLIQUE FRANÇAISE.

LIBERTÉ, ÉGALITÉ, FRATERNITÉ.

MAIRIE DE PARIS.

AVIS

La Mairie de Paris, qui a accepté, il y a trois jours à peine, la mission difficile de pourvoir à l'habillement et à l'équipement des bataillons de la Garde nationale organisés à Paris, a déjà distribué plusieurs milliers d'effets d'habillement et d'équipement de toute sorte. Il reste encore beaucoup à faire; elle le sait. Pour compléter sa tâche, elle vient de passer des marchés considérables.

Que les Gardes nationaux aient confiance dans la sollicitude vigilante du Maire et de ses Adjoints : dans dix jours au plus tard, la Garde nationale sera complétement habillée et équipée.

Les demandes doivent être adressées directement au magasin d'habillement et d'équipement installé à l'Hôtel de Ville.

Fait à l'Hôtel de Ville de Paris, le 21 septembre 1870.

Le Maire de Paris,
ÉTIENNE ARAGO.

L'Adjoint au Maire,
CH. FLOQUET.

Typ. CHARLES DE MOURGUES frères, Imp. de la Mairie de Paris, rue J.-J. Rousseau, 58—7487

RÉPUBLIQUE FRANÇAISE.

PRÉFECTURE DE POLICE

AVIS

Un certain nombre de Marchands de denrées alimentaires de toute espèce sont signalés comme vendant, à des prix exorbitants, des objets de première nécessité dont il existe des approvisionnements considérables.

LE PRÉFET DE POLICE regrette qu'il y ait à Paris, dans la situation grave que nous traversons, des Commerçants capables d'ajouter, aux malheurs publics, des souffrances matérielles qui pèseraient lourdement sur la population. Il a la certitude que les faits qui lui sont signalés sont individuels et isolés.

La réprobation publique, qui atteint ces abus graves, doit suffire pour les faire sur-le-champ disparaître.

Paris, le 21 *Septembre* 1870.

BOUCQUIN, imprimeur de la Préfecture de Police, rue de la Sainte-Chapelle, 5.— Paris, 1870

RÉPUBLIQUE FRANCAISE.

CITOYENS,

C'est aujourd'hui le 21 Septembre.

Il y soixante-dix-huit ans à pareil jour, nos pères fondaient la République et se juraient à eux-mêmes, en face de l'étranger qui souillait le sol sacré de la patrie, de vivre libres ou de mourir en combattant.

Ils ont tenu leur serment; ils ont vaincu, et la République de 1792 est restée dans la mémoire des hommes comme le symbole de l'héroïsme et de la grandeur nationale.

Le Gouvernement de la Défense nationale, installé dans l'Hôtel de Ville aux cris enthousiastes de *Vive la République!* ne pouvait laisser passer ce glorieux anniversaire sans le saluer comme un grand exemple.

Que le souffle puissant qui animait nos devanciers passe sur nos âmes, et nous vaincrons.

Honorons aujourd'hui nos pères, et demain sachons comme eux forcer la victoire en affrontant la mort.

VIVE LA FRANCE! VIVE LA RÉPUBLIQUE!

Le Ministre de l'Intérieur,

LÉON GAMBETTA.

2 IMPRIMERIE NATIONALE. — Septembre 1870.

RÉPUBLIQUE FRANÇAISE

PRÉFECTURE DE LA LOIRE

AUX HABITANTS
DE LA LOIRE

CITOYENS,

Le Gouvernement de la défense nationale, affermi par l'adhésion enthousiaste de la France entière, s'adresse avec empressement et confiance au suffrage universel.

Vous êtes appelés à reconstituer vos Conseils municipaux, qui auront le droit d'élire, en les prenant dans leur sein, vos maires et vos adjoints. Vos affaires seront donc faites dans chaque commune, sous vos yeux et par les hommes que vous aurez choisis vous-mêmes.

Dans quelques jours, vous aurez à nommer vos représentants à l'Assemblée Constituante, qui aura pour mission de rallier tous les Français à la République par une déclaration solennelle.

N'oublions pas que la République est le seul gouvernement sur lequel il soit permis de fonder désormais des espérances légitimes et efficaces. La République seule peut nous réunir tous sous sa glorieuse bannière; elle seule peut nous mériter le respect et les sympathies des autres nations, nous donner la victoire, nous délivrer de l'invasion, nous rendre les bienfaits d'une paix durable et assurer au dedans l'ordre, la justice et la liberté.

Citoyens,

Vous avez fait l'expérience des gouvernements monarchistes qui se sont succédés sans rien produire de stable; vous avez pu vous convaincre de leur impuissance et de leur peu d'empressement à tenir compte des avertissements de l'opinion publique.

Il est temps que la France, s'administrant par elle et pour elle, s'occupe du bonheur de tous ses enfants.

Si vous voulez être libres, si vous voulez que vos intérêts soient surveillés par vos mandataires indépendants de toute sujétion, si vous voulez l'amélioration réelle de nos lois et de nos institutions, la réforme des abus, la suppression des folles dépenses, la conservation et le développement de nos richesses nationales, en un mot, le Progrès raisonnable et légal, par suite le maintien assuré d'un ordre durable et fécond, que vos libres suffrages se rallient à la République, aujourd'hui notre salut à tous.

Allez sans crainte au scrutin. La République vous défendra contre toute pression électorale; elle fera respecter les lois qui assurent la sincérité et l'indépendance du vote. Déposez-donc dans l'urne le bulletin de votre choix; que votre conscience seule vous guide dans l'accomplissement de ce sérieux devoir.

Sachons faire usage de nos droits, soyons des hommes libres, et nous aurons consolidé le gouvernement de la République.

Saint-Étienne, le 22 septembre 1870.

Le Préfet de la Loire, César BERTHOLON,

BENEVENT, Imprimeur de la Préfecture, place de l'Hôtel-de-Ville, 4, à Saint-Étienne.

Français!

Ce n'est pas nous qui voulons la guerre! C'est au contraire la France qui soutient que l'Allemagne est tenue de lui céder son pays jusqu'aux bords du Rhin!

C'est la France qui a déclaré, qui nous a *imposé* cette guerre aussi injuste que fatale!

En acte de *défense* nous avons repoussé et vaincu vos armées!

Or les Français devraint ouvrir les yeux et respecter l'adversaire honnête; ils devraient lui tendre la main et tâcher de s'entendre avec lui!

Au lieu de cela vous autres continuez vos hostilitées irréfléchies au grand détriment de la France; vous pestez contre votre vainqueur de manière fort peu chevaleresque, et vos hommes d'état, surtout vos poëtes insensés perdent cette pauvre France et la rendent encore ridicule aux yeux du monde civilisé!

Si par hasard l'Armée Française avait réussi à pénétrer dans l'Allemagne — et que la population de nos villes et de notre campagne eût voulu mutiler et assassiner le brave soldat Français, comme on le prêche en France contre nous autres! — Qu'en auriez-vous dit? et quel jugement cette singulière civilisation Française aurait elle porté sur de pareils moeurs barbares?

le soldat Allemand.

Imprimé chez Unger frères (Th. Grimm), Berlin, Friedrichsstrasse 24

Ce factum a été affiché et distribué dans plusieurs départements. L'exemplaire qui nous est parvenu provenait de Lagny (Seine-et-Marne).

RÉPUBLIQUE FRANÇAISE

MAIRIE
DU
VIIe ARRONDISSEMENT

LE MAIRE DU VIIe ARRONDISSEMENT,

Vu : Le décret du 11 septembre dernier rétablissant la taxe de la viande de boucherie à Paris;

Vu : Les dispositions de l'arrêté du 16 septembre contenant le tableau du prix des différentes catégories de viande, et qui doit être placardé dans l'endroit le plus apparent des débits de viande;

Considérant les plaintes portées par des familles peu aisées sur l'exagération des prix dans les débits de denrées alimentaires d'un usage journalier et de première nécessité, spéculant ainsi honteusement sur les besoins de la population pendant l'état de siége;

Considérant qu'un tel abus doit cesser;

ARRÊTE :

ARTICLE 1er. Il sera fait de fréquentes visites chez les marchands débitants de denrées, de boissons et de produits d'un usage journalier, afin de s'assurer qu'aucune contravention n'est faite au décret précité; que les prix ne sont pas exagérés, ni les produits de mauvaise qualité.

ART. 2. Les débitants et marchands qui, d'après les plaintes adressées à la Mairie, seront trouvés en contravention verront leurs noms et adresses affichés aux lieux les plus apparents de l'arrondissement.

Ceux qui seront trouvés en récidive seront passibles de mesures de rigueurs conformément aux dispositions législatives, conservatrices des droits et de la santé de tous les citoyens, auxquels doit veiller sans relâche le Gouvernement de la défense nationale.

ART. 3. Les citoyens composant la garde urbaine de l'arrondissement sont chargés spécialement de ce service de surveillance. Ils signaleront les délinquants et adresseront des rapports à la Mairie afin qu'il y soit statué.

Fait à la Mairie du VIIe arrondissement, le 22 septembre 1870.

RIBEAUCOURT
Maire provisoire.

Paris. — Imprimerie Adolphe Lainé, rue des Saints-Pères, 10.

RÉPUBLIQUE FRANÇAISE

GOUVERNEUR DE PARIS

INSTRUCTION

POUR L'OCCUPATION ET LA GARDE DES REMPARTS

Paris ne tardera pas à être en butte aux entreprises directes de l'ennemi, il me paraît nécessaire de dire à ses défenseurs et aux habitants par quels moyens il est possible d'en atténuer les effets.

L'ennemi continue ses mouvements d'investissement. En opérant contre les forts, et avant d'en arriver à une attaque sur le corps de place, il essayera de déterminer des incendies sur les points de la ville qui seraient accessibles à son artillerie. Plus tard, il dirigera ses projectiles sur la rue de rempart où est actuellement réuni le personnel de la défense.

Pour les incendies, il sera beaucoup plus facile qu'on ne le pense généralement de les arrêter dès leur origine. Le feu provoqué par l'explosion d'un projectile creux couve très-longtemps avant de se propager. Aussitôt l'explosion entendue, on peut arriver à temps sans aucun danger, et, à l'aide de quelques seaux d'eau, le commencement de l'incendie est éteint. Il suffit par conséquent, pour écarter le péril, que je signale, de surveiller la chute des projectiles, d'accourir après l'explosion, et de se servir des approvisionnements d'eau que chaque habitant a le devoir de tenir en réserve pour cet objet dans les étages supérieurs des maisons.

Pour assurer la sécurité du personnel chargé de la défense de l'enceinte, les précautions ci-après indiquées sont nécessaires :

Pendant la nuit, les défenseurs peuvent et doivent être groupés sur les terre-pleins, dans la rue de rempart et aux abords, afin de repousser les attaques que l'ennemi tenterait par surprise.

Dans le jour, au contraire, le rempart ne doit être occupé que par le nombre d'hommes nécessaire pour le service des pièces et pour la mousqueterie. La rue de rempart, où tomberont les projectiles rejetés par les maisons qui la bordent, doit être vide. Les postes, les réserves et tous les groupes de service devront être formés derrière ces maisons, dans les rues parallèles aux remparts, à l'abri du feu de l'ennemi.

Là où la rue de rempart n'est pas bordée de maisons seront établis des abris formés avec des madriers et des planches recouverts d'un mètre de terre. En un mot, il faut que dans un siége auquel les habitants s'associent directement, chacun s'industrie en vue de servir autant qu'il est en lui les intérêts de la défense et de la sécurité commune.

Je dirai encore quelques mots des paniques imprévues qui s'emparent des foules, particulièrement la nuit, et qui donnent lieu toujours à une dangereuse confusion, quelquefois à de grands malheurs. Quelques coups de fusil tirés mal à propos, des clameurs subites, de faux bruits répandus par l'ignorance ou par la malveillance suffisent à déterminer ces paniques. Il faut que chacun des défenseurs, se pénétrant des avertissements que je donne ici, sache se soustraire, par un effort de sa volonté propre, à ces impressions irréfléchies. Dans ces conditions, la panique disparaît comme elle est venue, et son plus redoutable effet, qui consiste ordinairement en une fusillade désastreuse pour les défenseurs eux-mêmes, est écarté.

Enfin je recommande aux préoccupations de tous le soin des cartouches, qui, par leur nature même, sont si facilement détériorées. C'est là un objet d'importance capitale devant la grande consommation que nous sommes appelés à en faire pour la défense, et je considère tout abus ou tout gaspillage de munitions de canon ou de fusil comme l'un des actes les plus coupables qui se puisse commettre pendant la durée de la crise.

Je répète ici en terminant que si l'esprit public, sans se laisser intimider par les souffrances du siége, soutient les défenseurs, la ville ne pourra pas être prise. Tous les efforts de l'ennemi tendront à frapper les imaginations, à troubler les cœurs, à soulever contre la défense les sentiments de la population qui ne combat pas. J'adjure tous les bons citoyens de réagir énergiquement autour d'eux, par leurs conseils et par leurs exemples, contre de tels entraînements; de relever par leur attitude les courages chancelants, et de persuader à tous que seule la constance peut abréger la durée de l'épreuve et assurer le succès.

Paris, le 22 septembre 1870.

Le Président du Gouvernement,
Gouverneur de Paris,
Général TROCHU.

IMPRIMERIE NATIONALE. — Septembre 1870

RÉPUBLIQUE FRANÇAISE

2e Arrondissement

CANTINES NATIONALES

Il sera établi dans les divers quartiers du 2e Arrondissement, où l'on en reconnaîtra la nécessité, des *Cantines nationales* ou *Fourneaux économiques;* on y distribuera des Rations de Bouillon et de Bœuf.

1° Gratuitement aux personnes les plus nécessiteuses du 2e Arrondissement et munies de bons délivrés par la Commission.

2° Au public payant, sur un prix tarifé.

Il a été nommé par le Maire une Commission chargée de pourvoir immédiatement et d'urgence à l'exécution de cette mesure.

Pour les ressources nécessaires, des souscriptions seront recueillies par les membres de la Commission ou des délégués autorisés. Dès aujourd'hui, les souscriptions peuvent être adressées au domicile de chacun d'eux.

LES MEMBRES DE LA COMMISSION :

A. VAVASSEUR, avocat à la Cour, rue du Caire, 10, *Président.*
EMILE BRELAY, négociant, 5, rue Saint-Joseph.
LÉON DURANTON, négociant, rue de Cléry, 21.
GUSTAVE HUILLARD, architecte de la Ville (2e arrondissement), rue du 29 Juillet, 5.
PROSPER LAVERGNOLLE, négociant, rue de Cléry, 13.
LOUIS MARIENVAL, négociant, rue Saint-Denis, 354.
JULES MAUMY, rue Montmartre, 123.
CHARLES MORRA, ingénieur civil, 15, rue Mazagran.
ERNEST MOREAU, architecte, inspecteur du 2e arrondissement, 47, avenue Trudaine, *Secrétaire.*
D'HOSTEL, négociant, boulevard de Sébastopol, 167, *Trésorier.*

Paris, le 23 *Septembre* 1870.

APPROUVÉ :
Le Maire et les Adjoints provisoires,
TIRARD, DE BENAZÉ, SERMET ET TURPIN.

QUATRE CANTINES FONCTIONNENT A PARTIR D'AUJOURD'HUI :

Rue du Caire, 38. — Boulevard Poissonnière, 9. — Rue Saint-Sauveur, 87. — Rue Neuve-Saint-Augustin, 33.

PRIX D'UNE PORTION DE BOUILLON ET BŒUF : 0,20 CENTIMES.

Pour la distribution des bons gratuits, s'adresser à la Commission, rue du Sentier, 21 (École des Garçons), *tous les jours, de* 8 *à* 10 *heures du matin.*

PARIS. — Imprimerie FÉLIX MALTESTE et Cie, rue des Deux-Portes-Saint-Sauveur, 22.

République Française

LIBERTÉ, ÉGALITÉ, FRATERNITÉ

COMITÉ CENTRAL RÉPUBLICAIN

DE DÉFENSE NATIONALE

DES VINGT ARRONDISSEMENTS DE PARIS

Citoyens,

Le 5 septembre, dès le lendemain de la proclamation de la République, un grand nombre de citoyens proposaient la constitution d'un COMITÉ CENTRAL RÉPUBLICAIN, émanant des vingt arrondissements de Paris et ayant pour but de pourvoir au salut de la patrie, ainsi qu'à la fondation définitive d'un régime véritablement républicain par le concours permanent de l'initiative individuelle et la solidarité populaire.

Depuis ce jour, les réunions publiques ont élu leurs *Comités de défense et de vigilance* dans chaque arrondissement.

Aussitôt que les arrondissements se sont trouvés représentés en [illegible] laires :

1° — MESURES DE SÉCURITÉ PUBLIQUE

Supprimer la police telle qu'elle était constituée, sous tous les gouvernements monarchiques, pour asservir les citoyens et non pour les défendre;

La remettre tout entière entre les mains des municipalités élues;

Nommer par quartier, dans les grandes villes, les magistrats chargés de veiller à la sécurité publique sous leur responsabilité personnelle et directe;

Dissoudre tous les corps spéciaux de l'ancienne police centralisée, tels que sergents de ville, agents dits de la sûreté publique, gardes de Paris;

Confier à la garde nationale, composée de la totalité des électeurs, et en particulier à des vétérans pris dans son sein, la mission d'assister les nouveaux magistrats de la police municipale dans l'exercice de leurs fonctions;

Appliquer aux magistratures de tous ordres les deux principes de l'élection et de la responsabilité;

Abroger toutes les lois restrictives, répressives et fiscales contre le droit d'écrire, de se réunir et de s'associer.

2° — SUBSISTANCES ET LOGEMENTS

Exproprier, pour cause d'utilité publique, toute denrée alimentaire ou de première nécessité actuellement emmagasinée dans Paris, chez les marchands en gros et de détail, en garantissant à ceux-ci le paiement de ces denrées après la guerre au moyen d'une reconnaissance des marchandises expropriées et cotées au prix de facture;

Élire dans chaque rue ou au moins dans chaque quartier une commission chargée d'inventorier les objets de consommation et d'en déclarer les détenteurs actuels personnellement responsables envers l'administration municipale;

Répartir les approvisionnements classés par nature entre tous les habitants de Paris au moyen de bons qui leur seront périodiquement délivrés dans chaque arrondissement au prorata : 1° du nombre de personnes composant la famille de chaque citoyen; 2° de la quantité de produits consommables constatés par les commissions ci-dessus désignées; 3° de la durée probable du siège.

Les municipalités devront encore assurer à tout citoyen et à sa famille le logement qui leur est indispensable.

3° — DÉFENSE DE PARIS

Faire élire immédiatement par la garde mobile tous les chefs qui la doivent conduire au feu, ceux qui la commandent actuellement lui ayant été imposés jusqu'à ce jour;

Rallier au plus vite les éléments épars de cette héroïque armée, que la trahison de ses chefs a laissé écraser ou dissoudre et qui, organisée pour asssservir le pays, n'a pas suffi pour le défendre;

Délivrer au plus vite à tous les citoyens des armes à longue portée et leur distribuer en même temps la quantité de cartouches et de munitions de guerre suffisante pour qu'ils soient en mesure de repousser toute attaque éventuelle;

Préparer par les soins des vingt comités d'arrondissement les moyens matériels et l'organisation du personnel nécessaire à la défense spéciale de chaque quartier;

Affecter aux divers services de la défense tous les locaux libres, tels [illegible]

Établir un contrôle populaire de toutes les mesures [illegible] pour la défense;

Préparer dès maintenant les postes de défense intérieure, les communications secrètes et tous les engins de destruction susceptibles d'être employés contre l'ennemi, même par les femmes et par les enfants, Paris républicain étant résolu, plutôt que de se rendre, à s'ensevelir sous ses ruines.

4° — DÉFENSE DES DÉPARTEMENTS

Décréter la levée en masse de tous les Français sans exception, et la réquisition générale de tout ce qui peut servir à la défense;

Appuyer toute organisation résultant de l'initiative populaire et ayant pour but de contribuer au salut de la République;

Commissionner des délégués généraux pour la défense nationale, chargés de se concerter avec les républicains des départements, afin de stimuler le zèle patriotique des populations, combattre les manœuvres réactionnaires, prévenir la trahison, précipiter la marche des volontaires au secours de Paris, et, au besoin, de se faire tuer à leur tête.

En présentant ces mesures d'urgence, les soussignés sont convaincus que le Gouvernement de la défense nationale se hâtera de les transformer en décrets pour le salut de la patrie et de la République.

Pour le Comité républicain et par délégation des Comités d'arrondissement :

Les membres présents à la réunion du 13 au 14 septembre,

G. GASSE. — CH. L. CHASSIN. — F. CHATÉ. — CHAUSSE. — COUSIN. — G. CLUSERET. — DEMAY. — CH. DUMONT. — A. DUPONT. — N. GAILLARD. — G. GENTON. — H. HERNU. — J. JOHANNARD. — KERN. — LANJALLEY. — LEFRANÇAIS. — LEVERDAYS. — LONGUET. — LONGAT. — P.-A. LUTZ. — A. LECOT. — E. LÉGER. — G. MALLET. — MAINIER. — MARCHAND. — MILLIÈRE. — MARCHAL. — MALON. — F. MANGOLD. — MYARD. — G. MOLLIN. — E. OUDET. — M. PORTALIER. — J. PÉRIN. — PAGNERRE. — PHILIP. — PILLION. — PINDY. — RANVIER. — E. ROY. — E. ROULLIER. — THÉLIDON. — THONNELIER. — TOUSSAINT. — E. VAILLANT. — J. VALLÈS. — VERTUT. — M. WOOG.

12043. — Paris, Typ. Alcan-Lévy, rue Lafayette, 61, et passage des Deux-Sœurs.

RÉPUBLIQUE FRANÇAISE.

GOUVERNEUR DE PARIS.

ORDRE.

Des groupes de la Garde nationale, quelques-uns sous le commandement de leurs officiers, se sont livrés ces jours-ci à des manifestations dont le caractère essentiellement pacifique n'a pas troublé l'ordre dans Paris. Mais, à ce moment-là même, l'ennemi, dont les principales concentrations sont effectuées, construisait des batteries à portée de nos forts, qui ouvraient le feu contre ces travaux. Le siége est donc commencé: nous avons des blessés et des morts; ce matin même un vif engagement a lieu en avant de Villejuif. La place de tous est sur le rempart ou dans les réserves, et ceux-là même qui ne sont commandés pour aucun service, doivent se tenir dans leurs quartiers respectifs, prêts à répondre à l'appel de la défense.

Ce n'est pas l'heure, assurément, des promenades à travers la ville et de ces manifestations qui portent atteinte au principe militaire et font un pénible contraste avec la gravité de la situation où est le pays.

Nous avons à présent d'impérieux et pressants devoirs, qui dominent de bien haut toutes les préoccupations politiques, et je veux les résumer ici en quelques mots :

Il faut être au combat ou être prêt pour le combat.

Paris, le 23 septembre 1870.

Le Président du Gouvernement, Gouverneur de Paris,

Général TROCHU.

1 IMPRIMERIE NATIONALE. — Septembre 1870.

RÉPUBLIQUE FRANÇAISE.

PRÉFECTURE DE POLICE.

AVIS.

Messieurs les Bouchers de Paris sont prévenus que le marché de bestiaux vivants qui avait lieu au *Marché-aux-Chevaux*, boulevard d'Enfer, n° 6, cessera demain samedi 24.

Il sera remplacé par une vente à la criée de viandes abattues dans les abattoirs de la Villette, Grenelle et Villejuif. La vente sera ouverte à midi dans chacun de ces établissements.

Les Bouchers ayant étal et qui justifieront de cette condition seront seuls admis aux enchères.

Le marché aux porcs, qui a eu lieu jusqu'à ce jour à l'abattoir des *Fourneaux*, y cessera de même pour les animaux vivants et sera remplacé par un marché de viandes abattues, qui commencera à deux heures.

Paris, le 23 Septembre 1870.

Le Préfet de Police,
DE KÉRATRY.

IMPRIMERIE NATIONALE. — Septembre 1870.

RÉPUBLIQUE FRANÇAISE.

MAIRIE DE PARIS.

Le Maire de Paris,

Attendu l'état de siége;

Considérant que la Défense nationale est intéressée à la régularité du service des eaux, à la propreté et à la sécurité des égouts et à la salubrité des voies publiques,

ARRÊTE :

ARTICLE PREMIER.

Le Directeur des eaux et des égouts est autorisé à retenir, au besoin par voie de réquisition, tous ouvriers plombiers, égoutiers et vidangeurs nécessaires à son service. Ces ouvriers seront dispensés du service journalier de la garde nationale sédentaire.

ART. 2.

Le présent arrêté sera notifié à qui de droit par le Directeur des eaux et des égouts, chargé de son exécution.

Fait à l'Hôtel de Ville de Paris, le 24 septembre 1870.

Le Maire de Paris,
ÉTIENNE ARAGO.

Pour ampliation :
Le Secrétaire général de la Mairie de Paris,
JULES MAHIAS.

IMPRIMERIE NATIONALE. — Septembre 1870.

RÉPUBLIQUE FRANÇAISE.

RAPPORT
SUR LES ÉVÉNEMENTS MILITAIRES
DU 23 SEPTEMBRE.

La division Maudhuy est définitivement établie sur les positions de Villejuif; elle est fortement appuyée sur ses derrières. Après un feu soutenu de plusieurs heures, nos batteries de campagne, soutenues par le tir très-remarquable des forts, ont complétement réduit au silence le feu de l'ennemi et empêché des travaux qu'il cherchait à établir vers Bagneux; ses pertes ont dû être considérables; les nôtres sont de deux tués et d'une vingtaine de blessés.

Du fort de Nogent, on signalait des travaux considérables de l'ennemi vers Brie-sur-Marne; environ soixante coups ont été tirés dans cette direction par une section de campagne et y ont jeté un désordre complet.

L'amiral Saisset a fait aujourd'hui une brillante reconnaissance avec des fusiliers brevetés de l'infanterie de marine et des éclaireurs de la Seine (colonel Lafon). Bobigny était occupé par l'ennemi; après une vive fusillade, il a été débusqué de Drancy et poursuivi jusqu'à 400 mètres de la gare du Bourget : ce point était occupé par plusieurs colonnes d'infanterie que le canon du fort de Romainville a refoulées dans le village chaque fois qu'elles ont essayé d'en sortir.

L'amiral a fait sa retraite par échelons, dans le meilleur ordre; nous avons eu un officier d'éclaireurs et un soldat d'infanterie de marine blessés. A Drancy, nous avons brûlé toutes les meules de fourrages de l'ennemi.

Du côté d'Aubervillers, l'ennemi se tient à grande distance et n'établit aucun ouvrage d'approche. Vers deux heures, les Prussiens avaient complétement abandonné leurs positions devant Saint-Denis. Le général de Bellemare allait faire de fortes reconnaissances pour surveiller ses mouvements.

Rien de nouveau à signaler sur la Seine de Saint-Ouen à Sèvres.

En face de Vanves et d'Issy, l'ennemi paraît établir des batteries au-dessus de la manufacture de Sèvres et sur la terrasse de Meudon.

Le Gouverneur de Paris,
P. O. *Le Général Chef d'État-major,*
SCHMITZ.

1 IMPRIMERIE NATIONALE. — Septembre 1870.

LA PAIX

AVEC

LES PRUSSIENS

Dans ces derniers temps, on a tant crié : *Mourir pour la patrie*, que l'on commence à être fatigué et rassasié de ce désir. Le caractère *français* aime assez le changement pour préférer aujourd'hui un autre mot à celui pas trop gai : *Mourir;* ce mot est, je crois, *Vivre* pour la patrie, c'est le sort le plus beau, le plus digne d'envie. Si le remplacement de ce mot Mourir par celui de Vivre n'est pas adopté par tous les jeunes Parisiens, il doit l'être au moins par un grand nombre de pères de famille ; par les hommes qui tiennent à la vie tant qu'il ne plaira pas à la Providence de nous l'enlever.

Une brochure développant les moyens à prendre pour arriver à la Paix avec les Prussiens est sous presse ; elle pourra sous peu de jours être livrée au public.

Mais une mesure est indispensable pour traiter légalement des conditions proposées pour être soumises à l'acceptation de Guillaume et de Bismarck ; cette mesure est, nécessairement, que celui qui soumettra ces conditions puisse traiter au nom de la Nation Française, car cet obstacle a déjà été objecté verbalement à Jules Favre par Bismarck, quand il a été le trouver à Ferrières.

Il vient d'être soumis à l'approbation des *membres du Gouvernement* et aux *électeurs de Paris*, un nouveau mode d'organisation sous le titre de : **La Commune**, faisant apprécier l'urgence immédiate d'une Municipalité élue par le suffrage universel ; cette organisation est identique à la constitution de la République des États-Unis.

Si les considérations présentées sont adoptées, non-seulement on aplanira les obstacles développées dans la brochure précitée ; mais encore on obtiendra ce qui nous fait défaut pour traiter la Paix, objet spécial de la présente.

Au lieu de vaincre l'ennemi par les différents fusils inventés, par les mitrailleuses, par les canons, enfin, par toutes sortes d'engins imaginés pour détruire le genre humain, pour nous massacrer les uns les autres, pour ravager nos habitations et nos récoltes, ne serait-ce pas plus honorable pour nous, pour le dix-neuvième siècle, qui se glorifiait d'être un siècle de lumière, de progrès, ne serait-ce pas plus honorable, dis-je, de préférer la raison, le bon sens, la force morale, la fraternité, à la force brutale, à la fausse gloire, à la gloire avilissante des Nérons... Employons la sympathie au lieu de la fierté, l'humanité au lieu de la barbarie ; au lieu de faire une rivière de sang, au lieu d'entasser tant de cadavres dont le seul crime est d'obéir à des tyrans, comme nous obéissions à celui à qui le Tout-Puissant a fait justice à la fin de la bataille de Sedan.

Ce qui part du cœur va au cœur, au cœur des Français comme au cœur des Prussiens, et à tous les cœurs humains, quoique endurcis ; peut-être même au cœur de certains monarques égarés par une fausse gloire.

Le Christ a dit : « *Cherchez et vous trouverez : Frappez à la porte, on vous ouvrira.* »

Ces maximes ne sont pas toujours vraies ; si l'on frappe à la porte d'un prince, d'un hôtel aristocratique, sans équipage, sans être fortement recommandé, le portier répond : *On n'entre pas !*

Cette maxime est cependant vraie, quand on demande une chose de toute justice, bien légitime, et que l'on tient fortement à l'obtenir ; par la persévérance, par la ténacité, on finit par se faire ouvrir les portes les plus consignées, et, si le moyen présenté est favorablement accueilli, on pourra frapper à la porte de l'Hôtel-de-Ville et à celles de Guillaume et de Bismarck.

Voilà, citoyens, comment on peut trouver ce que l'on cherche, et le moyen de se faire ouvrir où l'on veut entrer.

J'invite tous les citoyens de Paris à se grouper par quartiers, par réunions, afin d'approuver ou de désapprouver les moyens que je présente pour atteindre le but proposé, et d'adresser le résultat de leur appréciation à l'auteur, poste restante, rue Mouton-Duvernet (14e arrondissement). Ceux qui auraient des améliorations à apporter seront accueillis avec bonheur.

Par cette entente, par cette union, par ce procédé, nous pourrons donner à la République tout l'essor, toute la force qui lui fait défaut, au moment surtout où le besoin se fait le plus sentir : Hâtez-vous, le temps presse.

N'est-ce pas là la force armée qu'il faut mettre à exécution, le moyen d'éviter la guerre intestine.

L'auteur se met à la disposition de sa patrie pour atteindre ce but.

Paris. — IMPRIMERIE NOUVELLE (Assoc. ouvrière), rue des Jeûneurs, 14, G. Masquin et Ce.

PRÉFECTURE DE LA GIRONDE

REPUBLIQUE FRANÇAISE

DÉPÊCHE TÉLÉGRAPHIQUE

Tours 22 septembre, 8 h. 10 soir.

Le ministre de l'intérieur à MM. les Préfets.

La garnison de Strasbourg a fait une sortie dans la nuit du 13 au 14. Les tranchées ont été surprises. Le 3e de ligne Badois et un régiment Wurtembergeois ont été abîmés. Dans la nuit du 17 au 18, assaut repoussé avec pertes énormes des assiégeants.

La République a été proclamée à Strasbourg au milieu d'un grand enthousiasme.

POUR COPIE CONFORME : *le Préfet de la Gironde,*

Amédée LARRIEU.

Bordeaux. — A PEREY, imprimeur de la Préfecture, rue Porte-Dijeaux, 13.

LIBERTÉ — ÉGALITÉ — FRATERNITÉ

RÉPUBLIQUE FRANÇAISE

MAIRIE DU 2me ARRONDISSEMENT

La Municipalité, afin d'éviter toute confusion, a prévenu ses Concitoyens que les Ambulances établies par ses soins étaient complétement en dehors des sociétés particulières.

Aujourd'hui, une société de bienfaisance s'appuie sur la municipalité en faisant intervenir le nom du Maire.

D'autres sociétés pourraient suivre cet exemple.

Le Maire et les Adjoints déclarent d'une façon catégorique ne vouloir mêler leurs noms à aucune société de bienfaisance étrangère à l'Administration Municipale.

A l'époque où nous sommes, tous les dons et offrandes seront acceptés avec reconnaissance; les misères sont tellement grandes que chacun, dans la mesure de ses moyens, doit chercher à les soulager;

Mais n'oublions pas que la charité énervante de l'Empire et des monarchies déchues a été une des causes de l'affaissement public.

La République, une fois l'ennemi détruit, se chargera de prouver que tout citoyen doit vivre de son travail et jamais d'aumône.

Paris, le 24 Septembre 1870.

Les Adjoints,
DE BÉNAZÉ,
SERMET,
TURPIN.

Le Maire,
TIRARD.

Paris.—Imprimerie PRISSETTE, passage Kussner, 17.— Maison passage du Caire, 17.

RÉPUBLIQUE FRANÇAISE

GOUVERNEUR DE PARIS.

AVIS
AUX TROUPES DE GARDE A L'ENCEINTE

Il est expressément interdit d'allumer des feux dans les bastions et sur la rue du rempart.

Ces feux constituent un danger grave pour les approvisionnements de poudres existant dans les bastions et aux abords, ainsi que pour les convois de munitions qui sont en circulation constante sur la voie.

Le Gouverneur de Paris invite MM. les Commandants des secteurs à ne tolérer ses feux qu'en arrière de la rue du rempart, afin d'éviter tout accident.

Paris, le 24 septembre 1870.

LE GOUVERNEUR DE PARIS.
P. O. *Le Général Chef d'état-major général,*
SCHMITZ.

IMPRIMERIE NATIONALE.—Septembre 1870.

RÉPUBLIQUE FRANÇAISE

ÉLECTIONS

DE L'ASSEMBLÉE CONSTITUANTE

Circulaire à MM. les Préfets.

MONSIEUR LE PRÉFET,

La France, rendue à elle-même, va pourvoir à ses destinées. Le suffrage universel est convoqué pour l'élection d'une Assemblée constituante; jamais question plus grave ne fut posée dans des temps plus douloureux. C'est une raison, entre toutes, pour que la France soit consultée avec honneur et probité. C'est là la première indication, l'instruction maîtresse qui devra régler vos rapports avec le corps électoral, vous n'avez pas de meilleurs moyens de caractériser et de servir la nouvelle République.

aurez à le rappeler au sentiment et à l'usage de sa liberté. En un mot, vous vous appliquerez à faire justement le contraire de ce que faisait le gouvernement déchu.

En même temps, et en dehors des enseignements que comporte cette comparaison, vous aurez soin d'apprendre aux électeurs ce que valait ce gouvernement et ce qu'il leur a coûté. Vous ne cesserez d'attirer leur attention de ce côté, de manière à les rendre tout à fait compétents et capables de voter en connaissance de cause. Pendant dix-huit ans, et jusqu'à l'agonie du dernier règne, on a menti au pays. Il est temps que la lumière se fasse, et que les cœurs se redressent. Il le faut d'autant plus, que, en maints endroits, les partisans de l'empire osent rejeter sur nous la responsabilité des maux dont ils ont accablé la patrie. C'est là une calomnie que vous ne devez pas tolérer.

L'empire, par un coup de force, avait mis la main sur le pays. Il avait tout pris, tout confisqué, la liberté d'abord, en promettant la gloire. Cherchez où est la gloire, maintenant? où est aussi la prospérité matérielle contre laquelle plus d'un avait cru pouvoir troquer sa conscience et sa dignité. Tout a disparu dans le grand naufrage, et c'était justice, car rien ne pouvait survivre à l'avilissement des âmes. Aujourd'hui, nous n'apercevons plus autour de nous que le désastre, le deuil, l'indiscipline, la patrie en lambeaux. Voilà la France que l'empire nous a faite. C'est là un ordre d'idées absolument exact et que vous ne devez pas craindre de suivre jusque dans le détail. Il faut que vous appreniez aux électeurs qui l'ignorent, que vous rappeliez à ceux qui l'ont oublié, que l'empire a tout pu, qu'il a tout voulu, tout corrompu autour de lui en vertu même de son principe. Insistez principalement sur la situation militaire, devenue si poignante. Dites et proclamez que pendant dix-huit ans, chaque année, la France a livré au gouvernement de l'empereur plus d'un demi-milliard et plus de cent mille hommes pour la défense du pays, et que à un moment donné, cette France, si grande quand Bonaparte l'a saisie, s'est trouvée ruinée, perdue, sans ressources, dans un état de détresse incomparable. Appelez sur ces plaies toute l'attention du pays, faites-lui voir le fond du gouffre où il a roulé. C'est principalement dans les campagnes qu'il convient de dire ces choses et de les démontrer; c'est là qu'il faut qu'on sache que chaque mort d'homme, chaque deuil, chaque ruine, chaque écu qu'on paie et que l'on paiera, a pour cause les dix-huit années d'empire qui nous ont sou[illegible]

nouveau Gouvernement. Efforcez-vous de faire la sécurité, vous n'avez pas de meilleur moyen de fonder la République.

La République, sortie d'une révolution sans tache, et qui restera telle, est désormais la seule forme de gouvernement qui puisse rétablir la grandeur, la fortune et la moralité du pays. En 1848, les classes moyennes l'ont essayée sans loyauté, elles peuvent voir où cet abandon les a conduites. Ces expériences profiteront à tous les partis. Dites donc et répétez incessamment que notre République est un Gouvernement d'ordre, qu'entre l'empire et nous, c'est l'empire qui était anarchique. Démontrez que le suffrage universel appelle indispensablement la République, parce que l'électeur d'aujourd'hui ne peut pas lier à perpétuité l'électeur de demain; qu'il faut donc trouver une forme de gouvernement qui s'accorde avec la mobilité de la volonté électorale, et que cette mobilité est incompatible avec la trasmission dynastique, dans un pays surtout où, depuis 1789, la monarchie n'a pas pu fournir un seul exemple sérieux de succession héréditaire. Faites comprendre en même temps que la flexibilité du Gouvernement républicain est la garantie de sa solidité, en ce qu'elle lui permet de suivre, sans se briser, et en s'y adaptant, tous les mouvements de l'opinion publique. Loin d'être anarchique, un semblable régime est la seule expression possible de l'ordre et de la civilisation. A ceux qui le nieraient, vous montrerez du doigt les États-Unis d'Amérique.

Voilà le terrain, Monsieur le Préfet, sur lequel vous tâcherez d'attirer à vous toutes les conciliations, toutes les bonnes volontés, tous les courages. Nous tenons à ce que le pays sache bien que la République n'entend ni faire mal ni faire peur, que nous accueillerons toutes les adhésions et même tous les repentirs, mais en marquant ainsi que, si nous sommes résolus à être généreux, nous sommes décidés à n'être pas dupes.

Je vous recommande surtout de vous tenir en défiance contre les exigences et les suggestions des partis extrêmes. Nous ne devons écouter ni ceux qui nous ont perdus en arrière, ni ceux qui nous perdraient en avant. Aux uns comme aux autres, nous laisserons la pleine liberté; mais entre les deux, le Gouvernement gardera l'équilibre et maintiendra le respect de la loi. Les partis extrêmes sont, d'ailleurs, bien moins à craindre qu'on ne pense; ils ont leur raison d'être et leur utilité dans l'ensemble des opinions, pourvu qu'on ne les laisse pas devenir usurpateurs ou tyranniques. A cela

et de ne pas être suivis, ils doivent ralentir le pas, modérer leurs espérances les plus légitimes, agir politiquement, et ne point demander à la République de produire tous ses fruits sur l'heure et le jour même de son implantation. La pratique des choses ne comporte pas de tels miracles. Il n'en est pas moins certain que la République, une fois fondée et consolidée, implique, dans la matière sociale, un progrès continue, et que ce progrès sera d'autant plus maître de son terrain et garanti contre les compétitions rétrogrades, qu'il se sera accompli avec modération et par étapes.

Telles sont, Monsieur le Préfet, les idées générales sur lesquelles vous devrez régler votre conduite politique et vos discours, particulièrement à l'occasion des élections de l'Assemblée constituante. Nous traversons des événements pleins de périls de toute sorte, où, avec les meilleures intentions, on est exposé à commettre bien des fautes. N'en commettons du moins aucune que d'honnêtes gens ne puissent avouer. Il est bien rare qu'un acte politique quelconque, à côté de certains avantages ne présente pas certains inconvénients. Mon sentiment est que, dans la crise présente, le plus grand intérêt, celui devant lequel il convient, non pas d'abdiquer, mais de classer et de subordonner les autres, consiste à attirer la confiance autour de nous, à la maintenir chez ceux qui nous connaissent, à l'inspirer à ceux qui ne nous connaissent pas. C'est ainsi que nous fonderons la République, en dehors de toute pression, de tout excès, comme il sied à des hommes qui ont profité des enseignements contemporains, et qui savent que si la vraie liberté est faite de beaucoup d'ordre, le véritable ordre est fait de beaucoup de liberté.

Le Directeur général du Personnel et du Cabinet, délégué au Département de l'Intérieur,

CLÉMENT LAURIER.

Tours, le 21 septembre 1870.

TOURS. — IMPRIMERIE MAME.

PRÉFECTURE DE LA GIRONDE

RÉPUBLIQUE FRANÇAISE

A LA FRANCE!

Avant l'investissement de Paris, M. Jules Favre, Ministre des affaires étrangères, a voulu voir M. de Bismark pour connaître les dispositions de l'ennemi.

Voici la déclaration de l'ennemi :

« La Prusse veut continuer la guerre et réduire la France à l'état de puissance de second « ordre.

« La Prusse veut l'Alsace et la Lorraine, jusqu'à Metz, par droit de conquête.

« La Prusse, pour consentir à un armistice, a osé demander la reddition de Strasbourg, « de Toul et du Mont-Valérien. »

Paris, exaspéré, s'ensevelirait plutôt sous ses ruines.

A de si insolentes prétentions, en effet, on ne répond que par la lutte à outrance. La France accepte cette lutte et compte sur tous ses enfants!

Tours, le 24 septembre 1870.

Les Membres délégués du Gouvernement,

CRÉMIEUX. — GLAIS-BIZOIN. — FOURICHON.

CITOYENS,

Préparons-nous à tous les sacrifices.
L'ennemi ose nous proposer la honte!
Vaincre ou mourir, voilà, sans distinction de partis, notre réponse!
Vive la patrie libre et fière! Vive la France!

Le Préfet de la Gironde,

Amédée **LARRIEU**.

DÉCRET

Vu la proclamation ci-dessus qui constate la gravité des circonstances;

LE GOUVERNEMENT DÉCRÈTE :

1° Toutes les élections municipales et pour l'Assemblée constituante sont suspendues et ajournées.

2° Toute élection qui serait faite est annulée.

3° Les préfets pourvoiront par le maintien des municipalités actuelles ou par la nomination de municipalités provisoires.

Tours, le 24 septembre 1870. *Les Membres du Gouvernement,*

CRÉMIEUX. — GLAIS-BIZOIN. — FOURICHON.

ARRÊTÉ

Nous, Préfet de la Gironde,

Vu le décret du Gouvernement de la Défense Nationale en date du 24 Septembre 1870, ajournant les élections municipales et les élections de l'Assemblée Constituante;

ARRÊTONS :

Les Maires, adjoints aux Maires et administrateurs des communes, ainsi que les Conseils municipaux et les Commissions municipales, actuellement en exercice, sont provisoirement maintenus dans leurs fonctions.

Fait à Bordeaux, en l'hôtel de la Préfecture le 24 septembre 1870,

Le Préfet de la Gironde,

Amédée **LARRIEU**.

Bordeaux. — Imprimerie A. PÉREY, rue Porte-Dijeaux, 48.

République Française

PRÉFECTURE DE LA LOIRE

ARRÊTÉ

Le Préfet de la Loire,

Vu la gravité des circonstances,

ARRÊTE :

Art. 1er. Il est enjoint à tous les maires du département de la Loire, de procéder dans les 48 heures, à l'inventaire des fusils de guerre ou de chasse disponibles dans chaque commune.

Ces armes seront immédiatement remises aux gardes nationaux pour les exercices et les patrouilles.

Art. 2. Tous les hommes valides de 25 à 35 ans, non mariés ou veufs sans enfants, doivent être, sans délai, incorporés dans des compagnies spéciales de la garde nationale, afin de pouvoir se lever et se mettre en marche à la première réquisition.

Fait à la Préfecture, le 24 septembre 1870.

Le Préfet de la Loire,
César BERTHOLON.

BENEVENT, imprimeur de la Préfecture, place de l'Hôtel-de-Ville, 4, à Saint-Étienne.

RÉPUBLIQUE FRANÇAISE

MAIRIE DE PARIS

La Mairie de Paris informe les propriétaires et cultivateurs des arrondissements de Saint-Denis et de Sceaux qui ont à rentrer leurs récoltes dans Paris, qu'ils trouveront aux portes de la Capitale les indications nécessaires pour diriger ces récoltes sur les dépôts qui leur seront affectés.

Dès à présent sont désignés :

Pour le canton de Villejuif et environs, un terrain de 32,000 mètres, rue du Chevaleret, nos 36 et 50 (13e arrondissement).

Pour Gennevilliers et environs, un terrain de 34,000 mètres, quai de Javel, nos 85 et 87 (15e arrondissement).

Pour Créteil et Maisons, un terrain de 10,000 mètres, rue de l'Ave-Maria, derrière le lycée Charlemagne.

La disposition de ces emplacements permet de dresser ces récoltes en meules.

Pour le Maire de Paris :
Le Secrétaire général de la Mairie,
J. MAHIAS.

IMPRIMERIE NATIONALE. — Septembre 1870.

RÉPUBLIQUE FRANÇAISE.

LIBERTÉ. ÉGALITÉ, FRATERNITÉ.

AVIS.

Le colonel d'état-major, Victor SCHOELCHER, chargé d'organiser la légion d'artillerie de la Garde nationale, invite les Citoyens qui désirent en faire partie à venir s'inscrire, sans aucun retard, au Palais-Royal, rue de Valois, n° 3, de 10 heures à 5 heures.

Paris, le 24 septembre 1870.

Pour ampliation :

Le Lieutenant-Colonel,

JUILLET St-LAGER.

IMPRIMERIE NATIONALE. — Septembre 1870.

Auf Anordnung der deutschen Behoerden darf bei den Baeckern weder Brod noch Mehl ohne Autorisation des Armee-Intendanten und Bescheinigung der Mairie in Versailles requirirt werden.

Versailles, 26/9 70.

Der General-Major und Commandant,

VON VOIGTS-RHETZ.

Versailles. — Imp. de E. AUBERT, 6, avenue de Sceaux.

Par ordre des autorités allemandes, il ne doit être requis chez les boulangers ni pain ni farine sans l'autorisation de l'Intendant de l'armée et le certificat de la Mairie de Versailles.

RÈGLES DE TIR
DU
FUSIL A TABATIÈRE

AVEC LA HAUSSE A 200 MÈTRES

à 100 mètres, viser les pieds.
à 150 d° d° d° genoux.
à 200 d° d° la ceinture.
à 250 d° d° d° tête.

AVEC LA HAUSSE A 400 MÈTRES

à 350 mètres, viser les jambes.
à 400 d° d° la ceinture.
à 450 d° d° le sommet de la tête.

AVEC LA HAUSSE A 600 MÈTRES

à 600 mètres, viser la ceinture.

RECOMMANDATIONS

Le plus grand calme.
Pas de témérité inutile.
Choisir les meilleurs abris.
Tirer PEU, mais tirer JUSTE.

Imprimerie centrale des chemins de fer. — A. CHAIX et Cᵉ, rue Bergère, 20, à Paris. — 9643-0.

RÉPUBLIQUE FRANÇAISE

LIBERTÉ, ÉGALITÉ, FRATERNITÉ.

GOUVERNEMENT DE LA DÉFENSE NATIONALE.

LE MINISTRE DE L'AGRICULTURE ET DU COMMERCE,

ARRÊTE :

ARTICLE 1er. — A partir du mercredi 28 septembre, la viande de 500 bœufs et de 4,000 moutons sera mise chaque jour à la disposition des habitants de Paris.

ART. 2. — La viande provenant de ces animaux sera vendue au détail directement aux consommateurs, pour le compte de l'État, par les bouchers ayant étal, qui se feront inscrire dans leur Mairie et se conformeront au tarif établi par la taxe ainsi qu'aux conditions qui seront fixées par le Ministre de l'Agriculture et du Commerce.

ART. 3. — La Mairie de Paris et la Préfecture de Police sont chargées d'assurer l'exécution du présent arrêté.

Paris, le 26 septembre 1870.

J. MAGNIN.

LE MINISTRE DE L'AGRICULTURE ET DU COMMERCE, PENDANT LA DURÉE DU SIÈGE,

Vu l'arrêté en date de ce jour,

ARRÊTE :

ARTICLE 1er. — Dans chaque abattoir, la viande abattue sera délivrée aux bouchers qui, conformément à l'arrêté ministériel du 26 septembre, se seront fait inscrire dans leurs mairies. Cette distribution sera faite proportionnellement à la clientèle dont ils auront justifié.

ART. 2. — Chaque boucher ne pourra s'approvisionner que dans l'abattoir de sa circonscription.

ART. 3. — La viande sera livrée à l'abattoir et vendue comptant à chaque boucher, au prix déterminé par la taxe, déduction faite de 0 fr. 20 c. par kilog. pour tous frais.

ART. 4. — Les bouchers seront autorisés à se constituer en syndicat pour faciliter l'exécution du présent arrêté.

Paris, le 26 septembre 1870.

J. MAGNIN.

MAIRIE DE PARIS.

AVIS AUX BOUCHERS.

LE MAIRE DE PARIS,

En exécution de l'arrêté du Ministre du Commerce en date de ce jour, qui détermine les conditions de la vente au détail de la viande de boucherie appartenant à l'État,

Invite les bouchers ayant un étal à se présenter immédiatement à la mairie de leurs arrondissements respectifs, à l'effet de prendre connaissance des conditions auxquelles ils devront se conformer pour effectuer la vente au détail de la viande mise à leur disposition.

Les bouchers qui accepteront ces conditions se feront inscrire à leurs mairies.

Paris, le 26 septembre 1870.

L'Adjoint au Maire de Paris,
CLAMAGERAN.

Typ. CHARLES DE MOURGUES frères, Imprimeurs de la Mairie de Paris, rue J.-J. Rousseau, 58. — 7517.

RÉPUBLIQUE FRANÇAISE

Liberté, Égalité, Fraternité.

MAIRIE DE SAINT-ÉTIENNE

Appel à nos Concitoyens

CITOYENS,

Le temps presse.

Les Prussiens n'attendent pas. Nous devons soutenir contre eux une lutte à outrance.

Pour cette guerre sacrée de l'indépendance, pour sauver la Patrie, que nous faut-il?

Des armes, des armes, et de *l'argent.*

De l'argent d'abord, afin de nous procurer tout ce qui nous manque; tout ce que l'empire nous a volé!

Pour subvenir à ces besoins suprêmes, la Municipalité de Saint-Étienne a voté un emprunt de 1,200,000 fr.

Ce faible emprunt n'est pas encore souscrit.

Laisserez-vous dire que l'argent stéphanois préfère se laisser prendre par les réquisitions prussiennes plutôt que de pourvoir à l'achat des armes et des munitions de guerre?

Laisserez-vous dire que dans une cité aussi riche, le capital manque de patriotisme?

Laisserez-vous, enfin, flétrir notre ville par de pareils reproches?

A vous de répondre!

Le Maire,
TIBLIER-VERNE.

Saint-Étienne, le 26 Septembre 1870.

Saint-Étienne, — J. PICHON, imprimeur, rue Brossard, 9, au rez-de-chaussée, — 1870.

RÉPUBLIQUE FRANÇAISE.

GOUVERNEUR DE PARIS.

COURS MARTIALES.

Dans le but de réprimer les attentats à la propriété, le maraudage, le vol, l'espionnage qui se propagent dans la banlieue de Paris, le Président du Gouvernement, Gouverneur de Paris, a ordonné l'institution de Cours martiales à Vincennes et à Saint-Denis et dans les 13e et 14e corps d'armée.

Ces Cours fonctionneront d'après les règles suivantes :

Tout officier général investi du commandement supérieur, ou opérant isolément devant l'ennemi, qui aura connaissance d'un crime commis contre le devoir militaire, et à l'égard duquel le code de justice militaire a édicté la peine de mort, aura le droit de réunir, soit immédiatement, soit après l'opération militaire terminée, mais toujours dans les vingt-quatre heures, un tribunal spécial dit COUR MARTIALE, composé d'un officier supérieur et de deux capitaines pris en dehors de la troupe à laquelle appartient l'accusé.

L'accusé sera amené devant cette Cour. Un défenseur lui sera donné à son choix ou d'office.

La Cour entendra aussitôt soit la lecture du rapport écrit, présentant l'accusation, s'il en a été rédigé un, soit les dépositions verbales et sous serment, de témoins qui devront-être au moins au nombre de deux.

Le défenseur entendu, ainsi que l'accusé, la Cour rendra son jugement qui sera sans appel.

Le jugement prononcera soit la condamnation du coupable, soit son acquittement. En cas de doute, la Cour pourra demander l'envoi devant un Conseil de guerre, qui sera saisi par les moyens ordinaires.

La condamnation sera exécutée, séance tenante, par le piquet commandé pour garder le lieu de la séance.

La Prévôté pourra être appelée à prêter son concours. Un officier ou sous-officier de cette force publique dressera le procès-verbal sommaire du jugement et de l'exécution.

Ce procès-verbal sera transmis au commandant en chef.

Paris, le 26 septembre 1870.

Le Président du Gouvernement, Gouverneur de Paris,

Général TROCHU.

2 IMPRIMERIE NATIONALE. — Septembre 1870.

RÉPUBLIQUE FRANÇAISE.

LIBERTÉ, ÉGALITÉ, FRATERNITÉ.

MAIRIE DE PARIS.

DÉPOTS DE FUMIERS.

LE MAIRE DE PARIS,

Considérant que pendant la durée du siége, les produits de l'enlèvement des fumiers provenant des écuries des particuliers ne peuvent plus être transportés en dehors de Paris; qu'il y a lieu, dès lors, de désigner des terrains pour servir de lieux de dépôt à ces fumiers;

ARRÊTE :

ARTICLE 1er.

Les fumiers provenant des écuries ou étables appartenant à des particuliers seront déposés sur les terrains ci-après désignés :

1° Place Daumesnil, angle de la rue Lamblardie (12e arrondissement);

2° Rue du Chevaleret, nos 68 et 93 (13e arrondissement);

3° Square de Montsouris, terrains le long de la Bièvre, vis-à-vis de la rue d'Alésia (14e arrondissement);

4° Avenue Saint-Charles, sablière de M. HÉLIE, entre la rue Saint-Paul et la rue Leblanc (15e arrondissement);

5° Quai de Javel, n° 27 (15e arrondissement);

6° Boulevard Malesherbes, côté droit au-delà de la place Wagram, vis-à-vis du dépôt de la Compagnie des Omnibus (17e arrondissement);

7° Rue Damrémont, entre la Butte Montmartre et la rue Marcadet (18e arrondissement);

8° Carrières d'Amérique (19e arrondissement).

ART. 2.

Pour l'indication de l'accès des dépôts de fumiers et pour les dispositions à prendre dans l'intérieur de ces dépôts, on devra se conformer aux prescriptions des ingénieurs du Service municipal de la Ville de Paris.

ART. 3.

Le Directeur de la Voie publique est chargé de l'exécution du présent arrêté dont ampliation sera adressée à l'Ingénieur en chef de la 2e division, plus spécialement chargé de la surveillance des dépôts.

Paris le 26 septembre 1870.

ÉTIENNE ARAGO.

Typ. CHARLES DE MOURGUES frères, Imprimeurs de la Mairie de Paris, rue J.-J. Rousseau, 58.—7545.

République Française

PRÉFECTURE DE LA LOIRE

ARRÊTÉ

Le Préfet de la Loire,

Vu la dépêche du Gouvernement, datée de Tours le 24 septembre 1870;

Considérant que dans les circonstances actuelles, la France a besoin de tous ses enfants,

ARRÊTE :

Art. 1er. Tous les hommes valides de 20 à 25 ans, appartenant au département de la Loire, qui ne font pas partie de la garde mobile, soit parce qu'ils n'ont pas été appelés, soit parce qu'ils n'ont pas été inscrits sur les listes de recensement de leurs communes, soit enfin parce qu'ils ont été exemptés de ce service, sont invités à se rendre à la caserne de Saint-Etienne, le mercredi 28 septembre, à 8 heures du matin, ceux de l'arrondissement de Saint-Etienne, et le jeudi 29, à la même heure, ceux des arrondissements de Roanne et de Montbrison.

Tout ceux qui ne répondront pas à cet appel seront considérés comme déserteurs et requis par la force armée.

Art. 2. Ces jeunes gens une fois réunis à la caserne, seront soumis à une révision sérieuse confiée aux soins d'un conseil de révision qui statuera définitivement sur les exemptions à accorder.

Il n'y aura d'exemption que pour les infirmités corporelles bien et dûment constatées.

Les communes pourvoiront aux besoins des familles indigentes.

Art. 3. Les hommes exemptés qui seront encore assez valides pour faire partie de la garde nationale sédentaire de leur commune, y seront immédiatement incorporés.

Art. 4. Les maires de chaque commune sont chargés d'assurer l'exécution du présent arrêté.

Fait à la Préfecture, le 26 septembre 1870.

Le Préfet de la Loire, César BERTHOLON.

Benevent, imprimeur de la Préfecture, place de l'Hôtel-de-Ville, 4, Saint-Etienne.

RÉPUBLIQUE FRANÇAISE.

GOUVERNEUR DE PARIS.

ORDRE.

En raison de la diminution des jours, les portes de la Place de Paris seront, jusqu'à nouvel ordre, ouvertes à 7 heures du matin et fermées à 7 heures du soir.

Cette disposition sera exécutoire à partir du 1er octobre au matin.

Paris, le 27 Septembre 1870.

LE GOUVERNEUR DE PARIS.

P. O. *Le Général-Chef d'état-major général,*

SCHMITZ.

2 IMPRIMERIE NATIONALE. — Septembre 1870.

Ville de Versailles.

AVIS

Nous, Commandant de la ville de Versailles, pour l'Autorité allemande, prévenons le public,

Que la circulation est et demeure entièrement libre de Versailles aux communes environnantes et réciproquement.

Paris et les localités de la banlieue de Paris, situées dans le rayon d'attaque et de défense, restent sévèrement interdites à la circulation.

Sont invités à vaquer librement à leurs affaires et notamment à approvisionner les marchés de Versailles, les habitants des communes non frappées d'interdiction : toute protection est assurée à leur personne, à leurs chevaux et voitures, ainsi qu'à leurs produits, denrées et marchandises.

Versailles, le 27 Septembre 1870.

VON VOIGTS-RHETZ,
General-Major.

Vu, Le Commandant de place pour la Ville,
F. D'ESPÈREY.

Versailles.—Imprimerie de E. AUBERT, 6, avenue de Sceaux.

DIRECTION GÉNÉRALE DES POSTES.

AVIS AU PUBLIC.

Le Gouvernement de la défense nationale a rendu, sous la date du 26 septembre, les deux décrets dont la teneur suit :

PREMIER DECRET.

Art. 1er. L'Administration des Postes est autorisée à expédier par la voie d'aérostats montés, les lettres ordinaires à destination de la France, de l'Algérie et de l'étranger.

Art. 2. Le poids des lettres expédiées par les aérostats ne devra pas dépasser 4 grammes.

La taxe à percevoir pour le transport de ces lettres reste fixée à 20 centimes.

L'affranchissement en est obligatoire.

Art. 3. Le Ministre des finances est chargé de l'exécution du présent décret.

(*Suivent les signatures.*)

DEUXIÈME DÉCRET.

Art. 1er. L'Administration des Postes est autorisée à transporter par la voie d'aérostats libres et non montés, des cartes-poste portant sur l'une des faces l'adresse du destinataire et sur l'autre la correspondance du public.

Art. 2. Les cartes-poste sont en carton vélin du poids de 3 grammes au maximum et de 11 centimètres de long sur 7 centimètres de large.

Art. 3. L'affranchissement des cartes-poste est obligatoire.

La taxe à percevoir est de 10 centimes pour la France et l'Algérie.

Le tarif des lettres ordinaires est applicable aux cartes-poste à destination de l'étranger.

Art. 4. Le Gouvernement se réserve la faculté de retenir toute carte-poste qui contiendrait des renseignements de nature à être utilisés par l'ennemi.

Art. 5. Le Ministre des finances est chargé de l'exécution du présent décret.

(*Suivent les signatures.*)

En exécution des décrets qui précèdent, le Directeur général des Postes a l'honneur d'informer le public que l'ascension des ballons montés ne pouvant avoir lieu qu'à des époques indéterminées, des ballons libres seront lancés à partir de demain, 28 septembre, si le temps le permet.

Les correspondances que le public voudrait tenter de faire parvenir par ce moyen devront être écrites sur carton vélin du poids de 3 grammes au maximum, et ne dépassant pas les dimensions d'une enveloppe ordinaire, savoir : longueur, 11 centimètres; largeur, 7 centimètres. Cette carte sera expédiée à découvert, c'est-à-dire sans enveloppe, et l'une de ses faces sera exclusivement réservée à l'adresse.

L'affranchissement en timbres-postes desdites cartes, fixée à 10 centimes pour la France et l'Algérie, sera obligatoire; celles qui seraient adressées à l'étranger devront être affranchies d'après le tarif des lettres ordinaires.

Le public comprendra qu'il n'est possible de confier aux ballons non montés que des correspondances à découvert, à cause du défaut de sécurité de ce mode de transport et du risque que courent ces ballons de tomber dans les lignes prussiennes.

Les lettres fermées que le public entendra réserver pour être acheminées par les ballons montés devront porter sur l'adresse la mention expresse : *par ballon monté*. L'affranchissement en sera également obligatoire, d'après les tarifs *actuellement en vigueur*, tant pour l'intérieur *que pour l'étranger*. Le poids desdites lettres ne devra pas dépasser 4 grammes.

Dans le cas où toutes les lettres recueillies ne pourraient être expédiées par le ballon monté en partance, la préférence sera donnée aux lettres les plus légères.

Paris, le 27 septembre 1870.

G. RAMPONT.

IMPRIMERIE NATIONALE. — Septembre 1870.

MUR. POL.

RÉPUBLIQUE FRANÇAISE

Mairie du 10e Arrondissement

AVIS

DÉFENSE DE PARIS

On invite les anciens Militaires et de préférence les anciens canonniers ou marins qui voudraient faire partie d'une Compagnie de 250 CANONNIERS que l'on forme pour concourir à la défense des remparts entre la porte de Montreuil et celle de Pantin, de se faire inscrire au bureau de l'Artillerie, 145, *rue Haxo* (BELLEVILLE). Le Bureau est ouvert de 8 heures du matin à 4 heures du soir jusqu'au 2 octobre *inclus*.

Une solde de 2 fr. par jour est allouée à chaque canonnier.

Les Chefs sont nommés à l'élection.

Le Maire provisoire,

O'REILLY.

Typographie et Lithographie de JULES-JUTEAU et Fils, passage du Caire, 29 et 31.

13.

RÉPUBLIQUE FRANÇAISE.

MINISTÈRE DE L'INTÉRIEUR.

Une estafette, envoyée par la délégation du Gouvernement établie à Tours, a réussi à pénétrer dans Paris. Elle a apporté la dépêche suivante, datée du 24 septembre :

« Nous avons fait afficher dans toute la France la proclamation et le décret suivants.

PROCLAMATION A LA FRANCE.

« Avant l'investissement de Paris, M. Jules Favre, Ministre des affaires étrangères, a voulu voir M. de Bismarck pour connaître les dispositions de l'ennemi. Voici la déclaration du ministre du roi Guillaume :

« La Prusse veut continuer la guerre et réduire la France à l'état de puissance de second ordre. La Prusse veut l'Alsace et la Lorraine jusqu'à Metz par droit de conquête. Pour consentir à un armistice, la Prusse a osé demander la reddition de Strasbourg, de Toul et du Mont-Valérien.

« Paris exaspéré s'ensevelirait plutôt sous ses ruines.

« A d'aussi insolentes prétentions, en effet, on ne répond que par la lutte à outrance. La France accepte cette lutte et compte sur tous ses enfants.

DÉCRET.

« Vu la proclamation ci-dessus qui constate la gravité des circonstances,

« Le Gouvernement décrète :

« Toutes élections municipales et pour l'Assemblée constituante sont suspendues et ajournées.

« Nous envoyons partout des ordres et des hommes pour surexciter l'esprit de la défense nationale. Nous faisons les plus grands efforts pour jeter sur les derrières de l'armée prussienne toutes les forces possibles, soit comme guérillas, soit comme forces régulières. Déjà l'amiral Fourichon a envoyé en avant d'Orléans des forces qui ont eu plusieurs petits engagements ; elles harcèlent l'ennemi sans relâche, sous les ordres du général de Polhès. »

Pour copie conforme :
Le Ministre de l'Intérieur,
Léon GAMBETTA.

1 IMPRIMERIE NATIONALE. — Septembre 1870.

RÉPUBLIQUE FRANÇAISE.

LIBERTÉ, ÉGALITÉ, FRATERNITÉ.

MAIRIE DE PARIS.

PROCLAMATION.

Le Maire de Paris à ses Concitoyens.

Vers une heure de l'après-midi, une fumée épaisse s'élevait du côté de Belleville et mettait en émoi la population de Paris.

Voici ce qui s'était passé :

Un incendie considérable venait d'éclater dans le lac des buttes Chaumont, où une grande quantité de fûts d'huiles essentielles se trouvaient gerbés et presque complétement recouverts de terre.

Avant même que l'autorité fût prévenue officiellement, la population, les pompiers de Paris, les pompiers auxiliaires, les gardes nationaux, aidés du maire et des adjoints du XIXe arrondissement ainsi que de ceux des arrondissements circonvoisins, avaient organisé l'attaque du foyer et préservé tout ce qui aurait pu être atteint, avec une spontanéité et une intelligence extraordinaires.

Lorsque le Préfet de police et le Maire de Paris arrivèrent sur le lieu du sinistre, ils restèrent saisis d'admiration en face du spectacle de ce peuple se préservant lui-même.

En moins de temps qu'il n'en faut pour le dire, les chaînes s'étaient organisées, les seaux d'incendie remplis de terre circulaient de main en main et étouffaient le foyer.

LE MAIRE DE PARIS remercie vivement ses Concitoyens du courage et de l'intelligence qu'ils ont déployés dans cette circonstance. Il profite de cette occasion pour inviter la population parisienne à ne pas s'inquiéter si, pendant vingt-quatre heures peut-être, des colonnes de fumée reparaissaient encore de ce côté.

Il n'y a plus aucun danger, mais il faut que le fléau dévore le reste de sa proie.

Une enquête est déjà commencée sur la cause du sinistre.

Paris, le 27 septembre 1870.

Le Maire de Paris,
ÉTIENNE ARAGO.

Pour ampliation :
Le Secrétaire général de la Mairie de Paris,
JULES MAHIAS.

IMPRIMERIE NATIONALE. — Septembre 1870.

RÉPUBLIQUE

Occidentale

ORDRE & PROGRÈS

Le roi prussien, vieux soldat, rien autre chose que soldat, incapable de comprendre quoi que ce soit de plus élevé que la gloire militaire, inaccessible aux meilleures tendances de notre temps, ou les envisageant avec sa haine instinctive de roi, est en marche sur Paris. Ses conseillers Bismark et de Molke, que l'on sait représenter la politique rétrograde de la guerre et des idées aussi inhumaines que surannées, sont là pour guider l'apôtre de l'absolutisme, l'ennemi couronné du républicanisne, ce nouveau Brunswick plus heureux que celui de 1792.

L'armée allemande, commandée par les princes, les nobles et hobereaux allemands qui sont habitués à considérer le métier des armes comme le seul digne d'eux, manœuvre pour jouir de son insolent triomphe, pour humilier la République, la renverser, si c'est possible, démembrer la France, et pour [illegible] pendant des années à l'infâme Bonaparte et à son régime maudit. Elle a rejeté autant qu'il a dépendu d'elle toute solidarité dans cette guerre; ceci, les chefs des Prussiens le savent, et c'est précisément cette résistance qui est le vrai crime de Paris à leurs yeux.

C'est le parti républicain qui, dans toutes les occasions, a manifesté sa haine contre Napoléon; c'est ce parti qui est l'objet réel de cette attaque. Paris résiste aux Hohenzollern, comme il a résisté à Bonaparte. Il se jette dans la lutte pour la France et pour l'Europe, qui se soucient aussi peu de la domination militaire de la monarchie prussienne que de la monarchie napoléonnienne.

Il pense et pense justement que repousser cette agression maintenant sans motif est un devoir, quel que soit le péril qui doive en résulter, et puisant son inspiration dans les plus nobles sentiments, il est déterminé à combattre jusqu'à la mort. Il peut triompher, il peut tomber; mais sa résolution est noble et sage, et tout ce qui est noble et sage en Europe doit sympathiser avec lui.

Le duel à mort peut être déjà commencé, et la cité peut avoir entendu déjà les premières détonations de l'artillerie prussienne. Et nous, que faisons-nous? Que fait l'Angleterre? Sa reine est dans les montagnes d'Écosse, loin des soucis et du trouble, lisant paisiblement, avec sympathie, les dernières et dévotes dépêches de son royal compère prussien, et se complaisant dans la glorieuse perspective de l'avenir réservé au mari de sa fille.

Ses ministres sont silencieux et paraissent sans soucis. Son premier ministre visite les Expositions ou est à Clumber; son secrétaire des affaires étrangères, en villégiature à Walmer; son premier lord de l'amirauté en Belgique; le reste ici, là et partout. Ses nobles et ses gentilshommes sont à leur destruction annuelle de gibier. N'est-ce pas la saison pour une besogne d'un si puissant intérêt. Ses classes commerciales conseillent la paix, ses presses la soumission. Nulle main n'est levée, nulle voix sympathique ne se fait entendre.

Peuple de Londres, nous pouvons nous réveiller un matin et trouver la lutte à mort terminée, et au milieu des ruines fumantes de Paris bombardé et pris d'assaut, apercevoir les ministres de la vengeance et de l'allégresse germanique, élevant au ciel leurs psaumes enroués, un psaume au dieu des batailles!

Et l'infamie de ce résultat s'établira lentement dans l'esprit des Anglais, et lentement aussi peut-être, visitera l'esprit du ministère sous lequel elle aura été soufferte.

Mais que peut faire l'Angleterre? Pourquoi son gouvernement ne reconnaîtrait-il pas la République Française et ne manifesterait-il pas, à la face de l'Europe, sa désapprobation [illegible] fait plus, qui eussent été capables de percer les sophismes de la politique prussienne et de discerner la véritable solution entre la paix, le progrès régulier de l'Europe d'un côté, et le triomphe d'une grande monarchie militaire de l'autre; et fidèles à ces traditions de résistance, dans un tel péril, ils eussent appelé la Nation à un autre grand effort. Nous n'avons plus de ces hommes d'Etat.

Peuple de Londres, nul n'est plus à même que toi d'apprécier la situation de Paris enfermé dans ce cercle de fer et de destruction. Tu peux parler, fais-le et dégage toi-même la situation. Assemble-toi et parle; prête une voix à l'Angleterre: dis que toi, le cœur de l'Angleterre, n'a nulle part dans l'indifférence et la passivité de ton gouvernement.

De même que tu as sympathisé avec l'Allemagne, à l'origine du conflit, tu envisages avec horreur son attitude actuelle d'agression triomphante, aussi fatale à ses propres intérêts qu'à ceux de la civilisation européenne.

Advienne que pourra! Moi et ceux qui pensent comme moi avons fait ce que nous pouvions, et nous continuerons à agir de même.

Paris, noble et sainte ville, de véritables cœurs Anglais, dans cette heure suprême, te contemplent avec admiration, t'encouragent dans ta grande audace et si tu succombes, ils t'honoreront et te vengeront dans ta noble entreprise, en continuant ta mission. Ta leçon de courage et de sacrifice ne sera pas perdue.

Le 10 Septembre 1870

RICHARD CONGREVE

Président de la Société positiviste de Londres

17, MECKLEMBURG-SQUARE

7941 Paris. — Typographie et Lithographie de RENOU et MAULDE, rue de Rivoli, 144.

RÉPUBLIQUE FRANÇAISE.

GOUVERNEUR DE PARIS.

Il est de notoriété publique que des hommes, des femmes, des enfants franchissent à toute heure les avant-postes au delà des forts.

Beaucoup de ces individus se livrent dans l'extrême banlieue à la dévastation des maisons abandonnées.

D'autres pénètrent jusque dans les camps ennemis où ils sont accueillis et où ils entretiennent des relations criminelles.

Pour mettre un terme à de si graves désordres, les commandants des troupes ne laisseront franchir les lignes avancées qu'aux personnes munies d'un laissez-passer émanant du Gouverneur de Paris ou du Général chef d'état-major général.

Tout individu qui chercherait à se soustraire à l'exécution du présent ordre, sera saisi, conduit à l'autorité militaire et déféré par elle à la Cour martiale.

Si malgré les injonctions qui lui auraient été faites, il cherchait à fuir, les sentinelles de l'avancée feraient feu sur lui.

En assurant l'accomplissement rigoureux de ces prescriptions, les commandants des avant-postes ne perdront pas de vue qu'ils doivent protection aux courriers des agents diplomatiques et à toutes personnes munies d'un laissez-passer régulier.

Paris, le 28 Septembre 1870.

Le Gouverneur de Paris,
Général TROCHU.

IMPRIMERIE NATIONALE. — Septembre 1870.

RÉPUBLIQUE FRANÇAISE

LIBERTÉ, ÉGALITÉ, FRATERNITÉ.

MAIRIE DE PARIS.

AVIS.

Le Maire de Paris rappelle à ses Concitoyens, qu'aux termes du décret du 12 septembre et de l'arrêté du 24 septembre courant, *l'indemnité de 1 fr. 50 cent.*, allouée aux gardes nationaux, *n'est due qu'à ceux d'entre eux qui n'ont pas d'autres ressources, et que tout Citoyen convaincu d'avoir perçu ou retenu des sommes supérieures à l'indemnité fixée par le décret, dissimulé sa profession et trompé d'une manière quelconque, sur la nature de ses ressources, sera rayé des contrôles et, s'il y a lieu, porté à l'ordre du jour ou déféré aux Tribunaux.*

Il importe que chacun se pénètre bien de l'esprit de ce décret.

Que tous les Citoyens qui n'ont pas d'autre ressource se fassent donc inscrire dans leurs Compagnies, pour toucher une indemnité qui est la juste rémunération du temps que leur prend la défense du pays.

Mais que tous ceux, au contraire, que le service de la garde nationale ne prive pas d'un salaire indispensable pour vivre, s'abstiennent scrupuleusement de réclamer cette allocation.

Paris, le 28 septembre 1870.

Le Maire de Paris,
ETIENNE ARAGO.

L'Adjoint au Maire de Paris,
CH. FLOQUET.

Typ. CHARLES DE MOURGUES frères, Imp. de la Mairie de Paris, rue J.-J. Rousseau, 58. — 7608.

RÉPUBLIQUE FRANÇAISE

GOUVERNEMENT DE LA DÉFENSE NATIONALE.

Le Gouvernement de la Défense nationale décrète :

ARTICLE PREMIER.

Réquisition est faite, au nom du Gouvernement de la défense nationale, de tous les blés et farines qui existent actuellement dans l'enceinte de la ville de Paris, ne sont exceptés que les blés et farines ayant le caractère de provision de ménage.

ARTICLE 2.

Le prix des blés et farines sera payé aux détenteurs, suivant qualité, en prenant pour base le prix moyen des mercuriales de la première quinzaine de septembre.

ARTICLE 3.

Le Ministre du commerce est chargé de l'exécution du présent décret.

Fait à Paris, le 29 Septembre 1870.

Général TROCHU, JULES FAVRE, EMMANUEL ARAGO, JULES FERRY, GAMBETTA, GARNIER-PAGÈS, PELLETAN, E. PICARD, ROCHEFORT, JULES SIMON.

MINISTÈRE DE L'AGRICULTURE ET DU COMMERCE.

LE MINISTRE DE L'AGRICULTURE ET DU COMMERCE,

Vu le décret du Gouvernement de la défense nationale en date de ce jour,

Arrête :

ARTICLE PREMIER.

Les détenteurs des blés et farines devront faire, dans les quarante-huit heures, au Ministère du commerce, la déclaration des quantités qu'ils possèdent.

ARTICLE 2.

La qualité des blés et farines sera appréciée par trois arbitres nommés : l'un par le Ministre du commerce, l'autre par les propriétaires de la marchandise, le troisième par le président du tribunal de commerce.

Paris, le 29 septembre 1870.

J. MAGNIN.

1 IMPRIMERIE NATIONALE. — Septembre 1870.

MINISTÈRE DES TRAVAUX PUBLICS

COMMISSION DU GÉNIE CIVIL

VILLE DE PARIS

SERVICE GRATUIT

DE LA

SALUBRITÉ DANS LES HABITATIONS

ET LEURS DÉPENDANCES

AVIS ET CONSEILS AUX HABITANTS

IMMONDICES ET FUMIERS.—Les immondices de toute nature, boues et ordures ménagères, doivent être enlevées chaque jour, conformément aux mesures prises par le service spécial de la voirie et aux prescriptions publiées à cet égard.

Les fumiers d'écuries ou d'étables appartenant aux particuliers doivent être enlevés au moins deux fois par semaine, pour être transportés en un des lieux de dépôt désignés dans l'arrêté municipal en date du 26 septembre 1870, et qui sont situés :

1° *Place Daumesnil, angle de la rue Lamblardie* (12e *arrondissement*) ;

2° *Rue du Chevaleret*, 93 (13e *arrondissement*);

3° *Square de Montsouris, terrains le long de la Bièvre, vis-à-vis la rue d'Alézia* (14e *arrondissement*) ;

4° *Avenue Saint-Charles, sablière de M. Élie, entre les rues Saint-Paul et Leblanc* (15e *arrondissement*) ;

5° *Quai de Javel*, 27 (15e *arrondissement*) ;

6° *Boulevard Malesherbes, côté droit, au delà de la place Wagram, vis-à-vis du dépôt de la Compagnie des Omnibus* (17e *arrondissement*);

7° *Rue Damrémont, entre la butte Montmartre et la rue Marcadet* (18e *arrondissement*);

8° *Carrières d'Amérique* (19e *arrondissement*).

En tout temps, il est enjoint aux loueurs de voitures et aux nourrisseurs, ainsi qu'aux propriétaires d'écuries et d'étables, installées même à titre temporaire, de laver deux fois par jour les ruisseaux servant à l'écoulement du purin.

Il est recommandé de ne pas jeter sur les immondices ou les fumiers les détritus ou débris d'origine animale, dont l'accumulation, dans des lieux étroits ou mal aérés, deviendrait une cause d'infection pour les habitants ou le voisinage, et qui doivent être enlevés par les soins de l'entreprise d'équarrissage.

CABINETS D'AISANCE COMMUNS, PLOMBS ET CONDUITES D'EAUX MÉNAGÈRES, GARGOUILLES ET CANIVEAUX.—Il est recommandé expressément aux propriétaires ou à leurs représentants d'exiger que les lieux communs soient entretenus, par des lavages fréquents, dans un état de propreté irréprochable; que des couvercles soient placés dans tous ceux qui ne sont pas munis d'appareils avec valve à bascule ; qu'il y soit fait usage des désinfectants connus : *chlorure de chaux*, dans un vase ouvert, en petite quantité souvent renouvelée; sable imprégné d'*huile lourde de goudron* ou d'*acide phénique*; enfin, et au besoin, *sulfate de zinc* ou *sulfate de fer* cristallisé (couperose verte) en solution versée à l'intérieur même des conduites (100 grammes par litre d'eau).

Les plombs et conduites d'eaux ménagères, les gargouilles et caniveaux doivent être maintenus en bon état d'entretien, souvent lavés et au besoin désinfectés. Il est recommandé ne n'y point laisser déverser les urines, ni aucune sorte de matières encombrantes ou infectantes. Il importe d'empêcher que les eaux qui en découlent ne restent en stagnation dans les cours.

PRÉSENCE D'ANIMAUX DOMESTIQUES (VACHES, PORCS, CHÈVRES, VOLAILLES, ETC) DANS LES DÉPENDANCES DES HABITATIONS.—Il faut veiller avec soin à ce que ces animaux soient maintenus dans de bonnes conditions hygiéniques, en évitant de les accumuler dans des lieux mal aérés, et en faisant procéder à l'enlèvement fréquent des fumiers. On rappelle qu'il est interdit de conserver aucun animal dans les caves.

EAUX POTABLES (EAU DE SEINE, EAU DES PUITS ARTÉSIENS, EAU DE PLUIE, EAU DES PUITS DE PARIS). — Une eau est potable quand elle peut être conservée dans une carafe, pendant deux ou trois jours, en restant limpide, incolore, sans odeur ni saveur.

Pour le savonnage, l'eau de puits elle-même peut être employée lorsqu'on y ajoute au moins deux grammes, par litre, de cristaux de soude (fragment de la grosseur d'une noisette).

Afin d'éviter que l'eau mise en réserve, pour les cas d'incendie, vienne à se corrompre, il est recommandé d'employer à cet usage des tonneaux préalablement goudronnés à l'intérieur, ou au moins d'y ajouter environ un demi-verre de goudron liquide, que l'on agitera fortement avec l'eau.

Le Président de la Commission,
H. TRESCA.

PARIS. — IMPRIMERIE Ve POITEVIN, LTHIOU-PÉROU ET Cie, RUE DAMIETTE, 2 ET 4.

RÉPUBLIQUE FRANÇAISE

LIBERTÉ, ÉGALITÉ, FRATERNITÉ.

Aujourd'hui Mardi soir à 7 h. 1/2

RÉUNION GÉNÉRALE

AU GRAND THÉATRE

Les Citoyens sont prévenus que cette Réunion a pour but les Intérêts de la Commune et de la Défense nationale, tant Locale que Départementale.

Pour couvrir les frais du Théâtre, on a fait des cartes à 10 centimes, dont *Trois cents* réservées aux Dames.

Ces cartes seront blanches pour les Dames et rouges pour les Hommes.

Les cartes seront distribuées aux bureaux du Théâtre.

Les commissaires :

MEUNIER.
THIBAUDIER aîné.
CHASTEL.
COSTE.

RAVEL.
DUPORT Jean.
GIRAUD Maurice.

Les commissaires recommandent aux citoyens qui assisteront à la réunion de l'honorer par leur attitude digne et calme.

Saint-Étienne, imprimerie FREYDIER, rue de la Bourse, 2.

RÉPUBLIQUE FRANÇAISE

PRÉFECTURE DE LA LOIRE

Dépêche télégraphique

Le Préfet des Bouches-du-Rhône au Ministre de l'Intérieur à Tours et aux Préfets de Lyon, Grenoble, Valence, le Puy, Saint-Étienne, Nîmes, Gap, Digne, Toulon, Nice, Montpellier, Privas, Toulouse, Bordeaux, Rouen.

Marseille, 27 septembre 1870, midi 15 m.

L'administrateur supérieur a passé, hier, au milieu d'un enthousiasme indescriptible, la revue de la garde nationale marseillaise. 40,000 hommes, dont les 3/4 demandent à être mobilisés, ont défilé pendant 3 heures aux cris unanimes de : *vive la République!* sur le champ de course du château Borelly, devant le citoyen Esquiros, entouré des conseils départemental et municipal, du comité de défense et des délégués départementaux de la ligue du midi. Une foule immense acclamait à la fois, les administrateurs, la Garde nationale et la République.

Une députation de la Garde nationale est venue demander la levée en masse pour marcher contre l'ennemi et voler au plus tôt au secours de la capitale; des acclamations enthousiastes ont accueilli cette patriotique proposition.

Union de tous les cœurs pour le salut de la Patrie.

Pour copie conforme :

Le Préfet de la Loire,

César BERTHOLON.

Bussenet, imprimeur de la Préfecture, place de l'Hôtel-de-Ville, 4, Saint-Étienne.

RÉPUBLIQUE FRANÇAISE.

MINISTÈRE DE L'AGRICULTURE ET DU COMMERCE.

ARRÊTÉ.

LE MINISTRE DE L'AGRICULTURE ET DU COMMERCE

ARRÊTE :

ARTICLE PREMIER.

A partir du samedi 1er octobre prochain, et jusqu'à ce qu'il en soit autrement ordonné, la viande de porc sera payée dans Paris aux prix suivants :

Viande fraîche de porc	2 fr. 30 cent. le kilog.
Lard de poitrine	2 fr. 50 cent.
Petit salé	1 fr. 80 cent.

Les viandes travaillées par les charcutiers ne sont pas soumises à la taxe.

ARTICLE 2.

Il sera délivré à chaque acheteur de viande de porc taxée, et sans qu'il soit pour cela besoin d'aucune réquisition de sa part, un bulletin lisiblement écrit qui comprendra la désignation de l'espèce de viande achetée, ainsi que le poids et le prix de cette viande.

ARTICLE 3.

Le présent arrêté devra être placardé dans l'endroit le plus apparent de la boutique de chaque charcutier.

Fait à Paris, le 29 septembre 1870.

Le Ministre de l'Agriculture et du Commerce,

Signé J. MAGNIN.

IMPRIMERIE NATIONALE. — Septembre 1870.

GARDE NATIONALE

DE LA SEINE

État-Major général

ORDRE

L'approvisionnement de la Garde nationale en cartouches de guerre est assez considérable pour suffire à toutes les éventualités d'un long siége, mais à la condition qu'elles ne soient ni gaspillées ni compromises par un transport prolongé dans les gibernes.

A cet effet, la mesure essentielle, c'est que les Gardes nationaux, en quittant le rempart, remettent, avec le plus grand soin, dans les petits dépôts, les Cartouches qu'ils n'auraient pas consommées, sauf un paquet qu'ils pourront conserver; sans cette disposition strictement exécutée, l'approvisionnement, même le plus important, disparaîtrait en quelques jours.

Cet avertissement n'est pas seulement une consigne militaire; c'est un appel à la sollicitude de tous pour les intérêts de la défense.

Le Commandant supérieur espère que tous les Gardes nationaux veilleront, en bons Citoyens, à ce que personne n'oublie l'accomplissement de ce devoir. Le salut de la ville est à ce prix.

Le Commandant supérieur des Gardes nationales de la Seine,

TAMISIER.

Approuvé :

Gal **TROCHU.**

Paris, Imp. PAUL DUPONT, rue Jean-Jacques-Rousseau, 41.

RÉPUBLIQUE FRANÇAISE.

LIBERTÉ, ÉGALITÉ, FRATERNITÉ.

COMMISSION

DES BARRICADES.

AVIS.

Un certain nombre de citoyens, dans le but patriotique de renforcer la défense de la capitale, ont cru devoir élever spontanément des barricades sans avoir pris la précaution de s'entendre préalablement avec la Commission spécialement chargée de ce travail par le Gouvernement.

Il en résulte que les plans dus à l'initiative privée peuvent être contrariés par ceux qui auront été arrêtés par la Commission. Ce fait s'est déjà produit dans un des secteurs, où des barricades, commencées si près de la rue de rempart qu'elles obstruent la défense des fortifications vont être forcément démolies.

Nous n'avons pas besoin d'insister sur le danger qui pourrait résulter de ce défaut d'entente. Tout le monde comprendra que le manque d'unité dans le système d'obstacles à opposer à l'ennemi présenterait les plus grands périls.

Nous rappelons donc aux citoyens que, décidés à recevoir et à accueillir toutes les communications et tous les conseils, nous ne pouvons admettre que personne puisse mettre, de sa propre autorité, à exécution un plan qui n'aurait pas été accepté par le Gouvernement de la défense nationale.

Paris, le 29 Septembre 1870.

Le Président de la Commission des barricades,

HENRI ROCHEFORT.

3 IMPRIMERIE NATIONALE. — Septembre 1870.

RÉPUBLIQUE FRANÇAISE

LIBERTÉ, ÉGALITÉ, FRATERNITÉ

VILLE DE SAINT-ÉTIENNE

EMPRUNT DE 1,200,000 FR.

Le Ministre de l'intérieur a adressé au Préfet de la Loire la dépêche suivante :

« Veuillez adresser les félicitations du Gouvernement au Conseil municipal de la ville de Saint-Étienne pour ses sentiments patriotiques et pour son vote de un million deux cent mille francs. »

Pour copie conforme :

LE MAIRE,

TIBLIER-VERNE.

Saint-Étienne, imprimerie MONTAGNY, angle des rues Gérentet, 14, et rue de Lodi, 2.

RÉPUBLIQUE FRANÇAISE.

Le Président du Gouvernement, Gouverneur de Paris,
Au Général chef d'état-major général (par dépêche de Bicêtre).

Paris, 30 septembre 1870.

Nos troupes ont opéré une reconnaissanee offensive très-vigoureuse; elles ont successivement occupé Chevilly et l'Hay et se sont avancées jusqu'à Thiais et Choisy-le-Roi. Toutes ces positions étaient solidement occupées et crénelées, les dernières armées de canon.

Après un vif engagement d'artillerie et de mousqueterie, nos troupes se sont repliées sur leurs positions avec un ordre et un aplomb très-remarquables. Les gardes mobiles ont eu beaucoup d'attitude.

En somme, journée très-honorable. Nous avons fait des pertes sensibles, non encore évaluées; nous croyons que l'ennemi en a fait de considérables.

Pour copie conforme :

Le Général, Chef d'état-major général,

SCHMITZ.

IMPRIMERIE NATIONALE. — Septembre 1870.

RÉPUBLIQUE FRANÇAISE.

RAPPORT MILITAIRE.

30 *Septembre, soir.*

A la suite de l'occupation, par la division de Maud'huy, des positions voisines de Villejuif, l'ennemi était resté maître des villages de l'Hay, Chevilly, Thiais et Choisy-le-Roy, protégeant ainsi la ligne de communication sur Versailles.

Depuis quelques jours on lui voyait faire sur cette ligne des travaux de terrassement et créneler les villages. Il fut alors décidé par le Gouverneur qu'une action combinée sur les deux rives de la Seine serait tentée pour reconnaître exactement les forces établies dans ces positions.

Dans ce but, pendant la nuit dernière, nos troupes, aux ordres du général Vinoy, se massèrent vers les forts d'Ivry, de Bicêtre et de Montrouge, en arrière de nos postes avancés. Sorties de leurs lignes à la pointe du jour, nos troupes furent accueillies immédiatement par un feu très-vif de mousqueterie et de canon, auquel elles répondirent avec énergie. Bientôt l'engagement devint général sur tout le plateau de Villejuif, et ne dura pas loin de trois heures. Pendant que les troupes aux ordres du général de brigade Guilhem (35e et 42e) refoulaient avec une rare vigueur l'ennemi hors de Chevilly la tête de colonne du général Blaise (division de Maud'huy) pénétrait dans le village de Thiais, et s'emparait d'une batterie de position qui n'a pu être enlevée faute d'attelages.

Mais à ce moment l'ennemi appelait à lui les masses concentrées à sa portée, qui ne s'élevaient pas à moins de 30,000 hommes. Le général Vinoy, jugeant avec raison que l'entreprise ne devait pas être poussée plus loin, ordonna la retraite. Elle s'est effectuée, sous le feu, avec un calme qui a été fort remarqué et qui fait le plus grand honneur aux troupes. L'artillerie, toujours solide, a, par la précision de son tir, efficacement appuyé les mouvements; enfin les jeunes bataillons de gardes mobiles, à l'exemple de l'infanterie de ligne, ont eu, de leur côté, la plus ferme contenance.

Nos pertes, non encore évaluées, ont été considérables pour les brigades qui ont directement attaqué les positions fortifiées de l'ennemi. Nous avons à regretter la mort du général Guilhem, vaillant officier, qui a bien mérité du pays.

Le général d'Exéa, qui a marché à l'extrême gauche sur Créteil avec une seule brigade, bien que très-vivement engagé, paraît n'avoir eu qu'une trentaine d'hommes hors de combat. Cet officier général se loue également beaucoup de l'attitude de ses troupes. Le feu de ses mitrailleuses a éprouvé l'ennemi, qui a fait là, comme sur le plateau de Villejuif, des pertes importantes.

L'intendance militaire, et les services dont elle dispose, la Société internationale de secours aux blessés, avec un matériel et un personnel considérables, ont rempli leur mission avec dévouement.

En résumé, les combats du 30 septembre ont montré à nos soldats ce qu'ils valent, à leurs chefs ce qu'ils peuvent attendre d'eux; et cette journée honore les efforts de la défense.

LE GOUVERNEUR DE PARIS.

Par son ordre :

Le Général Chef d'état-major général,

SCHMITZ.

3 IMPRIMERIE NATIONALE. — Septembre 1870.

République Française

ÉLECTIONS

POUR

L'Assemblée nationale Constituante

DÉCRET

Le Gouvernement de la défense nationale,

Vu le décret du 8 septembre 1870 ;

DÉCRÈTE :

Art. 1er. Les colléges électoraux sont et demeurent convoqués pour le dimanche 16 octobre courant, à l'effet d'élire une Assemblée nationale constituante.

Art. 2. Le nombre total des représentants du peuple sera de sept cent cinquante-trois (753) non compris l'Algérie et les colonies françaises.

Les représentants à nommer sur la base de la population, seront répartis entre les départements, selon le tableau joint au présent décret, et qui en fait partie intégrante.

Art. 3. Si dans le tableau quelque erreur s'était glissée qui privât un ou plusieurs départements d'un nombre quelconque de représentants, l'Assemblée nationale fixerait le nombre, et le Gouvernement le ferait compléter immédiatement par l'élection. L'erreur en plus ne serait réparable qu'à l'élection d'une Assemblée législative.

Art. 4. Participent à l'élection, sauf les exceptions portées en l'article 3 de la loi des 15-18 mars 1849 :

1° Tous les Français âgés de vingt et un ans, résidant depuis six mois dans une des communes du département et inscrits sur les dernières listes électorales ;

2° Tous ceux qui, ayant droit, d'après le paragraphe ci-dessus, auraient été omis sur ces dernières listes. Ils auront le droit de présenter leurs réclamations jusqu'au 13 octobre, à 8 heures du soir.

Ces réclamations seront portées dans chaque commune, devant le maire qui réunira, sous sa présidence, une commission de quatre membres pris parmi les électeurs, lesquels prononceront sur toutes les demandes sans aucun appel ni recours.

Le dernier paragraphe de l'article 62, qui suspend l'exercice du droit électoral pour les armées en campagne est supprimé.

Art. 5. Sont éligibles tous les Français âgés de vingt-cinq ans, et qui ne sont compris dans aucune des exceptions ou des incompatibilités portées dans les articles 79 et suivants de la loi des 15-18 mars 1849 :

Les préfets et secrétaires généraux actuellement en fonctions, pourront être élus s'ils se démettent de leurs fonctions dix jours avant l'élection.

Art. 6. Le scrutin sera secret.

Art. 7. Tous les électeurs voteront au chef-lieu de leur canton par scrutin de liste. Néanmoins le préfet peut à cause des circonstances locales diviser le canton en deux ou trois circonscriptions. Dans ce cas, le vote pour chacune de ces circonscriptions aura lieu dans la commune qu'il aura spécialement désignée.

Art. 8. Le scrutin sera ouvert le dimanche 16 octobre, depuis sept heures du matin jusqu'à sept heures du soir. Il sera procédé selon les prescriptions de la loi des 15-18 mars 1849, avec cette seule dérogation que le préfet pourra désigner, pour chaque section où l'élection aura lieu, le président du bureau électoral.

Art. 9. Le dépouillement du scrutin aura lieu le soir même. Il sera commencé à sept heures et demie. Les tables de dépouillement seront composées de six membres au moins.

Art. 10. Les éligibles qui auront obtenu le plus grand nombre de suffrages légaux, quel que soit le nombre des électeurs inscrits ou des votants, seront proclamés représentants élus à l'Assemblée nationale constituante.

Art. 11. La loi électorale des 15-18 mars 1849 est d'ailleurs applicable dans toutes celles de ses autres dispositions qui ne sont pas contraires au présent décret.

Art. 12. Les citoyens qui, depuis le 4 septembre dernier, ont accepté les fonctions de préfets ou de secrétaires généraux de préfecture, pourront être élus représentants, pourvu qu'ils aient donné la démission de leurs fonctions dans la journée du 6 octobre au plus tard. Ceux qui, malgré l'invasion ou l'investissement de l'ennemi, restent à leur poste, pourront être élus.

Art. 13. La répartition du nombre des représentants entre les départements sera faite conformément au tableau ci-après :

TABLEAU des représentants à élire par chaque département (annexé au précédent décret du 30 septembre.)

DÉPARTEMENT.	POPULATION.	NOMBRE DE REPRÉSENTANTS à élire.
Loire.	537,108	11

Délibéré en conseil de Gouvernement le 30 septembre 1870.

Ad. CRÉMIEUX, GLAIS-BIZOIN, FOURICHON.

Pour copie conforme :

Le Préfet de la Loire.

CÉSAR BERTHOLON.

BENEVENT, imprimeur de la Préfecture, place de l'Hôtel-de-Ville, 4, à Saint-Étienne.

République Française

DÉPÊCHE
TÉLÉGRAPHIQUE

Tours, le 30 septembre 1870.

Le Ministre de l'intérieur à MM. les préfets et sous-préfets.

Strasbourg, après avoir épuisé ses munitions, a capitulé à des conditions honorables pour la garnison et rassurantes pour les habitants.

Escadre de la Baltique entrée à Cherbourg.

Protection de la marine marchande assurée par deux escadres. Dans le Haut-Rhin pas d'ennemi. Armée badoise malade et mécontente. Landwer refuserait service. Les nouvelles de Paris continuent à être bonnes; succès partiels confirmés. 3e ballon parti hier matin, débarqué vers 2 heures à Mantes, dit que les efforts de l'ennemi sont impuissants. Avons au contraire repris position un moment perdue. Attitude de la population parfaite.

Pour copie conforme :

Le Préfet de la Loire,

CÉSAR **BERTHOLON.**

BENEVENT, imprimeur de la Préfecture, place de l'Hôtel-de-Ville, 4, à Saint-Etienne.

RÉPUBLIQUE FRANÇAISE.

GOUVERNEUR DE PARIS.

ORDRE.

Dans la journée d'hier, le 13e corps s'est hautement honoré devant le pays, qui lui en témoigne, par moi, toute sa gratitude, et hautement honoré devant l'ennemi qui ne dissimule pas l'impression que lui a faite la vaillance des troupes.

Elles ont eu la vigueur dans l'attaque de positions préparées de longue main pour la défense; elles ont eu le calme et l'aplomb dans la retraite.

SOLDATS !

Nous sommes engagés dans une lutte suprême où vous n'êtes plus les appuis d'une politique que la France a répudiée. La Prusse avait solennellement déclaré qu'elle ne prenait les armes que pour combattre cette politique. Mais elle a depuis longtemps levé le masque. C'est l'honneur de la nation qu'elle veut humilier, et son existence même qu'elle veut détruire.

Vous l'avez compris. La grandeur de votre mission vous apparaît. Vous venez de vous montrer, et vous vous montrerez jusqu'au terme de nos efforts communs, dans l'esprit de dévouement et de sacrifice, les dignes soldats de la nation.

A Paris, le 1er Octobre 1870.

Le Gouverneur de Paris,
Général TROCHU.

1 IMPRIMERIE NATIONALE. — Octobre 1870.

VIVE LA RÉPUBLIQUE !

A mes Concitoyens, à mes Amis,

J'ai accepté pour servir la République une magistrature pervertie de son origine, détournée de son but : la conciliation entre les citoyens, la protection des faibles contre les forts ; en somme, la pratique et le respect des droits de l'homme, de la loi discutée et votée par tous.

La République démocratique et sociale doit ramener le Commissaire de Police à ses véritables fonctions.

J'ai été prévenu, accusé, condamné ; j'ai été arrêté, prisonnier, transporté, proscrit par des lois draconiennes ou faussées. — Voici tantôt quarante ans que je résiste de toutes façons à l'arbitraire sans frein, à la force sans droit.

Je ne ferai pas ce que j'ai blâmé : jamais !

Fils de bourgeois, j'ai travaillé de l'intelligence et de mes mains pour rester digne.

Je ne suis plus jeune, mais je me sens assez de force virile pour appliquer à une fonction publique les principes qui ont dirigé ma conscience.

L'étranger marche sur Paris ! Ses défenseurs ont besoin d'être assurés : pour eux, de soutien ; pour leurs familles, d'ordre, de sécurité. C'est à quoi je veux consacrer mon dévouement tout entier.

Pour m'aider dans cette tâche, je fais appel à tous les patriotes, à tous ceux que rallie l'humaine devise : Liberté, Égalité, Fraternité !

10 Septembre 1870.

Amable LEMAITRE,
Commissaire de Police de la Ville de Paris,
PALAIS-ROYAL, 19, RUE DES BONS-ENFANTS.

Citoyens et Amis,

L'appel que j'ai fait à tous les bons Citoyens a été entendu.

J'ai reçu dans la circonscription qui m'est confiée un accueil cordial, qui m'encourage et qui sera ma force.

Parmi mes amis, les uns sont venus me serrer la main, d'autres m'ont écrit, qui sont haut placés dès longtemps dans l'estime publique : tous ont applaudi à ma résolution.

J'espère, dans ces moments difficiles, avoir concilié le principe sacré du respect de la liberté individuelle avec le devoir non moins rigoureux de sauvegarder la sécurité publique.

Ce que je veux essayer d'appliquer à mes fonctions, dans la mesure de mes forces, c'est : Fermeté, Prudence, Discrétion, Aménité dans les formes, et, par dessus tout, l'amour de la Justice !

Voici les jours douloureux !

La Ville de la Liberté et de la Civilisation est assiégée par une innombrable armée réunie sous le joug brutal, odieux, de l'obéissance passive et aveugle aux ordres de l'hypocrite du droit divin.

Le canon tonne ! Aux Armes !

La Garde nationale et l'Armée courent à l'ennemi ou se cantonnent sur les remparts...

Tous, aux armes !

J'ai entendu des Magistrats municipaux déclarer qu'ils marcheraient, les reins ceints de l'écharpe, à la tête des Citoyens en armes.... Je serai à leurs côtés !

Tous ensemble,

Nous délivrerons Paris, nous débarrasserons la France des Barbares, au cri unanime de

Vive la République !

21 Septembre 1870.

Amable LEMAITRE,
Commissaire de Police de la Ville de Paris,
PALAIS-ROYAL, 19, RUE DES BONS-ENFANTS.

7987 Paris. — Typographie et Lithographie de RENOU et MAULDE, rue de Rivoli, 144.

RÉPUBLIQUE FRANÇAISE.

LIBERTÉ, ÉGALITÉ, FRATERNITÉ.

MAIRIE DE PARIS.

Le Maire de Paris s'empresse de porter à la connaissance de ses concitoyens le décret suivant :

LE GOUVERNEMENT DE LA DÉFENSE NATIONALE

DÉCRÈTE :

Les objets engagés au Mont-de-Piété depuis le 19 juillet 1870, consistant en vêtements, sommiers, matelas, couvertures, pour un prêt n'excédant pas 15 francs, seront rendus aux déposants.

Le Ministre des finances est chargé de pourvoir à la dépense qu'occasionnera l'exécution du présent décret.

Paris, le 1er octobre 1870.

Les Membres du Gouvernement de la Défense nationale,

Général TROCHU, JULES FAVRE, EMMANUEL ARAGO, JULES FERRY, GAMBETTA, GARNIER-PAGÈS, PELLETAN, E. PICARD, ROCHEFORT, JULES SIMON.

Le Maire de Paris est certain d'être l'interprète de la population parisienne en remerciant le Gouvernement de la sollicitude qu'il témoigne aux familles nécessiteuses dont les chefs sont chaque jour sur les remparts pour la défense de la Patrie et de la République.

Hôtel de Ville de Paris, le 1er octobre 1870.

Le Maire de Paris,
ÉTIENNE ARAGO.

Pour ampliation :
Le Secrétaire général de la Mairie de Paris,
JULES MAHIAS.

3 IMPRIMERIE NATIONALE. — Octobre 1870.

PROCLAMATION

DU

PRÉFET DE SEINE-ET-OISE

Sa Majesté le Roi de Prusse, mon Auguste Souverain, a daigné me conférer l'administration du département de Seine-et-Oise. Je viens d'entrer dans mes fonctions avec l'intention de porter aux habitants du département tout soulagement possible. des maux de la guerre.

Pour me faciliter la tâche difficile que j'ai à remplir et qui consiste à concilier, tant que pourra se faire, les intérêts des troupes allemandes et le bien-être de la population, les citoyens ne pourront mieux agir qu'en me prêtant un concours loyal et sincère.

Si, au contraire, je rencontrais de la résistance, je serais forcé, à mon grand regret, d'employer tous les moyens dont je dispose pour maintenir mon autorité.

Toutes l s autorités administratives et municipales qui ne se montreront pas hostiles, seront maintenues dans leurs fonctions, et toutes les lois françaises, en tant que l'état de guerre n'en réclame pas la suspension, restent en vigueur.

Versailles, 1er *Octobre* 1870.

LE PRÉFET DE SEINE-ET-OISE,

DE BRAUCHITSCH.

Versailles. — Imprimerie de E. AUBERT, 6, avenue de Sce ux.

DECRET

RELATIF AUX

RÉQUISITIONS

Le Gouvernement de la Défense nationale,

Considérant qu'il importe essentiellement de régulariser les réquisitions portant sur les objets de première nécessité, afin de rassurer les citoyens contre les abus qui pourraient être commis par des particuliers sans mandat, et de leur donner un titre au moyen duquel ils pourront être payés de leurs fournitures faites dans un intérêt public;

DÉCRÈTE :

Article 1er. — Les réquisitions ne pourront être faites que par le Gouverneur de Paris, ou par le Ministre compétent, sous la surveillance et le contrôle du Gouvernement de la défense nationale.

Art. 2. — Un double des états de toutes les réquisitions sera remis au Gouvernement.

Art. 3. — Dans le cas d'urgence extrême, les Maires des vingt arrondissements ou les Commandants des secteurs pourront requérir ce qui sera nécessaire, à charge d'envoyer, dans un délai qui ne pourra excéder douze heures, copie de leurs réquisitions à l'Hôtel-de-Ville et au Ministre de l'Intérieur.

Art. 4. — Dans tous les cas où il y aura lieu à réquisition, il sera désigné un commissaire qui, sous sa responsabilité, surveillera la remise de la prestation requise et fournira le récépissé dûment timbré, signé et daté qui servira de titre au contribuable.

Fait à Paris, le 1er Octobre 1870

Les Membres du Gouvernement de la Défense nationale :

Général TROCHU, Jules FAVRE, Emmanuel ARAGO, Jules FERRY, GAMBETTA, GARNIER-PAGÈS, PELLETAN, E. PICARD, ROCHEFORT, Jules SIMON.

8063 Paris. — Typographie et Lithographie de RENOU et MAULDE, rue de Rivoli, 144.

RÉPUBLIQUE FRANÇAISE

LIBERTÉ — ÉGALITÉ — FRATERNITÉ

MAIRIE DE L'OBSERVATOIRE

(XIVe Arrondissement)

VACCINATIONS GRATUITES

Le service des Vaccinations gratuites sera repris à partir du 4 octobre. Il aura lieu à l'École des Sœurs, place de la Mairie, tous les mardis et jeudis. — 1re Séance, de 9 heures à 10 heures du matin. — 2me Séance, de 2 heures à 3 heures de relevée.

La prime de 3 francs sera accordée aux familles nécessiteuses, après constatation du succès de l'opération.

Les gardes mobiles et les militaires qui n'ont jamais été vaccinés sont priés de ne pas négliger cette précaution.

FEUX & SIGNAUX

Une récente affiche invitait les Citoyens à masquer leurs fenêtres, lorsqu'il font usage de lumières la nuit venue. Ces lumières inquiètent les gardes des remparts. Il suffira de rappeler que l'ennemi a des intelligences dans la ville, pour que tous les Citoyens prennent toutes les précautions imposées par les circonstances.

TIR

Quelques gardes nationaux pour décharger leurs armes, d'autres dans le but de s'exercer, ont cru pouvoir tirer à balle sans avoir prévenu la Municipalité et sans avoir pris les précautions d'usage. Deux personnes sont tombées victimes de cette imprudence.

Les citoyens sont prévenus que l'autorité militaire a organisé un tir dans les fossés des remparts et qu'en outre, la Mairie du 14e Arrondissement a mis un tir à la disposition de la garde nationale.

Les compagnies ne seront reçues au tir municipal que sous les ordres de leurs officiers munis d'une indication d'heure que la Mairie délivrera.

COMMISSION SCIENTIFIQUE

Une Commission Scientifique est instituée dans chaque Arrondissement pour étudier les communications qui intéressent la défense nationale.

Les Membres de cette Commission pour le 14e Arrondissement sont les citoyens ARNOULT, LECOEUR, FOUQUÉ, qui siégeront tous les jours de 9 heures à 11 heures du matin, Ecole des Frères, place de la Mairie.

Les communications devront être présentées par écrit.

Paris, le 2 Octobre 1870.

Les Adjoints,
ALFRED DEBERLE,
CHARLES LIMOUSIN.

Le Maire,
Élie DUCOUDRAY.

Paris. — Imprimerie A.-E. Rochette, 90, boulevard Montparnasse.

RÉPUBLIQUE FRANÇAISE

Liberté, Égalité, Fraternité.

DÉCRET.

Le Gouvernement de la défense nationale,

Considérant que la noble cité de Strasbourg, par son héroïque résistance à l'ennemi pendant un siége meurtrier de plus de cinquante jours, a resserré les liens indissolubles qui rattachent l'Alsace à la France;

Considérant que, depuis le commencement du siége de Strasbourg, la piété nationale de la population parisienne n'a cessé de prodiguer, autour de l'image de la capitale de l'Alsace, les témoignages du patriotisme le plus touchant et de la plus ardente reconnaissance pour le grand exemple que Strasbourg et les villes assiégées de l'Est ont donné à la France;

Voulant tout à la fois perpétuer le souvenir du glorieux dévouement de Strasbourg et des villes de l'Est à l'indivisibilité de la République, et des généreux sentiments du peuple de Paris,

Décrète :

Art. 1er. La statue de la ville de Strasbourg qui se trouve actuellement sur la place de la Concorde sera coulée en bronze et maintenue sur le même emplacement, avec inscription commémorative des hauts faits de la résistance des départements de l'Est.

Art. 2. Le Ministre de l'Instruction publique est chargé de l'exécution du présent décret.

Fait à Paris, à l'Hôtel de Ville, le 2 octobre 1870.

Les Membres du Gouvernement de la défense nationale,

Général TROCHU, Jules FAVRE, Emmanuel ARAGO, Jules FERRY, GAMBETTA, GARNIER-PAGÈS, PELLETAN, E. PICARD, ROCHEFORT, Jules SIMON.

1 IMPRIMERIE NATIONALE. — Octobre 1870.

PRÉFECTURE DE LA GIRONDE

RÉPUBLIQUE FRANÇAISE

DÉPÊCHE TÉLÉGRAPHIQUE

Tours, 2 Octobre 12 h. 20 du soir,
Arrivée à la Préfecture à 3 heures 1|2.

BULLETIN

Le Ministre de l'Intérieur, à MM. les Préfets et Sous-Préfets,

M. Tissandier, descendu avant-hier à Dreux en ballon, apporte des nouvelles de Paris. Pas d'affaires sérieuses jusqu'au 30 au matin. La physionomie de Paris est excellente. Les troupes et gardes mobiles pleines de confiance. La garde nationale est prête à tous les sacrifices et animée du plus courageux patriotisme.

Paris qui sent sa force compte sur la Province pour harceler incessamment l'ennemi et peu à peu le prendre dans un cercle, afin de l'acculer sur les forts et fortifications où il trouvera bon accueil.

Beauvais est occupé par l'ennemi. On dit de Gournay qu'on se bat entre St-Germer et la route de Beauvais. Mantes est envahi par quatre mille Prussiens avec de l'artillerie. On assure que le Sous-Préfet et le Maire de Rambouillet sont prisonniers. Il y a quelques Prussiens à Epernon. Le Sous-Préfet de Neufchâteau certifie qu'il y a trois jours un cercueil de plomb couvert de drap d'or venant du côté de Paris est arrivé à Toul où il a été reçu par trois mille Mecklembourgeois qui forment la garnison. Les Prussiens semblaient consternés. Deux autres cercueils pareils sont venus depuis de Toul. On entendait depuis trois jours la canonnade dans la direction de Pont-à-Mousson. Le général Ubrich est arrivé à Tours.

POUR COPIE CONFORME : *le Préfet de la Gironde,*
Amédée LARRIEU.

CIRCULAIRE

Tours, 1er octobre 1870.

Le Gouvernement à MM. les Préfets,

Le Gouvernement vient de rendre un décret qui fixe au 16 octobre les élections de la Constituante.

Les Préfets et Secrétaires généraux qui voudront être éligibles devront donner leur démission d'ici le 6 octobre, sauf ceux des départements envahis. Ces Préfets sont éligibles tout en restant à leur poste. Les Commissaires à la défense sont éligibles bien entendu.

Signé : CRÉMIEUX, GLAIS-BIZOIN, LAURIER.

POUR COPIE CONFORME : *le Préfet de la Gironde,*
Amédée LARRIEU.

Bordeaux. — Imp. A. PEREY, rue Porte-Dijeaux, 43.

RÉPUBLIQUE FRANÇAISE.

GOUVERNEUR DE PARIS.

ORDRE

POUR LA CONSERVATION DES ARMES ET DES MUNITIONS.

La conservation des armes et des munitions étant de la plus haute importance pour la défense nationale, le Ministre de la Guerre fait appel au concours de tous les citoyens pour recueillir les armes et les cartouches abandonnées, et les déposer aux endroits ci-après indiqués, savoir :

1° Les armes et les cartouches trouvées en dehors de l'enceinte, ou sur l'enceinte des fortifications seront remises dans chaque secteur aux bureaux du commandant de l'artillerie de ce secteur;

2° Les armes et les cartouches trouvées sur la voie publique seront remises aux endroits suivants :

1° État-major de la Garde Nationale (Place Vendôme);

2° État-major de la Place de Paris (Place Vendôme);

3° Tous les postes de gardes nationales;

4° Tous les postes de sapeurs-pompiers.

Chaque jour, les chefs de ces postes (gardes nationales et sapeurs-pompiers) devront faire transporter les armes et les cartouches qui leur auront été remises à l'État-major de la Garde Nationale ou de la Place de Paris (Place Vendôme).

Les armes et les munitions déposées aux états-majors et dans les bureaux de l'artillerie des secteurs seront remises au service de l'artillerie, qui est chargé de les faire enlever.

MM. les officiers généraux et commandants de l'artillerie sont invités à assurer par tous les moyens possibles l'exécution des dispositions qui précèdent.

Paris, le 3 octobre 1870.

LE GOUVERNEUR DE PARIS.
P. O. *Le Général Chef d'état-major général,*
SCHMITZ.

2 IMPRIMERIE NATIONALE. — Octobre 1870.

RÉPUBLIQUE FRANÇAISE.

LÉGION **GARIBALDIENNE.**

AVIS

ARMÉE **DES VOSGES.**

Les Citoyens qui désirent s'engager dans le bataillon des Francs-Tireurs (dits *les Enfants de la Montagne*) de la Légion Garibaldienne, sont prévenus qu'un bureau d'enrôlement est ouvert tous les jours de 9 heures du matin à 6 heures du soir.

Les jeunes gens de 1[illegible] 20 ans, en état de défendre la Patrie envahie, seront également admis.

S'adresser à [illegible]

Un bureau destiné à recevoir les offrandes nationales, afin d'aider à l'habillement des Francs-Tireurs dudit bataillon, est également ouvert à la même adresse, et [illegible]

Un registre des souscriptions se trouve au bureau, où les donataires devront inscrire eux-mêmes les sommes qu'ils daigneront offrir.

Les volontaires seront dirigés immédiatement au dépôt, à [illegible] pour y être armés et équipés.

VU ET APPROUVÉ :

Le Capitaine délégué, chargé de la formation du Bataillon,

G[me] DURIEU,

Capitaine de recrutement de la Légion Garibaldienne.

VILLEFRANCHE. — [illegible]

RÉPUBLIQUE FRANÇAISE.

LIBERTÉ, ÉGALITÉ, FRATERNITÉ.

MINISTÈRE DE L'INTÉRIEUR.

Citoyens,

Le Gouvernement vous doit la vérité sans détours, sans commentaires.

Les coups redoublés de la mauvaise fortune ne peuvent plus déconcerter vos esprits, ni abattre vos courages.

Vous attendez la France, mais vous ne comptez que sur vous-mêmes.

Prêts à tout, vous pouvez tout apprendre.

Toul et Strasbourg viennent de succomber.

Cinquante jours durant, ces deux héroïques cités ont essuyé, avec la plus mâle constance, une véritable pluie de boulets et d'obus.

Épuisées de munitions et de vivres, elles défiaient encore l'ennemi; elles n'ont capitulé qu'après avoir vu leurs murailles abattues crouler sous le feu des assaillants.

Elles ont, en tombant, jeté un regard vers Paris, pour affirmer, une fois de plus, l'unité et l'intégrité de la Patrie, l'indivisibilité de la République, et nous léguer, avec le devoir de la délivrer, l'honneur de les venger.

Vive la France! Vive la République!

Le Ministre de l'Intérieur,
LÉON GAMBETTA.

3 IMPRIMERIE NATIONALE. — Octobre 1870.

BEKANNTMACHUNG.

Alle Truppen im Bezirke meines General Gouvernements erhalten hiermit den Befehl, die Erndte der Runkelrüben und die Fabrikation des Rübenzuckers mœglichst zu schonen.

Unbefugter Eintritt in die Rübenfelder und in die zur Fabrikation dienenden Gebæude und unbefugte Wegnahme der zu diefer Erndte und der Beiführung von Kohlen dienenden Fuhrwerke ist untersagt.

Direkte Requisitionen von Zucker in den Fabriken sind unstatthaft.

Es ist selbstverstanden, dass direkte Operationen gegen feindliche Truppen und Einschreitugen wegen feindseliger Haltung durch diesen Auftrag nicht berührt werden.

Gegeben zu Reims am 4 Oktober 1870.

Der General Gouverneur,

FRIEDRICH FRANZ,

Grossherzog von Mecklenburg-Schwerin.

AVIS.

J'ordonne à mes troupes de n'entraver en aucune façon la récolte de la betterave et la fabrication du sucre dans les territoires soumis à mon gouvernement.

Toute entrée illicite dans les champs de betteraves et dans les établissements qui servent à la fabrication du sucre est interdite; les chariots qui serviront, soit à la récolte, soit à la fabrication, ainsi que les transports de charbon ou de houille ne seront ni arrêtés ni troublés.

Toute réquisition directe de sucre dans les fabriques est interdite.

Il est bien entendu que cet ordre ne saurait entraver ni les opérations militaires, ni les mesures qu'une attitude hostile des habitants pourrait rendre nécessaires.

Donné à Reims, le 4 Octobre 1870.

Le Gouverneur Général,

FRÉDÉRIC-FRANÇOIS,

Grand-Duc de Mecklembourg-Schwérin.

Reims, — GERARD, Imprimeur et Lithographe, rue de la Grue, 6.

VILLE DE  GRENOBLE.

RÉPUBLIQUE FRANÇAISE.

GARDE NATIONALE SÉDENTAIRE

MOBILISATION

Le Comité exécutif municipal,

Vu le décret du gouvernement en date du 29 septembre dernier, ordonnant la mobilisation des citoyens non mariés ou veufs sans enfants, de 21 à 40 ans, qui ne font partie ni de l'armée active ni de la garde mobile,

INVITE les citoyens domiciliés à Grenoble compris dans la catégorie ci-dessus, à se faire inscrire à l'Hôtel-de-Ville, où la Commission de recensement recevra leurs déclarations tous les jours, de 9 heures du matin à midi, et de 2 à 6 heures du soir.

La Commission siége dans l'ancienne salle des délibérations du Conseil municipal (*entrée par l'escalier de la caisse d'épargne, place Saint-André*).

Tous ceux qui ne répondraient pas, dans la huitaine du présent avis, à l'invitation qui leur est faite, se rendraient passibles des peines portées par la loi.

Le Comité exécutif compte sur l'empressement et le patriotisme des citoyens appelés, pour assurer la prompte exécution du décret précité qui intéresse à un si haut degré la défense nationale.

Grenoble, le 4 octobre 1870.

Pour le Comité exécutif, *Le Président*,

ANTHOARD.

2283. — Grenoble, F. ALLIER PÈRE et FILS, Grande-Rue, 8, cour de Chaulnes.

DÉFENSE DE PARIS — 8me SECTEUR

CONSIGNE POUR LE MATÉRIEL

Les Chefs de poste sont **responsables** des objets de matériel déposés dans leurs postes respectifs. Ils reçoivent de l'Officier du Commissariat du Secteur un livret portant inventaire de ce matériel qu'ils doivent toujours être à même de représenter.

Un Officier par Bataillon est chargé de veiller à l'entretien et à la conservation des objets de campement.

A cet effet, l'Officier de campement du Bataillon de remplacement et celui du Bataillon partant se réuniront chaque jour à **huit heures du matin** et procéderont, avec le concours des Chefs de postes au recensement des objets de campement mis à leur disposition.

Pour faciliter cette opération, les Chefs de postes **seront tenus** de faire réunir à l'**avance** toutes les capotes de guérites (sauf en cas de pluie, celles des factionnaires); les lits de campement seront superposés deux par deux, les matelas par piles régulières de 10; les falots seront également présentés.

Aussitôt le recensement terminé, le Chef de poste veillera à ce qu'il ne soit plus touché à aucun des objets recensés et les remettra à son successeur qui lui en donnera décharge sur le livret du poste.

Les Chefs de poste s'opposeront à ce que les lits de campement soient mis sur le côté pour servir de sièges; ils prescriront aux Caporaux de pose de s'assurer que la capote transmise par chaque factionnaire à son remplaçant est entière et signaleront à l'Officier de campement les gardes qui auraient détérioré un objet quelconque afin que la valeur lui en soit imputée.

Il est formellement interdit aux Chefs de poste de prêter des objets de campement à un autre poste ou d'en changer la destination. Ils **devront optempérer aux ordres** qui leur seront donnés par les Officiers de campement concernant leur service spécial et leur fournir des hommes de corvée s'ils le demandent.

Le bois de chauffage sera déposé dans le poste et les quantités qui n'auraient pas été employées seront remises à la garde suivante.

L'enlèvement de ce bois constituerait un acte frauduleux dont les auteurs seraient poursuivis conformément à la Loi.

Lorsque deux ou plusieurs Compagnies seront réunies dans un même poste, c'est l'Officier le plus élevé en grade ou à grade égal le plus ancien d'âge qui est chef de poste et à ce titre responsable du matériel.

MM. les Chefs de Bataillon voudront bien prêter leur concours à l'exécution de la présente consigne.

Vu et approuvé *Le Chef d'État-major*, Signé : GARNIER.	*L'Aide-Commissaire de la marine* faisant fonctions de Sous-Intendant, Signé : LE BRISOYS.

Paris. — Imprimerie A.-E. Rochette, 90, boulevard Montparnasse.

RÉPUBLIQUE FRANCAISE.

GOUVERNEMENT DE LA DÉFENSE NATIONALE.

Le 6 octobre 1870, 6 heures du soir.

Le Gouvernement reçoit à l'instant une dépêche de Tours, en date du 1er octobre, lui transmettant les meilleurs nouvelles sur les mesures prises dans les départements. En les communiquant au public, nous croyons dans une pensée à laquelle il s'associera, devoir taire les lieux de rassemblement des troupes et le nom des généraux qui les commandent. Nous copions textuellement :

« Notre seule et immense préoccupation est d'activer l'organisation des forces destinées à débloquer Paris; tout ce qui se fait à cet égard donne le meilleur espoir. L'action des villes et des départements, poussant en avant les forces qu'ils ont organisées par leur initiative, se combine avec ardeur avec celle des contingents militaires, qui forment désormais deux armées, comprenant chacune environ 80,000 hommes, l'une sur la Loire et qui va s'avancer sur Paris, l'autre ayant pour centre..... Du côté de..... on réunit également un troisième groupe, composé de forces régulières, de mobiles et de volontaires. La situation de Bazaine continue à demeurer excellente. L'attaché militaire de....., qui vient de parcourir les villes où se réunissent nos troupes, jusqu'à. ... inclusivement, a été surpris du nombre très-considérable d'hommes bien armés et bien équipés, et surtout de l'artillerie qu'on ne supposait pas exister. La légion française et les zouaves sont arrivés de Rome par les soins de notre ambassadeur et vont former un solide appoint tout prêt à marcher. »

Ces nouvelles n'ont pas besoin de commentaires; elles sont la récompense de la noble et fière attitude de Paris et de ses défenseurs; elles doublent notre courage, elles fortifient notre constance, elles nous montrent, comme un sérieux espoir, le jour où notre main rencontrera celle de nos frères des départements à travers les lignes ennemies, cédant enfin sous un commun effort.

Vive la France! Vive la République!

Les Membres du Gouvernement de la Défense nationale,

Signé Général TROCHU, Jules FAVRE, GAMBETTA, Jules SIMON, Eugène PELLETAN, Jules FERRY, Henri ROCHEFORT, GARNIER-PAGÈS, Ernest PICARD, Emmanuel ARAGO.

1 IMPRIMERIE NATIONALE. — Octobre 1870.

RÉPUBLIQUE FRANÇAISE.

MINISTÈRE DE L'AGRICULTURE ET DU COMMERCE.

ARRÊTÉ.

LE MINISTRE DE L'AGRICULTURE ET DU COMMERCE,

En exécution du décret du 11 septembre 1870, qui a rétabli la taxe de la viande de boucherie de Paris,

ARRÊTE :

ARTICLE PREMIER.

A dater du *vendredi 7 octobre* jusqu'au *jeudi 13 octobre* inclusivement, la viande de bœuf et la viande de mouton seront payées, dans la ville de Paris, aux prix suivants :

VIANDE DE BOEUF.

Catégorie	Morceaux	Prix
1re Catégorie	Tende de tranche.. Culotte. . . . . . . Gîte à la noix . . . Tranche grasse. . . Aloyau.	2 fr. 10 le kil.
2e Catégorie.	Paleron. . . . . . . Côtes. . . . . Talon de collier . . Bavette d'aloyau . . Rognons de graisse	1 fr. 70 le kil.
3e Catégorie.	Collier. . . . . . . Pis. . . . . Gîtes. . . . . Plats de côtes. . . . Surlonges . . . . . Joues	1 fr. 30 le kil.

Le filet et le faux filet détachés ainsi que le rognon de chair, sont taxés à 3 francs le kilogramme.

VIANDE DE MOUTON.

Catégorie	Morceaux	Prix
1re Catégorie	Gigots . . . . Carrés.	1 fr. 80 le kil.
2e Catégorie.	Épaules.	1 fr. 30 le kil.
3e Catégorie.	Poitrine. . . . . . . Collet. . . . . Débris de côtelettes	1 fr. 10 le kil.

ART. 2.

Les différentes espèces et catégories de viandes exposées en vente seront indiquées par des écriteaux.

ART. 3.

Tout acheteur de viande de bœuf aura le droit de faire désosser complétement le morceau qu'il aura choisi, à quelque catégorie que ce morceau appartienne. Dans ce cas, l'acheteur ne sera tenu d'accepter des os que dans la proportion d'un cinquième du poids de la viande désossée (100 grammes d'os par chaque 500 grammes de viande).

Pour la viande de mouton, il continue d'être interdit aux bouchers de mettre dans la balance et de livrer aux acheteurs des os décharnés ni ce qu'on appelle vulgairement de la *réjouissance*.

ART. 4.

Les bouchers ne peuvent obliger l'acheteur à prendre avec le morceau de son choix de la viande d'une autre espèce ou d'une autre catégorie, non plus que des morceaux différents de la même catégorie.

ART. 5.

Il sera délivré à chaque acheteur qui le demandera, sans qu'il soit pour cela besoin d'aucune réquisition de sa part, un bulletin lisiblement écrit qui comprendra la désignation de l'espèce de viande et de la catégorie de morceaux, ainsi que le poids et le prix.

ART. 6.

Le présent arrêté devra être placardé dans l'endroit le plus apparent de la boutique de chaque boucher.

ART. 7.

Toute infraction aux dispositions du présent arrêté sera punie des peines édictées par la loi.

Paris, le 6 octobre 1870.

Le Ministre de l'Agriculture et du Commerce,

J. MAGNIN.

IMPRIMERIE NATIONALE. — Octobre 1870

RÉPUBLIQUE FRANÇAISE.

GARDE NATIONALE DE LA SEINE.

GARDES NATIONAUX,

La défense de Paris repose sur le service régulier de l'armée et de la Garde nationale. Toute infraction aux règles du service, toute atteinte à la discipline nuirait à la défense; chaque citoyen doit le comprendre.

Des manifestations de gardes nationaux armés et rassemblés sans ordres réguliers de service sont des faits contraires à toute discipline. C'est avec douleur que j'ai vu des faits de ce genre signalés dans la note suivante insérée en tête du *Journal officiel* de ce jour. Si le bon esprit et le patriotisme de l'immense majorité des gardes nationaux n'éclairaient pas ceux qui se laissent entraîner à des actes de ce genre, la défense en serait affaiblie et c'est là ce que personne ne veut parmi nous.

Paris, le 6 octobre 1870.

Le Commandant supérieur de la Garde nationale,

TAMISIER.

EXTRAIT DU JOURNAL OFFICIEL

« Le Gouvernement de la défense nationale n'a eu jusqu'à présent qu'à se glorifier de l'attitude patriotique, des sentiments républicains, de l'esprit d'ordre et de discipline qui caractérisent à un si haut degré la garde nationale de Paris. C'est à ce sentiment même qu'il fait appel pour qu'il soit mis un terme aux manifestations armées qui se sont produites hier pour la seconde fois depuis quinze jours, sur la place de l'Hôtel-de-Ville.

« Ces rassemblements de bataillons ont le double tort de se former sans l'ordre du commandant supérieur des gardes nationales, sans l'ordre du Ministre de l'intérieur, les deux seules autorités qui soient compétentes pour disposer de la milice citoyenne, et, ce qui est beaucoup plus grave, de donner à la cité parisienne des apparences de sédition aussi contraires à la réalité que favorables aux desseins de l'ennemi.

« L'ennemi, qu'on le sache bien, s'arrête devant Paris, troublé par une résistance sur laquelle il ne comptait pas. Il sait que la Capitale peut le tenir en échec pendant de longs mois; il sait aussi qu'une attaque de vive force contre l'enceinte est impossible. Il n'espère à cette heure que dans nos discordes. Notre premier devoir est donc d'en éviter jusqu'aux apparences.

« Quand les officiers de la garde nationale ont des communications à faire au Gouvernement, ils peuvent user à leur choix de la voie orale ou de la voie écrite. Le Gouvernement sera toujours heureux d'entrer avec eux en rapports intimes. Mais les manifestations armées sont destructives de tout ordre public, de toute discipline; et, si bien intentionnées qu'elles puissent être, le Gouvernement est certain d'exprimer l'opinion de l'immense majorité des citoyens en déclarant que de telles manifestations ne doivent plus avoir lieu. »

3 IMPRIMERIE NATIONALE. — Octobre 1870.

GUERRE
DE L'INDÉPENDANCE

VENDÉENS,

La France est attaquée par les hordes sauvages de l'Allemagne protestante.

Dans quelques jours, cent vingt escadrons de uhlans, détachés des corps d'armées ennemies, vont se ruer sur vos départements pour les livrer au pillage, au meurtre, au vol.

Eventrer les femmes, égorger les enfants, fusiller les vieillards, envoyer les hommes valides au bagne, piller les maisons, incendier les villages, brûler les églises, briser les statues de la Vierge Marie, assassiner les prisonniers de guerre, telle est la manière dont les Prussiens font la guerre.

Ils veulent traiter notre pays en pays conquis.

Vendéens, vous vous souviendrez que vos pères ont tenu en échec les BLEUS, ces redoutables soldats qui ont fait trembler l'Europe pendant vingt-ciuq ans ! Vous vous souviendrez que c'est dans vos bois que s'est maintenu intact l'honneur de la vieille France, vous vous souviendrez que vous n'avez jamais transigé avec la religion de vos pères, avec l'amour de la patrie.

AUX ARMES !... et que pas un de vous ne manque au rendez-vous. C'est derrière la Loire que vos phalanges redoutables doivent se réunir pour se ruer sur l'ennemi lorsqu'il se présentera pour vous rançonner, violer vos femmes, brûler vos villages.

Vos fils combattent sur les remparts de Paris, vous, vous combattrez dans le Bocage, au nom de Dieu, au nom de la France.

Que les prêtres conduisent leurs paroissiens au combat, que les Mères arment les bras des pères pour venger les fils tombés dans les champs de carnage de l'Alsace et de la Lorraine! Que les femmes flétrissent du nom de maudit tous ceux qui fuiront devant la défense nationale.

Habitants des départements de l'Ouest, courez aux armes, prenez vos fusils, saisissez les faulx, les piques, les haches, fondez des balles, fabriquez de la poudre et ralliez-vous avec nous pour faire à l'ennemi une guerre acharnée sans trêve ni merci.

Vendéens, c'est au nom de Dieu, c'est au nom de la patrie en danger que nous vous appelons aux armes, c'est au nom de vos enfants, au nom de la religion outragée que les vieux Chouans, sortant de leurs tombeaux, vous appellent au combat.

Que pas un ne manque au rendez-vous. C'est à Thouars que nous nous réunissons à partir du 25 septembre.

Que chacun vienne ce jour-là en armes, et que Dieu sauve la France!...

Au quartier général Vendéen, à Thouars, le 15 septembre 1870.

Le chef d'état-major des troupes Vendéennes en formation,

F.-L. DE L'HERBERGEMENT.

Angers. — Imp. J. LEMESLE.

RÉPUBLIQUE FRANÇAISE.

LE GOUVERNEMENT DE LA DÉFENSE NATIONALE,

Considérant qu'à raison de la prolongation de l'investissement de Paris, il est indispensable que le Ministre de l'intérieur puisse être en rapport direct avec les départements et mettre ceux-ci en rapport avec Paris, pour faire sortir de ce concours une défense énergique,

DÉCRÈTE :

ARTICLE 1er. M. Gambetta, Membre du Gouvernement, Ministre de l'Intérieur, est adjoint à la délégation de Tours; il se rendra sans délai à son poste.

ART. 2. M. Jules Favre, Ministre des Affaires étrangères, est chargé de l'intérim du ministère de l'intérieur à Paris.

Fait à l'Hôtel de Ville de Paris, le 4 octobre 1870.

En exécution de ce décret, le Ministre de l'Intérieur est parti ce matin même par le ballon. Il a emporté la proclamation qui suit, à l'adresse des départements :

FRANÇAIS,

La population de Paris offre en ce moment un spectacle unique au monde!

Une ville de deux millions d'âmes, investie de toutes parts, privée jusqu'à présent, par la criminelle incurie du dernier régime, de toute armée de secours, et qui accepte avec courage, avec sérénité, tous les périls, toutes les horreurs d'un siége.

L'ennemi n'y comptait pas. Il croyait trouver Paris sans défense : la Capitale lui est apparue hérissée de travaux formidables, et, ce qui vaut mieux encore, défendue par 400,000 citoyens qui ont fait d'avance le sacrifice de leur vie.

L'ennemi croyait trouver Paris en proie à l'anarchie : il attendait la sédition, qui égare et qui déprave; la sédition, qui, plus sûrement que le canon, ouvre à l'ennemi les places assiégées.

Il l'attendra toujours. Unis, armés, approvisionnés, résolus, pleins de foi dans la fortune de la France, les Parisiens savent qu'il ne dépend que d'eux, de leur bon ordre et de leur patience, d'arrêter pendant de longs mois la marche des envahisseurs.

Français ! C'est pour la Patrie, pour sa gloire, pour son avenir, que la population parisienne affronte le fer et le feu de l'étranger.

Vous qui nous avez déjà donné vos fils, vous qui nous avez envoyé cette vaillante garde mobile, dont chaque jour signale l'ardeur et les exploits, levez-vous en masse, et venez à nous : isolés, nous saurions sauver l'Honneur; mais, avec vous, et par vous, nous jurons de sauver la France !

Paris, le 7 octobre 1870.

Les Membres du Gouvernement de la Défense nationale,

Général TROCHU, JULES FAVRE, EMMANUEL ARAGO, JULES FERRY, GAMBETTA, GARNIER-PAGÈS, PELLETAN, PICARD, HENRI ROCHEFORT, JULES SIMON.

1 IMPRIMERIE NATIONALE. — Octobre 1870

RÉPUBLIQUE FRANÇAISE.

MINISTÈRE DE L'AGRICULTURE ET DU COMMERCE.

SUBSISTANCES.

AVIS.

A partir du lundi 10 octobre, la répartition de la viande entre les arrondissements sera réglée comme suit :

L'État, représenté par le Ministère du Commerce, fera abattre, dans les trois abattoirs de Paris, la quantité de viande qui peut être mise chaque jour à la disposition de la population de Paris, soit la viande de 450 à 500 bœufs et de 3,000 à 4,000 moutons.

Cette viande sera divisée dans les abattoirs en 20 lots, un pour chaque arrondissement. L'importance de chaque lot sera proportionnelle à la population et aux circonstances particulières de chaque arrondissement.

Livraison de la viande ainsi répartie sera faite contre reçu, aux lieux indiqués par les Maires. Le payement sera effectué dans la caisse de chaque abattoir, sous la responsabilité des Maires, à 20 centimes au-dessous de la taxe.

Dans chaque arrondissement, la distribution de la viande sera faite par les soins des Maires entre les boucheries municipales qu'ils sont chargés d'organiser, sous le contrôle de la Mairie centrale.

Les Maires désigneront les lieux de la vente et les personnes qui y seront préposées.

La vente aux consommateurs aura lieu au prix de la taxe.

Chaque mairie peut appliquer, dès à présent, un système de rationnement.

Les systèmes de rationnement employés par les Maires ne le seront qu'à titre d'essai, jusqu'à ce que la Commission ait adopté un système général et définitif.

Paris, le 7 octobre 1870.

Pour la Commission des subsistances :

Le Ministre de l'Agriculture et du Commerce,

J. MAGNIN.

IMPRIMERIE NATIONALE. — Octobre 1870.

RÉPUBLIQUE OCCIDENTALE

ORDRE ET PROGRÈS

La Famille, la Patrie, l'Humanité

JUGEMENT

Les princes Allemands, secondés par leurs peuples avec une déplorable ardeur, veulent détruire la France et brûler Paris.

Le transport patriotique qui nous a saisi à l'aveu d'un pareil dessein, nous est garant que le crime ne sera point commis.

La France sera sauvée! Paris résistera!...

Mais l'Allemagne?...

Elle a pris les armes, disent ses maîtres, pour réduire à l'impuissance une Nation qui, *depuis deux cents ans*, la menace et trouble la paix de l'Europe; elle ne fait cette guerre d'extermination que pour assurer la Paix, la Justice, la Civilisation, que la France a trop longtemps compromises et viciées.

Interrogeons l'histoire.....

Avant 1789, durant l'ère de fondation des grandes Nationalités, sous la direction des rois, ce sont l'Angleterre, la France, l'Espagne, l'Autriche et la Prusse elle-même qui se constituent et tendent mutuellement à la prépondérance.

L'Allemagne n'est donc point restée neutre, désintéressée, évangélique, comme elle le prétend, dans cette compétition réciproque; elle n'y a point agi autrement que la France! La preuve en est dans ces ducs de Brandebourg, par exemple, [illegible] de l'Allemagne.

Elle engage aussitôt contre la France, qui lui ouvre les bras, une guerre aussi acharnée que déloyale, guerre de conquête et de démembrement.

Nous en avons conscience : jusqu'à 1800, tandis que la Prusse et l'Autriche, âme de la coalition, troublaient aussi odieusement la paix du monde, la France soutenait seule, avec héroïsme et générosité, la cause du droit, la civilisation!

De 1800 à 1815 vint pour l'Allemagne le temps de l'expiation.

La réaction fut excessive, entraînée bien au-delà du juste par une influence néfaste, aussi étrangère à la France qu'à la Révolution. Car si Bonaparte fit repentir plus d'une fois la coalition de son agression contre la République, son despotisme devint bientôt plus funeste encore à notre pays qu'au reste de l'Europe.

A cette heure, lui et toute sa race sont par nous exécrés et maudits!....

Sous la Restauration, la monarchie de Juillet et la dernière République, de 1815 à 1850, pendant 35 ans, les Allemands furent, ils ne pourraient le nier, assez tranquilles du côté de la France. Il y a donc bien à retrancher, des deux siècles de perturbation que la Prusse met à notre compte. Mais nous convenons que l'avénement du second Empire dut raviver ses inquiétudes.

Toutefois, la perplexité ne fut pas de longue durée; car Bonaparte, après Solferino, s'empressa de donner à l'Allemagne un gage qui dût la rassurer.

En réalité, cet homme ne fut que LE PRÉTEXTE habilement saisi par l'ambition cachée des Hohenzollern pour exploiter l'orgueil Allemand et le porter à relever le Saint-Empire Germanique au profit de la Prusse.

Le lâche incapable qui laissa égorger le Danemarck et perpétrer Sadowa, et qui ferma sa vie politique par la monstrueuse trahison de Sedan, a des droits, n'en doutons pas, à la gratitude des Guillaume et des Bismark, car son aspiration sénile à la conquête du Rhin, bien inoffensive pour l'Allemagne, devait à coup sûr provoquer notre ruine.

Au vrai, les Allemands savent tous que pendant que la France poursuivait en silence, sous le pied du policier de Décembre, l'œuvre réelle de la Civilisation, l'établissement d'un système d'opinions, de mœurs et d'institutions compatible avec les aspirations modernes, et dont les bases principales sont la substitution de la Science à la Théologie dans l'ordre intellectuel, et de l'Industrie à la Guerre dans l'ordre politique, l'Allemagne, au contraire, effectuait sourdement l'œuvre de son unité militaire et de son armement universel pour se jeter à l'improviste et au moment le plus favorable pour elle, sur cette France enchaînée, désarmée, objet de ses jalousies incurables et de sa convoitise séculaire, que ne pouvait certainement pas défendre l'épée vermoulue de Napoléon III.

Les Allemands savent tous que le tyran caduc et corrompu qui, par nécessité, bonne entente ou stupidité, devait tomber dans le piége de la succession Espagnole, n'avait alors plus rien de dangereux pour la Germanie, et que la France entière, sans aucune envie du Rhin, était à la paix.

Renseignés par l'immense police qu'ils entretenaient chez nous depuis vingt ans par ceux des leurs qui, par milliers, vivaient de notre pain, s'engraissaient de notre hospitalité et nous payaient en délations à leurs Gouvernements, les Allemands connaissaient à fond notre faiblesse actuelle, la division des esprits et des classes en France, leurs dissentiments dans le grand travail d'enfantement social qui caractérise notre situation, et surtout le marasme où la corruption du second empire avait laissé descendre nos armes. Ils purent donc, ralliés à la Prusse par l'intérêt et par l'orgueil, par une haine de race horrible et criminelle, tenter EN TOUTE SÉCURITÉ l'aventure, certains d'écraser sous des forces quatre et cinq fois supérieures et par une artillerie plus disproportionnée encore, accumulées depuis longtemps, ce qui avait échappé de notre armée à la putréfaction bonapartiste.

Tous étaient assurés que ce premier obstacle une fois et facilement écarté, ils pourraient s'abattre sur le pays sans défense que l'assassin de Décembre et ses complices leur livraient pieds et poings liés, pour s'y re- [illegible] pondérance dans le monde, en anéantissant notre pays.

Tel est leur crime! car à côté de la politique des Rois, que tous les Peuples doivent répudier, l'histoire nous montre l'Occident de l'Europe : France, Italie, Espagne, Angleterre et Allemagne, concourant depuis la conquête Romaine à la constitution du régime social définitif que nous avons indiqué. Elle nous montre la Révolution Française appelant le monde entier à cette constitution généreuse, rationnelle et pacifique de son gouvernement. Elle nous montre la France, dans l'élite philosophique et politique qui seule la représente, uniquement vouée à cette œuvre d'affranchissement! Et profiter du trouble inévitable où l'a jetée l'élaboration d'une transformation pareille pour anéantir par la trahison, le fer et le feu, l'atelier civique où elle s'accomplit, c'est renoncer à la parenté occidentale, c'est se placer violemment hors et contre cette grande association de peuples sur qui repose le progrès humain, c'est nier et violer la civilisation, c'est se mettre au ban de l'Humanité.....

Voilà l'Allemagne!

Nations de l'Occident : Italiens, Espagnols, Anglais, tous membres de la grande République où se font et se développent, depuis tant de siècles, les opinions, les mœurs et les institutions qui dirigent le monde, laisserez-vous perpétrer un pareil attentat?.....

Quant à nous, citoyens de Paris, dépositaires conscients des intérêts les plus chers et les plus directs de la civilisation, soldats du progrès, ouvriers de l'affranchissement universel, séparés aujourd'hui du reste du monde et réduits aux seules forces de nos convictions et de notre courage, nous ferons notre devoir :

Potius mori quam fœdari!

L'Allemagne s'est mise hors la loi par ses convoitises barbares, sa férocité, ses déprédations, ses viols et ses assassinats; que la malédiction de l'Humanité soit sur elle et que les destinées s'accomplissent.....

Paris, 3 Octobre 1870.

Docteur **ROBINET**, adjoint au maire du 6e arrondissement.

Hippolyte **STUPUY**, secrétaire de la Commission d'armement du 9e arrondissement.

Docteur **SÉMÉRIE**, membre de la même Commission.

HARDOUIN, ancien Commissaire de la République.

8062 Paris. — Typographie et Lithographie de RENOU et MAULDE, rue de Rivoli, 144.

République Française

LIBERTÉ, ÉGALITÉ, FRATERNITÉ.

MAIRIE DU Ve ARRONDISSEMENT

AVIS IMPORTANT

AUX PROPRIÉTAIRES ET AUX LOCATAIRES

TERME D'OCTOBRE 1870

CHERS CONCITOYENS,

La présence de l'ennemi sous les murs de la capitale nous fait un devoir impérieux d'éviter dans l'intérieur de la ville toute occasion de trouble, de mésintelligence et d'animosité entre les Citoyens.

Obéissant donc à des considérations d'ordre et d'humanité, qui, dans les circonstances actuelles, doivent primer tout intérêt particulier, la Mairie du Ve arrondissement est d'avis que toute expulsion de locataire doit être provisoirement suspendue, tant pour le terme du 8 que celui du 15 de ce mois. *Elle invite donc de la façon la plus pressante les propriétaires à n'exiger la sortie d'aucun de leurs locataires, et les locataires ayant reçu ou donné congé, à ne pas commencer leur déménagement avant de s'être assurés que leur nouveau logement est prêt à les recevoir.*

Il est entendu que les droits de chacun sont réservés pour être exercés dès que les circonstances le permettront.

En faisant appel aux sentiments de patriotisme et de fraternité dont nos Concitoyens ont déjà donné tant de preuves, nous sommes sûrs d'être entendus.

Paris, le 7 octobre 1870.

Le Maire du Ve arrondissement,

J.-B. BOCQUET.

FRISER et VIMONT, Adjoints.

PARIS. — Imprimerie DE SOYE et Fils, 5, place du Panthéon.

RÉPUBLIQUE FRANÇAISE.

MINISTÈRE DE L'AGRICULTURE ET DU COMMERCE.

ARRÊTÉ.

LE MINISTRE DE L'AGRICULTURE ET DU COMMERCE,

Vu l'article 30 de la loi des 10-22 juillet 1791;

Vu le décret du 11 septembre 1870 autorisant l'établissement de la taxe sur la viande de boucherie,

ARRÊTE :

Art. 1er. Les chevaux destinés à l'alimentation devront être vendus les lundi, mercredi et vendredi de chaque semaine, de 8 heures à 11 heures du matin, au Marché aux chevaux.

Art. 2. Pourront seuls être vendus pour la consommation les chevaux dont le bon état sanitaire aura été reconnu et constaté par le service vétérinaire d'inspection du marché. Ces chevaux ne pourront être abattus que dans les abattoirs.

Art. 3. Les chevaux achetés par l'État seront pesés vivants sur la bascule du marché et payés comptant au prix maximum de 40 cent. le kilogramme.

Art. 4. Dans les étaux autorisés à vendre la viande de cheval, le prix de vente de ladite viande est fixé ainsi qu'il suit :

Aloyau, Tende de tranche, Culotte, Gîte à la noix, Tranche grasse. 1 fr. 40 c. le kilog.
Tous autres morceaux. . . . . 0 fr. 80 c. le kilog.

Art. 5. Le présent arrêté aura une durée de sept jours, à partir du Lundi matin 10.

Art. 6. Toute infraction aux dispositions du présent Arrêté sera punie des peines portées par les articles 479 et 480 du Code pénal, ainsi conçus :

« Art. 479. Seront punis d'une amende de 11 à 15 francs les bouchers « qui vendront la viande au delà du prix fixé par la taxe légalement faite et « publiée.

« Art. 480. Pourra, selon les circonstances, être prononcée la peine d'em- « prisonnement pendant 5 jours au plus. »

Fait à Paris, le 7 octobre 1870.

Le inistre de l'Agriculture et du Commerce,
J. MAGNIN.

1 IMPRIMERIE NATIONALE. — Octobre 1870.

RÉPUBLIQUE FRANÇAISE

Liberté, Égalité, Fraternité.

MAIRIE DU XIE ARRONDISSEMENT

En vertu de l'instruction ministérielle ordonnant la création de Boucheries Municipales dans les vingt arrondissements de la Ville de Paris.

Considérant la nécessité absolue de répartir d'une manière équitable et par tête d'habitant la quantité de viande mise chaque jour à la disposition du XIe Arrondissement par le Ministère de l'Agriculture et du Commerce, Nous avons arrêté les mesures suivantes :

ART. 1er. — Il est créé dans le XIe Arrondissement vingt Boucheries Municipales dans lesquelles la viande sera débitée pour le compte et sous la responsabilité de la Municipalité.

ART. 2. — La viande ne sera délivrée dans ces établissements que sur la présentation d'une Carte qui sera remise à chaque chef de famille ou à chaque habitant de l'arrondissement, qui en fera la demande dans le plus bref délai et aux endroits désignés ci-après.

ART. 3. — Chaque carte indiquera le nombre de rations à fournir et ne sera valable que dans son quartier.

ART. 4. — La ration délivrée sera faite pour deux jours à chaque porteur de cartes.

ART. 5. — Un recensement général de l'arrondissement, fait par les soins de l'Administration, constatera la sincérité des déclarations.

Toute fausse déclaration entraînera le retrait immédiat de la carte.

ART. 6. — La Carte autorisant le boucher à délivrer la ration de viande sera chaque fois pointée par lui, de manière qu'elle ne puisse servir deux fois le même jour.

ART. 7. — Les Bouchers municipaux qui ne se conformeraient pas au Règlement, ainsi qu'à la Taxe, verraient leurs établissements fermés et seraient poursuivis selon les rigueurs de la loi.

Les Cartes seront délivrées à partir de Mercredi 12 Octobre, aux adresses ci-dessous :

Rue Breguet, 4.
Rue Popincourt, 7 *bis*.
Rue de Charonne, 5.
Rue Keller, 5.
Rue Saint-Bernard, 10.

Boulev. du Prince-Eugène, 237
Rue de Charonne, 140.
Place des Abattoirs.
Rue Servan, 39.
Rue Saint-Maur, 108.

Rue Moret, 10.
Rue de l'Orillon, 93.
Quai Jemmapes, 24.
Boulev. Richard-Lenoir, 112.

Les Boucheries Municipales sont situées aux endroits ci-dessous désignés :

QUARTIER DE LA ROQUETTE

Marché du Prince-Eugène, 208, 209, 215 et 216.
Rue du Chemin-Vert, 109.
Rue Keller, 38.
Rue Sedaine, 9.
Rue de Charonne, 5.

QUARTIER SAINT-AMBROISE

Marché Popincourt, 1 et 2.
Rue Oberkampf, 106.
Rue Saint-Sébastien, 30.
Rue Popincourt, 47.

QUARTIER SAINTE-MARGUERITE

Rue de Charonne, 154.
Boulevard du Prince-Eugène, 249.
Rue de Charonne, 74.
Rue de Montreuil, 21.
Faubourg Saint-Antoine, 165.

QUARTIER FOLIE-MÉRICOURT

Rue Saint-Maur, 101.
Rue Crussol, 18.
Rue Folie-Méricourt, 115.
Rue de l'Orillon, 19.

Le présent arrêté sera exécutoire dès que la distribution des cartes sera terminée.

Paris, le 8 *Octobre* 1870.

Le Maire, **JULES MOTTU.**
BLANCHON et **POIRIER**, *Adjoints.*

Paris — Typographie MORRIS Père et Fils, rue Amelot, 64.

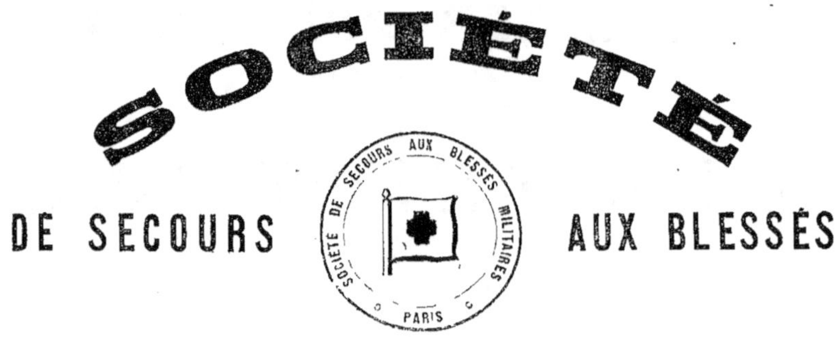

DES ARMÉES DE TERRE ET DE MER

AVIS

Les Personnes qu'un dévouement généreux porte à aller relever les Blessés jusque sur le champ de bataille, au risque même d'essuyer le feu de l'ennemi, peuvent n'être pas suffisamment expérimentées pour apprécier la gravité réelle d'une blessure, ni la nécessité de soins chirurgicaux qui ne peuvent être donnés dans beaucoup d'Ambulances privées, mais qu'on est sûr de trouver dans les grands hôpitaux militaires, comme aussi dans les Ambulances centrales de la Société de Secours, dirigées par MM. NELATON, CHENU et un grand nombre de chirurgiens éminents de la Capitale.

Seize Blessés relevés par diverses Personnes et conduits dans des Ambulances privées viennent d'être ramenés au Palais de l'Industrie dans un état très-aggravé, par le défaut des soins nécessaires : leur vie même est en péril.

Il y a donc un véritable danger pour les Blessés à être ainsi transportés dans des maisons particulières avant qu'une exploration de la plaie, ou même un séjour de vingt-quatre heures dans les hôpitaux ait bien constaté la nature de la blessure.

La Société de Secours croit remplir un devoir important en signalant ce danger au Public et surtout aux Personnes charitables qui croient rendre service aux Blessés en les ramenant dans les Ambulances privées, sans la visite préalable que nous recommandons.

LES HOPITAUX MILITAIRES SONT :

1° Le Val-de-Grâce;
2° Le Gros-Caillou;
3° Les Récollets, dans la rue du Faubourg-Saint-Martin.

LES PRINCIPAUX ÉTABLISSEMENTS DE LA SOCIÉTÉ DE SECOURS SONT :

1° Le Palais de l'Industrie;
2° Le Corps Législatif;
3° Les Tuileries.

Palais de l'Élysée (rue du Faubourg-Saint-Honoré), 7 octobre 1870.

Imprimerie centrale des chemins de fer, A. CHAIX et Cie, rue Bergère, 20. — 14146-0.

RÉPUBLIQUE FRANÇAISE

GOUVERNEUR DE PARIS.

ORDRE
RELATIF
A LA CIRCULATION SUR LA RUE DE REMPART.

Dans le but d'assurer aux officiers, ingénieurs et ouvriers l'accès sur le Rempart, pour le service permanent qu'ils sont appelés à y faire, le Gouverneur de Paris avait ordonné que la rue de Rempart resterait libre à la circulation.

La fausse interprétation de cet arrêté, pris dans l'intérêt exclusif du service, a donné lieu à de graves abus.

Considérant que cette rue est envahie, principalement les jours de fête, par une foule de citoyens qui la convertissent en lieu de promenade et entravent ainsi le service du Rempart;

Le Président du Gouvernement, Gouverneur de Paris,

ARRÊTE :

La circulation sur la rue de Rempart ne sera permise qu'aux personnes ci-dessous mentionnées :

1° Officiers, ingénieurs et ouvriers employés au service;

2° Habitants des maisons situées sur ladite rue;

3° Personnes munies de cartes émanant de l'état-major général du Gouverneur;

4° Les voitures de service et celles des personnes ci-dessus désignées auront également la circulation libre.

Ces dispositions recevront leur application immédiate, et leur stricte exécution est confiée aux officiers généraux commandant les secteurs.

Paris, le 8 octobre 1870.

Le Président du Gouvernement, Gouverneur de Paris,

Général TROCHU.

1 IMPRIMERIE NATIONALE. — Octobre 1870.

PRÉFECTURE DE LA GIRONDE

RÉPUBLIQUE FRANÇAISE

DÉPECHE TÉLÉGRAPHIQUE

Tours, le 5 Octobre, arrivée à la Préfecture à 4 h. 30 soir.

Le Ministre de l'Intérieur à MM. les Préfets et Sous-Préfets,

Dans la nuit du 4 au 5, un train portant 250 hommes du 20e chasseurs, a déraillé à la station de Critot (Seine-Inférieure). Il y a 15 morts, 15 blessés sans espoir, 80 autres blessés.

Malesherbes a été occupé avant-hier par l'ennemi qui a pillé le pays. On écrit de Châteaudun que des francs-tireurs à Viabon ont surpris et poursuivi des cuirassiers prussiens.

Hier, à onze heures du matin, les Prussiens se sont présentés devant la petite ville d'Epernon. Des mobiles, des francs-tireurs et des gardes nationaux leur ont opposé une résistance jusqu'à 6 heures du soir, malgré l'artillerie ennemie, à cette heure les Prussiens sont maîtres de la ville; nos pertes sont peu considérables.

Avant-hier, les Prussiens venant de Chailly, se dirigeaient vers Fontainebleau, ils étaient quelques centaines, fantassins et cavaliers. Des francs-tireurs les ont attaqués, en ont tué une trentaine et mis autant hors de combat. Les Prussiens se sont repliés sur Chailly.

Dans le Haut-Rhin, des francs-tireurs Alsaciens ont eu un engagement dans le Hardt; ils ont tué ou blessé 50 Prussiens.

Il est positif qu'un personnage considérable est mort, on dit qu'il a été tué dans une embuscade de francs-tireurs; son nom n'est pas encore connu officiellement, on croit généralement qu'il s'agit de M. de Molke.

Pour copie conforme : *le Préfet de la Gironde,*

Amédée LARRIEU.

Bordeaux. — A. PEREY, imprimeur de la Préfecture, rue Porte-Dijeaux, 43.

RÉPUBLIQUE FRANÇAISE

Liberté, Égalité, Fraternité.

MAIRIE DU XIE ARRONDISSEMENT

CITOYENS,

L'anxiété est grande ; elle grandit ; elle grandira encore.

Un siége est toujours long, et la victoire restera au plus tenace.

Du calme donc; l'action aura son heure.

Quand ?

Lorsque l'héroïque garde nationale de la Seine, qui à elle seule constitue une armée formidable, sera pourvue en entier d'armes de choix.

Sur ce point, il dépend de nous de devancer le gouvernement et de l'aider dans son action trop lente à notre gré.

Achetons des canons, des mitrailleuses, des fusils nouveaux modèles, pour les hommes non encore armés ou imparfaitement armés, et alors nous pourrons nous ruer en masses profondes sur les lignes prussiennes et les briser.....

CITOYENS,

Demain un bureau sera ouvert dans la Mairie du XIe arrondissement pour recevoir les offrandes destinées à l'achat de mitrailleuses, de canons, se chargeant par la culasse et de fusils qui seront affectés aux légions du XIe arrondissement.

Un registre sera préposé à l'inscription des signatures des donateurs.

Il faut que sur ce livre, qui sera *LE LIVRE D'OR* de la République dans le XIe arrondissement, chacun tienne à honneur d'inscrire son nom.

Donc, aux canons, aux mitrailleuses et non-seulement nous serons invincibles, mais le succès sera prochain.

Avant de quitter Paris, le général Burnside a dit :

> « *Vous êtes en meilleure situation à Paris que Washington ne*
> « *l'était lorsque les Confédérés l'assiégeaient, si Washington a*
> « *tenu, Paris tiendra aussi.* »

Le général républicain aura dit vrai :

Paris, DA SE, vaincra.

Paris, le 8 *Octobre* 1870.

Le Maire, **JULES MOTTU.**

BLANCHON et **POIRIER**, *Adjoints.*

NOTA : Les anciens Artilleurs faisant actuellement partie des bataillons de la Garde nationale du XIe Arrondissement sont invités à donner leur nom et leur adresse à la Municipalité.

Paris. — Typ. MORRIS père et fils, rue Amelot, 64.

RÉPUBLIQUE FRANÇAISE

DÉPÊCHE TÉLÉGRAPHIQUE

CIRCULAIRE DE TOURS

Le ministre de l'intérieur à MM. les préfets et sous-préfets :

Hier matin, on entendait de la gare Maintenon une fusillade qui cessa promptement; nous ignorons les résultats de cette affaire qui paraît de nulle importance. Beaugency n'est pas menacé. A l'approche de nos troupes, l'ennemi abandonna ses positions à Patay, à St-Péravy, la Colombe et aux environs.

Combat de Toury : on savait l'ennemi en forces à Toury où il rassemblait les bestiaux enlevés aux environs.

Hier, 5 octobre, à 3 heures du matin, le général Reyan est parti de Chevilly avec de la cavalerie, de l'infanterie et trois demi-batteries dans la direction de Toury. Il entoura vers 7 heures le village de Chaussis avec le 6e hussards et fit prisonniers quelques soldats du Royal-Bavarois. L'artillerie ennemie, composée de 10 pièces de 12, atteignit avec une grande justesse nos batteries fortes seulement de 9 canons de 4 et d'une demi-batterie de brigade. La longuerue fut démontée; 2 officiers du 6e hussards, le chef d'escadron Loitet et le sous-lieutenant Bourgoind furent grièvement blessés, ainsi que trois cuirassiers atteints par des éclats d'obus. Malgré le feu très-vif de l'ennemi, le mouvement en avant continua, et le village de Toury fut tourné par la brigade Ressayre. La cavalerie ennemie, forte de 500 hommes, appuyée par 2,000 fantassins, battit en retraite sur la route de Paris et fut poursuivie pendant 4 kilomètres. Nos troupes étant très-fatiguées par suite de marches forcées depuis 3 heures du matin, le général Reyan arrêta le mouvement pour occuper Toury, où l'on apprit la force réelle de l'ennemi et la présence des princes Albert Saxe-Meiningen et Saxe-Altenbourg, qui avaient quitté Toury dès 8 heures du matin. Nous avons repris à Toury un parc de bestiaux composé de 147 vaches et 52 moutons.

Dernière dépêche : Orléans, 6 octobre, 9 heures 50 minutes du matin :

A la suite de l'affaire de Toury, l'ennemi évacua Pithiviers en toute hâte en abandonnant un convoi de bestiaux.

Pour copie conforme :

Le Préfet de la Loire,

César BERTHOLON.

BENEVENT, Imprimeur de la Préfecture, place de l'Hôtel-de-Ville, 4, à Saint-Étienne.

RÉPUBLIQUE FRANÇAISE

Liberté, Égalité, Fraternité.

3e Arrondissement. - Mairie de Paris.

AVIS

Les Citoyens sont prévenus qu'un recensement de toute la population existant à Paris, sédentaire ou flottante, sera fait par les soins de la Municipalité du 3e Arrondissement, avec le concours de la Garde Nationale, déléguée à cet effet.

Ce recensement, qui commencera le Dimanche 9 courant, portera sur les noms, prénoms, âge, origine, lieu de naissance, profession et qualité de chaque citoyen ou de chaque citoyenne, hommes, femmes ou enfants.

Il a pour but d'établir LE RATIONNEMENT DE LA POPULATION et la répartition égale pour tous les individus, au prorata du nombre de bouches à nourrir dans chaque famille.

Il a aussi pour but de contrôler L'INCORPORATION OU LA NON INCORPORATION de chaque citoyen dans les différents corps auxquels ils doivent appartenir.

Tout citoyen qui, dans un but de fraude blâmable, aurait déclaré un nombre de personnes supérieur à la vérité, ou qui aurait fait une fausse déclaration, se verra exclu de ses droits quant au rationnement ou incorporé d'office dans des corps spéciaux.

Les concierges, gérants ou propriétaires sont solidairement responsables de l'exactitude de ces déclarations; ils devront accompagner les recenseurs chacun dans sa maison respective, s'ils en sont requis par eux.

Paris, 8 *Octobre* 1870.

Le Maire, BONVALET.

MURAT, CLERAY, CHAVAGNAT, *Adjoints*.

NOTA. — Tout Citoyen qui, par une cause quelconque, n'aurait pu être présent chez lui au moment de la visite des recenseurs, devra en faire immédiatement la déclaration à la Mairie, au Bureau de Recensement, faute de quoi, il sera passible des peines édictées plus haut.

Paris. — Typographie MORRIS père et fils, rue Amelot, 64.

RÉPUBLIQUE FRANÇAISE

LIBERTÉ — ÉGALITÉ — FRATERNITÉ

MAIRIE DE L'OBSERVATOIRE

(XIVe Arrondissement)

ÉCOLES

Les écoles communales ont été transformées en Ambulances; ne pouvant les remplacer toutes, nous avons appelé à notre aide, les Instituteurs et Institutrices laïques.

Les Instituteurs nous ont offert 500 places, les Institutrices, plus de 800 places, en dehors de leur clientèle.

Trois écoles municipales nouvelles seront livrées à l'enseignement laïque pour les garçons.

L'instruction sera gratuite.

L'alimentation sera distribuée gratuitement aux enfants que les parents ne pourront nourrir.

Les Frères de la doctrine chrétienne établis dans l'Arrondissement par le Gouvernement déchu et payés par la Commune, sont mis à la disposition de la Mairie centrale, qui prendra à leur égard telle détermination qu'il appartiendra.

L'ouverture des classes pour les Écoles municipales nouvelles et pour les Institutions libres aura lieu le 17 octobre.

RECENSEMENT

Les habitants du 14e Arrondissement sont prévenus qu'à partir du 10 Octobre, des Agents de la Mairie se présenteront dans les maisons :

1° Pour opérer le recensement de la population, afin de permettre l'établissement d'un rationnement équitable.

2° Pour contrôler la sincérité des déclarations faites à la Mairie, concernant les animaux de boucherie, la paille, le foin, l'avoine détenus par les particuliers.

3° Pour obtenir la déclaration exacte des appartements abandonnés par leurs propriétaires sur lesquels il y a lieu de répartir également un impôt spécial.

4° Pour vérifier l'état des puits et déterminer les réparations qu'ils nécessiteraient.

Ces agents seront munis d'une carte précisant leur mandat. Les habitants sont invités à leur en faciliter l'exécution et à dénoncer à qui de droit ceux qui tenteraient de tromper la République.

Paris, le 9 Octobre 1870.

Le Maire,
Élie DUCOUDRAY.

Paris. — mprimerie A.-E. Rochette 90, boulevard Montparnasse.

MAIRIE DE SAINT-DENIS

ARRÊTÉ

CONCERNANT

LA VIANDE DE CHEVAL

Le Maire de Saint-Denis,
Vu la loi des 19-22 juillet 1791;
Vu le décret du Gouvernement en date du 11 septembre 1870, autorisant l'établissement de la taxe sur la viande de boucherie;
Considérant qu'il importe d'utiliser pour les besoins de l'alimentation la viande de cheval qui est reconnue présenter toutes les garanties nutritives et hygiéniques,

ARRÊTE :

ART. 1. Les chevaux destinés à l'alimentation devront être conduits à l'Abattoir communal de Saint-Denis, où ils seront soumis à l'examen du vétérinaire délégué de l'Administration, qui seul a qualité pour recevoir les chevaux destinés à être abattus.

ART. 2. Pourront seuls être vendus pour la consommation, les chevaux dont le bon état sanitaire sera reconnu par le service vétérinaire institué par la Ville.

Ces chevaux ne pourront être abattus que dans l'abattoir. Les morceaux seront estampillés.

ART. 3. Toute personne qui voudra faire le commerce de la viande de cheval devra se munir d'une permission qui lui sera délivrée par le Maire.

ART. 4. La vente de cette viande ne pourra se faire qu'en boutique ou sur le marché; il est expressément défendu de la colporter.

ART. 5. Un écriteau en grosses lettres indiquera au-dessus de la boutique, la nature et la spécialité de la viande vendue.

ART. 6. Il sera perçu au profit de la Ville, pour chaque cheval abattu, un droit d'abattage fixé à 3 fr. 50 c. par tête.

ART. 7. Les viandes seront transportées de l'Abattoir à l'étal dans des voitures closes, à moins que ces viandes soient enveloppées de manière à n'en laisser aucune partie à découvert.

ART. 8. La plus grande propreté est exigée des personnes qui débitent la viande de cheval, le linge et les tabliers qu'ils portent devront toujours être renouvelés aussi souvent que le besoin l'exigera. Quant aux tables et murs où sont déposées ou accrochées les viandes, ils devront être recouverts d'une toile cirée.

ART. 9. La vente de la viande de cheval sera taxée par les soins de l'Administration municipale et par période de sept jours.

ART. 10. Toute infraction aux dispositions du présent arrêté sera punie des peines portées par les articles 479 et 480 du Code pénal ainsi conçus :

ART. 479. « Seront punis d'une amende de 11 à 15 francs, les bouchers qui vendront la « viande au-delà du prix fixé par la taxe, légalement faite et publiée.

ART. 480. « Pourra, selon les circonstances, être prononcée la peine d'emprisonnement » pendant cinq jours au plus. »

ART. 11. Les contraventions aux dispositions qui précèdent seront constatées par des procès-verbaux ou rapports, qui seront transmis au Maire à telle fin que de droit.

ART. 12. Le Commissaire de police est spécialement chargé de surveiller l'exécution de cet arrêté.

Saint-Denis, le 9 *Octobre* 1870.

Le Maire de Saint-Denis,
MOREAUX.

Saint-Denis. — Typographie de A. MOULIN, rue de Paris, 17.

RÉPUBLIQUE FRANÇAISE.

COMMUNE DE LYON

LE CONSEIL MUNICIPAL
à ses Concitoyens.

Délibération du 24 Septembre 1870

A l'unanimité, le Citoyen MÉTRAT, Commandant supérieur de la Garde nationale, est maintenu dans son Commandement avec tout son État-Major.

LYON, le 24 Septembre 1870.

Le Président,
HÉNON.

Les Vice-Présidents,
BACOT, CHEPIÉ.

Les Secrétaires,
MAYNARD, JACQUY.

Lyon, imp. Rey et Sézanne, r. St-Côme, 2.

RÉPUBLIQUE FRANÇAISE

COMMUNE DE LYON

Le Conseil municipal étudie le projet de créer des ateliers de confection d'uniformes de garde nationale, afin d'occuper les ouvrières sans travail.

En conséquence, les entrepreneurs de confection sont invités à présenter leurs propositions, Lundi et Mardi, à midi précis, au Comité des intérêts publics, siégeant à l'Hôtel-de-Ville.

LYON, le 26 Septembre 1870.

Le Maire de Lyon,
HÉNON.

Lyon, Imprimerie Rey et Sézanne, rue St-Côme, 2.

RÉPUBLIQUE FRANÇAISE

GARDE NATIONALE

SÉDENTAIRE

1er Bataillon

Conformément aux ordres du Commandant en chef de la Garde nationale, en date du 27 Septembre 1870, les vingt-quatre Compagnies formant les trois premiers Bataillons, sont convoquées pour demain 28 courant, à l'effet de procéder à la nomination des Officiers, Sous-Officiers et Caporaux de leur Compagnie.

Les procès-verbaux constatant cette opération, seront remis dans le plus bref délai au Chef de Bataillon.

La réunion des Compagnies se fera sur l'emplacement habituel des exercices.

LYON, le 27 Septembre 1870.

Le Chef de Bataillon,
CHARIOT.

Lyon, imprimerie Rey et Sezanne, rue St-Côme, 2.

REPUBLIQUE FRANÇAISE

COMMUNE DE LYON

RÈGLEMENT des Chantiers

1° Les citoyens travaillant aux chantiers doivent contribuer de toutes leurs forces à activer les travaux de défense ;

2° Les chantiers sont formés par groupe de vingt ou trente travailleurs, dont un brigadier ;

3° L'appel est fait par chaque brigadier, le matin, à midi et le soir ;

4° La durée de la journée est de dix heures et son prix de 3 fr.

5° C'est au patriotisme des citoyens qu'est confiée la police du chantier, ils en éloigneront les perturbateurs ;

6° Les citoyens travaillant aux chantiers sont, pour le temps qu'ils y travaillent, exempts du service de la Garde nationale ;

7° Tout débit de boisson est formellement interdit sur les lieux du chantier.

LYON, le 2 Octobre 1870.

pour le Maire absent,
CHEPIÉ.

Lyon, imp. Rey et Sézanne, rue Saint-Côme, 2.

RÉPUBLIQUE FRANÇAISE

DÉPÊCHE

TÉLÉGRAPHIQUE

DÉCRET

Le Gouvernement de la défense nationale,

Vu la dépêche de la délégation de Tours en date du 29 septembre, parvenue le 1er octobre au gouvernement, portant fixation au 16 octobre des élections pour la Constituante ;

Vu le décret du Gouvernement en date du 23 septembre et le décret conforme de la délégation de Tours ajournant lesdites élections ;

Attendu que cette résolution nouvelle est en opposition avec le décret du Gouvernement de la défense nationale, et que d'ailleurs elle est d'une exécution matériellement impossible dans vingt-trois départements et nécessairement incomplète dans les autres,

DÉCRÈTE :

Art. 1er. L'ajournement des élections générales est maintenu jusqu'au moment où elles pourront se faire sur toute la surface de la République.

Art. 2. Toute opération accomplie en violation du présent décret sera nulle et de nul effet.

Fait à l'Hôtel-de-Ville de Paris, le 1er octobre 1870.

Général TROCHU, — JULES FAVRE. — GAMBETTA. — ERNEST PICARD. — EMMANUEL ARAGO. — JULES FERRY. — GARNIER-PAGÈS. — JULES SIMON. — PELLETAN. — ROCHEFORT.

Pour copie conforme :

Le Préfet de la Loire, César BERTHOLON.

BENEVENT, imprimeur de la Préfecture, place de l'Hôtel-de-Ville, 4, à Saint-Étienne.

SOUSCRIPTION PATRIOTIQUE

POUR LA

FABRICATION

DES CANONS

La Société Chimique de Paris,

Considérant qu'un très-grand nombre de **CANONS DE CAMPAGNE, 1,500** au moins, sont nécessaires pour lutter avec avantage contre l'artillerie **Prussienne** et délivrer **Paris**, et que les commandes actuelles sont insuffisantes;

Considérant qu'une pièce de campagne, en bronze, se chargeant par la culasse, et pourvue de son affût, peut être obtenue pour la somme de 5,000 francs environ, d'après la déclaration de divers cons- [illegible]

Afin de concourir à cette Œuvre patriotique, la Société chimique a voté à l'unanimité la somme nécessaire à l'acquisition d'une Pièce de campagne du modèle indiqué, et dont la fabrication sera commencée immédiatement.

Ont signé les Membres présents :

C. FRIEDEL, Président de la Société Chimique.

Ch. LAUTH, Chimiste-Manufacturier, Vice-Président de la Société.

SCHUTZENBERGER, Directeur du laboratoire de la Sorbonne, Vice-Président de la Société.

Ed. WILLM, Docteur ès-sciences, Secrétaire de la Société.

E. CAVENTOU, de l'Académie de Médecine, Trésorier de la Société.

BALARD, Membre de l'Institut.

FRÉMY, Membre de l'Institut.

Ad. WURTZ, Membre de l'Institut, Doyen de la Faculté de Médecine.

M. BERTHELOT, Professeur au Collége de France.

E. JUNGFLEISCH, Docteur ès-sciences, Agrégé à l'Ecole de Pharmacie.

G. VOGT, Ingénieur-Mécanicien.

F. LEBLANC, Professeur à l'École Centrale.

LEMOINE, Docteur ès-sciences, Ingénieur des Ponts et Chaussées.

MILLOT, Ingénieur civil.

P.-P. DEHÉRAIN, Docteur ès-sciences, Professeur au Collége Chaptal.

BILLAUDOT, Fabricant de produits chimiques.

TERREIL, Aide-Naturaliste au Muséum.

A. GAUTIER, Docteur ès-sciences, Professeur agrégé à l'École de Médecine.

GIRARD, Ingénieur civil.

J. RIBAN, Chef des travaux chimiques au Collége de France.

Ed. GRIMAUX, Professeur agrégé à l'École de Médecine.

BOUTMY, Chimiste-Expert près le Tribunal civil de la Seine.

POINSOT, Répétiteur à l'Ecole Centrale, Membre de la Commission d'hygiène du Xe Arrondissement.

Mathias PARAF-JAVAL, Chimiste-Manufacturier.

THIERCELIN, Docteur en médecine.

F. FOUQUÉ, Docteur ès-sciences.

Ch. D'ALMEIDA, Professeur au Lycée Corneille.

ROHART, Chimiste-Manufacturier.

AUDOUIN, Ingénieur civil.

SALLERON, Constructeur-Mécanicien

FORDOS, Pharmacien en chef de l'Hôpital de la Charité.

L. L'HOTE, Chimiste-expert près le Tribunal de la Seine.

CARLET, Membre du Conseil de la Société chimique.

A. RICHE, Docteur ès-sciences, Essayeur des monnaies.

Ed. JANNETAZ, Aide-Naturaliste au Muséum.

A. FUMOUZE, Docteur en médecine, Pharmacien.

G. VIGIER, Pharmacien.

DORVAULT, Directeur de la Pharmacie centrale.

PRUNIER, Pharmacien en chef de l'Hôpital de Lourcine.

HARDY, Docteur en médecine.

F. VIGIER, Pharmacien.

J.-A. BARRAL, Directeur du *Journal de l'Agriculture*.

MASSIGNON, Manufacturier.

A. POIRRIER, Manufacturier.

E. GODIN, Pharmacien.

DURIEZ, Fabricant de produits chimiques.

CARLES, Préparateur à l'Ecole de Pharmacie.

PERSONNE, Chef des travaux chimiques à l'Ecole de Pharmacie.

P. DEPOULLY, Chimiste-Manufacturier.

E. DEPOULLY, Chimiste-Manufacturier.

C. DEPOULLY, Chimiste-Manufacturier.

BÉRARD, Professeur au Collége Chaptal.

E. FERNET, Docteur ès-sciences, Répétiteur à l'Ecole Polytechnique.

G. SALET, Préparateur à l'Ecole de Médecine.

A. CORNU, Professeur à l'Ecole Polytechnique.

CLOEZ, Répétiteur à l'Ecole Polytechnique.

TROOST, Maître de Conférences l'Ecole Normale.

La Société se tient à la disposition des Corps et des Personnes qui voudront adopter la même initiative pour leur fournir les renseignements nécessaires à l'exécution, et les prie de s'adresser au **PRÉSIDENT de la SOCIÉTÉ CHIMIQUE, RUE BONAPARTE, 44**, soit par écrit (**affranchir**), soit directement, tous les jours de 1 à 3 heures et de 8 à 10 heures du soir.

Elle engage les Citoyens à grouper les Souscriptions et à s'occuper de leur emploi immédiat.

La Société compte sur le concours patriotique des Journaux pour recueillir, avec elle, les Souscriptions isolées.

Paris. — Typ. A. PARENT, Imprimeur de la Faculté de Médecine, rue Monsieur-le-Prince, 31.

RÉPUBLIQUE FRANÇAISE

COMMUNE DE LYON

Vu la décision du Conseil municipal qui supprime l'Enseignement congréganiste communal, et le remplace par l'Enseignement laïque;

La Commission d'Enseignement municipal invite les Instituteurs, Institutrices et Directrices de salles d'asile, à faire leurs demandes par écrit. Ces demandes devront être adressées au Maire de Lyon, dans le délai de dix jours. Elles devront contenir les noms, prénoms, lieu de domicile, date de naissance, diplôme et services dans l'Enseignement.

LYON, le 5 Octobre 1870.

Pour le Maire de Lyon :
L'ADJOINT DÉLÉGUÉ,
CONDAMIN.

Lyon, imprimerie Rey et Sézanne, rue St-Côme, 2.

RÉPUBLIQUE FRANÇAISE

GARDE NATIONALE
SÉDENTAIRE

CONSEILS DE DISCIPLINE

En exécution de la loi de 1851, un Conseil de discipline sera formé dans chaque bataillon de la Garde nationale de Lyon.

Ce Conseil sera composé de sept Juges, savoir :

LE CHEF DE BATAILLON, PRÉSIDENT,
UN CAPITAINE,
UN LIEUTENANT OU UN SOUS-LIEUTENANT,
UN SERGENT,
UN CAPORAL,
DEUX GARDES NATIONAUX.

Les peines appliquées seront celles spécifiées dans la loi sur la Garde nationale.

MM. les Chefs de bataillon ou d'escadrons, sont invités à organiser de suite ces Conseils dans leurs bataillons respectifs.

LYON, le 5 Octobre 1870,

Le Préfet, Commissaire extraordinaire du Rhône,
P. CHALLEMEL-LACOUR.

Lyon, imprimerie Rey et Sézanne, rue St-Côme, 2.

RÉPUBLIQUE FRANÇAISE
COMMUNE DE LYON

SERVICE DES APPROVISIONNEMENTS

VENTE DES FUMIERS

provenant du Bétail

La Commission recevra les offres d'achat des fumiers, en bloc ou par étable. Le prix offert sera stipulé par cent kilogrammes.

Les offres seront reçues au Bureau du service du Bétail, 10, rue des Archers, de 10 heures à 4 heures.

Lyon, imprimerie Rey et Sézanne, rue St-Côme, 2.

RÉPUBLIQUE FRANÇAISE

COMMUNE DE LYON

GARDE NATIONALE

SÉDENTAIRE
DU RHONE

CONSEILS DE RÉVISION

Le PRÉFET, Commissaire extraordinaire du Rhône,
ARRÊTE :

1°. Un Conseil de révision sera immédiatement formé dans chaque bataillon de la Garde nationale de Lyon, à l'effet de statuer sur les cas d'exemption temporaire ou définitif du service.

2°. Ce Conseil sera composé : du Chef de bataillon, Président, d'un Capitaine, d'un Lieutenant ou Sous-Lieutenant, d'un Sous-Officier, de deux Caporaux et de deux Gardes nationaux tirés au sort par les hommes du bataillon ; d'un Médecin-Major pris en dehors et dans le bataillon le plus rapproché.

3°. Le Conseil de révision entrera immédiatement en fonction.

MM. les Chefs de bataillon sont invités à le constituer dans le plus bref délai.

LYON, le 5 Octobre 1870.

Le Préfet, Commissaire extraordinaire du Rhône,
P. CHALLEMEL-LACOUR.

Lyon, imprimerie Rey et Sézanne, rue St-Côme, 2.

RÉPUBLIQUE FRANÇAISE

COMMUNE DE LYON

Citoyens,

La Municipalité, en vous confiant les travaux de la défense de la Cité, n'a pas seulement fait une œuvre de ressources, elle a fait aussi une œuvre nécessaire et indispensable.

Pour cela, elle a compté sur votre patriotisme.

Devant les menaces de l'étranger, une seule pensée devrait nous animer : Mettre immédiatement en état de défense notre ville.

Nos ennemis cherchent, nous le savons, à entraver nos travaux et à nous livrer à l'ennemi.

Citoyens,

Soyez certains que ceux qui cherchent à vous éloigner des chantiers sont animés de mauvais sentiments, ou sont trompés par vos ennemis, par ceux de la République.

Le Conseil, confiant dans les Enfants de notre Cité, s'en remettra à eux du soin d'organiser le travail des chantiers, d'en faire la police, afin qu'à l'heure du péril pas un instant ne soit perdu. A l'œuvre donc et sauvons la Patrie et la Liberté !

Le Maire,
HÉNON.

Lyon, imp. Rey et Sézanne, rue Saint-Côme, 9.

Ier BATAILLON DES AMAZONES DE LA SEINE

Pour répondre aux vœux qui nous ont été exprimés par de nombreuses lettres, et aux dispositions généreuses d'une grande partie de la population féminine de Paris, il sera formé successivement, au fur et à mesure des ressources qui nous seront fournies pour leur organisation et leur armement, dix bataillons de femmes, sans distinction de classes sociales, qui prendront le titre d'**Amazones de la Seine.**

Ces bataillons sont principalement destinés à défendre les remparts et les barricades, concurremment avec la partie la plus sédentaire de la Garde nationale, et à rendre aux combattants dans les rangs desquels ils seraient distribués par compagnies, tous les services domestiques et fraternels, compatibles avec l'ordre moral et la discipline militaire. Ils se chargeront, en outre, de donner aux blessés, sur les remparts, les premiers soins, qui leur éviteront le supplice d'une attente de plusieurs heures. Ils seront armés de fusils légers, ayant au moins une portée de 200 mètres, et le Gouvernement sera prié de les assimiler aux Gardes nationales pour l'indemnité de 1 fr. 50.

Le costume des **Amazones de la Seine** se composera d'un pantalon noir à bandes orange, d'une blouse de laine noire à capuchon et d'un képi noir à liserés orange, avec une cartouchière en bandoulière.

Un bureau d'enrôlement est ouvert rue Turbigo, 36, de 9 heures du matin à 5 heures du soir, pour la formation du 1er bataillon, sous la direction d'un officier supérieur en retraite. On ne pourra s'y présenter qu'accompagné d'un garde national comme répondant. Le bataillon comprendra huit compagnies de 150 Amazones, en tout 1,200; et chaque compagnie sera immédiatement exercée par des instructeurs au maniement du fusil et à la marche régimentaire.

Pour couvrir les frais de cette création qui doit être improvisée, sous peine de devenir inutile, un appel adressé, par la voie de la presse, à toutes les dames des classes riches, sollicitera de leur patriotisme et de leur intérêt bien entendu, le sacrifice de leur superflu à la cause sacrée du pays. Elles ont assez de bracelets, de colliers et de bijoux, que leur arracherait le brigandage prussien si Paris succombait, pour armer cent mille de leurs sœurs. Elles ne refuseront pas, je l'espère, à témoigner de leurs sentiments civiques par les plus larges souscriptions, et à renverser ainsi la barrière qui les a trop longtemps séparées des classes laborieuses. Un registre est ouvert à cet effet au bureau d'enrôlement, et une comptabilité rigoureuse, qui sera rendue publique, justifiera de l'importance des dons et de leur emploi.

Un médecin expérimenté, autant que possible du sexe féminin, sera attaché à chaque bataillon. Celui du 1er bataillon assistera au recrutement de son personnel, et une ambulance spéciale sera affectée aux Amazones blessées, sous la direction du chef du service médical, M. le Dr Coudret. Un comité de Dames, faisant fonctions de conseil de famille, pourvoira aux soins hygiéniques, à la tenue de l'ambulance et aux nécessités de la mauvaise saison.

Messieurs les Armuriers et les Arquebusiers sont invités à présenter au bureau, les types d'armes qu'ils pourraient fournir, dont l'examen sera confié à des officiers d'artillerie.

Les moments sont précieux. Les femmes, elles aussi, sentent que la patrie et la civilisation ont besoin de toutes leurs forces pour résister aux violences sauvages de la Prusse. Elles veulent partager nos périls, soutenir nos courages, nous donner l'exemple du mépris de la mort et mériter ainsi leur émancipation et leur égalité civile. Elles ont plus que nous le feu divin des grandes résolutions qui sauvent, et le dévouement actif qui soutient et console. Ouvrons nos rangs pour recevoir, sur les remparts, les compagnes aînées du foyer; et que l'Europe apprenne avec admiration que ce ne sont pas seulement des milliers de citoyens, mais encore des milliers de femmes qui défendent à Paris, la liberté du monde contre un nouveau débordement de barbares.

Le chef provisoire du 1er Bataillon,

FÉLIX BELLY.

Paris, le 10 Octobre 1870.

Paris. — Imprimerie A.-E. Rochette, Boulevard Montparnasse, 90.

RÉPUBLIQUE FRANCAISE

AVIS

Le Commissaire à la défense nationale a l'honneur de prévenir les citoyens de 21 à 40 ans, non mariés ou veufs sans enfants, résidant à Grenoble, qu'ils doivent se faire inscrire avant mardi 11 courant, à la Mairie, sur les listes de la garde nationale mobilisée.

Tout citoyen qui ne remplirait pas ce devoir civique, s'exposerait aux rigueurs de la loi.

Ne perdons pas un jour pour aller au secours de Paris.

Grenoble, le 9 octobre 1870.

Le Commissaire à la défense nationale,

É. MARION.

2337. — Grenoble, imp. F. Allier père et fils, Grande-Rue, 8, Cour de Chaulnes.

REPUBLIQUE FRANÇAISE

LIBERTÉ, ÉGALITÉ, FRATERNITÉ.

Mairie du 13e Arrondissement.

DES CANONS !

Le patriotisme des Citoyens de notre Arrondissement doit être à la hauteur des circonstances, il est du devoir de tous, et particulièrement de ceux qui possèdent, d'apporter leur offrande.

A l'exemple de nos pères de 92, tous les citoyens doivent concourir à la défense de la Patrie.

Jusqu'à ce jour, l'armée prussienne a été victorieuse par son artillerie, nous devons faire tous nos efforts pour rivaliser avec elle.

Les souscriptions publiques seront employées à la fabrication des **CANONS ET MITRAILLEUSES**, et dans quelques jours, si le peuple de Paris le veut, chaque bataillon de la Garde nationale pourra avoir plusieurs pièces d'artillerie qui, avec l'armement complété par des fusils de précision, nous permettront de délivrer notre pays, non-seulement des Prussiens, mais de tous les tyrans qui, comme eux, voudraient empêcher la consolidation de la République.

L'Adjoint,
COMBES.

Le Maire du 13e Arrondissement,
PASSEDOUET.

Les Membres de la Commission,
E. DUVAL, E. PACHOT, SIMONNET, REPLAN, TUPIN, LÉONARD, GOBERT, CHARDON, SICART, LAMBERT, THALLER, AUBERTIN, CHAPITEL.

Paris. — Typ. Emile VOITELAIN et Cie, rue J.-J.-Rousseau, 61.

RÉPUBLIQUE FRANÇAISE

DÉPÊCHE TÉLÉGRAPHIQUE

CIRCULAIRE DE TOURS

du 7 Octobre 1870.

Le ministre de l'intérieur à MM. les préfets et sous-préfets

Les renseignements officiels augmentent l'importance du combat de Toury. Une erreur dans la dépêche a fait croire que les cavaliers engagés étaient cinq cents, tandis qu'ils étaient quarante escadrons : c'est-à-dire 4 à cinq mille.

Les Prussiens ont été chassés de Toury, de Jauville et des villages voisins. Une vingtaine de prisonniers, parmi lesquels le courrier du prince Albert. Les gardes nationaux arrivent de quarante kilomètres à la ronde. Grand enthousiasme.

Les Prussiens ont aussi été repoussés d'Imonville et des environs par les francs-tireurs et les gardes nationaux levés en masse. L'ennemi a quitté Pithiviers et Mauchecourt. Un poste de trente hommes à Boudaroy a été anéanti par les turcos. De Voves, on annonce le pays évacué au-delà de Toury. L'ennemi se replie sur Etampes. Epernon et Gallardon sont entièrement libres.

Les Prussiens, emportant de fortes réquisitions, se sont dirigés sur Rambouillet qu'ils occupent au nombre de trois mille.

En somme, par suite du combat de Toury et du concours énergique prêté aux troupes par la garde nationale, les départements du Loiret et d'Eure-et-Loire sont débarrassés des Prussiens, des réquisitions et pillages.

Dans l'Eure, l'ennemi occupa avec une force nombreuse et de l'artillerie Pacy-sur-Eure et Vernon. Le colonel Cassagne ne céda le terrain que pied à pied. De Rouen, on annonce que les Prussiens ont été repoussés de Gisors par la garde nationale. Deux mille Prussiens avec artillerie campent dans le bois de Gisors.

Haut-Rhin. — On annonce que l'ennemi se dirige sur Neufbrisach ; les villages entre ce point et Chalempe sont occupés par beaucoup de troupes ennemies. Colmar a été occupé pendant une heure par des uhlans avec artillerie. On dit Mulhouse évacué par un corps qui s'avance sur Altkirch. On s'est battu toute la journée d'hier entre Raou et Bruyères, contre huit à dix mille Prussiens avec artillerie. Pas de résultat. Le général Dupré a été blessé. Nous avons gardé nos positions. Les gardes nationales se joignent aux troupes.

Aube. — Le département est débarrassé des Prussiens qui avaient envahi ces jours derniers quelques communes sur les bords de la Marne.

Pour copie conforme :

Le Préfet de la Loire, César BERTHOLON.

BENEVENT, imprimeur de la Préfecture, place de l'Hôtel-de-Ville, 4, Saint-Étienne.

RÉPUBLIQUE FRANÇAISE

LIBERTÉ. ÉGALITÉ. FRATERNITÉ.

Le Membre du Gouvernement de la Défense nationale

MINISTRE DE L'INTÉRIEUR

AUX DÉPARTEMENTS

Citoyens des Départements,

Par ordre du Gouvernement de la République, j'ai quitté Paris pour venir vous apporter, avec les espérances du peuple renfermé dans ses murs, les instructions et les ordres de ceux qui ont accepté la mission de délivrer la France de l'Etranger. Paris, depuis vingt jours étroitement investi, a donné au monde un spectacle unique : le spectacle de plus de 2 millions d'hommes qui, oubliant leurs préférences, leurs dissidences antérieures, pour se serrer autour du drapeau de la République, ont déjà déjoué les calculs de l'envahisseur, qui comptait sur la discorde civile pour lui ouvrir les portes de la Capitale.

La révolution avait trouvé Paris sans canons et sans armes. A l'heure qu'il est on a armé 400.000 hommes de garde nationale, ap elé 100.000 mobiles. grou é 60.000 hommes de

Jusqu'à présent, sous le feu de ces forts, l'ennemi a été impuissant à établir le moindre ouvrage; l'enceinte elle-même, qui n'avait que cinq cents canons le 4 septembre, en compte aujourd'hui trois mille huit cents ; à la même date, il y avait cent coups de canon à tirer par pièce, aujourd'hui, il y en a quatre cents et l'on continue à fondre des projectiles avec une fureur qui tient du vertige.

Tout le monde a son poste marqué dans la cité et sa place de combat. L'enceinte est perpétuellement couverte par la Garde nationale qui, de l'aube à la nuit, se livre à tous les exercices de la guerre avec l'application du patriotisme; on sent tous les jours grandir la solidité et l'expérience de ces soldats improvisés! Derrière cette enceinte construite sous la direction du Comité des barricades, derrière ces pavés, savamment disposés, l'enfant de Paris a retrouvé, pour la défense des institutions républicaines, le génie même du combat des rues.

Toutes ces choses, partout ailleurs impossibles, se sont exécutées au milieu du calme, de l'ordre, et grâce au concours enthousiaste qui a été donné aux hommes qui représentent la République. Ce n'est point une illusion, ce n'est pas non plus une vaine formule, Paris est inexpugnable, il ne peut être ni pris ni surpris.

Restaient aux Prussiens, deux autres moyens d'entrer dans la capitale : la sédition et la faim. La sédition, elle ne viendra pas, car les supports et les complices du gouvernement déchu, ou bien ils ont fui ou bien ils se cachent. Quant aux serviteurs de la République, les ardents comme les tièdes, trouvent dans le Gouvernement de l'Hôtel-de-Ville, d'incorruptibles otages de la cause républicaine et de l'honneur national. La famine? Prêt aux dernières privations, le peuple de Paris se rationne volontairement tous les jours, et il a devant lui, grâce aux accumulations de vivres, de quoi défier l'ennemi pendant de longs mois encore. Il supportera avec une mâle constance la gêne et la disette pour donner à ses frères des départements le temps d'accourir et de le ravitailler. Telle est sans déguisements ni détours la situation de la capitale de la France.

Citoyens des départements, cette situation vous impose de grands devoirs. Le premier de tous, c'est de ne vous laisser divertir par aucune préoccupation qui ne soit pas la guerre, le combat à outrance. Le second, c'est jusqu'à la paix d'accepter paternellement le commandement du pouvoir républicain sorti de la nécessité et du droit. Ce pouvoir, d'ailleurs, ne saurait sans déchoir s'exercer au profit d'aucune ambition; il n'a qu'une passion et qu'un titre : arracher la France à l'abîme où la monarchie l'a plongée; cela fait, la République sera fondée et à l'abri des conspirateurs et des réactionnaires.

Donc, toutes autres affaires cessant, j'ai mandat, sans tenir compte ni des difficultés ni des résistances, de remédier avec le concours de toutes les libres énergies aux vices de notre situation et, quoique le temps manque, de suppléer à force d'activité à l'insuffisance des délais. Les hommes ne manquent pas ; ce qui a fait défaut, c'est la résolution, la décision et la

s ma c és ont été conclus qui ont pour but et pour effet d'accaparer tous les fusils disponibles sur les marchés du globe. La difficulté était grande de se procurer la réalisation de ces marchés; elle est aujourd'hui surmontée.

Quant à l'équipement et à l'habillement, on va multiplier les ateliers et requérir les matières premières, si besoin est; ni les bras ni le zèle des travailleurs ne manquent, l'argent ne manquera pas non plus.

Il faut enfin mettre en œuvre toutes nos ressources, qui sont immenses, secouer la torpeur de nos campagnes, réagir contre de folles paniques, multiplier la guerre de partisans, et à un ennemi si fécond en embûches et en surprises, opposer des pièges, harceler ses flancs, surprendre ses derrières, et enfin inaugurer la guerre nationale. La République fait appel au concours de tous. Son Gouvernement se fera un devoir d'utiliser tous les courages, d'employer toutes les capacités. C'est sa tradition, à elle, d'armer les jeunes chefs; nous en ferons. Le ciel lui-même cessera d'être clément pour nos adversaires. Les pluies d'automne viendront, et retenus, contenus par la capitale, les Prussiens, si éloignés de chez eux, inquiétés, troublés, pourchassés par nos populations réveillées, seront décimés pièce à pièce par nos armes, par la faim, par la nature.

Non, il n'est pas possible que le génie de la France se soit voilé pour toujours, que la grande nation se laisse prendre sa place dans le monde par une invasion de 500,000 hommes.

Levons-nous donc en masse, et mourons plutôt que de subir la honte du démembrement. A travers tous nos désastres et sous les coups de la mauvaise fortune, il nous reste encore le sentiment de l'unité française, l'indivisibilité de la République. Paris cerné affirme plus glorieusement encore son immortelle devise qui dictera aussi celle de toute la France : vive la Nation! vive la République une et indivisible.

Tours, le 9 octobre 1870.

Le Membre du Gouvernement de la défense nationale,
Ministre de l'Intérieur,
Léon GAMBETTA.

Pour copie conforme :
Le Préfet de la Sarthe, GEORGES LE CHEVALIER.

Le Mans. — ED. MONNOYER, imprimeur de la Préfecture, place des Jacobins. — Octobre 1870.

RÉPUBLIQUE FRANÇAISE

PRÉFECTURE DU RHONE.

DÉPÊCHE

CIRCULAIRE

Tours, le 9 octobre 1870.

M. Gambetta, Ministre de l'Intérieur, parti de Paris par ballon et descendu à Montdidier, est arrivé à Tours aujourd'hui à midi et a été acclamé à son entrée en gare.

Nouvelles de la Guerre :

Du côté d'Evreux, les Prussiens ont quitté Vernon et Pacy, mais ils sont entrés en force à Gisors.

De Chartres, on annonce qu'hier une avant-garde prussienne est arrivée à Dreux en disant qu'elle précédait un corps de 5,000 hommes.

À Maintenon, l'ennemi est dans les environs de la Gare. Les Mobiles sont prêts à le recevoir.

Hier matin à 5 heures, à Ablis, les Francs-Tireurs ont attaqué deux escadrons de hussards Prussiens et deux compagnies Bavaroises barricadées dans les rues. Après un feu très-vif, les nôtres ont emporté les positions, pris 80 chevaux, fait 69 prisonniers et tué tous les autres chevaux. Les Prussiens ont fait des pertes sérieuses, les nôtres sont faibles.

Renseignements officiels :

Pithiviers est occupé par les Français. Les Vedettes prussiennes sont en vue, l'ennemi paraît se masser vers Etampes.

Saint-Quentin a été attaqué hier, à dix heures du matin, par les Prussiens qui furent repoussés avec une ardeur admirable par la Garde Nationale, les Pompiers, les Francs-Tireurs et toute la population de la ville. La barricade du faubourg d'Isle, protégée par le canal, a été défendue pendant cinq heures et est encore occupée par les Citoyens, qui se sont battus comme de vieux soldats. Nous avons eu 10 hommes tués ou blessés. Les pertes de l'ennemi sont plus considérables. Nous avons fait 12 prisonniers; parmi les morts, il y a deux officiers prussiens. Le Préfet de l'Aisne, M. A. Delaforge, a été légèrement blessé à la jambe.

HAUT-RHIN : Neufbrisach est entouré et bombardé par l'ennemi depuis le 7, vers deux heures. La place répond vigoureusement.

Certifié conforme :

Le Préfet du Rhône, Commissaire extraordinaire du Gouvernement,

P. CHALLEMEL-LACOUR.

LYON. — Imp. J. NIGON, rue de la Poulaillerie, 2

DÉPARTEMENT DE L'ISÈRE.

FRANÇAISE

MOBILISATION

DES

Hommes de 21 à 40 ans, célibataires ou veufs sans enfants

AVIS

Un décret en date du 29 septembre dernier mobilise tous les Français de 21 à 40 ans, célibataires ou veufs sans enfants.

Aux termes des instructions, les hommes inscrits sur les contrôles pour cette mobilisation et qui croiraient avoir à invoquer un motif d'exemption, pourront se présenter pour être examinés devant le conseil de révision de leur arrondissement respectif.

Les conseils de révision du département se réuniront :

1° Celui de l'arrondissement chef-lieu,

A *la Préfecture*, le dimanche 16 octobre courant, à huit heures du matin, pour l'examen des réclamations des inscrits :

Des trois cantons de Grenoble, excepté ceux de la commune de Grenoble, pour lesquels le conseil aura déjà siégé;

Des cantons de Allevard, Domène, Goncelin, Monestier-de-Clermont, Saint-Laurent-du-Pont, Sassenage, le Touvet, Vif, Villard-le-Lans, Vizille et Voiron.

A *la Mure*, le mardi 18 même mois, à huit heures du matin, pour statuer sur les réclamations des inscrits des cantons :

De la Mure, Corps, Clelles, Mens et Valbonnais.

A Bourg-d'Oisans, le lendemain 19, dix heures du matin, pour statuer sur les réclamations des inscrits de ce canton.

2° Le conseil de révision institué dans chacun des autres arrondissements, tiendra séance à *Vienne, la Tour-du-Pin, Saint-Marcellin*, le mardi 18 octobre courant, à huit heures du matin, et s'il y a lieu le jour suivant, pour statuer sur les réclamations des inscrits dans les divers cantons de ces arrondissements.

MM. les Maires sont priés de porter le présent avis à la connaissance des intéressés par tous les moyens de publicité dont ils peuvent disposer.

Grenoble, le 10 octobre 1870.

L'administrateur provisoire du département,
DESAYES.

2360 = Grenoble, F. ALLIER PÈRE et FILS, imprimeurs, Grande-Rue. 8, cour de Chaulnes.

RÉPUBLIQUE FRANÇAISE

GARDE NATIONALE

SÉDENTAIRE

ORDRE DU JOUR

Officiers, Sous-Officiers, Caporaux et Soldats
DE LA GARDE NATIONALE

A dater d'aujourd'hui, je prends le commandement de la Garde nationale du Rhône.

Je ne me suis point fait illusion sur les difficultés que présente cette mission : mais je n'ai pas hésité à l'accepter, en voyant le zèle et le dévouement que vous apportez tous à vous exercer au maniement de ces armes destinées à chasser l'étranger.

Vous avez le zèle et le dévouement, mais il faut y joindre la discipline, qui est la force des armées et l'union sans laquelle il est impossible d'avoir l'ordre, non moins indispensable pour obtenir le succès.

Soyons donc unis! Formons un faisceau contre lequel viendront se briser les efforts de l'ennemi!

Serrons-nous autour du Gouvernement de la Défense nationale, dont les membres font des prodiges pour créer des armées!

Soyons bien convaincus que la RÉPUBLIQUE, fermement appuyée par tous, peut seule sauver la France!

Je suis encore un inconnu parmi vous; mais bientôt, je l'espère, vous me connaîtrez; vous saurez que j'aime la JUSTICE autant que la LIBERTÉ.

Vous me trouverez toujours prêt à marcher avec vous et heureux de vous guider au combat.

Nous aurons beaucoup à faire, parce que, dans les circonstances actuelles, le temps presse, et que tout intérêt personnel doit s'effacer devant les malheurs de la Patrie.

Vous me connaîtrez, je le répète, et j'espère que lorsque sonnera l'heure où il faudra me séparer de vous, vous direz de moi : Il a été non-seulement un bon camarade, mais encore un véritable et sincère ami.

Je ne veux pas terminer cet ordre du jour sans joindre mes remercîments à ceux que M. le Préfet a adressés au Colonel MÉTRA et aux Officiers de l'ancien Etat-Major, qui, par leur zèle et leur dévouement, ont rendu facile la tâche que j'ai entreprise.

VIVE LA FRANCE! VIVE LA RÉPUBLIQUE!

LYON, le 11 Octobre 1870.

Le Général commandant les Gardes Nationales du Rhône,
ALEXANDRE.

Lyon, imp. Rey et Sézanne, rue St-Côme, 2.

RÉPUBLIQUE FRANÇAISE UNE ET INDIVISIBLE

LIBERTÉ — ÉGALITÉ — FRATERNITÉ

LIGUE DU SUD-OUEST

Comité de Salut Public

COMMISSION EXÉCUTIVE

Aux citoyens Membres du Gouvernement de la République.

Citoyens,

A l'occasion des élections de la Constituante, le parti Républicain de la Haute-Garonne a élu cent soixante-quinze délégués qui ont créé un Comité central.

Inspiré par le sentiment des devoirs civiques à remplir, ce Comité vient, à l'unanimité, de déclarer qu'il se constituait en permanence. Désireux d'augmenter sa puissance, dans l'intérêt de la République, il s'est mis en rapport avec les Comités des Départements voisins : La Ligue du Sud-Ouest est constituée, son Comité de Salut Public est créé. — Quelle est leur ligne politique?

Elle est tracée en entier dans le programme acclamé par le Comité, dans sa séance du 7 octobre, programme accepté par les dix candidats à la Constituante.

1. Les candidats s'engagent à affirmer, soutenir et défendre la République, une et indivisible, au péril de leur vie;

2. *A mettre hors la loi tous les prétendants;*

3. A marcher, *comme délégués*, à la tête des armées pour la défense nationale, suivant en cela l'exemple glorieux de nos pères en 92;

4. A traiter et résoudre les questions sociales au mieux des intérêts de la classe ouvrière;

5. A séparer l'Eglise de l'Etat;

6. A rendre compte aux électeurs du mandat qui leur a été confié.

Citoyens, les ennemis de la République ne cachent plus leurs aspirations; *ils s'efforcent de déconsidérer les hommes du Pouvoir et de jeter sur eux le mépris.* En face de la République, on relève le drapeau de la monarchie; c'est donc la guerre civile que l'on suscite en face de l'ennemi, dont on s'efforce ainsi de préparer le triomphe.

Plus d'hésitation, plus de demi-mesures! Les promesses faites aux délégués de Toulouse n'ont pas encore été réalisées. Votre pouvoir est celui de la *Dictature dans l'intérêt du Salut Public.*

Il faut en user sans faiblesse. Les vrais Républicains sont debout : eux seuls sont votre appui réel. Ne sommes-nous point en communion parfaite d'idées avec vous? Nos décisions obtiendront toujours votre adhésion, car elles auront pour fondement le maintien de la *République une et indivisible.*

De séparation, il n'y en a pas de possible entre nous; vous serez, en effet, de grands citoyens, et vous vous tiendrez constamment à la hauteur du mandat héroïque que la France vous a confié.

La situation de la Nation est la même que celle de 1792. Songez à ce que firent nos pères. Puisez vos enseignements dans les exemples qu'ils nous ont donnés, et faites comme eux, en répondant aux attaques passionnées dont vous êtes l'objet.— *Qu'importe notre mémoire pourvu que la France et la République soient sauvées.*

Notre fortune, notre sang, nous vous les offrons.

Salut et fraternité.

Les membres de la Commission exécutive du Comité de Salut Public, de la Ligue du Sud-Ouest.

COUSIN, CALVET (Antoine), MULÉ (Antonin), LEYGUES, VALETTE, CALÈS, BAYARD, PÉGOT-OGIER, THÉVENIN, SARRANS, GRILLOU, CUVELLIER, GAUBERT Aîné. BASTIÉ, LASSERRES, REILHE, CALVET aîné, ESPARBÈS, SOULÉ, CHAUBARD, BOUDIN.

LATRILLE, ABEILLE, MARIANDE, RODELOZE, DARDIEU, MATHIEU, CAVALLIER, GRINGAULT, IZAR.

Fait au Capitole, à Toulouse, le 10 Octobre 1870.

Imp. Générale, P. SAVY, allée Lafayette, 10 bis.

RÉPUBLIQUE FRANÇAISE

Liberté, Égalité, Fraternité

DÉPÊCHE TÉLÉGRAPHIQUE

Le Ministre de l'intérieur à MM. les préfets et sous-préfets.

Garibaldi, débarqué à Marseille à 7 h. 10 minutes du soir, a été reçu par les autorités. Foule immense, enthousiasme indescriptible. Il est arrivé à Tours le 9, à 7 h. du matin. Marche triomphale sur tout son parcours. Habitants des villes et des villages encombraient les gares. Vivats et acclamations unanimes. Même accueil à son arrivée à Tours. Le général est à la préfecture, entouré des membres du Gouvernement. Il est acclamé par la foule, qui a envahi le jardin. Gambetta, ministre de l'Intérieur, parti de Paris par ballon, est descendu à Montdidier; arrivé à Tours aujourd'hui, à midi, il a été acclamé à son entrée en gare.

Nouvelles de la guerre. — On se bat du côté d'Evreux. Les Prussiens ont quitté Vernon et Pacy mais sont entrés en force à Gisors. De Chartres, on annonce hier qu'une avant-garde prussienne arrive à Dreux disant précéder un corps de 5,000 hommes à Maintenon ou dans ses environs. Les gardes mobiles sont prêts à répondre. Hier matin à 5 heures, à Ablis, les francs-tireurs ont attaqué deux escadrons de hussards prussiens et deux compagnies bavaroises barricadées dans les rues. Après un feu très-vif, les nôtres ont emporté les positions, pris 89 chevaux et fait 69 prisonniers, tué tous les autres chevaux. Les Prussiens ont fait des pertes sérieuses, les nôtres sont très-faibles.

Renseignement officiel: Pithiviers est occupé par les Français, vedettes prussiennes en vue. L'ennemi paraît se masser vers Etampes. Saint-Quentin a été attaqué hier, à 10 heures du matin, par les Prussiens qui furent repoussés avec une ardeur admirable par la garde nationale, les pompiers, les franc-tireurs et la population de la ville. La barricade du faubourg d'Isle protégée par le canal a été défendue pendant 5 heures et est encore occupée par les Citoyens qui se sont battus comme de vieux soldats. Nous avons perdu dix hommes, tués ou blessés, les pertes de l'ennemi sont plus considérables, nous avons fait 12 prisonniers, parmi les morts sont deux officiers prussiens. Le Préfet de l'Aisne, A. Delaforge, a été légèrement blessé à la jambe.

Haut-Rhin. — Neufbrisach est entouré et bombardé par l'ennemi depuis le 7, vers 2 heures; la place répond vigoureusement.

Citoyens,

Que le courage et les succès de nos frères soient pour nous un exemple et un encouragement.

Des gardes nationaux, des mobiles encore peu exercés au maniement des armes, ont battu les Prussiens dont les traîtres cherchent à nous effrayer, et qui ne doivent leurs victoires qu'aux fautes et aux défections des bonapartistes.

Nous saurons comme eux combattre les envahisseurs et comme eux nous les vaincrons.

Il s'agit de défendre nos familles, nos propriétés, notre indépendance, de venger notre honneur.

Chacun doit être prêt à répondre à l'appel énergique du gouvernement républicain.

Honte aux mauvais Français qui conseillent de subir le joug de l'étranger, aux lâches qui les déroutent, aux déserteurs qui se cachent et se dérobent par la fuite au plus sacré des devoirs.

Nous laisserons-nous ruiner, humilier, asservir.

Citoyens, notre cause est celle des peuples opprimés, nous combattons pour notre liberté et pour la leur, l'Europe entière nous contemple.

Aux armes! Levons-nous tous, prouvons que nous sommes dignes de nos frères et que la France est toujours la grande Nation.

Vive la France! Vive la République!

Le Préfet de la Loire,

César BERTHOLON.

BENEVENT, imprimeur de la Préfecture, place de l'Hôtel-de-Ville, 4 à Saint-Etienne.

RÉPUBLIQUE FRANÇAISE

Mairie du Dixième Arrondissement

SOUSCRIPTION

POUR

DES CANONS

L'Empire, par un de ces actes aussi lâche que criminel, a livré à la Prusse, par la capitulation de Sedan, toute notre artillerie.

800 PIÈCES DE CANONS !!!

ont été abandonnées à l'ennemi, et de plus il est maître d'une partie de notre territoire.

Paris assiégé semble destiné à venger cet outrage.

Paris que l'ennemi croyait énervé, divisé, a retrouvé toute son énergie, toute sa virilité, Paris enfin le retient sous ses murs; mais Paris assiégé, pour briser le cercle qui l'étreint, est dans la nécessité d'augmenter son matériel de guerre.

Dans ce but, que chacun vienne sans retard apporter SON OBOLE, qu'un effort suprême soit fait, afin que nos braves soldats, gardes nationaux, mobiles et sédentaires, puissent au plus tôt chasser l'envahisseur.

Secondons le Gouvernement de la Défense nationale, redoublons d'énergie, supportons sans fléchir toutes les privations, et souscrivons avec empressement.

Les Dons seront reçus à la Mairie, Bureau du Comité d'armement, salle n° 5, de 9 heures du matin à 5 heures du soir.

Le Maire provisoire, **O'REILLY.**

Les adjoints provisoires : PARMENTIER, DUJARRIER, OLIVE.

Typographie et Lithographie de JULES-JUTEAU et Fils, passage du Caire, 29 et 31

SOCIÉTÉ DE SECOURS

Aux Blessés des Ar[illegible]s de Terre et de Mer

EXPOSÉ AU OCTOBRE 1870

La ***SOCIÉTÉ DE SECOURS AUX BLESSÉS*** est assurée de répondre à l'atten[illegible]gitime sollicitude du Public, en portant à sa connaissance un ÉTAT de l'emploi effectué jusqu'à ce jour, en argent et en nature, des Dons faits à la Société pour être distribués aux Blessés des Armées.

Cet Exposé se résume ainsi qu'il suit :

1° EMPLOI FAIT EN ARGENT

DÉSIGNATION DES SERVICES.	MONTANT par NATURE DE SERVICE.		TOTAL
I. — AMBULANCES DE CAMPAGNE.			
16 Ambulances actives, dont le coût ensemble de. . . . . .Fr.	877.307	99	
4 id. de la Garde mobile.	14.977	72	
9 id. volantes	27.562	70	921.8[illegible]
1 id. du Génie auxiliaire	1.138	»	
2 id. de réserve	700	»	
II. — AMBULANCES SÉDENTAIRES.			
1° Ambulance du Palais de l'Industrie	68.695	15	
2° id. du Corps législatif.	3.903	50	
3° id. des Tuileries.	5.342	60	80.2[illegible]
4° id. des gares de l'Est et du Nord	2.365	82	
III. — SERVICES DIVERS.			
Evacuations, ravitaillement et secours aux Blessés.	1.060.265	40	1.566.2[illegible]
Crédits aux Sous-Comités et Missions diverses.	506.025	90	
TOTAL GÉNÉRAL. . . . . .Fr.			2.568.9[illegible]

2° EMPLOI FAIT EN NATURE

DÉSIGNATION DES PARTIES PRENANTES	REMISES EN LINGE									LIQUIDES	
	Chemises.	Mouchoirs.	Serviettes et torchons.	Draps.	Alèzes.	Linge à pansement.	Gilets de flanelle.	Chaussons.	Couvertures.	Vins.	Liqueurs.
						kilos.		paires.		litres.	litres.
Ambulances municipales de Paris . .	3.690	1.979	5.602	4.326	1.148	17.790	1.082	»	480	46.125	2.750
Ambulances privées à Paris et en province.	8 497	»	»	6.006	»	50.000	»	250	351	57.923	2.033
Intendance militaire.	»	»	»	»	»	5.000	»	»	»	»	»
Totaux généraux.	12.187	1.979	5.602	10.532	1.148	72.790	1.082	250	831	104.048	4.773

La Société fait chaque jour visiter par un médecin les Ambulances particulières qui demandent [illegible]che ou réclament son assistance.

Elle fait faire, par des membres délégués, des visites aux blessés dans le but d'adoucir, avec [illegible] et par les témoignages de leur sympathie, les épreuves auxquelles ils sont soumis et les souffrances qu'ils subissent.

Elle fait partir des cartes individuelles, par ballons montés ou non montés, à l'adresse des famill[illegible] pour leur donner de leurs nouvelles.

Avant l'investissement de Paris, la Société a constitué des ***Sous-Comités***, notamment à BR[illegible]TOURS, à LILLE, à MONTPELLIER, à MARSEILLE, à BORDEAUX, à COLMAR, à LYON, à RENNES, et a mis à leur disposition des fonds et des ressources en nature, pour venir en aide aux blessés de[illegible] aux prisonniers blessés internés en Allemagne.

Dans cet ensemble d'efforts pour atteindre tout le bien qu'elle a en vue de réaliser, elle est [illegible]outenue et fortifiée par le dévouement des médecins et chirurgiens les plus habiles et par celui des dames qui veillent aux pieds des lits des blessés et leur prodiguent des soins et des encouragements qu'el[illegible]t leur assurer.

La Société espère répondre ainsi à la confiance publique et se maintenir, par de persistants e[illegible]rts, à la hauteur de la mission qu'elle a pour but d'accomplir.

Le Président de la Société, COMTE DE FLAVIGNY.

Imprimerie centrale des chemin[illegible]Cie, rue Bergère, 20, à Paris. — 14322-0.

MINISTÈRE DE L'INTÉRIEUR

BUREAUX
D'ASSISTANCE EXTÉRIEURE

CRÉÉS DANS LES

MAIRIES DE PARIS

PAR ARRÊTÉ EN DATE DU 7 OCTOBRE 1870.

Liste et Adresses des Délégués des Administrations communales

NOMS DES DÉLÉGUÉS	ADRESSES.	ARRONDISSEMENTS REPRÉSENTÉS PAR LES DÉLÉGUÉS.
	SEINE-ET-OISE	
M. COCHERIS. . .	à l'Institut, quai Conti, 23, de 9 à 11 h.	Arrondissement de Corbeil (rive gauche de la Seine, cantons de Lonjumeau, d'Arpajon et de Corbeil.)
M. LEFÈVRE. . .	6, rue Béranger, de 9 à 10 h.	Arrondissement de Corbeil (rive droite de la Seine, cantons de Boissy-Saint-Léger et Corbeil.)
M. MARÉCHAL . .	20, rue Lafayette, de 10 à 11 h.	Arrondissement de Pontoise (cantons de Gonesse, Lusarches et Écouen.)
M. TOUZÉ. . . .	42, rue Turbigo, de 8 à 11 h.	Arrondissement de Pontoise (cantons de Pontoise, Isle-Adam et Montmorency.)
M. DESFOSSEZ. .	46, rue d'Amsterdam, de 2 à 4 h.	Arrondissement de Versailles (canton nord, et cantons d'Argenteuil, Meulan, Marly, Poissy, Saint-Germain, Sèvres.)
M. FOYOT. . . .	166, boulevard Montparnasse, de 10 à 1 h.	Arrondissement de Versailles (canton sud, et canton de Palaiseau.)
M. REVELLE. . .	11, rue Fenélon, de 11 à 1 h.	Arrondissement de Mantes.
	SEINE-ET-MARNE	
M. BOURUET. . .	3, r. Ventadour, de 9 h. à midi.	Arrondissement de Melun.
M. JACQUEL. . .	65, faubourg Poissonnière, de 9 h. à midi.	Arrondissement de Provins.
M. BUIGNET. . .	88, rue Lafayette, de midi à 2 heures.	Arrondissements de Meaux et Coulommiers.
M. JOZON. . . .	Notaire, 53, boulevard Saint-Martin, de 8 à 10 h.	Arrondissement de Fontainebleau.

Les représentants à Paris des communes des départements de Seine-et-Oise et de Seine-et-Marne, devront s'adresser, pour tous renseignements au délégué de leur arrondissement respectif ci-dessus désigné.

Le Secrétaire général de la Mairie de Paris, J. MAHIAS.

Paris. — Imprimerie PAUL DUPONT, rue J.-J.-Rousseau, 41 (Hôtel des Fermes).

RÉPUBLIQUE FRANÇAISE

9e ARRONDISSEMENT

CANTINES MUNICIPALES

Il sera établi dans divers quartiers du 9e Arrondissement, où l'on en reconnaîtra la nécessité, des CANTINES MUNICIPALES. Ces Cantines sont exclusivement affectées aux besoins de la populatiou dudit arrondissement. On y distribuera des rations de vivres :

1° *Gratuitement* aux personnes les plus nécessiteuses du 9e Arrondissement et munies de bons délivrés par la Commission ou la Mairie ;

2° *Au public payant* sur un prix fixé par M. le Maire.

Il a été nommé, par le Maire, une Commission chargée de pourvoir immédiatement et d'urgence à l'exécution de cette mesure.

Pour les ressources nécessaires, des souscriptions seront recueillies par les Membres de la Commission ou des Délégués autorisés, porteurs des mandats émanés de la Mairie.

Dès aujourd'hui, les souscriptions peuvent être adressées au domicile de chacun d'eux.

LES MEMBRES DE LA COMMISSION :

MM.

ARLÈS-DUFOUR Alphonse, rue du Conservatoire, 11.
AVENEL Paul, rue Larochefoucauld, 43.
AZAM Victor, rue Lafayette, 37.
DE BAGNEAUX, rue d'Amsterdam, 50.

MM.

DEGLAS Gustave, rue de Laval, 19.
GENEVAY Antoine, rue de Navarin, 25.
LÉPAULLE Alfred, rue Bleue, 13.
NOEL Charles, rue du Faubourg-Poissonnière, 9
RADIGUE Pierre, boulevard de Clichy, 93.

Paris, le 10 octobre 1870.

APPROUVÉ :
Le Maire et les Adjoints provisoires,
RANC, ULYSSE PARENT, MASSOL.

La première Cantine fonctionne, dès aujourd'hui, rue de la Tour-d'Auvergne, 2.

Les autres seront successivement établies. Prochainement ouverture de la cantine, rue des Martyrs, 29.

Pour la distribution des bons, s'adresser à la Commission siégeant à la Mairie, rue Drouot.

Prix actuel d'une portion : 20 CENTIMES.

Paris. Imp. LEFEBVRE, pass. du Caire, 87-89

RÉPUBLIQUE FRANÇAISE

COMMUNE DE LYON

Impôt de 25 centimes par cent francs de capital
SUR LES VALEURS MOBILIÈRES ET IMMOBILIÈRES

Vu l'arrêté du Comité de Salut public, en date du 9 septembre 1870, portant abolition des Octrois;

Considérant que cette abolition a produit dans le budget des recettes de la Ville un déficit qu'il importe de combler au plus tôt, les dépenses des services ordinaires ne pouvant être payées que par des ressources provenant de l'impôt;

Vu l'arrêté du Comité de Salut public, du 12 septembre, établissant un nouvel impôt de vingt-cinq centimes par cent francs de capital, pour la fin de l'exercice 1870, sur les valeurs mobilières et immobilières de la ville de Lyon;

Considérant que cet impôt est d'une répartition tout à fait équitable, en ce qu'il pèse sur chaque citoyen dans la proportion de sa fortune;

Vu la délibération du Conseil municipal du 7 octobre courant, portant qu'il y a lieu de procéder immédiatement au recouvrement de cet impôt;

Le Maire de la ville de Lyon,

ARRÊTE :

ART. 1er. Les propriétaires d'immeubles situés sur le territoire de la commune de Lyon sont tenus de faire, à la Mairie de l'arrondissement dans lequel la propriété est située et dans le délai de dix jours, du 15 au 25 octobre courant, la déclaration de la valeur en capital dudit immeuble (CHAQUE PROPRIÉTÉ SERA L'OBJET D'UNE DÉCLARATION DISTINCTE).

ART. 2. Les personnes domiciliées dans la ville de Lyon sont également tenues de déclarer à la Mairie de leur arrondissement, dans le délai de dix jours, du 15 au 25 octobre, les valeurs mobilières qu'elles possèdent (RENTES, OBLIGATIONS, ACTIONS, CRÉANCES DE TOUTE NATURE ET MOBILIER). Les marchandises et créances commerciales, l'outillage industriel, ne seront pas compris dans la déclaration.

ART. 3. Les déclarations seront faites et signées par les propriétaires et les possesseurs ou leurs représentants; il leur en sera donné récépissé.

ART. 4. Les déclarations comprendront les noms, prénoms, professions et demeures des déclarants, la désignation des immeubles et valeurs mobilières.

ART. 5. Les possesseurs de valeurs mobilières et immobilières dont le total ne s'élèvera qu'à mille francs, sont exempts de la taxe.

ART. 6. Une Commission, prise dans le sein du Conseil municipal, sera chargée de vérifier et contrôler l'exactitude des déclarations.

Les fausses déclarations seront passibles d'un double droit; il en sera de même des non-déclarations ou de celles qui seront faites après les délais indiqués.

ART. 7. La contribution établie par le présent Arrêté devra être acquittée entre les mains du Percepteur, aussitôt après la publication des rôles en un, deux ou trois paiements, et le tout au plus tard avant le 31 décembre prochain.

ART. 8. Les poursuites seront exercées par les Percepteurs, comme en matière de contributions directes.

Lyon, le 11 octobre 1870.

Vu et approuvé :
Le Commissaire extraordinaire, Préfet du Rhône,
P. CHALLEMEL-LACOUR.

Le Maire de Lyon,
HENON.

Lyon, imp. Rey et Sézanne, rue St-Côme, 2.

DES ARMÉES DE TERRE ET DE MER

AVIS

Aussitôt l'arrivée d'un Blessé dans une Ambulance, la Personne qui l'aura reçu devra, sur l'invitation qui lui en est faite, dans l'intérêt du Blessé et de sa Famille, envoyer à la Société de Secours, au palais de l'Elysée, l'indication de :

1° Nom, prénoms et grade du Blessé;
2° Son numéro matricule;
3° Son numéro de régiment;
4° Et l'adresse de ses Parents.

Imprimerie centrale des chemins de fer, A. CHAIX et Cie, rue Bergère, 20. — 13956-0.

LIBERTÉ, ÉGALITÉ, FRATERNITÉ.

SOLIDARITÉ SOCIALE

COMITÉ DES FEMMES

de la rue d'Arras, 3

Le COMITÉ DES FEMMES de la rue d'Arras, 3, convoque toutes les adhérentes de tous les arrondissements, ainsi que toutes les femmes qui s'intéressent au but social qu'il se propose, à la RÉUNION PUBLIQUE qu'il tiendra dimanche prochain, avenue Montaigne, 55, GYMNASE TRIAT, à 3 heures de l'après-midi.

Les hommes seront admis à cette réunion.

Prix d'entrée : 20 centimes.

ORDRE DU JOUR :

Compte rendu général des opérations du Comité.—Rapports des 20 arrondissements.—Propositions diverses et discussions.—Organisation des Réunions publiques de la COMMUNE SOCIALE.

Le *Comité des Femmes* de la rue d'Arras, 3, s'occupe de toutes les questions intéressant les femmes dans la Société. Il compte maintenant plus de *dix-huit cents* adhérentes, 160 *Comités* actifs, et des SECRÉTARIATS centraux dans chaque arrondissement. Le comité central a transféré son siége dans la Cité, rue du Cloître-Notre-Dame, 14, chez Mme Geneviève VIVIEN, et établi sa permanence générale, rue des Écoles, 8, à l'*Ambulance Monge* qu'il a organisée, et où l'on peut s'adresser tous les jours pour tous les renseignements relatifs aux opérations du Comité.

Paris. — IMPRIMERIE NOUVELLE (Assoc. ouvrière), rue des Jeûneurs, 14, G. Masquin et Cie.

RÉPUBLIQUE  FRANÇAISE

LIBERTÉ — ÉGALITÉ — FRATERNITÉ.

DÉCRET

POUR L'ORGANISATION DE LA

GARDE NATIONALE MOBILISÉE

Les membres du gouvernement de la défense nationale délégués pour représenter le gouvernement et en exercer les pouvoirs,

Considérant que les Conseils de révision de la garde nationale mobilisée ont terminé leurs opérations;

Qu'il y a lieu, en conséquence, de procéder à la formation des corps;

Vu la loi du 15 juin 1851;

Vu le décret du 6 octobre suivant;

DÉCRÈTONS :

Article premier. — Dès la publication du présent décret, le maire de chaque commune, assisté de deux conseillers municipaux désignés par lui, procédera à la division des gardes nationaux mobilisés en compagnies.

Art. 2. — La force des compagnies est de 100 à 250 hommes. Lorqu'une compagnie ne fournira pas cet effectif, il lui sera adjoint une ou plusieurs communes limitrophes appartenant au même canton jusqu'au complément de l'effectif réglementaire.

Art. 3. — Il y aura un bataillon par canton formé de 4 compagnies au moins, et de 10 au plus. S'il y avait plus de 10 compagnies, on formerait 2 ou plusieurs bataillons.

Art. 4. La réunion des bataillons cantonaux, dans le même arrondissement, formera une légion commandée par un lieutenant-colonel ou un colonel.

La réunion des légions d'arrondissement formera une brigade qui prendra le nom du département, et sera placée sous les ordres d'un commandant supérieur.

Les cadres des différents corps sont fixés conformément au décret du 6 octobre 1851.

Élections, - nominations.

Art. 5. — Le commandant supérieur, les colonels et lieutenants-colonels sont nommés par le ministre de l'Intérieur.

Les autres grades seront donnés à l'élection, conformément à la loi du 13 juin 1851, sauf les exceptions prévues aux articles 52, 53 et 56.

Art. 6. — Dans les deux jours qui suivront la formation des compagnies, il sera procédé à l'élection des officiers, sous-officiers et caporaux, sous la présidence du Maire, assisté de deux conseillers municipaux désignés par lui. L'élection aura lieu conformément à la section V de la loi du 13 juin 1851.

Uniforme.

Art. 7. — L'uniforme sera réglé dans chaque département par un arrêté du Préfet. La vareuse et le képi sont obligatoires. La vareuse portera le collet et les pattes rouges. Le nom du département ou au moins ses initiales figureront sur le képi.

Rassemblement.

Exercice.

Art. 8. — Conformément au décret du 29 septembre dernier, les gardes nationales sédentaires et les pompiers devront céder leurs armes d'urgence aux compagnies mobilisées.

Art. 9. — La distribution des fusils disponibles aura lieu immédiatement dans chaque commune par les soins des Préfets et des Maires. Au besoin, il y sera joint des fusils de chasse. Jusqu'à ce que le nombre des fusils soit égal à celui des gardes nationaux mobilisés, les hommes les plus jeunes de chaque commune seront les premiers armés.

Art. 10. — Les exercices se feront par commune; ils auront une durée minimum de deux heures par jour. Le dimanche, les compagnies se réuniront, soit au chef-lieu du canton, soit dans toute autre commune désignée par le chef de bataillon. — Si les circonstances l'exigent, le canton pourrait être divisé en circonscriptions pour les exercices. Le chef de la légion ou le commandant supérieur prescrira, s'il y a lieu, la réunion des corps sur un point quelconque de l'arrondissement du département. Autant que possible, il sera adjoint à chaque compagnie des instructeurs pris parmi les anciens militaires, ou les militaires provisoirement détachés de leurs corps.

Art. 11. — Les gardes nationaux mobilisés en marche seront mis à la disposition du Ministre de la guerre et soumis à la même discipline que l'armée.

Art. 12. — Il sera pourvu par un décret ultérieur au règlement des questions de solde, d'équipement, d'habillement, d'armement et d'entretien.

Art. 13. — Les départements de l'Intérieur et de la Guerre sont chargés de l'exécution du présent décret qui sera inséré au *Bulletin des Lois.*

Tours, le 11 octobre 1870.

Signé : **L. GAMBETTA,**
A. CRÉMIEUX,
GLAIS-BIZOIN,
H. FOURICHON.

Par le Gouvernement,
Le Secrétaire général du Ministère de l'Intérieur,
Signé : Jules **CAZOT.**

Pour copie conforme :
Le Préfet de la Gironde,
Amédée LARRIEU.

Bordeaux.—Imp. Aug. BORD, rue Porte Dijeaux, 91.

VILLE DE GRENOBLE.

RÉPUBLIQUE FRANÇAISE

GARDE NATIONALE MOBILISÉE

FORMATION
D'UNE
BATTERIE D'ARTILLERIE

Le Comité exécutif municipal,

Invite les citoyens appelés à la mobilisation, qui voudraient faire partie de la batterie d'artillerie de la garde nationale mobilisée, à se faire inscrire immédiatement au bureau de l'État-Major.

Grenoble, le 11 octobre 1870.

Au nom du Comité,

Le Président,

ANTHOARD.

2361. — Grenoble, imp. F. ALLIER PÈRE ET FILS, Grande-Rue, 8, cour de Chaulnes.

RÉPUBLIQUE FRANÇAISE

MINISTÈRE DE LA GUERRE.

AVIS.

Les délégués pour la fabrication des poudres de guerre préviennent MM. les fabricants et marchands de produits chimiques, épiciers, marchands de couleurs, savonniers, artificiers, et, en général, tous les détenteurs de souffre et produits divers renfermant soit de l'acide nitrique, soit de la potasse, qu'ils sont requis de faire, dans un délai de 48 heures, chez MM. O. Laisné et H. Bourdon, rue de l'Echiquier, n° 30, la déclaration des quantités de ces produits qui sont en leur possession, tels que souffre, acide nitrique, nitrates divers, potasse, muriate, carbonate et sulfate de potasse, etc.

La destination des produits sera indiquée à la suite de la déclaration qui en sera faite.

Paris, le 11 octobre 1870.

VU ET APPROUVÉ :

*Le **Maire de Paris**,*

ÉTIENNE ARAGO.

2 IMPRIMERIE NATIONALE. — Octobre 1870.

RÉPUBLIQUE FRANÇAISE.

GOUVERNEUR DE PARIS.

ORDRE.

En raison de la diminution croissante des jours, les portes de la Place de Paris seront, à partir du 15 octobre, ouvertes dès l'aube et fermées à 6 heures du soir.

Paris, le 12 Octobre 1870.

LE GOUVERNEUR DE PARIS.

Par ordre :

Le Général Chef d'état-major général,

SCHMITZ.

1 IMPRIMERIE NATIONALE. — Octobre 1870.

AVIS

Les Délégués pour la fabrication des poudres de guerre préviennent MM. les Boulangers, Propriétaires, Locataires, Concierges et autres personnes occupant les bâtiments des Administrations publiques, et, en général, toutes personnes brûlant du bois dans leur ménage ou dans des Administrations publiques ou privées, qu'ils sont requis de faire, dans le délai de 48 heures, la déclaration des quantités de **Cendres provenant de la combustion du bois** qu'ils peuvent livrer immédiatement ou successivement, à l'Administration de la Guerre.

Ces déclarations seront reçues dans les Mairies de chaque arrondissement et dans les bureaux de M. Alphand, Inspecteur général des Ponts et Chaussées, 9, place de l'Hôtel-de-Ville, l'un des Délégués.

Ces Cendres seront payées à leurs détenteurs à raison de 20 centimes l'hectolitre, et enlevées à domicile par les soins des Délégués, qui remettront des bons constatant les quantités de Cendres livrées et les sommes dues.

Paris, le 12 Octobre 1870.

VU ET APPROUVÉ :

Le Maire de Paris,

ÉTIENNE ARAGO.

Paris — Imprimerie Ve Poitevin, Ethiou-Perou et Ce, rue Damiette, 2 et 4.

RÉPUBLIQUE FRANÇAISE

MAIRIE DU 16E ARRONDISSEMENT

CITOYENS

En présentant au Gouvernement les demandes qu'elle croyait utiles à la défense nationale, et en réclamant un meilleur armement pour ceux de nos Gardes Nationaux qui n'ont encore en main que des fusils d'ancien modèle, la Municipalité du XVIe Arrondissement constatait que le Gouvernement avait déclaré n'être pas en mesure de faire fabriquer de fusils Chassepot.

Depuis, le Gouvernement, dans le *Journal Officiel* du 11 courant, a publié un avis d'où il résulte qu'on espère pouvoir confectionner les fusils Chassepot par un procédé nouveau.

Tout en vous communiquant cette bonne nouvelle, dont la réalisation demande du temps, nous continuerons de réclamer la prompte transformation des vieux fusils du 72e en fusils à tabatières.

Des indices sérieux font penser que l'ennemi, inquiet du grand mouvement de la Province qui se lève de toutes parts, en revient au projet d'une attaque à force ouverte. Nous sommes prêts et nous l'attendons. Nos canons, on en a d'assez belles preuves, portent aussi loin que les siens; et, si, contre toute attente il faisait une pointe téméraire jusqu'à nos Remparts, on se verrait d'assez près pour n'avoir pas besoin de fusils à longue portée.

Si les nouveaux Chassepot nous arrivent trop tard pour avoir part à la délivrance de Paris, ils serviront à délivrer Strasbourg!

VIGILANCE ET PERSÉVÉRANCE

CITOYENS! LE GRAND JOUR APPROCHE!

Vive la République!

Paris, le 12 Octobre 1870.

Les Adjoints,
Dr MARMOTTAN, CHAUDET.

Le Maire,
Henri MARTIN.

Paris. — Imprimerie Ve Poitevin, Éthiou-Pérou et Cie, rue Damiette, 2 et 4.

RÉPUBLIQUE FRANÇAISE

Préfecture de la Sarthe

La Délégation du Gouvernement,

Vu les décrets des 12 et 16 septembre 1870 :
Vu l'article 34 de la loi du 17 septembre 1814 ;
Vu l'ordonnance du 18 janvier 1817 ;
Vu le décret du 21 août 1870 ;

Considérant que dans les circonstances présentes, il est nécessaire, d'une part, d'empêcher le ravitaillement de l'ennemi ; d'autre part, d'assurer l'alimentation du pays ;

Considérant que des mesures partielles et locales ont déjà été prises à l'effet d'atteindre ce but, spécialement sur la frontière de terre de Dunkerque à Lans-le-Bourg, et sur la frontière maritime de Saint-Valery à Dunkerque ;

Considérant que ces mesures sont insuffisantes et ne répondent plus aux nécessités de la situation,

DÉCRÈTE :

Art. 1. — Sont prohibées, sur l'étendue de toutes les frontières de la République, la sortie, la réexportation d'entrepôt et transit des bestiaux de toutes sortes, des viandes, des grains, des farines alimentaires de toutes sortes, du son et des fourrages.

Art. 2. — Les Ministres de l'Agriculture et du Commerce et des Finances sont chargés, chacun en ce qui le concerne, de l'exécution du présent décret, qui aura son effet à partir du jour où la publication en sera faite par les Préfets, de la manière prescrite par l'ordonnance du 18 janvier 1817.

Fait à Tours, le 12 octobre 1870.

L. GAMBETTA, CRÉMIEUX, GLAIS-BIZOIN,
Amiral FOURICHON.

Pour copie conforme :
Le Secrétaire général du Ministère de l'Intérieur,
Jules CAZOT.

Par le Gouvernement :
Les Délégués des Ministres du Commerce et des Finances,
DUMOUSTIER, De FREDILLY, De ROUSSY.

Pour copie conforme :
Le Préfet de la Sarthe. Georges LE CHEVALIER,

Le Mans. — Ed. Monnoyer, imprimeur de la Préfecture. — Octobre 1870.

RÉPUBLIQUE FRANÇAISE

Préfecture de la Sarthe

EXPÉDITIONS
DE
DENRÉES A L'ENNEMI

AVIS

On s'est préoccupé d'acquisitions et d'expéditions de denrées qui auraient été faites dans le département de la Sarthe, pour le compte de l'armée ennemie.

Une surveillance active est exercée à cet égard ; les Maires, les préposés des octrois et les agents de chemin de fer, sont spécialement chargés de veiller à ce qu'aucune expédition ne puisse se faire, sans que toute garantie soit donnée sur la destination.

L'autorité, d'ailleurs, rappelle aux traîtres qui seraient disposés à venir en aide à l'envahisseur, les dispositions de l'article 77 du Code pénal :

« Est puni de mort, qui aura fourni aux ennemis des secours en « soldats, hommes, argent, VIVRES, armes ou munitions. »

Le Mans, 12 octobre 1870.

Le Préfet de la Sarthe,
Georges LE CHEVALIER.

Le Mans. — Typ. Ed. Monnoyer, place des Jacobins. — Octobre 1870.

RÉPUBLIQUE FRANÇAISE

COMMUNE DE LYON

ENTREPOTS GRATUITS

Par délibération du Conseil municipal de Lyon, des **ENTREPOTS GRATUITS** sont offerts aux producteurs agricoles *du Département du Rhône et des Départements limitrophes* qui voudraient abriter, derrière les forts de la Ville, leurs denrées alimentaires, comme : **Blé, Farine, Orge, Avoine, Seigle, Haricots, Sarrazin, Pommes de terre**, etc.

Toutes mesures sont prises pour assurer la bonne conservation de ces denrées.

Les demandes devront être adressées par écrit au *Directeur des Entrepôts gratuits de denrées alimentaires, à l'Hôtel-de-Ville de Lyon*, et indiquer la quantité et la nature de ces marchandises.

Elles devront être amenées en sacs de poids autant que possible équivalent, et rendues dans l'Entrepôt désigné par le Directeur.

Chaque Dépositaire recevra un récépissé qu'il devra rapporter pour retirer sa marchandise.

LYON, le 12 Octobre 1870.

Pour le Maire de Lyon,

L'ADJOINT DÉLÉGUÉ :

D. BARODET.

Lyon, imp. Rey et Sézanne, rue Saint-Côme, 2.

COMITÉ SCIENTIFIQUE DE DÉFENSE
Des vingt Arrondissements

APPEL PATRIOTIQUE
A TOUS LES CITOYENS
EN FAVEUR DE LA DÉLIVRANCE DE PARIS

Les Comités scientifiques de défense des vingt arrondissements de Paris, réunis en Assemblée générale, après avoir étudié les moyens et les besoins de défense de la Capitale, et s'inspirant d'ailleurs du sentiment général et de l'opinion publique, ont décidé à l'unanimité, dans la séance du **12** octobre, qu'ils allaient solliciter le concours de toutes les municipalités qu'ils représentent, ainsi que de chacun des bataillons de la garde nationale, afin de provoquer partout des souscriptions patriotiques, à l'effet de faire exécuter immédiatement

1,500 pièces de Canon se chargeant par la culasse

Ce nombre a été reconnu indispensable à la délivrance de la Capitale.

Les vingt Comités de Paris considèrent également comme un devoir d'appeler sur les faits d'initiative privée qui se sont déjà manifestés dans ce sens, l'attention toute particulière du Gouvernement de la Défense nationale, et de l'inviter, au nom de toute la population, à s'associer à ces mesures de salut, et à en faciliter l'exécution.

En conséquence, l'ouverture des souscriptions publiques est confiée au patriotisme de tous les citoyens, et en particulier des Maires et des Chefs de bataillon qui sont instamment priés, dans l'intérêt du salut commun, d'agir sans retard, et de se concerter afin d'organiser dans chaque Marie, dans chaque Compagnie, et à chaque Bastion, des trésoriers chargés de solliciter, de recevoir et de centraliser dans les Mairies le montant des souscriptions.

Délivrer Paris, c'est sauver la France. Nous le voulons. Nous le voulons tous, parce que nous sommes tous solidaires de l'honneur national, et que cette solidarité est la première des vertus civiques.

LE PRÉSIDENT DES COMITÉS SCIENTIFIQUES RÉUNIS, MAIRE DU VIIe ARRONDISSEMENT,
RIBEAUCOURT.

LES VICE-PRÉSIDENTS :
A. PELOUZE, F. ROHART.

LE TRÉSORIER,
G. HAUDET.

LES SECRÉTAIRES,
F. COMBES, E. St-EDME.

Délibéré en séance, le 12 *octobre* 1870.

Paris. — Imprimerie DUBUISSON et Ce, rue Coq-Héron, 5. 352

LES

AMBULANCES VOLANTES

DES GARDES NATIONALES

L'heure suprême de la lutte approche; il faut songer aux derniers préparatifs.

Le service médical des Gardes nationales n'est point organisé pour la guerre : un chirurgien par bataillon, quels que soient son dévouement et son activité, ne peut suffire à toutes les exigences et faire face à toutes les nécessités.

Il ne faut pas qu'un de nous reste sans soins.

Il importe que le soldat sache qu'à côté de l'arme qui blesse est l'arme qui guérit.

Sous ce rapport la sollicitude doit être infinie.

Les ambulances établies dans l'intérieur de la ville répondent à des besoins réels, comme les hôpitaux et les hospices.

Les ambulances de l'Internationale sont surtout organisées pour suivre les armées en campagne.

Les ambulances volantes des Gardes nationales sont exclusivement constituées pour le siége de Paris, et ont pour but :

1° D'aller chercher les blessés, au milieu du feu, sur les remparts;

2° De faire un premier pansement et de ramener le blessé dans l'intérieur de Paris, en le dirigeant soit dans sa famille, soit dans les ambulances intérieures, soit dans les hôpitaux.

La mission est périlleuse, mais patriotique; elle fortifiera le soldat dans la lutte et rassurera nos familles.

Les hommes de cœur ne nous manqueront donc pas pour accomplir cette œuvre.

Il nous faut des médecins et des hommes d'énergie.

On s'inscrit tous les jours, de 9 à 5 heures, à la Librairie A. LE CHEVALIER, 61, rue de Richelieu, et aux Bureaux de l'OPINION MÉDICALE, 5, rue Feydeau

Le service médical est sous la direction du docteur Félix ROUBAUD

Le Bureau d'Inscription sera clos le SAMEDI 17 DU COURANT, à 5 heures

Dimanche 18, Réunion des Adhérents pour fixer à chacun son poste et sa mission.

LES DONS EN LINGE, CHARPIE ET ARGENT SONT ÉGALEMENT REÇUS RUE RICHELIEU, 61, ET RUE FEYDEAU, 5

Paris. — Imprimerie de DUBUISSON et Cie, rue Coq-Héron, 5. — 110

République Française.

VILLE DE CLAMECY.

Garde Nationale
SÉDENTAIRE
RÉCEPTION DES OFFICIERS

Le citoyen E. Coquard, Maire, reçoit le chef de bataillon, le capitaine adjudant-major, le médecin-major, le porte-drapeau et emploie la formule suivante :

Au nom de la République Française, officiers, sous-officiers, caporaux, tambours et gardes nationaux, vous reconnaîtrez pour votre chef de bataillon le citoyen Hippolyte BINET, ici présent, et vous lui obéirez en tout ce qu'il vous commandera pour le bien du service et l'exécution des règlements de la garde nationale.

La même formule a été employée pour les officiers ci-dessous :

Edmond-Offroy DELGA, adjudant-major;

François FOUILLERON, porte-drapeau;

REGNAULT, médecin-major.

Discours prononcé par le citoyen ALAPETITE, Sous-Préfet de Clamecy devant le bataillon de la garde nationale de la ville, réuni pour la reconnaissance de ses chefs.

Citoyens Gardes Nationaux,

Vous venez de reconnaître vos chefs, et c'est pour cela que vous êtes tous réunis en ce moment. Permettez-moi de profiter de cette occasion pour faire appel à votre zèle le plus dévoué, à votre patriotisme le plus absolu.

Dans les circonstances graves où se trouve le pays tout entier, chacun se doit, dans la mesure de ses forces, à la défense du pays, et tous, tant que nous sommes, nous devons y concourir avec une égale ardeur.

La garde nationale, qui portait ombrage au despotisme, avait été par lui supprimée partout, et sauf quelques endroits où il en restait un vain simulacre, composés d'hommes triés avec le plus grand soin, l'institution avait complétement disparu.

La ville de Clamecy, à cause de ses aspirations libérales bien connues, devait figurer au premier rang de celles où le nom de garde nationale ne devait pas être prononcé : aussi, depuis vingt ans, ici on n'en a plus entendu parler.

Et cependant, citoyens, si cette institution éminemment nationale, qui réunit toutes les forces vives du pays, eût continué de fonctionner, si on avait fait appel, comme en 1848, à tous les citoyens, si on les avait armés tous comme ils le furent alors, croyez-vous que nous eussions assisté à l'affreux spectacle de la patrie envahie par un ennemi qui veut aujourd'hui frapper la France au cœur en assiégeant Paris?

Croyez-vous que nous eussions vu tant de villes importantes ouvrir leurs portes sans lutter, et accepter sans mot dire les réquisitions insolentes de quelques uhlans?

Est-ce que votre cœur à tous n'a pas bondi d'indignation quand vous avez lu dans tous les journaux que quatre Prussiens avaient pris possession de Nancy?

En France, dans ce pays si riche, si fort et si fier, qui aurait pu croire, il y a deux mois, qu'une aussi sanglante humiliation nous était réservée, et que ce spectacle honteux se reproduirait tant de fois? Heureusement Strasbourg, Metz, Toul et d'autres places fortes ont tenu haut le drapeau de la France. Honneur à elles!

Quand l'histoire rendra compte de cette guerre, qui a si tristement commencé, mais qui finira bien, j'en ai la conviction profonde, quand elle racontera ces triomphes faciles des Prussiens dans des villes qui ne se sont pas défendues, elle en recherchera les causes, elle indiquera ceux sur qui doit en retomber la lourde responsabilité.

Les causes, vous les savez tous. En présence d'une armée formidable par le nombre et par son organisation; une armée française imposante sur le papier, réduite à des chiffres dérisoires si l'on compte son effectif réel, une organisation mauvaise, des soldats pleins d'ardeur et de courage, des lions au combat, mal dirigés, mal commandés, des chefs en partie incapables, une intendance des plus défectueuse, et, en dehors de cette armée, rien pour l'aider, rien pour la suppléer, là où elle ne pouvait pas être. Point de garde nationale, point d'hommes, point de fusils, point de munitions!

Les auteurs responsables, ce ne sont pas les républicains, qui ne voulaient pas la guerre. Ils ont, vous le savez, lutté autant qu'ils ont pu contre cette idée malheureuse, qui devait avoir de si désastreuses conséquences. Ne sont-ce pas les républicains, qui voulaient armer la nation tout entière, non pour attaquer, mais pour se défendre; sachant très-bien qu'avec ce système la France serait inexpugnable, et qu'elle saurait commander à tous le respect le plus absolu.

Les auteurs responsables, ce sont ceux qui, dans l'intérêt d'une dynastie sans racines dans le pays, ont poussé à la guerre de conquête, qui ont employé les milliards, mis par la nation à leur disposition, à tout désorganiser et à enrichir un entourage de courtisans dont la préoccupation unique était d'adorer leur Souverain, si généreux avec notre argent, et de s'incliner respectueusement devant tous ses caprices, quelque insensés qu'ils fussent.

Oui, l'histoire le dira bien haut, et elle dira aussi, citoyens, qu'aussitôt que la nation a eu repris possession d'elle-même, qu'aussitôt qu'elle a été débarrassée des entraves qui empêchaient la liberté de ses mouvements, son premier soin a été de proclamer les vrais principes, de répudier la guerre de conquête, d'appeler toute la nation à la défense du pays envahi, et de hâter l'armement de toutes les gardes nationales.

Malheureusement, vous le savez, citoyens, ce qui manque aujourd'hui ce sont les armes, et quelque zèle que le gouvernement apporte pour nous en procurer, il se trouve en présence de difficultés considérables dont il serait injuste de l'accuser.

L'armée active et la mobile doivent passer avant nous. Nous savons que la mobile de Nevers va être armée de chassepots, et que l'Administration pourra ensuite disposer des armes qui deviendront sans emploi. Nous en obtiendrons donc prochainement un nouvel envoi. On me fait également espérer des munitions. J'aime à croire qu'elles ne se feront pas attendre.

Gardons-nous donc, citoyens, d'injustes accusations, calmons nos légitimes impatiences, sachons que le Gouvernement qui est à notre tête est moins préoccupé du soin de se maintenir au poste périlleux qu'il a accepté, que du souci de purger la France de la présence odieuse de l'ennemi qui la souille.

Comptons sur son dévouement et son patriotisme, et disons-lui bien haut qu'il peut compter aussi sur le nôtre.

Tous, tant que nous sommes, nous avons une mission difficile à remplir. Mettons tous nos soins à nous en bien acquitter. Marchons droit au but, sachant bien que, quel que soit notre desir de bien faire, nous trouverons toujours des mécontents et des accusateurs. Qu'il nous suffise de penser que nous aurons accompli un devoir, celui de servir la patrie dans la mesure de nos forces.

Gardes nationaux, vos cadres sont reconstitués, vos compagnies sont formées. Votre Administration actuelle n'a pas fait comme celle qui l'a précédée, un triage ayant pour but de faire deux catégories de citoyens, les suspects et ceux qui ne le sont pas, sous prétexte d'éviter le désordre. Le désordre, nous ne le craignons pas, parce que nous savons que l'immense majorité de nos concitoyens est disposée à le réprimer énergiquement, si des tentatives venaient à se produire. C'est à vous tous que nous faisons appel en ce moment, et nous vous disons : Qu'il n'y ait dans vos cœurs qu'une pensée, chasser l'ennemi et sauver la France et la République!

Vous avez nommé vos chefs et vos sous-officiers, vous venez de les reconnaître. Vous devez obéissance aux ordres qu'ils vous donneront pour la défense du pays et de la République. Sachez que la discipline est la principale force de la garde nationale. Observez-là donc religieusement dans l'intérêt de tous, et n'oubliez pas que c'est principalement aux gardes nationales qu'est réservé l'honneur de débarrasser la France des Prussiens et de tous ses ennemis.

Avant de terminer, permettez-moi de féliciter les organisateurs des volontaires de la garde nationale du zèle et du dévouement dont ils ont fait preuve, et saluons de nos plus vives sympathies la création de ce corps si intéressant, et qui peut rendre des services signalés à notre pays et à la République. VIVE LA RÉPUBLIQUE!

Discours du chef de bataillon — BINET.

Mes chers Concitoyens,

En m'appelant par vos suffrages au commandement de la Garde Nationale de Clamecy, vous m'avez donné un témoignage de confiance qui est la plus douce récompense de mes longs services.

Je justifierai votre choix par mon patriotisme et mon désir ardent de faire maintenir l'ordre et nos institutions.

De votre côté officiers, sous-officiers, caporaux et gardes nationaux, vous me prêterez votre concours au triomphe de ces principes en les appuyant de votre patriotisme et d'habitudes d'ordre, d'exactitude et d'obéissance, qui sont les éléments d'une bonne discipline, car sans la discipline, rien — tandis qu'avec elle on forme les bons bataillons.

Dans ce moment de deuil public où l'ennemi foule aux pieds la terre de notre chère patrie, unissons nos efforts à ceux de nos frères pour chasser l'ennemi de nos foyers et rivalisons d'énergie et de noble dévouement pour sauver l'honneur de la France, son indépendance et ses libertés.

Clamecy. — Typographie et lithographie de Cégretin.

République Française

DÉPÊCHES
TÉLÉGRAPHIQUES

Le Ministre de l'intérieur à MM. les Préfets et Sous-Préfets :

Tours, le 12 octobre 1870, à 4 heures.

Hier, on se battait aux abords d'Orléans; quelques obus tombés sont entrés dans le faubourg. Les communications régulières sont arrêtées à Beaugency, les détails manquent encore. A Dreux, les Prussiens ont été repoussés. Des éclaireurs ont été signalés à 4 kilomètres de Châteaudun. Avant-hier, ont eu lieu deux engagements heureux pour les francs-tireurs et les avant-postes de mobiles dans les Vosges. A Cléfey, l'ennemi a perdu 60 hommes et nous 6 blessés. 30 Prussiens sont restés sur le carreau, un franc-tireur a été tué. L'ennemi a paru à Montdidier; la garde nationale et les francs-tireurs sont allés à sa rencontre, il s'est replié.

Un rapport du commandant de la place de Bitch du 28 septembre, annonce que trois bombardements ont eu lieu, le 8 août, le 23 et du 11 au 12 septembre. Une grande partie de la ville a été brûlée et plus de dix mille projectiles y ont été lancés. La garnison est en bonne santé, et pourvue de vivres et de munitions. Les bâtiments du fort ont été détruits.

Le Ministre de l'intérieur à MM. les Préfets et Sous-Préfets :

Tours, le 12 octobre 1870, à 4 heures 30.

L'ennemi est entré à Orléans le soir vers sept heures. La gare a été incendiée, les détails officiels manquent encore. On a reçu des nouvelles de combats importants le 7, entre Saint-Cloud et le mont Valérien. Le général Ducrot aurait infligé un échec aux Prussiens qui se sont repliés sur Versailles.

Pour copie conforme :

Le Préfet de la Loire,

CÉSAR BERTHOLON.

BENEVENT, imprimeur de la Préfecture, place de l'Hôtel-de-Ville, 4, Saint-Étienne.

République Française

DÉPÊCHE
TÉLÉGRAPHIQUE
DE TOURS

Le Ministre de l'intérieur à MM. les Préfets et Sous-Préfets :

Tours, le 13 octobre 1870.

Un rapport sur la journée du 11 constate que des troupes se trouvant sur la route de Paris, ayant combattu la veille à Arthenay, n'ont pas tenu. Une brigade de la 3e division, à Saran-les-Ormes, débordée par l'artillerie, a disputé le terrain pied à pied. Trois bataillons de réserve ont ensuite contenu l'ennemi pendant trois heures. Après un combat très-vif, il a été obligé de céder à la profusion des projectiles. Le général Lamotte-Rouge a pris le parti de se retirer sur la rive gauche de la Loire; la retraite non inquiétée se fit avec calme et ordre.

Le général Lamotte-Rouge a été remplacé par d'Aurelles. 50 cavaliers ennemis ont paru à Meung, 1,500 réquisitionnent St-Ay. La cavalerie ennemie a paru hier à Tournoisy, dans la direction de Châteaudun, où furent vus des éclaireurs prussiens. A Gisors sont 3,000 Prussiens avec artillerie, ils attendent des renforts successifs. A Bruyères (Vosges), le 11 dans la soirée eut lieu un combat d'avant-postes contre 15,000 ennemis ayant artillerie, l'avantage nous resta néanmoins. Cambriels, pour ne pas s'exposer à être cerné dans la montagne, se décida à changer ses positions. Dans le Nord, l'exemple de Saint-Quentin a produit un immense effet; une cérémonie imposante a eu lieu, plus de 50,000 personnes ont assisté à l'enterrement des gardes nationaux tués.

Pour copie conforme :

Le Préfet de la Loire,

CÉSAR BERTHOLON.

BENEVENT, Imprimeur de la Préfecture, place de l'Hôtel-de-Ville, 4, à Saint-Étienne.

RÉPUBLIQUE FRANÇAISE.

GOUVERNEUR DE PARIS.

AVIS.

Les permis de circulation, qui étaient jusqu'à ce jour délivrés par le Gouverneur de Paris, seront à l'avenir accordés :

1° Sur le front des avant-postes, entre Ivry et Sèvres, par M. le général Vinoy (gare Montparnasse) ;

2° Sur le front des avant-postes, entre Sèvres et Saint-Ouen, par M. le général Ducrot (porte Maillot).

Les dispositions insérées dans le *Journal officiel* du 12 octobre, pour la circulation entre Paris et Saint-Denis, sont maintenues ; les permis concernant les villages situés en avant de cette ville seront délivrés par M. le Commandant supérieur de Saint-Denis.

L'entrée des forts est rigoureusement interdite à toute personne qui n'y est pas appelée par le service ; la circulation reste libre entre la ligne de ces forts et la capitale.

La sortie des bestiaux, boissons, denrées alimentaires et autres marchandises reste soumise aux formalités prescrites par la Mairie de Paris.

LE GOUVERNEUR DE PARIS.
Par ordre :
Le Général Chef d'État-major général,
SCHMITZ.

IMPRIMERIE NATIONALE. — Octobre 1870.

RÉPUBLIQUE FRANÇAISE

Liberté — Égalité — Fraternité

2^E ARRONDISSEMENT

Il est institué à la Mairie du 2e Arrondissement une Commission de 8 Membres chargée :

1° De veiller à l'exécution des Arrêtés qui régissent la vente de la viande de boucherie et de charcuterie, ainsi que celle du pain.

2° De proposer toutes les mesures qui lui paraîtront de nature à favoriser, pendant la durée du siége, la répartition équitable des denrées entre tous les habitants.

Les contraventions signalées par cette Commission seront immédiatement déférées à l'autorité compétente, sur les réquisitions sommaires du maire et des adjoints.

La Commission aura son bureau au Palais de la Bourse, où le public sera admis à présenter ses observations tous les jours, de onze heures à midi.

La vente de la viande de boucherie et de charcuterie ne pourra commencer qu'à partir de 8 heures du matin.

Sont nommés membres de la Commission ci-dessus :

MM.	MM.
CHAUDEY, r. Nve-des-Petits-Champs, 50	LECLÈRE, rue Montmartre, 170
DUPONT, boulev. Bonne-Nouvelle, 25	ROGIER, rue Montorgueil, 45
HARTMANN, rue de Cléry, 13.	THIERCELIN, rue d'Aboukir, 6
HOUTELART, rue de Cléry, 15	TRUCHELUT, rue Richelieu, 98

Le Maire et les Adjoints provisoires,
TIRARD.
Maire.
DE BÉNAZÉ, SERMET, TURPIN,
Adjoints.

Paris. — Imprimerie DUBUISSON, rue Coq-Héron, 5.

RÉPUBLIQUE FRANÇAISE.

PRÉFECTURE DU RHONE.

AVIS.

Les Propriétaires de Chevaux pouvant servir à l'Artillerie et à la Cavalerie, sont invités à les présenter les mercredi et jeudi 19 et 20 du courant, à 9 heures du matin, dans la caserne de la Gendarmerie, rue Sala.

Le Préfet du département du Rhône,
Commissaire extraordinaire du Gouvernement,
P. CHALLEMEL-LACOUR.

Lyon. — Imprimerie J. NIGON, rue de la Poulaillerie, 2.

AVIS

Une contribution de guerre considérable est frappée sur la ville d'Orléans et doit être payée *immédiatement*; le Maire et le Conseil municipal préviennent leurs concitoyens qu'elle leur sera réclamée dans la journée par voie d'emprunt forcé.

***Orléans*, 13 *octobre* 1870.**

Le Maire d'Orléans,
CRESPIN.

CITOYENS FRANÇAIS !

Comme je voudrais autant qu'il est en mon pouvoir alléger le sort de la population atteinte par les maux de la guerre, je m'adresse à son bon sens, dans l'espoir que la sincérité de mes paroles ne manquera pas de lui ouvrir les yeux sur l'état des choses, et de le déterminer à se ranger du côté du parti raisonnable et désireux de faire la paix.

Votre Gouvernement destitué a déclaré la guerre à l'Allemagne.

Jamais déclaration de guerre n'a été plus frivole.

Les armées allemandes ne purent faire autre chose que d'y répondre en passant la frontière.

Elles remportèrent une victoire après l'autre, et votre armée victime d'un système de mensonges et de démoralisation fut presque anéantie complétement.

Un autre Gouvernement succéda. On espérait qu'il rétablirait la paix.

Il n'en fit rien.

Et pourquoi ?

Il craignait de se rendre impossible, et préféra, sous prétexte que les conditions proposées par l'armée allemande n'étaient pas acceptables, continuer une guerre qui ne peut mener qu'à la ruine de la France.

Et quelles sont ces conditions de l'armée victorieuse que l'on n'a pas cru pouvoir accepter ?

« La restitution des provinces qui ont appartenu à l'Allemagne et où la langue allemande est encore aujourd'hui celle qui domine dans les villes ainsi qu'à la campagne ; proprement dit : l'Alsace et la Lorraine allemande. »

Cette prétention est-elle exagérée ?

Quelles conditions la France victorieuse aurait-elle faites.

On vous a dit : Que le but des actions des armées allemandes était celui d'abaisser la France. C'est simplement un mensonge, inventé pour exciter les passions de la grande masse.

C'est au contraire votre Gouvernement qui, par sa manière d'agir, attire de force les armées allemandes dans le cœur de la France, y amène la ruine et parviendra, s'il insiste, à abaisser de fait la belle France qui pourrait être la meilleure amie de la même nation qu'elle a forcée de la combattre.

Orléans, le 13 *octobre* 1870.

Le Général d'Infanterie,

Baron De TANN.

RÉPUBLIQUE FRANÇAISE

Liberté — Égalité — Fraternité

BOUCHERIES MUNICIPALES

Du 6e Arrondissement de Paris

RÈGLEMENT

ARTICLE 1er

Les Boucheries municipales vendent la viande au prix ordinaire de la taxe.

Les morceaux hors classe seront vendus aux prix courants.

Les bénéfices que les Boucheries pourront réaliser seront acquis aux Cantines et Fourneaux économiques de l'arrondissement.

ARTICLE 2

Les Boucheries municipales ne délivreront de viande aux consommateurs que sur le vu d'une carte que ceux-ci doivent se procurer à la Mairie.

ARTICLE 3

Chaque carte doit porter un numéro d'ordre et le timbre de la Mairie. Elle doit indiquer le nombre de rations ou demi-rations à fournir aux consommateurs. Elle n'est valable que pour les Boucheries municipales du quartier du consommateur.

ARTICLE 4

Jusqu'à nouvel ordre, chaque individu au-dessus de dix ans a droit à une ration de 100 grammes de viande par jour.

Chaque enfant au-dessous de dix ans a droit à une demi-ration de 50 grammes de viande par jour.

ARTICLE 5

Une enquête aura lieu pour contrôler la sincérité des déclarations faites à la Mairie. Toute fausse déclaration entraînera le retrait de la carte, sans préjudice des peines portées par les lois.

ARTICLE 6

Chaque consommateur peut se faire délivrer en une fois la ration de trois jours, pourvu que ce soit celles de la veille, du jour et du lendemain. Il peut également se faire délivrer en une fois la ration de deux jours, à savoir : celle de la veille et du jour, ou celle du jour et du lendemain.

ARTICLE 7

Toute ration fournie au consommateur sera pointée sur sa carte, de manière que la même carte ne puisse servir deux fois pour le même jour.

ARTICLE 8

Tout traiteur ou restaurateur, pour obtenir la viande destinée à ses clients habituels, devra se faire remettre les cartes de ceux-ci et les présenter aux Boucheries municipales auxquelles il se fournira.

Le Maire provisoire,

HERISSON.

8088 Paris. — Typographie et Lithographie de RENOU et MAULDE, rue de Rivoli, 144.

IMPRIMERIE DU XIVE ARRONDISSEMENT

CARTES
D'IDENTITÉ
POUR LES
DÉFENSEURS DE PARIS
ET LES
TROUPES MOBILISÉES

Le nouveau Service imposé à la GARDE NATIONALE donne une importance de plus à une précaution, à une mesure de prudence, dont nul ne saurait nier l'opportunité.

Nous voulons parler des **Cartes d'Identité** qui doivent servir, en cas de Maladie, de Blessures, d'Accident, à établir sans erreur, sans confusion possible, l'Etat-civil de chaque Garde.

L'IMPRIMERIE DU XIVme ARRONDISSEMENT (90, Boulevard Montparnasse) est parvenue, grâce à de véritables sacrifices, à pouvoir offrir à chaque garde **Deux Exemplaires** de sa Carte d'Idendité, pour **50** centimes.

Cette Carte (Voir le modèle ci-joint) contiendra :

Les Nos du Bataillon et de la Compagnie, Nom, Prénoms, Surnom, Domicile, Profession, Date et Lieu de Naissance; on peut y joindre les Renseignements de nature à ne laisser aucun doute sur l'Identité.

Chaque Carte est percée de deux œillets qui permettent de la suspendre à l'aide d'un cordon; sa dimension permet également de la placer dans un portefeuille.

Pour centraliser la Confection de ces Cartes et leur donner un cachet plus uniforme, l'IMPRIMERIE DU XIVme ARRONDISSEMENT offre, gratuitement, les deux Exemplaires de sa Carte d'Identité à tout Garde qui lui apportera dix Cartes à imprimer.

Elle offre également la remise d'usage à tout Libraire ou Courtier qui lui apportera une commande.

VIe ARRONDISSEMENT	SPÉCIMEN DES CARTES D'IDENTITÉ	XIVe ARRONDISSEMENT
19e Bataillon — 1re Compagnie		46e Bataillon — 9e Compagnie
VICTOR COSSE, Homme de Lettres		ALFRED-EUGÈNE ROCHETTE, Imprimeur
Né à Paris, le 9 Mai 1839		Né à Brunoy (Seine-et-Oise) le 1er Mars 1823
Demeurant : rue d'Assas, 104, à Paris.	Propriété de l'Editeur. — Dépôt fait conformément à la Loi.	Demeurant : Boulevard Montparnasse, 90, Paris.

Paris. — Imprimerie A.-E. Rochette, 90, boulevard Montparnasse.

RÉPUBLIQUE FRANÇAISE.

MAIRIE DU X^E ARRONDISSEMENT

AVIS

SERVICE DE LA VACCINATION

Le nombre des décès par variole augmentant de jour en jour, le Service des Vaccinations et Revaccinations, suspendu depuis quelques temps, va être repris. Il aura lieu à la Mairie, comme par le passé, les *Mercredi* et *Samedi*, à 9 heures du matin, à partir du Mercredi 13 Octobre, présent mois.

NOTA.

Cet avis s'adresse plus particulièrement aux habitants de la banlieue, réfugiés à Paris, et aux Gardes Mobiles des départements, qui sont principalement atteints par l'épidémie.

Paris, le 10 Octobre 1870.

Le Maire provisoire,

O'REILLY.

Typographie et Lithographie de JULES-JUTEAU et FILS, passage du Caire, 29 et 31.

République Française.

LIBERTÉ, ÉGALITÉ, FRATERNITÉ.

MAIRIE DU CINQUIÈME ARRONDISSEMENT

MISE EN ACTIVITÉ
DU
RATIONNEMENT

Le service du rationnement commencera, nominalement, à partir du 14 octobre, et, *effectivement*, à partir du 15 octobre; c'est-à-dire que les boucheries, fermées le vendredi pour l'organisation du service, seront ouvertes le samedi, et que, ce jour, on pourra, conformément à notre affiche en date du 11 octobre, toucher, en même temps que le bon du 15, le bon de la veille, 14. En conséquence, le jeudi 13, les boucheries fonctionneront comme à l'ordinaire.

LE POIDS DE LA PORTION EST FIXÉ A 100 GRAMMES.

Conformément à la taxe le prix est fixé :

BŒUF,	1re catégorie,	0,21 centimes.	**MOUTON**,	1re catégorie,	0,18 centimes.
»	2e »	0,17	»	2e »	0,13 »
»	3e »	0,13	»	3e »	0,11 »

AVIS. — L'appoint qui ne pourrait être réglé par la monnaie courante sera réglé en timbres-poste. Les porteurs de Bons gratuits auront droit aux catégories supérieures en payant la différence de prix.

L'ouverture des boucheries aura lieu à 7 heures du matin, et la fermeture à 3 heures de l'après-midi.

La Mairie choisira, parmi les habitants du quartier, des Citoyens chargés, à tour de rôle, de surveiller toutes les opérations.

NOTA. — Il deviendra tout à fait inutile « de faire la queue » à la porte des boucheries puisque chacun sera assuré d'obtenir la portion de viande indiquée sur son bulletin. — Les Bons de portion ne peuvent être présentés que chez les bouchers du quartier.

Paris, le 13 octobre 1870.

Le Maire du Ve Arrondissement,
Dr BERTILLON.
FRISER et VIMONT, Adjoints.

PARIS. — Imprimerie DE SOYE et Fils, 5, place du Panthéon.

RÉPUBLIQUE FRANÇAISE

LIBERTÉ, ÉGALITÉ, FRATERNITÉ.

MAIRIE DU VIe ARRONDISSEMENT

AVIS

Par décret en date du 13 octobre 1870,

M. *Hérisson*, maire du 6e arrondissement, a été nommé adjoint au maire de Paris.

Par arrêté en date du même jour, M. *Robinet*, adjoint au maire du 6e arrondissement, a été nommé maire en remplacement de M. Hérisson, et M. *Jozon*, adjoint en remplacement de M. Robinet. La mairie provisoire du 6e arrondissement reste ainsi composée :

M. *Robinet*, maire ; MM. *André Rousselle* et *Jozon*, adjoints.

Paris. — Impr. de Mme Ve BOUCHARD-HUZARD, r. de l'Eperon, 5.

République Française.

PRÉFECTURE DU RHONE.

DÉCRET

Le Gouvernement de la Défense Nationale a rendu à la date du 13 octobre courant, le décret suivant qui a été inséré au *Moniteur officiel* du 14.

DISPOSITIF :

ARTICLE PREMIER. — Tous actes de protêts et dénonciations de protêts pourront être refaits, à dater du présent décret, pour les effets de commerce dont l'échéance avait été prorogée sur l'assignation en paiement. Les tribunaux de commerce sont autorisés à accorder termes et délais, quand il apparaîtra que le défaut de paiement, pendant la durée de la guerre, ne provient pas de la faute du débiteur.

ART. 2. — Pendant la durée de la guerre, les protêts, dénonciations et assignations seront enregistrés gratis.

ART. 3. — Dans les arrondissements envahis, où la justice française est exercée, le juge peut accorder sursis au paiement d'un effet commercial, soit jusqu'à la cessation de l'occupation par l'ennemi, soit jusqu'à la fin de la guerre, soit jusqu'à une époque déterminée par le jugement.

ART. 4. — Aucun protêt ni acte quelconque de poursuite ne peut être fait contre les défenseurs de la Patrie pendant la durée de la guerre.

ART. 5. — Par une mesure exceptionnelle, cinq jours sont accordés, à compter de l'échéance, pour faire l'acte de protêt des effets de commerce échus jusqu'à ce jour, ou qui viendront à échéance jusques et y compris le 31 octobre courant; les délais fixés par les articles 166 et 167 et la déchéance déclarée par l'article 168 du Code de Commerce, ne courront qu'à dater du jour du protêt.

Tours, le 13 octobre 1870.

Pour le Ministre et par autorisation,
C. CARTIER.

Certifié conforme :
Le Préfet du département du Rhône,
P. CHALLEMEL-LACOUR.

LYON. — Imprimerie J. NIGON, rue de la Poulaillerie, 2

8me SECTEUR

DEVOIRS DES CHEFS DE POSTE

Le premier devoir du Chef de Poste est d'exercer la plus grande vigilance pour éviter les surprises de la part de l'ennemi.

Dès son arrivée au Poste il s'assurera, en présence du Chef de la garde descendante, que tous les objets inscrits sur l'inventaire placé en tête du livre de rondes, existent réellement et en bon état. Dans le cas contraire, il établirait de suite un rapport constatant la perte ou les dégradations. Ce rapport, signé par le Chef de garde montante et par le Chef de garde descendante, serait immédiatement envoyé au Quartier Général.

Le Chef de Poste, aidé par les Sous-Officiers et Caporaux placés sous ses ordres, assurera tous les détails de service; il veillera à la bonne tenue et à la propreté du Poste.

Il apportera le plus grand soin à maintenir une sévère discipline parmi ses hommes, il ne leur permettra pas de s'écarter, s'assurera que leurs armes sont en parfait état de service; il défendra de jouer de l'argent.

Chaque jour, le Chef de Poste enverra au Quartier Général, avenue d'Orléans, 93, et de manière à être rendu exactement aux heures indiquées ci-après :

1° A 4 heures 1/2 du soir, un Sous-Officier ou Caporal pour prendre les mots et recevoir le service de nuit;

2° A 8 heures 1/2 du matin, pour remettre le registre des rondes et patrouilles et son rapport personnel sur tout ce qui se sera passé pendant son service.

Magasins à poudre.— Il est défendu de fumer ou de laisser fumer dans le voisinage des magasins à poudre et principalement devant les portes de ces magasins. Les Officiers et Employés de l'artillerie en uniforme, les Officiers de l'Etat-Major du Commandant supérieur, ainsi que les Officiers de l'Etat-Major de la garde nationale devront seuls être admis à pénétrer dans ces magasins. — Les chevaux montés peuvent passer au trot devant ces magasins.

Canonniers auxiliaires. — Les consignes et le service particulier des canonniers auxiliaires ne sont pas contrôlés par la garde nationale, qui ne doit s'en occuper que pour prêter, au besoin, aide et secours à ce corps spécial, tout en exigeant de lui l'observation des consignes générales.

Les sentinelles placées sur les remparts laisseront librement circuler pendant le jour, les Officiers en uniforme, les Ingénieurs et Employés munis de cartes délivrées par leurs Chefs de service. Pendant la nuit, elles se feront donner le mot de ralliement. En cas d'alerte, et lorsque les défenseurs occupent leur poste de combat, elles laisseront *toujours* circuler les Officiers de service pour ne pas ralentir la prompte transmission des ordres.

La circulation doit être maintenue libre pendant le jour sur la voie militaire ou rue du rempart :

1° Pour les personnes désignées dans le paragraphe ci-dessus et leurs voitures;

2° Pour les habitants des maisons situées sur ladite rue.

Les feux ne sont autorisés, *de jour*, que sur la partie du terrain opposée au rempart; de 6 heures du soir à 6 heures du matin, aucun feu ne sera allumé entre l'enceinte et l'*ancien* chemin de fer de ceinture.

Sont seuls autorisés à établir débit, les cantiniers et cantinières munis de permis visés par l'Etat-Major du Secteur, le service de l'artillerie et celui du génie.

L'Amiral Méquet engage tous les Officiers des bataillons sous ses ordres à se pourvoir de l'ordonnance sur le service des places, où ils trouveront les instructions sur les devoirs qu'ils auront à remplir pendant le siége de Paris

Ils comprendront que de la vigilance d'un seul peut dépendre le salut de tous.

DEVOIRS DES SENTINELLES

Les Sentinelles doivent toujours avoir la baïonnette au canon.

Il leur est défendu de s'asseoir, de lire, de chanter, de siffler, de fumer, ou de parler à qui que ce soit.

Elles ne doivent pas s'éloigner du point qui leur a été assigné de plus de 20 pas.

Elles doivent être constamment attentives et observer le plus loin qu'elles peuvent.

Elles ne se laisseront approcher par personne pendant la nuit, et si elles voient quelqu'un s'avancer, elles lui crieront d'une voix forte : *Qui vive?* et lorsqu'il leur aura été répondu, elles ajouteront : *Au large* !

Si après avoir crié : *Qui vive?* on ne répondait pas, elles répéteraient le qui vive jusqu'à trois fois, en ajoutant pour la dernière fois : *Halte-là*! si l'individu ou le groupe continue à avancer, elles se replieront au pas de course sur le poste, en criant : *Aux armes*.

Lorsqu'une Sentinelle voit un incendie, elle crie : *Au feu.*

Lorsqu'elle entend un bruit insolite provenant de désordres, elle crie : *A la garde.*

Ces cris sont répétés de Sentinelle en Sentinelle jusqu'au poste dont le Chef fait sortir le nombre d'hommes nécessaire suivant le cas qui se présente.

Les Sentinelles devant les armes crient : *Aux armes*! lorsqu'elles entendent battre la générale ou lorsqu'elles voient s'avancer une troupe armée, un Officier général, le Commandant de place, ou l'Officier de visite des postes.

Les Sentinelles reconnaissent les patrouilles, rondes et troupes armées. Si la troupe doit sortir sans armes, elles crient : *Hors la garde*! la garde sort et se forme sans armes.

Si une Sentinelle a besoin de se faire relever, elle crie : *Caporal, venez relever.*

Les Sentinelles doivent protection, sans quitter leur poste, à tout individu dont la sûreté est menacée et qui se réfugie auprès d'elles.

Tout individu militaire ou non qui manque à une sentinelle, doit être arrêté sur-le-champ.

8113 Paris. — Typographie et Lithographie de RÉNOU et MAULDE, rue de Rivoli, 144.

8me SECTEUR

DES PATROUILLES

Outre les patrouilles qui seront ordonnées par le Major de Place, les Chefs de Poste pourront faire faire celles qu'ils jugeront indispensables. Aucune patrouille ne peut être moindre d'un Caporal et de quatre hommes.

Les patrouilles parcourent lentement et sans bruit le chemin qui leur est tracé. De temps à autre elles doivent s'arrêter pour observer et écouter.

Elles arrêtent les malfaiteurs, tapageurs et ivrognes qu'elles mènent au poste de la rue Saint-Yves, 8.

Les Chefs de Patrouille s'assurent de la vigilance des sentinelles et font relever celles qui sont en défaut.

A leur rentrée au Poste, elles informent le Chef de Poste de ce qu'elles ont vu, et celui-ci le met sur son rapport.

Lorsque la sentinelle placée devant les armes aperçoit une troupe armée, elle apprête son arme en criant *qui vive?* et s'il lui est répondu *Patrouille,* elle crie : *Halte-là! Caporal, Patrouille.* Un des Caporaux de garde sort accompagné de huit hommes armés et d'un neuvième portant un falot ; il s'avance à huit pas, laissant son escorte à quatre pas derrière lui, après lui avoir fait apprêter les armes. Il crie alors *Qui vive?* on lui répond : *Patrouille.* Il crie alors : *Avancez à l'ordre,* et il croise la baïonnette. Le Chef de la patrouille s'avance seul, donne le mot d'ordre au Caporal qui lui rend le mot de ralliement, puis se met en bataille avec son escorte pour le laisser passer; la Sentinelle porte les armes.

Si le Chef de la Patrouille ne savait pas le mot d'ordre ou en donnait un faux, le Caporal crie immédiatement : *Aux armes!* afin de faire sortir le poste qui se mettra en défense, et conduit le Chef de Patrouille au poste, afin qu'il soit examiné par le Chef du poste, et, s'il lui paraît suspect, celui-ci le fait arrêter ainsi que ceux qui l'accompagnent, et envoie de suite prévenir à la Place d'armes de l'Avenue d'Orléans, 93.

Si la Patrouille ne s'arrêtait pas au cri de : *Halte-là,* de la Sentinelle, celle-ci crierait de suite : *Aux armes!* Le Poste sortirait et se mettrait en défense.

Les Sentinelles qui ne sont pas devant les armes arrêtent également les Patrouilles par le cri de : *Qui vive?* et lorsqu'il leur a été répondu : *Patrouille,* elles crient : *Halte-là, Avancez au ralliement,* et apprêtent l'arme. Le Chef de la Patrouille doit s'avancer seul et donner le mot de ralliement à la Sentinelle qui, après l'avoir reçu, la laisse passer.

Si le Chef de Patrouille ne savait pas le mot de ralliement, la Sentinelle crierait : *Aux armes!* et se replierait sur le poste.

Les Chefs de Patrouille doivent entrer seuls dans le poste pour y apposer leur signature sur la feuille de rapport. Ils y indiquent l'heure de leur passage, le poste auquel ils appartiennent, ainsi que le bataillon dont ils font partie.

Lorsque deux patrouilles se rencontrent, celle qui la première aperçoit l'autre crie : *Qui vive?* et s'arrête; l'autre doit s'arrêter aussi, et son Chef répond : *Patrouille.* La première crie : *Avancez à l'ordre,* alors les deux Chefs de Patrouille s'avancent l'un vers l'autre; celui qui a crié le premier *qui vive?* reçoit de l'autre le mot d'ordre, quel que soit son grade, et lui répond par le mot de ralliement. Les patrouilles se remettent en marche et passent l'une auprès de l'autre en portant les armes.

Lorsque pendant la nuit une troupe passe à portée d'un Poste, la sentinelle lui crie : *Qui vive?* le Chef de la troupe répond en faisant connaître le corps auquel il appartient. La sentinelle crie : *Halte-là, aux armes, troupe!* Le Chef de poste fait prendre les armes à la garde et envoie un Caporal et deux hommes pour reconnaître la troupe. Le Caporal fait avancer à l'ordre, et lorsque le Chef de la troupe lui a donné le mot, il le conduit au Chef du Poste qui l'examine. La troupe et la garde sont au port d'armes.

Les Sentinelles qui ne sont pas devant les armes, arrêtent aussi la troupe et font avancer au ralliement.

DES RONDES

Il n'y aura que deux espèces de rondes :

1° Ronde Major, faite par le Commandant de Place, un Officier supérieur ou un Officier de l'État-Major du Secteur.

2° Ronde d'Officier général.

Les Généraux, Commandant de Place et Officiers supérieurs peuvent faire la ronde à cheval et se font reconnaître sans en descendre.

Les Généraux peuvent se faire escorter par un Caporal et quatre hommes, plus celui qui porte le falot; les Officiers supérieurs par deux hommes. Les escortes se relèvent de poste en poste.

Les officiers de ronde suivent le terre-plein de la fortification et montent de temps en temps sur le rempart. Ils examinent si les sentinelles sont à leur poste et si elles ont la vigilance nécessaire, et avertissent en cas contraire le chef de Poste le plus voisin. Si ce qu'ils découvrent intéresse la sûreté de la Place, ils en informent de suite les Postes ainsi que le Commandant de Place.

Les Officiers de ronde sont tenus de signer le registre déposé dans le corps de garde en indiquant l'heure de leur passage.

Lorsque la sentinelle placée devant les armes a crié : *Qui vive?* s'il est répondu : *Ronde Major,* elle crie : *Halte-là! aux armes! Ronde Major.* Le Chef de Poste fait prendre les armes à son monde et va reconnaître lui-même avec son escorte, et le sabre à la main; ensuite il présente son poste à la Ronde Major et fait son rapport. La Sentinelle porte les armes.

Il en est de même pour la ronde de Général.

Lorsque deux rondes se rencontrent, elles se reconnaissent comme les patrouilles, et il en est de même lorsqu'une ronde rencontre une patrouille.

Outre les rondes de nuit, de jour il y a une visite des Postes faite par un Officier supérieur nommé *Officier supérieur de jour.*

Dès que la Sentinelle placée devant les armes voit arriver l'officier supérieur de jour, elle crie : *Aux armes!* La garde se forme promptement et la Sentinelle présente les armes.

L'officier supérieur passe l'inspection de la garde, s'assure que tout est en ordre et que les Sentinelles savent leur consigne.

Il fait son rapport de sa visite au Commandant de Place, et l'envoie à l'heure fixée le matin pour le rapport. En cas d'urgence, il le fait de suite

8112 Paris. — Typographie et Lithographie de RENOU et MAULDE, rue de Rivoli, 144.

RÉPUBLIQUE FRANÇAISE.

GOUVERNEUR DE PARIS.

Le Gouverneur de Paris au Général chef d'état-major général.

Montrouge, le 13 octobre, 3 h. 55 m. du soir.

Solide reconnaissance offensive, très-bien faite; excellente retraite. Je viens de voir les troupes, qui sont pleines d'ardeur; nos pertes sont peu importantes ; mais nous avons eu le regret de voir succomber le chef de bataillon de Dampierre, du 3e bataillon de la Côte-d'Or. Pour la seconde fois, les bataillons de la Côte-d'Or se sont hautement distingués.

L'ennemi, constamment sous le feu de notre artillerie, a fait des pertes sensibles; nous avons ramené une cinquantaine de prisonniers.

Général TROCHU.

Pour copie conforme :

Le Général Chef d'état-major,
SCHMITZ.

3 IMPRIMERIE NATIONALE. — Octobre 1870.

RÉPUBLIQUE FRANÇAISE.

GOUVERNEUR DE PARIS.

ORDRE.

Dans le combat d'hier, la division Blanchard, du 13e corps, les bataillons de la Garde mobile et le corps des Gardiens de la paix qui y sont attachés, ont acquis de nouveaux droits à la reconnaissance du Gouvernement de la défense nationale et du pays. Les troupes ont montré de la vigueur, de l'aplomb, des habitudes d'ordre et de discipline dont j'ai à les féliciter.

Le 35e régiment d'infanterie et les bataillons de la Côte-d'Or, qui déjà s'étaient brillamment conduits au combat de Villejuif, les bataillons de l'Aube, qui abordaient l'ennemi pour la première fois, les gardiens de la paix, qui ont perdu un officier et plusieurs hommes, se sont hautement distingués.

Le lieutenant-colonel de Grancey, des bataillons de la Côte-d'Or, a énergiquement contribué, à la tête de la Garde mobile, au succès de la journée. Le commandant de Dampierre, des bataillons de l'Aube, entraînant sa troupe à l'attaque de Bagneux, où il est entré le premier, a succombé glorieusement; et je donne ici à ce vaillant officier des regrets que l'armée partagera tout entière.

Paris, le 14 octobre 1870.

Le Gouverneur de Paris,
Gal. TROCHU.

1 IMPRIMERIE NATIONALE. — Octobre 1870.

VILLE DE  GRENOBLE.

RÉPUBLIQUE FRANÇAISE

GARDE NATIONALE SÉDENTAIRE

RÈGLEMENT

SUR LE

SERVICE ORDINAIRE, LES EXERCICES ET LES REVUES

Le Comité exécutif municipal,

Vu les titres III et IV de la loi du 13 juin 1851;

Vu les propositions de M. le Colonel commandant la Légion de la garde nationale de Grenoble,

Considérant que le service et l'instruction de la garde nationale se lient essentiellement à l'existence même de cette institution; que seulement il importe d'y procéder dans une juste mesure et de manière à concilier l'accomplissement d'un grand et patriotique devoir avec les occupations diverses des citoyens,

ARRÊTE :

ART. 1er. — Le service ordinaire de la garde nationale comprend le service de la place en commun avec l'armée, les exercices particuliers et généraux et les revues.

Ce service est obligatoire, et tout garde national qui y manquerait sans excuse légitime, se rendrait passible des peines portées par la loi.

ART. 2. — Le service de la place est fait à tour de rôle par les gardes nationaux des diverses batteries et compagnies, à l'exception des compagnies de sapeurs-pompiers qui ont un service spécial.

Les détails de ce service sont réglés par le lieutenant-colonel de la Légion sous l'approbation du Colonel. Les gardes nationaux devront toujours être convoqués au moins vingt-quatre heures d'avance.

ART. 3. — La consigne générale des postes de la place est obligatoire pour la garde nationale, qui devra fournir des patrouilles pour le maintien de l'ordre et de la tranquillité publique.

ART. 4. — Chaque jour, le dimanche excepté, le rapport a lieu à l'état-major à une heure et demie du soir. Tous les sergents-majors et maréchaux-des-logis chefs sont tenus d'y assister très-exactement. Ils pourront se faire suppléer, en cas d'empêchement, par le sergent ou le maréchal-des-logis fourrier ou par un autre sous-officier désigné vingt-quatre heures d'avance et apte à ce service.

ART. 5. — Les exercices par compagnie auront lieu tous les lundis et jeudi de chaque semaine aux heures qui seront fixées, suivant la saison, par le Colonel et qui seront portées à la connaissance de la Légion, par la voie du rapport, — et le dimanche, de 7 à 9 heures du matin.

ART. 6. — MM. les Chefs de bataillon et d'escadron feront une théorie au moins une fois par semaine aux officiers du bataillon ou de l'escadron, aux jours et heures fixés par le Colonel.

ART. 7. — Les théories pratiques sur les divers règlements, et l'école d'intonation auront lieu pour les sous-officiers et les caporaux ou brigadiers, les mardi et vendredi de chaque semaine, aux heures déterminées par le Colonel comme il est dit à l'art. 5 ci-dessus.

Elles seront faites sous la direction et sous la responsabilité des adjudants-majors et des adjudants sous-officiers de chaque bataillon, savoir :

Pour le premier et le deuxième bataillon, à l'Esplanade de la porte de France, et pour le troisième bataillon sur la place d'Armes.

ART. 8. — Il y aura revue générale de la Légion une fois par mois, un jour de dimanche. Des revues générales d'inspection d'armes pourront, en outre, avoir lieu à des époques variables.

ART. 9. — Les exercices généraux des bataillons séparés ou de la Légion réunie auront lieu chaque fois que le Colonel le jugera nécessaire.

ART. 10. — A chaque exercice ou revue, l'appel sera fait dans chaque compagnie. Les gardes nationaux absents sans autorisation seront pointés, et les commandants des compagnies transmettront sans retard, par la voie hiérarchique, au Colonel de la Légion la liste de ces gardes nationaux.

ART. 11. —Le Colonel de la Légion pourvoira, par un arrêté spécial, au règlement particulier des clairons et des tambours.

ART. 12. — Le présent arrêté sera exécutoire dès qu'il aura reçu l'approbation de M. le Préfet. Il sera publié et affiché.

Grenoble, le 14 octobre 1870.

Pour le Comité exécutif municipal :

Le Président,

ANTHOARD.

Vu et approuvé :

Grenoble, le 14 octobre 1870.

Le Préfet de l'Isère,

L.-Paul DUMAREST.

2409. — Grenoble, F. ALLIER PÈRE ET FILS, imprimeurs, Grande-Rue, 8.

RÉPUBLIQUE FRANÇAISE. — LIBERTÉ, ÉGALITÉ, FRATERNITÉ.

MAIRIE DU VIe ARRONDISSEMENT DE PARIS.

ASSISTANCE PATRIOTIQUE

AUX

FAMILLES DES GARDES NATIONAUX

AUX CITOYENS DU VIe ARRONDISSEMENT.

La Commission d'assistance patriotique est constituée. Elle siége, tous les jours, RUE DE VAUGIRARD, 70, de onze heures du matin à trois heures de l'après-midi.

Le temps presse. — Nous faisons appel à tous : aux conseils de famille des compagnies pour connaître les besoins, — aux habitants de l'arrondissement pour y satisfaire.

La souscription, soit en argent, soit en nature, a lieu par les soins de ceux de nos concitoyens qui veulent bien nous seconder.— Chacun d'eux est muni d'une carte portant le timbre de la Mairie et le nôtre. — Un reçu sera donné en échange de toute souscription. — Pour les donations en nature, ce reçu ne sera donné que lors de la livraison.

Que personne n'oublie des souffrances qui, le plus souvent, gardent le silence! — Qu'on se rappelle que ce qu'il importe de faire aujourd'hui, c'est d'assurer, à tous ceux qui vont défendre aux remparts la Patrie et la République, cette conviction profonde qu'ils ne laissent derrière eux ni une femme ni un enfant dans le besoin.

Les Membres de la Commission ;

MM. SAINT-GENEST, *président*, 2, rue de Sèvres.
DEMOMBYNES, *vice-président*, 20, rue Bonaparte.
MICHELI, *secrétaire*, 60, rue Mazarine.
GÉRARDIN, 27, rue Madame.
GERMER-BAILLIÈRE, 17, r. de l'École-de-Médecine
HUBERT-VALLEROUX, 27, rue Madame.

MM. LEBLANC, 126, rue de Rennes.
LAUTH, 2, rue de Fleurus.
MEUNIER (Victor), 33, rue de Vaugirard.
POUZI (Hugues), 142, rue de Rennes
POULIOT (Alfred), 7, rue Corneille.

MM. POUCHET (Georges), 1, rue Hautefeuille.
ROGER (Louis), 10, rue du Cherche-Midi.
RAUTIER, 30, rue Jacob.
SCOTT DE MARTINVILLE, 32, rue du Four.
VIALAY, 34, rue Notre-Dame-des-Champs.

Les Adjoints,
ANDRÉ ROUSSELLE, PAUL JOZON.

Vu et approuvé :
Le Maire provisoire du 6e arrondissement,
ROBINET.

Paris. — Imprimerie de Mme Ve Bouchard-Huzard, rue de l'Eperon, 5.

CLUB

DE LA

RÉSISTANCE

Les plans de l'ennemi apparaissent chaque jour avec une évidence de plus en plus manifeste ; en présence des formidables moyens de résistance, miraculeusement accumulés sur tous les points de Paris, il semble abandonner le projet audacieux de prendre de vive force la capitale de la France.

Son but, à en juger par ses mouvements, ses travaux, son attitude, est de nous investir au moyen de fortes redoutes, de nous tenir enserrés dans un cercle de fer, que déjà, dans son enivrement, il croit infranchissable, de rendre ainsi impossibles toute communication, tous rapports avec les départements. En un mot, désespérant de nous vaincre par les armes, il veut, en nous domptant par la famine, nous contraindre à capituler.

Mourir tous sur nos remparts, derrière nos barricades, peut-être... Capituler, jamais !

Une capitulation, avec les ressources immenses dont nous disposons, ce serait plus qu'un désastre, ce serait une honte que nous n'infligerons pas à la France, quels que soient les événements ultérieurs.

D'ailleurs, les plans de l'ennemi seront déjoués : il est inadmissible que cinq cent mille combattants armés pour le salut de la patrie soient retenus captifs longtemps encore par quatre cent mille ennemis échelonnés autour d'une circonférence de plus de vingt-cinq lieues.

Il suffit d'un effort suprême pour que cette situation change d'un moment à l'autre. Cet effort nous devons le tenter, nous le tenterons dans le plus bref délai. Portons-nous en masse sur le point le plus faible occupé par l'ennemi ; combinant notre attaque avec celle des armées qui déjà s'avancent à notre secours, culbutons-le, anéantissons-le au milieu de ses retranchements. Fortifions-nous sur les points que nous aurons conquis ; assurons ainsi nos communications avec les départements, et loin de craindre la famine, nous verrons bientôt l'abondance revenir dans Paris. Lorsque nous saurons nos femmes, nos enfants à l'abri des horreurs de la faim, notre courage s'affermira, notre énergie grandira. Envisageant alors notre situation avec calme, nous serons bientôt convaincus que, loin d'être désespérée, elle doit, dans un avenir prochain, nous assurer le triomphe le plus complet.

Mais ne perdons pas de vue :

Qu'indépendamment de l'action du gouvernement, nous devons veiller nous-mêmes à notre défense ;

Que notre salut à tous est dans ces deux mots :

ORGANISATION, ACTION

Organisons donc rapidement, agissons donc avec vigueur.

C'est dans ce but et en vue d'étudier, de discuter publiquement toutes les questions relatives au ravitaillement de Paris et à sa défense *par l'offensive*, qu'est formé le **CLUB DE LA RÉSISTANCE**.

Il est fait appel à toutes les spécialités, à toutes les intelligences, à tous les dévouements pour provoquer et assurer l'application immédiate de toutes les mesures de salut qui y auront été discutées et votées.

Pour accomplir notre œuvre de défense, nous comptons sur le puissant concours de la Presse.

Que les citoyens qui désirent participer à l'organisation du CLUB DE LA RÉSISTANCE et à ses travaux patriotiques veuillent bien se présenter tous les jours, de *une heure à cinq heures*, dans les bureaux de son administration, 7, **Rue Lafayette** ; ils seront accueillis comme des Amis, comme des Frères.

UNION, ÉNERGIE, COURAGE, PERSÉVÉRANCE

Nous sauvons notre patrie, et bientôt l'étoile de la République, symbole précurseur de la fraternité, de la liberté des peuples, planera triomphante au-dessus de la France glorieusement vengée.

Vive la France ! Vive la République !

Les réunions publiques auront lieu tous les jours, à 8 heures du soir, à partir de dimanche prochain, 16 octobre.

SALLE DE L'ALCAZAR, 16, rue du Faubourg-Poisonnière.

Imprimerie Dubuisson et Ce, rue Coq-Héron, 5. 448
Administration de l'affichage départemental E. Renier, 3, rue d'Aboukir.

DÉFENSE DE PARIS

1er SECTEUR

CONSIGNE RELATIVE A LA VOIE FERRÉE

Il est formellement interdit de laisser circuler sur la voie ferrée ; les Sentinelles elles-mêmes ne doivent pas s'y placer et elles empêcheront de franchir les passages à niveau lorsque la locomotive sera en vue de la voie.

Le Chef d'État-Major,

Fait au quartier général du 1er secteur, le 12 octobre 1870.

D'ORGEVAL.

8144 Paris. — Typographie et lithographie de RENOU ET MAULDE, rue de Rivoli, 144.

République Française

DÉPÊCHE

TÉLÉGRAPHIQUE

Tours, le 14 octobre 1870, à 11 heures 30 minutes du matin.

Le ministre de l'intérieur à MM. les préfets et sous-préfets

Aucun nouvel engagement n'est signalé du côté d'Orléans. 400 Prussiens qui y étaient entrés hier n'y seraient pas restés la nuit. On les dit en force à Meung. A Châteaudun, hier matin, 5 uhlans suivis par près de 20 autres, ont paru à la gare; les francs-tireurs ont tiré dessus sans les atteindre. Ils ont fui vers Toury. Le bruit répandu de l'approche de 30,000 ennemis a produit une fausse alerte. Ce matin, tout était tranquille. Les gardes nationaux en armes ont fait une reconnaissance sans résultat jusqu'à Tournoisy. Hier matin, à 8 heures, un feu roulant d'artillerie a commencé contre Soissons, des hauteurs voisines; la place est en état de résister.

Une lettre particulière d'une source honorable, communiquée sous réserve, annonce que l'ennemi a subi de grandes pertes sous Metz; Bazaine paraît libre de ses mouvements sur Thionville.

Pour copie conforme :

Le Préfet de la Loire,
César BERTHOLON.

BENEVENT, imprimeur de la Préfecture, place de l'Hôtel-de-Ville, 4, à Saint-Étienne.

République Française

LIBERTÉ, ÉGALITÉ, FRATERNITÉ.

MAIRIE DU CINQUIÊME ARRONDISSEMENT

RATIONNEMENT

AVIS IMPORTANT

Pour faciliter la mise en pratique du rationnement, tous les habitants, porteurs du Bon de portion qui leur a été délivré, sont invités à se faire inscrire immédiatement chez le boucher qu'ils auront choisi parmi ceux de leur quartier.

Les bouchers recevront les inscriptions, tant que la quantité de viande nécessaire pour le service des Bons de portions ne dépassera pas le chiffre de 130 kilog. par jour.

NOTA. — *Lorsque la viande sera désossée, la portion se composera de 80 grammes de viande et de 20 grammes d'os.*

Paris, le 14 octobre 1870.

Le Maire du Ve arrondissement,
Dr BERTILLON.
FRISER et VIMONT, Adjoints.

PARIS. — Imprimerie DE SOYE et Fils, 5, place du Panthéon.

PRÉFECTURE DE LA GIRONDE

RÉPUBLIQUE FRANÇAISE

DÉPÊCHE

TÉLÉGRAPHIQUE

Le Ministre de l'Intérieur aux Préfets.

CIRCULAIRE

Tours, 14 octobre 11 h. 50 du soir.

Des nouvelles sont arrivées de Paris par un ballon parti le 12 octobre; elles sont résumées dans la proclamation suivante du Ministre de l'Intérieur et de la Guerre :

Citoyens des Départements,

C'est avec une indicible expression de joie que je me hâte de vous faire connaître les fortifiantes nouvelles qui nous arrivent de Paris, apportées par le ballon parti le 12 octobre de la Capitale : à Paris le peuple, de jour en jour plus héroïque, prépare le salut de la France par l'ordre admirable qu'il maintient dans la cité, par les privations qu'il s'impose joyeusement, car, détail qui n'a rien de vulgaire dans la grandeur de la situation où nous sommes, c'est par la viande de cheval qu'il commence le siége, réservant pour les derniers jours les troupeaux vivants dans ses murs.

Impatiente derrière ses remparts, la garde nationale a voulu marcher à l'ennemi.

Voici le Bulletin de sa première victoire :

« Sur toute la ceinture, les Prussiens ont été délogés des positions qu'ils occupaient depuis » trois semaines. — Au nord, dans la direction de Saint-Denis, on les a refoulés au-delà de » Stains, de Pierrefite, de Dugny; à l'est, on leur a repris Bobigny, Joinville-le-Pont, Créteil, » le plateau d'Avron; au sud-ouest, on leur a enlevé le Bas-Meudon et St-Cloud, les refoulant » sur Versailles. — Ils savent à présent ce que vaut un peuple résolu qui veut sauver son » honneur et ses institutions. »

Je vous disais il y a quelques jours : Paris est inexpugnable; le voilà devenu assaillant. D'aussi admirables exemples ne peuvent laisser les départements insensibles. Redoublons tous de travail et d'énergie, sûrs désormais que Paris fera son devoir jusqu'au bout, faisons le nôtre. — Vive Paris ! Vive la France !! Vive la République !!!

Le Ministre du Gouvernement de la Défense nationale,
Ministre de l'Intérieur et de la Guerre,

Léon GAMBETTA.

Pour copie conforme :

Le Préfet de la Gironde,

Amédée LARRIEU.

Vous partagerez la joie légitime du Ministre de l'Intérieur!

Bordeaux sera à la hauteur de Paris et saura imiter de si grands exemples.

Travaillons avec une nouvelle ardeur, et sans relâche à organiser nos forces pour aller au secours de notre héroïque Capitale et purger notre chère Patrie des hordes étrangères qui la ravagent et la déshonorent!

Gardes Nationales de la Gironde, préparez-vous !

Le Préfet de la Gironde : Amédée LARRIEU.

Bordeaux. — Imp. Aug. BORD, rue Porte-Dijeaux, 91.

PROCLAMATION

Par un ordre daté du 27 septembre, j'avais laissé libres toutes les circulations entre la ville de Versailles et les alentours. Les citoyens de Versailles étant responsables de tout ce qui arrive dans la ville et, en conséquence, de chaque contravention qui pourrait se faire contre les lois de la guerre, de la part des nouveaux venus qui, depuis quelques jours, vont en masse séjourner dans la ville, je préviens les habitants, dans leur propre intérêt, qu'après l'arrivée des troupes allemandes à Versailles, la ville se trouve en état de siége et sous la juridiction militaire de l'armée prussienne.

Conformément aux droits de la guerre, les articles suivants ont été arrêtées pour les communes de Versailles.

Toutes les personnes qui

a. serviront l'ennemi en qualité d'espions,

b. égareront les troupes allemandes quand elles seront chargées de leur servir de guides,

c. tueront, blesseront ou pilleront des personnes appartenant aux troupes allemandes, ou faisant partie de leur suite.

d. détruiront des ponts ou des canaux, endommageront les lignes télégraphiques ou les chemins de fer, rendront les routes impraticables, incendieront des munitions, des provisions de guerre ou les quartiers des troupes.

e. prendront les armes contre les troupes allemandes,

Seront punis de la peine de mort.

Versailles, 15 *Octobre* 1870.

Le Commandant de la place,

V. VOIGTS-RETZ.

Versailles. — Imprimerie de E. AUBERT, 6, avenue de Sceaux.

RÉPUBLIQUE FRANÇAISE

LIBERTÉ. — ÉGALITÉ. — FRATERNITÉ.

MAIRIE DU 2me ARRONDISSEMENT

SOUSCRIPTION

POUR

L'ARTILLERIE

DE LA GARDE NATIONALE

Une Réunion des habitants du 2e Arrondissement aura lieu DIMANCHE 23 *courant, à* 2 *heures,* au Palais de la Bourse, sous la présidence du Maire et des Adjoints, à l'effet de s'entendre au sujet de la Souscription ouverte à la Mairie pour les CANONS de la Garde Nationale.

MM. les Chefs de Bataillon et les Officiers sont notamment invités à vouloir bien assister à cette réunion.

Les personnes étrangères n'y seront pas admises, en conséquence, les habitants de l'Arrondissement sont invités à se munir d'une pièce constatant leur identité.

Le Maire et les Adjoints provisoires,

TIRARD, DE BÉNAZÉ, SERMET, TURPIN.

Paris.—Imprimerie PRISSETTE, passage Kuszner, 17.— Maison pass. du Caire, 17.

RÉPUBLIQUE FRANÇAISE

Liberté, Égalité, Fraternité

ARMÉE DES VOSGES

AVIS aux VOLONTAIRES

Le centre d'organisation de l'ARMÉE DES VOSGES est à Lyon. Le Comité organisateur siége en permanence, à LYON, PASSAGE DES TERREAUX, 22. Il fait les enrôlements et reçoit les dons volontaires.

Aussitôt arrivés, les Volontaires seront casernés et équipés. Aussitôt organisés, les divers Corps seront envoyés au lieu de leur destination.

Les Volontaires recevront leur solde à partir du jour où ils seront immatriculés.

LYON, le 16 Octobre 1870.

POUR LE COMITÉ CENTRAL ORGANISATEUR :

Le Secrétaire,

DOUCET.

Imp. REY et SÉZANNE, rue Saint-Côme, 2.

RÉPUBLIQUE FRANÇAISE.

LIBERTÉ, ÉGALITÉ, FRATERNITÉ.

ARMÉE DES VOSGES

Comité Central organisateur

CITOYENS!

Le héros populaire des guerres d'Italie et d'Amérique, celui dont l'épée est acquise à la défense de toutes les nobles causes, **GARIBALDI**, apporte à la République Française le concours d'une longue expérience et le prestige d'un nom glorieux.

GARIBALDI prend le commandement de l'armée des Vosges, c'est-à-dire d'une *Armée à former dans un pays envahi.*

Sous ses ordres, vont se rassembler les Corps épars des Volontaires et Francs-Tireurs, qui seront, avec quelques bataillons de mobiles, le noyau de la nouvelle armée.

A sa voix, Italiens, Espagnols, Suisses, Américains, Polonais, Volontaires républicains du monde entier franchiront les frontières pour combattre sous les plis du drapeau français!

Nous sommes en mesure de pourvoir à toutes les nécessités qu'entraîne la formation d'une armée.

Nous faisons appel à toutes les Nations. Nous comptons sur tous les dévouements.

Puisse la victoire unir à jamais au nom de la France celui de **GARIBALDI**!

Vive la République!

Lyon, le 16 octobre 1870.

Le Comité Central organisateur,

ANDRIEUX, Procureur de la République, *Président.*
GANGUET, Président du Comité de la Guerre, *Vice-Président.*
DOUCET, Membre du Conseil municipal, *Secrétaire.*
BOUCHU, id. id.
GAILLETON FILS, Président de l'Administration des Dons patriotiques.
COPPIN, Officier d'Etat-Major,
PASANISI, Capitaine organisateur de la LÉGION GARIBALDIENNE, à Lyon.

Lyon, imp. Rey et Sézanne, rue St-Côme, 2.

RÉPUBLIQUE FRANÇAISE

DÉCRET

du 14 octobre 1870 concernant la création à Tours du service des Bons du Trésor.

LES MEMBRES DU GOUVERNEMENT DE LA DÉFENSE NATIONALE,

Considérant que de nombreuses demandes de Bons du Trésor ordinaires sont faites dans les départements et qu'il n'a pu y être satisfait par suite de l'interruption des communications avec Paris.

Que, dès lors, il y a lieu de créer à Tours un service d'émission et de paiement des Bons du Trésor, et d'entourer ce service de toutes les garanties d'ordre et de contrôle propres à en assurer la bonne exécution ;

Vu l'arrêté gouvernemental du 3 octobre 1870, relatif à l'émission par le Trésorier-Payeur général d'Indre-et-Loire des Bons du Trésor destinés au remboursement des Caisses d'Epargne,

DÉCRÈTENT :

ARTICLE PREMIER. — Le Trésorier-Payeur général d'Indre-et-Loire est autorisé à émettre au nom et pour le compte du Caissier-Payeur central du Trésor public, les Bons du Trésor ordinaires de un à douze mois. Ces Bons seront signés, soit par le Trésorier général, soit par son fondé de pouvoir.

ART. 2. — Les Bons du Trésor seront visés au contrôle par les employés de la direction du mouvement général des fonds qui seront désignés par le Directeur général de la comptabilité publique.

ART. 3.— Les Bons seront au porteur avec faculté, pour les détenteurs, de les rendre nominatifs par la simple inscription de leur nom dans le cadre de la formule réservée à cet effet.

Les coupures de Bons qui seront de cent francs et de multiples de cent francs seront détachées d'un livre à souche, et il y sera annexé un talon de contrôle.

ART. 4. — Les Bons du Trésor émis en exécution du présent décret, comme tous ceux qui sont actuellement en circulation, seront, à leur échéance, remboursés à la recette des finances de la résidence des porteurs, après visa de la Caisse centrale du Trésor ou, à son défaut, de la direction du mouvement général des fonds, représentée à Tours.

ART. 5. — Le Directeur général de la comptabilité publique est chargé de l'exécution du présent décret.

Fait à Tours, le 14 octobre 1870.

Signé : AD. CREMIEUX, GLAIS-BIZOIN, FOURRICHON, GAMBETTA.

Le Préfet du département du Rhône, Commissaire extraordinaire du Gouvernement

Croit devoir rappeler aux Citoyens, à l'occasion du décret ci-dessus publié, que l'intérêt des Bons du Trésor est fixé ainsi qu'il suit, savoir :

A un mois, 5 p. °/₀ l'an;
A deux mois, 5 et demi p. °/₀ l'an;
De trois mois à un an, 6 p. °/₀ l'an.

La marche à suivre pour l'émission de BONS DU TRESOR consiste à faire souscrire, par les parties, des demandes de Bons et à leur délivrer des reconnaissances de dépôt échangeables à très-bref délai contre les Bons du Trésor émis à Tours.

Les moyens d'exécution n'étant pas à Tours aussi rapides qu'à Paris, il pourra arriver qu'au début l'envoi des Bons du Trésor subisse un certain retard; mais ce retard ne dépassera pas cinq ou six jours à dater de l'arrivée à Tours des demandes transmises par les Trésoriers généraux. Dès que le service sera complétement organisé, le renvoi des Bons aura lieu le lendemain même de l'arrivée des demandes.

Lyon, le 16 octobre 1870.

Le Préfet du département du Rhône, Commissaire extraordinaire du Gouvernement,

P. CHALLEMEL-LACOUR.

LYON. — Imprimerie J. NIGON, rue de la Poulaillerie, 2.

RÉPUBLIQUE FRANÇAISE.

GOUVERNEUR DE PARIS.

Au Général Commandant supérieur des Gardes nationales de la Seine et aux Officiers généraux commandants les secteurs;

Au Commandant en chef des 13e et 14e corps;

Aux Commandants supérieurs de l'Artillerie et du Génie de l'Armée de Paris;

Au Vice-Amiral commandant en chef les forts et troupes de la Marine;

A l'Intendant général de l'Armée de Paris;

Aux Commandants des forts et des troupes de l'Armée de terre.

Mon cher Général,

Je suis absolument résolu à faire cesser les vieux errements, originaires de la guerre d'Afrique, qui consistent à citer, après chaque engagement, une foule de noms, qui commencent par ceux des généraux et finissent à ceux de quelques soldats. Ce système a créé la banalité dans un ordre de principes, de sentiments et de faits qui devraient garder une haute valeur aux yeux des troupes comme aux yeux du pays, et qui sont la véritable base de l'état moral des armées.

Je veux qu'une citation à l'ordre de l'Armée de Paris soit une récompense qui prime toutes les autres, et qui soit enviée par les plus haut placés comme par les plus humbles défenseurs de la capitale. Nous avons à faire pénétrer dans l'esprit de nos officiers et de nos soldats cette grande pensée, dont n'ont pas voulu les monarchies et que la République doit consacrer :

« Que l'opinion seule peut récompenser dignement le sacrifice de la vie. »

Dans ces vues vous m'adresserez, pour les combats des 19 et 30 Septembre et du 13 Octobre, une liste de quarante noms, sans plus; et rappelez-vous que, si la notoriété publique militaire ne ratifie pas, un à un, les choix que vous allez faire, vous aurez gravement compromis votre responsabilité devant moi, et gravement compromis en même temps le grand principe que je veux faire prévaloir.

Que vos investigations soient lentes et sûres; qu'elles descendent jusqu'aux derniers échelons de la hiérarchie; qu'elles soient contrôlées sévèrement; que ce soit une enquête d'honneur, faite avec le temps et avec la maturité nécessaires. Les titres antérieurs doivent disparaître en face des titres spéciaux que le combat a créés, et qui font ressortir des individualités qu'il est de notre devoir d'honorer devant le pays et de montrer aux troupes comme un encouragement et comme un exemple.

Recevez, mon cher Général, l'assurance de mes sentiments dévoués.

Le Président du Gouvernement, Gouverneur de Paris,

Général TROCHU.

IMPRIMERIE NATIONALE. — Octobre 1870.

PROCLAMATION

Le Gouvernement établi à Paris a repoussé la conclusion d'un armistice qui stipulait la reddition de Strasbourg et de Toul. Peu de jours après ce refus, les deux forteresses sont tombées en notre pouvoir. Paris se trouve cerné de près et coupé de toute communication avec le pays.

Le Gouvernement de Paris ne veut pas la paix, mais la continuation d'une guerre qui, maintenant déjà, a été la cause de maux innombrables pour la France. Il n'a pas dépendu jusqu'à présent des armées allemandes, forcées de traverser le pays sans s'arrêter, d'épargner les ressources des habitants. L'interruption des lignes ferrées ne permettant pas de faire suivre régulièrement les vivres indispensables à l'entretien des troupes, il a fallu recourir, au détriment des populations, à des réquisitions nombreuses de vivres et de moyens de transport.

La reddition de Toul et les progrès prochains de l'armée allemande permettront maintenant de disposer de plusieurs chemins de fer qui suffiront, aussitôt qu'ils seront rétablis et remis en activité, pour amener une grande partie des vivres destinés à l'armée, et pour venir en aide aux populations des districts si gravement éprouvés par la guerre, en autorisant la circulation du public sur une grande partie des voies ferrées.

Sa Majesté le Roi de Prusse a donné l'ordre de faire tout ce qui sera possible sous ce rapport.

Pour réaliser ces intentions bienveillantes, il faut que les populations contribuent de leur côté à prévenir toute interruption dans l'exploitation des chemins et des télégraphes, ces derniers étant indispensables pour régler la circulation des trains sur les lignes ferrées. Dans les districts occupés par les troupes allemandes, les habitants auront par conséquent à se poser la question s'ils désirent s'assurer les bienfaits de la paix avant sa conclusion définitive, en s'abstenant de tout ce qui pourrait interrompre le service des lignes ferrées et télégraphiques dont le rétablissement est autant dans leur intérêt que dans celui des troupes.

Reims, le 16 Octobre 1870.

Le Gouverneur Général,

FREDERIC-FRANÇOIS,

Grand-Duc de Mecklembourg-Schwérin,

Commandant du 13e Corps d'Armée.

Reims, imprimerie de A. LAGARDE, rue Notre-Dame, 4.

AVIS
TRÈS-IMPORTANT
DU
COMMANDANT SUPÉRIEUR DES GARDES NATIONALES
SUR L'EMPLOI
de la Cartouche à balle oblongue dans le Fusil à percussion à canon rayé ou lisse

Dans la Cartouche à Balle oblongue la pointe de la Balle est engagée dans le corps de la Cartouche. En conséquence, pour charger son Arme, le Soldat après avoir amorcé, prend une Cartouche, la porte à la bouche, saisit avec les Dents l'extrémité du papier qui est engagé dans l'étui, le déchire le plus près possible du Carton et verse la Poudre dans le Canon. Il retourne ensuite la Cartouche, engage dans le Canon la partie cylindrique de la Balle, qui est graissée jusqu'à la naissance de l'ogive, rompt le papier de l'enveloppe et jette l'Etui. Le Soldat tire ensuite la Baguette et enfonce la Balle jusqu'à ce qu'elle repose sur la charge de poudre; il l'assure dans cette position par deux coups de Baguette modérés.

Paris. — Imprimerie PAUL DUPONT, rue Jean-Jacques-Rousseau, 41 (Hôtel des Fermes.) — 8799,9,70.

CORPS
DES
FRANCS-TIREURS
DE LA PRESSE.

L'heure a sonné de vaincre ou de mourir !

La lutte suprême est commencée !

Les hordes barbares de l'Attila moderne égorgent, violent, brûlent et saccagent tout dans nos plus riches départements; ils osent menacer Paris, la ville sainte, la capitale du monde civilisé !

Le chassepot doit remplacer la plume !

DEBOUT TOUS! Journalistes, hommes de lettres, artistes, ouvriers, etc., debout pour la Patrie! pour la France en deuil et rugissante de douleur! pour la civilisation, DEBOUT !

La presse a déjà son ambulance, elle aura ses soldats!

En avant pour la Patrie!!!

Le Commandant des Francs-Tireurs de la Presse,

Signé : **GUSTAVE AIMARD.**

Les enrôlements sont ouverts à l'Ecole communale, rue des Prêtres-Saint-Germain-l'Auxerrois, de 9 heures du matin à 5 heures du soir.

Paris. — Imprimerie de E. Brière, rue Saint Honoré, 257.

GRANDE

LOTERIE NATIONALE

(Autorisée par Décision Ministérielle en date du 6 Septembre 1870).

SOCIÉTÉ INTERNATIONALE FRANÇAISE

DE SECOURS AUX BLESSÉS

DES ARMÉES DE TERRE ET DE MER

Émission de dix millions de billets à 50 CENTIMES, dont le produit est destiné à secourir les innombrables malades et blessés français

Les [illegible], les propriétaires, les industriels, les commerçants de tous les pays sont conviés à cette œuvre tout humanitaire.

Divers comités spéciaux ont été constitués, à Paris, représentant les Arts, le Commerce, les Lettres, l'Industrie, — ils ont pour but de centraliser les concours, de provoquer les offrandes et le placement des billets.

COMITÉ DE LA LOTERIE :

MM. FLAVIGNY (le comte de), président de la Société des secours aux blessés;
BAUDRY (PAUL), peintre, membre de l'Institut;
BEAUFORT (le comte de), secrétaire général de la Société;
BETHISY (le marquis de), membre du Conseil de la Société;
CHABRIE, commissaire général de la marine;

MM. CLERMONT-TONNERRE (le comte de), chef de cabinet au ministère de la guerre;
COCHIN, de l'Institut, membre du Conseil de la Société;
DE CARDAILLAC, directeur des bâtiments civils;
GARNIER, architecte de l'Opéra;
LE CAMUS, membre du Conseil de la Société;

MM. MEISSONNIER, peintre, membre de l'Institut;
PAGES (le baron de) (HERALD), membre du Conseil de la Société;
RICORD (le docteur), président des ambulances de la Presse;
TAYLOR (baron), président du Comité des ambulances de la Presse;
TAGNARD, membre du Conseil de la Société;
WALLACE (RICHARD), membre du Conseil de la Société.

COMITÉ DES ARTS :

MM. MEISSONNIER, membre de l'Institut, *Président*;
BAUDRY (PAUL), peintre, membre de l'Institut, *Vice-Président*;
GARNIER (CHARLES), architecte de l'Opéra, *Secrétaire*;

BIDA, peintre; — BOULANGER, peintre; — CAVELIER, sculpteur, membre de l'Institut; — CHAIGNAUX, peintre; — COROT, peintre; — LOUVET, architecte, *Secrétaire-adjoint*; — MADRAZO, peintre espagnol; — PERIGNON, peintre; — PILS, peintre, membre de l'Institut; — REGNAULT (HENRI), peintre; — STEVENS, peintre belge; — THOMAS, sculpteur; — TOULMOUCHE, peintre; — TSCHERKORSKY (le prince), peintre polonais.

COMITÉ DE L'INDUSTRIE ET DU COMMERCE :

MM. ADAM, négociant, adjoint du 1er arrondissement, rue Croix-des-Petits-Champs;
COLIN, fabricant, ancienne maison Krieger, faubourg St-Antoine, 74;

MM. DUVAL (JULES), tapissier, boulevard de la Madeleine, 13 et 15;
GOUPIL, éditeur d'estampes, boulevard Montmartre, 19;
MEUNIER, négociant, boulevard des Capucines, 6;

MM. ROSE, directeur de la Cristallerie de Baccarat;
SCHEYER, de la maison Dreyfus et Scheyer, banquiers;
SUSSE, éditeur de bronzes et œuvres d'art, place de la Bourse.

COMITÉ DES LETTRES :

MM. MULLER, VALOIS, LAPOINTE.

L'EXPOSITION GÉNÉRALE des lots aura lieu fin Mars, **AU NOUVEL OPERA**, rue Gluck, où l'on devra s'adresser pour les renseignements, envois de dons, demande de billets et correspondance, à M. H. MILLIAUD, Directeur de la Loterie.

On trouve des billets, à Paris, dans tous les bureaux ouverts pour y recevoir les dons, dans les bureaux de tabac, les principales maisons de commerce, etc. — En Province et à l'Étranger dans tous les bureaux des Correspondants affiliés.

Imprimerie centrale des chemins de fer. — A. Chaix et Cie, rue Bergère, 20, à Paris. — 1068-0.

RÉPUBLIQUE FRANÇAISE

Liberté, Égalité, Fraternité.

AUX CITOYENS DU XIme ARRONDISSEMENT

Citoyens, l'Administration supérieure de la Ville de Paris a consenti à faire disparaître du principal boulevard de notre Arrondissement la statue du prince Eugène, qui n'y aurait jamais figuré sans le crime de Décembre.

C'est avec bonheur que nous vous notifions cette mesure; nous remercions en votre nom le citoyen Arago de sa résolution patriotique.

Voltaire représente la liberté de la pensée, c'est-à-dire le droit le plus sacré; il a souffert pour ce droit à la Bastille; sa statue ne saurait être mieux placée que dans la circonscription de la Bastille, dans ce XIe Arrondissement dont la population républicaine a toujours manifesté hautement son aversion pour toute compression intellectuelle et morale.

L'image du grand philosophe nous enseignera à la fois la tolérance pour les opinions, et la résistance contre toute tentative insensée dont le but avoué ou caché serait de reconstituer un passé à jamais disparu.

Quant à la statue du prince Eugène, qu'on la fonde pour en faire des canons.

VIVE LA RÉPUBLIQUE!

Les Adjoints,
TOUVENAINT ET **DACHEUX.**

Le Maire provisoire du XIme Arrondissement,
A. DE FONVIELLE.

Paris — Typographie MORRIS Père et Fils, rue Amelot, 64.

RÉPUBLIQUE FRANÇAISE.

VILLE DE PARIS

3e ARRONDISSEMENT. MAIRIE DU TEMPLE

Habitants du 3e Arrondissement,

La misère est grande! bien grande! elle se dessine affreuse! La Mairie de cet Arrondissement est envahie chaque jour par des familles éplorées, émigrant devant l'ennemi.

Des Femmes, des Enfants, arrivant par bandes, ont laissé au pays leurs Pères, leurs Fils, leurs Maris, leurs Frères, nobles cœurs qui restent pour défendre la Patrie, leur hameau, leur chaumière.

Ces familles, dénuées de toutes ressources, viennent nous demander du pain, du pain entendez-vous, du pain! car il faut vivre; et un gîte pour s'abriter la nuit contre les injures du temps.

Cet état de choses ne peut exister sans être secouru. Le Maire invite donc tous les Habitants de cet Arrondissement à déclarer immédiatement à la Mairie les *Locaux vacants* dans chaque maison, ainsi que les Hangars, Cours, Ateliers couverts et Remises; en un mot, tout ce qui peut servir d'abri.

Il doit prévenir ceux qui n'obtempéreraient pas à cette patriotique invitation, qu'ils s'y verront contraints PAR ORDRE, chacun devant, dans ce moment suprême, se sacrifier pour la Patrie.

NOTA. — Les personnes qui désireraient faire des dons de Paille seront reçues avec reconnaissance à la Mairie, Division des Secours, 1er Bureau, tous les jours, de 9 heures à 11 heures.

Le Maire, **BONVALET.**

MURAT, CLERAY, CHAVAGNAT, *Adjoints.*

Paris. — Typ. MORRIS père et fils, rue Amelot, 64.

RÉPUBLIQUE FRANÇAISE

LIBERTÉ. — ÉGALITÉ. — FRATERNITÉ.

MAIRIE DU 18me ARRONDISSEMENT

Le Maire du 18me Arrondissement, vu la lettre du Gouverneur de Paris au Maire de Paris en date du 14 Octobre 1870,

ARRÊTE :

1° Il sera immédiatement formé dans le 18me Arrondissement deux bataillons de guerre de la Garde Nationale sédentaire.

2° Ces bataillons de guerre seront appelés à concourir aux opérations extérieures avec la garde mobile et l'armée régulière.

3° Ils auront un effectif de 1,500 hommes chacun, et se composeront de 4 Compagnies.

4° Ils seront pourvus d'armes à tir rapide.

5° Aussitôt formés ils procéderont à l'élection de leur cadre d'Officiers, Sous-Officiers et Caporaux.

6° Pour ne pas désorganiser les bataillons existants, il ne sera demandé que 150 hommes environ à chacun des vingt bataillons de l'arrondissement.

7° Un registre est ouvert à la Mairie pour recevoir les inscriptions.

Que tous ceux qui désirent concourir d'une façon active à la défense de la Patrie, viennent se faire inscrire sans délai.

Paris, le 17 *Octobre* 1870.

Les Adjoints,
J.-A. LAFONT.
A. SIMONEAU.

Le Maire du 18e Arrondissement,
G. CLÉMENCEAU.

Imprimerie PRISSETTE, passage Kusner; 17. Maison passage du Caire, 17.

RÉPUBLIQUE FRANÇAISE

LIBERTÉ, — ÉGALITÉ, — FRATERNITÉ.

MAIRIE DU 18me ARRONDISSEMENT

CITOYENS,

Le Comité d'Hygiène et de Salubrité du 18me Arrondissement vient d'être reconstitué sur de nouvelles bases.

Il fonctionnera désormais avec régularité et se réunira à la Mairie trois fois par semaine.

Nous invitons donc les citoyens à nous signaler :

Les amas d'immondices et les eaux stagnantes qui se trouvent sur la voie publique et dans les terrains vagues.

Les industries malsaines.

Les puisards, les plombs, les conduites d'eaux ménagères, les lieux d'aisances en mauvais état d'entretien; en un mot tous les foyers d'infection petits ou grands.

Paris, le 17 *Octobre* 1870.

Les Adjoints,
J.-A. LAFONT.
A. SIMONEAU.

Le Maire,
G. CLÉMENCEAU.

Paris. — Imp. PRISSETTE, pass. Kussner, 17. — Maison pass. du Caire, 17.

RÉPUBLIQUE FRANÇAISE.

LIBERTÉ, ÉGALITÉ, FRATERNTÉ.

MAIRIE

DU VIe ARRONDISSEMENT DE PARIS

Paris, le 18 octobre 1870.

Sur la proposition de la Société chimique de Paris, la Municipalité et la Commission d'armement du 6e arrondissement ont décidé, à l'unanimité, qu'une *souscription patriotique pour la fabrication des canons* nécessaires au triomphe de l'indépendance nationale serait immédiatement ouverte à la Mairie.

Nous appelons tous nos concitoyens, *sans distinction d'âge ni de sexe*, à venir déposer leur offrande sur l'autel de la Patrie et à faire les derniers efforts pour venger enfin la France d'outrages qu'elle a trop longtemps supportés.

VIVE LA RÉPUBLIQUE!

Le Maire provisoire,
ROBINET.

Les Adjoints,
ANDRÉ ROUSSELLE, P. JOZON.

Paris. — Imprimerie de Mme Ve Bouchard-Huzard, rue de l'Éperon, 5.

RÉPUBLIQUE FRANÇAISE.

LIBERTÉ, ÉGALITÉ, FRATERNITÉ

ALIMENTATION
SUBSISTANCES POPULAIRES

Le Comité de défense du IXe arrondissement

DÉLÉGUÉ PAR LE MAIRE PROVISOIRE

Prévient les citoyens de l'arrondissement qu'il ouvre des magasins, 12, rue du Cardinal-Fesch, pour y débiter des denrées fournies par le ministre de l'agriculture et du commerce.

Ces marchandises seront vendues aux consommateurs sans aucun bénéfice, et aux prix fixés par le ministère.

Un recensement est opéré par le Comité de défense pour la distribution des cartes de consommation, sans lesquelles nul ne sera admis à s'approvisionner dans ses magasins.

Les délégués du Comité de défense et de la mairie du IXe arrondissement pour les subsistances,

ERNEST PICHIO, E. DUTHIL,
CH. L. CHASSIN, PORTALIER.

816 — Paris. — Imprimerie VALLÉE, 16, rue du Croissant.

RÉPUBLIQUE FRANÇAISE

VILLE DE PARIS

Mairie du 12me Arrondissement

LISTE NOMINATIVE

DES

BOUCHERS

Chargés de desservir les Boucheries municipales du 12e Arrondissement

BOUCHERIES OUVERTES LES JOURS

PAIRS

(16, 18, 20, 22, 24, 26, 28, 30)

LERIQUE, cours de Vincennes, 6.
ANGOT, rue du Rendez-Vous, 7.
VESSIÈRE, boulevard Picpus, 100.
LAPELLE, rue Erard, 28.
LELIÈVRE, chemin de Reuilly, 7.
VERGEAT, ruelle des Meuniers, 1.
MIOT, rue de Reuilly, 9.
DUVAL, rue de Reuilly, 54.
FAVIER, rue d'Aligre, 11.
COURTOIS, place d'Aligre, 10.
TOURCECHOPE, rue de Cotte, 29.
POTEL, Marché Beauveau, 3.
FOUQUET, Marché Beauveau, 2.
DINDAULT, Marché Beauveau, 6.
PUTEL, passage Raguinot, 12.
BELLONCLE, rue de Lyon, 20.
DAIX, rue de Lyon, 31.
LESTRET, rue du Faubourg-Saint-Antoine, 70.
GANDON, rue du Faubourg-Saint-Antoine, 124.
BEAUJANOT, rue du Faubourg-Saint-Antoine, 200.
VIOLET, boulevard Mazas, 35.
RUPP COINDET, boulevard Mazas, 94.
CABIT, rue de Bercy, 24.
BLONDEAU, rue de Bercy, 13.
BORDRY, rue de Bercy, 103.
MASSERON, rue de Charenton, 231.
CAPCARÈRE, rue de Charenton, 10.
RONVEL, rue de Charenton, 52.
VIZART, rue de Charenton, 134.
HATEY, rue de Charenton, 214.
AUBOUIN, rue de Charenton, 296.

IMPAIRS

(17, 19, 21, 23, 25, 27, 29, 31)

GUIGNARD, cours de Vincennes, 16.
DELAGRANGE, avenue de Saint-Mandé, 82 *bis*.
BROQUET, rue Erard, 20.
LATTY, chemin de Reuilly, 16.
LESORT, boulevard de Reuilly, 7.
PETIT, rue de Reuilly, 33.
COURVOISIER, rue de Reuilly, 59.
LEHARLE, place de la Nativité, 4.
BORDRY, quai de Bercy, 53.
LATHELIZE, rue d'Aligre, 34.
JOURAIN, marché Beauveau, 5.
MARGUIN, marché Beauveau, 8.
RERSANT, marché Beauveau, 6.
MAUGER, marché Beauveau, 4.
HAMELAIN, rue Crozatier, 4
BONNEAU, rue de Lyon, 21.
GAUTIER, boulévart Mazas, 58.
BELLON, rue des Charbonniers, 7.
DENIER, rue du Faubourg-Saint-Antoine, 106.
MAILLARD, rue du Faubourg-Saint-Antoine, 164
CHAUMONT, rue du Faubourg-Saint-Antoine, 228
CHAUMERON, rue de Bercy, 29.
TOURTEBATTE, rue de Bercy, 119.
NIDERKORN, rue de Bercy, 238.
ARMANDOT, rue de Charenton, 46.
CORON, rue de Charenton, 72.
DESSAIGNE, rue de Charenton, 130.
QUARRÉ, rue de Charenton, 283.
PERNIN-PETIT, rue de Charenton, 161.
GARDE, rue de Charenton, 262.
HUMILIÈRE, marché du Trône et marché de Bercy.

Le Maire rappelle à MM. les Bouchers qu'ils ne doivent avoir de préférence pour personne, et que chacun doit être servi à son tour, en suivant l'ordre d'arrivée. On est assuré d'avoir de la viande, attendu que la quantité attribuée à l'arrondissement est proportionnée au chiffre de la population.

Le Maire recommande de nouveau à ses administrés de lui adresser directement les réclamations qu'ils auraient à faire, il s'empressera d'y faire droit.

Paris, le 17 Octobre 1870.

Le Maire du 12e Arrondissement,
ALFRED GRIVOT.

8174 Paris. — Typographie et Lithographie de RENOU et MAULDE, rue de Rivoli, 144.

République Française

MAIRIE DE ROUEN.

GARDES NATIONAUX

MOBILISÉS.

DIVISION EN COMPAGNIES.

AVIS.

Le Maire de Rouen

Donne avis, aux Gardes nationaux mobilisés de la Ville, qu'il va être procédé à la formation des Compagnies, et qu'ils sont convoqués à cet effet, dans l'ordre suivant, aux lieux de réunion de chaque bataillon, pour les jours et heures ci-après désignés :

1° Pour le mardi **18** courant, à sept heures du matin :
Les Gardes nationaux mobilisés des 2e et 4e Bataillons, savoir :
2e Bataillon, place du Champ-de-Mars ;
4e Bataillon, place de la Madeleine.

2° Pour le mercredi 19 courant, à sept heures du matin :
Les Gardes nationaux mobilisés des 1er et 3e Bataillons, savoir :
1er Bataillon, place de l'Hôtel-de-Ville ;
3e Bataillon, place de la Haute-Vieille-Tour.

3° Pour le jeudi 20 courant, à sept heures du matin :
Le 5e Bataillon, place de la Bourse.

Les Gardes nationaux mobilisés seront en même temps convoqués à domicile. — Néanmoins, ceux qui n'auront pas reçu leur billet sont invités à se rendre aux lieux de rassemblement, sur le présent avis.

Cette réunion ayant seulement pour objet la formation des Compagnies, la distribution des armes n'aura lieu qu'ultérieurement.

Rouen, le 17 octobre 1870.

NÉTIEN.

Rouen. — L. LECERF, imprimeur de la Cour d'appel et de la Mairie, rue des Bons-Enfants, 46-48.

MAIRIE DE TOULON.  DÉPARTEMENT DU VAR.

RÉPUBLIQUE FRANÇAISE

LIBERTÉ, ÉGALITÉ, FRATERNITÉ.

CITOYENS
DE LA GARDE NATIONALE.

Maintenant que nos émotions communes sont apaisées et que la ville a repris son calme civique après une nuit de troubles, dont la population toulonnaise n'est point responsable, et qu'on pouvait éviter.

Je n'ai plus qu'une préoccupation, celle de vous remercier pour votre belle conduite, en mon nom et au nom de toute la Municipalité.

Au premier appel, vous êtes venus, avec un ensemble admirable, protéger vos frères inoffensifs mais agités.

Votre attitude ferme et prudente a inspiré la plus grande confiance et les sympathies les plus énergiques. Les marins et les soldats se sont déclarés vos amis. Nos malheurs d'un instant n'ont point été aggravés, grâce à cette fusion des sentiments généreux et patriotiques.

Citoyens de la Garde Nationale,

Lorsque des Patriotes accomplissent leurs devoirs comme vous l'avez fait, on peut avoir foi en l'avenir de la Nation et de la République.

Certain de votre concours dans les circonstances les plus difficiles, le Maire de Toulon puisera dans cette idée sa force et son influence morales.

Il vous envoie les témoignages empressés de son dévouement.

Toulon, le 17 octobre 1870.

Le Maire de Toulon,
V. ALLÈGRE.

3768 Toulon — Typographie et Lithographie F. ROBERT, boulevard de Strasbourg.

République Française

DÉPÊCHE
TÉLÉGRAPHIQUE

Tours, 16 octobre 1870, 7 h. 40 m. soir.

Le Ministre de la Justice aux Préfets et au Gouverneur général de l'Algérie :

Le décret du gouvernement de Tours, du 13 courant, relatif aux effets de commerce est rapporté et remplacé par le décret suivant du gouvernement de Paris, en date du 11 octobre, publié dans le *Journal officiel* du 12, arrivé aujourd'hui à Tours.

Article 1er. La prorogation de délai accordé par la loi du 13 août et le décret du 10 septembre 1870, relatifs aux effets de commerce est augmentée d'un mois à compter du 14 octobre courant. Cette disposition est applicable même aux valeurs souscrites postérieurement à la loi et au décret sus-visés.

Article 2. Toutes les autres dispositions de la loi du 13 août 1870 sont maintenues.

Article 3. Le présent décret est applicable à l'Algérie.

Pour copie conforme :
Le Préfet de la Loire,
CÉSAR BERTHOLON.

BENEVENT, imprimeur de la Préfecture, place de l'Hôtel-de-Ville, 4, à Saint-Étienne.

RÉPUBLIQUE FRANÇAISE.

MAIRIE DE PARIS.

AVIS.

Les nécessités du siége de Paris ayant obligé depuis plus d'un mois les employés et les receveurs de l'Octroi placés aux portes d'enceinte à se retirer de leurs bureaux, des dispositions ont été prises pour constater par de simples déclarations chaque introduction d'objets imposés, sans application immédiate du tarif quant au payement des droits dus à l'entrée.

Mais ces facilités momentanées et ces tolérances exceptionnelles ont donné naissance à des abus et favorisé des fraudes, d'autant plus fâcheuses qu'indépendamment de la diminution qu'elles font subir aux revenus municipaux, si nécessaires en ce moment, il en résulte pour l'importation une sorte de privilége, les perceptions opérées à l'intérieur dans les entrepôts ou ailleurs n'ayant subi de leur côté ni réduction quant au fond du droit, ni modification quant à la forme.

En conséquence, toutes choses devant être replacées dans des conditions normales et suivant les règles de l'équité, le Maire de Paris a donné des ordres pour que le recouvrement des droits d'octroi s'opérât à l'avenir aux entrées de Paris conformément aux lois et règlements applicables à ce service, y compris naturellement le maintien de la suspension décrétée le 9 Septembre dernier en faveur des introductions par suite de déménagements de force majeure.

Paris, le 17 octobre 1870.

Le Maire de Paris,
ÉTIENNE ARAGO.

Le Secrétaire général de la Mairie de Paris,
J. MAHIAS.

1 IMPRIMERIE NATIONALE. — Octobre 1870.

République Française

DÉPÊCHE
TÉLÉGRAPHIQUE

CIRCULAIRE DE TOURS

Tours, 18 octobre 1870.

Le Ministre de l'intérieur à MM. les Préfets et Sous-Préfets :

Il n'est pas signalé d'engagement important; hier, l'ennemi parait avoir fait un mouvement, évacuant en grande partie Orléans.

A Saint-Laurent-des-Eaux, les francs-tireurs de la Dordogne et d'Indre-et-Loire ont, à deux reprises, hier, dispersé des reconnaissances ennemies, en leur infligeant des pertes, faisant deux prisonniers, dont un capitaine. Les francs-tireurs et les gardes nationaux, après avoir trouvé Melun évacué ont, dans les bois, vers Saint-Denis, attaqué un détachement ennemi et tué l'officier et quelques hommes.

Les éclaireurs ennemis continuent à incendier les villages de la Beauce; Menainville et la Bourdinière sont presque entièrement détruits.

Le général Bourbaki est chargé, sur sa demande, du commandement supérieur de la région du Nord.

Le Ministre de l'Intérieur,
GAMBETTA.

Pour copie conforme :
Le Préfet de la Loire,
César BERTHOLON.

Benevent, imprimeur de la Préfecture, place de l'Hôtel-de-Ville, 4, Saint-Étienne.

RÉPUBLIQUE FRANÇAISE

LIBERTÉ — ÉGALITÉ — FRATERNITÉ

MAIRIE DU 4^E ARRONDISSEMENT

Citoyens,

Nous venons vous rappeler les instructions que nous vous avons déjà données pour le service de la Boucherie.

1° La vente se faisant exclusivement pour le compte de la Municipalité, tout achat doit être fait dans l'étal, payé comptant à la caissière, et emporté de suite par l'acheteur. Toute livraison à domicile comme toute vente en dehors des heures où la caissière est dans l'étal, exerçant son mandat, sont formellement interdites.

2° La viande une fois livrée par l'abattoir reste sous la responsabilité des bouchers-étaliers. Ils devront donc ne pas en recevoir sans vérifier le poids du meneur qui sert de base au contrôle exercé par la Mairie.

3° Le client peut acheter la ration d'un, de deux ou de trois jours écoulés, mais il ne pourra en aucun cas, demander par anticipation, la livraison des rations des jours suivants.

4° Il est interdit de distribuer des numéros. La vente doit se faire directement à ceux qui se présenteront.

La viande ne sera vendue qu'à des personnes munies de cartes de rationnement. La même personne pourra être porteur de plusieurs cartes à des noms différents. Les restaurateurs notamment pourront recevoir la totalité des rations représentées par les cartes appartenant à leurs clients, qu'ils présenteront.

Paris, le 18 octobre 1870.

Le Maire,
L. GREPPO.

Typ. VERT Frères, 6, rue François-Miron.

RÉPUBLIQUE FRANÇAISE

PRÉFECTURE DU RHONE.

AVIS

La situation militaire commande impérieusement que des mesures sérieuses soient prises sans retard en vue d'une attaque des Prussiens sur Lyon. L'ennemi doit trouver la seconde ville de France en état d'opposer, comme Paris, une résistance capable d'épuiser les efforts les plus tenaces.

En conséquence, le Préfet, Commissaire extraordinaire de la République, a décidé, de concert avec le Conseil municipal, que de vastes approvisionnements en céréales et en bétail vont être faits immédiatement. Toutefois, il faut que l'Autorité soit aidée du concours de chacun. C'est pourquoi les Habitants de Lyon sont invités, de la manière la plus pressante, à se pourvoir à l'avance, dans la mesure de leurs besoins et de leurs ressources, des denrées alimentaires susceptibles de conservation et de durée.

Ils devront faire, à bref délai, des provisions au moins pour deux mois.

Lyon, le 19 octobre 1870.

Le Préfet du Rhône, Commissaire extraordinaire de la République,
P. CHALLEMEL-LACOUR.

Lyon.—Imp. de J. NIGON, rue de la Poulaillerie, 2.

L'UNION DU CRÉDIT

BANQUE ANONYME.

ÉMISSION FIDUCIAIRE

MONNAIE D'APPOINT

Autorisée par arrêté préfectoral en date du 13 octobre.

L'Administration de l'**UNION du CRÉDIT** donne avis qu'on peut se procurer à sa Caisse, **35, rue des Balances,** et sans aucuns frais, l'échange des Billets de Banque contre de la monnaie fiduciaire de **1, 2, 3, 4. 5, 10, 25** francs, remboursables, sans aucune retenue, à vue et au porteur, par groupe de **Cent francs.**

Les Billets seront signés par le Caissier de la Société et le Contrôleur délégué de M. le Préfet.

La Caisse est ouverte de 10 à 4 heures.

Vu et approuvé :

Le Préfet de la Haute-Garonne,
Armand DUPORTAL.

Toulouse, Imprimerie Troyes Ouvriers Réunis.

RÉPUBLIQUE FRANÇAISE

LIBERTÉ, ÉGALITÉ, FRATERNITÉ

Alimentation, Subsistances Populaires

FERMETURE DES MAGASINS

LE MINISTRE REFUSE DE LIVRER DES DENRÉES

Dès le premier jour de l'investissement de Paris le Comité du IXe arrondissement s'était imposé le devoir de consacrer ses efforts à la solution du problème capital de la défense : l'alimentation populaire. Il avait jugé qu'au point de vue militaire, comme au point de vue social, il fallait assurer la prolongation de la résistance jusqu'à la victoire en organisant, par un rationnement méthodique, la distribution générale des subsistances, garanties de tout gaspillage et de toute détérioration résultant de l'entassement inutile.

La pensée du Comité avait été comprise avec une intelligence et un patriotisme admirables par les citoyens Ranc et Parent. Le maire et le premier adjoint du 4 septembre s'étaient empressés de mettre à notre disposition l'autorité municipale, et, sur sa garantie, d'obtenir du ministère de l'agriculture et du commerce la livraison de diverses denrées réservées dans les magasins de l'État.

Sans perdre une heure, avec le concours de citoyens dévoués, offrant gratuitement leur temps et leur peine, nous avons pu, — tandis que se préparait l'ouverture de notre magasin de la rue Cardinal-Fesch, — opérer le recensement et le rationnement de 100,000 âmes.

En cinq jours, la première livraison ministérielle s'est trouvée épuisée par une distribution de 153,000 parts de pommes de terre, de riz, de café, de sel et de poivre.

Les plus éclatants témoignages d'une sympathie qui nous honore ont prouvé que le service rendu à la population du IXe arrondissement était compris par elle. Nous espérions que notre système de rationnement et de distribution appliqué à toutes les denrées, boissons et combustibles, dans tous les arrondissements à la fois, produirait ce que nous commencions à obtenir dans l'un d'eux : la sécurité de la vie quotidienne, l'inflexible courage qu'elle donne aux défenseurs de la Patrie et de la République.

Six magasins nous auraient suffi pour alimenter le IXe arrondissement, 120 pour alimenter tout Paris ; ils eussent pu être ouverts en une semaine.

Au moment même où cette simple et vaste organisation se réalisait, le gouvernement de la défense nationale nous fait déclarer par le nouveau maire du IXe arrondissement, que notre idée est contraire aux principes économiques — comme si Paris investi peut, sans danger public, pratiquer les principes d'une époque normale.

Communication officielle nous a été faite de la lettre suivante :

A M. Chaudey, maire du IXe arrondissement.

Paris, le 15 octobre 1870.

Mon cher Maire,

Je n'ai jamais pensé qu'à favoriser une expérience, mais non pas à fournir à tous les Arrondissements, ce que l'équité exigeait, des approvisionnements en épiceries.

Je considère comme un devoir absolu, imposé par les circonstances, de conserver, pour la dernière période du siége, les approvisionnements de l'État, en laissant d'abord consommer ceux qui sont dans le commerce.

Vous approuverez ma détermination, qui m'est dictée par une pensée de prévoyance, et vous me croirez votre ami ancien et dévoué.

Signé : MAGNIN.

Paris, le 16 octobre 1870.

Pour copie conforme, *le Maire provisoire.*

Réponse au Ministre par le Ministre.

Modèle d'une lettre demandée par le Ministre au citoyen Ranc, maire provisoire du IXe arrondissement, modèle écrit par le chef du cabinet du Ministre, le 25 septembre.

Le Maire du IXe arrondissement, en attendant qu'un système définitif et général ait été adopté, pour la distribution des approvisionnements.

Vu l'urgence résultant de ce que MM. . . ., ont déjà installé, rue . . . un magasin, pour livrer les denrées aux consommateurs.

Invite le Ministre du Commerce à livrer à MM. . . . . Riz . . . kilog., Sel . . . kilog. . . .

Le Maire du IXe arrondissement se charge de surveiller la vente de ces denrées aux prix qui seront indiqués par le Ministre du Commerce ;

Il se charge d'opérer le recouvrement de ces prix et d'en faire le versement à la caisse du Ministère du Commerce.

En conséquence, nous sommes obligés de fermer notre magasin de la rue Cardinal-Fesch et de suspendre l'ouverture des cinq autres. Nous dégageons absolument la responsabilité du Comité de défense, que couvraient l'autorisation ministérielle et le fraternel appui de l'ancienne mairie de notre arrondissement. A nos concitoyens et de ce quartier et de tout Paris d'agir à notre place — par adhésions motivées — afin que le Gouvernement soit pressé de revenir sur une décision que nous déplorons parce qu'elle nous paraît fatale à l'alimentation du peuple parisien, au salut de la Patrie et de la République.

Paris, ce 17 octobre 1870.

Les délégués du Comité de défense et de la mairie du IXe arrondissement pour les subsistances,

ERNEST PICHIO, E. DUTILH, CH.-L. CHASSIN, M. PORTALIER.

N. B. — Notre organisation persiste en ce qui concerne la vente de la viande de cheval.

830 — Paris. — Imprimerie VALLÉE, 16, rue du Croissant.

DES CANONS

ENCORE DES CANONS, TOUJOURS DES CANONS!

Dans la fameuse séance de l'Assemblée législative du 2 septembre 1792, Danton, « ce soufflet de forge qui enflammait le peuple, » terminait son discours par ces mots, qui sont restés célèbres : « ...Que faut-il pour vaincre les ennemis de la patrie? il faut de l'audace, encore de l'audace, toujours de l'audace ! » Toute la France répondit au cri de Danton, et les républicains de 92 chassèrent l'Europe coalisée, qui occupait déjà la Lorraine.

Aujourd'hui 400,000 Prussiens entourent Paris ; que dirait Danton s'il siégeait en ce moment à l'Hôtel-de-Ville? La formule changerait. En effet, est-ce la bravoure, est-ce l'audace qui font défaut aux républicains de 1870 ? qu'on aille le demander à ces jeunes mobiles de la Seine, de la Bourgogne, de la Champagne, de la Bretagne, de la Vendée, de l'Orléanais et des autres provinces françaises, qui se sont conduits si bravement sur les hauteurs de Châtillon ; qu'on interroge ces braves gardes nationaux de Paris, qui n'attendent qu'un ordre pour marcher. Que manque-t-il donc aux défenseurs de Paris pour détruire les hordes de Teutons que l'imbécillité et la corruption impériales ont précipitées sur notre sol? Il manque des armes perfectionnées, et tous ces engins qui seuls ont fait jusqu'ici la supériorité momentanée de nos ennemis.

Il nous faut donc, comme nous l'avons écrit en tête, *des canons*, *encore des canons*, *toujours des canons!* Mais, pour avoir des canons, il faut de l'argent, beaucoup d'argent. Cette opinion était celle du vieux maréchal de Trivulce, auquel on demandait combien de choses étaient nécessaires pour bien faire la guerre, et qui répondait aussi énergiquement que spirituellement : « Il faut trois choses : de l'argent, encore de l'argent et toujours de l'argent. »

Eh bien, que Paris, qui est aujourd'hui le cœur de la France, et qui doit faire face à toutes les nécessités, que cette immense ruche où s'agitent près de 2,000,000 d'êtres vivants, ne manque ni de canons, ni de vivres; car la faim, cette mauvaise conseillère, ne doit pas planer, seulement pendant une minute, sur la grande cité.

Il nous faut donc des canons, et quand nous aurons des canons, il ne restera bientôt plus un seul Prussien sur le sol trois fois saint de la patrie.

Comment! la France manquer d'argent et mourir faute d'argent? Dans les circonstances terribles où nous nous trouvons, une telle supposition serait un horrible blasphème!

Allons! de l'audace, encore de l'audace, toujours de l'audace! Que Paris, que le Gouvernement de la défense nationale, qui est, à l'heure présente, l'incarnation de toute la France; que ce Gouvernement improvisé, qui aura une place glorieuse dans l'histoire, ose

FAIRE AUX CAVES DE LA BANQUE UN EMPRUNT DE CENT MILLIONS!

Là est tout le salut. Mais cet emprunt national, qu'il soit fait en plein jour, la tête levée, en présence de deux millions de témoins, comme s'exécutent les grandes, les nobles, les fécondes actions. A cette condition, nos combattants auront des canons et Paris ne manquera pas de pain. Les secours en vivres et en toutes les choses essentielles abonderont; on ne les distribuera plus d'une main avare. Les braves Gardes nationaux, en partant pour les remparts, auront la consolation de se dire : « Courage, ma femme et mes enfants ne manquent de rien. »

Les Prussiens, une fois chassés, la République, établie à jamais, restituera, *sans bourse délier*, les cent millions qui lui auront sauvé la vie. Opulente mineure, dépouillé pendant dix-huit ans par un système de corruption et de brigandage odieusement organisé, la France, la République tiendra ce langage aux complices du grand coupable : « Aujourd'hui, que me voilà émancipée, vous allez me rendre des comptes; j'ai le droit de nettoyer certaines écuries où pendant près d'un quart de siècle, se sont accumulées de honteuses immondices. Je pourrais, à l'exemple d'Herculé, recourir à des moyens extrêmes et y faire passer un fleuve....! Je ne le veux pas... Je suis une République vierge, immaculée, dont aucune tache de sang ne doit souiller le front. Je me fais la grande justicière.... Allons, sangsues, qui vous êtes gonflées dans les fanges boueuses de ce marais putride, préparez-vous à rendre gorge, car l'heure des grandes assises a sonné. Payez, payez, payez ! ce sera, si vous le voulez, *l'impôt Bonaparte* ! »

. . . .

Alors passera dans l'histoire cette fière réponse lancée par la République comme un soufflet à la face de l'insulteur Bismarck :

Pas un pouce de mon territoire !
Pas une pierre de mes forteresses !
Pas un centime de mes finances !

UN VRAI RÉPUBLICAIN

QUI A PRIS CES MOTS POUR DEVISE POLITIQUE :

« *Faisons République qui dure.* »

Paris. — Imprimerie Jules BONAVENTURE, quai des Grands-Augustins, 55

République Française

DÉPÊCHE
TÉLÉGRAPHIQUE

La Commission d'armement à Tours, à M. Toussaint, Directeur des Ateliers à Saint-Etienne.

La Commission a reçu votre proclamation. Elle vous félicite d'avoir été si fidèlement son interprète auprès des ouvriers, contre-maitres et industriels de Saint-Etienne.

Elle applaudit surtout au concours empressé de cette vaillante population qui répond si patriotiquement à votre chaleureux appel.

LA COMMISSION.

Courage! Citoyens, continuez à travailler avec le même zèle. Que partout on sente la vie, l'activité que commandent impérieusement les circonstances. Vous aurez contribué pour une large part au salut de la République, notre but commun.

Pour les efforts déjà tentés, pour les résultats acquis, recevez l'expression de mes sentiments de vraie reconnaissance.

Pour ce qui reste à faire, mes encouragements les plus chaleureux.

Le gage assuré du succès, c'est le dévouement de tous.

Le Préfet de la Loire,
CÉSAR BERTHOLON.

BENEVENT, imprimeur de la Préfecture, place de l'Hôtel-de-Ville, 4, à Saint-Etienne.

RÉPUBLIQUE FRANÇAISE

LIBERTÉ, ÉGALITÉ, FRATERNITÉ

ARMÉE DES VOSGES

AVIS

MM. les Docteurs en médecine ou Internes des Hôpitaux, qui désireraient entrer dans le bataillon de l'Armée des Vosges, en voie de formation, au même titre de Chirurgiens-Majors et d'Aides-Majors que l'armée active, sont instamment priés de vouloir bien adresser leur demande à l'État-Major de la Garde Nationale, au Docteur RIVAUD-LANDRAU, ou au Comité d'organisation de l'Armée des Vosges, passage des Terreaux.

Lyon, le 18 octobre 1870.

Le Médecin-Major, chargé de l'organisation du service,
Dr RIVAUD-LANDRAU.

Le Vice-Président du Comité central,
P. GANGUET.

Lyon, imp. Rey et Sézanne, rue St-Côme, 2.

RÉPUBLIQUE FRANÇAISE

Garde nationale de la Seine

ORGANISATION

DES

BATAILLONS DE VOLONTAIRES

ARRÊTÉ

Le Commandant supérieur des Gardes nationales de la Seine.

Vu la lettre de M. le Gouverneur de Paris à M. le Maire de Paris, en date du 14 octobre 1870 ;

Vu le Décret du Gouvernement de la Défense Nationale en date du 16 octobre 1870 ;

Considérant qu'il importe de tracer des règles d'exécution pour l'application des mesures annoncées et ordonnées par les deux actes publics précités.

ARRÊTE :

ARTICLE PREMIER. — Une liste sera ouverte dans chaque Bataillon pour recevoir les inscriptions des Gardes nationaux qui demandent à faire partie des compagnies de Volontaires.

ART. 2. — Chaque Bataillon est autorisé à former une compagnie de Volontaires dont l'effectif ne pourra dépasser le chiffre de 150 hommes, l'obligation de fournir une compagnie de Volontaires n'étant d'ailleurs imposée à aucun Bataillon.

ART. 3. — Pourront proposer plusieurs compagnies de Volontaires, les Bataillons qui, avec leurs seules ressources en armement, ou par des échanges d'armes de Bataillon à Bataillon, opérées comme il sera prescrit ci-dessous, seront en mesure d'armer plus d'une compagnie de fusils à tir rapide. Les compagnies de carabiniers et autres, déjà formées dans le but spécial de faire des sorties, pourront trouver place dans l'organisation nouvelle, à la condition que les officiers sous-officiers et gardes qui la composent se conformeront aux règles du présent arrêté et au principe de l'inscription individuelle et volontaire.

ART. 4. — L'acceptation des Volontaires inscrits sera faite par les soins de conseils dits : *Conseils de famille de Bataillon*, qui seront immédiatement constitués.

ART. 5. — Le Conseil de famille de Bataillon est composé du Commandant de Bataillon, président, des Capitaines commandants, et d'un délégué par compagnie, élu par les officiers, sous-officiers et gardes de la compagnie.

Art. 6.— Le choix des Conseils de famille de Bataillon portera de préférence sur les hommes âgés de moins de trente-cinq ans, célibataires, d'une constitution vigoureuse, ayant porté les armes, ou acquis la pratique des exercices militaires.

Art.— Lorsque la liste nominative des Volontaires, divisée par compagnies, aura été établie, elle sera remise au maire de l'arrondissement; pour servir de base, avec celles des autres Bataillons, à un travail d'acceptation définitive. Cette acceptation dépendra des ressources en fusils à tir rapide de l'arrondissement et des moyens d'échange de Bataillon à Bataillon auxquels pourra recourir le *Comité d'arrondissement.*

Art. 8.— Le Comité d'arrondissement se compose du maire, président, et des commandants de Bataillons de l'arrondissement.

Art. 9.— Le Comité d'arrondissement arrêtera définitivement la liste des compagnies de volontaires fournies par l'arrondissement, et dont l'organisation est soumise aux conditions suivantes :

1° Les compagnies de Volontaires devront être uniformément armée de fusils se chargeant par la culasse;

2° Tous les hommes qui en font partie seront pourvus de l'uniforme et de l'équipement complet, à leur charge ou à la charge de la ville ; cartouchière, fourreau de baïonnette, havre-sac, tente-abri, demi-couverture, ustensiles de campement.

Art. 10.— Au fur et à mesure que les Compagnies de Volontaires seront formées, le Comité d'arrondissement fera procéder aux élections des officiers, sous-officiers et caporaux, conformément aux prescriptions de la loi du 13 juin 1851.

Art. 11.—Le Comité d'arrondissement réunira les compagnies par groupes de quatre pour former des Bataillons de Volontaires. Aussitôt qu'un bataillon aura été formé de cette manière, le Comité fera procéder à l'élection du chef de Bataillon, aux élections et nominations des grand et petit état-major, conformément aux prescriptions de la loi du 13 juin 1851.

Art. 12.— Les officiers, sous-officiers et caporaux des compagnies de Volontaires devront être élus parmi les officiers, sous-officiers et gardes des Bataillons qui les auront respectivement formées. Les commandants des Bataillons de Volontaires seront élus parmi les citoyens appartenant à la Garde nationale. Les titulaires de tout grade ou emploi, qui entreront à un titre quelconque dans les Bataillons de Volontaires, seront immédiatement remplacés dans leurs anciens Bataillons.

Art. 13. — Aussitôt qu'un commandant de Bataillon aura été élu, il portera au commandant supérieur le procès-verbal de son élection, et les procès-verbaux des élections des officiers, sous-officiers et caporaux. La remise de ces titres et leur dépôt aux archives de l'état-major constitueront définitivement le Bataillon. Le commandant supérieur lui donnera un numéro suivi de la désignation : *Bataillon de Volontaires.*

Art. 14. — Les Officiers généraux commandants de secteur auront sous leur commandement les Bataillons de Volontaires formés dans leurs secteurs respectifs. Ils sont chargés d'en activer la formation, d'en passer des revues, et de s'assurer que les cadres sont complets, ainsi que l'armement et l'équipement. Les commandants de secteur règleront le service de rempart des Bataillons de Volontaires dans les intervalles des opérations extérieures, et les conduiront à l'ennemi quand il y aura lieu.

Art. 15. — Les Bataillons de Volontaires, tout en concourant, sous les ordres du Gouverneur de Paris, avec la troupe de ligne et la Garde mobile, aux opérations militaires ayant pour objet immédiat la Défense de la capitale, n'en conserveront pas moins leur caractère de Garde nationale; comme tels, ils resteront soumis aux lois et règlements militaires appliqués par la juridiction spéciale à la Garde nationale, qui a été créée par le décret du 27 septembre 1870.

Paris, le 19 Octobre 1870.

Le Général Commandant supérieur des Gardes nationales de la Seine,

TAMISIER.

Approuvé :

Le Président du Gouvernement, Gouverneur de Paris,

Général TROCHU.

Approuvé :

Le Ministre des Affaires Étrangères, chargé par intérim du Département de l'Intérieur,

JULES FAVRE.

Paris. — Imp. Paul Dupont.

RÉPUBLIQUE FRANÇAISE.

LIBERTÉ, ÉGALITÉ, FRATERNITÉ.

AUX OUVRIERS DES CHANTIERS

Citoyens,

La plupart d'entre vous travaillent bravement, je le sais et je les en remercie.

Mais on m'affirme que, dans plusieurs chantiers, un certain nombre de mauvais ouvriers ne font rien, et empêchent les autres de travailler. Par suite de cette paresse ou de ce mauvais vouloir, les travaux de la défense languissent. Les Prussiens peuvent arriver avant que nous soyons en mesure de les recevoir.

Citoyens, s'il en est ainsi, je vous dénonce, à vous tous qui faites votre besogne en conscience, qui voulez gagner votre salaire et qui rougiriez de vous ravaler au rang de mendiants, je vous dénonce ces hommes sans courage et sans honneur. Je vous demande de les expulser sans pitié et de m'aider à en faire justice.

Sans doute ils veulent que Lyon soit hors d'état de se défendre; ils appellent de leurs vœux la venue des Prussiens; du moins ils se conduisent comme s'ils y étaient insensibles.

Vous, les vaillants et les laborieux, vous êtes le grand nombre, ils ne sont qu'une poignée. Vous êtes le vrai Peuple, ils sont la tourbe qui, dans tous les temps, a perdu les Etats et les Républiques. Vous êtes la probité, le nerf et la force du Pays. Ils sont les misérables instruments de ceux qui veulent tout empêcher pour tout perdre; ils sont l'espérance de l'Etranger.

Citoyens, Lyon est le rempart du Midi; de Lyon sortira peut-être le salut de la France. Mais il faut que Lyon soit défendu; il faut que ses fortifications soient achevées. Donc, que chacun travaille; que les cabarets soient supprimés sur les chantiers; que les oisifs, les paresseux, les perturbateurs soient chassés par vous-mêmes.

Je compte sur votre patriotisme et sur votre bonne volonté.

J'avertis ceux qui vous troublent, et qui sourds à vos paroles, refuseraient de s'amender, que des mesures sont prises pour qu'ils soient efficacement réprimés.

VIVE LA RÉPUBLIQUE!

Lyon, le 19 octobre 1870.

Le Commissaire extraordinaire, Préfet du Rhône,
P. CHALLEMEL-LACOUR.

Lyon — Imp. J. NIGON, rue de la Poulaillerie, 2.

RÉPUBLIQUE FRANÇAISE

LIBERTÉ, ÉGALITÉ, FRATERNITÉ.

Au 118e Bataillon de la Garde nationale.

CITOYENS,

Appelé par vos suffrages à l'honneur de vous commander, j'ai accepté avec empressement ce poste de combat.

Je comptais rester à votre tête aussi longtemps que durerait le danger. Mais, dans le but d'apaiser de regrettables conflits, de donner de nouveaux gages à la liberté et d'affirmer sa foi républicaine, le Maire de Paris a fait appel à mon dévouement et à mon patriotisme, et m'a désigné comme Maire du XIe arrondissement. J'ai dû m'incliner devant cet appel.

Vous me connaissez et j'espère que vous comprendrez le sentiment qui m'a imposé cette détermination.

Conservez un fraternel souvenir de votre ancien chef. Quant à lui, il est heureux de vous témoigner ici la profonde gratitude que lui ont inspiré le patriotisme et l'ardeur que vous montrez pour la défense du sol de la Patrie.

Réunis ou séparés, nous servirons toujours la même cause, celle de la République une et indivisible.

VIVE LA RÉPUBLIQUE!

Paris, le 19 Octobre 1870.

Le Commandant du 118e Bataillon,
ARTHUR DE FONVIELLE.

IMPRIMERIE NATIONALE. — Octobre 1870.

RÉPUBLIQUE FRANÇAISE

LIBERTÉ, ÉGALITÉ, FRATERNITÉ.

MAIRIE DU XIe ARRONDISSEMENT

CITOYENS,

Le Maire de Paris, en me nommant Maire du XIe arrondissement, a fait appel à mon dévouement; c'est pourquoi j'ai accepté de servir la République au nouveau poste qui m'est assigné, comme j'avais accepté de la défendre à la tête du bataillon qui m'avait élu Commandant.

Apaiser des dissentiments qui peuvent s'élever entre des hommes tous également dévoués à la cause de la République, me paraît être en face de l'ennemi, le plus impérieux des devoirs.

Personne ne pourra jamais considérer comme un gage donné à une réaction monarchique ou cléricale le nom d'un homme qui a été pendant toute sa vie l'un des adversaires les plus résolus du Gouvernement impérial, et l'un des propagateurs les plus décidés de l'idée républicaine.

Je n'oublierai pas que le devoir du magistrat républicain est d'être jour et nuit le serviteur du peuple, et je fais appel à vos sentiments de justice pour ne me juger que lorsque vous m'aurez vu à l'œuvre.

VIVE LA RÉPUBLIQUE!

Paris, le 19 Octobre 1870.

Le Maire provisoire du XIe arrondissement,
ARTHUR DE FONVIELLE.

IMPRIMERIE NATIONALE. — Octobre 1870.

RÉPUBLIQUE FRANÇAISE

COMITÉ DE LA GUERRE

ÉTAT-MAJOR

de la

GARDE NATIONALE

Un grand nombre de troupes pouvant arriver à Lyon d'un moment à l'autre, les citoyens sont invités à faire connaître, dans le plus bref délai possible, à l'État-Major de la Garde Nationale, les bâtiments disponibles à cet effet.

Lyon, le 19 Octobre 1870.

Le Général,
commandant la Garde Nationale de Lyon,
ALEXANDRE.

Lyon, Imprimerie Rey et Suzanne, rue St-Côme, 2.

RÉPUBLIQUE FRANÇAISE

COMMANDEMENT

SUPÉRIEUR

DE L'OUEST

Le Général commandant supérieur des forces militaires de l'Ouest,

En vertu du décret du 14 octobre 1870, qui prescrit de déclarer en état de guerre les départements qui se trouvent par un point quelconque à une distance de moins de 100 kilomètres de l'ennemi, déclare,

A la date d'aujourd'hui, le département de la Sarthe est en état de guerre et rappelle aux gardes nationaux l'article suivant du décret :

« Art. 6. — Tant que dure l'état de guerre d'un département, les « gardes nationaux convoqués à la défense sont placés sous le ré- « gime des lois militaires ; s'ils manquent à l'appel ou s'ils n'accom- « plissent pas leurs devoirs de soldat, ils sont passibles des peines « prévues par le Code de l'Armée.

« **A défaut d'uniforme, les gardes nationaux convoqués doivent** « porter le képi afin de **constater leur qualité** militaire.

Fait au Mans, le 19 octobre 1870.

Le Général commandant supérieur régional de l'Ouest,
FIERECK.

Le Mans. — Ed. Monnoyer, imprimeur de la Préfecture. — Octobre 1870.

RÉPUBLIQUE FRANÇAISE

PRÉFECTURE DE LA LOIRE.

Citoyens,

Notre département appartient à la huitième division militaire.

Le général commandant cette division a, conformément aux dispositions du décret du 14 octobre dernier, du Gouvernement de la défense nationale, déclaré la Loire en état de guerre.

Cette mesure vous dit assez quelle est notre situation, quels vont être nos devoirs, sans que j'aie besoin d'y insister.

Désormais, pour les Républicains, il n'y a plus qu'une préoccupation, la défense.

Le patriotisme de notre population est trop connu, il s'est affirmé par trop de preuves pour qu'on puisse douter un instant de la fière attitude des Stéphanois devant l'ennemi.

Donc, toute affaire cessante, chaque parti, chaque citoyen, écartant ou ajournant avec soin la discussion et la solution de toute question politique ou sociale, devra concourir de toute son énergie au but commun que s'est imposé la défense.

Citoyens,

Nous nous rencontrerons tous dans cette voie; vous me trouverez avec vous, devant vous. Je compte sur votre concours le plus dévoué.

Gardez-vous des agitations stériles qui ne peuvent avoir en ce moment d'autre résultat immédiat que le ralentissement des efforts de résistance, j'allais dire l'oubli du danger pressant.

Je m'adresse à tous les patriotes, je n'ai donc pas besoin d'ajouter que, convaincu des nécessités de la grave situation qui nous est faite, fidèle à mon devoir, je ferai respecter les lois avec une prudente modération, mais sans faiblesse; il y va du salut de la Patrie et de la République.

Le Préfet de la Loire,
CÉSAR BERTHOLON.

BENEVENT, imprimeur de la Préfecture, place de l'Hôtel-de-Ville, 4.

RÉPUBLIQUE FRANÇAISE

DÉPÊCHE
TÉLÉGRAPHIQUE

Tours, 20 octobre 1870.

Le Ministre de l'intérieur à MM. les Préfets et Sous-Préfets :

Les journaux officiels de Paris, des 15 et 16, confirment pleinement l'importance du combat du 13, sous Paris; des renseignements certains font connaître que l'ennemi eut plus de 1,200 tués ou blessés.

Le 14, un armistice de 11 heures à 5 heures fut accordé aux Prussien, sur leur demande, pour enterrer leurs morts.

Dans la nuit du 13 au 14, un bataillon d'éclaireurs de la garde nationale surprit un détachement de Prussiens en train de brûler deux maisons et leur tua 20 hommes.

Le 14, un parc d'artillerie ennemie fut atteint à grande distance par des obus de la redoute de Gravelle. Des approvisionnements de blés et de fourrages, qui étaient restés près de Maisons-Alfort, ont été ramenés dans Paris.

Le 15, un obus du bastion n° 2 empêcha, à 4,500 mètres, l'installation d'une batterie de siége, tua un officier et mit une pièce hors de service.

Châteaudun est en cendres, les faubourgs non défendus ont été canonnés.

Une reconnaissance du 16 culbuta, près Lailly, un détachement de hussards rouges avec artillerie, et poursuivit vivement l'ennemi.

Pour copie conforme :

Le Préfet de la Loire,
CÉSAR BERTHOLON.

BENEVENT, imprimeur de la Préfecture, place de l'Hôtel-de-Ville, 4, à St-Etienne.

Appel a Tous

Pour les canons, s'il vous plait !!!

De l'argent! De l'argent! Tel est le cri de la ville.

Mais beaucoup, hélas! parmi nous, ont du sang dans les veines et un cœur qui tressaute dans leur poitrine. Pour de l'argent, ils n'en ont pas. Vous n'avez pas d'argent, mes amis, mes frères; je n'en ai pas non plus. Tant mieux! nous donnerons davantage tout en donnant moins.

Ecoutez-moi... Il n'est personne de vous, même le plus pauvre, qui ne puisse offrir une guenille, un haillon. Réunissons tous nos haillons, toutes nos guenilles; il en résultera un tas immense, un million au moins de kilogrammes de loques, à vingt centimes l'un, cela fera quatre cent mille francs!

Qu'en dites-vous? J'en vois quelques-uns sourire. Croyez-vous qu'il ne se trouvera personne pour acheter nos fouillis? Allons donc! Il ne manque pas de négociants à Paris qui se hâteront de profiter d'une occasion si belle de décupler leur argent, et au besoin, la Banque de France ou même le Mont-de-Piété prêterait sur ce gage le quart de sa valeur: cent mille francs.

Donnez donc tout ce que vous pouvez, tout ce qui ne vous sert pas. Depuis le tas de vieux journaux, le meuble et l'ustensile brisés jusqu'à la blouse rapiécée et le paletot rongé par les mites; rien n'est sans valeur! Fouillez vos armoires, vos caves et vos greniers; ils contiennent des trésors!

Qu'un homme dévoué dans chaque quartier vienne à moi; je lui donnerai les moyens d'organiser la collecte. Les déménageurs nous aideront de leurs voitures et de leurs chevaux.

Une gare de chemin de fer servira de magasin pour opérer le tri et le classement. Tous les objets susceptibles de servir seront vendus tels quels ou mis en loterie; les papiers, les chiffons, les débarras ou débris trouveront leur place aux endroits où se vide chaque jour la hotte du chiffonnier, qui, en nous indiquant l'acheteur le plus raisonnable, aura, lui aussi, contribué à l'œuvre commune. — Dans cinq jours, huit jours au plus, nous aurons réalisé une somme énorme, je vous le promets!

Mon offrande se compose de vieux journaux et d'un tableau ancien représentant la *multiplication des pains par Jésus, sur la montagne*. Triste ironie du sort qui veut que l'image de Celui qui donnait la vie, contribue à créer les instruments qui donneront la mort! Mais aussi consolante pensée, car la destruction de l'armée Prussienne et surtout du barbare qui la commande, assurera la vie des peuples, et l'avenir de la République Universelle.

A. Blanc-Duquesnay,

3, Rue du Louvre, 3.

Bureau des Répertoires.

RÉPUBLIQUE FRANÇAISE

DÉPÊCHE TÉLÉGRAPHIQUE

Circulaire de Tours

Le ministre de l'intérieur à MM. les préfets et sous-préfets :

Hier, à Châteaudun, une barricade défendue par 900 francs-tireurs et par la garde nationale, a soutenu de 1 heure à 10 heures du soir l'attaque et le bombardement de la part de plusieurs milliers d'ennemis venus avec deux batteries, une mitrailleuse, un obusier et bombes incendiaires.

Les Prussiens ont subi de grandes pertes, mais les défenseurs décimés dans cette lutte héroïque ont dû quitter la ville en partie incendiée.

En Normandie, on ne signale que l'apparition de quelques cavaliers ennemis à Granvilliers. Vesoul serait occupé par l'ennemi; rien de nouveau sur la Loire.

Pour copie conforme :

Le Préfet de la Loire,

César BERTHOLON.

BENEVENT, imprimeur de la Préfecture, place de l'Hôtel-de-Ville, 4, à Saint-Étienne.

RÉPUBLIQUE FRANÇAISE

MAIRIE DE SAINT-DENIS.

CANONS

POUR

la Défense nationale

SOUSCRIPTION PATRIOTIQUE

Le Maire de Saint-Denis porte à la connaissance de ses concitoyens que, dans la séance du 15 de ce mois, le Conseil municipal a décidé, à l'unanimité, qu'une souscription patriotique serait ouverte en cette ville, pour procurer les fonds nécessaires à la fabrication des canons. La Ville s'inscrit pour une somme de 1,000 francs. Une liste est déposée au Secrétariat de la Mairie pour recevoir les souscriptions des citoyens, celles du riche comme celles du pauvre seront reçues avec les mêmes sentiments de fraternité et de reconnaissance.

Ces canons, donnés librement par un peuple qui veut vivre en liberté, contribueront à chasser les soldats du despotisme, à conserver à la France son intégrité et à réaliser ce programme qui est dans le cœur, dans le sentiment et dans la volonté de tous les Français :

« *Nous ne céderons, ni un pouce de notre territoire, ni une pierre de nos forteresses.* »

« *Une paix honteuse serait une guerre d'extermination à courte échéance* »

VIVE LA RÉPUBLIQUE !

Saint-Denis, le 20 octobre 1870.

Le Maire de Saint-Denis,
MOREAUX.

Saint-Denis. — Typographie de A. MOULIN, rue de Paris, 17.

REPUBLIQUE FRANÇAISE.

MINISTÈRE DE L'AGRICULTURE ET DU COMMERCE.

ARRÊTÉ.

LE MINISTRE DE L'AGRICULTURE ET DU COMMERCE,

Vu l'article 30 de la loi des 19-22 juillet 1791 ;

Vu le décret du 11 septembre 1870, autorisant l'établissement de la taxe sur la viande de boucherie ;

Vu l'arrêté ministériel, en date du 7 octobre 1870, sur la boucherie de viande de cheval ;

Considérant que, dans l'intérêt des consommateurs, il y a nécessité d'organiser des garanties qui assurent la qualité saine des chevaux livrés à l'alimentation.

ARRÊTE :

ARTICLE PREMIER.

Les chevaux destinés à l'alimentation ne pourront être vendus qu'au Marché aux chevaux, les lundi, mercredi et vendredi, de huit heures à onze heures du matin.

ART. 2.

Pourront seuls être vendus pour la consommation les chevaux dont le bon état sanitaire aura été reconnu et constaté par le service vétérinaire d'inspection du Marché. Les chevaux ne pourront être abattus que dans les abattoirs. Ils seront marqués d'une lettre de feu à la hanche gauche.

ART. 3.

Les chevaux ainsi marqués ne pourront être abattus ailleurs que dans les abattoirs désignés par la Préfecture de police. L'entrée de ces abattoirs est formellement interdite aux chevaux ne portant pas la marque de l'inspection du Marché.

Fait à Paris, le 20 octobre 1870.

Le Ministre de l'Agriculture et du Commerce,
J. MAGNIN.

IMPRIMERIE NATIONALE. — Octobre 1870.

RÉPUBLIQUE FRANÇAISE

LIBERTÉ — ÉGALITÉ — FRATERNITÉ

MAIRIE DU XIVe ARRONDISSEMENT

PROCLAMATION

AUX

CITOYENS DU XIVE ARRONDISSEMENT

Citoyens,

Nous venons d'accepter les fonctions de Maire et de Maires-Adjoints avec l'intention de nous dévouer tout entiers à une tâche dont nous ne méconnaissons ni les difficultés ni l'étendue dans les circonstances présentes.

Nous espérons la mener à bien avec votre concours. Nous savons de quel excellent esprit est animée la patriotique population que nous sommes appelés à l'honneur d'administrer. Nous ne demandons pas dès aujourd'hui sa confiance, mais sa patience. Nous la mettrons à même de nous juger promptement sur nos actes et non sur nos paroles.

Simplification dans le nombre et dans le fonctionnement des rouages, esprit pratique, emploi raisonné de toutes les forces dévouées et désintéressées, mise à profit des expériences déjà faites, contrôle incessant et personnel dans toutes les branches du service, fermeté et persévérance dans l'application des mesures, guerre aux abus, voilà les points essentiels de ce qu'il serait trop ambitieux d'appeler notre programme, mais de ce que nous croyons pouvoir appeler l'objectif de nos plus chers désirs.

Vous nous aiderez à les réaliser. La Patrie, en ce moment, exige de grands sacrifices. Mais ces sacrifices, déjà adoucis par la résignation civique et par la solidarité, deviennent faciles quand on sait qu'ils auront ce double et magnifique résultat : l'Étranger chassé et la République à jamais fondée.

Paris, le 21 Octobre 1870.

Le Maire provisoire,
Louis Asseline.

Les Adjoints : L. Rouillard — Hélicon.

Paris. — Imprimerie A.-E Rochette 90, boulevard Montparnasse.

RÉPUBLIQUE FRANÇAISE

Société d'Assurance mutuelle

EN CAS DE DÉCÈS

ENTRE LES

GARDES NATIONAUX DE LA SEINE

Le Gouvernement de la défense nationale,

DÉCRÈTE :

Art. 1er. — Est autorisée, vu l'urgence, sans qu'il soit besoin d'observer les formalités ordinaires, la ***Société d'Assurances mutuelles en cas de Décès*** entre les ***Gardes nationaux de la Seine***, dont les statuts sont joints au présent décret.

Art. 2. — En conséquence, ces statuts auront force obligatoire, spécialement la disposition de l'article 15, en vertu de laquelle aucune opposition ne pourra être mise aux mains de la Société sur les sommes dues en cas de décès.

Paris, le 21 Octobre 1870. *(Suivent les signatures).*

STATUTS

Article 1er.— Il est formé, avec l'approbation du Gouvernement, une Société d'assurance mutuelle entre tous les Gardes nationaux incorporés dans la Garde nationale de la Seine, et qui adhèreront aux présents Statuts.

Le siége de la Société est établi à Paris, au domicile de la Compagnie d'Assurances sur la vie **le Phénix**, *rue de Lafayette*, 33 ; — néanmoins, les souscriptions seront reçues au Siége de chacune des Compagnies d'Assurances sur la vie désignées en l'article 17 des présents Statuts.

Art. 2.— La Société est constituée pour toute la durée de la guerre, à moins que cette durée ne se prolonge au-delà d'une année, auquel cas la Société expirera une année au plus tard à partir de la date du décret d'autorisation.

Art. 3. — La Société a pour but d'assurer le paiement d'une indemnité aux familles ou ayants-droits des Sociétaires morts par suite de blessure ou de maladie pendant la guerre ou dans le mois qui suivra le terme de la Société.

Art. 4.— Elle prend le nom d'Assurance mutuelle en cas de décès entre les Gardes nationaux de la Seine.

Art. 5.— La Société entrera en activité à partir du lendemain du jour de la publication au *Journal officiel* du décret d'autorisation.

Art. 6. — La Société est autorisée à recevoir

de toutes personnes, compagnies financières ou industrielles, maisons de banque, etc., les sommes que ces personnes ou compagnies verseraient, soit à titre de don au profit de l'Association, soit à titre de souscription sur la tête des Gardes nationaux nominativement désignés.

Art. 7.— Un mois après la constitution de la Société, le Conseil d'administration pourra décider que les souscriptions reçues, à partir de ce mois ou d'une époque ultérieure qui sera fixée par la délibération, ne donneront plus lieu qu'aux deux tiers de l'indemnité.

Art. 8.— L'engagement entre le Souscripteur et la Société est constaté par une police faite en double expédition et signée par l'un des Administrateurs; en tête doivent être inscrits le décret d'autorisation et les Statuts de la Société.

L'assurance pourra être faite au profit d'une ou de plusieurs personnes désignées, ou que l'assuré se réservera de désigner, ou même à ordre, et le bénéfice en être transféré par une simple mention sur la police datée et signée.

Art. 9.—Chaque Sociétaire fixera, à son gré, le montant de la souscription, qui cependant ne pourra pas être inférieure à vingt francs, ni supérieure à cinq cents francs, et devra toujours être arrondie par multiples de dix francs.

La cotisation entière devra être versée comptant au moment de la délivrance de la police.

Art. 10.— Toute somme versée sera déposée dans la huitaine à la Banque de France au nom de l'association, et ne pourra être retiré que sous la signature de deux administrateurs.

Art. 11. — Tout décès de nature à donner droit à une indemnité devra être déclaré au siége de la Société, à moins d'empêchement de force majeure, dans les vingt jours de décès, et, dans tous les cas, deux mois au plus tard après la fin de la guerre ou de l'année pour laquelle la Société est constituée.

Art. 12. — Le produit des souscriptions et des libéralités sera réparti entre les ayants-droit proportionnellement aux mises, sans, qu'en aucun cas, les ayants-droit d'un seul et même souscripteur puissent recevoir plus de soixante-quinze fois la mise de leur auteur.

L'excédant, s'il y en a, après la répartition de ce maximum, sera mis à la disposition du Ministre de l'Intérieur, pour être distribué par ses soins en secours aux Gardes nationaux faisant partie de la présente Société qui auraient reçu pendant la guerre des blessures ou contracté des maladies entraînant incapacité de travail.

Art. 13. — Trois mois au plus tard après le terme de la Société tel qu'il est prévu à l'art. 2 des présents statuts, le Conseil d'Administration s'assemblera pour faire la répartition des fonds versés.

Il s'adjoindra pour cette répartition sept des plus forts souscripteurs présents à Paris à cette époque, et qui seront convoqués à cet effet par une annonce dans le *Journal officiel* et à domicile.

La répartition ainsi faite engagera tous les souscripteurs.

Art. 14. — Les sommes attribuées aux représentants des Assurés ou Bénéficiaire de l'assurance leur seront versées contre la remise du contrat et la production de l'acte constatant le décès.

Art. 15.— Aucune opposition ne pourra être mise aux mains de la Société sur les sommes dues en cas de décès.

Art. 16. — La Société sera administrée par un Conseil d'Administration composé de six administrateurs, qui pourra déléguer ses pouvoirs ou une partie de ses pouvoirs à chacun de ses membres.

Art. 17.—Sont nommés membres du Conseil d'Administration :

MESSIEURS

P. DE HERCÉ, directeur de la Compagnie d'**ASSURANCES GÉNÉRALES SUR LA VIE**, établie à Paris, *rue de Richelieu*, 87 ;

ONFROY, directeur de la **NATIONALE**, Compagnie d'Assurances sur la Vie, établie à Paris, *rue de Grammont*, 13 ;

E. MAAS, directeur de l'**UNION**, Compagnie d'Assurances sur la Vie, établie à Paris, *rue de la Banque*, 15 ;

H. JOLIAT, directeur de la Compagnie d'Assurances sur la Vie le **PHÉNIX**, établie à Paris, *rue de Lafayette*, 33;

T. CLOQUEMIN, directeur de la **CAISSE PATERNELLE**, Compagnie d'Assurances sur la Vie, établie à Paris, *rue de Ménars*, 4 ;

G. BONNEFONS, directeur de l'**URBAINE**, Compagnie d'Assurances sur la Vie, établie à Paris, *rue Le Peletier*, 8.

Art. 18.—La gestion des Administrateurs et les fonctions du Conseil sont entièrement gratuites, les frais de timbre restant seuls au compte de la Société.

Art. 19. — En cas d'empêchement d'un des Membres du Conseil d'Administration ou de cessation de fonctions, le Conseil aura le droit de se compléter.

Art. 20. — M. LE HIR, docteur en droit, est nommé Conseil de la Société.

2939 RENOU et MAULDE, imprimeurs, rue de Rivoli, 144.

RÉPUBLIQUE FRANÇAISE.

MINISTÈRE DE L'AGRICULTURE ET DU COMMERCE.

RÉQUISITION

DE

FOURRAGES.

AVIS.

En exécution de l'arrêté de réquisition, pris le 18 octobre courant, au nom du Gouvernement, par le Ministre de l'Agriculture et du Commerce, les marchands de fourrages sont invités à faire la déclaration des quantités de foins, luzernes, pailles de diverses natures et autres espèces de fourrages, qu'ils possèdent dans des magasins et greniers publics ou particuliers.

Cette déclaration devra être faite, dans un délai de trois jours, au Ministère de l'Agriculture et du Commerce, Bureau des Subsistances, rue Saint-Dominique, n° 60.

Paris, le 20 Octobre 1870.

Le Ministre de l'Agriculture et du Commerce,

J. MAGNIN.

IMPRIMERIE NATIONALE. — Octobre 1870.

RÉPUBLIQUE FRANÇAISE.

LIBERTÉ, ÉGALITÉ, FRATERNITÉ.

MAIRIE

DU VIe ARRONDISSEMENT DE PARIS.

Le Maire, considérant que le Gouvernement de la défense nationale n'a point reconnu la Garde civique du 6e arrondissement et que cette Garde proteste contre la compétence de la Municipalité pour la constituer et l'organiser,

ARRÊTE :

La Garde civique du 6e arrondissement est et demeure dissoute jusqu'à ce que le Gouvernement de la défense nationale ait statué à son égard.

Paris, le 21 Octobre 1870.

Les Adjoints,
P. JOZON,
ANDRÉ ROUSSELLE.

Le Maire,
Dr. ROBINET.

Imprimerie de Mme Ve BOUCHARD-HUZARD, rue de l'Éperon, 5.

RÉPUBLIQUE FRANÇAISE

LIBERTÉ — ÉGALITÉ — FRATERNITÉ.

MAIRIE DU 2e ARRONDISSEMENT

RATIONNEMENT

DE

LA VIANDE

LE MINISTRE DU COMMERCE AU MAIRE DU 2e ARRONDISSEMENT,

Paris, le 21 *Octobre* 1870.

MONSIEUR LE MAIRE,

« La diminution du nombre des Bœufs et Moutons de l'approvisionnement « de la Ville de Paris et la nécessité d'assurer pour un plus long temps les « moyens de la Défense Nationale, me font une loi de restreindre la quantité « de kilogrammes de viande fraîche que j'avais précédemment allouée à votre « Arrondissement dans la distribution quotidienne des abattoirs. »

Au lieu de 6,350 *kilogrammes* (1) *qui vous étaient délivrés, vous ne pouvez plus en recevoir que* 4,762 *kilog.* 50 *à partir d'après-demain* 22 *Octobre.*

Pour que la population soit moins atteinte dans sa consommation habituelle, il me semble que vous pourriez pourvoir au déficit de Bœufs et de Moutons avec de la viande de Cheval, qui, aujourd'hui acceptée avec juste raison par beaucoup de personnes, fournit une alimentation aussi saine et fortifiante que celle de la Viande de Bœuf.

Vous savez que la Boucherie de Cheval est libre et ne subit d'autres entraves que celle de la taxe; il vous serait donc facile de vous entendre avec les Bouchers qui exploitent cette sorte de viande pour procurer aux Boucheries Municipales l'équivalent de la viande de Bœuf que la mesure actuelle va enlever à votre Arrondissement.

J'aime à espérer, Monsieur le Maire, que vous saisirez et ferez comprendre à la population de votre Arrondissement, l'absolue nécessité dans laquelle je me suis trouvé de restreindre l'approvisionnement quotidien de viande de Bœuf et de Mouton.

Le temps est un puissant auxiliaire pour la défense de Paris; l'obtenir au prix de quelques privations n'est certes pas un effort au-dessus d'un patriotisme qui s'affirme par tant d'autres preuves.

J'ai la confiance que chacun appréciera de cette manière la mesure que j'ai cru devoir prendre, et je ne saurais douter de votre zèle et de votre concours pour la faire accepter.

Recevez, Monsieur le Maire, l'assurance de ma considération distinguée,

Le Ministre de l'Agriculture et du Commerce,
Signé : **J. MAGNIN.**

Pour copie conforme,
Le Maire provisoire du 2e Arrondissement,
P. TIRARD.

Les Adjoints provisoires,
DE BÉNAZÉ, SERMET, TURPIN.

(1) C'est par erreur que Monsieur le Ministre parle de 6,350 kil., c'était 7,600 kil. qui, par ses lettres des 9 et 16 Octobre, avaient été mis à la disposition du 2e Arrondissement.

Paris. — Imprimerie PRISSETTE, passage Kuszner, 17.—Maison passage du Caire, 17.

SAMEDI 5 NOVEMBRE, — 8 HEURES DU SOIR.

CLUB DE LA RÉSISTANCE

Salle de l'Alcazar, 16, faubourg Poissonnière.

RÉUNION PUBLIQUE

Organisée par les fondateurs du Club pour offrir une Epée d'honneur au Commandant du 106e *Bataillon de la Garde Nationale.*

Le Citoyen MOREL ouvrira la Séance par un Discours sur les événements du 31 Octobre, les Membres du Gouvernement de la Défense Nationale et sur MM. FLOURENS, MAURICE JOLY, RIGONDEAU, CH. L. CHASSIN, LEFRANÇAIS, PEYROUTON, etc.

Ordre du Jour :

LA VÉRITÉ

SUR

L'ARMISTICE

Prix des Places, 50 Centimes

LES MEMBRES DU CLUB AURONT DES PLACES RÉSERVÉES.

Paris. — Typ. MORRIS père et fils, rue Amelot, 64

RÉPUBLIQUE FRANÇAISE.

MINISTÈRE DE L'INTÉRIEUR.

Le Gouvernement désire que le décret rendu par lui hier soit bien compris par la population, et qu'elle connaisse la portée des deux votes qu'elle est appelée à exprimer jeudi et samedi prochains.

Demain jeudi elle votera sur la question de savoir si elle maintient le Gouvernement de la Défense nationale.

Ceux qui veulent le maintenir voteront OUI.

Samedi elle votera pour l'élection des Maires et Adjoints des vingt arrondissements.

Cette élection ne ressemble en rien à celle de la Commune. Elle en est la négation.

Le Gouvernement persiste à se prononcer contre la constitution de la Commune, qui ne peut que créer des conflits et des rivalités de pouvoirs.

Quelques-uns de MM. les Maires ayant donné leur démission, il fallait pourvoir à leur remplacement.

Le Gouvernement a cru sage de donner aux magistrats municipaux la consécration de l'élection populaire.

Les Maires et Adjoints conservent leur caractère d'agents du Pouvoir exécutif, qui leur est attribué par la loi.

C'est aux citoyens qu'il appartient de choisir les meilleurs administrateurs, les plus dévoués aux intérêts de la Cité et de la défense.

Paris, le 2 novembre 1870.

Le Ministre des Affaires étrangères,
chargé par intérim du département de l'Intérieur,
JULES FAVRE.

1 IMPRIMERIE NATIONALE. — Novembre 1870.

La population de Paris maintient-elle OUI ou NON les pouvoirs du Gouvernement de la Défense nationale?

4 IMPRIMERIE NATIONALE. — Novembre 1870.

Les Electeurs sont consultés sur la question suivante :

La population de Paris maintient-elle, OUI ou NON, les pouvoirs du Gouvernement de la Défense nationale ?

Ceux qui sont d'avis de maintenir les pouvoirs du Gouvernement de la Défense nationale répondront **OUI**.

Ceux qui seraient d'avis contraire répondraient **NON**.

4 IMPRIMERIE NATIONALE. — Novembre 1870.

RÉPUBLIQUE FRANÇAISE.

GARDE NATIONALE DE LA SEINE.

ORDRE.

Le Commandant supérieur met à l'ordre de la Garde nationale qu'en vertu d'un décret du Gouvernement de la Défense nationale les électeurs de Paris, inscrits sur les listes électorales, auront à voter dans leur section, dans chaque arrondissement, demain jeudi 3 novembre, sur la question suivante :

« La population de Paris maintient-elle, OUI ou NON, les pouvoirs du Gouvernement de la Défense nationale ? »

En conséquence, les électeurs de la Garde nationale qui veulent continuer les pouvoirs du Gouvernement acclamé le **4 septembre** et présidé par le Général Trochu, devront déposer dans l'urne un bulletin portant le mot : OUI.

Ceux, au contraire, qui désireraient confier le Gouvernement à d'autres chefs, devront déposer un bulletin portant le mot : NON.

Paris, le 2 novembre 1870.

Le Général Commandant supérieur,
TAMISIER.

1 IMPRIMERIE NATIONALE. — Novembre 1870.

RÉPUBLIQUE FRANÇAISE

PRÉFECTURE DU RHONE.

ARRÊTÉ

L'ÉFET DU RHONE, Commissaire extraordinaire du Gouvernement,

Vu l'avis en date du 19 octobre dernier, par lequel les habitants de Lyon ont été invités à faire des provisions au moins pour deux mois ;

Considérant que dans les circonstances actuelles il importe de donner à cet avis une force obligatoire, et de s'assurer que les habitants se sont conformés à cette mesure dont l'exécution est devenue indispensable;

Arrête :

Article premier.

Les habitants de Lyon sont tenus de se pourvoir, pour une durée de deux mois, dans la mesure de leurs besoins et de leurs ressources, des denrées alimentaires susceptibles de conservation et de durée.

Art. 2.

Trois inspecteurs seront nommés par les Maires de chaque arrondissement, et se présenteront, accompagnés d'un officier de la Garde nationale du bataillon, au domicile des citoyens pour s'assurer qu'il a été obtempéré aux prescriptions de l'article 1er.

Art. 3.

MM. les Maires de Lyon sont chargés de l'exécution du présent arrêté.

Lyon, le 2 novembre 1870.

Le Préfet du Rhône, Commissaire extraordinaire du Gouvernement,
P. CHALLEMEL-LACOUR.

Lyon. — Imprimerie J. NIGON, rue de la Poulaillerie, 2.

République Française.

LIBERTÉ, ÉGALITÉ, FRATERNITÉ.

CINQUIÈME ARRONDISSEMENT DE PARIS

(MAIRIE DU PANTHÉON)

Pour assurer la sincérité du vote, la Mairie du Ve Arrondissement croit devoir en préciser ainsi le sens :

Les bulletins OUI assurent le maintien du gouvernement de la Défense nationale.

Les bulletins NON demandent son changement.

Paris. — Imprimerie De Soye et fils, place du Panthéon, 5.

RÉPUBLIQUE FRANÇAISE

LIBERTÉ, ÉGALITÉ, FRATERNTÉ.

MAIRIE DU VIE ARRONDISSEMENT DE PARIS.

AVIS IMPORTANT

Concernant le Scrutin du 3 *Novembre* 1870.

Désirant éviter toute confusion, la Municipalité croit devoir rappeler aux citoyens électeurs que le scrutin du 3 novembre n'est relatif ni à la Commune ni à la Municipalité de Paris.

Il a uniquement trait au maintien des pouvoirs du Gouvernement de la défense nationale.

La seule question posée aux électeurs est donc celle-ci :

Ces pouvoirs doivent-ils être maintenus, OUI ou NON?

Ceux qui voudront les maintenir voteront OUI.

Ceux qui ne voudront pas les maintenir voteront NON.

Les élections municipales n'auront lieu que le samedi 5 novembre 1870.

Les Adjoints,
ANDRÉ ROUSSELLE, PAUL JOZON.

Paris. —Imprimerie de Mme Ve Bouchard-Huzard, rue de l'Éperon, 5.

RÉPUBLIQUE FRANÇAISE.

MINISTÈRE DE L'INTÉRIEUR.

Vote du 3 Novembre 1870.

AVIS.

Les Mairies de Paris ne recevront que les votes de leurs Électeurs respectifs.

Les Électeurs des communes des départements limitrophes voteront au siége de leur Mairie provisoire, et ceux des communes qui n'ont pas de Mairie voteront au siége de leur délégation, en présence de leur Maire.

Les Électeurs des communes du département de la Seine voteront au siége de leur Mairie provisoire.

Paris, le 2 Novembre 1870.

Le Ministre de l'Intérieur par intérim,
JULES FAVRE.

IMPRIMERIE NATIONALE. — Novembre 1870.

VOTE DU 3 NOVEMBRE 1870

AVIS

Aux Électeurs des Communes des Arrondissements de Saint-Denis et de Sceaux.

Les citoyens des communes de la Seine prendront part au vote demain jeudi 3 novembre, de huit heures du matin à six heures du soir, à la Mairie respective de leur commune, installée à Paris.

La question posée est celle-ci :

« La population de Paris maintient-elle, OUI ou NON, les pouvoirs du Gouvernement de la Défense nationale ? »

Le Secrétaire général de la Mairie de Paris,
JULES MAHIAS.

Typ. CHARLES DE MOURGUES frères, Imp. de la Mairie de Paris, rue J.-J. Rousseau, 58—8092

REPUBLIQUE FRANÇAISE

MINISTÈRE DE L'INTÉRIEUR.

DÉPARTEMENTS RÉFUGIÉS.

Scrutin du Jeudi 3 Novembre.

AVIS.

Les Électeurs des communes réfugiées autres que les communes du département de la Seine sont prévenus qu'ils devront voter au siége des mairies provisoires ou, à défaut de mairies constituées, au siége des délégations d'arrondissement dont le tableau suit.

Le scrutin sera ouvert de 8 heures du matin à 6 heures du soir.

Nul ne sera admis à voter s'il n'est muni d'un certificat du Maire, de l'administrateur provisoire de sa commune, ou du Délégué d'arrondissement, constatant qu'il jouit de ses droits électoraux.

Le Bureau devra être formé d'un Président, de deux Assesseurs et d'un Secrétaire.

Paris, le 2 Novembre 1870.

Le Président de la Commission des Maires,
JOZON.

TABLEAU DES DÉLÉGATIONS.

SEINE-ET-OISE.

Arrondissement de CORBEIL (rive gauche de la Seine).

Cantons de Lonjumeau, d'Arpajon et Corbeil.
Chez M. COCHERIS, à l'Institut, 23, quai Conti.

Arrondissement de CORBEIL (rive droite de la Seine).

Cantons de Boissy-Saint-Léger et Corbeil.
Chez M. LEFÈVRE, 6, rue Béranger.

Arrondissement de PONTOISE.

Cantons de Gonesse, Luzarches et Écouen.
Chez M. MARÉCHAL, 20, rue Lafayette.

Cantons de Pontoise, l'Isle-Adam et Montmorency.
Chez M. TOUZÉ, 44, rue Turbigo.

Arrondissement d'ÉTAMPES.

Chez M. TOUZÉ, 44, rue Turbigo.

Arrondissement de VERSAILLES.

Canton nord et cantons d'Argenteuil, Meulan, Poissy, St-Germain, Sèvres, Marly-le-Roi.
Chez M. DESFOSSEZ, 46, rue d'Amsterdam.

Cantons sud et ouest et canton de Palaiseau.
Chez M. FOYOT, 166, boulevard Montparnasse.

Arrondissement de RAMBOUILLET.

Cantons de Chevreuse, Dourdan, Limours, Montfort-l'Amaury.
Chez M. FOYOT, 166, boulevard Montparnasse.

Arrondissement de MANTES.

Chez M. RÉVELLE, 11, rue Fénelon.

SEINE-ET-MARNE.

Arrondissement de MELUN.

Chez M. BOURRUET, 3, rue Ventadour.

Arrondissement de PROVINS.

Chez M. JACQUEL, 61, rue du Fg-Poissonnière.

Arrondissement de MEAUX.

9, boulevard Saint-Denis.

Arrondissement de COULOMMIERS.

Chez M. DESPOMMIERS, 55, rue St-Dominique.

Arrondissement de FONTAINEBLEAU.

9, boulevard Saint-Denis.

OISE.

9, boulevard Saint-Denis.

Les Electeurs trouveront des cartes électorales aux endroits indiqués pour le vote de chaque arrondissement.

Le dépouillement du scrutin se fera au lieu du vote, et le résultat, consigné sur un procès-verbal, sera porté par le Bureau à l'Hôtel de Ville.

MM. les Maires sont priés d'assister les Délégués qui présideront aux opérations électorales, et de se munir des listes qui peuvent servir à établir l'identité des Electeurs.

1 IMPRIMERIE NATIONALE. — Novembre 1870.

RÉPUBLIQUE FRANÇAISE

PRÉFECTURE DE LA LOIRE

DÉCRET

Les Membres du Gouvernement de la défense Nationale, délégués pour représenter le Gouvernement et en exercer les pouvoirs;

Vu les décrets des 12 et 16 septembre 1870;

Considérant que la Patrie est en danger, que tous les Citoyens se doivent à son salut; que ce devoir n'a jamais été ni plus pressant ni plus sacré que dans les circonstances présentes,

DÉCRÈTENT :

Art. 1er. Tous les hommes valides de 21 à 40 ans, mariés ou veufs avec enfants, sont mobilisés.

Art. 2. Les Citoyens mobilisés par le présent décret seront organisés par les Préfets, conformément aux décrets des 29 Septembre et 11 Octobre, ainsi qu'à la circulaire du 15 Octobre de la présente année.

Art. 3. Les Citoyens mobilisés par le présent décret seront, leur organisation faite, mis à la disposition du Ministre de la Guerre. Cette organisation devra être terminée le 19 Novembre.

Art. 4. Il sera pourvu à leur habillement, équipement et solde, d'après les règles prescrites par le décret du 22 Octobre de la présente année.

Art. 5. Toute exemption, basée sur la qualité de soutien de famille, est abolie, même à l'égard de ceux à qui elle avait été antérieurement appliquée par les Conseils de révision. Il n'est admis d'autres exemptions que celles résultant des infirmités ou basées sur les services publics énumérés dans la circulaire du 15 octobre 1870.

Est également abrogé l'article 145 de la loi du 22 mars 1831.

Art. 6. La République pourvoira aux besoins des familles reconnues nécessiteuses. Un Comité, composé du Maire ou Président de laCommission municipale et de deux Conseillers municipaux ou Membres de la Commission municipale, délégués par le Conseil ou la Commission, statuera définitivement sur les demandes formées à cet égard par les familles domiciliées dans la commune.

Art. 7. La République adopte les enfants des Citoyens qui succombent pour la défense de la Patrie.

Art. 8. Le Ministre de la Guerre est autorisé à utiliser, pour la fabrication des armes et engins de guerre, les usines et ateliers pouvant servir à cet effet.

Art. 9. Le Ministre de l'intérieur et de la Guerre est chargé de l'exécution du présent décret, laquelle aura lieu immédiatement après la publication qui en sera faite, conformément aux ordonnances du 27 Novembre 1816 et du 18 janvier 1817.

Tours, 2 novembre 1870.

Signé : Léon GAMBETTA, Ad. CRÉMIEUX, Al. GLAIS-BIZOIN, L. FOURICHON.

Par le Gouvernement,
Le Secrétaire général du Ministre de l'intérieur délégué,
Signé : Jules CAZOT.

Pour copie conforme :
Le Secrétaire général,
Signé : Jules CAZOT.

Par le Gouvernement :
Le délégué du Ministre de la guerre,
Signé : C. de FREYCINET.

Pour copie conforme :
Le Préfet de la Loire, César BERTHOLON.

BENEVENT, imprimeur de la Préfecture, place de l'Hôtel-de-Ville, 4, à Saint-Etienne.

RÉPUBLIQUE FRANÇAISE.

LIBERTÉ, ÉGALITÉ, FRATERNITÉ.

MAIRIE

DU VIe ARRONDISSEMENT DE PARIS.

ÉCOLES COMMUNALES.

La Municipalité du 6e arrondissement, informée qu'un certain nombre d'enfants des deux sexes n'ont pu, faute de place, être admis dans les écoles primaires communales **LAÏQUES**, invite les familles de ces enfants à venir faire leur déclaration à la Mairie.

De nouvelles écoles communales **LAÏQUES** de garçons et de filles seront incessamment ouvertes pour donner satisfaction aux besoins qui seront révélés par les déclarations et les vœux des intéressés.

Les Adjoints,
ANDRÉ ROUSSELLE,
PAUL JOZON.

Le Maire,
Dr ROBINET.

Imprimerie de Mme Ve BOUCHARD-HUZARD, rue de l'Éperon, 5.

RÉPUBLIQUE FRANÇAISE

MINISTÈRE DE L'AGRICULTURE ET DU COMMERCE.

AVIS

CONCERNANT

LA VENTE DES SONS

PROVENANT DES MOUTURES FAITES POUR LE COMPTE DE L'ÉTAT.

RÉPARTITION DE LA VENTE

ENTRE LES DIVERS MOULINS.

Les moulins de MM.

Cail, 15, quai de Grenelle;
Edoux, 76, rue Lecourbe;
Artige, 79, rue du Théâtre;
Molard, 104, route d'Orléans, approvisionneront les 7e, 14e, 15e, 16e arrondissements.

Ceux de MM.

Leturc et Baudet, 62, rue du Rocher;
Dumas-Lhuillier, 103, avenue de Clichy;
Séraphin et Ce, 164 et 172, rue du Faubourg-Saint-Martin;
Chaligny et Ce, 54, rue Philippe-de-Girard;
Schacher, Letellier et Ce, 17, quai de l'Oise, approvisionneront les 8e, 9e, 10e, 17e, 18e, 19e arrondissements.

Ceux de MM.

Lecouteux, 74, rue Oberkampf;
Neut et Dumont, 114, boulevard Voltaire;
Ducastel et Ce, 8, rue Saint-Maur;
Crespin et Lapergne, 7, avenue Parmentier, approvisionneront les 11e, 20e arrondissements.

Ceux de MM.

Cart fils et Barras, 11, 13, rue de Reuilly;
Cart fils et Barras, 125, avenue Daumesnil;
Leblanc, 26, rue du Rendez-Vous;
Renard, 111, rue de Reuilly;
Compagnie d'Orléans, 2, rue Picard, approvisionneront les 5e, 12e, 13e arrondissements.

Ceux de la Halle au blé approvisionneront les 1er, 2e, 3e, 4e, 6e arrondissements.

Ceux de MM.

Lelièvre, 30, route de la Briche, à Saint-Denis;
Texier, moulin Choiseul, 8, rue Saint-Denis, à Saint-Denis;
Veyrassat, moulin du canal, à Saint-Denis;
Durand-Lavino, 30, rue de la Briche, à St-Denis;
Desroziers, cours Chavigny, à Saint-Denis;
Brau, rue des Carrières, à Charenton;
Darblay, à Saint-Maur;
Devies, 48, Grande-Rue, à Charenton;
Martin, à Maisons-Alfort;
Lequesne, à Saint-Maur-Gravelle, situés en dehors de Paris, approvisionneront les localités qui les environnent, ou déposeront les sons provenant de leur mouture, soit dans leurs magasins, soit dans ceux de Paris qui sont affectés à cette destination.

Les bureaux du Ministère du commerce ne répondront à aucune demande relative à la vente des sons.

AVOINES.

La réquisition sur les avoines ayant été levée, le Ministère ne répondra à aucune demande ayant pour but d'obtenir la délivrance d'avoines.

Le Ministre de l'Agriculture et du Commerce,
J. MAGNIN.

IMPRIMERIE NATIONALE. — Novembre 1870.

RÉPUBLIQUE FRANÇAISE

LIBERTÉ, — ÉGALITÉ, — FRATERNITÉ.

MAIRIE DU 2e ARRONDISSEMENT

Le Comité des Subsistances du 2e Arrondissement enjoint aux Bouchers municipaux d'observer strictement le règlement suivant :

1° Il est interdit de servir les Cartes à d'autres heures que celles indiquées.

2° Aucun morceau ne doit être mis en réserve pour quelle raison que ce soit ; le choix entier doit être laissé au public.

3° Il est interdit aux Bouchers d'envoyer la viande ; le client est prié de venir la chercher lui-même.

On ne peut se présenter devant la boucherie avant l'heure indiquée sur la Carte, c'est le seul moyen d'éviter la queue.

Il est recommandé aux Contrôleurs de veiller à l'exécution rigoureuse du Réglement.

Le Comité recevra à la Mairie toutes les plaintes qui lui seront adressées.

Le Comité des Subsistances du 2e Arrondissement,

CHRISTOPHE, DUPLAN, DUPONT, HARTMANN, HOUTELART, LECLÈRE, LEVALLOIS, ROGIER, THIEULLEN, TRUCHELUT.

Paris. — Imprimerie PRISSETTE, passage Kuszner, 17. Maison passage du Caire, 17.

Citoyens,

Le 4 septembre vous avez acclamé la République ainsi que les hommes qui ont assumé sur leurs têtes la responsabilité de la défense nationale.

Ce gouvernement devait être essentiellement révolutionnaire dans l'acception logique du mot. L'a-t-il été complétement? Je réponds NON.

Est-il resté honnête? jusqu'à preuve du contraire, et nous n'avons pas cette preuve, je réponds OUI.

Vous vous rappelez tous, Citoyens, avec quel calme, avec quelle dignité s'est accompli ce grand acte de l'émancipation, le 4 septembre. Quel enthousiasme! et partant quelle confiance à ce gouvernement improvisé!

De grandes mesures ont été prises par lui, l'enceinte de la cité a vu ses fortifications se compléter rapidement. Paris, devenu imprenable, défiait toute surprise.

La question des subsistances, question épineuse parce qu'elle était chose nouvelle pour tous, a été traitée d'une manière sinon parfaite, du moins avec équité et sans partialité. Le bon vouloir, le dévouement ont présidé à toutes les décisions.

Mais la grande question, non pas seulement de la défense, la question de la victoire n'a pas été attaquée avec assez d'énergie.

La raison, je crois l'avoir trouvée en cherchant, depuis plus d'un mois, à me pénétrer de l'opinion des masses et en assistant, ces derniers jours, à quelques réunions publiques.

Dans les groupes et dans les réunions notamment, j'ai entendu de belles phrases, de beaux discours à effet.

Parmi les orateurs, les uns demandant la commune, d'autres demandent le maintien du pouvoir actuel.

Les premiers nous citant l'exemple des cités héroïques qui se sont ensevelies sous leurs ruines et nous excitant à aspirer au même sort, [illegible] Aussi peut-on leur attribuer en partie, les calamités de l'Empire. Je vais plus loin, le 31 octobre, ils ont encore compromis notre jeune République. La province a les yeux sur nous, elle apprendra les violences de ses derniers jours, et son ardeur à nous porter secours se refroidira, peut-être même se séparera-t-elle de nous, au jour où nous aurons des comptes à lui rendre.

La prudence aujourd'hui, la logique, exige donc que nous maintenions au gouvernement actuel la confiance que nous lui avons accordée sans réserve le 4 septembre.

Est-ce à dire que notre OUI signifie armistice et paix? Non, mille fois non.

Pas d'armistice, pas de paix. La guerre, la guerre acharnée, mais la guerre aujourd'hui n'est plus la guerre de 1792.

Nous ne sommes plus aux grandes époques où le courage, l'intrépidité, la furia française commandaient à la victoire.

Aujourd'hui, et c'est là que la masse des Citoyens n'a pas mis le doigt sur la plaie, le succès dans la lutte ne dépend plus autant du courage individuel.

C'était à vous, les purs, les orateurs brillants des clubs à ne pas aspirer au succès d'une harangue éloquente mais bourrée de lieux communs, c'était à vous à attaquer la question pratique, la seule vraie, dégagée de toute nuance politique, la question de la défense se résumant toute entière dans ce mot, LE CANON, LE CANON PERFECTIONNÉ.

Tout est là, les levées en masse, les 300 mille gardes nationaux, tout cela n'équivaut pas, pour le succès, à 50 batteries de canons de campagne se chargeant par la culasse.

Au début de la guerre et jusqu'au 4 septembre, dans tous les combats, l'artillerie prussienne a décidé de la victoire.

On a eu beau crier à la trahison, et j'y ai cru, j'y crois, je l'avoue, mais ce qui m'a terrifié autant que la trahison c'est l'infériorité de notre artillerie.

Dans toutes les batailles, où d'ailleurs nos troupes ont été admirables de courage, nos bataillons, nos batteries étaient décimés à 6,000 mètres par les projectiles ennemis, pendant que nos fusils, nos canons rayés de Solférino et ces fameuses mitrailleuses n'atteignaient que la moitié de la distance des combattants. Marcher en avant, charger à la baïonnette, ce fut souvent la mort certaine, le sacrifice sans résultat.

Si vous ajoutez à cela l'insuffisance et la trahison des chefs vous arrivez fatalement à l'affaire de Sedan.

Le 4 septembre, le gouvernement de la défense devait donc employer les moyens énergiques, les mesures révolutionnaires pour obtenir rapidement des canons. Il ne l'a pas fait. Par un excès de modération, par défaut de pratique, et pensant activer la besogne, on s'est adressé à des hommes compétents, au comité d'artillerie, on a utilisé l'expérience d'hommes de l'ancien régime, habitués aux mesures lentes de l'administration, et repoussant d'ailleurs tout ce qui ne venait pas de leur propre initiative.

Avec ces moyens débonnaires, on est arrivé aujourd'hui c'est-à-dire après deux mois, à n'avoir qu'un nombre insignifiant de ces canons perfectionnés, supérieurs à ceux de l'ennemi, et dont les types étaient du reste créés, étudiés de longue main.

SEPT industriels ont été, je crois, chargés de la fonte, et comme à Paris on n'a jamais exécuté ce travail couramment, ils ont éprouvé de nombreux insuccès, de telle sorte qu'à ce jour le résultat est presque nul.

Et cependant il nous faut des CANONS.

Le gouvernement de la défense a trouvé, je pense, à cette heure, dans l'urne électorale, la victoire pour sa cause, mais il ne la mériterait pas s'il ne modifiait pas ses allures.

Nous lui imposons donc, nous qui avons, dans notre conscience de républicains, voté OUI, nous lui imposons ce devoir : [illegible]

Si les fonderies de cuivre sont insuffisantes, passez vous du four à réverbère, employez le cubelot. Son installation ne demande que peu de temps. Les cloches des églises de nos villages ont, pour la plupart, été fondues sur la place publique par des fondeurs ambulants.

Membres du Gouvernement de la défense, vous avez été honnêtes, nous le proclamons par notre OUI. Soyez énergiques. Votre tâche commence.

Au nom de la sainte cause de la République, de la liberté, de l'honneur national, nous vous sommons de sauver la France.

En votant OUI nous voulons donc vous dire, soyez patriotes, soyez surtout révolutionnaires dans vos mesures.

Que dans huit jours les ateliers de chemin de fer, les usines métallurgiques, les hangars, les places publiques soient transformés en fonderies de CANONS, que chaque jour 100 pièces soient coulées ; s'il y a 50 0/0 d'insuccès dans la fonte, le travail du finissage ne dépendant que des tours à forer, et ils ne manquent pas dans la cité, en 15 ou 20 jours vous aurez assez de batteries pour écraser nos ennemis en rase campagne et les chasser du sol français.

A ce moment seulement, nous pourrons accorder à la Prusse une paix honorable pour nous, mais cette paix, je vous le répète, je vous le crie, vous la devrez au CANON, rien qu'au CANON.

Dans la guerre avec la Prusse, le courage n'a été et ne sera que l'auxiliaire de la science appliquée à la perfection des machines de destruction.

E. FRANCK DE PRÉAUMONT.

Négociant,

Ancien élève de l'Ecole des Mines.

Paris. — Imprimerie LEFEBVRE, passage du Caire, 87-89.

M. le Maire est prié de FAIRE IMMÉDIATEMENT PUBLIER A SON DE CAISSE *ce qui fait l'objet de la présente affiche, qui devra être placardée aussitôt après.*

République  Française

Liberté, — Egalité, — Fraternité.

PRÉFECTURE DE LA HAUTE-GARONNE.

ARRÊTÉ

LE PREFET de la République, Commissaire à la Défense Nationale pour le département de la Haute-Garonne,

Considérant que les lois de la morale sont antérieures et supérieures à toute loi écrite;

Attendu que si l'attentat de décembre 1851 a déjà subi les flétrissures de l'histoire, l'expiation de Sedan et les malédictions du pays, la conscience publique n'a pas cessé d'être troublée par l'impunité réservée jusqu'à ce jour aux instruments de ce crime, et particulièrement aux magistrats qui ont prostitué la justice au violateur de la Constitution, en couvrant d'une apparence de légalité les décisions sommaires de tribunaux exceptionnels sans garanties, sans jugement, sans appel;

Considérant, en outre, que le triste exemple donné à cette occasion par les dépositaires de la loi constitue, pour le respect dû à la justice, un échec moral autrement grave que toute atteinte portée au principe contestable de l'inviolabilité de la magistrature;

Attendu que le nommé Degrand, actuellemement président du Tribunal civil de Toulouse, a participé, en décembre 1851, comme procureur de la République à Perpignan, de complicité avec le Préfet Pougeard Dulimbert et le général Castellane, aux décisions prévôtales de la commission mixte du département des Pyrénées-Orientales;

Vu les instructions ministérielles prescrivant la formation des listes des proscripteurs de décembre 1851 et de leurs victimes,

ARRÊTE :

Article premier. — Les magistrats qui ont siégé dans les commissions mixtes à l'appui du crime de décembre 1851, sont déclarés indignes de rendre la justice.

Art. 2. — En attendant qu'une sentence réparatrice inflige une sanction pénale à cette indignité, il est interdit au nommé Degrand, président au Tribunal civil de Toulouse, d'occuper un siége du haut duquel il a trop longtemps bravé la pudeur publique.

Art. 3. — Le présent arrêté, rendu à la demande des honnêtes gens de tous les partis, sera immédiatement notifié au nommé Degrand, par les soins du Directeur de la sûreté publique à Toulouse. Son exécution est placée sous la protection de la Garde nationale.

Toulouse, le 3 novembre 1870.

Le Préfet de la République, Commissaire à la Défense nationale,
ARMAND DUPORTAL.

Toulouse, impr. Lupiac et Cᵉ, rue des Balances, 43.

RÉPUBLIQUE FRANÇAISE.

LIBERTÉ, ÉGALITÉ, FRATERNITÉ.

MAIRIE DE PARIS.

RECENSEMENT

DES VOTES DU 3 NOVEMBRE.

Les résultats des sections de la ville de Paris devront être centralisés à la Mairie de chaque arrondissement, où le recensement des votes sera fait sous la présidence du Maire, assisté des Membres du bureau de la 1re section, en présence des Présidents des sections.

Le résultat sera ensuite proclamé.

Immédiatement après, les procès-verbaux des Sections et celui du recensement seront apportés à la Mairie de Paris.

Il en sera de même pour les procès-verbaux des opérations des Communes suburbaines qui auront été recueillis par le Maire ou son délégué.

Le RECENSEMENT GENERAL des votes aura lieu à l'Hôtel de Ville le vendredi 4 novembre, à 11 heures du matin, en séance publique, dans la salle Saint-Jean.

Il sera procédé à cette opération par trois Maires désignés par le Maire de Paris.

Paris, le 3 Novembre 1870.

Le Maire de Paris,
ÉTIENNE ARAGO.

Les Adjoints,
J.-J. CLAMAGÉRAN, CH. HÉRISSON.

Pour ampliation :
Le Secrétaire général,
J. MAHIAS.

IMPRIMERIE NATIONALE. — Novembre 1870.

RÉPUBLIQUE FRANÇAISE.

DÉCRET

RELATIF

A L'ÉLECTION DES MAIRES ET ADJOINTS

DES VINGT ARRONDISSEMENTS MUNICIPAUX

DE LA VILLE DE PARIS.

Le Gouvernement de la Défense nationale,

Considérant qu'il importe de régler l'application de l'article 4 du décret du 1er novembre 1870, relatif à l'élection des maires et adjoints des vingt arrondissements municipaux de la ville de Paris,

DÉCRÈTE :

ARTICLE PREMIER.

L'élection des maires et adjoints aura lieu au moyen d'un bulletin portant en tête le nom du maire et, à la suite, les noms des trois adjoints.

Si le bulletin porte plus de quatre noms, les noms en sus ne seront pas comptés.

Les bulletins portant moins de quatre noms seront valables.

Les suffrages accordés pour la fonction de maire ne pourront être réunis, pour former la majorité absolue, à ceux que le même candidat obtiendrait pour les fonctions d'adjoint, et réciproquement.

ARTICLE 2.

Le scrutin sera ouvert le 5 Novembre et, s'il y a lieu, le 7 à 8 heures du matin, et clos à 6 heures du soir.

Fait à l'Hôtel de Ville de Paris, le 3 Novembre 1870.

Les Membres du Gouvernement de la Défense nationale,

Général TROCHU, JULES FAVRE, EMMANUEL ARAGO, JULES FERRY, GARNIER-PAGÈS, EUGÈNE PELLETAN, ERNEST PICARD, JULES SIMON.

1 IMPRIMERIE NATIONALE.—Novembre 1870.

ÉLECTION DU MAIRE

AUX ÉLECTEURS

du 9e Arrondissement

J'ai accepté les fonctions de Maire le 14 Octobre avec l'intention d'apporter un ferme concours au Gouvernement de la Défense nationale.

Je viens aujourd'hui, dans le même but, demander au Suffrage Universel la continuation de ce mandat.

Quelques mots suffiront à rendre ma situation bien nette devant les Electeurs.

Je ne n'ai pas cessé depuis le 4 Septembre, conformément aux principes que j'ai toujours soutenus dans mes écrits, de résister à l'idée de la *Commune de Paris*.

J'ai demandé l'élection des vingt Municipalités par opposition à cette idée de la *Commune*.

J'ai, le 31 Octobre, lutté pendant trois heures, dans la salle des Maires, contre les envahisseurs de l'Hôtel de Ville.

Je suis fermement pour la République, comme en Amérique et en Suisse, et je ne recherche ni les voix de ceux qui ne l'admettent point, ni les voix de ceux qui la compromettent.

Proscrit à la suite du 2 Décembre, j'ai un passé de vingt ans pour répondre de la solidité de mes convictions.

Je me suis tenu pendant l'Empire en dehors de toute lutte électorale. Si j'affronte aujourd'hui l'épreuve de l'élection, c'est uniquement pour continuer à soutenir la République et le Gouvernement de la Défense Nationale.

GUSTAVE CHAUDEY.

Paris, 3 *Novembre* 1870.

Paris. — Imprimerie Ve Poitevin, Ethiou-Pérou et Cie, rue Damiette, 2 et 4.

Préfecture de la Gironde

DÉPÊCHE
TÉLÉGRAPHIQUE

Tours, 3 novembre 1870, 1 heure de l'après-midi.
Arrivée à la Préfecture, à 4 heures.

MINISTRE DE L'INTÉRIEUR A PRÉFETS ET SOUS-PRÉFETS

Hier, les **Prussiens** ont tenté l'investissement de **Belfort**, par **Giromagny**, où un bataillon de mobiles de la **Haute-Saône** n'a tenu qu'une heure et demie, et par **Boppe**, où l'ennemi a eu le dessous, et n'a pu emporter le village défendu par les mobiles du **Rhône**. **On** dit qu'au moins **150** ennemis ont été mis hors de combat, et, parmi eux, un officier supérieur. **Nos** pertes sont beaucoup moindres.

En Normandie, près de **Suzay**, les avant-postes des **Mobiles** de **l'Oise** ont eu un engagement avec les uhlans; douze ennemis sont restés sur le terrain.

Des uhlans, en reconnaissance à **Gournay**, sont repartis brusquement, voyant qu'ils risquaient d'être surpris.

Pour copie conforme :
Le Préfet de la Gironde,
Amédée **LARRIEU**.

Bordeaux.— Imp. administrative Ragot, rue de la Bourse, 11 et 13.

RÉPUBLIQUE FRANÇAISE

Liberté, Égalité, Fraternité.

MAIRIE DU 10e ARRONDISSEMENT

ALIMENTATION

ROULEMENT

du Service des Cartes de Boucherie

Ce roulement est disposé de manière que chaque porteur de carte soit tour à tour compris dans la 1re centaine à servir, puis dans la 2e, la 3e et la 4e, pour revenir ensuite à la première.

Les Numéros	1 à 40	seront servis de	huit heures à huit heures et demie.
»	41 - 80	»	huit heures et demie à neuf heures.
»	81 - 120	»	neuf heures à neuf heures et demie.
»	121 - 160	»	neuf heures et demie à dix heures.
»	161 - 200	»	dix heures à dix heures et demie.
»	201 - 240	»	dix heures et demie à onze heures.
»	241 - 280	»	onze heures à onze heures et demie.
»	281 - 320	»	onze heures et demie à midi.
»	321 - 360	»	midi à midi et demi.

Les autres à partir de midi et demi.

Toute personne qui aura deux cartes de distribution ou qui prendra plus de rations qu'elle n'y aura droit sera poursuivie avec toute la rigueur des lois.

R. DUBAIL, *Maire.*

ERN. BRELAY, A. MURAT, DEGOUVE DENUNCQUES, *Adjoints.*

Paris. Typographie JULES JUTEAU ET FILS, passage du Caire, 29 et 31.

CITOYENS,

Un récit effrontément calomnieux vient de paraître dans plusieurs journaux officieux sur le rôle que j'ai joué dans la manifestation du 31 octobre. Ce récit a failli me faire assassiner hier au club des *Folies-Bergères*, où j'ai été indignement outragé et frappé.

Voici comment je réponds aux lâches calomniateurs qui, tremblant sous l'Empire, à genoux devant le plus vil des pouvoirs, s'en prennent aujourd'hui à un des hommes qui n'ait pas courbé la tête sous le bâton de Bonaparte:

MAURICE JOLY.

Lettre au FIGARO

Monsieur,

En parlant des indignes violences dont j'ai été hier l'objet aux Folies-Bergères, vous dites, à propos de ceux qui m'ont traîné au poste de la rue Drouot : « Plusieurs de ces policemen volontaires vociféraient contre leur prisonnier qui s'était vanté d'avoir **craché à la face de Jules Favre** [illegible]

[illegible] neur et [illegible] barreau dont M. Jules [illegible]avre est bâtonnier, je lui demande de déclarer :

1° Si, au **lieu de lui cracher au visage,** je n'ai pas cessé de lui témoigner des égards allant jusqu'aux limites de la déférence et du respect;

[illegible] au **lieu de lui cracher au visage,** je ne l'ai pas protégé à plusieurs reprises ainsi que le général Trochu contre les apostrophes et les invectives dont ils étaient l'objet;

3° Si, au **lieu de lui cracher au visage,** je n'ai pas sans cesse imposé silence à ses interrupteurs, si je ne lui ai pas représenté avec infiniment de mesure les inconvénients d'une résistance prolongée aux vœux de la population parisienne réclamant la Commune, si je ne me suis pas opposé tant que je l'ai pu à l'envahissement de la salle du Conseil, et si une fois l'Hôtel de Ville envahi, je ne me suis pas présenté le premier aux envahisseurs en les conjurant de ne commettre aucune violence ni aucun désordre.

Telles sont les questions que j'adresse à M. Jules Favre? Quant à vous, je vous somme d'insérer la relation que je vais vous envoyer sur la part que j'ai prise aux événements d'hier.

Ensuite je réglerai mon compte avec vous, et vous savez qu'on peut compter sur ma parole.

MAURICE JOLY.

Lettre au JOURNAL DES DEBATS et au TEMPS

Monsieur,

Vous avez accueilli dans votre journal, à votre insu, je veux le croire, la plus noire des calomnies sur la part que j'ai prise à la manifestation de l'Hôtel de Ville.

Grâce à votre article, j'ai failli être tué hier à mon apparition aux Folies-Bergères. Livré par vous à la haine publique, j'ai été attaqué par plus de deux cents personnes et frappé en particulier par deux individus qui se disaient chargés par M. Ferry de cette mission politique.

Est-ce aussi M. Ferry qui a transmis à votre journal, berceau de sa célébrité, une note que je retrouve identiquement dans trois autres journaux et où il est dit qu'en arrivant à la salle du Trône M. Ferry m'aurait reproché d'avoir, quinze jours auparavant, demandé un emploi au gouvernement provisoire?

On ne demande d'emploi, Monsieur, qu'à un gouvernement monarchique. Au lendemain du 4 se temb[illegible]

que vous avez violée, en [illegible] a personne, [illegible] la re[illegible] que je vais vous adresser ce soir sur la part que j'ai prise aux événements de la journée.

MAURICE JOLY.

A Monsieur JULES FERRY

Monsieur,

Après avoir envoyé hier, au club des Folies-Bergères, des hommes chargés de me maltraiter si j'y reparaissais, vous essayez de m'insulter aujourd'hui, en faisant dire dans quatre journaux que, quinze jours avant la manisfestation d'hier, j'avais demandé une **place** au gouvernement provisoire.

Veuillez vous rappeler que, lorsque je me suis présenté à la tête de la délégation qui me députait auprès du Gouvernement provisoire, je refusai de vous entendre comme n'étant pas un homme suffisamment sérieux pour nous, et que je vous tournai le dos, en demandant qu'on m'envoyât d'autres membres du Gouvernement provisoire.

Il est vrai que vous m'avez jeté alors par derrière l'insulte que je relève aujourd'hui dans votre journal **le Temps**; mais cette insulte retombe tout entière sur vous, puisque demander à servir la République quand on est républicain; à mourir pour la patrie quand on est patriote; c'est à vos **yeux demander une place.**

Pour vous, **monarchiste**, ancien disciple d'**Ollivier**, qui n'avez jamais souffert un jour ni une heure pour la République, au nom de laquelle il est étrange de vous voir siéger à côté d'un républicain comme Jules Favre, je comprends que tout poste d'honneur se résolve en **une place payée.**

Quant à moi, je ne suis pas de votre école, il y a cette différence entre nous, c'est que vous voulez la restauration d'une dynastie et que je veux le salut de la République.

MAURICE JOLY.

Paris.— Imp. Bolitout, Questroy et Cie, 7, rue Baillif, et rue de Valois, 18.

RÉPUBLIQUE FRANÇAISE

LIBERTÉ, ÉGALITÉ, FRATERNITÉ.

AUX HABITANTS

DU

Cinquième Arrondissement

Les Maires des Vingt arrondissements, ainsi que leurs Adjoints, doivent être renommés samedi 5 novembre.

Le Gouvernement et l'opinion publique demandent qu'en ce moment, l'autorité municipale s'occupe avant tout des questions administratives.

Les souffrances sont grandes, elles ne sont ignorées de personne, et des administrateurs sont les hommes que les circonstances présentes demandent impérieusement.

Dans des réunions préparatoires, un grand nombre d'Electeurs ont porté leur choix sur le citoyen Ch. MAURIN

M. Maurin, industriel, dirigeant une maison très-importante, est connu honorablement dans notre arrondissement; en rapport journalier avec la population ouvrière, il connaît les besoins, et nous semble l'homme sur lequel notre choix devra se porter.

SA POLITIQUE, NOUS LE GARANTISSONS, EST CELLE DU GOUVERNEMENT DE LA DÉFENSE NATIONALE.

A une démarche faite auprès du citoyen Ch. Maurin on a obtenu son complet assentiment.

Dans la journée, une nouvelle affiche fera connaître les trois candidats aux fonctions d'Adjoint.

Paris.—Imprimerie DE SOYE et Fils, 5, place du Panthéon.

RÉPUBLIQUE FRANÇAISE

LIBERTÉ, ÉGALITÉ, FRATERNITÉ.

ÉLECTIONS MUNICIPALES

Comité de Défense du IXe Arrondissement

Le Comité de Défense propose au vote des Électeurs du IXe arrondissement les noms des citoyens :

Ulysse PARENT, ancien 1er Adjoint : MAIRE

CARTERET, ancien Conseiller d'État
PEYROUTON, Avocat
VILLIAUMÉ, Économiste et Historien
} ADJOINTS

Ces noms signifient :

Au Point de vue politique :

Affirmation des **PRINCIPES RÉPUBLICAINS** et défense à outrance contre **L'ÉTRANGER.**

Au point de vue administratif, ils veulent dire :

ORDRE --- ÉCONOMIE --- HONNÊTETÉ

COMITÉ DE DÉFENSE.

Paris, le 3 Novembre 1870.

RÉUNIONS ÉLECTORALES

HUIT HEURES DU SOIR

CASINO, rue Cadet.

THÉATRE DES JEUNES ARTISTES, rue de la Tour-d'Auvergne.

869 — Paris, — Imprimerie AUGUSTE VALLÉE, 16, rue du Croissant.

RÉPUBLIQUE FRANÇAISE.

GOUVERNEMENT DE LA DÉFENSE NATIONALE.

Le Gouvernement de la Défense nationale,

Considérant que les Maires des vingt arrondissements de la ville de Paris, régulièrement convoqués à l'Hôtel de ville, ont émis à l'unanimité le vœu qu'il fût procédé, en deux votes distincts, à l'élection des Maires et à celle des Adjoints,

DÉCRÈTE :

Art. 1er. Le scrutin du 5 novembre sera exclusivement consacré à l'élection des Maires.

Les bulletins de vote ne porteront par conséquent qu'un seul nom.

Les bulletins qui porteraient plus d'un nom seront valables, mais le premier nom porté sur la liste sera seul compté.

Le candidat qui aura obtenu la majorité absolue des suffrages exprimés sera proclamé Maire.

Si aucun des candidats n'a réuni la majorité absolue, le scrutin sera continué au lendemain dimanche 6 novembre.

Art. 2. Il sera procédé le 7 novembre à l'élection des Adjoints.

L'élection aura lieu au moyen d'un bulletin portant trois noms.

Les bulletins qui contiendraient plus de trois noms seront valables, mais les trois premiers noms seront seuls comptés.

Les trois candidats qui auront obtenu la majorité absolue des suffrages exprimés seront proclamés Adjoints.

Si un second tour de scrutin est nécessaire, il aura lieu le lendemain, 8 novembre.

Art. 3. Prendront seuls part au vote pour les Maires et Adjoints, les électeurs domiciliés dans l'arrondissement, inscrits sur les listes électorales ou ayant acquis, depuis la clôture des listes, leurs droits électoraux.

Art. 4. Tout électeur de Paris est éligible, dans chacun des vingt arrondissements, quel que soit l'arrondissement où il réside.

Art. 5. Le scrutin sera ouvert, tous les jours indiqués ci-dessus, de 8 heures du matin à 6 heures du soir.

Fait à l'Hôtel de Ville, le 4 Novembre 1870.

Les Membres du Gouvernement de la Défense nationale,

Général TROCHU, Jules FAVRE, Emmanuel ARAGO, Jules FERRY, GARNIER-PAGÈS, Eugène PELLETAN, Ernest PICARD, Jules SIMON.

3 IMPRIMERIE NATIONALE. — Novembre 1870.

RÉPUBLIQUE FRANÇAISE

Liberté — Égalité — Fraternité

Xme ARRONDISSEMENT

ÉLECTION DU MAIRE

2e Tour de Scrutin

6 NOVEMBRE 1870

Candidat Républicain

ALFRED OLLIVE

Les Citoyens soussignés prient les Électeurs qui leur ont donné leurs Suffrages de reporter leurs Voix sur le Citoyen OLLIVE.

HENRI BRISSON, A. MURAT, O'REILLY.

Paris, Typographie JULE JUTEAU ET FILS, passage du Caire, 20 et 31.

RÉPUBLIQUE FRANÇAISE

LIBERTÉ. ÉGALITÉ. FRATERNITÉ.

CIRCULAIRE

Du Ministre de l'Intérieur aux Préfets

Le résultat du vote du 3 novembre sur la question suivante :

« *La Population de Paris maintient-elle* OUI *ou* NON *les pouvoirs du Gouverne-*
« *ment de la défense nationale,* »

a donné :

442,000 OUI.
49,000 NON.

Une Proclamation du Gouvernement dit :

« Vous nous ordonnez de rester au poste de péril que nous assigna la Révolu-
« tion du 4 septembre. Nous y resterons avec la force qui vient de vous, avec le
« sentiment des grands devoirs que votre confiance nous impose. Le premier, qui
« est celui de la défense, continuera à être notre occupation exclusive. Nous pré-
« viendrons les mouvements criminels par une sévère exécution des lois. »

Une proclamation de Jules Favre dit :

« N'ayons tous qu'un cœur et une pensée : la délivrance de la Patrie. La déli-
« vrance n'est possible que par l'obéissance aux Chefs militaires et le respect des
« lois. »

Hier soir la Garde nationale est allée féliciter le Gouvernement réuni chez le Gouverneur de Paris. TROCHU l'a remerciée et a dit :

« La République seule peut nous sauver; si nous la perdions, nous serions per-
« dus avec elle. »

Applaudissements enthousiastes.

Clément THOMAS est nommé commandant des Gardes nationales.

Tranquillité parfaite.

Pour copie conforme :
Le Ministre de l'Intérieur et de la Guerre,
L. GAMBETTA.

Pour copie conforme :
Lyon, le 5 Novembre 1870.
Le Préfet du Rhône, Commissaire extraordinaire du Gouvernement,
P. CHALLEMEL-LACOUR.

Lyon. — Imprimerie J. Nigon, rue de la Poulaillerie, 2.

RÉPUBLIQUE FRANÇAISE.

5e ARRONDISSEMENT.

SCRUTIN DE BALLOTAGE

Candidature

du Citoyen VACHEROT

Le Citoyen VACHEROT, ayant obtenu la majorité relative au premier tour de scrutin (5,366 voix sur 12,091 votants), maintient sa Candidature et se présente de nouveau avec confiance aux suffrages de ses Concitoyens.

Paris, — Typ. CHARLES DE MOURGUES frères, rue Jean-Jacques-Rousseau, 58. — 8157.

RÉPUBLIQUE FRANÇAISE

LIBERTÉ, ÉGALITÉ, FRATERNITÉ

COMITÉ DE DÉFENSE

DU

IXe ARRONDISSEMENT

CLUB DU COMITÉ DU IXE ARRONDISSEMENT

Le Club tient ses Séances tous les jours, à 8 heures du soir

SALLE DU CASINO, RUE CADET

PRIX D'ENTRÉE POUR LES FRAIS D'ÉCLAIRAGE

VINGT-CINQ CENTIMES

Les Orateurs qui désireront prendre la parole devront se faire inscrire préalablement.

876. — Paris. — Imprimerie Auguste VALLÉE, 16, rue du Croissant.

PRÉFECTURE D'EURE-ET-LOIR.

Bulletin départemental du Samedi 5 Novembre 1870.

NOUVELLES MILITAIRES.

Metz. — Voici, d'après le *Moniteur*, les conclusions d'un rapport présenté au Gouvernement de la défense nationale sur les événements militaires qui ont précédé la capitulation de Metz.

Pour résumer la conduite du maréchal Bazaine dans les deux mois et demi qui se sont écoulés entre la bataille du 18 août (Saint-Privat) et maintenant, nous dirons, en nous appuyant sur les faits :

1° Que le maréchal n'a jamais tenté depuis le 18 août une sortie sérieuse, et que ses essais d'attaque des lignes prussiennes n'ont été faits que pour lui servir plus tard d'excuses aux yeux de son pays et de l'histoire.

2° Que le maréchal ne voulait point tenter un effort suprême qui aurait, même en cas de succès, grandement désorganisé sa splendide armée et ne lui aurait plus permis à lui, commandant en chef de l'armée du Rhin, d'être l'arbitre des destinées politiques de la France.

Ces mêmes considérations expliquent pourquoi le maréchal n'a jamais consenti à reconnaître le gouvernement de la défense nationale, et a cherché jusqu'aux derniers moments à rassembler les restes de la puissance bonapartiste dans le but de refaire un troisième empire.

Une fois convaincu qu'il ne pourrait amener la France, et les Prussiens tout à la fois, à des idées de restauration des Bonaparte, qu'en ajoutant le désastre de la capitulation de l'armée de Metz et de la ville elle-même, à tous les malheurs qui pèsent déjà sur notre malheureux pays, le maréchal a pris à tâche de hâter le moment de la reddition.

Pour ce faire, il s'est refusé à diminuer à temps les rations de fourrages, laissant ainsi subitement les 25,000 chevaux composant sa cavalerie et traînant son artillerie, sans aucune denrée alimentaire, au lieu de faire durer le plus longtemps possible les ressources qu'il avait entre les mains au 1er septembre, date de sa dernière grande sortie.

De même, il n'a consenti à amoindrir les rations des vivres qu'après de longs délais, et alors que cette mesure n'avait plus qu'une utilité minime, puisqu'elle ne pouvait être exercée que sur une quantité peu considérable d'approvisionnements.

Bref, en tous points, le maréchal Bazaine n'a agi que dans un seul but, être et rester maître de la situation politique en France, et, croyant pouvoir se servir des Prussiens pour l'aider dans l'exécution de ses projets ambitieux, *il leur a livré sciemment* la ville et forteresse de Metz, ainsi que l'armée française de cent dix mille hommes, campée dans l'enceinte retranchée.

E. DE VALCOURT,
Officier attaché au grand quartier-général de l'armée du Rhin.

A l'avenir, la décoration de la Légion d'honneur sera *exclusivement* réservée à la récompense des services militaires et des actes de bravoure et de dévouement accomplis en présence de l'ennemi.

Général TROCHU, Jules FAVRE, GARNIER-PAGÈS, Jules SIMON, Henri ROCHEFORT, Eugène PELLETAN, Emmanuel ARAGO, Jules FERRY.

Le Gouvernement de la défense nationale a décrété que la rue du Cardinal Fesch, à Paris, prendrait désormais le nom de *rue de Châteaudun*, en mémoire de l'héroïque défense de cette ville.

Au nombre des citoyens qui se sont distingués lors de la défense de Châteaudun, nous avons omis de signaler deux employés du télégraphe, MM Cadiou et Manaut, qui, avec le facteur, M. Carnel, sont demeurés à leur poste pendant plus de six heures sous un feu violent et continu. — Ils ont subi une captivité de seize heures et se sont vu dépouiller par les Prussiens de leur argent et de leurs effets.

Le receveur des postes, M. de Termont, s'est mêlé personnellement au combat, et ne s'est retiré qu'après avoir vu son bureau troué par les projectiles ennemis et devenu la proie des flammes.

Cette conduite a été portée à l'ordre du jour par le Directeur général des télégraphes et des postes.

NOUVELLES DU DÉPARTEMENT.

Des mouvements de troupes ennemies sont signalés vers Courville, Illiers, Bonneval.
Nous n'avons pas encore appris qu'aucun engagement important ait eu lieu aujourd'hui.

Actes du Gouvernement de Tours.

Tours, 3 novembre 1870.

Le Gouvernement de la Défense nationale,

Considérant que le Gouvernement doit venir en aide aux souffrances de la propriété immobilière, et aux immenses difficultés que les circonstances opposent à la libération des débiteurs par hypothèques; qu'il y a justice et nécessité à surseoir à toutes ventes judiciaires, soit qu'elles soient poursuivies par un créancier, soit que la loi elle-même les ait prescrites, si dans ces derniers cas une partie intéressée y forme opposition,

Décrète :

Art. 1er. A compter du jour de la promulgation du présent décret, il sera provisoirement sursis à toutes procédures de saisie immobilière et de folle enchère, même à celles qui sont actuellement en cours, la procédure de surenchère commencée pouvant néanmoins être conduite à fin.

Les art. 2 et suivants concernent les détails d'exécution.

Nogent-le-Rotrou, 4 novembre, 4 heures du soir.

Le Préfet d'Eure-et-Loir,
Emile LABICHE.

Nogent-le-Rotrou, Imprimerie de A. GOUVERNEUR.

République Française

LIBERTÉ — ÉGALITÉ — FRATERNITÉ

DÉPÊCHE

TÉLÉGRAPHIQUE

CIRCULAIRE

Le ministre de l'intérieur à MM. les préfets :

Tours, le 5 novembre 1870.

Un décret du 4 novembre mobilise tous les hommes valides de 21 à 40 ans, mariés ou veufs avec enfants. Les exemptions à titre de soutien de famille sont supprimées.

La République adopte les enfants des citoyens morts pour la défense de la Patrie; elle secourra les familles nécessiteuses.

Les nouveaux bataillons seront organisés par vos soins; ils passeront ensuite sous l'autorité du ministre de la guerre.

Le 19 novembre, l'organisation devra être terminée.

Pour copie conforme :

Le Préfet de la Loire,

CÉSAR BERTHOLON.

BENEVENT, imprimeur de la Préfecture, place de l'Hôtel-de-Ville, 4.

RÉPUBLIQUE FRANÇAISE.

PRÉFECTURE DU RHONE.

ARRÊTÉ PRÉFECTORAL

LE PRÉFET DU RHONE, Commissaire extraordinaire du Gouvernement,

Considérant qu'il est important de prendre toutes les précautions pour mettre la ville de Lyon à l'abri de toute surprise.

ARRÊTE

Article premier.

Il est institué un Comité dit *des Barricades*.

Art. 2.

Ce Comité a pour mission de préparer l'étude, la construction et la défense de barricades et d'obstacles de toute nature à créer, tant dans la zone comprise entre les lignes de défense que dans les faubourgs et la banlieue de Lyon.

Art. 3.

Les Membres de ce Comité sont munis de cartes spéciales, indiquant les pouvoirs dont ils sont investis et portant la signature et le cachet du Préfet.

Art. 4.

Les Citoyens sont priés de faciliter aux membres du Comité l'exécution de leur mandat ; les Autorités civiles et militaires leur doivent aide et protection.

Lyon, le 5 novembre,

Le Préfet du Rhône, Commissaire extraordinaire de la République,
P. CHALLEMEL-LACOUR.

LYON. — Imp. J. NIGON, rue de la Poulaillerie, 2.

Élections des Adjoints du 2e Arrondissement

CANDIDAT
RÉPUBLICAIN DÉMOCRATE

Les Citoyens soussignés ayant entendu, dans les Réunions électorales du deuxième Arrondissement, les développements du

DOCTEUR VÉRITÉ

relativement à sa profession de foi, le recommandent à vos suffrages comme un Républicain sincère et un Démocrate instruit et dévoué.

NOIROT, commandant le 181e bataillon.
PERREAU, cap. au 181e, 17, passage du Ponceau.
CALLY, 5, rue des Boulangers.
DUWIMAUX, négociant, capitaine au 181e, 5, rue Saint-Sauveur.
CATHIARD, négociant, 8, rue Tiquetonne.
DUBOIS, homme de lettres.
CLAUER, maître d'hôtel, 14, rue Tiquetonne,
RIEUMAL, 19, rue du Sentier.
J. AUDOUIN, comptable, sergent-major au 181e, 6, rue Tiquetonne.
LETELLIER, manufacturier, 15, rue Tiquetonne.
Jules CHEVALIER, membre de la Commission d'armement, capitaine au 181e, 27, rue de Turbigo.
A. LAURET, négociant, 39, rue Greneta.
Cl. MOCH, comptable, 11, rue Française.
DEGOIS, employé, 44, rue Tiquetonne.
MAGNINY, lieutenant au 181e, 39, rue Greneta.
BELLAY, capitaine au 181e, 6, rue Tiquetonne.
A. PILLIOT, journaliste, 8, rue Beauregard.
Ernest BÉGUÉ, adjudant, comptoir d'Escompte.

Paris. — Imp. Paul DUPONT.

Les Electeurs du 1er Arrondissement ont témoigné, par le vote du 5 Novembre, que le Maire avait leur confiance.

Notre Municipalité a puisé sa force dans l'union et la solidarité de ses Membres.

C'est justice de voter d'un même accord pour les Deux Adjoints qui ont concouru, avec tant de patriotisme, à l'Administration de l'Arrondissement.

UN ÉLECTEUR.

6 *novembre* 1870.

8328 Paris. — Typographie et Lithographie de RENOU et MAULDE, rue de Rivoli, 144.

MAIRIE DU IX ARRONDISSEMENT

Élections du 9 novembre 1870

ULYSSE PARENT

Ancien premier Adjoint

MAIRE

1527 Paris. — EDOUARD BLOT, rue Bleue, 7, au coin de la cité Trévise.

RÉPUBLIQUE FRANÇAISE.

MINISTÈRE DE L'AGRICULTURE ET DU COMMERCE.

ARRÊTÉ.

LE MINISTRE DE L'AGRICULTURE ET DU COMMERCE,

Vu l'arrêté du 7 octobre 1870 établissant la taxe sur la viande de cheval,

ARRÊTE :

ART. 1er. Dans les étaux autorisés à vendre de la viande de cheval, le prix de vente de ladite viande est fixé ainsi qu'il suit :

Aloyau et faux-filet.	1 fr. 80 c. le kil.
Tende de tranche, culotte, gîte à la noix, tranche grasse	1 40
Tous autres morceaux	0 50

Le filet n'est pas taxé et se vendra à prix débattu.

ART. 2. Le présent arrêté devra être placardé dans l'endroit le plus apparent de la boutique de chaque débitant de viande de cheval.

ART. 3. Il aura une durée de sept jours, à partir de lundi 7 Novembre.

ART. 4. Toute infraction aux dispositions du présent arrêté sera punie des peines édictées par les articles 479 et 480 du Code pénal, ainsi conçus.

« ART. 479. Seront punis d'une amende de 11 à 15 francs les bouchers qui ven-
« dront la viande au delà du prix fixé par la taxe légalement faite et publiée.

« ART. 480. Pourra, selon les circonstances, être prononcée la peine d'emprison-
« nement pendant cinq jours au plus. »

Fait à Paris, le 5 Novembre 1870.

Le Ministre de l'Agriculture et du Commerce,

J. MAGNIN.

IMPRIMERIE NATIONALE. — Novembre 1870.

RÉPUBLIQUE FRANÇAISE

COMMUNE DE LYON.

Le Conseil Municipal invite instamment les Travailleurs des chantiers à tenir pour suspects tous avis, invitations ou ordres qui n'émaneraient pas directement de la Municipalité ou de toute autre Autorité reconnue.

Il les engage, en outre, à arrêter les fauteurs de désordres et à les conduire au poste le plus rapproché.

Si les Travailleurs sont convaincus de la nécessité de chasser l'ennemi, ils doivent faire justice des agitateurs. qui cherchent à perdre la République.

Mort aux Traîtres !

Honte aux Lâches !

VIVE LA RÉPUBLIQUE !

Lyon, le 6 Novembre 1870.

Pour le Conseil Municipal :

Le Maire de Lyon,

CHEPIÉ, adjoint.

LYON. — Imprimerie J. NIGON, rue de la Poulaillerie, 2.

REPUBLIQUE FRANÇAISE

SIXIÈME ARRONDISSEMENT

ÉLECTIONS DU 7 NOVEMBRE

NOMINATION DES ADJOINTS

Citoyens,

Le citoyen HÉRISSON, est nommé Maire, comme nous l'avons désiré.

Il reste à compléter la Municipalité : sortie du suffrage universel, elle doit avoir une signification politique dont l'influence se fasse sentir dans les Conseils du Gouvernement de la Défense Nationale.

Nous voulons des Républicains convaincus, pour la résistance absolue aux insultes de l'étranger.

Nous voulons aussi des Administrateurs qui sachent organiser les subsistances, réformer l'enseignement primaire, assurer le maintien des institutions républicaines.

Nous proposons à vos suffrages, pour remplir ce mandat, les citoyens

PAUL JOZON, Adjoint sortant.

ALBERT LEROY, Membre de la Commission de l'enseignement communal.

CHARLES LAUTH, Chimiste manufacturier, vice-président de la Société chimique.

BAUDOIN, 91, rue de Vaugirard.
CAZALA, 35, rue Saint-Placide.
DELABARRE (P.), 87, r. du Cherche-Midi.
DEMOMBYNES, 20, rue Bonaparte.
GLAIZE, 99, rue de Vaugirard.
HUBERT-VALLEROUX, 27, rue Madame.
ISAMBERT, 91, rue de Seine.
LAUDNER, 60, rue Mazarine.
LEBLANC, 126, rue de Rennes.
MEUNIER (Victor), 23, rue de Vaugirard.
MIDY, 95, rue de Vaugirard.
MOULIN, 108, rue de Vaugirard.
POUCHET (Georges), 1, rue Hautefeuille.
POUZI, 142, rue de Rennes.
SOITOUX, 91, rue de Vaugirard.
STEINHEIL, 85, rue du Cherche-Midi.
VIALAY, 34, rue Notre-Dame-des-Champs.
VILLEMINOT, 105, rue de Vaugirard.

Paris. — Imprimerie Jules BONAVENTURE, 55, quai des Grands-Augustins.

ÉLECTIONS MUNICIPALES

13e Arrondissement

QUARTIER DE LA MAISON-BLANCHE

Candidat Républicain

Alph. CASTAING

Publiciste-Économiste

CITOYENS-ÉLECTEURS

Notre héroïque Capitale jouit enfin du droit d'élire ceux qui doivent spécialement défendre ses plus chers intérêts. — En me présentant à vos suffrages, j'ai la conviction de pouvoir défendre énergiquement les droits jusqu'alors méconnus de la grande population parisienne. Pour me recommander auprès de vous, j'ai mes services rendus à la cause de la liberté et du progrès, depuis vingt ans que j'habite parmi vous. J'ai combattu, j'ai souffert pour la revendication de nos libertés publiques. A nouveau, je suis sur la brèche, prêt à recommencer tous les sacrifices en faveur de mon pays.

Pas d'abstentions. Nous devons tous aller voter. Qui s'abstient s'annule. — En m'accordant votre confiance, vous me donnerez le plus puissant moyen pour contribuer à l'affranchissement et à l'avenir prospère de notre patrie.

VIVE LA FRANCE RÉPUBLICAINE !

Alph. CASTAING

Publiciste-Économiste

Typographie JULES-JUTEAU et Fils, passage du Caire, 29 et 31.

IXe Arrondissement

COMITÉ ÉLECTORAL

DE LA RUE TAITBOUT, 43

ÉLECTIONS MUNICIPALES

Du Lundi 7 Novembre

ADJOINTS AU MAIRE :

Alfred ANDRÉ

Membre de la Chambre de Commerce

Emile FERRY

Ancien fabricant

Gustave NAST

Imprimerie centrale des chemins de fer. — A. CHAIX et Ce, rue Bergère, 20, à Paris.

RÉPUBLIQUE FRANÇAISE

LIBERTÉ, ÉGALITÉ, FRATERNITÉ.

MAIRIE DE PARIS.

AVIS.

Les délégués pour la fabrication des poudres de guerre préviennent MM. les propriétaires, locataires et concierges des monuments publics et des maisons particulières, qu'ils se présenteront pour requérir les matières salpêtrées existant sur les murs des caves et des parties basses des constructions.

MM. les propriétaires, locataires et concierges sont invités à recueillir eux-mêmes ces matières salpêtrées suivant les indications qui leur seront données par les délégués, à moins qu'ils ne préfèrent laisser ce soin aux ouvriers de l'Administration, qui seront chargés de l'enlèvement de ces produits.

Paris, le 6 novembre 1870.

VU ET APPROUVÉ :

LE MAIRE DE PARIS,

Signé : **ÉTIENNE ARAGO.**

Typ. CHARLES DE MOURGUES frères, Imprimeurs de la Mairie de Paris, rue J.-J. Rousseau, 58. — 8143.

RÉPUBLIQUE FRANÇAISE.

DÉPÊCHE
TÉLÉGRAPHIQUE

Tours, 7 novembre 1870.

Le ministre de l'intérieur à MM. les préfets :

Avant-hier, un combat a eu lieu près de Brazey ; il s'est terminé à notre avantage ; les francs-tireurs de Garibaldi ont repoussé l'ennemi qui tentait de passer la Saône et qui s'est retiré à Bretonnières, près Dijon. Des engagements nouveaux paraissent avoir eu lieu hier dans la même direction, rien de précis à ce sujet.

L'ennemi s'est montré à Neufchâteau menaçant Chaumont.

Près Châteaudun, hier les mobiles du Cher et les francs-tireurs de Paris ont surpris un régiment de cuirassiers ennemis et en ont tué et blessé un certain nombre.

En Normandie, près Tillières, rive gauche de la Seine, un engagement a eu lieu entre des Prussiens munis d'artillerie et des mobiles de l'Oise qui, renforcés à temps, ont pu repousser l'ennemi vers Etrepagny.

Pour copie conforme :

Le Préfet de la Loire,
CÉSAR BERTHOLON.

BENEVENT, imprimeur de la Préfecture, place de l'Hôtel-de-Ville, 4, à Saint-Etienne.

ÉLECTION MUNICIPALE

DES

ADJOINTS DU 1er ARRONDISSEMENT

Candidats proposés par un grand nombre d'électeurs :

DETVILLER

AUBIN

ADAM

Paris. — Imprimerie DUBUISSON et Cᵉ, rue Coq-Héron, 5. 513

Adjoints au Maire du 1er Arrondissement

CANDIDATS RECOMMANDÉS

MELINE, adjoint en fonctions,

MEURIZET, adjoint en fonctions,

ADAM, drapier, rue Croix-des-Petits-Champs.

AUBIN, négociant en farines.

514 Paris. — Imprimerie Dubuisson et Cᵉ, rue Coq-Héron, 5

Aujourd'hui Samedi 12 Novembre, à 8 heures du soir

OUVERTURE

DU

CLUB CENTRAL

10, rue du Faubourg-Poissonnière, SALLE DE L'ALCAZAR

CONFÉRENCE

POLITIQUE EXTÉRIEURE : MM. JULES FAVRE, THIERS & BISMARCK

Orateur : L. RIGONDAUD

De l'influence de la REINE VICTORIA sur la politique anglaise

Orateur : A. SMITH, journaliste anglais

RESSOURCES ET DIFFICULTÉS DE LA SITUATION PRÉSENTE

Orateur : Abel PEYROUTON

PRIX D'ENTREE

Le jour des Conférences, 50 centimes. — Le jour des Réunions, 25 centimes.

Administration de l'affichage départemental, E. RENIER, rue d'Aboukir, 3.   Paris. — Imp. de DUBUISSON et Ce, rue Coq-Héron, 5. — 399.

PRÉFECTURE DE LA MAYENNE

RÉPUBLIQUE FRANÇAISE

Liberté, Égalité, Fraternité

LE PRÉFET DE LA MAYENNE

Aux Ouvriers de Mayenne

Qu'il invite à se rendre à Conlie.

La misère va devenir lourde; les Prussiens ont dévoré un quart de la France. Heureux ceux qui peuvent travailler! Plus heureux ceux qui peuvent combattre!

Les Français courageux doivent accepter joyeusement tous les sacrifices pour la Patrie. Si le pain est de qualité inférieure, songez que les Prussiens en mangent encore de plus mauvais. Si le travail du Camp est rude, rappelez-vous que les ennemis couchent à la belle étoile, sans tente, sans abri. Rappelez-vous qu'ils bouleversent nos routes, font sauter ici les ponts, les rétablissent là-bas, toujours avec ordre, toujours avec fermeté, fusillant le soldat ou l'ouvrier en état d'ivresse, et marchant toujours ainsi, féroces à froid, jurant d'exterminer la Nation française.

Rappelez-vous tout cela, et alors vous trouverez votre pioche plus légère, votre pain meilleur, votre tente un abri enviable, et quand votre courage menacera de faillir, relevez-vous d'un seul bond, en songeant que la République vous a faits Citoyens français, et que vous travaillez pour la mère Patrie.

Laval, le 11 Novembre 1870.

Le Préfet de la Mayenne,
EUGÈNE DELATTRE.

Laval, typ. de L. MOREAU, imprimeur de la Préfecture, rue du Lieutenant, 2. — 1870.

RÉPUBLIQUE FRANÇAISE.

COMMUNE DE LYON.

AVIS

Commission des Intérêts Publics.

Le Service des approvisionnements de la Ville est assuré par des achats de farines et de bétail.

La Commission laisse à la libre initiative du Commerce le soin de pourvoir la Ville de :

1° Légumes secs.
2° Pommes de terre.
3° Sel.
4° Sucre.
5° Café.
6° Huiles.
7° Fromages.
8° Vin.
9° Salaisons.
10° Houilles.

et enfin de toutes les denrées alimentaires de consommation usuelle.

Elle invite les Commerçants à s'approvisionner, dans la limite des besoins de leur clientèle, pour une durée de trois mois au moins.

Lyon, le 12 novembre 1870.

Le Maire de Lyon,
HÉNON.

Lyon.—Imp. de J. NIGON, rue de la Poulaillerie, 2.

PRÉFECTURE D'EURE-ET-LOIR.

Bulletin départemental du Samedi 12 Novembre 1870.

PRISE D'ORLÉANS par l'Armée de la Loire.

Le 10 novembre, l'armée de la Loire, sous les ordres du général d'Aurelle de Paladine, s'est emparée d'Orléans après une lutte de deux jours. La principale opération a eu lieu dans la journée du 9 et s'est concentrée autour de Coulmiers.

Nous avons fait plus d'un millier de prisonniers, qui augmentent encore par la poursuite à laquelle se livre notre cavalerie.

Deux canons de modèle prussien, vingt caissons tout attelés chargés de munitions, et une grande quantité de fourgons et de voitures d'approvisionnements sont restés entre nos mains.

Nos pertes, tant en tués que blessés, n'atteignent pas 2,000 hommes, celles de l'ennemi sont plus considérables.

Malgré le mauvais temps, l'élan de nos troupes a été remarquable.

Cette première opération ouvre une ère nouvelle pour la France : nous reprenons l'offensive.

Sans doute il ne faut pas se laisser égarer par de nouvelles illusions. Mais nous pouvons compter sur nos ressources en hommes qui sont immenses, sur le patriotisme qui s'est partout réveillé.

Aucun sacrifice ne coûtera au Pays : avec la résolution et l'énergie que donne le désespoir, avec la prudence qu'inspirent les revers que nous avons éprouvés, et surtout en restant unis sur le terrain de la lutte à outrance contre l'envahisseur, nous saurons le vaincre. — La République sauvera la France!

NOUVELLES DU DÉPARTEMENT.

Aucun changement n'a eu lieu dans la situation militaire du département.

Dreux. — Le 11, au matin, un engagement a eu lieu en avant de Dreux entre des francs-tireurs et une reconnaissance prussienne. Les douze cuirassiers blancs qui la composaient ont tous été tués ou pris, ainsi que leurs chevaux.

Souscription de Châteaudun. — Le *Journal Officiel* du 6 novembre annonce que le soir aura lieu au Théâtre National de l'Opéra une première soirée musicale donnée par la Société des artistes de ce théâtre, dont le produit sera offert à la ville de Châteaudun.

Déjà, le Théâtre-Français a consacré le produit d'une représentation à cette œuvre de patriotisme.

INSTRUCTION SUR LES RÉQUISITIONS.

Quelques Maires se plaignent d'avoir à satisfaire à des réquisitions exagérées de la part des troupes régulières et autres. Il importe de faire connaître quels sont, en pareille matière, les droits des troupes et les devoirs des municipalités.

Les commandants de troupes composées de soldats, gardes mobiles, mobilisés ou francs-tireurs ont le droit de faire des réquisitions pour les vivres, le logement, les fourrages, le bois ou les transports, mais seulement dans les conditions qui vont être déterminées.

En aucun cas et sous aucun prétexte les réquisitions ne doivent être faites directement aux particuliers. Elles doivent toujours être adressées au Maire, qui seul a le droit d'ordonner les mesures d'exécution. A plus forte raison il est absolument interdit aux troupes de prendre directement dans les maisons, cours, champs, bois, etc., les objets qui peuvent leur être utiles. [illegible]

§ 1. — [illegible]

Les Commandants d'un corps militaire peuvent requérir du pain et de la viande de boucherie en quantité suffisante pour nourrir les hommes qui se trouvent sous leurs ordres.

Ces quantités sont calculées à raison de 750 grammes de pain et 300 grammes de viande par homme et par jour. Mais l'autorité municipale n'a pas à contrôler les déclarations d'effectif faites par les chefs de corps.

Aucune autre sorte de vivres ne peut être exigée par eux.

§ 2. — LOGEMENT.

Le logement ne pourra être requis pour les troupes que dans les hangars, granges, écuries, etc.

Dans aucun cas on ne pourra déplacer les habitants, qui ont le droit de conserver pour eux seuls les chambres où ils couchent habituellement.

L'habitant doit dans tous les cas la place au feu et à la chandelle; il fournit la paille pour le coucher.

Sous aucun prétexte la Mairie ne peut être occupée par les troupes ou leurs commandants de manière à empêcher l'exercice des fonctions municipales.

§ 3. — FOURRAGES, PAILLES, AVOINE.

Les fourrages, la paille et l'avoine pour les chevaux doivent être fournis sur réquisition des chefs de corps par la municipalité.

Les chevaux doivent autant que possible, et s'il y a réquisition quant à ce, être abrités par l'habitant.

§ 4. — BOIS.

Lorsque des troupes campent en dehors des habitations, le bois pour faire cuire les vivres est fourni sur réquisition par les Maires. Ils doivent veiller à ce qu'il ne soit, sous aucun prétexte, commis aucun dommage aux arbres et aux haies.

La quantité de bois allouée par les règlements militaires est de 1 kilogramme deux cents grammes de bois par homme et par jour.

§ 5. — TRANSPORT.

Le droit de réquisition pour le transport des effets de campement et les malades, n'est dû que pour les corps qui n'ont pas de voitures fournies par l'État.

Les règlements militaires accordent une voiture à un cheval par cent soixante hommes.

L'État-Major du corps d'armée a seul le droit de requérir des voitures pour le transport d'une troupe sur un point donné.

II.

Mode de paiement ou de remboursement des réquisitions.

Le remboursement des réquisitions, quand il y a lieu à remboursement par l'intendance [illegible]

[illegible] perçues.

Les réquisitions qui ne donnent lieu ni à paiement, ni à remboursement, sont : le logement des hommes, l'abri pour les chevaux, la paille pour le coucher des hommes et des chevaux logés chez l'habitant, le feu et la chandelle.

Les objets qui sont remboursés par l'intendance militaire sur les justifications indiquées ci-dessus sont les suivants :

1° Toutes les réquisitions faites par les soins de l'intendance militaire pour le service des troupes régulières et autres.

2° Les réquisitions faites par les chefs de corps de mobiles et de francs-tireurs, savoir : lorsqu'ils campent en dehors des habitations, la paille pour le coucher et le bois pour cuire les vivres.

En outre, et dans tous les cas, les pailles, fourrages, avoine, pour la nourriture des chevaux et les voitures de transport.

III.

Les objets qui peuvent être requis mais qui doivent être immédiatement *payés en numéraire* par les chefs de corps, sont :

Les vivres en viande et pain fournis aux corps de mobiles et aux francs-tireurs qui reçoivent d'avance une paie spéciale destinée au paiement de ces objets.

Les municipalités sont donc prévenues qu'elles doivent réclamer ce paiement.

Toutefois, si une troupe ne pouvait payer immédiatement sur place, le commandant de cette troupe délivrerait un bon évaluatif de la denrée reçue, qui porterait, pour mention expresse, que ce bon serait remboursé à présentation par le trésorier du corps. Si ce bon n'était pas payé exactement, opposition sur la solde du corps serait formée chez le Sous-Intendant.

(Cette instruction a été arrêtée par le Préfet, de concert avec le colonel Rousseau, chef d'État-Major de l'armée de l'Ouest et le Sous-Intendant militaire.)

Nogent-le-Rotrou, le 10 Novembre 1870.

Le Préfet d'Eure-et-Loir, ÉMILE LABICHE.

AVIS. — *Secours accordés aux familles des hommes qui sont sous les drapeaux.*

L'occupation de Chartres a interrompu momentanément le service des secours qui avaient été alloués aux familles dont les chefs sont sous les drapeaux.

Dans toutes les communes où l'action du comité de Chartres n'a pu reprendre son fonctionnement régulier, MM. les Maires sont invités à signaler les faits au préfet, à Nogent-le-Rotrou, en certifiant sous leur propre responsabilité les décisions antérieurement prises par le Comité de Chartres. Comme le service ne doit se faire que par l'intermédiaire des Maires et qu'il aura lieu sous leur responsabilité, aucun double emploi n'est à redouter.

PIGEONS VOYAGEURS. — L'Administration des Postes et des Télégraphes a organisé un service de communication avec Paris au moyen de Pigeons voyageurs. Afin d'éviter toute entrave à l'exécution de ce service d'intérêt général, il est expressément défendu, **sous les peines les plus sévères**, de chasser, blesser ou tuer les pigeons qui seront vus dans le département.

Il est en outre recommandé à toute personne qui trouverait un pigeon voyageur tué ou blessé, de le porter au bureau de poste ou de télégraphe le plus rapproché.

Nogent-le-Rotrou, 11 Novembre 4 heures du soir.

Le Préfet d'Eure-et-Loir,
Emile LABICHE.

Nogent-le-Rotrou, Imprimerie de A. GOUVERNEUR.

VILLE D'ORLÉANS

AVIS

Par Ordre du Général Commandant supérieur à Orléans, les habitants de la commune qui ont chez eux des Allemands blessés ou non blessés, sont tenus d'en faire, sans exception, la déclaration *immédiate* à la Mairie.

Faute de cette déclaration *dans les 24 heures,* ceux des habitants chez lesquels on trouvera des individus, quel que soit leur emploi et leur position, appartenant à l'armée allemande, seront poursuivis comme aidant ceux-ci à se soustraire aux recherches de l'Autorité.

***Orléans, le* 12 *novembre* 1870.**

Le Maire,

CRESPIN.

RÉPUBLIQUE FRANÇAISE.

Liberté, Égalité, Fraternité.

LE MAIRE DU 10e ARRONDISSEMENT

Considérant que la *Mobilisation* d'une *partie* de la *Garde nationale sédentaire* en *Compagnies de guerre*, et l'appel de l'autre partie à un service plus fréquent aux remparts, exigent que les Citoyens qui la composent, soient déchargés du *Service des boucheries municipales* ;

Considérant que ce Service peut être convenablement fait par la *Garde nationale auxiliaire*, qui par l'autorité de l'âge, l'expérience, et l'honorabilité de ses membres, présente les garanties désirables pour le maintien du bon ordre et des prescriptions légales imposées au débit de la viande,

ARRÊTE :

A partir du Mardi, 15 Novembre, la **GARDE NATIONALE AUXILIAIRE** est chargée de la *surveillance des boucheries municipales*, à raison de DEUX BOUCHERIES par compagnie.

Les Capitaines Commandants organiseront ce Service sous l'autorité immédiate du Maire.

Fait en Mairie, le 12 Novembre 1870.

DUBAIL,
Maire,

les Adjoints : ERN. BRELAY, A. MURAT, DEGOUVE DENUNCQUES.

Typ. et Lith. JULES JUTEAU et FILS, Pass. du Caire, 29-31.

RÉPUBLIQUE FRANÇAISE.

MINISTÈRE DE L'AGRICULTURE ET DU COMMERCE.

ARRÊTÉ.

LE MINISTRE DE L'AGRICULTURE ET DU COMMERCE,

Vu les arrêtés des 7 octobre, 8 et 11 novembre 1870 établissant la taxe sur la viande de cheval, de mulet et d'âne,

ARRÊTE :

ARTICLE PREMIER.

A partir du mardi 15 novembre et jusqu'à ce qu'il en soit autrement ordonné, la viande de cheval, de mulet et d'âne sera payée, dans la ville de Paris, aux prix suivants :

Filet		3 fr. le kilogr.
1re Catégorie	Tende de tranche Culotte Gîte à la noix Tranche grasse Aloyau ou faux-filet	2 fr. le kilogr.
2e Catégorie	Palcron Côtes Talon de collier Bavette d'aloyau Rognons de graisse	1 fr. 50 c. le kilogr.
3e Catégorie	Collier Poitrine et flanchet Gîte de jambes Plats de côtes Surlonges Joues	50 centimes le kilogr.

ART. 2.

Les différentes espèces et catégories de viande exposées en vente seront indiquées par des écriteaux.

ART. 3.

Le présent arrêté devra être placardé dans l'endroit le plus apparent de la boutique de chaque boucher.

ART. 4.

Toute infraction aux dispositions du présent arrêté sera punie des peines de l'amende, de l'emprisonnement et de l'affichage édictées par le décret du 10 novembre 1870.

Paris, le 12 novembre 1870.

Le Ministre de l'Agriculture et du Commerce,
J. MAGNIN.

1 IMPRIMERIE NATIONALE. — Novembre 1870.

RÉPUBLIQUE FRANÇAISE

Liberté — Égalité — Fraternité

10e ARRONDISSEMENT DE PARIS

VENTE DES ABATS

TARIF

DU MINISTÈRE DE L'AGRICULTURE ET DU COMMERCE

		LE KILOGRAMME	
Mou		» Fr.	80 C.
Rate		1	»
Cœur		2	»
Foie		2	»
Cervelle		2	»
Langue	tige	3	»
	cornet	»	80
Rognons		4	»

Toute Livraison de Triperie *vaut ration de viande,* à poids égal sauf le MOU.

Typographie JULES-JUTEAU et Fils, passage du Caire, 29 et 31

RÉPUBLIQUE FRANÇAISE.

GOUVERNEMENT
DE LA DÉFENSE NATIONALE.

AVIS.

Les célibataires ou veufs sans enfants, âgés de 25 à 35 ans, n'ayant point servi dans l'armée active, ont été mis, par la loi du 10 août 1870, à la disposition de l'autorité militaire.

En conséquence, les jeunes gens de cette catégorie qui se trouvent actuellement à Paris sont requis, quel que soit leur domicile d'origine, de se présenter, dans les 48 heures du présent avis, aux Mairies des arrondissements qu'ils habitent, pour s'y faire inscrire.

Ils déclareront leurs noms, profession, domicile habituel, lieu de naissance; ils feront connaître s'ils font partie de la garde nationale sédentaire ou d'un des corps francs reconnu par l'autorité militaire, et, s'ils invoquent une des causes d'exemption admises par les lois des 21 mars 1832 et 1er février 1868, ils produiront les pièces à l'appui.

Le Conseil de révision se réunira incessamment pour statuer sur les causes d'exemption.

Paris, le 12 Novembre 1870.

Le Membre du Gouvernement,
Délégué près l'Administration du département de la Seine,
JULES FERRY.

I IMPRIMERIE NATIONALE. — Novembre 1870.

PRÉFECTURE DE LA MAYENNE.

RÉPUBLIQUE FRANÇAISE

LIBERTÉ, ÉGALITÉ, FRATERNITÉ.

ARRÊTÉ

Vu notre arrêté en date du 18 octobre 1870, concernant les fonctions nouvelles imposées par la République aux instituteurs de notre département, en ce qui touche l'éducation civique;

Vu la dépêche du Ministre de l'intérieur et de la guerre, approuvant la mesure prise par nous et annonçant son intention de la généraliser par toute la France;

Vu la circulaire du même Ministre organisant dans toute l'étendue du territoire français l'envoi, trois fois par semaine, du *Bulletin de la République*, et enjoignant aux instituteurs la lecture publique de tous les documents susceptibles de faire connaître et aimer la Patrie;

Considérant que l'intention du Ministre, démocrate et républicain, a été certainement de traiter tous les citoyens français avec un esprit d'égale justice, et que l'exposé public des efforts de la Patrie est une joie et une force auxquelles ont droit également tous les esprits virils et tous les cœurs vaillants;

Considérant que les bataillons des corps mobilisés sont composés des citoyens de la même Patrie, ayant droit, par conséquent, à la distribution et à la lecture du *Bulletin de la République*,

ARRÊTE :

Art 1er. — Chaque compagnie des corps mobilisés, placés sous notre autorité, a droit à un exemplaire du *Bulletin de la République*.

Art. 2. — Le Colonel, les Lieutenants-colonels, les Chefs de bataillons, les Capitaines, devront prendre les mesures nécessaires pour que la lecture publique du *Bulletin* ait lieu dans chaque compagnie, ainsi que le Ministre l'ordonne dans toutes les communes de France.

Art. 3. — Le prix de l'abonnement au *Bulletin* sera payé sur la masse. Si des compagnies se trouvaient dans une situation trop peu aisée pour s'abonner, il en sera donné connaissance au Préfet, qui avisera.

Art. 4. — L'indemnité donnée au lecteur, dans la compagnie, sera de 50 centimes par numéro.

Ce lecteur sera nommé au suffrage universel de la compagnie, par assis et levé; il est nommé pour huit jours. La somme de 50 centimes sera prélevée sur la masse.

Art. 5. — Les *Bulletins* de la Compagnie, après la lecture publique, seront confiés aux soins du Porte-drapeau, chargé de les répandre le mieux qu'il pourra dans les villages traversés par la compagnie.

Laval, le 12 novembre 1870.

Le Préfet de la Mayenne,
EUGÈNE DELATTRE.

La lecture de cette affiche devant le peuple assemblé est confiée spécialement au dévouement de MM. les Instituteurs

Laval, imp. L. MOREAU, imprimeur de la Préfecture, rue du Lieutenant, 2, — 1870.

PRÉFECTURE D'EURE-ET-LOIR.

Bulletin départemental du Dimanche 13 Novembre 1870.

NOUVELLES DE LA GUERRE.

Ordre du jour du Commandant en chef de l'Armée de la Loire.

Officiers, sous-officiers et soldats de l'armée de la Loire,

La journée d'hier a été heureuse pour nos armes ; toutes les positions attaquées ont été enlevées avec vigueur. L'ennemi est en retraite.

Le Gouvernement, informé par moi de votre conduite, me charge de vous adresser ses remerciements ; je le fais avec bonheur.

Au milieu de nos malheurs, la France a les yeux sur vous, elle compte sur votre courage ; faisons tous nos efforts pour que cet espoir ne soit pas trompé.

Au Quartier-Général de Lus, le 10 Novembre 1870.

Le Général Commandant en chef,
D'AURELLES.

Orléans. — Le *Moniteur* du 12 novembre contient la dépêche télégraphique suivante :

Orléans, 11 novembre 1870.

Notre ville est dans la joie d'être débarrassée de la présence de l'ennemi.

La circulation est rétablie sur le chemin de fer d'Orléans à Vierzon ; elle le sera prochainement sur celui d'Orléans à Tours.

On annonce que le général français Des Paillières a occupé Chevilly, à 13 kilomètres au nord et sur la ligne d'Orléans à Paris.

Les troupes allemandes font, dit-on, retraite dans la direction d'Étampes et de Chartres.

NOUVELLES DU DÉPARTEMENT.

Aucun changement dans la situation générale du département.

Châteaudun. — La ville est occupée par l'armée française.

ACTES DU GOUVERNEMENT.

Circulaire du Ministre des affaires étrangères.

M. Jules Favre dit qu'en s'opposant d'une manière absolue au ravitaillement de Paris pour un temps proportionnel à la durée de l'armistice, le Gouvernement prussien a rendu toute convention impossible. L'armistice sans ravitaillement n'eût été autre chose qu'une capitulation à terme fixe, sans honneur et sans espoir.

Nous n'avons plus, dit le Ministre, qu'à prendre conseil de notre courage, en revendiquant la responsabilité du sang versé à ceux qui, systématiquement, repoussent toute transaction.

Il termine en disant : Il est bien établi que jusqu'à la dernière heure, préoccupé des immenses et précieux intérêts qui lui sont confiés, le Gouvernement de la défense nationale a tout fait pour rendre possible une paix qui soit digne.

On lui refuse les moyens de consulter la France ; il interroge Paris, et Paris tout entier se relève en armes pour montrer au Pays et au Monde ce que peut un grand Peuple, quand il défend son honneur, son foyer, et l'indépendance de la Patrie.

AVIS.

Secours aux familles des hommes qui sont sous les drapeaux.

Un Comité a été formé à Chartres pour répartir les secours destinés aux familles nécessiteuses des habitants d'Eure-et-Loir qui ont été appelés sous les drapeaux.

L'occupation de Chartres a interrompu le fonctionnement de ce Comité.

Un certain nombre de demandes d'assistance qui n'avaient pas été instruites sont restées sans solution.

Un certain nombre de secours périodiques qui avaient été concédés ont cessé d'être servis régulièrement, par suite de l'interruption des communications.

MM. les Maires sont invités à prêter leur concours à l'administration préfectorale, afin qu'elle puisse remédier à cette situation.

L'intervention des Maires pourra se manifester utilement pour leurs administrés dans deux cas différents :

1° Lorsqu'il existe dans leur commune des familles à secourir dont les demandes n'ont pas encore été formées, ou des demandes sur lesquelles le Comité chartrain n'a pas encore statué ; alors les Maires devront former ces demandes ou les renouveler, en produisant toutes les pièces à l'appui.

2° Lorsqu'il existe des familles auxquelles des secours périodiques ont été accordés, mais qui ont cessé par suite des circonstances de recevoir le montant des subventions qui leur avaient été allouées. Les Maires devront alors indiquer en détail quelles ont été les décisions favorables obtenues, dans quelles circonstances et quelle a été la quotité des secours périodiques accordés. Ils devront, dans ce cas, certifier sous leur propre responsabilité : 1° Quelles ont été les décisions prises ; 2° Que le service des secours périodiques accordés a été interrompu. — Comme le service de la Caisse de secours ne doit se faire que par l'intermédiaire des Maires et qu'il aura lieu sous leur responsabilité personnelle, aucun double emploi ne peut avoir lieu.

Dans les deux hypothèses prévues, — instruction des nouvelles demandes et service des allocations concédées, — les demandes, les pièces à l'appui et les certificats des Maires, devront être adressés au Préfet, à Nogent-le-Rotrou.

Affichage du Bulletin.

Dans diverses communes on se plaint de ce que les Maires négligent de communiquer à leurs administrés les bulletins qu'ils reçoivent.

Nous rappelons à MM. les Maires que le bulletin départemental est destiné à la publicité, qu'il doit donc être affiché immédiatement après sa réception. Le but que se propose l'administration ne serait nullement rempli si MM. les Secrétaires de mairie se contentaient de déposer le bulletin dans les archives de la commune.

Nogent-le-Rotrou, 12 novembre, 4 heures du soir.

Le Préfet d'Eure-et-Loir,
Emile LABICHE.

Nogent-le-Rotrou, Imprimerie de A. GOUVERNEUR.

RÉPUBLIQUE FRANÇAISE

LIBERTÉ — ÉGALITÉ — FRATERNITÉ.

MAIRIE DU 18e ARRONDISSEMENT

AVIS IMPORTANT

Tous les Citoyens de 20 à 45 ans qui ne font partie ni de la Garde Mobile ni de la Garde Nationale sédentaire, sont tenus de venir se faire inscrire à la Mairie, dans le délai de trois jours.

Faute de se conformer au présent Avis, ils seront considérés comme **RÉFRACTAIRES** et poursuivis conformément à la loi.

Paris, le 12 *Novembre* 1870.

Les Adjoints,
J.-A. LAFONT,
S. DEREURE,
(JACLARD, empêché).

Le Maire,
G. CLÉMENCEAU.

Paris. — Imprimerie PRISSETTE, passage Kuszner, 17. —Maison passage du Caire, 17.

MAIRIE DE SAINT-DENIS.

DERNIER AVIS

Tous les Citoyens de 20 à 55 ans, qui n'appartiennent pas à l'Armée et qui, pour diverses causes, ne se trouvent pas incorporés dans la GARDE NATIONALE, devront se présenter, SANS AUCUN DÉLAI, à la Mairie pour y réclamer leur inscription.

Les contrevenants au présent avis seront poursuivis selon la rigueur des LOIS MILITAIRES.

Saint-Denis, le 12 *Novembre* 1870.

Le Maire de Saint-Denis,
MOREAUX.

Saint-Denis. — Typographie de A. MOULIN, rue de Paris, 17.

RÉPUBLIQUE FRANÇAISE

LIBERTÉ — ÉGALITÉ — FRATERNITÉ

MAIRIE DU XIVe ARRONDISSEMENT

INSCRIPTION

POUR LA

DISTRIBUTION DE LA VIANDE

La nouvelle MUNICIPALITÉ du XIVe Arrondissement, résolue à mettre fin aux inconvénients de tous genres qui résultent du mode actuel de Distribution de la Viande et surtout à ces Queues qui exposent si gravement la santé des Femmes et des Enfants;

Considérant, qu'un mode de Distribution très-commode et très-rationnel fonctionne avec plein succès dans d'autres Arrondissements, notamment dans le IVe et dans le Ve, et que ce qui est possible dans un Arrondissement doit l'être dans les autres,

Arrête ce qui suit :

Article 1er. = Les Citoyens domiciliés dans le XIVe Arrondissement. sont invités à se faire inscrire, Aujourd'hui Dimanche, 13 Novembre, à la Boucherie la plus proche de leur domicile, de **9** heures du Matin à **4** heures du Soir, **de façon à ce que le nouveau mode de Distribution puisse fonctionner LUNDI, 14 Novembre.**

Art. 2. = Chaque Boucher recevra ces Inscriptions jusqu'à concurrence de Trois Cent neuf Inscriptions par Boucherie, et ce chiffre rempli renverra les personnes qui se présenteront se pourvoir à une autre Boucherie.

Art. 3. = Les Bouchers distribueront des Numéros JAUNES, de **1** à **103** aux 103 premiers inscrits; des Numéros ROUGES de **104** à **206** aux 103 Clients suivants, et des Numéros BLANCS de **207** à **309** aux 103 derniers inscrits.

Art. 4. = Les Numéros **1** à **35** de chaque Série seront servis de 8 à 10 heures du matin; les Numéros **36** à **70** de 10 heures à midi et les Numéros **71** à **103** de midi à 2 heures.

Pour éviter toute apparence d'injustice, et pour que ceux qui ont été servis les derniers, un jour, soient servis les premiers quand la couleur de leur Série se représentera, on suivra l'ordre inverse des Numéros, c'est-à-dire que les Numéros **103** à **71** seront servis de 8 heures à 10 heures. Les Numéros **70** à **36**, de 10 heures à midi, et les Numéros **35** à **1** de midi à 2 heures, de façon à établir une alternation profitable à tous.

Art. 5. = Chaque Boucherie sera ouverte tous les jours, et fournira le premier jour les Numéros Jaunes, le second jour les Numéros Rouges et le troisième jour les Numéros Blancs, et recommencera cette Série tous les trois jours. Une affiche de même couleur que les Numéros du jour en distribution sera apposée à la devanture de chaque Boucherie et portera cette mention : « Aujourd'hui les Numéros de telle couleur. »

Art. 6. = L'Inscription reçue par chaque Boucher, sur un registre tenu et contrôlé par le Délégué de la Mairie, et contenant le Nom de la personne, son Domicile et le nombre de Rations nécessaires à sa famille (à raison de Cinquante Grammes par tête) remplacera les Cartes distribuées jusqu'ici et qu'elle rend inutiles.

Paris, le 13 Novembre 1870.

Les Adjoints,
HÉLIGON — NÈGRE — PÉRIN.

Le Maire du XIVe Arrondissement,
LOUIS ASSELINE.

Paris. — Imp. A.-E. Rochette, Boul. Montparnasse, 90.

RÉPUBLIQUE FRANÇAISE.

MINISTÈRE DES TRAVAUX PUBLICS.

AVIS.

En considération des accidents provenant d'explosions de matières inflammables, qui se sont renouvelés plusieurs fois depuis peu de temps, IL EST ENJOINT à tous les fabricants ou détenteurs de :

Poudre blanche ou de guerre,
Poudre au picrate,
Dynamite,
Fulminate d'argent et de mercure,
Fulmi-coton,

ou autres matières explosibles, de faire dans un délai de 48 heures, chez M. Adolphe HUILLARD, boulevard Beaumarchais, n° 72, délégué à cet effet, la déclaration des quantités de ces produits qui seraient en leur possession.

Les fabricants et marchands de produits chimiques, artificiers ou industriels qui détiendraient également les autres produits désignés ci-dessous, sont requis d'en faire la déclaration dans ledit délai et à la même adresse :

Chlorate de potasse,
Prussiate de potasse,
Bichromate de potasse,
Picrate de diverses bases,
Sulfure d'antimoine,
Glycérine,
Mercure,
Acide picrique.

Paris, le 13 Novembre 1870.

Le Ministre des Travaux publics,
DORIAN.

IMPRIMERIE NATIONALE. — Novembre 1870.

RÉPUBLIQUE FRANÇAISE.

GOUVERNEUR DE PARIS.

AVIS.

A partir du 15 Novembre, les portes de Paris seront fermées à cinq heures du soir.

Paris, le 13 Novembre 1870.

LE GOUVERNEUR DE PARIS.
Par ordre :
Le Général Chef d'état-major général,
SCHMITZ.

IMPRIMERIE NATIONALE. — Novembre 1870.

AVIS

L'IMPRIMERIE NATIONALE

Publie *les Papiers et Correspondance de la Famille impériale*, trouvés aux Tuileries, au prix de **40** centimes la livraison.

LE JOURNAL OFFICIEL

A déclaré que ces documents historiques sont dans le domaine public. — En conséquence, nous avons l'honneur d'informer le public qu'il se publie en ce moment ***UNE EDITION POPULAIRE*** des *Papiers et Correspondance de la Famille impériale* au prix de 5 centimes le numéro.

Cette Édition est identiquement conforme à celle publiée par l'Imprimerie Nationale, augmentée de Notes et Commentaires explicatifs; — elle se trouve chez tous les libraires, marchands de journaux, kiosques, chez **GARNIER** frères, rue des Saints-Pères, 6, et chez **SAILLANT**, **10**, rue du Croissant.

Le 9e Numéro est en vente, ainsi que le premier Fascicule de neuf feuilles, qui contient pour la somme de 50 centimes la même matière que neuf livraisons vendues 3 fr. 60 cent., dans l'édition de bibliothèque publiée par l'Imprimerie Nationale.

Paris. — Imp. Balitout, Questroy et Cie, 7, rue Baillif, et rue de Valois, 18.

RÉPUBLIQUE FRANÇAISE.

Citoyens et Soldats,

De grands efforts se font pour rompre le faisceau des sentiments d'union et de confiance réciproque auxquels nous devons de voir Paris, après plus de cent jours de siége, debout et résistant. L'ennemi, désespérant de livrer Paris à l'Allemagne pour la Noël, comme il l'a solennellement annoncé, ajoute le bombardement de nos avancées et de nos forts aux procédés si divers d'intimidation par lesquels il a cherché à énerver la défense. On exploite devant l'opinion publique les mécomptes dont un hiver extraordinaire, des fatigues et des souffrances infinies ont été la cause pour nous. Enfin, on dit que les membres du Gouvernement sont divisés dans leurs vues sur les grands intérêts dont la direction leur est confiée.

L'armée a subi de grandes épreuves, en effet, et elle avait besoin d'un court repos, que l'ennemi lui dispute par le bombardement le plus violent qu'aucune troupe ait jamais éprouvé. Elle se prépare à l'action avec le concours de la garde nationale de Paris, et tous ensemble nous ferons notre devoir.

Enfin, je déclare ici qu'aucun dissentiment ne s'est produit dans les conseils du Gouvernement, et que nous sommes tous étroitement unis, en face des angoisses et des périls du pays, dans la pensée et dans l'espoir de la délivrance.

Paris, le 31 Décembre 1870.

Le Gouverneur de Paris,
Général TROCHU.

IMPRIMERIE NATIONALE.—Décembre 1870

PRÉFECTURE DE POLICE

DU DÉPARTEMENT DE LA SEINE-INFÉRIEURE.

ARMES ET MUNITIONS

NOTIFICATION

Le Préfet de Police de la ville de Rouen et du département de la Seine-Inférieure, informé qu'il existe encore un grand nombre d'armes et de munitions de toutes sortes entre les mains de certains habitants des communes de l'arrondissement de Rouen, enjoint aux détenteurs de tous objets de cette nature, d'en faire le dépôt à la Mairie de leur commune, avant le Mardi 3 Janvier prochain, à midi.

Les armes et munitions devront, après leur dépôt, être transportées à la Mairie de Rouen, par les soins du Maire de chaque commune.

Les individus qui ne se seront pas conformés à la présente injonction, dans le délai prescrit, seront, après perquisitions à domicile, traduits devant une cour matiale, et punis d'après les lois de la guerre.

Rouen, le 31 Décembre 1870.

Le Préfet de Police,

L. DE HEYDEBRAND ET DE LASA.

Rouen. — Imp. E. Cagniard.

RÉPUBLIQUE FRANÇAISE

Liberté — Égalité — Fraternité

MAIRIE DU 14e ARRONDISSEMENT

AVIS

Il est interdit à tout Marchand de Bois et Charbonnier du 14e arrondissement, de vendre du **BOIS DUR DE CHAUFFAGE** à un prix supérieur à **8** francs les **100** Kilogrammes, pris chez eux.

Paris, le 31 Décembre 1870.

Les Adjoints
HÉLIGON — NÈGRE — PÉRIN.

Le Maire
Louis ASSELINE.

Paris. — Imprimerie A.-E. Rochette 90, boulevard Montparnasse.

AVIS IMPORTANT

Les Délégués des arrondissements de Seine-et-Oise et de Seine-et-Marne ont décidé que le maximum des secours en bons du Ministère de l'Intérieur seraient ainsi répartis :

Pour un Homme.	75	centimes par jour
Pour une Femme	50	—
Pour un Enfant de 12 à 18 ans. . .	50	—
Pour un Enfant au-dessous de 12 ans.	25	—

MM. les représentants des Communes ne sont donc pas autorisés à dépasser ce maximum.

Paris, imprimerie Paul Dupont, rue Jean-Jacques-Rousseau, 41. 3927.10.70

RÉPUBLIQUE FRANÇAISE.

LIBERTÉ — ÉGALITÉ — FRATERNITÉ

COMMISSION DES BARRICADES

CITOYENS,

Dès que l'ennemi s'est présenté sous les murs de Paris, et pour faire face à toutes les éventualités du siége, une Commission des Barricades a été officiellement constituée.

Cette Commission s'est aussitôt mise à l'œuvre; elle a fortifié les abords intérieurs de Paris et déterminé les points sur lesquels les barricades devraient être élevées en cas d'attaque de vive force.

A ces opérations devaient se limiter le rôle de la Commission des Barricades, tant que les Prussiens se bornaient à investir Paris.

Aujourd'hui que l'ennemi semble vouloir prononcer l'offensive, la prévoyance de la Commission des Barricades est tenue à d'autres devoirs. Si improbable que soit le succès d'une tentative sur nos remparts, il importe d'éviter toute surprise, et de prendre à l'avance toute précaution utile. Il importe que tout le monde le sache : derrière les forts, protégés par le courage de l'armée et de la garde nationale mobilisée, derrière les murs, gardés par la constance de la garde nationale sédentaire, les Prussiens rencontreraient encore l'indomptable résistance des barricades parisiennes.

En conséquence, il a paru utile à la Commission des Barricades de faire appel au patriotisme de tous et d'inviter chaque ménage à préparer, DÈS MAINTENANT, comme mesure de prévoyance, deux sacs à terre qui seraient livrés au premier avis de la Commission, et serviraient, concurremment avec les pavés, à couvrir en quelques heures Paris de barricades ou à réparer les brèches.

Tout sac à terre doit avoir 70 centimètres de longueur sur 35 centimètres de largeur, de façon à être facilement transportable. La toile peut en être grossière et le prix en serait minime (65 centimes au plus) pour les citoyens qui n'aimeraient pas mieux les fabriquer eux-mêmes.

Dans les circonstances présentes, il est de notre devoir de nous tenir prêts à tout événement et de nous assurer contre l'inconnu. Le Peuple sait bien qu'il a, dans les Membres de la Commission des Barricades, des hommes décidés à défendre Paris pied à pied, à ne jamais rendre à l'ennemi de notre patrie cette citadelle du droit et de la liberté républicaine!

LES MEMBRES DE LA COMMISSION DES BARRICADES :

Henri ROCHEFORT, président; — Jules BASTIDE, vice-président; — V. SCHOELCHER; — ALBERT, membre du Gouvernement provisoire de 1848; — MARTIN-BERNARD;--Charles FLOQUET;--A.DREO;--COURNET.

Paris, le 1er janvier 1871.

Paris, imp. Balitout, Questroy et Ce, 7, rue Baillif, et rue de Valois, 18.

République Française.

LIBERTÉ, ÉGALITÉ, FRATERNITÉ.

CIRCULAIRE

Le Ministre de l'Intérieur à MM. les Préfets.

Aujourd'hui 1er Janvier a eu lieu à Bordeaux une importante manifestation. La population avait voulu prouver son dévouement au Gouvernement de la République. Plus de 50,000 personnes se sont réunies autour de l'Hôtel de la Préfecture, où est descendu M. le Ministre de l'Intérieur et de la Guerre. Deux adresses ont été présentées aux Membres de la Délégation du Gouvernement. M. Gambetta a prononcé du balcon de la Préfecture une allocution dont on a recueilli les passages suivants :

« Mes chers Concitoyens, à la vue de ce magnifique spectacle, en face de tous ces Citoyens assemblés pour saluer l'aurore d'une année nouvelle, qui n'aurait confiance dans le succès dû à la persévérance et à la ténacité de nos efforts? Succès mérité pour deux raisons : la première, parce que la France n'a pas douté d'elle-même; la seconde, parce que, seule dans l'Univers entier, la France représente aujourd'hui la justice et le droit (*acclamations prolongées*).

« Oui, qu'elle soit à jamais close, qu'elle soit à jamais effacée de notre mémoire, si faire se peut, cette horrible année 1870, qui, si elle nous a fait assister à la chute du plus imposteur et du plus corrupteur des pouvoirs, nous a livrés à l'insolente fortune de l'étranger.

« Il ne faut pas l'oublier, Citoyens, cette fortune contre laquelle nous nous débattons aujourd'hui, elle est l'œuvre même des intrigues de Bonaparte au dehors. A chacun sa responsabilité devant l'histoire. C'est dans cette ville, c'est ici même, que l'homme de Décembre et de Sedan, l'homme qui a tenté de gangrener la France, prononça cette imposture : — L'Empire, c'est la paix. — Et tout ce règne subi, il faut le reconnaître, pour notre propre expiation, car nous sommes coupables de l'avoir si longtemps toléré [illegible]

altéré systématiquement dans notre pays toutes les sources de la force et de la grandeur, c'est parce que nous avions perdu le ressort sans lequel rien ne peut durer ni triompher dans le monde, *l'idée du devoir et de la vertu*, qu'on a pu croire un moment que la France allait disparaître. (Applaudissements prolongés.)

« C'est à ce moment que la République, apparaissant pour la troisième fois dans notre histoire, a assumé le devoir, l'honneur et le péril de sauver la France. (Cris enthousiastes de VIVE LA RÉPUBLIQUE.) Ce jour-là, c'était le 4 Septembre, l'ennemi s'avançait à grandes journées sur Paris, nos arsenaux étaient vides, notre armée à moitié prisonnière, nos ressources de tous côtés disséminées et éparpillées, deux pouvoirs, un pouvoir captif, un pouvoir fuyard, une chambre que sa servilité passée rendait incapable de saisir le gouvernail. Oh ! ce jour là, nul ne contestait la légitimité de la République. Ce fut plus tard, lorsque la République eut mis Paris dans cet état d'inviolabilité sacrée (bravos), lorsqu'il fut établi que la République avait tenu sa promesse du 4 septembre, sauver l'honneur du pays, organiser la défense et maintenir l'ordre, lorsqu'il fut démontré, grâce à la République, que la France ne saurait périr, qu'elle doit triompher, que par elle le droit doit finir par primer la force, ce fut alors que ses adversaires, dont elle assure aujourd'hui la quiétude et la sécurité, commencèrent à contester sa légitimité et à discuter ses origines. (Acclamations prolongées, VIVE LA RÉPUBLIQUE !

« La République liée, associée comme elle l'est à la défense et au salut de la Patrie, la République est hors de question, *elle est immortelle*. Ne confondez pas, d'ailleurs, la République avec les hommes de son Gouvernement, que le hasard des événements a portés passagèrement au pouvoir. Ces hommes, quand ils auront rempli leur tâche, qui est d'expulser l'étranger, ils descendront du pouvoir et ils se soumettront au jugement de leurs Concitoyens. Cette mission, qu'il faut conduire jusqu'au bout, qu'il faut accomplir à tout prix jusqu'à l'entière immolation de soi-même, ce succès qu'il faut atteindre sous peine de périr déshonorés, implique deux conditions essentielles : la première, la garantie et le respect de la liberté de tous, de la liberté complète, de la liberté jusqu'au dénigrement, jusqu'à la calomnie, jusqu'à l'injure; la seconde, le respect par tous, amis et dissidents, du droit et de la puissance gouvernementale. Le langage doit être libre comme la pensée, respecté dans tous ses écarts jusqu'à cette limite fatale où il deviendrait une résolution et engendrerait des actes. Si on franchissait cette borne, et j'exprime ici l'expression de tous les Membres du Gouvernement, vous pouvez compter sur une énergique répression (applaudissements prolongés).

« Je ne veux pas terminer sans vous dire que le Gouvernement ayant pour unique base l'opinion, nous n'exprimons, nous ne servons et n'entendons servir que l'opinion, à l'encontre des Gouvernements despotiques qui nous ont précédés et qui n'ont servi que leurs convoitises dynastiques. Je remercie la patriotique population de Bordeaux, ainsi que la population accourue des villes et campagnes voisines, du concours éclatant qu'elles apportent au Gouvernement Républicain dans l'imposante manifestation de ce premier jour de l'année 1871. Je les remercie surtout au nom de nos chers assiégés, au nom de notre héroïque Paris, dont l'exemple nous soutient, nous guide, nous enflamme. Ah! que ne sont ils témoins, nos chers assiégés, de toutes les sympathies, de tous les dévouements que suscite leur vaillance, leur foi dans le succès s'en accroîtrait encore, si toutefois elle peut s'accroître. Nous leur soumettrons vos vœux, Citoyens; puissions-nous bientôt, nous frayant un passage à travers les lignes ennemies, les leur porter de vive voix, avec l'expression de l'admiration du monde et la profonde et impérissable gratitude de la France! » (Une émotion indescriptible s'empare de tout cet immense auditoire, acclamations prolongées. Les cris redoublent, VIVE LA FRANCE! VIVE PARIS! VIVE GAMBETTA! VIVE LA RÉPUBLIQUE).

Bordeaux, le 1er Janvier 1871.

Pour copie conforme :

Le Préfet du département du Rhône, Commissaire extraordinaire du Gouvernement,

P. CHALLEMEL-LACOUR.

LYON. — Imprimerie J. NIGON, rue de la Poulaillerie, 2.

PRÉFECTURE DU DÉPARTEMENT DE LA SEINE-INFÉRIEURE.

DÉPÊCHES
OFFICIELLES.

Versailles, 2 janvier.

Le bombardement dirigé contre les bastions ennemis situés sur le front nord-est de Paris le 31 décembre et le 1er janvier continue avec succès. L'ennemi a abandonné précipitamment ses positions en avant de ce front. Le feu des forts de Nogent, de Rosny et de Noisy a cessé le 1er janvier.

La 20e division a été attaquée le 31 décembre auprès de Vendôme par des forces supérieures, mais elle repoussa malgré cela l'attaque pendant laquelle le général de Lüderitz s'empara de 4 pièces de canon.

Von PODBIELSKI.

Boulzicourt, 2 janvier.

Mézières a capitulé. Les troupes prussiennes y ont fait leur entrée aujourd'hui à midi.

Pour copie conforme,

Le Préfet,

BARON DE PFUEL.

Rouen. — Imp. E. Cagniard.

COMPAGNIE DES NOUVELLES MONGOLFIÈRES

50, boulevard Haussmann, 50.

BALLONS A AIR CHAUD

DIRIGEABLES

Retour SUR PARIS, avec AVIS et REPONSES de la Province.

Départ fixe le 11 Janvier.

La Compagnie des nouvelles Montgolfières a l'honneur d'informer le public que les Ballons à air chaud qu'elle expédiera seront munis d'un appareil de direction dont le principe a été reconnu vrai par la Commission mixte des Postes et des Télégraphes, composée de M. RAMPONT, directeur général des Postes; M. MERCADIER, directeur général des Télégraphes; MM. PIERRET et BERGON, inspecteurs généraux des Télégraphes; MM. BECHET et CHASSINAT, administrateurs des Postes; M. A. CORNU, professeur à l'École polytechnique, ingénieur des Mines; M. HERVÉ-MANGON, ingénieur, professeur à l'École des Arts-et-Métiers.

Le Ballon qui sera expédié le 11 janvier versera aux premiers bureaux de Poste et de Télégraphe libres atteints, les Lettres et Dépêches et il expédiera les paquets par les voies ordinaires. Chaque lettre portera une griffe donnant l'indication de la ville où les réponses seront centralisées et d'où le Ballon s'expédiera en retour sur Paris avec la date du jour de son départ.

Les lettres adressées aux déposants de Paris, à l'exception des Dépêches du Gouvernement, seront privilégiées pour le retour,

Les personnes qui désirent une réponse avec dépêches peuvent déposer elles-mêmes leurs lettres, de midi à 5 heures, ou les adresser, sous pli affranchi, dans nos bureaux, en y joignant leur adresse, plus 5 francs en timbres ou mandats-poste, et l'engagement de payer 20 francs le jour où la réponse leur parviendra. — Lettres avec réponses, mais sans dépêche, 1 fr. de suite; 20 fr. contre la remise de la réponse.

Les lettres sans réponse continueront à payer 50 centimes, plus l'affranchissement postal. Les colis, 40 francs par kilo.

Clôture fixe des Dépôts le 9 janvier. — Dans le cas où le chargement serait complété avant cette époque, la Compagnie préviendra par voie d'affiches.

Paris. — Imprimerie KUGELMAN, 13, rue du Helder.

RÉPUBLIQUE FRANÇAISE

COMITÉ CENTRAL

DE LA

Garde nationale et de la Commission départementale du Rhône

A TOUS LES FRANÇAIS,

Si nous avons déjà fait beaucoup d'efforts pour les défenseurs du pays, ils doivent continuer tant que durera la guerre.

Nos braves combattants luttent non-seulement contre les hordes allemandes, mais encore contre un hiver rigoureux.

Persévérons dans notre œuvre; il faut à nos soldats des objets de première nécessité : chaussettes, tricots, flanelles, caleçons, couvertures, chaussures. Point d'hésitation; que chacun nous envoie son offrande, si modeste soit-elle, en effets ou en argent : la multiplicité fait l'abondance.

Que tous ceux qui souffrent pour nous délivrer de l'invasion, sachent qu'ils peuvent compter sur les sympathies et la bonne volonté de la population de la France.

Les dons en argent seront reçus par M. CARLE, au secrétariat de la préfecture du Rhône; chez M. SILVAN, négociant, quai Saint-Antoine, 11, et chez M. VACHEZ, notaire, quai de Bondy, 17.

Les dons en nature doivent être adressés au Palais-des-Arts, place des Terreaux, Lyon.

Lyon, le 2 janvier 1871.

Pour le Comité exécutif :

Le Président, Commandant, CHARIOT.

Le Vice-Président, CARLE,

CONSEILLER DÉPARTEMENTAL.

Lyon, imp. Rey et Sézanne, rue Saint-Côme, 2.

Quartier Général d'Amiens

Ce 2 Janvier 1871.

J'informe les Autorités et Habitants du département de la Somme ainsi que tous ceux que cela concerne que je viens d'organiser pour la ville d'Amiens et le département de la Somme une préfecture de police qui, sous l'autorité du Préfet du Département embrassera toutes les attributions de police générale et de police politique; et que j'ai nommé Préfet de police

Monsieur le Major SCHULZ

qui, jusqu'à nouvel ordre, résidera à la Préfecture.

Le Général en Chef de la première Armée,

E. Baron DE MANTEUFFEL,

Général Aide-de-Camp de Sa Majesté le Roi de Prusse,

Amiens. — Imprimerie LENOEL-HEROUART, rue des Rabuissons, 30.

RÉPUBLIQUE FRANÇAISE

LIBERTÉ, ÉGALITÉ, FRATERNITÉ.

MAIRIE DU VIe ARRONDISSEMENT DE PARIS.

VENTE DE BOIS.

La Municipalité du 6e arrondissement est parvenue à se procurer 90,000 kilog. de bois; elle croit opportun, en raison de la rigueur de la température, de les distribuer immédiatement au public.

Toutefois, comme cette quantité est très-insuffisante pour satisfaire aux besoins de tous les citoyens, elle a décidé que la distribution aurait lieu par catégories. D'après les renseignements qu'elle a pris, les enfants en bas âge et les personnes atteintes de certaines maladies déterminées sont celles qui souffrent le plus cruellement du froid, et auxquelles il convient de réserver les premières rations de bois.

En conséquence, il sera distribué, dès aujourd'hui, aux citoyens ayant au moins deux enfants au-dessous de dix ans, indiqués comme tels sur leurs cartes de boucherie, au chantier de M. Fauvage, boulevard Mont-Parnasse, 30, une ration de 25 kilog. de bois non scié, au prix de 1 fr. 50 pour le bois sec, et de 1 fr. 25 pour le bois vert. Si les citoyens préfèrent recevoir du bois scié, ils payeront en plus 50 centimes, soit en tout 2 fr. pour le bois sec, et 1 fr. 75 pour le bois vert.

Il sera distribué aux personnes malades, sur le vu d'un certificat de médecin, au chantier municipal de la rue du Pont-de-Lodi, une ration de 25 kilog. de bois sec, aux mêmes conditions que ci-dessus.

Il sera établi, pour demain mercredi, huit chantiers, savoir :

Boulevard Mont-Parnasse, 30.
Rue Duguay-Trouin, 1.
Rue de Rennes, 103.
Rue de Rennes, 45.
Grande serre du Luxembourg, rue de l'Abbé-de-l'Épée prolongée.
École des Beaux-Arts.
Cour de l'Institut.
Rue du Pont-de-Lodi.

En cas d'encombrement, ces chantiers délivreront le bois, de préférence, aux porteurs de cartes de boucherie indiquant au moins un enfant, ou aux porteurs de certificats de médecins, visés par la Mairie.

Les bons Wallace, les bons de cantines et les bons de l'Assistance patriotique seront acceptés en payement.

Chaque fourniture de bois, quel qu'en soit le mode de payement, sera pointée sur la carte de boucherie.

La Municipalité espère pouvoir faire, incessamment, des distributions de bois à tous les citoyens. Pour le moment, elle fait appel à ceux qui n'en ont pas un besoin urgent, et les prie de ne pas se présenter aux chantiers qu'elle va ouvrir, alors même qu'ils auraient droit de le faire, de façon à réserver, quant à présent, le chauffage à ceux auxquels il est le plus indispensable.

Paris, le 3 janvier 1871.

Les Adjoints,
Paul JOZON; Albert LE ROY, Ch. LAUTH.

Le Maire,
HÉRISSON.

Paris. — Impr. de Mme Ve BOUCHARD-HUZARD, r. de l'Eperon, 5.

RÉPUBLIQUE FRANÇAISE

PRÉFECTURE DU NORD.

DÉPÊCHES TÉLÉGRAPHIQUES.

ARRAS, 3 janvier 1871, 10 heures du soir.

Le Préfet du Pas-de-Calais au Commissaire de la Défense nationale, Lille.

Un officier d'artillerie à moi envoyé par le général Paulze d'Ivoy, pour me demander des chevaux, résume ainsi les résultats de la journée : les Prussiens battus; on leur a enlevé Sapignies, Favreuil et les faubourgs de Bapaume. Cette ville incendiée en partie. Quelqu'un qui arrive à l'instant prétend que Bapaume est entièrement évacué.

ARRAS, 3 janvier, 10 h. 45 soir.

Le Général au Ministre de la Guerre, Bordeaux, et au Commissaire de la Défense, à Lille.

Aujourd'hui 3 janvier, bataille sous Bapaume, de huit heures du matin à six heures du soir.

Nous avons chassé les Prussiens de toutes les positions et de tous les villages. Ils ont fait des pertes énormes et nous des pertes sérieuses.

Avesnes-lez-Bapaume, 3 janvier 1871.

Signé : FAIDHERBE.

Pour copie conforme :
Le Préfet du Nord,
Pierre LEGRAND.

71.33 — Lille. Imp. L. Danel.

RÉPUBLIQUE FRANÇAISE.

LIBERTÉ, ÉGALITÉ, FRATERNITÉ.

MAIRIE DU VIe ARRONDISSEMENT DE PARIS.

AVIS

La Municipalité du 6e arrondissement prévient les blanchisseuses qu'elle peut leur faire une plus large part dans la distribution du coke.

Le rationnement, qui était, vendredi et samedi derniers, de 2 décalitres 1/2, sera, *les vendredi et samedi DE CETTE SEMAINE*, porté à 4 décalitres.

Celles des blanchisseuses qui n'ont pu se faire inscrire encore peuvent se présenter à la Mairie, en fournissant, toutefois, les titres qui prouvent leur qualité de blanchisseuses.

Paris, le 3 janvier 1871.

Les Adjoints,
JOZON, LE ROY, LAUTH.

Le Maire,
HÉRISSON.

Paris — Imprimerie de Mme Ve Bouchard-Huzard, rue de l'Eperon, 5.

RÉPUBLIQUE FRANÇAISE.

LIBERTÉ, ÉGALITÉ, FRATERNITÉ.

MUNICIPALITÉ DU 6e ARRONDISSEMENT DE PARIS.

CONSTRUCTION DES BARRICADES

Les Citoyens qui désireraient coopérer à la construction des barricades intérieures dans l'intérêt de la défense de Paris sont invités à se mettre en rapport avec le Citoyen Rocher, qui se tiendra tous les soirs à leur disposition, à partir de 8 heures, rue Saint-Benoît, 10, salle de l'Ecole des Frères.

Le Citoyen Rocher a été délégué à cet effet par le Citoyen Henri Rochefort, Président de la Commission des barricades.

ANDRÉ ROUSSELLE, *Adjoint.*

Imprimerie de Mme Ve BOUCHARD-HUZARD, rue de l'Eperon. 5.

MAIRIE DE SAINT-DENIS

INSTRUCTION PRIMAIRE

ENSEIGNEMENT LAÏQUE

Le Maire de Saint-Denis porte à la connaissance de ses concitoyens que le **Conseil municipal**, fidèle à son programme et à ses principes démocratiques, a décidé le remplacement des **Instituteurs** congréganistes par des laïques et que cette mesure, approuvée par l'autorité supérieure, reçoit son exécution depuis le 2 de ce mois.

M. Chevalier, instituteur laïque, est chargé de la direction de l'Ecole des Garçons de la rue Franklin

Mme Chevalier, institutrice laïque, est chargée de la direction de l'Ecole des Filles, rue de la Légion-d'Honneur.

Le Maire fait appel à la sollicitude des parents et les invite fraternellement à envoyer leurs enfants aux Ecoles communales.

Ils montreront par là qu'ils comprennent et apprécient les bienfaits de l'instruction donnée par des laïques et ils réaliseront à leur tour, ce qui est dans le sentiment et le cœur de leurs mandataires librement élus.

Saint-Denis, 4 *Janvier* 1871.

Le Maire,

MOREAUX.

Saint-Denis. — Typographie de A. MOULIN, rue de Paris, 17.

RÉPUBLIQUE FRANÇAISE.

DÉCRET.

Le Gouvernement de la Défense nationale,

Vu le décret du 1er octobre 1870 ;

Vu le décret du 25 novembre 1870, qui a ordonné le recensement des chevaux, ânes et mulets;

Vu l'arrêté ministériel du 8 décembre 1870, qui a interdit la vente des chevaux, ânes et mulets, si ce n'est à l'État;

Vu le décret du 15 décembre 1870, qui a fait réquisition de tous les chevaux, ânes et mulets existant dans Paris et hors Paris en deçà de la ligne d'investissement ;

Considérant qu'un certain nombre de détenteurs de chevaux, ânes ou mulets n'obéissent pas aux injonctions de livrer et attendent la saisie ;

Considérant que cette attitude, en obligeant à multiplier le nombre des saisies, met en péril l'approvisionnement de la boucherie;

Qu'il est nécessaire de remédier à ce danger en frappant d'une pénalité les détenteurs qui ne se conforment pas aux injonctions de livrer,

DÉCRÈTE :

ARTICLE UNIQUE.

Tout cheval, mulet ou âne saisi après injonction de livrer non suivie d'effet dans un délai de vingt-quatre heures, EST CONFISQUÉ au profit de l'État, sans aucune indemnité.

Fait à Paris, le 4 Janvier 1871.

Les Membres du Gouvernement de la Défense nationale :

Général TROCHU, JULES FAVRE, JULES FERRY, JULES SIMON, EMMANUEL ARAGO
EUGÈNE PELLETAN, GARNIER-PAGÈS, ERNEST PICARD.

IMPRIMERIE NATIONALE — Janvier 1871.

RÉPUBLIQUE FRANÇAISE

Liberté. Égalité. Fraternité.

COMITÉ DE SECOURS

AUX

AMBULANCES

DU

Dixième Arrondissement

Le nombre des Malades et des Blessés augmente chaque jour.

La rigueur de la saison ajoute encore aux souffrances de notre armée.

Le Comité de Secours aux Ambulances du Xme Arrondissement fait un nouvel appel au généreux concours des personnes qui déjà lui sont venues en aide.

Son œuvre, fondée depuis plus de trois mois, a déjà distribué aux Ambulances un nombre considérable d'objets, tels que : 700 draps, 800 chemises, 1,000 paires de chaussettes, 700 bonnets de coton, 300 gilets de flanelle, 600 chemises de flanelle, 200 gilets de tricots, ainsi qu'une quantité de couvertures, mouchoirs, pantoufles et linge de pansement.

Mais les ressources du Comité sont épuisées, et il faut que la charité et les sacrifices se multiplient pour être à la hauteur du dévoûment et de l'héroïsme de nos braves soldats.

En conséquence, un Sermon de Charité sera prêché, au profit de son Ouvroir, par le R. P. MATIGNON, le *Dimanche* 8 *Janvier*, à 2 heures 1[2, en l'église Saint-Vincent-de-Paul.

La QUÊTE sera faite par

MESDAMES :

PARMENTIER, rue d'Hauteville, 1.	DOMMARTIN, rue des Petites-Écuries, 13.
CRANNEY, rue d'Hauteville, 64.	FLECK, faubourg Saint-Martin, 67.
SUFFIT, rue Chabrol, 40.	FANIEN, rue de Chabrol, 30.
PEULLIER, rue Paradis-Poissonnière, 19.	AILLERET, rue d'Hauteville, 72.

Les Personnes qui ne pourraient assister au Sermon sont priées de remettre leurs Dons, soit aux Dames quêteuses, soit au Comité, 21, rue d'Hauteville.

Paris. Typ. et Lith. JULES JUTEAU ET FILS, passage du Caire, 29 et 31.

RÉPUBLIQUE FRANÇAISE.

MAIRIE DE PARIS.

AVIS.

La Mairie de Paris a pris les mesures les plus énergiques pour fournir à la population le bois de chauffage qui lui est indispensable. Elle a dû s'occuper d'abord de la population nécessiteuse. A cet effet, vingt-deux chantiers municipaux ont été organisés et sont dès à présent approvisionnés au moyen des coupes faites par les agents du service municipal dans les bois de Boulogne et de Vincennes. Le bois s'y vend par petites portions, au prix de 5 à 6 francs les 100 kilogrammes, par les soins du syndicat du commerce des bois et avec le concours des mairies d'arrondissement. Ces chantiers sont exclusivement consacrés au service de l'arrondissement qui leur est attribué, et les mairies les indiquent aux consommateurs.

Aujourd'hui la Ville de Paris ouvre au public un certain nombre de chantiers nouveaux, dans lesquels les bois de sciage acquis par la Ville, en grandes quantités, sont mis en vente comme bois de chauffage, aux conditions suivantes :

Le bois de sciage ou bois à ouvrer se vendra, dans les chantiers ci-dessous désignés, au prix de 100 francs les 1,000 kilogrammes.

Les quantités livrables sont fixées à 250 kilogr. au minimum et à 1,000 kilogr. au maximum, par consommateur.

Les chantiers de vente, au nombre de seize, sont les suivants :

Boulevard de Charonne, 72.	MM.	Lapreté.
Quai de la Râpée, 32.		Meyer.
—— *Idem* —— 36.		Mariotte.
—— *Idem* —— 38.		Fayard.
—— *Idem* —— 56.		Martin.
—— *Idem* —— 64.		Charpentier.
Rue Érard, 29.		Limaux.
Place d'Enfer, 8.		Thualagant.
Rue du Théâtre (Grenelle), 70.		Souchet.
Quai de Grenelle, 35.		Lemire.
Route de Versailles, 21.		Tremois.
—— *Idem* —— 39 et 42.		Leclerc et Delpierre.
Quai de la Loire, 34.		Mathieu.
Quai de l'Oise, 21.		Mignot.
Rues Curial et de Crimée.	Mlle	Meunier.
Rue de Flandre, 49.	M.	Barbier.

D'autres chantiers seront ouverts incessamment. Un avis ultérieur les fera connaître.

Il sera pourvu, par des moyens distincts, aux besoins des ambulances.

Les directeurs d'ambulances sont priés d'adresser directement leurs demandes à l'Hôtel de ville.

Paris, le 5 janvier 1871.

Le Membre du Gouvernement, Maire de Paris,
JULES FERRY.

IMPRIMERIE NATIONALE — Janvier 1871.

RÉPUBLIQUE FRANÇAISE.

Liberté, Égalité, Fraternité.

VILLE DE PARIS

MAIRIE DU 17^{E} ARRONDISSEMENT

Le Maire du 17e arrondissement est heureux de porter à la connaissance de ses administrés la lettre suivante, qui lui est adressée par le lieutenant-colonel CATOIS, du 23e régiment de Paris.

Campement de Romainville, le 5 janvier 1871.

Au citoyen Maire du 17e arrondissement de Paris,

Des bruits calomnieux sont arrivés jusqu'à moi, concernant les bataillons que j'ai l'honneur de commander. Permettez-moi de vous prier de faire afficher cette petite réclamation pour rassurer les familles. Les 91e et 207e bataillons de mon régiment, de garde aux tranchées de Bondy, sous Noisy, ont été assaillis par 3,000 Prussiens et ont soutenu l'attaque avec le plus grand sang-froid; quelques sentinelles perdues se sont repliées sur leur compagnie, comme c'était leur devoir, après avoir laissé sur le terrain 3 cadavres wurtembergeois. Vous comprenez, monsieur le Maire, mon indignation quand j'ai entendu dire que ces hommes avaient fui; je me suis renseigné, et la population de Batignolles connaît assez ces braves bataillons et leur colonel pour savoir que nous ne fuyons jamais.

Quant à mon brave 222e, quoique ne combattant pas pour le moment, il est cruellement éprouvé; de garde jour et nuit dans la tranchée, sous une grêle d'obus qui, aujourd'hui encore a tué 2 mobiles et en a blessé plusieurs autres; un fusil a été brisé dans les mains du garde Mercieux (Auguste), de la 1re compagnie, qui heureusement n'a pas été atteint. Le garde Dupont (Jacques), de la même compagnie, a été atteint légèrement à la cuisse, mais sans avoir aucune trace. Tous ces enfants-là vont au feu comme de vieilles troupes; je suis content et fier de commander à de pareils hommes.

Recevez, citoyen Maire, mon salut fraternel,.

Le lieutenant-colonel commandant le 23e régiment de Paris,

F. CATOIS.

746. — Paris. Typographie A. HENNUYER, rue du Boulevard, 7.

RÉPUBLIQUE FRANÇAISE

Liberté — Égalité — Fraternité

PRÉFECTURE DE LA LOIRE

Saint-Étienne, le 5 janvier 1871.

Citoyens,

La Nation va être consultée sur les résolutions à prendre dans les graves et douloureuses circonstances où nous nous trouvons.

Le vote doit s'accomplir en toute liberté, mais il est de mon devoir d'appeler votre sérieuse attention sur les représentants que vous êtes appelés à élire.

Les hommes dont les noms sortiront du scrutin auront entre les mains les destinées du pays, son honneur, sa prospérité, son avenir; ils auront pour devoir de maintenir à la France le rang que son dévouement à la liberté des peuples, à la justice pour tous; que sa civilisation, ses connaissances, sa supériorité morale lui assignent parmi les puissances européennes. Ils auront pour devoir d'assurer la tranquillité du pays et d'ouvrir une ère nouvelle pour les classes déshéritées.

La République, gouvernement de tous par tous, peut seule être à la hauteur des exigences du moment, seule elle peut conclure une paix honorable et durable, ou organiser une résistance invincible dévant laquelle les prétentions des envahisseurs seront forcées de fléchir. Elle seule peut assurer l'ordre, le droit de tous, et préparer par des lois équitables la conciliation de tous les partis honnêtes, jusqu'à présent rendus irréconciliables par les intrigues de quelques ambitieux égoïstes.

Si vous voulez que nos dissensions intestines cessent enfin, si vous voulez la paix intérieure, l'égalité du droit entre les citoyens et un gouvernement qui ne s'engagera jamais sans vous consulter dans des aventures incertaines et périlleuses, si vous voulez ne donner votre sang et votre argent que lorsque vous le jugerez indispensable, votez pour la liste républicaine, pour des hommes éprouvés, connus par leur honorabilité et leur intégrité.

Si vous voulez que le commerce, que le travail soient remis en vigueur, défiez-vous des suggessions des partisans des anciens régimes, aucun des gouvernements déchus n'a pu donner au pays la paix, la sécurité dont il a besoin; ils sont tous coupables d'exactions, d'arbitraire, de favoritisme et ont rendu par leurs fautes les révolutions inévitables.

Le gouvernement républicain c'est l'ordre inaltérable fondé sur le droit de tous.

En allant au scrutin, laissons de côté toute prévention, toute préoccupation mesquine, ne songeons qu'au salut de la patrie.

Vive la France ! vive la République !

Le Préfet de la Loire,

CÉSAR BERTHOLON.

BENEVENT, imprimeur de la Préfecture, place de l'Hôtel-de-Ville, 4, à Saint-Étienne.

RÉPUBLIQUE FRANCAISE

COMMUNE DE LYON

Le Maire de la ville de Lyon,

Vu la délibération du Conseil municipal, en date du 29 octobre 1870, portant établissement d'une taxe égale au montant des quatre contributions directes pour subvenir aux dépenses de la mise en état de défense de la ville, et suppléer à l'insuffisance de ses ressources municipales;

Vu l'article 2 de l'arrêté du 14 novembre 1870, disposant que des poursuites seront exercées contre les contribuables qui n'auront pas acquitté le montant de la taxe à laquelle ils sont assujettis;

Considérant qu'un nombre assez grand de contribuables n'a pu, dans le court délai accordé par l'arrêté du 20 octobre dernier, disposer de la somme qu'ils avaient à payer; qu'ainsi il est juste de prolonger ce délai;

ARRÊTE :

ARTICLE PREMIER. — Il est accordé jusqu'au 20 janvier 1871 pour acquitter le solde de la taxe désignée sous le nom d'Emprunt de guerre de la commune.

ART. 2. — Les contribuables en retard seront poursuivis comme en matière de contributions directes, jusqu'à complète libération.

ART. 3. — M. le Trésorier-Payeur général, MM. les Receveurs et Percepteurs sont chargés, chacun en ce qui le concerne, de l'exécution du présent arrêté.

Le Maire de Lyon fait un pressant appel au patriotisme et au bon vouloir de ses concitoyens; il compte que chacun d'eux se pénètrera de la nécessité de contribuer pour sa part à alléger les charges nombreuses imposées à la Cité par les circonstances difficiles que nous traversons.

LYON, le 5 Janvier 1871.

Le Maire de la ville de Lyon,

HÉNON,

Lyon, Imprimerie Rey et Sézanne, rue St-Côme, 2.

MOBILES DU CALVADOS

COMITÉ CENTRAL.

A NOS CONCITOYENS DU CALVADOS.

Nul de vous n'ignore quelles épreuves les rigueurs d'un froid exceptionnel ont imposées à nos mobiles.

Leur habillement, insuffisant pour une campagne d'automne, s'est trouvé usé pour la campagne d'hiver, et il n'est pas une famille où l'on ne trouve le confident ou le témoin de souffrances pour le soulagement desquelles la générosité publique s'est déjà émue.

Malheureusement, les efforts isolés, quoique nombreux et énergiques, sont demeurés impuissants ; nous apprenons, en effet, par une lettre du colonel de la Barthe, adressée au Président de la Commission municipale de Caen, sous la date du 4 janvier, qu'au moment de sortir de leurs cantonnements, les mobiles du Calvados, placés sous ses ordres, manquent de *l'indispensable.*

Pas de *souliers de rechange*, pour les longues marches qui vont recommencer ; pas de *capotes* contre la pluie, la neige et le vent.

Le colonel compte sur « le patriotisme des habitants du Calvados, pour donner à ses hommes « ces deux objets *indispensables*, et leur permettre de marcher avec succès à la défense de « la France. »

Resterons-nous sourds à l'appel qui nous est fait ? Supporterons-nous le contraste injurieux du confortable de nos ennemis, avec le dénûment de nos défenseurs ?

Non. Tous ceux qui ne peuvent donner à la patrie le témoignage du sang, mais qui sentent battre dans leur poitrine un cœur français, tous ceux dont l'âme est navrée des malheurs de leur pays et des souffrances de leurs frères, tous ceux qui comprennent que c'est un devoir strict de sacrifier au soulagement des soldats qui se battent pour nous quelque chose de leur richesse, de leur aisance et même de leur pauvreté, ceux-là, et c'est vous tous, répondront à l'appel fait à leur générosité et à leur patriotisme.

Un comité central s'est constitué pour agir plus vite, et, par suite, pour agir mieux. Il lui faut 120,000 fr. pour acheter les 3,000 capotes et les 3,000 paires de souliers qui sont demandés.

Ces 120,000 fr. il les faut dans dix jours.

Vous nous les donnerez ; les commandes sont préparées, les précautions prises ; dès que les fonds seront réunis, le Comité pourra faire délivrer les capotes et souliers aux chefs qui commandent les mobiles du Calvados.

Nous habitons une riche contrée : qu'il ne soit pas dit que nos compatriotes sont les plus misérablement vêtus de l'armée de la Loire !

Nous sommes d'une vieille race réputée par sa vaillance et son patriotisme : qu'il ne soit pas dit que nous avons dégénéré !

Caen, le 5 janvier 1871.

Les Membres du Comité central,

Président : M. Roulland, Président de la Commission municipale de Caen.
MM. Aubert, avocat, membre du Comité de défense.
Beaujour, Président du Tribunal de commerce de Caen.
Carel, avocat, professeur à la Faculté de droit de Caen.
Comte de la Barthe, propriétaire.
Dupray de Lamahérie, conseiller à la Cour d'appel.
L. Gaugain, propriétaire.
Secrétaire : M. Tiphaigne, avocat, Bâtonnier de l'Ordre.
Trésorier : M. Bellamy, banquier.

Les fonds de la souscription ouverte pour les quatre bataillons du Calvados seront déposés directement à la caisse de M. Bellamy, banquier, trésorier du Comité.

Toutes les listes seront publiées ainsi que le compte des dépenses.

Les capotes et souliers seront délivrés aux chefs commandant les mobiles du Calvados, directement par deux membres du Comité, délégués à cet effet, et qui accompagneront l'envoi.

Caen. — Imprimerie PAGNY, rue Froide, 27.

RÉPUBLIQUE FRANÇAISE.

GOUVERNEMENT

DE LA DÉFENSE NATIONALE.

Jeudi soir, 5 Janvier.

Le bombardement de Paris est commencé.

L'ennemi ne se contente pas de tirer sur nos forts. Il lance ses projectiles sur nos maisons, il menace nos foyers et nos familles.

Sa violence redoublera la résolution de la cité, qui veut combattre et vaincre.

Les défenseurs des forts, couverts de feux incessants, ne perdent rien de leur calme et sauront infliger à l'assaillant de terribles représailles.

La population de Paris accepte vaillamment cette nouvelle épreuve. L'ennemi croit l'intimider, il ne fera que rendre son élan plus vigoureux. Elle se montrera digne de l'armée de la Loire, qui a fait reculer l'ennemi, de l'armée du Nord, qui marche à notre secours.

VIVE LA FRANCE! VIVE LA RÉPUBLIQUE!

Les Membres du Gouvernement de la Défense nationale :

Général TROCHU, Jules FAVRE, Emmanuel ARAGO, Jules FERRY, GARNIER-PAGÈS, Eugène PELLETAN, Ernest PICARD, Jules SIMON.

1 IMPRIMERIE NATIONALE. — Janvier 1871.

RÉPUBLIQUE FRANÇAISE

ORDRE DU JOUR

Du 5 Janvier 1871.

Depuis quelque temps le service des gardes donne lieu à des plaintes et à des récriminations contre lesquelles je dois énergiquement protester.

Je comprends aussi bien que personne les rigueurs imposées au service de la Garde Nationale par le froid excessif de l'hiver; mais ce que je ne puis accepter, c'est l'oubli des souffrances des autres; ce que je déplore, c'est de rencontrer la personnalité au lieu du dévouement et de l'abnégation, en face des épreuves cruelles que traverse la France.

Où trouver cependant de plus grands exemples que ceux qui nous sont offerts aujourd'hui, soit par nos jeunes Légionnaires, soldats enfantés par la Patrie en danger et dont le courage devant l'ennemi n'a d'égal que l'énergie patiente avec laquelle ils supportent les fatigues de la guerre, soit par la Garde Nationale de Paris, dont l'héroïque résistance excite l'admiration du monde entier, et doit porter la gloire du nom français plus haut que ne l'ont fait nos plus célèbres victoires.

Si un tel honneur ne nous est pas réservé, s'il ne nous est pas donné d'écrire dans l'histoire lyonnaise le récit de la défense énergique de nos remparts, sachons au moins garder intact le droit de dire, après la délivrance, sans crainte d'être démentis, que nous avons accepté, sans murmure et sans défaillance, notre part de souffrances et de privations dans les malheurs de la Patrie.

Le Général, commandant les gardes nationales du Rhône,

BAUDESSON.

LYON. — Imprimerie J. NIGON, rue de la Poulaillerie, 2.

ŒUVRE D'UTILITÉ PUBLIQUE

CHARBONS ÉCONOMIQUES

DE PARIS

SOCIETE A CAPITAL VARIABLE

Première émission de 2,000 actions de 100 fr.

Produisant un intérêt de 5 0|0, payables le 1er juillet et le 1er janvier, et un dividende qui, en temps ordinaire, et si l'on ne tenait pas actuellement à donner le combustible au meilleur marché possible, s'élèverait à 15 0|0

LA SOUSCRIPTION EST OUVERTE LE 6 JANVIER ET SERA CLOSE LE 10

ON VERSE :	En souscrivant . .	**10** fr.	Le 15 mars. . .	**20** fr.
	A la répartition. .	**10** —	Le 15 avril . . .	**20** —
	Le 15 février. . .	**20** —	Le 15 mai . . .	**20** —

Il est fait en faveur des souscripteurs qui effectuent le versement complet une bonification de 5 0/0.

Le public remarquera que les versements sont très espacés, ce qui les facilite beaucoup.

De plus, nous recevons les souscriptions en coupons échus ou à échoir sans aucune déduction, et en valeurs de Bourse au cours du jour.

Les fonds et valeurs seront déposés à la Banque de France.

Les souscripteurs seront privilégiés pour leur approvisionnement de combustible.

Ils auront droit à une quantité de charbon proportionnelle à leur souscription.

Huit jours après la clôture de la souscription, nos machines livreront des charbons aux consommateurs.

EXPOSÉ

La Société a pour objet la fabrication d'agglomérés, de charbons économiques pour servir « sans appareil spécial » au chauffage des administrations, des hôpitaux, des prisons, des usines, des appartements et à la cuisson des aliments.

Le nouveau procédé donne des agglomérés ou charbons artificiels qui sont livrés à très bon marché et qui jouissent d'une puissance calorique plus grande que celle du bois et du charbon.

Les charbons économiques utilisent tous les menus, tous les poussiers quels qu'ils soient. Ils diminuent d'un tiers la place occupée par un poids égal de combustible quelconque.

Ils donnent des bûches, des briques, des briquettes, des morceaux de charbon de toute grandeur, de tout calibre, de toute qualité. Car suivant le dosage, suivant les demandes des consommateurs, on peut donner du combustible pour l'industrie ou pour le chauffage, comme aussi on peut remplacer avec une grande supériorité le combustible communément appelé « Charbon de Paris », qui coûte beaucoup plus cher.

PRODUITS

Le bénéfice annuel, si on ne visait qu'au bénéfice dans le moment présent, peut être évalué à un minimum de 4 fr. 50 la tonne de 1,000 kilos, montant de la différence entre le prix de revient et le prix de vente.

AVIS IMPORTANT

Aucun appel de fonds ultérieur ne sera fait sans que la proposition en ait été faite et approuvée par l'Assemblée générale des actionnaires.

Il devra être motivé par une extension de la production ou par l'établissement d'une ou plusieurs usines dans d'autres villes, telles que Lyon, Marseille, Nantes, Bordeaux, à moins que la Société ne préfère céder la licence à d'autres Compagnies ou à réserver une part de leurs bénéfices.

Il convient de rappeler que l'industrie des agglomérés encore nouvelle et imparfaite a déjà donné d'excellents résultats aux capitaux engagés.

Le Conseil d'administration sera nommé à la répartition par les actionnaires eux-mêmes, réunis en Assemblée générale.

ON SOUSCRIT

Au siége social de la Société des Charbons économiques, rue de Châteaudun, n° 4

LA SOUSCRIPTION EST CLOSE LE 10 JANVIER

Paris. — Imprimerie Ch. Schiller, faubourg Montmartre, 10.

République Française.

CIRCULAIRE

Bordeaux, 5 Janvier 1871.

Guerre à Généraux commandant les Divisions territoriales

Des hommes isolés ou en groupe, révêtus d'insignes et d'uniformes militaires, quelquefois armés, et se disant francs-tireurs ou membres de corps francs, rôdent loin des armées, dans les villes et les villages, et scandalisent les populations par leur vagabondage, leur fainéantise et souvent par leur inconduite.

Résolu à mettre un terme à cet état de choses, le Ministre de la Guerre prescrit les mesures suivantes :

Tout homme ou tout groupe d'individus rencontrés dans ces conditions auront à justifier de leur position devant l'autorité militaire.

Ceux qui déclareront appartenir à un corps franc attaché à un corps d'armée, et qui n'exhiberont pas un ordre exprès de séjour émanant de ce corps d'armée, seront immédiatement dirigés sur ce corps, pour être traduits devant une Cour martiale.

Ceux qui prétendront appartenir à des corps en formation, et qui ne seront pas sur les lieux de formation desdits corps, seront, après avoir été dissous, s'ils sont à l'état de groupes, mis à la disposition de l'autorité militaire et versés dans l'armée, la mobile ou la mobilisée, selon la catégorie que leur assignent leur âge et leur position.

L'exécution des dispositions qui précèdent est mise sous la responsabilité de MM. les Généraux commandant les divisions et subdivisions territoriales.

La présente dépêche sera publiée par voie d'affiche et recevra son application dans les quarante-huit heures qui suivront la publication.

Signé : HACA.

Pour copie conforme :
Général GUDIN.

Certifié conforme :
Le Préfet du Rhône, Commissaire extraordinaire de la République,
P. CHALLEMEL-LACOUR.

Lyon.—Imp. de J. NIGON, rue de la Poulaillerie, 2.

N° 30.

Préfecture de la Somme.

NOTIFICATION.

Les listes des *Blessés* Français en traitement à Amiens étant devenues insuffisantes par des changements survenus il est nécessaire d'en composer de nouvelles.

J'engage tous les Administrateurs et Préposés d'hôpitaux et d'ambulances à me faire parvenir à la Préfecture, le 7 Janvier avant *six heures du soir*, des listes complètes des *Blessés* Français se trouvant, à l'heure qu'il est, dans les établissements qu'ils dirigent. Les registres devront contenir les noms et prénoms des *Blessés* ainsi que leur grade et les numéros des régiments auxquels ils ont appartenu, sous peine d'une amende de 5 francs pour chaque omission dans le registre.

De même les habitants sont tenus d'annoncer par écrit à la Préfecture les *Blessés* qui se trouvent logés chez eux, en indiquant leurs noms, grades, les numéros de leurs régiments et l'assistance médicale dont ils jouissent : une amende de **5,000 francs** sera payée pour chaque cas de contravention à cet ordre, amende pour laquelle, en cas d'insolvance de la part du locataire, le propriétaire de la maison est obligé solidairement.

Amiens, ce 5 Janvier 1871.

Le Comte LEHNDORFF-STEINORT,

Préfet.

Amiens. — Imprimerie de LENOEL-HEROUART, rue des Rabuissons, 30.

République Française

DÉPARTEMENT DU RHONE

EMPRUNT DÉPARTEMENTAL

DE 4,800,000 FRANCS

Pour organisation de la Défense Nationale

Le PRÉFET du Rhône, Commissaire extraordinaire du Gouvernement de la Défense Nationale,

Vu les délibérations en date des 3 et 19 novembre dernier, par lesquelles la commission départementale a voté successivement deux impôts, l'un de trois millions pour l'organisation de la Garde nationale mobilisée, conformément au décret du 22 octobre 1870, et l'autre de un million huit cent mille francs pour la construction de six batteries départementales, en exécution du décret du 3 novembre suivant;

Vu les décrets des 16 novembre et 7 décembre derniers, qui approuvent lesdits emprunts montant ensemble à quatre millions huit cent mille francs à un taux d'intérêt qui ne pourra dépasser sept pour cent, et qui autorisent en même temps le recouvrement d'une imposition extraordinaire de huit centimes additionnels au principal des quatre contributions directes, pendant douze ans à partir de 1871, pour en assurer le remboursement;

Considérant que dans les circonstances actuelles il convient d'accorder aux prêteurs les conditions les plus avantageuses et de mettre toutes les bourses à portée de profiter de ces conditions,

ARRÊTE :

ARTICLE PREMIER. — L'emprunt départemental de Quatre millions huit cent mille francs pour la Défense nationale sera réalisé par voie de souscription publique, au taux de sept pour cent.

A cet effet, il sera émis des Obligations de cinq cents francs, rapportant annuellement trente-cinq francs d'intérêts, à partir du 15 décembre 1870, et des Coupures d'Obligations de cent francs, rapportant annuellement sept francs d'intérêt.

Cet intérêt sera payé par moitié, à la fin de chaque semestre, aux échéances des 15 juin et 15 décembre de chaque année.

ART. 2. — Les Obligations émises seront remboursées en douze ans, au moyen d'un tirage au sort qui aura lieu chaque année à la fin d'octobre, en séance publique, et dont le résultat sera publié et affiché huit jours au moins avant l'échéance du remboursement.

Le remboursement s'appliquera aux cinq Coupures de l'Obligation de cinq cents francs dont ces Coupures feront partie, si cette Obligation est désignée par le sort.

Le premier tirage aura lieu fin octobre 1871.

ART. 3. — La souscription publique commencera le Lundi 9 janvier 1871, et restera ouverte jusqu'au 31 du même mois inclusivement, les dimanches exceptés.

ART. 4. — Chaque souscripteur devra verser, en souscrivant, la moitié du montant total de sa souscription.

Le versement de l'autre moitié aura lieu le 25 février 1871, et le souscripteur aura jusqu'au 28 du même mois pour se libérer complétement. Passé ce délai, il sera passible d'intérêts de retard, au profit du Département, au taux de 7 pour cent, à partir du 26 février inclus.

En cas de non-libération définitive au 1er mars, les titres provisoires d'emprunt seront vendus à la Bourse, aux risques et périls des souscripteurs.

ART. 5. — Les souscriptions individuelles seront reçues, savoir :

1° A la Trésorerie Générale, place de Lyon, 53;

2° A la recette des Finances de Villefranche;

3° Dans les Bureaux des dix Perceptions de la ville de Lyon et dans ceux des Perceptions rurales de l'Arbresle, Condrieu, Saint-Genis-Laval, Oullins, Givors, Saint-Laurent-de-Chamousset, Mornant, Neuville, Saint-Symphorien, Vaugneray, Villeurbanne, Amplepuis, Anse, Beaujeu, Belleville, Bois-d'Oingt, Saint-Georges-de-Reneins, Lamure, Monsols, Tarare et Thizy;

4° Dans les Maisons de Banque et Etablissements de Crédit de la ville de Lyon et dans les bureaux des Agents de Change.

ART. 6. — Le Trésorier Général du Département est seul chargé de tenir le registre général des souscriptions et de délivrer les certificats d'emprunt à remettre aux souscripteurs pour être échangés, après complète libération, contre des Obligations définitives de 500 francs ou des Coupures d'Obligations.

Les récépissés à talon, délivrés par le Receveur des Finances de Villefranche et les quittances à souche délivrées par les Percepteurs de la ville de Lyon et des autres villes ou communes désignées en l'article 5 ci-dessus, § 3, tiendront lieu de titres provisoires en attendant la remise des Certificats qui seront exclusivement expédiés par le Trésorier Général.

Quant aux listes de souscriptions recueillies dans les Maisons de Banque et de Crédit de la ville de Lyon et chez les Agents de Change, elles seront adressées, à la fin de chaque jour, au Trésorier Général qui les transcrira sur le registre général, et préparera les Certificats d'emprunt.

Ces Certificats seront remis aux parties dans les bureaux mêmes où les souscriptions auront été recueillies.

ART. 7. — Le présent arrêté sera publié et affiché dans toutes les communes du Département. Il en sera placardé des exemplaires dans tous les bureaux désignés pour la réception des souscriptions.

Le Préfet du Rhône, Commissaire extraordinaire du Gouvernement,

P. CHALLEMEL-LACOUR.

Lyon. — Imprimerie NIGON, rue Poulaillerie, 2.

BUREAU DE BIENFAISANCE
DU VI[E] ARRONDISSEMENT.

QUÊTE
EN FAVEUR DES INDIGENTS.

Les Administrateurs du Bureau de bienfaisance ont l'honneur de prévenir les Habitants du 6e Arrondissement qu'il sera fait, par l'un d'eux, en l'Eglise Saint-Sulpice, aux Grand'Messes, Messes basses et aux Vêpres, le Dimanche 15 Janvier 1871, jour de la *FÊTE PATRONALE*, une Quête en Faveur des Indigents.

Le bureau de bienfaisance espère que les personnes aisées voudront bien répondre à cet appel, pour le mettre à même de soulager les Pauvres. dont les besoins sont toujours si urgents.

Les Dons des personnes qui ne pourraient se rendre à l'Eglise seront reçus, tous les jours, par le Secrétaire-Trésorier du Bureau de bienfaisance, de 10 à 4 heures, rue Bonaparte, 78.

Paris, le 6 janvier 1871.

Le Secrétaire honoraire,
E. PERDUCET.

Le Vice-Président,
DE SENNEVILLE.

L'Ordonnateur,
SAINT-GENEZ.

Le Secrétaire-Trésorier,
A. LAIR DES LONGCHAMPS.

Paris,—Imp. de Mme Ve BOUCHARD-HUZARD, r. de l'Eperon, 5.

RÉPUBLIQUE FRANÇAISE.

MAIRIE DE L'OBSERVATOIRE

QUATORZIÈME ARRONDISSEMENT

Paris, 6 janvier 1871.

Citoyens,

C'est le quatorzième arrondissement qui a reçu le premier obus prussien.

Vous êtes restés calmes et énergiques devant ce douloureux épisode du siége de Paris. Si l'ennemi croit nous intimider, il se trompe. Mais cette épreuve prévue, elle doit être le signal d'une offensive vigoureuse! Elle doit donner à la guerre des allures qui sont dans les vœux de tous! Le Gouvernement l'a promis et nous l'avons sommé de tenir sa promesse. Le moment de vaincre par un effort unanime et suprême est arrivé! Le temps des stratégies lentes est passé.

Mais pour que cet effort se produise, restons unis au nom du salut de la Patrie! Au point où en sont les choses, le trouble dans la rue, c'est Paris ouvert aux Prussiens. Poussons le Gouvernement aux résolutions suprêmes par la force irrésistible de l'opinion publique. Les municipalités le lui ont signifié avant-hier soir avec autant d'ensemble que de force et leur voix va être écoutée.

Comme mesures de détail, nous recommandons de ne pas stationner dans les rues, de remplir les tonneaux placés aux divers étages, de placer aux fenêtres des sacs à terre. Nous nous entendons avec les arrondissements du centre pour faire évacuer dans les locaux vacants les femmes et les enfants.

VIVE LA RÉPUBLIQUE UNE ET INDIVISIBLE!

Les Adjoints : HÉLIGON, PÉRIN, NÈGRE.

Le Maire :
LOUIS ASSELINE.

Paris.— Typographie Adolphe Lainé, rue des Saints-Pères, 19.

N° 32.

PRÉFECTURE DE LA SOMME.

DÉPÊCHES

OFFICIELLES PRUSSIENNES.

1. — Mézières a capitulé le 1er Janvier 1871; 98 officiers et 2,000 soldats ont été faits prisonniers et 106 canons pris.

2. — Le 28 Décembre 1870 commençait le bombardement du Mont-Avron, à l'Est de Paris. Déjà, le 29, la forte position ennemie était complètement écrasée par nos canons. Pendant la nuit suivante nos troupes occupaient sans opposition le Mont-Avron et y trouvaient de grandes quantités de canons, d'ammunition d'artillerie et d'affûts détruits; un grand nombre de morts se trouvaient à l'intérieur et en dehors de la redoute.

Le 31 notre artillerie bombardait les forts de Nogent, Rosny et Noisy. Le bombardement continuait le 1er Janvier 1871. L'ennemi a évacué toutes les positions à l'Est de Paris et s'est retiré vers la ville. Les forts ennemis ont cessé leur feu. Rosny et les villages environnants ont été occupés par notre infanterie.

3. — Le 2 et 3 Janvier 1871 les détachements de la première armée, commandés par le général von Groeben, repoussèrent victorieusement à Bapaume les attaques de l'armée du Nord, sous général Faidherbe. L'ennemi subit de grandes pertes; 600 prisonniers non blessés ont été amenés jusqu'à présent. La cavalerie poursuivit l'armée ennemie à sa retraite vers Arras et Douai.

4. — Le 4 Janvier 1871 des détachements de la première armée, commandés par le général von Bentheim, surprirent, près de Rouen, sur la rive gauche de la Seine, l'armée Française du général Roye, la dispersèrent et lui enlevèrent 3 drapeaux, 2 canons et 500 prisonniers non blessés.

Le soir, en poursuivant l'ennemi, un détachement l'atteignit près Bourgachard, lui prit encore 2 canons rayés, 1 caisson d'ammunition, beaucoup de prisonniers et réussit à le mettre dans une déroute complète.

5. — Rocroy a capitulé le 5 Janvier.

Amiens, le 6 Janvier 1871.

Le Comte LEHNDORFF-STEINORT,
Préfet.

Amiens. — Imprimerie de LENOUEL-HEROUART, rue des Rabuissons, 30.

RÉPUBLIQUE FRANÇAISE.

GOUVERNEMENT DE LA DÉFENSE NATIONALE.

Aux Citoyens de Paris,

Au moment où l'ennemi redouble ses efforts d'intimidation, on cherche à égarer les Citoyens de Paris par la tromperie et par la calomnie. On exploite, contre la défense, nos souffrances et nos sacrifices.

Rien ne fera tomber les armes de nos mains. Courage, confiance, patriotisme! Le Gouverneur de Paris ne capitulera pas.

Paris, le 6 janvier 1871.

Le Gouverneur de Paris,
Le général **TROCHU.**

9 IMPRIMERIE NATIONALE. — Janvier 1871.

THÉATRE DES MENUS-PLAISIRS

Boulevard de Strasbourg, 14.

Les bureaux seront ouverts à 7 heures. **Aujourd'hui VENDREDI 6 JANVIER 1870** On commencera à 7 heures et demie.

SOIRÉE MUSICALE
ET DRAMATIQUE

DONNÉE AU PROFIT DES

Nécessiteux du Bataillon des Vétérans

DU DEUXIÈME ARRONDISSEMENT
SOUS LE PATRONAGE DE MM. LES OFFICIERS DU BATAILLON

Mme CORNELIE
Les Pigeons messagers. - L'Homme de Sedan.

M. CHARLY
Le Chant du Père Giraud, de Paul Avenel.

Mme SUZANNE LAGIER
1º LA PATRIOTE
Paroles de BAUDY. — Musique de DARCIER.
2º 6e Chanson de CHATIMENTS, de V. HUGO

M. DARCIER
1º JE SUIS CHAUVIN
Paroles de SAINT-GERMAIN. — Musique de DARCIER.
2º 89! paroles de J.-B. Clément, mus. de Darcier

M. FEITLINGER, 1re Basse de la Scala de Milan.
ÉVOCATION DES NONNES DE ROBERT-LE-DIABLE

Mlle RACHEL, de la Comédie-Française,
Agée de 8 ans, accompagnée de sa Sœur;
1º Scène de la Famille Benoiton;
2º 3e Histoire des *Châtiments*, de V. HUGO.

Mlle CASSOTHI, *Stella*, poésie des Châtiments.

M. LUCE, Aux armes, Paysans!..

Mme BARBIERI
1º Oiseaux légers.
2º Air de Pierre de Médicis.

M. MOUSSEAU, l'Homme à la Chance.

LES FEMMES QUI PLEURENT

Comédie en un acte, de MM. SIRAUDIN et LAMBERT THIBOUST.
Jouée par MM. PRIETZ, ANDREL, COPPINI, Mmes WILHEM et HEYMAN.

LA REVANCHE DE FORTUNIA

Opérette en un acte, de MM. ROBILLARD et LEFEVRE. — Jouée par MM. LUCE, LUCO et la petite BLOCH.

ORCHESTRE DE 20 MUSICIENS

On commencera par LES FEMMES QUI PLEURENT, et on terminera par LA REVANCHE DE FORTUNIA.

PRIX DES PLACES : — Loges découvertes, 6 fr. — Fauteuils d'Orchestre, 5 fr. — Stalles, 4 fr. — Fauteuils de balcon, 5 fr. — Stalles de 1re galerie, 2 fr. — Stalles de 2me galerie, 1 fr. 50 cent. — Amphithéâtre, 1 fr. — Parterre, 1 fr. 25 cent.

On peut se procurer des Billets chez M. JUVET, *imprimeur*, cour des Miracles, 9.
(*S'adresser au Concierge*)

Paris. — Typographie TURFIN et AD. JUVET, cour des Miracles, 9.

République Française.

DÉPARTEMENT DU RHONE.

Emprunt de 4,800,000 Francs

Pour l'organisation et l'armement de la Garde Nationale Mobilisée et pour la construction des Batteries départementales d'Artillerie.

LE PRÉFET DU RHONE, Commissaire extraordinaire du Gouvernement

DONNE AVIS

Que les souscriptions à l'Emprunt départemental seront reçues tous les jours, les dimanches exceptés, du Lundi 9 Janvier 1871 jusqu'au Mardi, 31 du même mois, savoir :

1° A la TRÉSORERIE GÉNÉRALE, place de Lyon, 53;
2° Au CRÉDIT LYONNAIS, rue de Lyon, Palais du Commerce;
3° A la SOCIÉTÉ LYONNAISE, rue de l'Hôtel-de-Ville, Palais Saint-Pierre;
4° A la SOCIÉTÉ GÉNÉRALE, rue de Lyon, 6;
5° Au COMPTOIR D'ESCOMPTE de Paris, rue Neuve, 23;
6° Au SYNDICAT DES AGENTS DE CHANGE, Palais du Commerce, place des Cordeliers;
7° Chez MM. P. GALLINE et Cie, rue de Lyon, 13;
8° Chez Veuve MORIN-PONS et MORIN, rue de Lyon, 12;
9° Dans les Bureaux des dix Percepteurs de la ville de Lyon :

M. DE BROVÈS, 1re division, rue de Lyon, 1;
M. DECOURTEIX, 2me division, place Sathonay, 1;
M. GUILLEMON, 3me division, place Saint-Nizier, 5;
M. PAYAN-D'AUGERY, 4me division, rue Grenette, 5;
M. BON, 5me division, rue du Plat, 6;
M. DE SOULTRAIT, 6me division, rue d'Enghien, 30;
M. GIRAUD, 7me division, cours de Brosses, 1;
M. PUZIN, 8me division, cours Morand, 11;
M. DELASSALLE, 9me division, rue Saint-Denis, 18;
M. RÉMOND, 10me division, rue de l'Angile, 4.

Le Préfet du Rhône, Commissaire extraordinaire du Gouvernement,

P. CHALLEMEL-LACOUR.

LYON.—Imprimerie J. NIGON, rue de la Poulaillerie, 2.

RÉPUBLIQUE FRANÇAISE.

PRÉFECTURE DE POLICE.

Le Préfet de Police croit devoir rappeler à l'attention du public les notes suivantes extraites du *Journal officiel* et relatives au bombardement de Paris :

1° Descendre dans les caves le bois, le charbon et autres matières combustibles;
2° En cas d'absence, même momentanée, remettre les clefs de l'appartement chez le concierge;
3° Tenir les portes cochères entrebaillées, afin que les passants puissent y chercher un refuge en cas de besoin.

Un certain nombre d'obus lancés par les Prussiens n'éclatent pas et sont l'objet de la recherche curieuse et ardente de la population; des accidents graves sont signalés.

En conséquence, il est interdit de ramasser les obus restés entiers. Chaque citoyen est invité à les signaler aux commissaires de police et aux chefs des postes de pompiers, qui les relèveront pour les transporter au comité d'artillerie.

Un service de surveillance sera organisé jour et nuit, et sans interruption, au moyen de rondes permanentes faites tant dans les salles que dans les combles.

Ce service sera confié aux sapeurs-pompiers, conjointement avec les surveillants et gardiens spéciaux des établissements, et en nombre déterminé pour chacun d'eux.

Lors de la prise du service, les surveillants et sapeurs devront s'assurer du bon état du matériel et de l'existence des réserves d'eau dans les récipients de toutes grandeurs (vases, tonnes, réservoirs), qui doivent être constamment remplis.

Dès qu'un commencement d'incendie se manifestera, le surveillant le plus rapproché se transportera sur ce point avec un seau, une éponge ou les autres moyens de secours qu'il aura à sa disposition et commencera l'extinction. Pendant ce temps, les autres gardiens viendront à son aide avec la pompe et, au besoin, l'un d'eux se détachera pour aller prévenir le poste de sapeurs-pompiers le plus voisin.

Si ce commencement d'incendie est dû à un projectile, le surveillant devra attendre l'explosion de celui-ci avant d'agir, et, au cas où il renfermerait des matières incendiaires (pétrole, roche à feu, etc.), il devrait employer la couverture mouillée, dont il couvrirait les parties enflammées.

Toutes les lumières devront être renfermées dans des lanternes dites *marines*.

L'interdiction de fumer ou de faire du feu est absolue; les allumettes employées à l'allumage devront être amorphes.

Les surveillants devront, en outre, se conformer à la consigne particulière de chaque établissement.

Paris, le 7 janvier 1871.

Le colonel du régiment des sapeurs-pompiers,

VILLERME.

1 IMPRIMERIE NATIONALE. — Janvier 1871.

PRÉFECTURE DE POLICE

AVIS
AU PUBLIC

Le Préfet de Police de la ville de Rouen et du Département de la Seine-Inférieure,

Considérant que, dans ces derniers jours, la circulation a été entravée par de nombreux rassemblements sur plusieurs points de la voie publique et principalement sur les quais et les ponts;

Considérant que, pour assurer la liberté des mouvements militaires qui peuvent se produire dans la ville de Rouen, il importe de mettre un terme à ces rassemblements,

ARRÊTE :

Art. 1er. Il est interdit de se réunir par groupes et de stationner sur la voie publique dans l'intérieur de la ville de Rouen.

Art. 2. Lorsque les besoins du service militaire l'exigeront, un signal à son de tambour ou de clairon préviendra les habitants qu'ils doivent rentrer dans leurs maisons.

Art. 3. Tout individu qui n'aura pas obtempéré à l'injonction du signal donné par l'autorité militaire, sera exposé à toutes les mesures de rigueur qui pourraient être prises par les troupes, afin d'assurer une pleine liberté aux mouvements militaires.

Rouen, le 7 Janvier 1871.

Le Préfet de police,

L. DE HEYDEBRAND ET DE LASA.

Rouen. — Imp. E. Cagniard.

N° 34

Préfecture de la Somme

PUBLICATION

L'Ordre du Jour suivant a été émané hier de par le Commandant en chef de la première armée :

Malgré la défense réitérée des réquisitions irrégulières se sont répétées à Amiens et ses faubourgs. Toutes Réquisitions qui se feraient ici SANS AUTORISATION FORMELLE du Commandant de place, de l'Etape ou de l'Intendance, SONT PROHIBÉES, et tous ceux qui manqueraient à cet ordre seront punis.

ARMEE-BEFEHEL.

Ohnerachtet wiederholter Befehle sind neuerdings wieder unvorschriftsmaessige Requisitionem in Amiens und dessen Vorstaedten vorgenommen worden. Requisitionem welche hierselbst ohne Genehmigung der Commandantur der Etappen-Commandantur oder der Intendantur geschehen sind durchaus verboten und werden Zuwiderhandlungen bestraft werden.

En mettant donc les négocians d'Amiens, par cette publication, à même de refuser catégoriquement toute exigence qui leur demanderait des marchandises sans les payer *argent comptant*, j'engage toux ceux qui, jusqu'à ce jour, ont tenu leurs Magasins fermés, à les ouvrir au public, dans l'intérêt du commerce et de la tranquillité de la Ville d'Amiens.

Amiens, ce 7 Janvier 1871.

Le Comte LEHNDORFF-STEINORT,
Préfet.

(Contrasigné) : Le Major SCHULZ, *Préfet de Police.*

Amiens. — Imprimerie de LENOEL-HEROUART, rue des Rabuissons, 20.

RÉPUBLIQUE FRANÇAISE.

DISPOSITIONS

A PRENDRE

CONTRE L'INCENDIE

PENDANT LA DURÉE DU SIÉGE.

Un service de surveillance sera organisé jour et nuit et sans interruption, au moyen de rondes permanentes faites tant dans les salles que dans les combles.

Ce service sera confié aux sapeurs-pompiers conjointement avec les surveillants et gardiens spéciaux des établissements, et en nombre déterminé pour chacun d'eux.

Lors de la prise du service, les surveillants et sapeurs devront s'assurer du bon état du matériel et de l'existence des réserves d'eau dans les récipients de toutes grandeurs (vases, tonnes, réservoirs), qui doivent être constamment remplis.

Dès qu'un commencement d'incendie se manifestera, le surveillant le plus rapproché se transportera sur ce point avec un seau, une éponge ou les autres moyens de secours qu'il aura à sa disposition et commencera l'extinction. Pendant ce temps, les autres gardiens viendront à son aide avec la pompe, et, au besoin, l'un d'eux se détachera pour aller prévenir le poste de sapeurs-pompiers le plus voisin.

Si ce commencement d'incendie est dû à un projectile, le surveillant devra attendre l'explosion de celui-ci avant d'agir, et, au cas où il renfermerait des matières incendiaires (pétrole, roche à feu, etc.), il devrait employer la couverture mouillée, dont il couvrirait les parties enflammées.

Toutes les lumières devront être renfermées dans des lanternes dites *marines*.

L'interdiction de fumer et de faire du feu est absolue; les allumettes employées à l'allumage devront être amorphes.

Les surveillants devront, en outre, se conformer à la consigne particulière de chaque établissement.

Paris, le 7 janvier 1871.

Le Colonel du régiment de Sapeurs-Pompiers,
Signé VILLERME.

On rappelle à la population les trois prescriptions suivantes :

1° Descendre dans les caves le bois, le charbon et autres matières combustibles;

2° En cas d'absence, même momentanée, remettre les clefs de l'appartement chez le concierge;

3° Tenir les portes cochères entre-bâillées, afin que les passants puissent y chercher un refuge en cas de besoin.

Les présentes dispositions seront affichées dans l'endroit le plus apparent de toutes les salles des musées et bibliothèques, et dans le vestibule des établissements d'instruction publique. Elles seront en outre placardées sur les murs de Paris.

Le Ministre de l'Instruction publique et des Cultes,
JULES SIMON.

1 IMPRIMERIE NATIONALE. — Janvier 1871.

République Française.

DÉCRET

Les Membres du Gouvernement de la Défense Nationale,

Considérant que les lois et décrets des 13 août, 10 septembre, 11 et 16 octobre, 5 et 14 novembre et 9 décembre 1870, ayant successivement prorogé l'échéance des effets de commerce, il importe de faire cesser toute incertitude sur l'interprétation des dispositions susvisées et de préciser celles de ces dispositions qui sont applicables aux catégories d'effets, suivant l'époque de leur création;

DÉCRÈTENT :

ARTICLE PREMIER. — L'échéance des effets de commerce souscrits antérieurement au 15 août 1870 demeure prorogée de cinq mois.

Celle des effets souscrits depuis le 15 août jusqu'au 14 octobre 1870 inclusivement, demeure prorogée de trois mois. Néanmoins, si parmi les derniers effets il en est dont les échéances prorogées de trois mois sont antérieures au 15 janvier courant, ces échéances sont prorogées jusqu'audit jour 15 janvier.

Les effets souscrits depuis le 14 octobre restent soumis aux dispositions du Code de Commerce.

ARTICLE 2. — Les prorogations spécifiées aux paragraphes 1 et 2 de l'article précédent sont calculées de date à date.

ARTICLE 3. — Jusqu'au 15 avril prochain, le délai du protêt fixé à vingt-quatre heures par l'article 162 du Code de Commerce est porté à dix jours à partir de l'échéance ainsi qu'elle est déterminée par l'article 1er du présent décret.

ART. 4. — Jusqu'à la fin de la guerre, il ne pourra, à la suite du protêt, être exercé aucune poursuite contre les souscripteurs, accepteurs et endosseurs des effets de commerce créés antérieurement au 15 août 1870.

ART. 5. — Toutes poursuites sont également suspendues jusqu'à la fin de la guerre contre les souscripteurs, accepteurs et endosseurs des effets de commerce qui sont ou seraient sous les drapeaux, quelle que soit d'ailleurs l'époque à laquelle ces effets auront été créés.

ART. 6. — Les dispositions de l'article 6 du décret du 5 novembre 1870, relatives aux départements envahis, même en partie sont maintenues.

ART. 7. — Toutes autres dispositions contraires au présent décret sont et demeurent abrogées.

Fait à Bordeaux, le 8 janvier 1871.

AD. CRÉMIEUX, LÉON GAMBETTA, GLAIS-BIZOIN, L. FOURICHON.

Certifié conforme :

Le Préfet du Rhône, Commissaire extraordinaire du Gouvernement,

P. CHALLEMEL-LACOUR.

LYON, — Imp. J. NIGON, rue de la Poulaillerie, 2.

RÉPUBLIQUE FRANÇAISE

LIBERTÉ. — ÉGALITÉ. — FRATERNITÉ.

MAIRIE DE MÉNILMONTANT

XXe ARRONDISSEMENT.

VENTE DES DENREES ALIMENTAIRES

Accordées à l'occasion du Jour de l'An.

AVIS

La Commission municipale provisoire du vingtième Arrondissement, a l'honneur de prévenir ses Concitoyens, que la Venté des Haricots, de l'Huile d'Olive, du Fromage, du Beurre salé, du Café, du Chocolat et du Sucre, devant former une Distribution supplémentaire, sera faite au marché rue **PUÉBLA**, et commencera le **10 JANVIER** courant, à huit heures du matin.

Tous les habitants ne pouvant être servis le même jour, et, afin d'éviter l'encombrement qui résulterait de la réunion d'un trop grand nombre de personnes, il a été décidé que la vente durera six jours et qu'elle sera faite dans l'ordre suivant :

1° **LE MARDI, 10 JANVIER**, pour les personnes inscrites dans les Boucheries : BARY, BAUDOT, BENOIT, BUREAU, DAGNET, DELAHAYE, DEMONCHY, FERRET, FOSSÉ, GILLET, rue de Tortille, HENRY et GILLET, rue de Ménilmontant;

2° **LE MERCREDI 11 JANVIER**, pour celles inscrites dans les Boucheries : LISIEUX, MOISY, PAFFE, PARMENTIER, RENOIR, ROLLIN, St-GERMAIN, SERGENT, rue des Partants, SUPLICE, THIBAUT, DUCLOS, BOUDILLET;

3° **LE JEUDI 12 JANVIER**, pour celles inscrites dans les Boucheries : COUSSINET, DAIX, DESLIENS, DENEUVE, DROUARD, FOIRIER, GOEPFER, GOMMER, LADEUZE, LAN et LERICHE;

4° **LE VENDREDI 13 JANVIER**, pour celles inscrites dans les Boucheries : LESOURD, MANCET, MOLLEY, PAILLET, POMPON, PRADY, PRUDHOMME, SERGENT, rue des Amandiers, VAST, WEBER et LELORAIN;

5° **LE SAMEDI 14 JANVIER**, pour celles inscrites dans les Boucheries : BAILLY, BEAUFILS, BOULANGER, BOULOGNE, BOUSSARD, CIRON, DELEPINE, DEUZA, FASQUEL, FROSSARD et HACHE;

Et 6° **LE DIMANCHE 15 JANVIER**, pour celles inscrites dans les Boucheries : HOUETTE, LALAUZE, LECOMTE, PAISSEAU, PÈROY, PLÈ, RAMOND, ROGER, SELLIER, SUJET, TAZÉ et VASSEUR.

Les désignations ci-dessus étant établies, chaque habitant n'aura qu'à se présenter au marché, avec sa carte de boucherie, et à l'heure exacte portée sur cette carte ; il connaîtra, par des écriteaux qui seront placés d'une manière apparente, la boutique à laquelle il doit s'adresser et où il achètera ce qu'il désirera dans la part lui revenant sur les denrées mise en vente.

Une répartition sera faite pour que les personnes à servir le sixième jour le soient comme celles du premier, et la Commission compte sur le concours de la population pour que la distribution se fasse avec ordre et régularité.

Paris, le 8 *Janvier* 1871.

Les Membres de la Commission municipale provisoire du 20e Arrondissement,

J. CAROZ, V. SIMBOISELLE, TOPART, PAFFE, MÉTIVIER, CHAVANON & GÉRARD.

NOTA. — On est prié d'apporter des vases pour contenir l'huile et une poche ou un panier pour mettre les haricots.

Paris. — Imprimerie PRISSETTE, passage Kuszner, 17. Maison passage du Caire, 17.

Napoléon III. au Peuple français.

Français!

Trahi par la fortune, j'ai gardé depuis ma captivité ce profond silence qui est le deuil du malheur. Tant que les armées ont été en présence je me suis abstenu de toutes démarches, de toutes paroles qui auraient pu diviser les esprits. Aujourd'hui, devant les désastres du pays, je ne puis me taire plus longtemps sans paraître insensible à ses souffrances.

Au moment où je fus obligé de me constituer prisonnier, je ne pouvais pas traiter de la paix. N'étant plus libre, mes résolutions auraient semblé dictées par des considérations personnelles. Je laissai au gouvernement de la Régente siégeant à Paris au milieu d[illegible]hambres, le devoir de décider si l'intérêt de la nation exigeait la continuation de la lutte. Malgré des revers inouïs, la France n'était pas domptée; nos places fortes étant encore debout, Paris en état de défense, l'étendue de nos malheurs pouvait être limitée.

Mais pendant que tous les regards étaient tournés vers l'ennemi, une insurrection éclata dans Paris, la représentation nationale fut violée, l'Impératrice menacée, un gouvernement s'installa par surprise à l'Hôtel de Ville, et l'Empire, que toute la nation venait d'acclamer pour la troisième fois, abandonné par ceux qui devaient le défendre, fut renversé.

Faisant trêve à mes justes ressentiments, je m'écriai ,,qu'importe la Dynastie si la Patrie peut être sauvée'', et au lieu de protester contre la violation du droit, j'ai fait des vœux pour le succès de la défense nationale et j'ai admiré le dévouement patriotique qu'ont montré les enfants de toutes les classes et de tous les partis.

Mais maintenant que la lutte est suspendue, que la capitale malgré une résistance héroïque a succombé, et que toute chance raisonnable de vaincre a disparu, il est temps de demander compte à ceux qui ont usurpé le pouvoir du sang répandu sans nécessité, des ruines amoncelées sans raison, des ressources du pays gaspillées sans contrôle.

Les destinées de la France ne peuvent être abandonnées à un gouvernement sans mandat qui, en désorganisant l'administration, n'a pas laissé debout une seule autorité émanant du suffrage universel.

Une nation ne saurait obéir longtemps à ceux qui n'ont aucun droit pour commander. L'ordre, la confiance, une paix solide ne seront rétablis que lorsque le peuple aura été consulté sur le gouvernement le plus capable de réparer les maux de la patrie.

Dans les circonstances solennelles où nous nous trouvons, en face de l'invasion et de l'Europe attentive, il importe que la France soit une dans ses aspirations, dans ses désirs comme dans ses résolutions. Tel est le but vers lequel doivent tendre les efforts de tous les bons citoyens.

Quant à moi, meurtri par tant d'injustices et d'amères déceptions, je ne viens pas aujourd'hui réclamer des droits que, quatre fois en vingt ans, vous m'avez librement conférés. En présence des calamités qui nous entourent, il n'y a pas de place pour une ambition personnelle; mais tant que le peuple régulièrement réuni dans ses comices n'aura pas manifesté sa volonté, mon devoir, comme véritable représentant de la nation sera de m'adresser à elle et de lui dire :

,,Tout ce qui est fait sans votre participation directe est illégitime. Il n'y a qu'un gouvernement issu de la souveraineté nationale qui, s'élevant au dessus de l'égoïsme des partis, ait la force de cicatriser vos blessures, de rouvrir vos cœurs à l'espérance comme les églises profanées à vos prières, et de ramener au sein du pays le travail, la concorde et la paix.''

Napoléon.

Wilhelmshohe, le 4 Février 1871.

Imprimerie de Gotthelft frères, à Cassel.

RÉPUBLIQUE FRANÇAISE.

DIRECTION GÉNÉRALE DES POSTES.

AVIS AU PUBLIC.

Le public est prévenu qu'à la suite des arrangements intervenus entre les Administrations des Postes française et allemande, pour l'exécution de l'article 15 de la Convention d'armistice, les dispositions du décret en date du 26 septembre dernier sont maintenues en ce qui concerne l'affranchissement *obligatoire* des lettres pour *toutes destinations*.

L'office allemand n'ayant pas admis la continuation des relations directes entre Paris et les pays étrangers, il sera temporairement impossible d'affranchir *jusqu'à destination* aucune lettre pour ces pays, à moins d'avoir un correspondant à Versailles qui se chargerait de l'affranchissement au bureau allemand.

Les lettres à destination des pays étrangers pour lesquels l'affranchissement était *obligatoire* avant l'état de guerre ne pourront, en conséquence, être expédiées directement de Paris.

Les lettres à destination des autres pays étrangers, c'est-à-dire ceux pour lesquels l'affranchissement n'est pas obligatoire, auront à supporter au départ de Paris la taxe des lettres circulant à *l'intérieur de la France*.

Il sera perçu à l'arrivée à Paris une taxe de 20 centimes par lettre simple, tant sur les lettres provenant du territoire occupé par l'ennemi que sur les lettres provenant de l'étranger, affranchies ou non affranchies, en sus des taxes dont elles auront été frappées.

Paris, le 4 Février 1871.

Le Directeur général des Postes,
G. RAMPONT.

IMPRIMERIE NATIONALE. — Février 1871.

RÉPUBLIQUE FRANÇAISE

COMMUNE DE LYON

Citoyens,

De regrettables désordres se sont produits hier soir.

La Municipalité invite la population au calme et à l'union qui seuls peuvent conjurer les périls qui nous menacent.

En face de l'ennemi, le désordre serait plus qu'une faute, ce serait une trahison.

En conséquence, le Conseil municipal délibère :

La Garde Nationale, chargée de maintenir l'ordre dans la Cité, arrêtera les militaires ou volontaires de tout corps et de tout grade qui ne pourront justifier de leur présence en service à Lyon.

Les délégations non tumultueuses seront toujours admises par la Municipalité qui recevra leurs demandes et réclamations.

La Municipalité invite les Citoyens à s'abstenir de toute manifestation de nature à entraver les travaux de la défense nationale.

Lyon, le 4 février 1871.

Pour le Maire absent,
LES ADJOINTS,
CHEPIÉ, CONDAMIN, CHAVEROT,
CHAVANNE.

Lyon, Imp. Rey et Sézanne, rue Saint-Côme. 2.

RÉPUBLIQUE FRANÇAISE

PRÉFECTURE DU NORD.

AVIS

La Compagnie du Chemin de fer du Nord nous informe qu'elle transportera gratuitement sur son réseau, et qu'elle rendra en franchise, au départ de toutes ses gares actuellement accessibles, tous les objets ou denrées envoyés à titre de don patriotique à la ville de Paris.

Les misères à soulager sont grandes et c'est aux populations de ce pays, si riche et un des moins éprouvés par les souffrances de l'invasion, qu'il appartient de se montrer généreux.

Tous les dons seront reçus et expédiés *franco* à M. le Sous-Préfet de Dunkerque qui les fera parvenir à Dieppe, également en franchise, jusqu'au jour où le rétablissement de la ligne du chemin de fer permettra de les envoyer directement sur Paris.

Les noms des donateurs seront inscrits sur un registre spécial qui sera ultérieurement publié.

Les négociants sont informés en même temps que d'après les avis officiels, la seule voie ouverte, quant à présent, aux denrées qu'ils pourraient vouloir diriger sur Paris, est celle de Dieppe, par les ports de Boulogne, Calais et Dunkerque.

71. 604 — Lille. Imp. L. Danel.

PRÉFECTURE DU NORD.

République Française

LE PRÉFET DU NORD,

Considérant que, depuis l'établissement du suffrage universel, la loi avait décidé qu'un des jours consacrés au vote serait toujours un dimanche ou un jour férié, disposition des plus sages, puisqu'elle avait pour but d'assurer la possibilité du vote à tous les électeurs ;

Attendu que, sous la pression des circonstances, on a été amené à faire voter un mercredi; mais, considérant qu'il n'est pas en son pouvoir de décider qu'un jour ordinaire peut devenir un jour férié par cela seul qu'il est consacré aux élections;

Invite du moins les patrons à ne point ouvrir leurs ateliers le mercredi 8 février, afin que les ouvriers aient toutes les facilités nécessaires pour prendre part au vote pour la nomination des députés à l'Assemblée nationale.

Le Préfet du Nord,

Paul BERT.

71, 714. — Lille, Imp. L. Danel.

RÉPUBLIQUE FRANÇAISE.

GOUVERNEMENT
DE LA DÉFENSE NATIONALE.

Français,

Paris a déposé les armes à la veille de mourir de faim.

On lui avait dit : Tenez quelques semaines, et nous vous délivrerons. Il a résisté cinq mois, et, malgré d'héroïques efforts, les départements n'ont pu le secourir.

Il s'est résigné aux privations les plus cruelles. Il a accepté la ruine, la maladie, l'épuisement. Pendant un mois, les bombes l'ont accablé, tuant les femmes, les enfants. Depuis plus de six semaines, les quelques grammes de mauvais pain qu'on distribue à chaque habitant suffisent à peine à l'empêcher de mourir.

Et quand, ainsi vaincue par la plus inexorable nécessité, la grande cité s'arrête pour ne pas condamner deux millions de citoyens à la plus horrible catastrophe; quand, profitant de son reste de force, elle traite avec l'ennemi au lieu de subir une reddition à merci, au dehors on accuse le Gouvernement de la Défense nationale de coupable légèreté, on le dénonce, on le rejette.

Que la France nous juge, nous et ceux qui nous comblaient hier de témoignages d'amitié et de respect, et qui aujourd'hui nous insultent!

Nous ne relèverions pas leurs attaques si le devoir ne nous commandait de tenir jusqu'à la dernière heure, d'une main ferme, le gouvernail que le peuple de Paris nous a confié au milieu de la tempête. Ce devoir, nous l'accomplirons.

Lorsque, à la fin de janvier, nous nous sommes résignés à essayer de traiter, il était bien tard. Nous n'avions plus de farine que pour dix jours, et nous savions que la dévastation du pays rendait le ravitaillement tout à fait incertain. Ceux qui se lèvent aujourd'hui contre nous ne connaîtront jamais les angoisses qui nous agitaient.

Il fallait cependant les cacher, aborder l'ennemi avec résolution, paraître encore prêts à combattre et munis de vivres.

Ce que nous voulions, le voici :

Avant tout, n'usurper aucun droit. A la France seule appartient celui de disposer d'elle-même. Nous avons voulu le lui réserver. Il a fallu de longues luttes pour obtenir la reconnaissance de sa souveraineté. Elle est le point le plus important de notre traité.

Nous avons conservé à la Garde nationale sa liberté et ses armes.

Si, malgré nos efforts, nous n'avons pu soustraire l'Armée et la Garde mobile aux lois rigoureuses de la guerre, au moins les avons-nous sauvées de la captivité en Allemagne et de l'internement dans un camp retranché, sous les fusils prussiens.

On nous reproche de n'avoir pas consulté la Délégation de Bordeaux! On oublie que nous étions enfermés dans un cercle de fer que nous ne pouvions briser.

On oublie d'ailleurs que cha ue 'our rendait plus probable la terrible catastrophe de la famine, et ce endant nous avons disputé

[illegible]

Une seule tenait encore, nous le croyions du moins. La Prusse a exigé la reddition de Belfort. Nous l'avons refusée, et par là même, pour protéger la place, nous avons pour quelques jours réservé la liberté d'action de son armée de secours. Mais, ce que nous ignorions, il était trop tard. Coupé en deux par les armées allemandes, Bourbaki, malgré son héroïsme, ne pouvait plus résister, et, après l'acte de généreux désespoir auquel il s'abandonnait, sa troupe était forcée de passer la frontière.

La convention du 28 janvier n'a donc compromis aucun intérêt, et Paris seul a été sacrifié.

Il ne murmure pas. Il rend hommage à la vaillance de ceux qui ont combattu loin de lui pour le secourir. Il n'accuse pas même celui qui est aujourd'hui si injuste et si téméraire, M. le Ministre de la Guerre, qui, le 13 janvier, a arrêté le général Chanzy voulant marcher au secours de Paris, et lui a donné l'ordre de se retirer derrière la Mayenne.

Non! tout était inutile, et nous devions succomber. Mais notre honneur est debout, et nous ne souffrirons pas qu'on y touche.

Nous avons appelé la France à élire librement une Assemblée qui dans cette crise suprême fera connaître sa volonté.

Nous ne reconnaissons à personne le droit de lui en imposer une, ni pour la paix ni pour la guerre.

Une nation attaquée par un ennemi puissant lutte jusqu'à la dernière extrémité; mais elle est toujours juge de l'heure à laquelle la résistance cesse d'être possible.

C'est ce que dira le pays consulté sur son sort.

Pour que son vœu s'impose à tous comme une loi respectée, il faut qu'il soit l'expression souveraine du libre suffrage de tous. Or, nous n'admettons pas qu'on puisse imposer à ce suffrage des restrictions arbitraires. Nous avons combattu l'Empire et ses pratiques; nous n'entendons pas les recommencer en instituant des candidatures officielles par voie d'élimination.

Que de grandes fautes aient été commises, que de lourdes responsabilités en dérivent, rien n'est plus vrai; mais le malheur de la Patrie efface tout sous son niveau; et d'ailleurs, en nous rabaissant au rôle d'hommes de parti pour proscrire nos anciens adversaires, nous aurions la douleur et la honte de frapper ceux qui combattent et versent leur sang à nos côtés.

Ce souvenir des dissensions passées quand l'ennemi foule notre sol ensanglanté, c'est rapetisser par ses rancunes la grande œuvre de la délivrance de la Patrie. Nous mettons les principes au-dessus de ces expédients.

Nous ne voulons pas que le premier décret de convocation de l'Assemblée républicaine en 1871 soit un acte de défiance contre les électeurs.

A eux appartient la souveraineté; qu'ils l'exercent sans faiblesse, et la Patrie pourra être sauvée.

Le Gouvernement de la Défense nationale repousse donc et annule au besoin le décret illégalement rendu par la Délégation de Bordeaux, et il appelle tous les Français à voter, sans catégorie, pour les représentants qui leur paraîtront les plus dignes de défendre la France.

VIVE LA RÉPUBLIQUE! VIVE LA FRANCE!

Paris, le 4 février 1871.

Les Membres du Gouvernement :

Général TROCHU, JULES FAVRE, JULES FERRY, GARNIER-PAGÈS, EUGÈNE PELLETAN, ERNEST PICARD, EMMANUEL ARAGO.

Les Ministres :

DORIAN, Général LE FLO, J. MAGNIN, F. HÉROLD.

1 IMPRIMERIE NATIONALE. — Février 1871.

RÉPUBLIQUE FRANÇAISE

ARMÉE DE PARIS.

AVIS.

Le Général commandant en chef l'Armée de Paris rappelle aux troupes logées chez l'habitant que tous les hommes doivent être rentrés à 9 heures dans leurs logements.

A partir de 10 heures, les habitants ne sont plus tenus à ouvrir les portes aux retardataires.

Des patrouilles assureront la police de l'armée.

Toutes les demandes ou réclamations ayant trait aux rapports entre les soldats et les habitants devront être soumises à MM. les Commandants des secteurs, qui remplissent les fonctions de commandants de place sur leur terrain, et qui ont qualité pour trancher toutes les difficultés.

Paris, le 4 Février 1871.

Par ordre :

Le Général, Chef d'État-major général,

DE VALDAN.

2 IMPRIMERIE NATIONALE. — Février 1871.

LA

RÉUNION GÉNÉRALE

DES DÉLÉGUÉS DE LA GARDE NATIONALE

ANNONCÉE PAR LES JOURNAUX POUR DEMAIN DIMANCHE

A dû être remise A LUNDI, 6 courant

Pour laisser aux Compagnies le temps d'élire leurs délégués

Un certain nombre de gardes nationaux, délégués par leurs camarades, pénétrés de la nécessité que tous les bataillons doivent se concerter, entre eux, dans une assemblée générale, sur le caractère des élections de Paris et sur le choix des candidats, sollicitent instamment leurs camarades, gardes mobilisés, sédentaires et civiques, de nommer demain, dimanche, **un délégué** par chaque compagnie. lequel devra assister à la réunion qui aura lieu lundi, 6 courant, à dix heures, dans la salle du Cirque national.

Chaque citoyen choisi devra être muni d'une délégation signé par le capitaine.

Les électeurs seront en outre admis dans une partie de l'enceinte.

Cette invitation est faite sans aucun esprit exclusif de parti ou d'opinion, mais dans le but de convoquer toute la garde nationale à de grandes assises, d'où doivent sortir des résultats féconds pour la Patrie et la République.

La Commission des Délégués de la Garde Nationale :

MM. **MAYER**, commandant du 59e régiment.
VAILLANT, capitaine au 88e bataillon.
COURTY, sergent-major au 88e bataillon.
PINARD, garde au 96e bataillon.
PONTIER (André), garde au 57e bataillon, 1re compagnie.
GAZEAU (Théodore), garde au 193e bataillon.
WEILL, capitaine, officier d'ordonnance du 253e bataillon.

700. Paris. — Imprimerie de Dubuisson et Ce, rue Coq-Héron, 5.

COMITÉ LIBÉRAL RÉPUBLICAIN

DU

Département de la Seine

Nous, Electeurs du département de la Seine, réunis de différents quartiers de Paris et de la Banlieue, après mûre délibération, avons arrêté et nous décidons à publier la déclaration suivante, pour laquelle nous demandons l'adhésion de tous les bons Citoyens.

Pendant la crise que nous venons de traverser, la Nation était impatiente de confier à une Assemblée le soin de la représenter; ce grand acte va s'accomplir.

Sans méconnaître l'influence qu'exerceront sur l'élection prochaine les circonstances qui la rendent nécessaire, nous pensons qu'elle doit avoir lieu principalement en vue de la Constitution définitive que la France va se donner.

Nous exposons ici les principes essentiels auxquels adhérera, sans arrière-pensée et sur l'honneur, tout Candidat qui croira pouvoir accepter nos suffrages.

Après les longues épreuves qu'elle a subies, la France, dans notre conviction, ne trouvera une grandeur et un repos durables, qu'à l'ombre des Institutions Républicaines telles que nous les comprenons :

Egalement hostile aux doctrines, aux violences, aux expédients révolutionnaires du despotisme ou de la démagogie, lasse des préjugés, des faiblesses et des ambitions dynastiques, elle aspire à cette forme de gouvernement, tout animée de l'esprit de liberté et seule conciliable avec le suffrage universel;

Nous affirmons que, pratiquée avec loyauté et fermeté, elle est armée d'une force matérielle et morale que nulle autre ne pourrait avoir, pour assurer le maintien de l'ordre et le constant et inaltérable respect des lois;

Qu'en même temps elle se prêtera mieux que nulle autre au développement de toutes les libertés qui font la dignité d'un Citoyen et l'honneur d'un Peuple, liberté de conscience, liberté individuelle, liberté du travail, liberté d'écrire, d'enseigner, de se réunir;

Qu'elle pourra seule permettre de résoudre le problème d'une large décentralisation qui, sans compromettre notre vieille et glorieuse unité française, donnerait à l'initiative individuelle et aux institutions locales, une vie et une force qui leur manquent;

Qu'elle seule enfin, par une étude attentive et impartiale de toutes les questions qui s'agitent au sein de la société, pourra faire régner, entre tous les enfants d'une commune patrie, la concorde et la confiance que les calculs intéressés des mauvais gouvernements s'efforceront toujours de détruire et que de rudes épreuves, supportées ensemble, nous ont fait, depuis quelques mois, apprécier et chérir.

Animés des sentiments que nous venons d'exprimer, nos Représentants trouveront aisément, dans l'indépendance de leur raison, la solution très-patriotique et libérale de toutes les questions qui doivent se présenter successivement à leur examen.

Cette déclaration a été concertée avec plusieurs Comités d'arrondissement déjà formés; si elle est agréée par d'autres Comités déjà existants ou qui pourront se former encore, nous appelons leur concours pour préparer une liste générale de Candidats, dont les noms réunis seront l'expression vive et personnelle des principes que nous voudrions voir régner dans la politique de notre pays.

Paris, le 28 Janvier 1871.

Le Président du Comité,
DUFAURE

Les Membres du Comité :

LEBLOND, Charles BALLOT, S. DURANTON, Georges MASSON, Émile LEVASSEUR, Paul THUREAU-DANGIN, E. LAMÉ FLEURY, VITET, DUNOYER, DESCHARS, BRIOT, Ernest LEHIDEUX, Paul RIBOT, Victor LEFRANC, TARDU, Edmond de PRESSENSÉ, Augustin COCHIN, Léon SAY, G. PICOT, ROUSSE, Félix DEHAYNIN, A. PRÉVEL, GERMER-BAILLIÈRE, Docteur JOUSSET, Ad. d'EICHTAL, Docteur GONNARD, VANHYNBECK, Edouard ODIER, Aimé BOUTAREL, Jules le BERQUIER, de SAINT-CYR, MELON de PRADOU, BONNEFONS.

Pour la Correspondance et les Demandes de renseignements, s'adresser au Secrétariat du Comité,
rue Bergère, 30 (bis).

Imprimerie centrale des chemins de fer. — A. CHAIX et Ce, rue Bergère, 20, à Paris. — 644-1.

RÉPUBLIQUE FRANÇAISE. — PRÉFECTURE DU NORD.

DEPECHE TELEGRAPHIQUE.

BORDEAUX, le 6 Février 1871, 3 h. soir.

Le Ministre de l'Intérieur aux Préfets et Sous-Préfets,

Malgré les objections graves, les résistances légitimes que soulevait l'exécution de la convention de Versailles, je m'étais résigné, pour donner, comme je le disais, un gage incontestable de modération et de bonne foi et pour ne pas quitter le poste sans en avoir été relevé et faire procéder aux élections.

Vous connaissez, Monsieur le Préfet, par divers documents qui vous ont été transmis, quels devraient être la nature et le caractère de ces élections. Je persiste à croire qu'il en peut sortir, malgré les difficultés matérielles de toutes sortes dont nous accable l'ennemi, une assemblée fidèle et résolue.

Le décret, selon moi, satisfait à la fois à un besoin de justice à l'égard des complices responsables du régime impérial et à un sentiment de prudence vis-à-vis des intrigues étrangères. Il a excité une injurieuse protestation de M. de Bismark.

Depuis lors, à la date du 4 février 1871, les membres du Gouvernement de Paris ont, par une mesure législative, rapporté notre décret. Ils ont de plus envoyé à Bordeaux MM. Garnier-Pagès, Eugène Pelletan, Emmanuel Arago, signataires du décret d'abrogation, avec mandat de le faire appliquer.

Le Gouvernement de Paris avait d'ailleurs passé directement des dépêches à plusieurs préfets de différents départements, pour l'exécution du décret du 4 février.

Il y a là tout à la fois un désaveu et une révocation du ministre de l'Intérieur et de la Guerre.

La divergence des opinions sur le fond des choses au point de vue extérieur et intérieur se manifeste ainsi de manière à ne laisser aucun doute. Ma conscience me fait un devoir de résigner mes fonctions de Ministre du Gouvernement avec lequel je ne suis plus en communion d'idées ni d'espérances.

J'ai l'honneur de vous informer que j'ai remis ma démission aujourd'hui, en vous remerciant du concours patriotique et dévoué que j'ai toujours trouvé en vous, pour mener à bonne fin l'œuvre que j'avais entreprise.

Je vous dirai que mon opinion, profondément réfléchie est, qu'à raison de la brièveté des délais et des graves intérêts qui sont en jeu, vous rendrez un suprême service à la République en faisant procéder aux élections du 8 février. Vous aurez ainsi le délai nécessaire pour prendre telles déterminations qui vous conviendront.

Je vous prie d'agréer l'expression de mes sentiments fraternels.

Léon GAMBETTA.

CITOYENS,

Je ne puis porter à votre connaissance la démission de M. Gambetta sans vous exprimer en même temps le profond sentiment de regret qu'éprouveront, à cette nouvelle, les amis sincères de la France et de la République.

Gambetta était l'ennemi le plus acharné et le plus redouté des Prussiens. Il était, non pas le partisan de la guerre à outrance, mais l'apôtre de la résistance indomptable; il voulait sincèrement et ardemment la paix, mais plus ardemment encore il voulait sauver l'honneur de la France. Après Sedan et Metz, la France n'avait plus de soldats, il a su mettre trois armées sur pied. La France était désarmée, il a su trouver des armes; elle était abattue, il a relevé son courage en même temps que son nom.

Au moment où cet éminent Citoyen abandonne le pouvoir, je m'honore de saluer en lui la plus haute et la plus belle personnification de la France défendant son sol et son drapeau contre l'invasion de l'Allemagne.

Lille, le 7 février 1871.

Le Préfet du Nord,
Paul BERT.

71.734. Lille, Imprimerie de L. Danel.

RÉPUBLIQUE FRANÇAISE

Préfecture du Nord.

INSTRUCTION

aux Présidents des sections électorales pour l'exécution du décret du 31 janvier 1871

Si les bulletins tirés de l'urne portent quelqu'un des noms des candidats frappés d'inéligibilité, noms dont la liste suit la présente inscription, *le Président devra passer ces noms sous silence* d'une façon absolue, sans la moindre désignation ni allusion indirecte.

L'intervention des assesseurs ne doit être invoquée que s'il y a quelque difficulté à lire exactement le nom. Mais sur la question de la proclamation même du nom, le Président ne devra admettre, de personne, aucune discussion.

Il recevra les protestations qui pourraient lui être faites de ce chef, et les annexera au procès-verbal.

Il arrêtera et signera le résultat du dépouillement des votes, sur lequel il ne devra être fait mention d'aucun nom d'inéligible.

Le Président de la première section devra, en opérant le recensement général des votes du canton et en proclamant le résultat, passer également sous silence les noms des inéligibles.

Les procès-verbaux devront être rédigés en double, et enfermés ensuite, par le Président de la première section, sous pli soigneusement cacheté.

Liste des Candidats frappés d'inéligibilité :

BRAME, Jules, ancien Ministre de l'Empire;

PLICHON, ancien Ministre de l'Empire;

DES ROTOURS, Candidat officiel en 1868 et 1869.

La présente instruction sera affichée en double exemplaire dans le lieu le plus apparent de la réunion de chaque section de vote.

Lille, le 6 février 1871.

Le Préfet du Nord,
Paul BERT.

71.718. Lille, Imprimerie de L. Danel.

RÉPUBLIQUE FRANÇAISE

LIBERTÉ, ÉGALITÉ, FRATERNITÉ

FUSION

DES

COMITÉS RÉPUBLICAINS

DÉMOCRATES, SOCIALISTES

Citoyens,

Le moment est solennel ; c'est une question de vie ou de mort pour notre Patrie !

Ceux qui veulent la République une et indivisible ;

Ceux qui veulent que les coupables soient punis ;

Ceux qui aiment notre belle France et veulent la sauver de la honte ;

Ceux qui veulent pour les Travailleurs justice et égalité ;

Voteront pour :

AMOUROUX.	GRANGER.	Félix PYAT.
ASSI.	Alph. HUMBERT.	Ch. QUENTIN.
AVRIAL.	JACLARD.	RANC.
Louis BLANC.	LACAMBRE.	RANVIER.
BLANQUI.	LEFRANÇAIS.	RAZOUA.
BRIOSNE.	LEVERDAYS.	REGNARD.
CLUSERET.	LOCKROY.	ROCHEFORT.
COURNET.	MALON.	THEISZ.
DELESCLUZE.	Martin BERNARD.	TIBALDI.
EUDES.	MEGY.	TREILLARD père.
FLOURENS.	Léo MELLIET.	TRIDON.
GAMBETTA.	J. MIOT.	Jules VALLÈS.
GAMBON.	PIERON.	VARLIN.
GARIBALDI.	PINDY.	
Docteur GOUPIL.	PROTOT.	

VIVE LA RÉPUBLIQUE !

IMPRIMERIE PAUL DUPONT.

BULLETIN DE VOTE

ADOPTÉ PAR LES CITOYENS COMPOSANT LES RÉUNIONS ÉLECTORALES

du COLLÈGE DE FRANCE

1 D'Alton-Shée.
2 Amouroux.
3 Assi.
4 Martin-Bernard.
5 Louis Blanc.
6 J.-B. Bocquet.
7 Cournet.
8 Delbrouck.
9 Delescluze.
10 Eudes.
11 Flourens.
12 Gambetta.
13 F. Gambon.
14 Garibaldi.
15 Greppo.
16 Charles Hugo.
17 Victor Hugo.
18 Joigneaux.
19 Lacambre.
20 Lefrançais.
21 Leverdays.
22 Lockroy.
23 E. Merlieux.
24 Michelet.
25 Jules Miot.
26 Nadaud.
27 Oudet.
28 Pierron.
29 Félix Pyat.
30 Ch. Quentin.
31 Edgar Quinet.
32 Ranc.
33 Ranvier.
34 F.-V. Raspail.
35 Razoua.
36 Rochefort.
37 Rogeard.
38 Tibaldi.
39 Treilhard.
40 Tridon.
41 Jules Vallès.
42 Varlin.
43 Vésinier.

Paris.—Impr. de J. Honoval, rue Galande, 65.

RÉPUBLIQUE FRANÇAISE

LIBERTÉ. — ÉGALITÉ. — FRATERNITÉ.

PRÉFECTURE DE LA HAUTE-GARONNE

Le PRÉFET de la Haute-Garonne à ses Concitoyens :

CHERS CONCITOYENS,

Conformément au vœu unanime des patriotes éprouvés, le Gouvernement de la République entendait ne convoquer les colléges électoraux qu'après avoir accompli le patriotique mandat de défense nationale qu'il a courageusement accepté. Le sort des armes et la fortune adverse de la France en ont décidé autrement : il nous faut demander aux manifestations électorales la force que la chance des batailles nous refuse, et associer la nation tout entière aux résolutions suprêmes que commandent le salut et l'honneur du pays. Chose affligeante et pourtant nécessaire à dire! c'est sous le canon triomphant de l'envahisseur, sous la botte sanglante du prussien que nous sommes appelés à voter! Jamais nation fut-elle appelée dans de plus tristes et plus solennelles circonstances à dire son mot sur la chose publique?

Ce n'est pas seulement par les gaspillages et les défaillances de l'Empire, la trahison de ses généraux et la défaite de nos armées que la France de 1792, de 1830 et de 1848 a été conduite à cet abaissement. Les intrigues royalistes, qui depuis le 4 septembre se sont donné carrière, à l'abri des libertés du régime républicain, en doivent assurer une large part. La France, énervée par la politique et les mœurs impériales, trahie par les auxiliaires monarchiques que l'empire s'était donnés, a eu la douleur d'assister depuis trois mois au triste spectacle de la coalition impie des ennemis du dehors et des adversaires du dedans. Pendant que les soldats de Guillaume décimaient nos armées, ravageaient le pays, incendiaient nos villes, leurs alliés du dedans semaient la démoralisation dans les masses éplorées, par de fausses nouvelles perfidement répandues, sapaient par la calomnie l'autorité des hommes de courage et de dévouement qui avaient assumé le redoutable fardeau du gouvernement de la France.

Et maintenant que par l'odieuse complicité des prussiens et des royalistes le pays est réduit à la plus cruelle des extrémités, que frappé au dedans par l'intrigue et la trahison, au dehors par les cohortes détestées de l'Allemagne, il n'a plus à espérer son salut que des mâles résolutions d'une assemblée patriote, les partisans des monarchies deux fois condamnées, guettant comme une proie facile les restes meurtris de ce qui fut la France, s'entendent, se coalisent pour faire tourner nos divisions au profit de leurs fétiches et faire de nos désastres le marche-pied de leur ambition.

Le lien commun de ces alliances hybrides d'ambitions éconduites, de dévouements fourbus, de rancunes impuissantes, est la haine de la République, beaucoup plus que l'amour du pays. Les mots de paix et d'union qui émaillent le langage hypocrite de leurs objurgations prétendues nationales, trouvent un écho sympathique dans les états-majors de Moltke et de Bismark, protecteurs, comme on sait, des mésaventures électorales de ces « catégories de citoyens. » Si on les croyait, la paix serait bientôt faite au détriment de nos provinces, de notre marine, de nos richesses, de notre honneur, car la rançon que nous sommes prêts à payer pour le maintien de notre situation en Europe, ils sont prêts à l'appliquer de préférence au rétablissement d'une dynastie.

Vous ne le voudrez pas, Citoyens, et vous conjurerez les dangers nouveaux qui menacent notre tranquillité intérieure et notre dignité au dehors ; vous les conjurerez en votant pour les républicains dévoués et convaincus qui furent toujours au premier rang des défenseurs de notre indépendance nationale et de nos libertés. Ce n'est certes pas eux qui ont voulu la guerre, ils l'ont subie en prenant les rênes du pouvoir ; et s'ils la soutiennent encore après nos malheurs, c'est pour en réparer les désastres et la terminer par une paix honorable.

Le cri de guerre à outrance dont on nous fait dans les campagnes les propagateurs importuns, n'a pas d'autre signification. Loin de nous la pensée de condamner systématiquement le pays à d'inutiles sacrifices. Nous affirmons par notre attitude notre ferme résolution de disputer à l'étranger nos milliards et nos provinces, et devant l'Europe qui nous juge, de montrer que le pays n'a pas perdu toute dignité avec l'Empire, ni tout espoir de régénération dans les saturnales de réaction auxquelles nous assistons depuis trois mois.

Fermement résolu à affronter tous les périls fatalement contenus dans les événements qui se préparent, le Préfet de la Haute-Garonne s'est estimé heureux de trouver dans la loi nouvelle le droit de se présenter au suffrage de ses concitoyens. Si vous l'honorez de votre confiance, le pays et la République trouveront en lui un défenseur résolu ; toutes les restaurations monarchiques, un adversaire déclaré ; les traîtres et les vendeurs de la France, un juge inflexible ; nos malheurs et nos désastres, un réparateur déterminé à en chercher le spécifique dans les principes de la Révolution.

ARMAND DUPORTAL.

Toulouse. — Imprimerie Paul SAVY, allées Lafayette, 10 bis.

RÉPUBLIQUE FRANÇAISE. PRÉFECTURE DU NORD.

PROCLAMATION

Lille, le 6 *février* 1871.

CITOYENS,

J'apprends que, depuis ce matin, le bruit se répand parmi vous qu'entre le Gouvernement et sa Délégation il y aurait, non plus seulement ce que j'appelais dans ma proclamation d'hier « une simple ignorance de leurs actes réciproques » mais un véritable désaccord.

On va jusqu'à prétendre qu'un décret de Paris, en date du 4 février, annulerait le décret de Bordeaux du 31 janvier, qui frappe d'inéligibilité les anciens serviteurs de l'Empire.

En présence de la juste émotion que suscitent ces bruits, je crois devoir vous indiquer, en la motivant, la ligne de conduite que je me suis imposée dans ces circonstances troublées et difficiles.

Quelques journaux ont publié le texte d'un décret du 29 janvier, émanant de Paris, et reproduisant les dispositions de la loi électorale de 1849, sauf l'éligibilité rendue à certains fonctionnaires. Le Préfet du Nord n'a nullement été avisé de ce décret; il n'a point reçu le *Journal officiel* qui le contiendrait; on n'a fait de Paris, malgré les nombreux envoyés qui lui sont venus de cette ville, aucune tentative pour le lui faire connaître. D'ailleurs, ce décret rendu par le Gouvernement prisonnier dans Paris, qui, depuis quatre mois, ignorait l'état de la province et ne peut même encore communiquer librement avec elle, qui ne pouvait savoir ce que ferait sa Délégation de Bordeaux, ne saurait, ni en droit strict, ni en équité, être mis en opposition avec le décret rendu à Bordeaux par cette délégation, véritablement libre dans sa pensée et dans ses actes. Suivant les règles de droit, le décret du 31 janvier, doit avoir force de loi, en supposant même l'existence de celui du 29.

Je reste donc ferme dans la détermination annoncée dans ma proclamation d'hier; je ferai exécuter les prescriptions du décret du 31 janvier sur les inéligibilités. Des instructions ont été données dans ce sens aux Maires, aux Présidents de section de vote, et, par M. le Procureur-Général, aux Procureurs de la République.

J'ai applaudi, j'applaudis encore à ce décret de Bordeaux qui écarte des discussions sur l'issue d'une guerre terrible, ceux-là mêmes dont les votes serviles nous ont jetés dens cette guerre, ceux-là qui disposaient du pouvoir au moment même où cette guerre a éclaté, ceux-là qui ont fait la guerre à la France pour n'avoir pas de compte à rendre à la France, ceux-là que M. de Bismark désire si vivement voir arriver à la Chambre.

Si, cependant, les bruits répandus dans la population, concernant le décret de Paris du 4 janvier, était l'expression de la vérité; si certaines dépêches, que j'ai reçues par voie allemande et auxquelles je refuse jusqu'ici de reconnaître aucune authenticité, car elles ne portent pas les marques distinctes des dépêches officielles et peuvent provenir d'inventions ennemies, si ces dépêches, dis-je, étaient confirmées officiellement; si, pour tout dire en un mot, un semblable décret m'était officiellement envoyé, je m'inclinerais devant un ordre formel donné, après discussion et réflexion, en connaissance de cause.

Restez donc, Citoyens, calmes et confiants. Ne vous laissez émouvoir, ni par les intéressés ni par ceux qui se réjouissent au fond de profiter d'une circonstance tout en paraissant défendre un principe. Ayez, comme garantie de votre sécurité d'âme et de l'ordre public, cette certitude que la loi, quelle qu'elle soit et quoi qu'il arrive, sera exécutée.

Le Préfet du Nord,
Paul BERT.

71.728 — Lille. Imp. L. Danel.

RÉPUBLIQUE FRANÇAISE — PREFECTURE DU NORD.

PROCLAMATION.

CITOYENS,

M. Paul Bert ayant cru devoir ne pas continuer l'exercice de ses fonctions, j'ai été délégué par le Gouvernement de la Défense pour administrer le département du Nord jusqu'à ce que l'Assemblée Nationale ait pris en main la direction souveraine des affaires du pays. J'arrive au milieu de vous au moment où vous accomplissez le plus solennel de tous les devoirs, en votant pour vos représentants. Vous êtes des citoyens libres, et il ne pouvait appartenir à personne d'opposer des restrictions à la libre expression de votre volonté.

Notre République est née au milieu d'une tempête; nous traversons, à l'heure présente, les plus mauvais jours de notre histoire; nous votons sous l'œil de l'ennemi. Donnons-lui l'exemple d'une nation retrempée dans le malheur et régénérée par la liberté. Ce sera l'honneur de la République, même dans le péril suprême où nous ont plongés les folies du despotisme impérial, de savoir respecter la liberté de tous, de ses adversaires comme de ses défenseurs.

Plus que jamais, la concorde, l'union des cœurs, l'apaisement des haines passées, la ferme et respectueuse exécution des lois, sont nécessaires au salut de la patrie. Je compte sur le bienveillant concours de la population entière du département pour procéder avec calme aux élections électorales et traverser sans trouble les quelques jours qui nous séparent de la réunion des représentants du peuple.

Vive la France! Vive la République!

Le Préfet du Nord,
Ernest HENDLÉ.

71.757. — Lille. Imprimerie de L. Danel.

KŒNIGLICHE PRÆFEKTUR

Es ist jedem Deutschen bei Strafe verboten, waehrend der am 8ten Februar von 8 Uhr Morgens bis 6 Uhr Abends stattfindenden Wahlen eins der Wahllokale zu betreten.

Amiens, den 7ten Februar 1871.

Der Præfekt,
Graf LEHNDORFF.

Amiens. — Imprimerie de LENOEL-HEROUART, rue des Rabuissons, 20

TRADUCTION. — Il est défendu à tout soldat allemand, sous peine de sévère punition, d'entrer dans tout local d'élection, le 8 février, de 8 heures du matin à 6 heures du soir. — Amiens, le 7 février 1871. — Le Préfet, Comte de Lehndorff.

AU PEUPLE!

La France, enveloppée dans son linceul, est appelée aujourd'hui, le poignard sur la gorge, à dire si elle veut vivre ou mourir.

La Nation tout entière doit répondre.

Tous, privilégiés, bourgeois et peuple, nous sommes frappés du même stigmate, enveloppés dans la même honte.

Avec le râle qui s'échappe de nos poitrines, qu'allons-nous répondre?

L'heure suprême a sonné!

Peuple, fais un effort! Secoue ta somnolence! lève toi!

C'est ta vie ou ta mort qui va sortir de ta volonté.

Depuis des siècles tu restes affaissé, relève un peu ton front.

C'est aux « MAUDITS » à courber la tête.

Assez longtemps, dans des luttes surhumaines, tu as sué la misère et la honte.

Assez longtemps, dans des luttes fratricides, tu as sacrifié ton sang, ta vie.

Assez longtemps tu as été le jouet d'individualités orgueilleuses et égoïstes qui ont compromis tes destinées.

Que notre expiation te dessille les yeux.

Verras-tu enfin que la Nation c'est toi?

Lâcheras-tu toujours la proie pour l'ombre?

Auras-tu toujours une souveraineté sans puissance.

Auras-tu toujours des droits sans avoir jamais l'exercice.

Seras-tu toujours subordonné aux maîtres que tu te donnes?

Seras-tu toujours esclave quand tu possèdes la force?

Sois ce que tu dois être. Tu es libre encore aujourd'hui de tes destinées, mais songes-y : à force de laisser glisser de tes mains un pouvoir que tu ne peux conserver, un jour viendra peut-être où tu ne pourras plus le ressaisir.

Le suffrage universel est une arme à deux tranchants, tâche de savoir t'en servir.

On prépare la divine comédie; prends garde d'être joué encore une fois.

Méfie-toi des hâbleurs, des hypocrites et des ambitieux.

Repousse loin de toi tous les privilégiés des régimes tombés.

Ne compte pas sur la bourgeoisie, on sait ce qu'elle vaut. Tu pourras t'en servir, mais il faut l'amener à toi et non aller à elle.

Puisqu'il faut des représentants, tâche de trouver des hommes.

Prends dans ton sein ceux que tu y trouveras, mais surtout va chercher dans leur retraite les hommes de cœur qui ne se montrent pas. Tu trouveras chez eux talents et vertus et tu pourras compter sur leur probité.

Pour compléter tes listes prends des hommes dont les intérêts et les tiens soient identiques.

Le clergé, la noblesse et la bourgeoisie défendent leurs intérêts.

A toi, peuple, de défendre les tiens.

Le clergé, la noblesse et la bourgeoisie ont sur toi le privilége de l'astuce et du mensonge, ils font miroiter à tes yeux toutes les fantasmagories pour te prendre dans leurs gluaux.

Sans toi, ils ne sont rien.

Ouvre donc les yeux.

Tu as le privilége du Droit et de la Force, tu peux ce que tu veux, et jusqu'à ce jour tu n'as rien fait. C'est donc que tu n'as pas voulu.

Veux donc enfin! Affranchis-toi de toutes les tutelles! Sois toi-même!

Si tu veux de la République démocratique et sociale, cette fois il faut vaincre à tout prix; car la nature s'émousse, l'esprit se vicie et c'est peut-être la dernière fois que tu es appelé à prononcer sur tes destinées.

Si tu ne te relèves pas, dis adieu à tout jamais à l'avenir puissant que tu as devant toi.

La gangrène monarchique se répandra dans ta vie, on continuera ta transformation et peu à peu s'éteindront les feux que 89 avait allumés dans tes veines.

Tu auras la liberté à côté de la misère, comme en Angleterre; ou l'instruction à côté de la féodalité, comme en Prusse; mais la liberté démocratique, jamais.

Le combat du 8 février qui se prépare sera plus décisif sur tes destinées que toutes les défaites que les Prussiens nous ont fait subir.

Fais un effort puissant, sors de cette lutte, et tu pourras voir enfin luire le soleil de la liberté;

La République démocratique et sociale!

CHEVILLOTTE

Imprimerie centrale des chemins de fer. — A. CHAIX et Cᵉ, rue Bergère, 20, à Paris.— 836-1.

COMITÉ CATHOLIQUE

LISTE ÉLECTORALE

MM.

Adolphe BAUDON.
Edmond LAFOND.
Vicomte Armand de MELUN.
Emile KELLER, ancien député.
Comte Anatole LEMERCIER, ancien député.
Comte de FLAVIGNY, ancien député.
Comte A. DE SÉGUR, ancien conseiller d'État.
Ferdinand RIANT, propriétaire, ancien élève de l'École Polytechnique.
Louis do VERGÈS, du chemin de fer d'Orléans.
Paul FABRE, procureur général à la Cour de Cassation.
RATAUD, ancien maire du cinquième arrondissement.
DENORMANDIE, maire adjoint élu du 8e arrondissement, ancien président de la Chambre des avoués.
AUBRY, ancien représentant.
SÉBERT, président de la Chambre des notaires.
Marquis de PLŒUC, sous-gouvern. de la Banque de France.
GOUIN, construct. de machines, vice-prés. de la Ch. de comm.
CAVAILLIÉ-COLL, facteur d'orgues.
SAVARD, fabricant de chaussures.
THIERS.
Vice-amiral LA RONCIÈRE LE NOURRY.
Vice-amiral SAISSET.
Vice-amiral POTHUAU.

MM.

Vice-amiral FLEURIOT DE LANGLE.
Vice-amiral TOUCHARD.
Contre-amiral de MONTAIGNAC.
Contre-amiral de CHAILLIÉ.
Contre-amiral MÉQUET.
Contre-amiral THOMASSET, commandant de la flottille sur la Seine.
Général VINOY.
Général d'AURELLE DE PALADINES.
Général FAIDHERBE.
Général FRÉBAUT.
Général de MAUDHUY.
Général FARON.
Général A. de CHARETTE.
Commandant POTHIER.
Colonel de CRISENOY, des régiments de marche de la garde nationale.
Colonel REILLE, des mobiles du Tarn, ancien député.
De BONNEUIL, commandant du 7e bataillon de la mobile de la Seine.
LE PLAY, président de l'Exposition universelle.
SAUVAGE, directeur du Chemin de l'Est.
SOLACROUP, directeur du Chemin d'Orléans.
PIERRARD, directeur du Chemin de l'Ouest.

Paris. — Imprimerie Adolphe Laine, rue des Saints-Pères.

République Française

LIBERTÉ ÉGALITÉ FRATERNITÉ

LISTE DES COMITÉS RÉPUBLICAINS RADICAUX

DE LA RIVE GAUCHE ET DE LA RIVE DROITE

Les Anciens Comités Républicains Démocratiques de la Rive Gauche ont publié hier une liste de Candidats.

Aujourd'hui, ils se sont entendus avec les Comités de la rive droite qui avaient proposé une liste à peu près semblable, il était facile de s'entendre, et voici la liste de fusion que les Comités des deux rives présentent aux électeurs de Paris :

GARIBALDI.
GAMBETTA.
ASSELINE, maire du 14e arrondissement.
Louis BLANC, ancien membre du gouvernement de 1848.
BRISSON Henri, adjoint au maire de Paris, démissionnaire.
CLEMENCEAU, maire du 18e arrondissement.
CORBON, maire du 15e arrondissement, ancien vice-président à l'Assemblée constituante de 1848.
COURBET, Gustave, artiste peintre.
COURNET, Frédéric, chef de bataillon de la garde nationale.
DELESCLUZE, maire du 19e arrondissement, démissionnaire.
BENJAMIN RASPAIL.
DORIAN.
DUFRAISSE, Marc, ancien représentant.
CLÉRAY, adjoint au maire du 3e arrondis.
FLEURY, Alphonse, ancien représentant.
FLOQUET, Charles, adjoint au maire de Paris, démissionnaire.
GAMBON, ancien représentant du peuple.
GREPPO, ancien maire du 4e arrondissement, démissionnaire, ancien représentant.
HERISSON, maire du 6e arrondissement.
Victor HUGO.
JOIGNEAUX, Pierre, agronome, ancien représentant du peuple.
LANGLOIS, lieutenant-colonel de la Garde nationale.
LAUTH, adjoint au maire du 6e arrondissement.
LEDRU-ROLLIN, ancien membre du gouvernement provisoire.
LITTRÉ, membre de l'Institut.
LOCKROY, Edouard, publiciste, chef de bataillon de la Garde nationale.
MALON, ouvrier teinturier, adjoint au maire du 17e arrondissement.
MARTIN-BERNARD, ancien représentant.
EUGÈNE SÉMÉRIE, docteur médecin.
MURAT, André, ouvrier mécanicien, adjoint au 10e arrondissement.
ONIMUS, docteur-médecin.
PEYRAT, de l'Avenir National.
REGNARD, docteur médecin.
PYAT, Félix, ancien représentant du peuple.
QUINET, Edgar, ancien représent. du peuple.
RANC, Edmond, ancien maire du 9e arrondis.
ROBINET, docteur-médecin, ancien maire du 6e arrondissement.
ROCHEFORT, Henri, ancien membre du Gouvernement de la Défense nationale, démissionnaire.
LAURENT PICHAT, publiciste.
SCHOELCHER, ancien représentant, colonel d'artillerie de la Garde nationale.
VARLIN, ouvrier relieur.
TIRARD, maire du 2e arrond., négociant.
TOLAIN, ouvrier ciseleur, adjoint au maire du 11e arrondissement.

S'adresser pour les renseignements au Cercle républicain qui siége en permanence rue du Vieux-Colombier, 24.

Pour le Comité, LEROUX, Sculpteur, Capitaine de la Garde Nationale.

Imprimerie MOQUET, rue des Fossés-Saint-Jacques, 11.

AUX RÉPUBLICAINS
DE BON SENS

D'innombrables listes couvrent les murs.

Elles semblent toutes avoir été composées au hasard. On les étudie sans en deviner le sens et la logique. En lisant ces files de noms opposés, accouplés on ne sait pourquoi et comme sortis d'un chapeau vigoureusement secoué, les électeurs qui veulent que leur vote ait une signification apparaissant clairement à leurs yeux et à ceux des autres, hésitent et sont plongés dans la plus cruelle perplexité.

Il faut qu'une liste parle d'elle-même, qu'on sache pourquoi tel ou tel nom y figure, et de quelle façon ce nom manifeste les idées et les sentiments de celui qui l'honore de son vote. On peut ainsi aller au scrutin en connaissance de cause.

Or, d'après ces principes, un groupe d'électeurs républicains radicaux propose à ses concitoyens les noms suivants, avec les motifs à l'appui :

1° Quelques-uns de ceux qui en province n'ont pas désespéré de la France et y ont organisé la résistance qui pouvait nous sauver :

GAMBETTA.
RANC.
GARIBALDI.

2° Quelques-uns de ces héroïques officiers de marine qui ont pris l'initiative de la protestation contre notre chute, protestation dont les termes ont fait bondir notre cœur de patriotisme et de sympathie :

Amiral SAISSET.
GARNIER, lieutenant, chef d'ét.-maj. du 8e Sect.
DE SALICIS, capitaine de frégate.
FARCY.

3° Quelques-uns des chefs de la garde nationale qui croyaient défendre la Patrie et la République sur nos trop rares champs de bataille :

LANGLOIS.
DELAMARCHE.
Edouard LOCKROY.

4° Le ministre qui a fondu des canons et qui a cru aux efforts civils :

DORIAN.

5° Quelques-uns de ceux qui ont résigné leurs fonctions à l'Hôtel-de-Ville en pressentant la marche du gouvernement :

ROCHEFORT.
Georges AVENEL.
Docteur ONIMUS, ex-membre de la Con d'hygiène

6° Les maires qui ont constamment protesté contre la conduite des affaires et qui ont tenté d'introduire le contrôle de l'élément municipal élu à l'Hôtel-de-Ville :

BONVALET, maire du 3e arrondissem.
MOTTU, — 11e —
Louis ASSELINE, — 14e arrondissem.
CLÉMENCEAU, — 18e —
RANVIER, — 20e —

7° Quelques-uns des adjoints, négociants ou ouvriers qui ont énergiquement suivi la même voie :

André MURAT, Adjoint du 10e.
TOLAIN . . . — du 11e.
HÉLIGON. . . — du 14e.
PÉRIN . . . — du 14e.
MALON . . . — du 17e
LÉO MELLIET . — du 13e.
JACLARD . . — du 18e.

8° Quelques-uns des publicistes et des journalistes qui ont éclairé l'opinion publique :

VICTOR HUGO. — ROGEARD.
Louis BLANC. — Elysée RECLUS.
Edgar QUINET.
DELESCLUZE. — Félix PYAT.
PEYRAT. — Eugène TÉNOT.

9° Pour conserver la tradition qui doit unir le présent au passé, quelques-uns de nos anciens représentants et quelques-uns de nos grands écrivains et penseurs :

Ferdinand GAMBON.
SCHŒLCHER.
JOIGNEAUX.
Jules MIOT.

10° Enfin quelques ingénieurs ou savants qui ont donné des gages éclatants à la démocratie :

VAILLANT, ingénieur.
Docteur ROBINET.
Docteur BERTILLON.
LEVERDAYS, professeur d'anatomie.

Nous ne prétendons pas imposer cette liste, que chacun modifiera à son gré, mais elle a, par ses diverses catégories, un sens et un but, et ceux qui voteront pour elle seront sûrs de voter :

Pour une protestation contre le triste dénouement du siége de Paris,
Pour le maintien de la République,
Et pour la régénération de la France par la démocratie radicale et progressive.

UN GROUPE D'ÉLECTEURS REPUBLICAINS RADICAUX
DES VINGT ARRONDISSEMENTS

Paris. — Imp. Balitout, Questroy et Cie, 7, rue Baillif, et rue de Valois, 18.

Comité Libéral Républicain

DU DÉPARTEMENT DE LA SEINE

CANDIDATS

EDGARD QUINET
THIERS
VICTOR HUGO
LOUIS BLANC
Vice-Amiral SAISSET
Vice-Amiral POTHUAU
LAMOTHE-TENET, Capitaine de vaisseau
Général FREBAULT
Général CHANZY
Général FAIDHERBE
SCHŒLCHER, Colonel d'Artillerie de la Garde nationale
JAMETEL, Lieutenant-Colonel du 13e régiment de la Garde nationale
ROGER DU NORD, Colonel d'Etat-Major de la Garde nationale
ARNAUD DE L'ARIEGE, Maire du 7e arrondissement.
VAUTRAIN, Maire du 4e arrondissem.
CORBON, Maire du 15e arrondissement
VITET, de l'Académie française.
HENRY SAINTE-CLAIRE-DEVILLE, de l'Académie des sciences
HAUREAU, de l'Académie des Inscriptions et Belles-Lettres
BARTHELEMY-SAINT-HILAIRE, de l'Académie des sciences morales et politiques
COCHIN, de l'Académie des sciences morales et politiques, Administrateur du Chemin de fer d'Orléans
LÉON SAY, Administrateur du Chemin de fer du Nord
SAUVAGE, Directeur des Chemins de fer de l'Est
KRANTZ, Ingénieur en chef des Ponts et Chaussées
ADOLPHE CARNOT, fils, Ingénieur des Mines
ALFRED ANDRE, Banquier, adjoint au Maire du 9e arrondissemeut
D'EICHTHAL, Banquier
VACHEROT, Membre de l'Institut, Maire du 5e arrondissement
HENRI MARTIN, Homme de lettres, Maire du 16e arrondissement.
Docteur GONNARD
LEVASSEUR, Economiste, Membre de l'Institut
BEUDANT, Prof. à la Faculté de Droit
BETOLAUD, Avocat à la Cour d'appel de Paris
DENORMANDIE, ancien Président de la Chambre des Avoués, Adjoint au Maire du 8e arrondissement
JEAN DOLLFUS, Manufacturier à Mulhouse
PERNOLLET, Manufacturier, Maire du 13e arrondissement
CLAPAREDE, Constructeur de machines à Saint-Denis
BARAGUET, Ouvrier Typographe, Président de la Société mutuelle des Typographes de la Seine.
LOTZ, Ouvrier Mécanicien, Chef du dépôt des machines au Chemin de fer de l'Est
DE PRESSENSÉ, Publiciste
THUREAU-DANGIN, Publiciste
ADOLPHE GUEROULT, Publiciste
HEBRARD, Publiciste

Les noms des membres du Gouvernement de la défense Nationale ne figurent pas sur cette Liste. Le Comité tient à dire que leur omission ne doit être prise ni pour une condamnation, ni pour un blâme, mais pour un acte de prévoyance politique.

Les honorables personnages que nous omettons ont été appelés au Gouvernement de Paris et de la France le 4 Septembre, par la nécessité; le 3 Novembre, par l'immense majorité des Électeurs de Paris; entre eux et ceux qui leur donnaient l'autorité, il était bien entendu qu'ils l'exerceraient jusqu'à ce qu'elle eût été confiée à d'autres mains par une Assemblée nationale. Ils doivent conserver cette autorité intacte et d'autant plus forte que l'on sera plus près du moment où elle prendra fin. Le Comité pense qu'elle pourrait sortir affaiblie et compromise d'une lutte électorale dans laquelle les Membres du Gouvernement seraient engagés; il n'inscrit pas leurs Noms sur sa Liste afin d'éviter, s'il est possible, ce grave danger. — Il croit devoir prendre la même résolution pour les Ministres et les Généraux chargés de la Défense de Paris.

AU NOM DU COMITÉ : *le Président*, **DUFAURE.**

Imprimerie centrale des chemins de fer. — A. CHAIX ET Ce, rue Bergère, 20, à Paris.—702-1

ÉLECTIONS DE L'ASSEMBLÉE NATIONALE

2me Arrondissement

COMITÉ RÉPUBLICAIN DÉMOCRATIQUE PROGRESSISTE

Le Comité Républicain Démocratique Progressiste du 2e arrondissement, créé, il y a trois mois environ, en vue des Élections, et dont les Réunions ont été suspendues par les événements que nous venons de traverser, reprend d'urgence ses Séances et invite instamment les Electeurs à y assister.

La 1re Réunion aura lieu le Mercredi 1er Février, à 7 heures 1[2 du soir, dans la grande salle de la Bourse.

Les autres Réunions se succéderont chaque jour à la même heure, et dans le même local, jusqu'au jour de l'élection.

LES MEMBRES DU BUREAU :

Qartier Gaillon. . . .	MM. CHARLES BALLOT, *Président*, rue St-Arnaud, 11 *bis*. BARGE, rue de la Paix, 15.
Quartier Vivienne. . .	MM. LEBLOND. *Vice-Président*, rue Richelieu, 108. QUESNAY, rue Richelieu, 83.
Quartier du Mail . . .	MM. BRUN, rue des Jeuneurs, 42. BARATIN, rue Notre-Dame-des-Victoires, 32.
Quartier Bonne-Nouvelle.	MM. JAVEY, rue Saint-Denis, 372. DUPILLE, rue Montorgueil, 56.
	MM. DENISSE, *Secrétaire*, rue du Petit-Carreau, 14. LEROY, *Trésorier*, rue des Jeuneurs, 42.

Paris. — Typographie Morris Père et fils, rue Amelot, 46.

ASSEMBLÉE NATIONALE

LES AMIRAUX

SAISSET, POTHUAU, DU QUILIO

CANDIDATS

Ces noms s'imposent à nos suffrages. Tout Paris sait ce qu'a fait la Marine pendant la durée du siége; elle a été la gloire de notre drapeau, elle a noblement, courageusement et vaillamment combattu. A elle l'honneur de nous représenter dans l'Assemblée Nationale.

H. GAILLAC.

Paris. — Typ. Edouard VERT, rue Notre-Dame-de-Nazareth, 29.

CONCLAVE

Républicain Socialiste de Paris

LISTE de CANDIDATS à l'Assemblée Nationale,

Arrêtée dans la Séance de nuit du 7 Février 1871.

Amouroux, chapelier.
Louis Blanc, historien.
Blanqui, ex-rep. du peuple.
Briosne, ouvrier feuillagiste.
Brunel, 107e Bat. de la Garde Nationale.
Cournet, 224e Bat. de la Garde Nationale.
Ch. Delescluze, publiciste.
Dereure, ouvrier cordonnier, adjoint au 18e arrond.
Jacq. Durand, cordonnier.
Emile Duval, fondeur en fer.
Eudes (Emile), home de lettres
Flotte, cuisinier.
Flourens, ex-major de la garde nationale.
J. Fontaine, professeur de mathématiques.
Gambon, ex-rep. du peuple.
G.-G. Garibaldi, agriculteur, soldat.
Goupil, docteur, chef de bataillon révoqué.
Granger, chef de bat. révoqué
Jaclard, adjoint au 18e arrond.
Joigneaux, agriculteur.
Lacambre, doctr, chef de bat.
Langlois, chef de bataillon.
Lefrançais, adjoint élu au 20e arrondissement.
Leverdays, chimiste.
Longuet, chef de bataillon.
Malon, adjoint au 17e arrond.
Martin Bernard, ex-représentant du peuple.
Léo Meillet, adjoint au 13e ar.
Jules Miot, ex-rep. du peuple.
Emile Oudet, adjoint démissionnaire du 19e arrond.
Pendy, menuisier.
Félix Pyat, ex-représentant du peuple.
Edgard Quinet, historien.
Ranvier, maire du 20e arrondissement.
Regnart, docteur en médecine
Henri Rochefort, ex-représentant du peuple.
Seraillier, ouvrier formier.
Theisz, ouvrier ciseleur.
Tridon, homme de lettres.
Vaillant (Ed.), ingénieur civil.
Jules Vallès, publiciste.
Varlin, ouvrier relieur.
Vésinier, de l'Internationale.

Paris — Imp. APPERT, J. RIGAL et Cie, succ., passage du Caire, 56.

Elections du 5 Février 1871

PAS D'AVOCATS!!!

Imprimerie Dubuisson et Cie, 5, rue Coq-Héron. 685

LE COMITÉ ÉLECTORAL
DE LA LIGUE D'UNION RÉPUBLICAINE
AUX ÉLECTEURS
DU DÉPARTEMENT DE LA SEINE

CITOYENS,

Au sortir d'épreuves si douloureuses, la France aspire à la stabilité et à la paix.

La majorité du pays voit avec raison une garantie d'ordre dans le maintien du *statu quo*.

Mais le *statu quo* n'est qu'un répit, s'il ne pose au moins les bases de l'état définitif.

Vous affirmerez bien haut par votre vote que la République n'est pas un expédient temporaire, que c'est l'expression logique, le cadre nécessaire et définitif du suffrage universel. Seule, elle répond au principe de la justice parce qu'elle ne souffre pas que le vote d'une génération puisse enchaîner celui des générations suivantes.

Seule donc, elle substitue aux révolutions violentes le développement de l'évolution pacifique.

Seule enfin, en face du césarisme prussien, elle peut assurer la revanche du droit contre la force.

Les ennemis, déclarés ou non, de la République, semblent compter sur le découragement et l'abstention d'un certain nombre d'électeurs.

Démentez cette espérance.

Gardez-vous aussi d'écouter ceux qui, pour avoir cherché le but où il n'est pas, croient et disent que tout est perdu.

Le salut est entre vos mains ; il est dans l'exercice pacifique et persévérant de vos droits.

Citoyens, qu'est-ce qu'une mauvaise année de plus dans la longue vie d'une nation ?

Nous qui, restés à Paris, avons été les témoins désolés de tant de désastres, nous vous déclarons que notre foi n'est pas ébranlée.

Nous gardons intactes les parties essentielles de notre programme : La République, fondée sur les franchises municipales les plus complètes, la vie nationale animée et fortifiée par le libre essor de la vie locale.

Nous n'abandonnons, nous n'éludons l'examen d'aucun des problèmes sociaux qui s'imposent à l'esprit moderne et ne doivent ni ne peuvent être résolus que par la libre discussion.

Citoyens, ne vous trahissez pas vous-mêmes et la République est établie.

Vive la République !

Le Comité électoral siége en permanence rue Saint-Martin, 22.

Imp. DUBUISSON et Cᵉ, rue Coq-Heron, 5. 1000 Administration de l'affichage départemental, E. RENIER et Cᵉ, 3, rue d'Aboukir.

COMITÉ CENTRAL RÉPUBLICAIN

des Communes de la Seine

AUX ÉLECTEURS

Le Comité Central Républicain des Communes de la Seine, réuni en Assemblée générale le Jeudi 2 Février 1871,

Considérant que, dans les circonstances actuelles, les Communes de la Seine ont été et sont encore cruellement éprouvées ;

Que ces communes ont été ravagées, ruinées, occupées par l'ennemi, que quelques-unes même sont anéanties ;

Qu'en raison de la situation particulière qui leur est faite, il importe pour ces Communes d'être représentées à l'Assemblée nationale par des mandataires spéciaux investis de la confiance directe des populations.

Que les Électeurs des Communes de la Seine, appelés à prendre part à l'élection de quarante-trois Députés pour le département tout entier, ne peuvent envoyer à l'Assemblée les représentants autorisés de leurs intérêts et de leurs droits sans le concours fraternel de leurs concitoyens de Paris.

DÉCLARE :

Les Comités et les Journaux démocratiques républicains de Paris seront priés d'admettre sur leur liste les Candidats élus par le Comité Central Républicain des Communes de la Seine.

Ces Candidats sont :

MM. **Jules MAHIAS**, Conseiller municipal de Boulogne-sur-Seine ;
JOIGNEAUX, ex-Représentant du Peuple, Agriculteur ;
MOREAUX, Architecte, Maire de Saint-Denis ;
LEPLANQUAIS, Fabricant, Président de la Commission des Maires ;
A. OLLIVE, Négociant ;
LOISEAU-PINSON, Industriel ;
BOISRYVEN, Industriel, Maire de Neuilly.

Paris, imp. Paul DUPONT.

RÉPUBLIQUE FRANÇAISE

Liberté, Egalité, Fraternité.

ÉLECTIONS A L'ASSEMBLÉE NATIONALE

CITOYENS,

L'Assemblée Nationale que vous êtes appelés à élire aura pour principale mission de demander compte au Gouvernement de l'emploi qu'il a fait des immenses ressources mises à sa disposition pour le salut du Pays, et d'arrêter les bases de la paix ou de décider la reprise des hostilités.

De l'énergie, du patriotisme des membres de l'Assemblée peut dépendre le salut de la République.

Tous les Républicains doivent donc serrer les rangs pour la lutte électorale qui va s'engager; tous les Comités qui ont pris l'initiative du mouvement doivent s'entendre et réunir leurs efforts.

C'est à cet effet que le Comité Central des Vingt Arrondissements de Paris informe les Electeurs qu'une Réunion générale des Délégués aura lieu JEUDI 2 Février, à 1 heure, à la Salle de Ba-Ta-Clan, Boulevard Voltaire, où sera définitivement arrêtée la Liste des 43 Candidats présentés aux suffrages de leurs Concitoyens.

Les Comités qui n'auraient pas encore pris part aux travaux préparatoire, et qui désireraient envoyer leurs Délégués à la Réunion générale, sont invités à se présenter chez le citoyen Laloge, boulevard Richard-Lenoir, 134, où ils recevront des Cartes d'entrée.

PARIS, LE 1er FÉVRIER 1871.

Pour les Comités, les Secrétaires :

LACHAMBAUDIE, — STUPUY, — DROUOT, — COUTURAT.

217 Paris. — Typ. MORRIS père et fils, rue Amelot, 64.

COMITÉ ÉLECTORAL RÉPUBLICAIN

PROGRAMME POLITIQUE

Dans la pensée du Comité, le Gouvernement républicain est le seul qui soit digne d'un pays libre :

C'est le seul qui permette de réaliser la devise :

LIBERTÉ, ÉGALITÉ, FRATERNITÉ

C'est le seul qui puisse reconnaître et garantir toutes les libertés, respecter tous les droits et sauvegarder tous les intérêts légitimes ;

C'est le seul qui, pour exister, n'ait pas besoin des armées permanentes, absorbant la plus grande partie des revenus de l'État, toujours organisées en vue de l'oppression à l'intérieur et de la guerre offensive à l'extérieur.

C'est le seul enfin qui puisse, avec le concours de tous les bons citoyens, réparer les désastres que nous ont valu les ambitions dynastiques et assurer la sécurité de l'avenir en fermant l'ère des révolutions ruineuses et des guerres fratricides.

Le Comité croit de son devoir de s'expliquer sans détour sur les questions délicates et brûlantes qui depuis longtemps agitent et divisent les esprits. Ces explications semblent avoir leur raison d'être surtout dans notre 3e arrondissement, essentiellement industriel. Notre franchise pourra refroidir quelques sympathies, mais une situation nette et tranchée nous ralliera certainement un grand nombre d'adhésions : d'ailleurs, la dissimulation, arme de prédilection des rois, est indigne d'un Républicain.

L'Association internationale des Travailleurs, fondée sur le droit incontestable qu'ont tous les citoyens d'associer leurs efforts pour sauvegarder par les voies légales leurs intérêts communs, a été détournée de son but primitif et en est venue à proclamer des déclarations de principes comme celle ci-après, qui est inscrite sur les livrets des associés :

« Le Congrès (dont les décisions sont souveraines pour l'Internationale), déclare que la Société a le droit d'abolir la propriété individuelle du sol et de faire rentrer le sol à la communauté.

« Il déclare encore qu'il y a nécessité de faire rentrer la propriété du sol à la propriété collective. »

Instruction primaire obligatoire pour les enfants des deux sexes ;

Liberté de l'enseignement ;

Instruction primaire laïque offerte gratuitement à tous ;

Instruction secondaire, professionnelle et supérieure accessible gratuitement à tous les sujets de mérite par voie de concours ;

Suppression des armées permanentes ;

Création d'une milice nationale, n'imposant à chacun qu'une présence de courte durée sous les drapeaux et composée de tous les citoyens valides sans admission d'aucun remplacement ;

Commission exécutive ou Chef du pouvoir exécutif élus par l'Assemblée nationale pour un temps limité dont le maximum ne dépassera pas quatre années ;

Abolition en matière électorale de tout patronage officiel, soit du gouvernement, soit des municipalités ;

Responsabilité des fonctionnaires de tout ordre et droit pour chaque Citoyen de poursuivre directement devant le Jury tout abus de pouvoir ;

Décentralisation administrative ;

Réduction des gros traitements et suppression du cumul ;

Le Comité ne devra accorder son patronage à un candidat qu'au-

misère, fera certainement ressortir le bon et le mauvais de ce système. La République doit, sans hésitation, proclamer ce qu'il renferme de bon et en faciliter la mise en pratique. Quant aux théories creuses, impraticables, ou dangereuses, une fois mises à jour par cette étude consciencieuse et approfondie, elles tomberont d'elles-mêmes sous le poids de l'opinion publique et seront bientôt abandonnées par ceux-là même qui, les connaissant mal, y placent aujourd'hui leur suprême et dernier espoir.

Divers comités, des journaux, des réunions publiques réclament la Commune. Il convient de faire cesser toute équivoque, et sur le mot et sur la chose elle-même. La Commune, élément essentiel de tout gouvernement décentralisateur, doit posséder de la manière la plus large les attributions municipales et administratives; mais le Comité repousse la Commune politique tendant à fractionner et paralyser le gouvernement et à placer entre les mains d'officiers municipaux des pouvoirs politiques qui ne doivent appartenir qu'aux élus de la nation.

Ce que veut le Comité, c'est la République démocratique avec toutes les conséquences qu'entraîne cette forme de Gouvernement et notamment :

Liberté individuelle ;
Liberté de la presse ;
Liberté de conscience et des cultes ;
Séparation des Églises et de l'État ;
Droit de réunion et d'association ;

[illegible] forme qu'elle se présente; qu'il combattra de même toutes les minorités qui voudraient s'imposer à la majorité librement exprimée.

Si le candidat n'a pas encore fait ses preuves de républicanisme, si c'est un homme nouveau dont on ne puisse interroger la vie et les actes politiques, le Comité l'invitera à prendre l'engagement suivant :

« Si jamais la République venait à succomber et à faire
« place à une autre forme de gouvernement, lors même
« que ce nouveau gouvernement serait sanctionné par le
« suffrage universel, je ne solliciterai ni n'accepterai au-
« cunes fonctions autres que celles données par le suf-
« frage universel, jusqu'au rétablissement de la Répu-
« blique, auquel tendront tous mes efforts. »

Il va sans dire que chacun des membres fondateurs du Comité prend individuellement, en ce qui le concerne, l'engagement qu'il exige des candidats.

MEMBRES PROMOTEURS DU COMITÉ CENTRAL :

MM. ALBERT, ancien membre du Gouvernement, rue de Turenne, 80.
BARRY, vétérinaire, rue de Normandie, 6.
Casimir BOURGEOIS, ouvrier corroyeur, rue des Gravilliers, 84.
Gabriel BERTRAND, fabricant de Papiers peints, rue des Vosges, 10, **Secrétaire**.
Paul CHAPPELLIER, ancien négociant, rue des Vosges, 10, **Vice-Président**.
DESCHAMPS, fabricant de Brosserie, rue Turbigo, 63.
Henri DESMARAIS, négociant, rue des Minimes, 14, **Trésorier**.
Vincent GARCÉ, négociant, rue des Filles-du-Calvaire, 14.
Ad. LELEUX, négociant, rue Saint-Martin, 203.
P. LEONARD, employé, rue Sévigné, 29.

MM. A. LHUILLIER, boutonnier, boulevard Sébastopol, 66.
F. MERCIER, ferblantier, Vice-Président de la Société de Secours mutuels du quartier Saint-Merry, rue des Gravilliers, 34, **Secrétaire**.
Eug. MIMIN, joaillier, chef du 54e Bataillon de la Garde nationale, rue Turbigo, 41, **Président**.
Désiré ROGER, employé, Président de la Société des Commis-Tailleurs, rue Saint-Martin, 203.
E. TREBUTIEN, comptable ; — de la Société des Comptables de la Seine, rue Turenne, 62.
E. VIE, employé, rue Sévigné, 29.

Le Comité se constitue en permanence, Salle Larcher, 79, rue du Temple, et entendra chaque jour, de 2 à 5 heures, les Candidats qui désireraient faire partie de sa liste.

Une affiche ultérieure fera connaître les noms des candidats recommandés par le Comité.

Paris. — Imprimerie LEFEVRE, passage du Caire, 87-89.

ASSEMBLÉE NATIONALE

CANDIDATS SOCIALISTES RÉVOLUTIONNAIRES

PROPOSÉS PAR

L'Association internationale des Travailleurs
La Chambre fédérale des Sociétés ouvrières
La Délégation des Vingt arrondissements

Ceci est la liste des candidats présentés, au nom d'un monde nouveau, par le parti des déshérités, parti immense, mais qui, jusqu'aujourd'hui n'a pu être agréé, pour quoi que ce soit, par les classes qui gouvernent la société.

Pendant le siége, il n'a cessé dès le premier jour, de protester contre l'incapacité, sinon contre la perfidie du Gouvernement dit de la Défense nationale; il a montré l'abîme où nous marchions; il a essayé de détourner Paris de cette route fatale : il n'a recueilli, pour prix de ses efforts, que calomnies, menaces et persécutions.

Ce qu'il craignait, ce qu'il n'a pu empêcher, s'est abattu sur la France, et l'a terrassée.

Lorsqu'il s'agit de la relever, voudra-t-on, enfin, accorder à ce parti le moyen de dire légalement, devant le pays, un mot d'avis; ou bien ceux qui l'ont frappé jusqu'ici d'un implacable ostracisme persisteront-ils à le refouler, comme un troupeau de parias, dans les régions proscrites où toute revendication est tenue pour une révolte ?

La France va se reconstituer à nouveau. Les travailleurs ont le droit de trouver et de prendre leur place dans l'ordre qui se prépare.

Il faut que la responsabilité du parti républicain socialiste soit dégagée.

Les candidatures socialistes révolutionnaires, signifient :

Défense à qui que ce soit de mettre la République en question;

Nécessité de l'avénement politique des travailleurs;

Chûte de l'oligarchie gouvernementale et de la féodalité industrielle;

Organisation d'une République, qui, en rendant aux ouvriers leur instrument de travail, comme celle de 1792 rendît la terre aux paysans, réalisera la liberté politique par l'égalité sociale.

LISTE DES CANDIDATS SOCIALISTES RÉVOLUTIONNAIRES

Ant. ARNAUD, ex-employé des chemins de fer.
AVRIAL, mécanicien.
Ch. BESLAY, ancien représentant du peuple.
BLANQUI.
DEMAY, statuaire.
E. DEREURE, cordonnier, adjoint au 18e arrondissement.
E. DUPAS, médecin.
Eug. DUPONT, ouvrier en instruments de musique, secrétaire, pour la France, du Conseil général de l'Internationale.
Jacques DURAND, cordonnier.
Emile DUVAL, fondeur en fer.
EUDES, chef de bataillon révoqué
FLOTTE, cuisinier.
FRANKEL, bijoutier.
F. GAMBON, ancien représentant du peuple.
GARIBALDI.
Dr Edmond GOUPIL, ex chef de bataillon.
GRANGER, cultivateur, chef de bataillon révoqué.
Alph. HUMBERT, ancien rédacteur de la *Marseillaise*.
JACLARD, adjoint au 18e arrond.
JARNIGON, tailleur.
Dr LACAMBRE, chef de bataillon révoqué.
LACORD, cuisinier.
LANGEVIN, mécanicien.
LEFRANÇAIS, adj. élu au 20e arr.
LEVERDAYS, chimiste.
Ch. LONGUET, chef de bataillon.
MACDONEL, ébéniste.
MALON, teinturier, adjoint au 13e arrondissement.
Léo MEILLET, adj. au 17e arrond.
MINET, peintre en céramique.
OUDET, peintre sur porcelaine, adjoint démissionnaire du 19e arrondissement.
PINDY, menuisier.
Félix PYAT.
RANVIER, peintre en céramique, maire élu du 20e arrondissement.
Aristide REY, homme de lettres.
Ed. ROULLIER, cordonnier.
Auguste SERRAILLIER, ouvrier formier.
THEISZ, ciseleur.
TOLAIN, ciseleur, adjoint au 11e arrondissement.
G. TRIDON, rédacteur de la *Patrie en danger*.
Ed. VAILLANT, ingénieur civil.
Jules VALLÈS.
VARLIN, relieur.

POUR LE CONSEIL FÉDÉRAL DES SECTIONS PARISIENNES DE L'ASSOCIATION INTERNATIONALE DES TRAVAILLEURS.
Le Secrétaire : HENRI GOULLÉ.

POUR LA CHAMBRE FÉDÉRALE DES SOCIÉTÉS OUVRIÈRES,
Le Secrétaire : BUDACH.

POUR LA DÉLÉGATION DES VINGT ARRONDISSEMENTS DE PARIS.
Le Secrétaire : CONSTANT MARTIN.

Siége du Comité, place de la Corderie, 6.

1038 Paris. Association générale typographique, rue du Faubourg Saint-Denis, 19 (Berthelemy et Ce)

FUSION RÉPUBLICAINE & SOCIALISTE

CANDIDATS

ADOPTÉS DÉFINITIVEMENT

Extrait de toutes les listes présentées par les divers Comités électoraux et les Réunions publiques.

Du club du Comité central des vingt arrondissements;

Du club des Montagnards;

De la Chambre Fédérale de l'Internationale;

Des délégations ouvrières, de l'Union républicaine, de l'Alliance républicaine, des Républicains socialistes et des Défenseurs de la République.

CITOYENS,

Il est inutile de faire un exposé de principes. A cette heure suprême, la France et Paris surtout vont voter sous la pression des baïonnettes prussiennes. Soyons donc fermes et résolus; pas de défaillances; l'union seule peut triompher des ennemis de la République.

Peuple, fais attention et vote avec ensemble!

A toi de distinguer les vrais amis. Pour arriver à la fusion, il a fallu grouper les tribuns, les publicistes et les ouvriers, c'est-à-dire la PAROLE et la FORCE.

Nous croyons avoir réuni ces divers éléments par le choix des noms ci-après indiqués qui signifie : RÉPUBLIQUE UNE ET INDIVISIBLE, DÉMOCRATIQUE, SOCIALE ET UNIVERSELLE.

LISTE DES CANDIDATS

AMOUROUX, ouvrier.
Louis BLANC.
BLANQUI.
BRIOSNE, économiste.
Eug. CHATELAIN.
CLEMENCEAU, maire.
CLUSERET, général.
COMBAULT, ouvrier.
COURBET, peintre.
DELESCLUZE.
Jacques DURAND, ouvrier.
FLOURENS.
FLOQUET.
FLOTTE.
GAMBETTA.
GARIBALDI.
GAILLARD père, ouvrier.
GAMBON.
GENTON, ouvrier.
JACLARD.
JOIGNEAUX, du *Siècle*.
Victor HUGO.
LEFRANÇAIS.
LANDECK.
LOCKROY du *Rappel*.
MATUSZIEVIG, capitaine au 134e de ligne.
MILLIÈRE.
Jules MIOT.
MONTELLE, ouvrier, ex-commandant revoqué.
OUDET, ouvrier.
Félix PYAT.
PARENT aîné, ouvrier.
Edgar QUINET.
RANVIER, ouvrier.
RASPAIL.
Docteur PILLOT.
Émile SANS, du *Reveil*.
SERAY, médecin, ancien ouvrier tonnelier.
TONY REVILLON.
TRIDON.
Jules VALLÈS.
VERMOREL.
VÉSINIER.

1055 Paris. — Association générale typographique, rue du Faubourg-Saint-Denis, 19, (Berthelemy et Ce)

REPUBLIQUE FRANÇAISE

Liberté. — Egalité. — Fraternité.

ÉLECTIONS DU 8 FÉVRIER 1871

COMITÉ CENTRAL
RÉVOLUTIONNAIRE ET SOCIALISTE
DES
CLUBS ET COMITÉS ÉLECTORAUX
DES 20 ARRONDISSEMENTS DE PARIS.

Attendu que Paris ne s'est pas, comme il a été dit, rendu pour éviter la famine;

Attendu que la conduite du Gouvernement de la Défense nationale, depuis le 4 septembre, a été une suite de mensonges, de lâchetés et d'infamies;

Attendu que le Gouvernement n'avait à traiter aucune capitulation;

Les députés envoyés à Bordeaux devront :

1° Mettre en accusation ce Gouvernement;

2° Demander la guerre et donner leur démission plutôt que traiter des conditions de la paix.

POUR LE COMITÉ :

Le Président, RAOUL RIGAULT.
Les Assesseurs, LAVALETTE et TANGUY.
Le Secrétaire, HENRI VERLET.

LISTE DES CANDIDATS.

GAMBETTA.
AMOUROUX, Chapelier.
ALEXANDRE BESSON, serrurier.
LOUIS BLANC.
BLANQUI,
BRIDEAU, graveur.
C. DELESCLUZE, Homme de Lettres.
S. DEREURE, Ouvrier Cordonnier, Adjoint du XVIIIe Arrondissement.
JACQUES DURAND, Cordonnier.
EMILE DUVAL, Fondeur
EMILE EUDES, Chef revoqué du 138e Bataillon.
FLOTTE, Cuisinier.
FRUNEAU, Charpentier.
GAMBON.
GARIBALDI.
Dr GOUPIL.
ERNEST GRANGER, cult., Chef révoqué du 158e Bat
PASCHAL GROUSSET, Soldat au 18e chass. à pied.
VICTOR JACLARD, Adjoint au XVIIIe Arrondissement.
Dr LACAMBRE, Chef du 67e Bataillon.
LEFRANÇAIS. Adjoint incarcéré du XXe Arrondiss.
LEVERDAYS, Chimiste.
EDMOND LEVRAUD, Chef révoqué du 201e Bataillon
CHARLES LONGUET, Chef du 248e Bataillon.
MALON, Teinturier, Adjoint du XVIIe Arrondissement.
MARTIN BERNARD.
EDMOND MEGY. Mecanicien.
LEO MELLIET, Adjoint du XIIIe Arrondissement
JULES MIOT.
EMILE OUDET, Adjoint demissionnaire du XIXe Arrondissement.
FELIX PYAT
PROTOT, Avocat.
RANC, Homme de Lettres.
RANVIER, Maire elu du XXe Arrondissement.
RAZOUA, Chef revoqué du 61e Bataillon.
ALBERT REGNARD, Docteur en Medecine.
HENRI ROCHEFORT.
SERAILLIER, Ouvrier Formier.
THEISZ, Ciseleur.
G. TRIDON, Homme de Lettres.
VAILLANT, Ingénieur civil.
JULES VALLÈS.
VESINIER.

Paris. — Typ. MORRIS père et fils, rue Amelot, 64.

RÉPUBLIQUE FRANÇAISE

Liberté, Égalité, Fraternité.

CITOYENS,

Mon nom se trouve porté sur quelques listes de candidatures à l'Assemblée Nationale.

Dans les circonstances présentes, mon devoir ne me permettrait pas d'accepter cette mission.

Le suffrage de mes Concitoyens m'a confié des fonctions importantes : je ne puis les abandonner pour aller à Bordeaux.

La population souffre; le ravitaillement s'opère lentement; le rationnement va continuer encore quelques semaines, d'autant plus difficile à organiser que les denrées alimentaires à répartir entre les habitants nous sont mesurées par la Mairie centrale, et que les quantités en sont insuffisantes.

Dans ces conditions, je n'ai pas le droit de m'éloigner : vous devant tous mes soins, je reste Maire dans la Ville Captive et je décline toute candidature.

SALUT ET FRATERNITÉ.

PARIS, LE 4 FÉVRIER 1871.

JULES MOTTU
Maire du XIme Arrondissement.

254 Paris. — Typ. MORRIS père et fils, rue Amelot, 64.

L'ASSOCIATION RÉPUBLICAINE
DE LA
GARDE NATIONALE
DE PARIS

a voté à l'unanimité, dans sa Séance du 6 Février, le maintien intégral de la Liste des Candidats proposés par les Quatre Comités Républicains :

ALLIANCE RÉPUBLICAINE
UNION RÉPUBLICAINE
DÉFENSEURS DE LA RÉPUBLIQUE
ASSOCIATION INTERNATIONALE DES TRAVAILLEURS

et invite tous les Républicains Radicaux à se grouper sur cette Liste.

Paris. — Imprimerie Ve Poitevin, Ethiou-Pérou et Cie, rue Damiette, 2 et 4.

UNION PATRIOTIQUE

Élections du 8 Février 1871

CANDIDATS :

POLITIQUE	THIERS, ancien député. GREVY, ancien député, ancien bâtonnier de l'Ordre des avocats. DUFAURE, ancien député, membre de l'Académie française. D'HAUSSONVILLE, de l'Académie française. BUFFET, ancien député. BENOIST-D'AZY, ancien représentant, administrateur de compagnies de chemins de fer. VITET, ancien député, membre de l'Acad. française.
DÉFENSE DE PARIS — ARMÉE MARINE PONTS-ET-CHAUSSÉES GARDE NATIONALE MOBILE GARDE NATIONALE MOBILISÉS	Général VINOY, com. en chef de l'armée de Paris. Vice-amiral de LA RONCIÈRE LE NOURY, com. supérieur des marins et de l'armée de Saint-Denis. Vice-amiral SAISSET, com. supér. des forts de l'Est. Vice-amiral POTHUAU, com. sup. des forts du Sud. Vice-amiral FLEURIOT DE LANGLE, commandant du 6e secteur. Contre-amiral de MONTAIGNAC, com. du 7e secteur. Général de division FRÉBAULT. Colonel STOFFEL, ancien attaché militaire à Berlin. KRANTZ, ingénieur en chef des ponts et chaussées. DE LAREINTY, com. des mobiles de la Loire-Infér., en garnison au Mont-Valérien, propr. à Paris. VERNOU DE BONNEUIL, lieutenant-colonel du 3e régiment des mobiles de la Seine. DE BRANCION, ROGER (du Nord), DE CRISENOY, MARTIN (du Nord), lieutenants-colonels de la garde nationale mobilisée.
AMBULANCES	DE FLAVIGNY, président de la Société internationale de secours aux blessés.
MUNICIPALITÉS	ARNAUD (de l'Ariége), maire du VIIe arrondissement, ancien représentant. DESMARETS, maire du IXe arrondissement, ancien bâtonnier de l'Ordre des avocats. DENORMANDIE, adjoint au maire du VIIIe arrondissement, anc. président de la Chambre des avoués.
CHEMINS DE FER INDUSTRIE BANQUE COMMERCE PROPRIÉTÉ FONCIÈRE	SOLACROUP, directeur du chemin de fer d'Orléans. SAUVAGE, directeur du chemin de fer de l'Est. PIÉRARD, directeur du chemin de fer de l'Ouest. CAIL, constructeur de machines. FLAUD, constructeur de machines. CLAPARÈDE, constructeur de machines, à St-Denis. Paul FIRMIN-DIDOT, imprimeur. DAVILLIER, régent de la Banque de France. Alfred ANDRÉ, banquier, adj. au maire du IXe arr. DROUIN, président du Tribunal de commerce. BOURUET-AUBERTOT, négociant. Ferdinand RIANT, propriétaire à Paris, ancien élève de l'Ecole polytechnique.
PRESSE	SAINT-MARC-GIRARDIN, de l'Académie Française, rédacteur du *Journal des Débats*. Augustin COCHIN, membre de l'Institut, rédacteur du journal *Le Français*. Adolphe GUÉROULT, rédacteur du journal l'*Opinion nationale*. JANICOT, rédacteur du journal *La Gazette de France*
BARREAU	BETOLAUD, memb. du conseil de l'Ordre des avocats

Paris. — Imprimerie Félix MALTESTE et Cie, rue des Deux-Portes-Saint-Sauveur, 22.

Aux Républicains

LIGUE ANTIMONARCHIQUE

LISTE DES CANDIDATS aux élections du département de la Seine désignés dans l'assemblée générale des membres de la Ligue, séance du 5 février 1871 :

GAMBETTA.
Edmond ADAM.
Louis BLANC.
Henri BRISSON.
BRELAY, négociant, adjoint à la mairie du Xe arrondissement.
CORBON, ancien représentant.
COIGNET, industriel.
COHADON, ex-gérant de la société des ouvriers maçons.
Athanase COQUEREL.
Laurent COPPENS, ancien préfet de 1848, *candidat de la ligue antimonarchique.*
Général CHANZY.
CHATRIAN, écrivain national.
Marc DUFRAISSE, ancien représentant.
DELESCLUZE.
FENIS, capitaine au 29e de ligne, *candidat de la ligue antimonarchique.*
FARCY, lieutenant de vaisseau.
Général FRÉBAULT.
GARIBALDI.
GAMBON, ancien représentant.
Francis GARNIER, lieutenant de vaisseau
HAVARD père, président de la Chambre syndicale des papetiers.
Victor HUGO.
JOIGNEAUX, ancien représentant.
LEDRU-ROLLIN.
LOCKROY, publiciste.
LITTRÉ, de l'Institut.
Henri MARTIN.
Martin BERNARD, ancien représentant.
MALON, ouvrier, adjoint à la mairie du XVIIe arrondissement.
MICHELET.
J. MIOT, ancien représentant.
OLIVE, négociant.
PEYRAT, publiciste.
Edgar QUINET.
RASPAIL, ingénieur civil.
ROCHEFORT.
RANC, ancien maire du IXe arrondissement
ROGEAR.
THEIZS, ouvrier ciseleur.
TIRARD, maire du IIe arrondissement.
Tony RÉVILLON, publiciste.
SALICIS, capitaine de frégate.
VACHEROT, de l'Institut.

Dans sa séance du 5 février, la Ligue a en outre pris à l'unanimité la résolution suivante :

Le mandat conféré aux députés du département de la Seine sera limité au traité de paix à faire avec l'ennemi ou à la résolution de continuer la guerre, et dès lors à toutes les mesures qui seraient la conséquence de l'une ou l'autre de ces résolutions.

Il ne pourra en aucun cas s'étendre au pouvoir de transformer l'assemblée nationale en constituante.

Citoyens,

La France a fait l'expérience des gouvernements absolus, autoritaires et constitutionnels. — Elle sait maintenant ce que valent les monarchies. — Aussi a-t-elle résolu de faire à l'avenir ses affaires elle-même.

La République seule, en régénérant la France, fera disparaître la misère et l'ignorance, ces deux plaies sociales, cause de tous nos malheurs.

Les Membres de la Ligue antimonarchique invitent donc leurs Concitoyens à ne donner leurs suffrages qu'à des Républicains honorables, intelligents et très-énergiques. Eux seuls pourront déjouer les manœuvres de ces hommes qui n'hésitent pas à sacrifier à leur intérêt personnel les droits imprescriptibles de la Nation.

Président : **Laurent COPPENS.**
Assesseurs : **Jean GRÉGOIRE**, vice-président, *et* **Dr Ch. MACÉ.**
Le Secrétaire de la Ligue : **Joseph CROCÉ SPINELLI.**

Administration de l'affichage dep. A. Rémet, rue d'Aboukir, 3. Paris. — Imprimerie DUBUISSON et Ce, 5, rue Coq-Héron. 707.

ÉLECTIONS DU DÉPARTEMENT DE LA SEINE

DU 8 FÉVRIER 1871.

UNION NATIONALE

ÉLECTEURS,

Dans les circonstances où se trouve le pays, il ne s'agit ni de rivalités de partis, ni d'ambitions personnelles.

Aujourd'hui, il n'y a pour tous les bons Citoyens qu'un seul intérêt, celui de la France.

S'inspirant de cette pensée, et désirant réunir toutes les forces vives du pays, un groupe d'Électeurs propose aux suffrages de ses concitoyens la liste suivante :

THIERS.
JULES FAVRE.
ERNEST PICARD.
VICTOR HUGO.
CASIMIR PÉRIER.
ROGER (du Nord), lieutenant-colonel de la garde nationale.
} Anciens députés de Paris.

JOHN LEMOINNE, rédacteur du JOURNAL DES DÉBATS.

JULES DE LASTEYRIE, ancien député.

EDGAR QUINET.

D'HAUSSONVILLE, de l'Académie Française.

Général VINOY.

Général UHRICH.

Général FRÉBAULT.

Amiral SAISSET.

Amiral POTHUAU.

Amiral FLEURIOT DE L'ANGLE.

Commandant POTHIER.

De CRISENOY, lieutenant-colonel de la garde nationale.

LAMOTHE - TENET, capitaine de vaisseau.

VITET, de l'Académie française.

HAUREAU, de l'Institut.

HENRI MARTIN, maire du 16e arrondissement.

VACHEROT, maire du 5e arrondissement.

ARNAUD DE L'ARIEGE, maire du 7e arrondissement.

DESMAREST, maire du 9e arrondissement.

ÉDOUARD HERVÉ, rédacteur du JOURNAL DE PARIS.

LANFREY, publiciste.

LEBERQUIER, avocat, membre du Conseil de l'ordre.

SEBERT, président de la Chambre des notaires de Paris.

DENORMANDIE, ancien président de la Chambre des avoués et adjoint du 8e ar.

LEON SAY, administrateur du chemin de fer du Nord.

SAUVAGE, directeur du chemin de fer de l'Est.

ALFRED ANDRÉ, banquier, adjoint du 9e arrondissement.

CLAPARÈDE, fabricant de machines à Saint-Denis.

H. BOURUET-AUBERTOT, négociant.

TENAILLE-SALIGNY, maire du 1er arrondissement.

EDOUARD ODIER, propriétaire.

EDMOND DE PRESSENSÉ, publiciste.

HEBRARD, rédacteur du journal LE TEMPS.

DIETZ-MONNIN, manufacturier (Bas-Rhin), juge suppléant au Tribunal de commerce.

LOUIS RATISBONNE, de Strasbourg, publiciste.

(1509-71) Paris.—Typographie A. POUGIN, 13, quai Voltaire.

RÉPUBLIQUE FRANÇAISE
Liberté, Égalité, Fraternité.

COMITÉ RÉPUBLICAIN RADICAL
DU XIe ARRONDISSEMENT

CITOYENS,

Durant les années d'une apparente prospérité qui se termine par la ruine, nous n'avons jamais cessé d'affirmer que la forme Républicaine pouvait seule assurer la grandeur de la France.

Maintenant que la Patrie dévastée, râle ensanglantée, les complices des traîtres qui nous ont amené l'invasion, viennent et disent à leur tour : *« La France, dans notre conviction, ne trouvera une grandeur et un repos durables qu'à l'ombre des institutions républicaines..... »*

Citoyens,

N'est-ce pas le même langage que tenaient les Monarchistes de toutes couleurs, lorsqu'ils sollicitaient vos suffrages et préparaient l'égorgement de la République de 48?

Repoussez-donc les appels intéressés de ceux qui nous ont conduit aux abîmes, et pour le salut de la France, nommez à l'Assemblée Nationale des Républicains éprouvés, capables de fonder la République.

SALUT ET FRATERNITÉ.

Pour le Comité et par Délégation,

LACHAMBAUDIE, LALOGE, DELAIRE, REBIERRE, DOUDEAU, KNEIP, POIRIER, JAUD, LEPINE, GUILMET, *Membre de l'ancien Comité Raspail.*

Liste des Candidats proposés par le COMITÉ RADICAL du XIe Arrondissement.

Anciens Représentants :

GARIBALDI.
B. RASPAIL.
LOUIS BLANC.
VICTOR HUGO.
FÉLIX PYAT.
JOIGNEAUX.
MARC DUFRAISSE.
GAMBON.
CHARASSIN.
EDGAR QUINET.
BRUNET.
GREPPO.
DUPONT DE BUSSAC.
MARTIN BERNARD.
SCHOELCHER.

LITTRÉ.
ROCHEFORT.
DORIAN, Ministre des Travaux Publics.
GAMBETTA, Ministre de la Guerre.
ASSELINE, Maire du XIVe Arrondissement.
BONVALET, Maire du IIIe Arrondissement.
CLEMENCEAU, Maire du XVIIIe Arrondissem.
CLERAY, Adjoint au IIIe Arrondissement.
EMILE BRESLAY, Adjoint au IIe Arrondis.
MILLIERE, Adjoint au XXe Arrondissement.
FLOQUET, ancien Adjoint.
MURAT, ouvrier, Adjoint au Xe Arrondissem.
TOLAIN, ouvrier, Adjoint au XIe Arrondissem.
MALON, ouvrier, Adjoint au XVIIe Arrondis.
VARLIN, ouvrier.

ROBINET, ancien Maire du VIe Arrondissem.
RANC, ancien Maire du IXe Arrondissement.
DELESCLUZE, du Réveil.
PEYRAT, de l'Avenir National.
LOCKROY, du Rappel.
G. VAUZY, du Siècle.
ELYSÉE RECLUS, Publiciste.
COURBET, Peintre.
EUGENE SEMERIE, Docteur-Médecin.
LAURENT PICHAT, Publiciste.
COURNET, du Réveil.
HENRI BRISSON, Publiciste.
REGNARD, Docteur-Médecin.

S'adresser pour tous les renseignements, au Siége du Comité, qui reste en permanence, Boulevard Richard-Lenoir, 134, chez le citoyen LALOGE.

250 Paris. — Imprimerie MORRIS Pere et Fils, rue Amelot, 64.

COMITÉ RÉPUBLICAIN

DU XIIe ARRONDISSEMENT

Liste des Candidatures acclamées par les citoyens assemblés les 1er 2, 3, 4 et 5 février, rue des Terres-Fortes, n° 2.

Garibaldi.
Fruneau, charpentier.
Millière, Publiciste, Adjoint au XXe.
Louis Blanc, ancien représentant.
Delescluze, publiciste, ancien maire.
Ferd. Gambon. d°
Jules Miot, adjoint démissionnaire.
Nadaud, ancien représentant.
Greppo, d° ex-maire du IVe.
Jean Brunet, d° offic. sup. d'artillerie.
H. Joigneaux, ancien représentant.
Ed. Lockroy, publiciste, com. le 226e bat.
Félix Pyat, ancien représentant.
B. Malon, teinturier, adj. au XVIIe.
Murat, adjoint au Xe.

Eudes, ex-commandant de garde nationale.
Avrial, mécanicien.
Lefrançais, adjoint élu au XXe.
Léo-Meilliet, adjoint au XIIIe.
Général Cluseret.
Ranvier, maire élu du XXe.
Flourens, Major des bataillons de Belleville.
Edgar Quinet.
Mégy.
Martin Bernard.
Assy, du Creuzot.
Razoua, chef de bataillon, révoqué.
Régnart, docteur.
Tibaldi, ex-déporté politique.
Vésinier, ancien maire du XXe.

Benjamin Raspail.
Dupas, docteur.
Blanqui.
Amouroux, chapelier.
Oudet, adjoint démissionnaire du XIXe.
Gambetta.
Rochefort.
A. Fontaine, architecte, lieutenant révoqué du 73^e
J. Montels, capitaine démissionnaire de la garde nationale.
Seray, docteur.
Briosne.
Chaussivert, ouvrier outilleur.
Matuszewicz, officier de l'armée.

Plus de profession de foi, des actes, encore des actes, toujours des actes.

LA RÉPUBLIQUE OU LA MORT !

Pour le Comité les Délégués : DONADILLE, DUMAS, GAUTHIER, RABANY, VALTON. Le Secrétaire, CALAMIER.

Typ. et Lith. JULES-JUTEAU et Fils, passage du Caire, 29. 31

COMITÉ

Du 1er Arrondissement

SÉANT

5, RUE DE TURBIGO, 5.

GAMBETTA.
GARIBALDI.
DELESCLUSE.
RASPAIL (Benjamin), ancien Représentant.
D'ALTON-SHÉE.
LEDRU-ROLLIN.
RANC.
GAMBON, ancien Représentant.
MILLIÈRE.
LOUIS BLANC.
FÉLIX PYAT.
LOCKROY.
DELBROUCK, Capitaine du Génie de la Garde Nationale.
VICTOR HUGO.
EDGAR QUINET.
ROCHEFORT.
MOREL, du *Réveil*.
Commandant BRUNET, ancien Représentant.
MALON, Internationale.
PINDY, Internationale.
TOLAIN, Internationale.
LEFRANÇAIS.
MURAT, 10e Arrondissement.
MARC-DUFRAISSE, ancien Représentant.
CANTAGREL, ancien Représentant.
VEYNE, Docteur.
Hippolyte DUBOY, Avocat à la Cour de Cassation.
NADAUD, ancien Représentant.
MOTTU.
CLÉMENCEAU.
TIRARD.
GARNIER, Officier de Marine.
SALICIS, Officier de Marine.
CHARLES LULLIER, Officier de Marine.
FRÉRÉRIC COURNET, Chef de Bataillon de la Garde Nationale.
JACLARD, Chef de Bataillon de la Garde Nationale.
RAZOUA, Chef de Bataillon de la Garde Nationale.
REGNARD, Docteur.
ROGEARD.
CH. QUENTIN.
ARTHUR ARNOULD.
LAURENT PICHAT.
VAILLANT, Internationale.

Paris, Imprimerie LEFEBVRE, passage du Caire, 87-89.

COMITÉ ÉLECTORAL RÉPUBLICAIN

Du IIIe Arrondissement,

LISTE DES CANDIDATS

agréés par les Réunions publiques électorales de la Salle Larcher, provoquées par le Comité.

Albert, ancien Représentant
Arnaud, de l'Ariége.
Bapaume, Professeur.
Berthelot, Chimiste.
Louis Blanc.
Henri Brisson.
Jean Brunet.
Chassin, Homme de Lettres.
Coquerel (Athanase).
Corbon.
Delassalle, Lieut. de vaisseau
Marc Dufraisse.
Faidherbes, général.
Floquet.
Franky Magniadas.
Gazeau, Docteur.
Gambetta.
Garibaldi.
Victor Hugo.
Jamet, Publiciste.
Joigneaux.
Laborde, Avocat.
Langlois, Colonel.
Lockroy.
Martin Bernard.
Henri Martin.
De Menorval, Chef d'Instit.
Mousseron, Adjoint démiss^re
Agricol Perdiguier.
Pernolet, Maire.
Pothuau, Amiral.
Edgar Quinet.
A. Ranc.
Saisset, Amiral.
Schœlcher.
Eugène Tenot.
Tirard, Maire.
Vautrain, Maire.

CANDIDATS RECOMMANDÉS PAR LE COMITÉ

après entente avec divers Comités de Paris.

Albert, ancien Représentant
Arnaud, de l'Ariége.
Berthelot, Chimiste.
Louis Blanc.
Henri Brisson.
Jean Brunet.
Carnot, Père.
Chassin.
Coquerel (Athanase).
Corbon.
Delassalle, Lieutenant de vaisseau,
Marc Dufraisse.
Faidherbes, général.
Floquet.
Havard Père.
Victor Hugo.
Joigneaux.
Langlois, Colonel.
Ed. Lockroy.
Henri Martin, Maire.
Martin Bernard.
Massol.
De Passy, Ingénieur civil.
Agricol Perdiguier.
Pernolet, Maire.
Pothuau, Amiral.
Edgard Quinet.
A. Ranc.
Saisset, Amiral.
Schœlcher.
Eug. Tenot.
Tirard, Maire.
Vacherot, Maire.
Vautrain, Maire.

CETTE LISTE NE CONTENANT QUE 34 NOMS, DEVRA ÊTRE COMPLÉTÉE AU GRÉ DE CHAQUE ÉLECTEUR

Paris. — Imprimerie LEFEBVRE, passage du Caire, 87-89.

RÉPUBLIQUE FRANÇAISE

LIBERTÉ. ÉGALITÉ. FRATERNITÉ.

LE COMITÉ RÉPUBLICAIN DU 2e ARRt.
LE COMITÉ DU SALUT DE LA RÉPUBLIQUE DU 3e ARRt.
LE COMITÉ RÉPUBLICAIN DU 4e ARRt.
L'UNION RÉPUBLICAINE DU 10e ARRt.
LE CERCLE RÉPUBLICAIN DU 10e ARRt.
LE COMITÉ RÉPUBLICAIN DU 11e ARRt.
LE COMITÉ RÉPUBLICAIN DU 12e ARRt.

recommandent, après mûr examen, au choix des Électeurs, la Liste des 43 Candidats dont les noms suivent :

Louis BLANC.
Edgard QUINET.
LITTRÉ, de l'Institut.
Marc DUFRAISSE.
GARIBALDI.
JOIGNEAUX, ancien Représentant.
Henri BRISSON.
PEYRAT, Publiciste.
Henri MARTIN, Historien.
HAVARD père, Négociant.
GREPPO, ancien Représentant.
RANC, ancien Maire.
GAMBETTA.
FARCY, Lieutenant de Vaisseau.
CHATRIAN, Écrivain.
Alfred OLIVE, Négociant.
Alphonse FLEURY, ancien Représent.
TIRARD, Négociant et Maire.
Ch. MURAT, Adjoint au Maire du 3e Arrondissement, Négociant.
CAMBON, ancien Représentant.
Émile BRELAY, Négociant.
AXENFELD, Professeur à la Faculté de Médecine.

Victor HUGO.
COIGNET, Industriel.
ASSELINE, Maire du 14e Arrondissem.
LANGLOIS, Colonel de la Garde Natle.
THEIZ, Ouvrier Ciseleur.
André COCHUT, Économiste.
ALCAN, Professeur au Conservatoire des Arts et Métiers.
BONVALET, Nég., Maire du 3e Arrond.
Édouard LOCKROY, Écrivain.
ROCHEFORT.
BLANCHE fils, Manufacturier à Puteaux
VAUTRAIN, Maire.
DELESCLUZE.
FAUSTIN-HÉLIE.
Charles FLOQUET.
LEDRU-ROLLIN.
GRIVOT, Nég., Maire du 12e Arrondiss.
MALON, Ouvrier.
Agricol PERDIGUIER, anc. Représent.
SCHŒLCHER, ancien Représentant.
Jean BRUNET, ancien Représentant.

Paris. — Imprimerie NOIZETTE, JEANRASSE et Comp., faubourg Saint-Antoine, 159.

RÉPUBLIQUE FRANÇAISE

LIBERTÉ, ÉGALITÉ, FRATERNITÉ.

COMITÉ DE DÉFENSE

Du IXe Arrondissement

AUX ELECTEURS DE PARIS

Le Comité de défense du IXe arrondissement, en soumettant la Liste suivante à l'approbation des électeurs, s'est inspiré de l'esprit de fusion et de concorde indispensable au salut de la France dans les circonstances graves qu'elle traverse.

Quelques hommes ont été systématiquement repoussés dans différents Comités électoraux, à cause de la frayeur qu'ils paraissent inspirer; c'est pour le Comité un motif de les admettre et d'appeler la libre discussion sur les doctrines qu'ils professent. En agissant de la sorte, le Comité pense obéir à un sentiment de vrai patriotisme, n'indiquant pas les chefs de parti, mais seulement les Citoyens appelés à travailler en commun : penseurs, hommes politiques, savants, ouvriers et patrons, à la régénération sociale qui doit faire reprendre à notre malheureuse patrie la place qui lui appartient en Europe.

Le Comité de défense du IXe arrondissement espère qu'avant de quitter la Capitale, les Membres du Gouvernement du 4 Septembre régulariseront la situation des *Commis* qu'ils ont placés de leur autorité seule à l'Hôtel-de-Ville et dont l'Administration rappelle les plus mauvais jours de l'Empire, ainsi qu'il sera établi, pièces en mains, en temps et lieu.

Il faut à l'Hôtel-de-Ville un *Administrateur élu* et dont le passé soit la garantie de ses actes à venir.

Dans tous les cas, le Comité fait un solennel appel à la patience, au calme de tous les citoyens pour éviter tout conflit et attendre le salut des délibérations de la prochaine Assemblée nationale

Paris, le 7 février 1871.

POUR LE COMITÉ,

Le Secrétaire-Archiviste : ADOLPHE HUBERT.

LISTE DES CANDIDATS A L'ASSEMBLÉE NATIONALE

Arrêtée par le Comité de défense du IXe Arrondissement.

PENSEURS

Et Hommes politiques.

VICTOR HUGO.
LOUIS BLANC.
ED. QUINET.
BLANQUI.
FÉLIX PYAT.
DELESCLUZE.
LEDRU-ROLLIN.
GAMBETTA.
LITTRÉ.

SOLDATS

GARIBALDI.
SALICIS.
FARCY.
PIAZZA.
JEAN BRUNET.

EMPLOYÉS ET OUVRIERS

LEFRANÇAIS.
TOLAIN.
MALON.
ASSI.
EUDES.
MARRAS.

PROFESSIONS LIBÉRALES

Dr MATHEY.
PAUL COQ.
Dr ROBINET.
Dr DUPAS.
LEVERDAYS.
ABEL PEYROUTON.
ANDRIEU.

PATRONS

ÉMILE BRELAY (Tissus).
CHARLES MEUNIER (Maison de Blanc).
BOUROUETTE-AUBERTOT (du Gagne-Petit).
BONVALET (Maire).

ÉCRIVAINS

ROCHEFORT.
CH. QUENTIN, du *Réveil* (Adjoint démissionnaire).
ROGEARD.
L. JOURDAN, du *Siècle*.
LOCKROY, du *Rappel*.
VILLIAUMÉ.
PEYRAT, de *l'Avenir National*.
MARC-DUFRAISSE.
RANC.
MILLIÈRE,
JOIGNEAUX.
ADOLPHE HUBERT.

Paris. — Imprimerie LEFEVRE. passage du Caire, 87-89.

COMITÉ LIBÉRAL RÉPUBLICAIN
DU
Département de la Seine

CANDIDATS

LISTE DEFINITIVE

1 **THIERS**
2 **JULES FAVRE**
3 **EDGAR QUINET**
4 **VICTOR HUGO**
5 **LOUIS BLANC**
6 **SAISSET**, Vice-Amiral
7 **POTHUAU**, Vice-Amiral
8 **LAMOTHE-TENET**, capitaine de vaisseau
9 **FRÉBAULT**, Général d'Artillerie
10 **SCHŒLCHER**, Colonel d'Artillerie de la Garde nationale
11 **JAMETEL**, Négociant, Lieutenant-Colonel du 13e Régiment de la Garde nationale
12 **ROGER DU NORD**, Colonel d'Etat-Major de la Garde nationale
13 **ARNAUD DE L'ARIEGE**, maire du 7e arrondissement
14 **VAUTRAIN**, Maire du 4e Arrondissement
15 **CORBON**, Maire du 15e Arrondissement, ancien Vice-Président de l'Assemblée Constituante
16 **DESMAREST**, maire du 9e arrondissement
17 **VITET**, de l'Académie française, ancien vice-président de l'Assemblée législative
18 **SAINTE-CLAIRE-DEVILLE**, de l'Académie des Sciences
19 **HAUREAU**, de l'Académie des Inscriptions et Belles-Lettres
20 **BARTHELEMY-SAINT-HILAIRE**, de l'Académie des Sciences morales et politiques.
21 **AUGUSTIN COCHIN**, de l'Institut, Administrateur du Chemin de fer d'Orléans
22 **LEON SAY**, administrateur du chemin de fer du Nord
23 **SAUVAGE**, directeur du chemin de fer de l'Est
24 **KRANTZ**, Ingénieur en chef des Ponts et Chaussées
25 **ALFRED ANDRÉ**, Banquier, Adjoint au Maire du 9e arrondissement.
26 **A. D'EICHTHAL**, Banquier
27 **VACHEROT**, Membre de l'Institut, Maire du 5e arrondissement
28 **HENRI MARTIN**, Historien, Maire du 16e arrondissement
29 **LANFREY**, publiciste
30 Docteur **GONNARD**
31 **LEVASSEUR**, Economiste, Membre de l'Institut
32 **BEUDANT**, Professeur à la Faculté de Droit
33 **BETOLAUD**, Avocat à la Cour d'Appel de Paris
34 **SEBERT**, président de la Chambre des notaires
35 **DENORMANDIE**, ancien président de la Chambre des Avoués, Adjoint au Maire du 8e arrondissement
36 **DIETZ-MONNIN**, Manufacturier, Juge suppléant au Tribunal de Commerce
37 **PERNOLET**, Manufacturier, Maire du 13e Arrondissement
38 **CLAPARÈDE**, Constructeur de machines à Saint-Denis
39 **LOTZ**, Mécanicien, Chef du dépôt des Machines aux Chemins de fer de l'Est
40 **E. DE PRESSENSÉ**, publiciste
41 **THUREAU-DANGIN**, Publiciste
42 **ADOLPHE GUEROULT**, Rédacteur en chef de l'*Opinion nationale*
43 **HEBRARD**, directeur-gérant du *Temps*

Les noms des Membres du Gouvernement de la Défense Nationale ne figurent pas sur cette liste. Le Comité tient à dire que leur omission ne doit être prise ni pour une condamnation, ni pour un blâme, mais pour un acte de prévoyance politique.

Les honorables personnages que nous omettons ont été appelés au Gouvernement de Paris et de la France le 4 septembre, par la nécessité; le 3 novembre, par l'immense majorité des Electeurs de Paris; entre eux et ceux qui leur donnaient l'autorité, il était bien entendu qu'ils l'exerceraient jusqu'à ce qu'elle eût été confiée à d'autres mains par une Assemblée nationale. Ils doivent conserver cette autorité intacte et d'autant plus forte que l'on sera plus près du moment où elle prendra fin. Le Comité pense qu'elle pourrait sortir affaiblie et compromise d'une lutte électorale dans laquelle les Membres du Gouvernement seraient engagés; il n'inscrit pas leurs Noms sur sa Liste afin d'éviter, s'il est possible, ce grave danger.

Il croit devoir prendre la même résolution pour les Ministres et les Généraux chargés de la Défense de Paris.

AU NOM DU COMITÉ : *le Président*, DUFAURE.

Imprimerie centrale des chemins de fer, — A. CHAIX et Cie, rue Bergère, 20, à Paris.

ÉLECTIONS DU 5 FÉVRIER 1871

MICHEL KRAMER

Candidat à la Députation

Sans ostentation, Bienfaiteur de l'Humanité hors ligne

Aux Citoyens Électeurs de la 5e Circonscription

Amour sincère pour la Patrie, amitié fraternelle au Prochain,
Paix pour nous et pour autrui.
Telle est ma devise.

CITOYENS ELECTEURS,

Par des travaux composés à l'avance sur l'Instruction et l'Education du peuple, sur le développement du Commerce, de l'Industrie, du travail, de l'Agriculture et souvent de l'horticulture par l'introduction de nouveaux procédés ; [illegible] d'une paix générale, sans déshonneur pour nous, et sans de grands sacrifices ;

J'ai l'honneur, Citoyens Électeurs, de vous faire part de la ferme résolution que je viens de prendre de me porter aussi comme Candidat à la Députation dans votre circonscription, avec le ferme espoir de mériter votre entière confiance, ainsi que vos sympathies, en prenant en haute considération mes états de services antérieurs, mes titres et mes honorabilités, et particulièrement mes anciens travaux scientifiques et d'utilité publique, cités en abrégé, date par date, ci-après, sans être victime davantage de l'artifice, de la ruse, du mensonge et de la duplicité.

Heureusement favorisé des Muses, et dans le sens contraire, déshérité par la fortune, permettez-moi, Citoyens Électeurs, de solliciter de vos grandes bontés la haute faveur (*comme je crois la mériter*) d'être admis dans vos réunions électorales, pour avoir l'avantage de vous exposer de vive voix mes idées et mes principes politiques par lesquels, en homme parfaitement dévoué à la Patrie, je désire aussi, ayant la parole libre et quelque pouvoir en main, être au pays non-seulement agréable, mais bien mieux, d'après les circonstances actuelles, utile et indispensable, en prouvant clairement, à beaucoup de mes semblables, que

Celui qui sert fidèlement sa Patrie en tous lieux
Est hautement loué des peuples et béni des Dieux.

Par ce qui suit est le complément de ce que je viens d'avancer en peu de mots.

SAVOIR :

En 1854 Soumis à l'examen et à la haute appréciation du Corps législatif un résumé complet sur l'Agriculture, composé à l'immense avantage de la société.

En 1856 Fourni à l'Etat un des meilleurs ouvrages de toute l'Europe, contre les malheureuses inondations.

En 1866 Par un mém[illegible] [illegible]ocial organisé l'ensemble d[illegible] [illegible] le 12 Septembre [d]ernier, j'ai eu l'honneur de soumettre à la haute appréciation des membres du Gouvernement actuel, un nouvel ouvrage de ma composition, sur l'Instruction et l'Education du peuple.

En 1871 Dans l'intérêt général de toutes les classes laborieuses et intéressées, désirant immédiatement à la suite des bien tristes moments actuels aider à procurer de l'ouvrage à la majeure partie de nos ouvriers privés de travail, le 26 Janvier dernier, j'ai eu l'avantage de fournir à Son Excellence Monsieur le Ministre des travaux publics un mémoire sur un nouveau plan d'expropriations et de constructions en bâtiments différents dans l'intérieur de Paris, accompagné d'un deuxième plan, fixé sur une nouvelle plantation d'arbres fruitiers, sur les lisières de nos grandes routes, chemins de fer, grands courants d'eaux, ainsi que dans nos coupes de bois situées dans l'intérieur de nos forêts.

Nota. — Citoyens Électeurs, si toutefois, par la lecture de mon programme, vous me trouvez digne de la possession de votre pleine et entière confiance, de même que de vos sympathies, je vous prie de ne pas oublier de porter mon nom sur vos bulletins de vote.

Avec le ferme espoir que je serai favorablement accueilli,

J'ai l'honneur d'être,
Citoyens électeurs,
Votre humble et dévoué serviteur,

Michel Kramer,

Membre titulaire de plusieurs Académies et Sociétés savantes, professeur de langues et de Beaux-Arts, ancien chef d'institution, ex-président d'une Conférence d'instituteurs, professeur de Colléges et d'École normale, chef de Musique d'une garde nationale, Employé de bureau de Charité, secrétaire de Mairie et auteur de plusieurs Ouvrages scientifiques et d'utilité publique, honoré de Médailles d'or et d'argent.

816 — Paris. — Imprimerie VALLEE, 16, rue du Croissant.

AUX ÉLECTEURS

DE LA SEINE

Frappés de l'incohérence plus ou moins calculée des listes qui ont circulé jusqu'ici, un grand nombre d'électeurs des vingt arrondissements, appartenant tous à la grande opinion républicaine, se sont entendus pour composer une liste de candidats dont l'ensemble soit l'expression fidèle de toutes les forces militantes du parti républicain.

La République seule doit consoler et soutenir le sentiment national, en lui assurant la plus rapide et la meilleure des revanches, celle qui replacera la France au rang d'où l'a précipitée son abdication de vingt années.

C'est dans cette conviction que, repoussant impitoyablement tous les hommes dont le passé présente la trace du moindre compromis avec l'idée monarchique, nous revendiquons comme nôtres tous ceux qui ont fièrement porté le drapeau de la République, et qui, différant parfois sur les moyens de la servir, doivent s'unir dans un même effort en face de l'ennemi qui nous presse et de la réaction qui nous épie.

La liste qui suit a été élaborée dans cet esprit. Le choix de chacun des noms qui la composent est un hommage rendu au talent et au caractère, ou un acte recommandé par les plus impérieuses nécessités politiques ou nationales. Le parti républicain serait à jamais coupable s'il ne comprenait pas que le salut de la France et de la République doit passer avant toutes les rancunes, toutes les dissidences, toutes les personnalités.

Citoyens,

Profitons de la douloureuse expérience de 1851, et n'allons pas, après vingt ans, recommencer les sinistres folies dont les conséquences pèsent maintenant si lourdement sur la Patrie.

VIVE LA FRANCE! VIVE LA RÉPUBLIQUE!

1. **Gambetta.**
2. **Louis Blanc.**
3. **Victor Hugo.**
4. **Marc-Dufraisse.**
5. **Edgar Quinet.**
6. **Ledru-Rollin.**
7. **P. Joigneaux.**
8. **J. Bastide,** ancien Ministre des Affaires étrangères en 1848.
9. **Michelet.**
10. **Dorian.**
11. **Rochefort.**
12. **Jules Favre.**
13. **Général Garibaldi.**
14. **Colonel Schœlcher.**
15. **Colonel Langlois.**
16. **Jules Ferry.**
17. **Tirard,** négociant, Maire du 2e arrondissement.
18. **Bonvalet,** Maire du 3e arrondissement.
19. **Corbon,** Maire du 15e arrondissement.
20. **Henri Martin,** Maire du 16e arrondissement.
21. **François Favre,** Maire du 17e arrondissement.
22. **Dr Clémenceau,** Maire du 18e arrondissement.
23. **Greppo,** ancien Maire du 4e arrondissement.
24. **Dr Robinet,** ancien Maire du 6e arrondissement.
25. **Ranc,** ancien Maire du 9e arrondissement.
26. **Ch. Delescluze,** ancien Maire du 19e arrond.
27. **Tolain,** ciseleur, adjoint au Maire du 11e arrond.
28. **Eugène Varlin,** relieur.
29. **André Murat,** mécanicien, adjoint au Maire du 10e arrondissement.
30. **Peyrat,** rédacteur en chef de l'*Avenir National*.
31. **Taxile Delord,** du *Siècle*.
32. **Mahias,** de l'*Avenir National*.
33. **Ch. Floquet,** ancien adjoint à la Mairie de Paris.
34. **Eugène Despois,** professeur.
35. **Brisson,** ancien adjoint au Maire de Paris.
36. **Laurent-Pichat,** publiciste.
37. **Clamageran,** économiste.
38. **Jules Claretie.**
39. **A. Rogeard,** publiciste.
40. **E. Lockroy** du *Rappel*.
41. **Alfred Naquet,** professeur agrégé à la Faculté de médecine.
42. **Edmond Adam,** ancien Préfet de police.
43. **Littré,** de l'Institut.

Nous croyons devoir ajouter à cette liste quelques autres noms également dignes des suffrages républicains.

LISTE SUPPLÉMENTAIRE

Martin Bernard, ancien représentant du peuple.
Cantagrel, ancien représentant du peuple.
Jules Miot, ancien représentant du peuple.
Commandant Brunet, anc. repres. du peuple.
Vacherot, maire du Ve arrondissement.
Asseline, maire du XIVe arrondissement.
Albert Le Roy, adjoint au maire du VIe arrondissement.
Fréd Cournet, publiciste.
A. de Fonvielle, anc. maire du XIe arrondissement.

Paris. — Imprimerie Dubuisson et Ce, rue Coq-Héron.

AVIS AU PEUPLE

Citoyens, qui étiez hier aux remparts et qui serez dimanche aux urnes, songez au nouveau devoir que vous avez à remplir.

Il ne s'agit pas de mesurer la fosse où nous sommes tombés; il s'agit d'en sortir.

Comment?

En nommant pour députés des hommes de capacité, de courage et de désintéressement.

Pas d'exclusion.

Ne contestons pas les mérites à cause de leur origine. Occupons-nous, non de l'habit qu'on porte, mais du cœur qu'on a.

A côté des hommes nouveaux, qui sont l'espérance, il y a les hommes mûrs, encore virils, qui sont l'expérience.

Paris est riche d'illustrations. Qu'il leur fasse, dans ses votes, une part légitime. En les honorant, il s'honorera. Puis, qu'il cherche et qu'il élève des individualités méritantes, sans engagement avec le passé, n'aspirant qu'à servir la patrie.

A Bordeaux, dans quelques jours, en voyant entrer les députés de Paris dans la salle de leurs délibérations, il faut que leurs collègues disent : voilà les défenseurs du droit, les amis de la concorde, les apôtres du progrès et de la liberté pacifique!...

CANDIDATS

Un groupe d'électeurs représentant les divers arrondissements de Paris et les circonscriptions de la banlieue, a adopté la liste suivante :

DORIAN.
Jules FAVRE.
Jules SIMON.
Ernest PICARD.
HÉROLD.
Général VINOY.
Amiral SAISSET.
Amiral POTHUAU.
Victor HUGO.
Louis BLANC.
Edgar QUINET.
THIERS.
GRÉVY.
DUFAURE.
Jules DE LASTEYRIE.
Casimir PÉRIER.

LABOULAYE.
BONJEAN.
DE LESSEPS.
TENAILLE-SALIGNY, maire.
Henri MARTIN, maire.
DESMARETS, maire.
VACHEROT, maire.
RAMPONT, Direct. des postes
SOLACROUP, Directeur du chemin de fer d'Orléans.
SAUVAGE, Directeur du chemin de fer de l'Est.
Paul FABRE, procureur général à la Cour de cassation.
LEBLOND, procureur général à la Cour d'appel.
LAFERRIÈRE, avocat.

LIOUVILLE, avocat.
DUFOUR, notaire.
MAVRÉ, avoué.
HACHETTE, libraire.
BRUN, négociant.
DROUIN, Président du tribunal de commerce.
Ernest HUGUET, banquier.
CAIL, fondeur.
LOTZ, ouvrier.
HÉBRARD, réd. du *Temps*.
GUÉROULT, rédacteur de l'*Opinion nationale*.
VRIGNAULT, rédacteur de la *Liberté*.
Léon SAY.
Colonel BRANCION.

LA FRANCE VIVANTE

Larmoyeurs, qui criez que la France est perdue, taisez-vous!...

Un pays tel que la France ne périt pas.

Nous sortirons de cette crise comme l'amiante sort du feu : purifiés.

L'or de notre rançon, qu'est-ce? Cinq années d'épargnes. On réduira le Budget d'un tiers, supprimant les dépenses inutiles, les prodigalités vaniteuses. Nul besoin d'augmenter l'impôt, chacun aura assez à faire de réparer les pertes éprouvées.

En 1815, après deux invasions, la France était plus abattue, plus exténuée qu'aujourd'hui. Dès 1828, la prospérité avait reparu dans nos villes et dans nos campagnes.

Ce que les pères ont fait, les fils le feront.

Laissons le fusil, prenons l'outil.

Avec le labeur de la paix, réparons les maux de la guerre.

Recueillons-nous dans l'esprit de bienveillance et de solidarité.

Montrons à ceux qui, faisant mine de nous plaindre, ne sont pas fâchés de notre malheur, montrons-leur que nous sommes encore, que nous voulons rester la grande nation.

L'Europe a plus besoin de nous que nous n'avons besoin d'elle.

Avons-nous demandé à siéger au congrès de Londres? Non. L'Europe nous a priés d'y venir.

Si l'on nous montre cette estime lorsque nous sommes affaiblis, que sera-ce lorsque nous aurons recouvré la santé et la force?...

En attendant, soyons unis.

Allons aux urnes comme on va à l'incendie.

L'immeuble menacé, c'est notre bien à tous, c'est la France!...

A. BAYVET.

PARIS. — IMPRIMERIE PAUL DUPONT. — 556.2.1

LA
GUERRE EST FINIE
MAIS
LA MISÈRE COMMENCE

Les Gardes nationaux, qui s'étaient si bien préparés à mourir pour sauver Paris, se trouvent aujourd'hui doublement pris.

On leur a défendu de combattre l'ennemi, et on va sous peu probablement les laisser dans un dénûment complet.

Les prolétaires, et ils sont nombreux, se sont vus forcés de contracter quelques dettes par l'absence complète de travail et par la cherté inouïe des objets de première nécessité.

La privation de l'allocation due à chaque garde national comblera la mesure de sa détresse.

Il n'y a qu'un seul moyen pour éloigner cette situation, que les travailleurs ne se sont pas faite, et le voici :

Le premier acte de l'Assemblée nationale qu'avant peu de jours nous élirons devra être ainsi conçu :

ARTICLE 1er. — Le Gouvernement s'entendra avec les propriétaires et créanciers des Gardes nationaux nécessiteux, afin que ces derniers ne puissent être inquiétés pour dettes contractées pendant le siége de Paris.

ARTICLE 2. — Tout Garde national nécessiteux conservera son allocation de 1 fr. 50 par jour, et sa femme s'il est marié ses 0,75 c. jusqu'à ce qu'il soit parvenu à retrouver le travail qui lui assurait avant la guerre le pain quotidien.

Que tout Candidat à la députation soit impitoyablement refoulé s'il ne jure sur son mandat à venir de faire accomplir cet acte de suprême réparation.

C'est aussi une question d'ordre ; qu'on y réfléchisse !

BRETTE,
Capitaine au 151e Bataillon,
Rue de l'Hôtel-Colbert, 4, près le quai Montebello.

NOTA. Que tous ceux qui approuvent les deux articles ci-dessus portent le capitaine Brette à la députation.

Lith. Barousse, Cour du Commerce, 12, Paris.

RÉPUBLIQUE FRANÇAISE

Elections du 8 février 1871

CANDIDAT PRÉSENTÉ POUR L'ASSEMBLÉE NATIONALE

HENRY D'ORLEANS

DUC D'AUMALE

PROGRAMME : « La paix compatible avec l'honneur national. »

945. — Paris. — Imprimerie AUGUSTE VALLÉE, 16, rue du Croissant.

Élections du 8 Février 1871

DE FLAVIGNY

PRÉSIDENT

de la Société de Secours aux Blessés

Imprimerie centrale des chemins de fer. — A. CHAIX ET Cie, rue Bergère, 20, à Paris. — 914-1

A MES COMPATRIOTES
DU
BAS-RHIN

Au moment où des succès inouïs permettent à l'ennemi le plus implacable de mettre en jeu le sort de notre chère patrie, il est du devoir de tout homme de cœur d'apporter au service de ses Concitoyens le concours de son expérience, quelque faible qu'il puisse paraître.

C'est dans ce but que j'ai l'honneur de briguer vos suffrages, et j'accueillerai avec gratitude les votes de ceux qui voudront bien m'honorer de leur confiance dans les circonstances difficiles que nous traversons.

L'Alsace est, avant tout, *Française et Républicaine*, elle a horreur de l'*anarchie*, et le *Matérialisme* lui répugne. Voilà les principes que nous y avons tous puisés et auxquels nous resterons fidèles.

Les moments sont précieux; nous sommes obligés, pour la plupart, de voter, en quelque sorte, sous la pression des baïonnettes prussiennes, loin de notre pays, et ignorant jusqu'à quel point ses aspirations pourront librement se produire. Or, il faut à tout prix empêcher l'ennemi juré de la France de détacher de notre cher pays, par une occupation plus ou moins prolongée, une province qui lui a constamment fourni de nombreux et vaillants défenseurs.

« La force prime le droit » a dit le premier ministre du nouvel empereur : Eh bien! restons unis dans le danger, fortifions nos cœurs par l'amour de la liberté, par une pratique constante des vertus civiques, et nous l'aurons bientôt cette force, la plus terrible de toutes : *La force morale*, celle à laquelle rien ne saurait résister.

E. UFFLER, Capitaine
Chevalier de la Légion d'honneur.

Imprimerie centrale des chemins de fer. — A. CHAIX et Cie, rue Bergère, 20.

RÉPUBLIQUE OCCIDENTALE

ORDRE ET PROGRÈS

La Famille, la Patrie, l'Humanité.

ÉLECTEURS DE PARIS,

Plus heureuse qu'en 1792, la Prusse royaliste tient, sous le feu de ses canons victorieux, le berceau de la République renaissante.

Soyons plus grands dans notre défaite qu'elle ne l'est dans son triomphe.

Le principe qui vient de remporter, par le triomphe de la Prusse, un succès éphémère, est le *principe des races*, d'après lequel chaque groupe occidental, considéré comme une nationalité absolue, doit se parquer dans un étroit égoïsme, et ne voir, dans le groupe voisin, que *l'ennemi* qu'il faut nécessairement soumettre ou détruire ; doctrine sauvage d'après laquelle le progrès consiste, pour chaque nation, à se hérisser de canons et de forteresses, et à épier le moment où elle pourra se ruer tout entière sur la nation voisine, afin de l'écraser et d'être proclamée *la plus avancée;* doctrine stupide, puisqu'elle se tourne toujours tôt ou tard contre le peuple qui l'adopte, et le réduit lui-même en servitude. L'expérience finit en France, elle commence en Prusse. Souhaitons-lui de la payer moins cher que nous.

Le principe qui vient de fléchir momentanément par la défaite des Républicains français est le principe de *Fraternité des Peuples*, d'après lequel chaque *Patrie*, tout en conservant avec un soin jaloux son indépendance et sa dignité, se considère comme l'élément d'un organisme plus grand appelé *Humanité;* principe fécond qui pousse chaque nation à apporter, selon ses aptitudes et son degré de civilisation, sa part au trésor commun ; principe de progrès et de civilisation qui impose aux nations les plus intelligentes et les plus puissantes le devoir d'user de leur supériorité pour frayer le chemin et tendre la main à leurs sœurs arriérées; prnicipe généreux qui prêche le dévouement des forts aux faibles et non l'écrasement des faibles par les forts.

Tel fut l'idéal sublime rêvé par nos pères de 1789, quand ils convoquèrent tous les peuples du monde à la Fraternité universelle. Ce qu'ils voulaient, c'était régénérer, non la *France*, mais le *Monde;* ce qu'ils proclamèrent, ce n'est pas les *droits des Français*, mais les *droits de l'homme*.

C'est pour avoir oublié ces nobles traditions qui feront l'éternel honneur et l'éternelle gloire du XVIIIe siècle: c'est pour nous être brutalement enivrés, jusqu'à soulever le dégoût de l'Europe, de honteuse gloire militaire, que nous en sommes arrivés à ce degré de nuit intellectuelle et de dégradation morale qui nous a rendus incapables de conserver même notre indépendance; que nous avons roulé sous les pieds de généraux toujours prêts à massacrer dans les rues de Paris, leurs Concitoyens désarmés, mais incapables de les défendre contre une invasion, et que nous avons fini par tomber de Bonaparte en Bonaparte jusqu'à ce lugubre coquin qui fut Napoléon III, et qui nous a tout fait perdre jusqu'à l'honneur.

Reprenons nos traditions abandonnées, et pour commencer à l'instant même, prenons dès demain une revanche qui soit digne de nous.

Au moment où l'Europe nous croit tout entiers au découragement ou à la haine, montrons-lui, par une manifestation éclatante, que Paris reste la ville où surgissent les nobles sentiments et où sont comprises les grandes idées, et inscrivons, en tête de nos listes, au-dessus des 43 noms français, quatre noms appartenant à chacune des quatre nationalités dont l'ensemble constitue la République occidentale.

Nommons :

Dr JACOBY (d'Allemagne).

Dr RICHARD CONGRÈVE (d'Angleterre).

PI Y MARGALL (d'Espagne).

GARIBALDI (d'Italie).

Chacun de ses hommes représente le dévouement constant à la liberté et à la République; chacun d'eux, au milieu de la tempête qui nous a terrassés, nous a soutenus de ses sympathies et de son concours; chacun d'eux aime la France et mérite que la France l'aime. Puisque leur nationalité ne leur permet pas de faire partie d'une Assemblée française, qu'une acclamation générale, qui aura en Europe un grand retentissement, les nomme membres honoraires. Votre vote ira les trouver et leur apprendre que, à travers toutes ses douleurs et malgré ses ressentiments légitimes, le grand cœur de la France ne connaît pas les haines injustes, et que Paris, purifié de bonapartiste, redevient la métropole occidentale dont tous les hommes dévoués sont Citoyens de droit.

Alors les Prussiens triomphants sentiront que la victoire morale leur échappe; car ils seront forcés de se dire, en rentrant dans leurs foyers : Nous sommes plus forts qu'eux, mais ils sont plus grands que nous.

Paris, le 6 Février 1871.

EUGÈNE SEMERIE
31, *rue de Provence*.

Imprimerie centrale des Chemins de fer. — A. CHAIX et Cie, rue Bergère, 20. — 806-1.

RÉPUBLIQUE FRANÇAISE

SOLDATS ET CITOYENS,

A la lecture de mon premier manifeste, vous vous êtes dit : Quel est cet homme? Ce PANAFIEU, d'où sort-il? Nous ne le connaissons pas. Et vous m'avez hué et calomnié, et moi je vous ai vus, et vous ai laissé dire. Savez-vous pourquoi vous ne me connaissez pas? Parce que je ne suis pas un révolutionnaire, ni un homme aux mains blanches, qui vient faire parade au milieu des clubs et des réunions publiques, ni un avocat, ni un gouverneur de Paris. Vous les connaissez tous, ceux-là! Eh bien! voulez-vous savoir qui je suis? Un homme obscur, enfant du peuple, ayant connu la misère, éprouvé des revers, mais jamais découragé. Relevé par ma volonté, j'élève aujourd'hui mes enfants, entouré du bonheur de la famille. Voulez-vous savoir encore qui je suis? Je suis un homme qui aime sa Patrie, qui verse des larmes aux malheurs qui la déchirent, qui avait cru voir l'espérance nous arriver avec notre jeune République, qui croyais que ce nom seul retremperait les cœurs corrompus par le gouvernement de l'Empire, et ferait naître à l'horizon des hommes de génie qui étonneraient le monde. Mais le germe était trop profond. Voilà pourquoi tous ceux qui ont eu le malheur de toucher au manteau de cet empire déchu, en ont emporté avec eux un venin qui devait nous perdre.

Oui! Je vous l'avais dit : Si nos forts ne sont pas au pouvoir des Prussiens, je vous jure de sauver Paris et la France. Malheureusement, j'eus beau précipiter les choses; ceux qui avaient intérêt à nous livrer ont marché plus vite que moi.

Il m'est impossible, dans un faible aperçu, de vous développer mon plan de bataille, et pour me faire comprendre, il faudrait que les esprits tronqués s'effacent, pour faire place à des hommes intelligents, à grandes conceptions, ayant le cœur aussi grand que le patriotisme; car si parmi nos supérieurs il s'en fût trouvé qui puissent douter, j'aurais pris pour abitre la sagacité de M. de Molke, qui n'aurait pas manqué de leur dire : C'est ainsi que nous vous avons battus jusqu'à présent; c'est ainsi que nous l'aurions été. Oui, dans huit jours, l'armée prussienne était écrasée sous Paris; j'aurais employé pour cela toute la force vitale qui agit dans nos murs; chacun aurait eu son utilité à la défense, selon ses forces [illegible]

[illegible]

vrance de notre chère cité, et si vous aviez reculé, malheur à vous! car la Patrie mourante n'accepte point de lâches.

Et aussitôt Paris débloqué, je lançais cent mille hommes à la poursuite du restant de l'armée d'investissement, qui seraient allés rejoindre ensuite Bourbaki. D'un autre côté, j'envoyais cent mille hommes à Chanzy, l'engageant à se tenir sur la défensive et attendre. En même temps je partais avec le reste de l'armée de Paris, cent ou cent vingt mille hommes, et j'allais au secours de Faidherbes; nous frappions ensemble un grand coup pour anéantir les corps prussiens qui se trouvaient dans l'Ouest, après quoi nous allions donner la main à Chanzy, et, avec ces forces considérables et toutes les levées forcées et immédiates dans tous les pays, nous venions à bout de Frédéric-Charles et de Mecklembourg. Tandis que Bourbaki, aidé des renforts de Paris et des généraux Garibaldi et autres de l'Est, nous assuraient un écrasement complet de l'armée prussienne. Alors, j'embarquais cent cinquante mille hommes pour l'Allemagne du Nord, tandis que tout le reste de nos armées y rentraient par le Sud.

Il y a de ces conceptions qui sont tellement grandioses, qu'il est impossible de les faire concevoir à certains esprits qui se prétendent forts. Moi, je vous en assurais le succès : voyant déjà tout ce qui pouvait se produire dans cette guerre monstrueuse, qui devait ramener la victoire sous nos drapeaux et sauver l'honneur de la France.

Mais aujourd'hui nous sommes pris au piége. Les forts ne nous appartenant plus, il faut déposer les armes : Malheur! à celui qui s'en servirait pour fomenter une révolution dans Paris! Montrons-nous dignes de notre malheur. Nous n'avons pas été vaincus, nous avons donc le droit de lever la tête. Si la honte de la capitulation de Paris doit un jour retomber sur quelqu'un, nous aurons du moins la satisfaction de pouvoir dire que nous étions prêts à faire notre devoir.

Ainsi donc, Citoyens, ne pouvant plus rien faire pour défendre ma Patrie, j'ai pris la plume pour essayer de la sortir de l'opprobre, et, après avoir fait mon devoir, je rentrerai dans l'oubli, d'où je n'aurais jamais voulu sortir.

Je vous ai dit tout cela pour que vous le répétiez aux candidats que vous allez nommer, et afin que ces candidats l'apprennent à toute la France, et que la France, à son tour, le fasse connaître au monde entier; afin qu'un jour nos générations futures puissent dire : « Paris de 1871 était sublime! Il avait dans son sein une armée de six cent mille combattants. Après cinq mois de siége, et après avoir subi avec calme toutes les horreurs de la faim, de la maladie et du bombardement, ne demandait qu'à combattre et se délivrer. Que dans ce Paris il y avait un homme obscur qui offrit ses services au gouvernement tremblant pour sauver la capitale et la France, mais que le gouvernement préféra capituler honteusement que de céder la place à cet homme qui, par son audace, aurait fait trembler ses ennemis. Il aurait étonné le monde, sauvé la France, et fondé sur des bases durables la meilleure des Républiques!

L. PANAFIEU,
70, Rue Rochechouart.

Paris. Imprimerie LEFEBVRE, passage du Caire, 87-89.

CANDIDAT RÉPUBLICAIN

CITOYENS,

En vous présentant ma candidature, je veux en deux mots vous dire, au point de vue pratique et politique ce que je suis :

1° Je vous dirai que, comme ancien agriculteur et comme homme qui à su produire en éclairant les autres dans ce genre de métier, je tiens à votre disposition les Bulletins de la Société d'Agriculture;

2° Comme négociant, aujourd'hui tout-à-fait indépendant, j'ai visité les deux tiers de l'Europe, et au point de vue du désintéressement, vous pourrez vous renseigner sur ce que j'ai fait;

3° Au point de vue politique et patriotique, ne voulant à aucun prix la perte d'un pouce de notre territoire, j'ai, le 23 novembre dernier, pour les deux départements de l'Alsace (barrière de 45 lieues à l'Allemagne), formé un Comité de Secours pour toutes les familles des Alsaciens dont les membres pouvaient faire partie de la défense de la Patrie;

Elu comme Président à la deuxième réunion que je faisais, afin de bien faire comprendre à la France entière que ces deux départements voulaient rester doublement unis à elle et à la République, je vous engage à lire l'article du journal *le Moniteur* du 2 décembre dernier et celui du *Réveil* du 3 suivant, qui reproduisent les paroles que je prononçai à la suite de la réponse qu'ils étaient venus faire à l'appel que j'avais fait à leur patriotisme.

Maintenant, lorsqu'il s'est agi de réclamer pour tout le peuple de Paris, au sujet du combustible, et sur l'inutilité patente de l'élagage des vieux arbres de nos boulevards extérieurs, au moment où il se faisait (je vous engage à lire l'article du *Siècle* du 1er Janvier), et pour rappeler de nouveau l'attention de notre Gouvernement sur ce fait; je vous prie de lire ma lettre dans le *Moniteur*, datée du 15 mars, et reproduite dans ce journal le 20 du même mois; et en même temps je lui signalai un autre fait qui, sans avoir la même importance, était digne aussi d'attirer son attention : c'était au sujet des boucheries de chiens et de chats, pour empêcher le vol qui se commettait sur tous ces animaux, et aussi dans l'intérêt des malheureux, pour empêcher que cette viande ne fût vendue de 3 à 5 francs la livre, et comme républicain loyal, sincère et désintéressé; je tiens à votre disposition des preuves de vingt-deux années et autres que celles des trois quarts de ceux qui se disent aujourd'hui républicains pourraient montrer.

VOICI MON PROGRAMME :

Instruction primaire obligatoire pour les enfants des deux sexes;

Liberté de l'enseignement;

Instruction primaire laïque offerte gratuitement à tous;

Instruction secondaire professionnelle et supérieure accessible gratuitement à tous les sujets de mérite par voie de concours;

Suppression complète des armées permanentes;

Création d'une milice nationale, n'imposant à chacun qu'une présence de six mois au plus sous les drapeaux et composée de tous les citoyens valides sans admission d'aucun remplacement;

Commission exécutive ou Chef du pouvoir exécutif élu par l'Assemblée nationale pour un temps limité dont le maximum ne dépassera pas quatre années ;

Abolition complète en matière électorale de tout patronage officiel, soit gouvernemental ou municipal;

Responsabilité des fonctionnaires de tout ordre, et droit pour chaque Citoyen de poursuivre directement devant le Jury tout abus de pouvoir;

Réduction des gros traitements jusqu'à la plus stricte nécessité et suppression complète du cumul;

LESAGE-DANIEL

NÉGOCIANT,

133, rue de Sèvres.

Paris.—Imprimerie LEFEBVRE, passage du Caire, 87-89.

Paix, Ordre, Liberté

ÉLECTEURS,

Des élections que nous allons faire demain dépendront, certainement, l'avenir et le salut de la France. C'est le plus grand acte que les électeurs aient eu depuis longtemps à accomplir.

Que voyons-nous cependant se produire ?

Les exaltés seuls, à quelque camp qu'ils appartiennent, crient bien fort et essayent, grâce au bruit qu'ils font, de se persuader à eux-mêmes et de persuader aux autres qu'ils sont la majorité et qu'ils représentent le pays.

La grande masse du Peuple, se composant de tous ceux qui travaillent et qui produisent, de tous ceux qui ont payé de leur sang et qui payeront de leurs peines, les fautes qu'ils n'ont pas commises, *mais qu'ils ont laissé commettre*, se tait et semble ne pas vouloir sortir de cette apathie où l'a plongée vingt ans d'Empire.

C'est cette apathie qu'il faut combattre, avant tout. C'EST L'ABSTENTION QU'IL FAUT EMPÊCHER par tous les moyens, car, s'abstenir dans le moment où nous sommes serait un crime de lèse-Patrie.

Que désire cependant cette grande partie silencieuse de la population? Disons le franchement ;

Elle veut **LA PAIX**, une paix honorable s'entend, qui donnera la stabilité nécessaire pour réparer nos désastres;

Elle veut **L'ORDRE**, qui donnera au commerce la sécurité;

Elle veut **LA LIBERTÉ**,

Non la liberté de ceux qui commencent par opprimer, par exclure tous ceux qui sont supposés ne pas penser comme les Oracles, mais la liberté vraie, entière pour *chacun*, n'ayant pour limite que les droits de *tous* à la tranquillité.

La République pourra-t-elle nous donner cette liberté-là? **NON.**

Ayons le courage de notre opinion; revoyons ce que la République a fait chaque fois qu'elle s'est produite en France.

Le résultat à toujours été le même : au bout d'un temps plus ou moins long, perdu en agitations stériles, aboutissant souvent à la guerre civile, le pays, dégoûté de la *pluralité des despotes*, s'est jeté dans les bras d'un dictateur pour éviter l'anachie.

Voilà ce que nous montre le premier regard jeté en arrière; voilà ce que nous verrions certainement se reproduire. L'Épreuve est faite, ne la renouvelons pas.

La Monarchie Constitutionnelle peut seule nous donner la vraie Liberté, en assurant l'ordre et le respect des droits de chacun ; là, croyons-nous est le *salut*, et nous pensons qu'il est de notre devoir de le dire. Nous n'indiquerons pas de Candidats, c'est aux Electeurs qui approuverons nos idées à voter pour les noms qui les représentent et qui s'imposent assez à l'esprit de tous pour n'avoir pas besoin de réclame.

Pensons bien une chose encore, c'est que la paix sera d'autant plus facile à faire, d'autant plus honorable, que le Gouvernement à venir de la France rassurera davantage l'Europe et lui donnera plus de gages de sagesse et de stabilité.

E. CLERC.

14, avenue Mac-Mahon.

Imprimerie de Dubuisson et Cᵉ, rue Coq-Héron, 5. 710.

CRÉPIN AINÉ, DE VIDOUVILLE (MANCHE)

CANDIDAT A L'ASSEMBLÉE NATIONALE

Citoyens Électeurs du département de la Seine,

Je viens solliciter l'honneur de vos suffrages pour les prochaines élections.

Je ne me permettrai pas de longues phrases; le temps des pompeux discours est passé. Paris ne connait que trop les privations qu'il a subies à la suite de ces belles promesses et la honteuse capitulation qui en a été le couronnement, pour remercier les Parisiens de tant de sacrifices.

L'heure de l'action a sonné!

Donc, plus de grandes phrases; c'est du patriotisme, du courage et de l'énergie qu'il nous faut. Avec cela, la France humiliée par l'inertie et la trahison, se relevera la tête haute et fière. Elle sera, après tous ses malheurs, plus grande et plus glorieuse que jamais.

Je sais que la tâche est grande, mais si elle se trouvait au-dessus de mes forces, je suis sûr qu'elle ne serait pas au-dessus de mon patriotisme.

N'étant présenté par aucun parti, je me lance entièrement libre dans l'arène pour défendre la Patrie, les droits du Peuple et de la République.

Enfant du Peuple, je connais ses besoins et ses aspirations; je ne faillirai pas.

Électeurs,

Je n'ai pas l'honneur d'être connu de vous comme homme politique; mais comme commerçant, comme négociant, un grand nombre d'entre vous me connaît.

Tout le monde sait que le commerce d'ABONNEMENT que j'ai fondé, il y a quinze ans, ŒUVRE ESSENTIELLEMENT RÉPUBLICAINE, était réputé impossible.

Et pourtant l'établissement que je dirige a été presque le seul en son genre qui soit resté ouvert, malgré nos désastres, pour livrer à ses clients les sommes qui leur étaient dues, et cela sans les faire attendre.

C'est à force de travail et de persévérance que j'ai réussi.

Je promets d'apporter aussi toute mon énergie et tout mon dévouement pour le salut de la France et de la République.

VIVE LA RÉPUBLIQUE!!!

CRÉPIN AINÉ

30, rue Fontaine-Saint-Georges, Paris.

Paris. — Typ. Gaittet, rue du Jardinet, 4.

RÉPUBLIQUE FRANÇAISE

ÉLECTIONS

du 8 février 1871.

LISTE LIBÉRALE

Jules FAVRE.
DORIAN.
Ernest PICARD
Jules SIMON.
PELLETAN.
GAMBETTA.
SAISSET, amiral.
MÉQUET, amiral, commandant du 8e secteur.
LA RONCIÈRE LE NOURY, amiral.
FLEURIOT DE LANGLE, amiral.
POTHUAU, amiral.
TROCHU, général.
VINOY, général.
STOFFEL, colonel, ancien attaché militaire à Berlin.
FRÉBANT, général.
LAVIGNE, lieutenant-colonel de la Garde nationale.
DE BRANCION, lieutenant-colonel de la Garde nationale.
VERNON DE BONNEUIL, chef du 7e bataillon des mobiles de la Seine.
ROGER (du Nord), lieutenant-colonel de la Garde nationale.
THIERS, ancien député.
DE KÉRATRY, ancien député.
CHESNELONG, ancien député.
COCHIN, de l'Académie française.
SAINTE-CLAIRE-DEVILLE, de l'Acad française.
D'HAUSSONVILLE, de l'Acad. franç.
VITET, de l'Académie française.
TRÉLAT, professeur au Conservatoire des Arts-et-Métiers.
KRANTZ, ingénieur en chef des Ponts et Chaussées.
RAMPONT, direct. général des Postes.
SALACROUP, directeur du chemin de fer d'Orléans.
Léon SAY, administrateur du chemin de fer du Nord.
CLAPARÈDE, constructeur de machines à Saint-Denis.
LAVEYSSIÈRE, fondeur.
ARNAUD (de l'Ariége), anc. représent., maire du 7e arrondissement.
VACHEROT, maire du 5e arrondissem.
Henri MARTIN, maire du 16e arrondiss.
DUVILLIERS, régent de la Banque de France.
D'EICHTHAL, banquier.
DROUIN, présid. du tribunal de comm.
Paul FABRE, avocat général à la Cour de Cassation.
GREVY, avocat.
John LEMOINE, rédacteur des *Débats*.
LANFREY, publiciste.

Lith. BAROUSSE, Cour du Commerce. Paris.

UN PARISIEN

AVIS

Utile et désintéressé

AUX ÉLECTEURS

Le choix des Représentants — trop nombreux — à l'Assemblée nationale, a, dans les circonstances actuelles, une gravité exceptionnelle peut-être pas assez généralement comprise.

Conduite sensée et patriotique à suivre pour ce choix :

Triage dans les groupes de candidatures et éliminations reposant sur les leçons du passé comme sur les besoins du présent et de l'avenir.

Peu d'avocats ; — moins encore de journalistes, à part quelques rares et honorables exceptions, histrions de boutique, ne spéculant que sur la crédulité et la badauderie malsaine d'un certain public ou sur les souffrances sociales : — pas de péroreurs ignares, de déclamateurs ineptes de clubs, se hurlant républicains, patriotes et n'étant que démagogues et chauvins révolutionnaires d'une incapacité pire que celle des chauvins impérialistes ; fruits secs des professions libérales, de l'atelier, des arts, ne cherchant qu'à exploiter les douleurs et les passions plus ou moins réfléchies du moment au profit de leur ambition égoïste, de leur sotte vanité.

Ce qu'il nous faut, ce sont quelques capacités militaires, compétentes dans l'appréciation impartiale des immenses difficultés que nous avions à surmonter ; ce sont surtout des républicains sincères, *sérieux*, hommes d'intelligence et de pratique politiques, sachant à la fois faire la part la moins onéreuse aux cruelles nécessités du présent, et poser les bases des moyens de réparation.

Que tous les vrais républicains en soient convaincus : la démagogie a perdu et perdra toujours la Démocratie, la République ; elle a été et sera toujours l'auxiliaire le plus puissant des réactions. C'est là un fait constaté par la science politique comme par l'histoire. Qui ne le sait ? la démagogie, c'est l'agitation incessante, stérile, ruineuse. Or, le premier besoin de toute société est d'abord de vivre ; toute société ne vit que par le travail, l'industrie, le commerce, le crédit, la confiance, l'échange, la tranquillité, l'ordre, toutes choses inconciliables, impossibles avec un état d'agitation. De là, l'appel général et tout naturel aux dictatures.

Si, méconnaissant cette vérité capitale, nous sommes des Athéniens ou des Grecs du Bas-Empire ; si la population parisienne ne se montre pas dans les élections aussi politiquement intelligente qu'elle s'est montrée courageuse et résignée durant le siége ; si elle envoie à l'Assemblée Nationale une majorité démagogique d'écervelés, de phraseurs, de casse-cou, nous pouvons nous attendre à de nouvelles et plus en plus cruelles épreuves : scission et déchirements entre la province et la capitale, guerre civile, entrée des Prussiens à Paris, restauration alors possible du gouvernement inqualifiable qui, par un énervement général, nous a plongés dans l'abîme actuel de malheurs et d'humiliation, malheurs et humiliation dont nous pourrions pourtant nous relever promptement avec éclat, si nous voulions être des hommes et nous rallier à cette devise, seule féconde, seule pratique : UNION et MODÉRATION.

VIVE LA FRANCE ! VIVE LA RÉPUBLIQUE !

Un Républicain de 48, victime de la réaction en 49, qui n'a jamais désespéré du triomphe définitif de la Démocratie dans le monde.

P. S. Maintenant que les communications sont rétablies, prière à M. le Préfet de Police de nettoyer nos rues et nos boulevards de ce troupeau immonde de filles n'ayant d'autre profession que la fainéantise et l'empoisonnement de la santé publique. Pour tout Gouvernement digne de ce nom, l'extirpation de cette honte, de cette plaie de la civilisation est une mesure de la plus extrême urgence, comme sauvegarde de la moralité sociale et de l'hygiène publique. Tant que cette lèpre de plus en plus envahissante, comme toutes les lèpres, s'étalera impunément dans nos cités, nous aurons beau vivre sous un régime républicain, nous n'aurons toujours que les mœurs d'un peuple en décadence.

IMPRIMERIE CENTRALE DES CHEMINS DE FER. — A. CHAIX ET Cie, RUE BERGÈRE, 20, A PARIS. — 970-0

Pour les Elections du 5 Février

PEUPLE

DEBOUT OU A GENOUX∴

Toujours debout! jamais à genoux; c'est la contenance d'un digne Français!

Je me demande comment il peut se faire qu'un peuple, qui doit être force et volonté, accepte sous forme d'un armistice une capitulation honteuse et douloureuse!

On me dira que c'est une question d'avocats, mais les avocats, vous n'en doutez pas, c'est une question romaine.

Ce n'est donc pas assez que vingt années de turpitudes et d'esclavage aient pu faire croire aux Prussiens que le sang gaulois était amolli. Erreur! car je ne crois pas que nos pères seraient disposés à sortir de leur tombe pour nous appeler lâches, attendu que ce n'est pas nous, peuple républicain, sur qui toutes les fautes gouvernementales doivent retomber!

Mais patience et en même temps courage; il est vrai que nous avons été mis à l'épreuve. Eh bien! on peut encore nous éprouver, mais pas dans les mêmes conditions.

Le Gouvernement du 4 Septembre, qui se disait gouvernement de la Défense Nationale, n'a guère su employer le patriotisme qui remplissait tous les cœurs de ses Concitoyens.

Mais que le Gouvernement de LADITE Défense Nationale sache bien que tout patriotisme n'est pas éteint, il est même plus ardent que jamais, et chaque Citoyen sera toujours disposé à chasser le Prussien sans l'aide de M. Trochu et Cᵉ; car malheureusement la lutte ne doit pas être terminée.

En conséquence, le 5 Février on va aller au scrutin. Eh bien! chers Concitoyens, faites en sorte que par vos droits d'homme, vous ne retombiez pas dans les fautes passées, car plus tard nous aurons une singulière correction à infliger non-seulement aux Prussiens, mais encore à ceux qui nous les ont amenés.

Je vous demande en plus de ce que je viens vous exposer, le calme le plus absolu, afin de déjouer les intrigues réactionnaires, qui pour satisfaire les ambitions personnelles, sous le masque républicain désirent perdre la République, et pour y arriver fomenter la guerre civile.

En conséquence, honorables Citoyens, si vous m'honorez de vos suffrages, je vous prouverai que votre confiance a été donnée à un homme qui n'a qu'un principe :

LA LIBERTÉ! L'ÉGALITÉ! LA FRATERNITÉ!

Et nous crierons tous de cœur, ensemble et partout :

VIVE LA RÉPUBLIQUE UNIVERSELLE.

PESCHARD∴

Paris, ce 1er Février 1871.

Capitaine au 138me Bataillon,
RUE DES BOULETS, 23.

Imp. NOIZETTE, JEANRASSE et C, faub. St-Antoine, 159.

LISTE DÉFINITIVE

DU

COMITÉ CENTRAL RÉPUBLICAIN

DE LA

GARDE NATIONALE DE LA SEINE

CANDIDATS

1. VICTOR HUGO.
2. LOUIS BLANC.
3. GAMBETTA.
4. GARIBALDI.
5. ROCHEFORT.
6. EDGAR QUINET.
7. RICHARD WALLACE.
8. MARC DUFRAISSE.
9. PAUL MEURICE.
10. FARCY, Lieutenant de vaisseau, commandant la canonnière Farcy.
11. LITTRÉ, de l'Institut.
12. MAXIMILIEN MARIE, Répétiteur à l'Ecole Polytechnique, commandant le 119e bataillon.
13. RASPAIL.
14. BARBIEUX, Gérant du Rappel, commandant le 151e bataillon.
15. COURBET, Peintre.
16. A. JAMETEL, Lieutenant-Colonel, commandant le 41e bataillon, Négociant.
17. ASSELINE, Maire du 14e Arrondist.
18. ALEXANDRE LAYA, Lieutenant-Colonel, Jurisconsulte.
19. SALICIS, Capitaine de frégate.
20. MOUSSY, Publiciste, Chef du 156e bataillon, ancien commandant en 1848.
21. LANGLOIS, Lieutenant-Colonel, commandant le 116e bataillon.
22. JOIGNEAUX.
23. MURAT, Bijoutier, Adjoint du 3e Arrondissement.
24. COLFAVRU, Juge-de-Paix, commandant le 85e bataillon.
25. LAVIGNE, Lieutenant-Colonel, commandant le 38e bataillon, ex-Lieutenant de vaisseau.
26. RANC, Publiciste.
27. HENRI MARTIN, historien.
28. MAYER, Commandant du 229e bataillon.
29. TIRARD, Maire du 2e Arrondissemt.
30. MALON, Ouvrier, Adjoint au Maire du 17e Arrondissement.
31. EDOUARD LOCKROY, Publiciste.
32. GARNIER, Lieutenant de vaisseau
33. MARTIN BERNARD.
34. JEAN MACÉ, Publiciste.
35. LOUCHET-KERVEN, Chef du 192e bataillon.
36. ANDRÉ MURAT, Adjoint au 10e Arrondissement.
37. BRUNET, Capitaine d'artillerie.
38. CROSNIER, Amiral, commandant le 4e secteur.
39. CLÉMENCEAU, Maire.
40. VARLIN, Ouvrier.
41. ROBINET, Docteur, ancien Maire.
42. HÉLIGON.
43. LAURENT PICHAT, Publiciste.

283 Paris. — Imprimerie MORRIS père et fils, rue Amelot, 64.

ASSEMBLÉE NATIONALE

JULES LERMINA

CANDIDAT

FRANÇAIS,

Le moment est venu pour les hommes de la génération actuelle de consacrer toute leur énergie, tout leur dévouement à la reconstitution de la patrie. Pour une France nouvelle, il faut des hommes nouveaux.

J'ai lutté de toutes mes forces contre l'Empire, en raison de la répulsion qu'inspire le crime à toute conscience honnête. De toutes mes forces je lutterai pour la sauvegarde du présent et de l'avenir, pour le salut de la France et de la République dont les destinées sont dès à présent indissolublement unies. Seule, la République, par le libre jeu des institutions, par la libre expansion des aspirations diverses, présente les conditions de stabilité nécessaires au travail de rénovation que la France doit exécuter.

Avant tout, réglons la situation présente : sachons l'étendue de nos pertes, procédons à l'inventaire ; puis, avec calme, avec intelligence, rétablissons sur des bases solides la fortune de l'avenir. Plus de divisions, un seul parti, le parti Français.

Il faut à la France de longues années de repos. Pour les obtenir, soyons pratiques et convaincus.

Notre programme se résume en cette formule :

Revanche matérielle. — Régénération morale.

Tout pour la France et la République !

JULES LERMINA.

Paris. — Imprimerie KUGELMAN, 13, rue du Helder.

CANDIDATURE

A L'ASSEMBLÉE NATIONALE

Citoyens,

Voici mes titres à la Candidature pour l'Assemblée Nationale.

Enfant de Paris, né dans le Cinquième arrondissement (autrefois Douzième arrondissement).

Blessé à la barricade de Saint-Méry en **1832**, c'est vous dire mon opinion ; je ne suis pas phraseur, car il faut se méfier de ces gens-là.

M'étant fait constamment des ennemis par ma grande franchise, je n'hésite pas de vous dire que je désapprouve, pour l'honneur de la France et de la République, le traité qui, sous le titre d'armistice, livre les forts de la Capitale et sa garnison à la discrétion de nos ennemis, bien que, de cœur léger, on ait déclaré dans le principe que l'on ne céderait ni un pouce de notre territoire ni une pierre de nos forteresses. Si votre opinion est la même que la mienne, c'est-à-dire pour que la France républicaine reste fière et honorée dans son malheur, votez pour moi.

Ch. Hauët.

Paris, Imp. Moquet, Rue des Fossés-St-Jacq

AUX ELECTEURS DE PARIS

Paris, le 3 *Février* 1871.

CITOYENS,

A mon âge et avec ce que j'ai fait, on ne peut avoir la prétention de faire une profession de foi détaillée.

Aussi n'en ferai-je pas.

Toutefois, je commence par affirmer que j'ai été élevé, que j'ai vécu et que je mourrai dans la foi républicaine.

Quant à ma candidature, elle n'a qu'une signification : affirmer à l'Assemblée les hommes qui, depuis le 4 Septembre, ont fait à l'ennemi la vraie guerre, la guerre nationale, la guerre des corps-francs.

A ce titre j'ai droit à vos suffrages.

Capitaine improvisé d'une Compagnie franche, j'ai fait à l'ennemi tout le mal que j'ai pu. J'ai livré cinquante-deux combats presque tous heureux. Le feu des Prussiens m'a obligé à renouveler trois fois ma Compagnie; mais c'est avec fierté que mes camarades et moi, affirmons que l'ennemi ne nous a pas rendu le quart de ce que nous lui avons fait.

Nous sommes les frères des vaillants partisans de Châteaudun, des Vosges, du Jura; nous sommes ceux qui, lorsque les chefs de l'armée régulière abandonnaient la partie, n'ont jamais douté de l'avenir de la patrie, parce qu'ils n'ont jamais douté de leur courage...

A vous de dire si Paris veut, parmi les illustrations qu'il enverra à l'Assemblée, faire une petite place à un de ses plus implacables soldats, à un de ses citoyens les plus dévoués.

ALBERT LAVIGNE,

Capitaine, commandant les Tirailleurs parisiens.

Paris. — Imprimerie LEFEBVRE, passage du Caire, 87-89

AUX ÉLECTEURS

CITOYENS,

Un certain nombre d'amis, de comités et de bataillons de la garde nationale ont posé ma candidature à l'Assemblée.

Je n'aurais point osé prétendre au mandat de représentant de Paris; il m'est offert, je l'accepte.

Ce que je puis être à la tribune, je l'ignore; mais j'apporte un esprit habitué à la réflexion, un cœur où s'agite la passion du bien public.

Je défendrai, dans l'énergie et la raison, l'honneur national, notre patrimoine commun.

J'estime qu'une Assemblée nommée, avec une hâte maladive, par un pays occupé d'ennemis, ravagé, exaspéré, ne saurait présenter les conditions de calme et d'autorité indispensables à une Constituante.

Si l'Assemblée en décidait autrement, je me soumettrais à sa décision, et, soutenu par l'espoir de toute ma vie, je concourrais de tous mes effors à fonder une large et saine République, agissant par le devoir et tendant à la fraternité.

SALICIS,

Capitaine de frégate.

Paris, imp. Balitout, Questroy et Ce,
7, rue Baillif et rue de Valois. 18.

AUX ÉLECTEURS DE LA SEINE

Citoyens,

Le gouvernement, après avoir déguisé une capitulation honteuse sous le nom d'armistice, veut en faire retomber l'infamie sur la France, en nous conviant à nommer des représentants chargés d'enregistrer les volontés du vainqueur.

C'est pour protester contre cette haute forfaiture que je viens solliciter vos suffrages. Et voici quel est mon programme :

Demander la mise en accusation des hommes du 4 septembre;

Dire bien haut devant l'Europe que Paris et la France entière voulaient combattre jusqu'au dernier soupir; dégager la responsabilité du pays des fautes d'un gouvernement qui, pouvant tout sauver, a tout perdu ;

Défendre la République à outrance contre les entreprises coalisées des anciens partis ; car, si nous renoncions à la lutte, au milieu des intrigues monarchiques qui vont entourer l'Assemblée, la République serait perdue ;

Disputer pied à pied tout lambeau de territoire qu'on voudrait nous arracher ;

Soutenir le principe de la résistance jusqu'à ce qu'il soit démontré à tous les yeux que la France est impuissante à continuer la guerre.

A mon avis, l'Assemblée qui va se réunir à Bordeaux ne peut avoir d'autre mission que de se prononcer sur la question de paix ou de guerre. Elle ne saurait avoir l'étrange prétention de donner une constitution républicaine à la France ni de la discuter ailleurs qu'à Paris.

Je m'engage par conséquent à déposer mon mandat aussitôt que l'Assemblée aura rempli sa mission dans les termes limités que j'indique.

Le moment n'est pas venu de toucher à d'autres questions que celles qui intéressent l'intégrité de notre territoire et l'honneur de la France. Au lendemain de la délivrance, il faudra donner satisfaction aux légitimes revendications du peuple [illegible] promoteur. Aujourd'hui il s'agit de sauver la République, et l'on peut compter que je m'y dé-

des gages certains de leur valeur et de leur sincérité. Nous serions heureux de voir le choix de nos concitoyens se porter sur
MAURICE JOLY.

Les Membres du Comité,

Ch. DUEZ, *Président;* FONTAINE DE RAMBOUILLET, MESNARD, ABBADIE, *Secrétaire;* LISSONDE, SITLER, VORLE, *Trésorier;* MONTIGNY, Louis DUMOULIN, Octave FOUQUE, GUY DE BINOS-CURAND.

ONT ADHÉRÉ :

Jules MIOT, ancien représentant du peuple, rue de la Vieille-Estrapade, 27. — LIENNE, marchand de vins, boulevard Saint-André-des-Arts. — BADIN, pharmacien, rue Saint-André-des-Arts, 52. — MOREL DE KULWEIN, professeur de droit, rue du Banquier, 15. — NOLLE, propriétaire, rue Saint-André-des-Arts, 12. — J.-P. SAUVETERRE, homme de lettres, rue Saint-Jacques, 112. — BOUCHET, propriétaire, quai Malaquais, 21. — Octave FOUQUET, compositeur de musique, rue Saint-Jacques, 172. — PERNET, professeur, place Saint-André-des-Arts, 22. — DE BINOS-GURAND, propriétaire, boulevard Saint-Michel, 24. — LEBLOND, épicier, rue Saint-André-des-Arts, 38. — DOMERGUE, marchand de bois, rue Hautefeuille, 1 bis. — E. LANGLEBERT, docteur en médecine, rue de l'Odéon, 12. — BERTAUT, marchand de vins, rue de la Sainte-Chapelle, 7. — REGNIER, employé, rue de l'École-de-Médecine, 11. — PERNOT, major aux sapeurs-pompiers, boulevard du Palais, 9. — LEBLAN, restaurateur, rue Saint-André-des-Arts, 29. — Eric HUMBERT, clerc d'huissier, rue Galande, 5. — J. LAPÉROUSE, restaurateur, quai des Grands-Augustins' 7. — J. LEPIN, employé en librairie, rue des Beaux-Arts, 10. — Léon CANGUILHEM, avocat, rue Cujas, 19. — WEISS, épicier, rue de la Harpe, 1. — J. CHARTRAY, capitaine adjudant-major du 216e, usine à gaz de la Villette. — MARPON, libraire, galerie de l'Odéon, 9. — BARGY, lieutenant, mobiles de la Côte-d'Or. — GRANDPERRIN, marchand de meubles, rue Jacob, 1. — BOUCHER fils, fabricant de gants, quai Malaquais, 21. — Victor DUPUY, fabricant de gants, rue Bonaparte, 47. — Paul DE CHAZOT, homme de lettres, rue de l'Eglise, à Batignolles. — LEMAITRE, mécanicien, rue des Envierges, 97. — LAFAURIE, orfèvre, rue Bisson, 42. — JACOB, passementier, passage des Envierges, 1. — DELETTIE, comptable, boulevard de Belleville, 42. — MAWET, bijoutier, passage d'Isly, 19. — BOURGUIGNON, sellier, passage d'Isly, 10. — MAUPLOT, lunetier, rue du Guignié, 12. — Etc., etc.

Suivent 800 signatures.

Le Comité et le groupe d'électeurs ci-dessus recommandent aux suffrages des électeurs la liste suivante :

EDGAR QUINET	VACHEROT	DORIAN	DE BEAUREPAIRE	PEYRAT
LOUIS BLANC	MARC DUFRAISSE	VALETTE	ROGEARD	NEFFTZER
LEDRU-ROLLIN	LITTRÉ	TAMISIER	LAFERRIÈRE	DESMARETS
DELESCLUZE	DUPONT (DE BUSSAC)	GAMBETTA	ROCHEFORT	ULBACH
VICTOR HUGO	JULES MIOT	MAURICE JOLY	D'ALTON-SHÉE	GAUTHIER-VILLARS Imprimeur.
HENRI MARTIN	GREPPO	TIRARD	BONVALET	MAZAROZ Fabr. de chênes sculptés.
FÉLIX PYAT	LANGLOIS	E. TÉNOT	MOTTU	PORTALIS
SCHŒLCHER	MICHELET	FLOQUET	CLÉMENCEAU	
CORBON	GAMBON	CHASSIN	AMIRAL SAISSET	

PARIS. — IMP. VICTOR GOUPY, RUE GARANCIÈRE, 5.

AUX ÉLECTEURS DE LA SEINE

CITOYENS,

« ***Promettre peu, tenir beaucoup,*** » telle devrait être la règle de conduite des vrais Représentants du Peuple. La plupart des Députés ont jusqu'à ce jour fait absolument le contraire; aussi ne doit on pas craindre de le dire bien haut :

LE RÈGNE DES AVOCATS EST PASSÉ

Je n'ai d'autres titres à vos suffrages que la persévérance dont j'ai fait preuve depuis six ans, en m'efforçant de faire admettre non-seulement par l'Université, mais par la Société tout entière, les principes d'éducation et de restauration physiques, et, par suite de régénération morale, qui, seuls, pourront permettre à la France de se relever de ses revers et de prendre un jour une revanche éclatante.

Dans un rapport que j'adressais, il y a trois ans, au Ministre de l'Instruction Publique, à la suite d'une mission en Allemagne, que j'avais demandé à remplir *gratuitement*, je m'exprimais ainsi :

« Si je ne craignais de paraître trop absolu, j'oserais presque avancer, qu'abstraction faite des im-
» portantes considérations morales déjà connues, la cause la plus immédiatement déterminante de
» l'ascendant pris par la Prusse à la suite des événemeuts de 1866, peut être attribuée aux bienfaits
» de l'éducation gymnastique et militaire que l'on reçoit en Prusse, et qui a été, jusqu'à ce jour,
» complétement négligée en Autriche. »

J'ajoutais que « M. de Beust, frappé des immenses avantages que les Prussiens avaient retiré de
» cette éducation, soumettait lui-même au Reichstag, dès la fin de la guerre, un projet de loi relatif
» à l'introduction de cet enseignement dans toutes les écoles de l'empire autrichien, et je demandais
» que nous fissions mieux que les Autrichiens, c'est-à-dire que cette loi fût votée et surtout *appliquée*
» dans notre pays, non pas après, mais avant toute guerre possible. »

On le voit, on peut, sans être avocat, avoir assez de clairvoyance et de patriotisme pour prévoir un danger, le signaler à son Pays et lui indiquer le moyen de le conjurer. Si ma faible voix eût été entendue, de grands malheurs eussent peut-être été évités.

L'enseignement de la gymnastique et des exercices militaires dans toutes les écoles, en fortifiant la nation tout entière, nous eût permis, au moment du danger, de trouver en chaque jeune citoyen un soldat prêt à combattre. — L'adoption de ce principe offrait de plus cet immense avantage qu'il supprimait de fait l'armée permanente et réduisait des trois quarts le budget de la guerre.

La régénération morale de la France n'est possible que par sa régénération physique : c'est aujourd'hui l'avis de tous les citoyens. Ayant acquis quelque compétence dans cette question, je crois pouvoir apporter une part de concours extrêmement utile à la grande œuvre de la résurrection nationale, et c'est dans cet unique but que j'aspire à vos suffrages.

Je ne ferai aucune démarche personnelle, je ne solliciterai obséquieusement aucune adhésion; on ne me verra ni dans les clubs, ni dans les réunions publiques; je ne suis pas avocat, mais j'ai la certitude, lorsque le moment sera venu, de trouver en ma conviction et en mon ardent amour du bien, l'éloquence de la vérité qui, de toutes, est encore la meilleure.

Et afin qu'on ne puisse se méprendre sur le but constant de mes efforts, je crois utile de reproduire ici la fin du rapport que j'adressais, il y a trois mois, à M. Jules Simon, à la suite de la nouvelle mission qui m'avait été confiée d'étudier l'organisation de la gymnastique et des exercices militaires dans les Lycées et Colléges de Paris, mission que j'ai, comme la première, remplie ***gratuitement.***

« J'espère, Monsieur le Ministre, avoir réussi à vous faire partager mes convictions, et j'en serais
» d'autant plus heureux, que depuis longtemps j'ai dû renoncer à les faire admettre par le monde
» officiel, contempteur systématique de toute idée nouvelle, ennemi de tout progrès et jaloux de toute
» initiative qui, trop souvent jusqu'à ce jour, a dispensé les faveurs administratives.

» Je puis d'autant plus parler sans haine et sans crainte de cet obstacle invétéré à l'essor de la gym-
» nastique comme de tant d'autres excellentes choses, que je n'ai jamais désiré ni voulu aucun poste
» officiel, n'ayant qu'une pensée, qu'un désir et qu'un vœu :
» L'adoption pratique et universelle de la gymnastique dans l'éducation. »

Si mon nom sort de l'urne, je m'efforcerai devant l'Assemblée souveraine de faire triompher les principes que je viens d'exprimer et de me rendre digne de la confiance de mes Electeurs; dans le cas contraire, je continuerai modestement l'œuvre de régénération à laquelle je me suis consacré.

Eugène PAZ

Directeur du Grand Gymnase.

Imprimerie centrale des chemins de fer. — A. CHAIX ET Cie, rue Bergère, 20, à Paris.—712-1

Paris. — Imprimerie JULES BONAVENTURE, quai des Grands-Augustins, 55.

DEPARTEMENT DE LA SEINE

CANDIDAT RÉPUBLICAIN

Citoyens,

Si j'ai réfléchi longuement avant de poser ma candidature, c'est que je connais parfaitement le caractère de mon pays pour qui l'inconnu n'est presque jamais digne d'attention.

Et d'abord, je dois vous dire que je n'appartiens à aucun Comité.

La réclame collective est pour moi aujourd'hui suspecte. Ces Comités, véritables cabinets formés à l'avance, ne nous ont généralement donné rien de bon.

Un peu plus d'individualités, et la République aura au moins l'espoir de trouver plus de défenseurs.

Je le sais bien, pour la plupart de vous, je suis un inconnu ; mais, hélas! l'expérience est là qui nous dit : Prenez des inconnus!

La France, ce berceau de la démocratie, en a fini avec les **ARGUMENTATEURS**, usés par de vaines et stériles théories.

Ce qu'il faut à la nouvelle République, ce sont des esprits jeunes, ne connaissant rien du passé, mais possédant une foi immense dans l'avenir et allant droit au but.

LIBERTÉ, ÉGALITÉ, FRATERNITÉ!

Voilà les mots qui font encore quelque impression sur les hommes qui ne connaissent de la vie que les fautes de cet Empire qui a croulé si honteusement. Ces trois mots sont une doctrine, car ils ont en face d'eux ces trois autres mots, apanage des monarchies : **Servilisme, Faveur, Egoïsme.**

Cette belle devise : LIBERTÉ, ÉGALITÉ, FRATERNITÉ, vieille pour nos **FÉTICHES RÉPUBLICAINS** résume tous mes désirs, parce que j'en comprends toute la signification.

Pour moi, l'homme a des droits qu'il ne peut revendiquer qu'avec la République, et voici pourquoi :

L'homme n'est pas libre s'il est le sujet d'un autre ;

L'homme n'est pas l'égal d'un autre, avec les caprices d'un maître par droit de naissance ;

L'homme n'a pas pour frère des courtisans, ces prêtres de la monarchie.

Voilà, mes chers Concitoyens, ce que j'ai voulu dire.

Je peux résumer ainsi ma profession de foi : Jeune, je n'ai connu des monarchies que l'Empire, mais l'histoire m'ayant fait connaître les autres, j'en ai assez, et je ne changerai jamais.

Je vous en supplie, au nom de la République! si vous ne me trouvez pas digne, moi personnellement, prenez toutefois des **INCONNUS**, j'entends par inconnus, des hommes n'ayant jamais pris part aux affaires publiques, et alors nous verrons peut-être régner en France cette maxime sublime :

LIBERTÉ, ÉGALITÉ, FRATERNITÉ!

VIVE LA RÉPUBLIQUE!

CIMETIÈRE DE L'AUBINIÈRE,

Négociant en Objets d'Art, rue Vivienne, 47.

République Française

LIBERTÉ — ÉGALITÉ — FRATERNITÉ

COMITÉ CENTRAL RÉPUBLICAIN

Le **COMITÉ CENTRAL RÉPUBLICAIN**, COMPOSÉ D'INDUSTRIELS, D'INGENIEURS, DE COMMERÇANTS ET D'OUVRIERS des vingt arrondissements de Paris, est convaincu que la République est la seule forme de gouvernement qui peut :

1° Régénérer la France, et, par suite, lui donner une influence morale dans le monde plus grande que celle qu'elle a jamais eue;

2° Lui donner la stabilité que nous cherchons en vain, depuis bientôt un siècle, dans les diverses formes monarchiques;

3° Lui permettre de rétablir ses finances, en apportant la plus stricte économie dans ses dépenses;

4° Ramener la paix sociale, la République seule pouvant donner satisfaction aux aspirations légitimes des travailleurs, et, par suite, rapprocher les diverses classes de la société.

Le Comité est, de plus, convaincu que pour donner ces résultats, la République doit être établie sur les bases les plus larges et les plus libérales avec un pouvoir Exécutif émanant de l'Assemblée, et élu pour un temps limité.

Enfin, le Comité ajoute : Qu'autant il est pénétré des vérités ci-dessus, autant il est convaincu que la République ne pourra se fonder définitivement en France, qu'avec le concours *d'hommes pratiques, sincèrement républicains*, présentant toute garantie d'honorabilité et ayant fait leurs preuves.

Moins de phrases, moins de discours; nous ne savons que trop ce qu'ils ont produit; aussi le Comité s'est-il donné pour but de rechercher un certain nombre de candidats choisis parmi les Industriels, les Commerçants, les Ingénieurs et les Ouvriers.

Après plusieurs réunions composées de nombreux délégués de tous les arrondissements de Paris, où les mérites des candidats ont été discutés, il a été procédé à un vote.

Ce sont les noms suivants, résultant de ce vote, que le Comité propose aux divers Comités républicains.

MM. **BLANCHE**, MANUFACTURIER A PUTEAUX.

BRELAY, NÉGOCIANT EN TISSUS, ADJOINT DU 10e ARRONDISSEMENT.

CALLON, ADJOINT DU 4e ARRONDISSEMENT, PROFESSEUR A L'ÉCOLE CENTRALE.

COHADON, FONDATEUR DE LA SOCIÉTÉ COOPÉRATIVE DES OUVRIERS MAÇONS.

DE DION, INGÉNIEUR CIVIL.

GODEFRIN, (SOCIÉTÉ COOPÉRATIVE DES OUVRIERS TAILLEURS).

HAVARD, ANCIEN PRÉSIDENT DE LA CHAMBRE SYNDICALE DU PAPIER.

HUET, (ALFRED), MÉTALLURGISTE.

KRANTZ, INGÉNIEUR EN CHEF DES PONTS ET CHAUSSÉES.

LAISNÉ, DE LA MAISON BROQUIN ET LAISNÉ, FONDEUR EN CUIVRE.

MIGNON, DE LA MAISON MIGNON ET ROUART, CONSTRUCTEUR MÉCANICIEN.

MARTIN, PRÉS. DE LA SOCIÉTÉ DES ANC. ÉLÈVES DES ÉCOLES DES ARTS-ET-MÉTIERS.

A. OLIVE, NÉGOCIANT.

G. DE PASSY, INGÉNIEUR EN CHEF DES PONTS ET CHAUSSÉES.

A. POIRRIER, MANUFACTURIER A SAINT-DENIS.

SAUVAGE, DIRECTEUR DES CHEMINS DE FER DE L'EST.

SIMONET, ARCHITECTE.

TRÉLAT, (ÉMILE), PROFESSEUR AU CONSERVATOIRE DES ARTS-ET-MÉTIERS.

Le Comité complétera sa liste avec les noms d'hommes politiques ayant affirmé, dans les derniers événements, le plus de sens pratique. Il s'est mis, à cet effet, en rapport avec les délégués des divers Comités républicains. Aussitôt que la liste sera arrêtée, il s'empressera de la publier.

Imprimerie centrale des chemins de fer. — A. CHAIX et Ce, rue Bergère, 20, à Paris. — 812-1.

Aux Travailleurs

AUX PETITS INDUSTRIELS

Aux petits Commerçants, aux Boutiquiers.

Porté sur les listes de plusieurs comités électoraux, j'ai décliné toute canditature.

Je suis vieux, j'ai 76 ans, et malheureusement j'ai encore trop de vie, car je crains d'assister à la destruction finale de mon pays, qui, lors de ma naissance, était l'espérance des peuples et la lumière du monde.

Ancien député en 1830, membre de la Constituante en 1848, appartenant par ma naissance à la bourgeoisie, ancien chef d'industrie, j'ai assisté à la grandeur et à la décadence de la France ; J'ai vu le spectacle des plus incroyables palinodies; j'ai vu l'industrialisme et le patronat poser le genou sur la poitrine du travailleur; j'ai vu la bourgeoisie, oubliant qu'elle est par l'instruction la sœur aînée du peuple, se montrer ingrate à l'égard de ce peuple qui lui a prêté en 89 le secours de son bras pour conquérir le pouvoir.

Voltairienne, la bourgeoisie s'est alliée avec les prêtres; ennemie de l'ancien régime, elle prête son appui aux réactionnaires et se ligue avec ceux qu'elle avait vaincus; née du travail, elle se retourne contre vous, travailleurs, qui l'avez aidée à vaincre, afin d'assurer pour elle les privilèges et monopoles qu'elle a condamnés naguère dans la noblesse.

Aujourd'hui, après une série de revers inconnus jusqu'ici à aucun peuple, revers dus à l'infamie mortelle de tous nos gouvernements monarchiques, aujourd'hui, dis-je, le peuple de Paris a dans sa main l'instrument de son affranchissement, s'il vote, comme un seul homme, pour ceux qui doivent le mieux connaître ses souffrances, parce qu'ils les partagent, et qui, mieux que tous autres, peuvent y apporter remède.

Je supplie le peuple d'entendre une voix qui lui a toujours été dévouée et qu'il a souvent écoutée avec quelque sympathie.

Il n'y a en France que deux classes, les bourgeois et les ouvriers; quelle est la plus nombreuse? La classe ouvrière. « *Comptez-vous*, disait M. Brigt, dans un meeting, *et vous verrez que vous êtes, si vous le voulez, les maîtres.* »

[illegible]

justice, à perpétuer pour elle-même la possession de ses monopoles.

L'ignorance ne peut se détruire en un jour; mais le peuple serait-il donc à ce point oublieux de ses intérêts qu'il ne comprenne pas à l'heure suprême, où il s'agit pour lui d'être ou de n'être pas, qu'il peut se sauver en se sauvant lui-même; c'est-à-dire en votant conformément à ses aspirations pour des socialistes convaincus.

Peuple de Paris, Ouvriers mes amis, rappelez-vous que vous appartenez à la cité qu'on a justement appelée le cœur et le cerveau de la France, rappelez-vous que vous êtes fils du travail et que fidèles à vous-mêmes vous devez voter pour le travail.

Vous, Soldats, fils de l'ouvrier, tantôt lancés contre un autre peuple, tantôt forcés de tirer contre vos propres frères, songez que demain vous rentrerez dans l'armée des travailleurs.

Vous, travailleurs des champs et de l'industrie, voulez-vous toujours que le propriétaire, le capitaliste, moissonne et ne travaille pas, récolte et ne cultive pas, consomme et ne produise pas, jouisse sans aucun labeur? Non, ce que vous devez revendiquer d'abord, c'est que le fermier ait part à la rente, et l'ouvrier au produit, et que tout travailleur ait droit au crédit.

Et vous, petits commerçants, petits industriels, attendrez-vous que ces grandes compagnies financières, ces vastes ateliers, ces magasins immenses viennent accaparer tout travail et mettre l'ouvrier à leur merci?

Croyez-moi, Citoyens, si vous êtes las d'être opprimés et exploités, choisissez vos candidats dans des listes que patronnent des ouvriers, assurez-vous bien que ceux que vous portez sont sincèrement socialistes, comme ceux de la liste des candidats *Socialistes révolutionnaires.*

Gardez-vous surtout de voter pour les généraux, amiraux, colonels qui ont contribué à la honteuse capitulation qui nous menace, les militaires sont toujours prêts à opprimer la liberté, et soutenir les dictatures.

Ne votez pas pour les hommes des vieux partis, ni pour les gens de robe, jésuites, prêtres, avocats, ni pour les illustrations littéraires, car, quel que soit leur mérite comme poètes, historiens, orateurs, journalistes, à de rares exceptions près, ils ne comprennent ou plutôt ne veulent pas comprendre vos besoins et reconnaître vos droits.

J'allais oublier les gros financiers, les administrateurs des grandes compagnies, les monopoleurs et accapareurs de toutes sortes, vous devez les éloigner à tout prix; ce sont des égoïstes, détenteurs du capital et qui ne penseront jamais qu'à leurs intérêts.

Quant aux gens de l'Hôtel-de-Ville, chargés de la défense nationale, j'espère bien que vous croyez comme moi, qu'ils méritent plutôt les gémonies que vos suffrages.

*Un vieil Ami des Ouvriers, Démocrate socialiste, faisant dès l'origine partie de l'*INTERNATIONALE,

CH. BESLAY,

ANCIEN REPRÉSENTANT DU PEUPLE.

Paris, 6 février 1871.

Paris. — Imp. VICTOR GOUPY, rue Garancière 5.

CANDIDAT LIBÉRAL ET INDÉPENDANT

ERNEST HUGUET

BANQUIER A PARIS

Directeur politique de l'AVENIR LIBÉRAL

Se croit dispensé d'une profession de foi nouvelle.

Ses principes sont ceux du Journal qu'il dirige. L'**Avenir Libéral** a pour programme : la **Révolution pacifique.**

Vierge de tout engagement avec le passé, sans attache avec aucun parti, voulant rester fidèle à la seule vraie cause : l'honneur et l'avenir de la France, M. Ernest HUGUET est le citoyen indépendant par excellence.

- Il est sincèrement libéral et démocrate, entièrement dévoué aux intérêts du peuple.

Par son intelligence et un travail de dix années, il a conquis une position honorable. C'est de lui qu'on peut dire : « Il est l'enfant de ses œuvres. »

En toute conscience, nous pensons que c'est un candidat qui possède les qualités d'honneur, d'âge, de savoir et d'expérience pour représenter, dignement et utilement, ses concitoyens à l'Assemblée nationale.

Paris.—Imprimerie PAUL DUPONT, rue Jean-Jacques-Rousseau, 41 — 89.1 7

(LE COMITÉ CENTRAL.)

CANDIDAT FRANÇAIS

Ni Républicain, ni Orléaniste, ni Bonapartiste,

Frères, sauvons la France

Le Gouvernement après.

CRI DU COEUR

BOUTRON LIEVOIS, Fabricant de Tissus.

Paris — Imp. APPERT, J. RIGAL et Cie, succ., passage du Caire, 56.

Parisiens,

Pourquoi le Comité Libéral ne porte-t-il pas sur sa liste de Candidats le nom de Robert d'Orléans, *Duc de Chartres ?*

Robert d'Orléans n'est pas un prétendant, c'est un soldat jeune et brave.

Si, en 7bre dernier, il était resté parmi nous, Paris n'aurait pas avalé jusqu'au fond la Jatte-de-lait empoisonnée, et nous ne subirions pas la honte d'une pareille Capitulation.

Assez de fruits secs et d'incapables!

Que Paris inscrive en tête de sa liste le nom de Robert d'Orléans !

Parent.

Imp. Boulon, rue Montmartre. 122.

Candidat à l'Assemblée Nationale

ROUGET DE LISLE

INGÉNIEUR CIVIL DES ARTS ET MANUFACTURES.

La paix la plus honorable, sans humiliation, sans bassesse, sans cession de territoire, et sans aucun impôt, dans l'avenir, qui frappe sur le salaire et le bien-être de l'ouvrier, vivant du produit de son travail personnel.

Le véritable gouvernement populaire et républicain, proclamé par le suffrage universel et libre.

La condamnation, sans peur et sans pitié, des actes et des hommes qui ont engagé et compromis l'honneur, la dignité et la fortune de la Patrie.

Les impôts révisés, établis proportionnellement aux revenus, équitablement et exclusivement répartis entre les personnes qui possèdent un capital certain.

L'instruction gratuite et obligatoire pour tous les citoyens.

Et pour obtenir sûrement ces choses, que je désire et défendrai énergiquement, et toujours, je dis aux riches :

« Ouvrez votre cœur et votre bourse ! »

Quant à moi, ma devise française est celle-ci :

« Conduis, soutiens nos bras vengeurs !
« Amour sacré de la Patrie,

A. ROUGET DE LISLE.

Paris. — Typographie Morris Père et fils, rue Amelot, 46.

RÉPUBLIQUE FRANÇAISE

ÉLECTIONS DU 8 FÉVRIER

A. VERMOREL

CANDIDAT SOCIALISTE RADICAL

CITOYENS,

La France traverse une de ces grandes crises qui sont décisives dans la vie des nations.

Un armistice funeste fait dépendre la paix du bon plaisir d'un vainqueur insolent auquel ceux qui avaient assumé la responsabilité de la défense nationale nous ont livrés pieds et poings liés.

Plutôt que de subir des conditions déshonorantes qui consacreraient son irréparable déchéance, la France doit être prête à prendre une résolution suprême.

L'Espagne en 1809, le Mexique en 1867 — bien que leur capitale fut prise, et que toutes leurs provinces fussent ravagées par l'invasion, malgré la défection d'un grand nombre de leurs concitoyens — trouvèrent la victoire au bout de leurs efforts.

La France de 1871 n'est pas dégénérée : elle ne fera pas moins que n'ont fait l'Espagne et le Mexique, et s'il lui reste quelques chances d'obtenir une paix honorable, elle ne peut les faire surgir qu'en affirmant son énergique résolution.

Mais, alors même que la paix serait conclue, tout resterait encore à faire dans notre malheureux pays.

Il resterait à chercher les causes de nos désastres, afin de prévenir leur retour dans l'avenir, A FAIRE JUSTICE DE CEUX QUI NOUS ONT PRÉCIPITÉS DANS L'ABIME PAR LEURS CRIMES OU LEURS FAUTES, à régénérer nos mœurs politiques.

Il resterait à fonder la République, qui ne doit pas être un simple changement dans la formule gouvernementale, mais la reconstitution de nos institutions sur la double base de la liberté et de la justice.

Les hommes qui depuis un an ont pris une part quelconque à la direction des affaires publiques, ont tous à des degrés divers leur responsabilité trop engagée dans nos malheurs pour que l'on puisse leur confier la tâche nouvelle qui s'impose aux représentants de la France.

Il faut des hommes nouveaux, qui aient déjà toutefois donné des preuves de leur fermeté et de leur désintéressement, et qui se soient préparés par de laborieuses études à aborder les plus graves questions politiques et sociales.

C'est parce que je pense réunir dans une certaine mesure ces conditions, que je crois devoir me présenter à vos suffrages.

A. VERMOREL

Prison de la Santé, 5 février 1871

949 — Paris. — Imp. Auguste VALLÉE, 16, rue du Croissant.

RÉPUBLIQUE FRANÇAISE.

CANDIDATURE

DU

Duc D'AUMALE

CITOYENS DE PARIS,

L'heure est solennelle? Paris délibérant sous les canons prussiens, est appelé à envoyer 43 Députés à cette Assemblée nationale qui va être chargée de conclure la paix la plus honorable qu'il se pourra, et de nous donner un gouvernement régulier.

Il s'agit donc de choisir des hommes capables, honnêtes — non pas des orateurs de partis et des tribuns de carrefours, mais des patriotes, des administrateurs, des hommes d'Etat, aptes à organiser et surtout habiles à sauvegarder, dans ce chaos de convoitises européennes, la situation du pays.

Or, de même que les Volontaires de tous les partis ont confondu leurs efforts et leur sang sur nos derniers champs de bataille, de même les Volontaires de tous les partis peuvent se rencontrer au sein de l'Assemblée, chargés de réparer les ruines du passé, d'améliorer le présent et de préparer l'avenir! C'est ainsi, du reste, que la République peut seulement être réellement consolidée; car, par ce concours unanime, la République devient alors précisément ce qu'elle doit être, ce que signifie son nom — la Chose commune, la Chose de tous défendue par chacun.

A tous ces titres, nous venons vous proposer d'envoyer à l'Assemblée Nationale,

M. le Duc D'AUMALE

dont toutes les études politiques sont empreintes du plus sincère libéralisme, dont tous les actes ont toujours été guidés par le plus pur patriotisme — qui, inspiré par sa préoccupation incessante et patriotique des destinées de cette France si chère à son cœur, disait, le 15 mars 1861, dans la fameuse lettre sur *l'Histoire de France*, adressée au Prince Napoléon :

« Je ne conteste pas votre force, j'en sens tous le poids à mes inquiétudes pour l'avenir de mon pays... Vous avez trouvé debout les fortifications de Paris qui avaient fait cruellement défaut à votre oncle — *Dieu veuille que nous n'ayons jamais besoin de les défendre.* »

C'est ainsi que douloureusement affecté des mauvaises voies où l'Empire avait engagé le pays, le duc d'Aumale, éclairé par son grand sens politique, prévoyait déjà les tristes épreuves réservées à la Patrie.

Et vous le savez, s'il n'a pas versé son sang pour le pays, comme simple soldat dans l'armée française, c'est qu'il en a été empêché par ceux qui s'étaient donné le privilége de sauver la France et qui n'ont su que la conduire au désastre.

Mais soumis aux lois de son pays, homme du devoir et de l'ordre, nature loyale par excellence, il se refusa constamment, malgré bien des obsessions, à prêter son nom et son influence à toute intrigue qui aurait pu ajouter encore à nos embarras politiques.

Certes, c'est là un passé qui répond de l'avenir, et qui fait que nous vous adjurons tous, Cœurs vraiment patriotes et dévoués au salut du Pays, de voter pour

M. le Duc D'AUMALE

Paris, le 3 février 1871.

Ernest WATBLED, ex-redacteur en chef de la *Presse du Loiret* et de l'*Akhbar*, Employé supérieur de l'Administration Algérienne; MOREL, publiciste; HEBERT, sergent-major, 1re comp. de guerre du 32e bataillon; PILOT, architecte; MULLER, négociant.

811 — Paris. — Imprimerie AUGUSTE VALLÉE, 16, rue du Croissant.

ELECTIONS

A L'ASSEMBLÉE NATIONALE

Mes Chers Concitoyens,

Habitant Paris depuis l'âge de sept ans, ex-propriétaire dans le Marais où j'habite encore, je n'ai pas voulu me porter à la représentation nationale de 1848, quoique républicain démocrate depuis ma sortie du lycée de Versailles, par deux raisons :

La première, c'est que je pensais que ceux que nous élirions n'auraient d'autre souci que l'organisation d'une sage république, basée sur les droits de l'humanité et la liberté de tous.

La seconde, c'est qu'aucun péril ne menaçait nos constituants, excepté ceux qu'engendrent la faiblesse et les passions diverses, inhérentes à notre nature, mais que la grandeur du but à atteindre, devait, selon moi, leur faire éviter!

Mais aujourd'hui, mes chers et aimés Compatriotes, que les périls surgissent de toutes parts, pour ceux, quels qu'ils soient, qui brigueront vos suffrages, je n'hésite plus à m'y soumettre.

Soldat du progrès, constamment sur la brèche depuis l'âge de dix-sept ans, par amour de mon pays et de l'humanité, je veux sacrifier aujourd'hui ce qui me reste d'énergie et de courage, pour sauver la France et la civilisation outragées. . . .

J'en ai le droit, je m'appartiens, et j'ai achevé ou à peu près ma tâche paternelle.

Les sentiments qui m'ont toujours fait sacrifier mes intérêts personnels, à ce que je crois votre bonheur, me donnent des titres aux suffrages des honnêtes gens de tous les partis :

Aux républicains, je leur rappellerai la Société des droits de l'homme de 1832, avril 1834, et plus de dix mois de prévention, où une poignée de jeunes gens (surnommés en 1836 les ecervelés) ne craignit pas d'attaquer vigoureusement le gouvernement de Louis-Philippe déjà parjure. . . Je leur rappellerai 1848 où, officier de la garde nationale et souscripteur au Banquet du XIIe, je contribuai énergiquement, en présence du **non possumus** du pouvoir, à son renversement. Puis après, lieutenant dans l'artillerie, ne cessant mes exhortations à la concorde pour la République qu'en composant un catéchisme pour instruire nos frères et saper la présidence; enfin m'expatriant en Algérie pour ne pas voir le dernier étouffement de notre chère République sans pouvoir la défendre;

Aux conservateurs, quelque soit leur drapeau, je leur dirai ma vie de labeur et de famille, toujours estimé et honoré de ceux qui m'ont connu, qu'ils aient été mes égaux, mes supérieurs ou mes subordonnés, sur le continent ou en Afrique, élevant laborieusement ma famille dans les arts que j'affectionne;

Aux grands patriotes qui ont deviné la Prusse, je leur rappellerai une brochure, publié chez Paul Dupont en 1865, où j'affirmais les malheurs qui nous arrivent et suppliais pour les conjurer tous les publicistes de rechercher les vices du gouvernement et de notre état social pour les combattre, en faisant abstraction des injures personnelles qui font plus de mal à ceux qui s'en servent ou qui en rient qu'à ceux contre qui elles sont dirigées. Je leur rappellerai encore (et c'est un acte de courage dans le moment présent), qu'affligé des divisions des patriotes, égarés pour la plupart, divisions qui devaient nous amener la guerre civile, sans préjudice de l'étranger, qui devenait alors l'arbitre de nos destinées, je publiai, sans attache aucune et à mes frais, risques et périls, une proclamation déduisant les motifs qui devaient déterminer à dire *oui* aux questions proposées, réservant la question dynastique et mes convictions politiques.

Voilà, mes chers Concitoyens, les titres que je crois avoir à votre confiance. Si vous m'envoyez à Bordeaux, j'aurai certainement des collègues aussi dévoués à vos intérêts et à ceux de la France et de la République comme à ceux de la civilisation, des collègues aussi travailleurs, aussi soucieux de notre honneur national. . . . mais jamais plus que votre serviteur. Ma vie entière sera vouée au salut de la France et de la liberté.

Et je serai, croyez-le, l'exécuteur le plus sévère des principes relatifs aux devoirs de vos mandataires et que j'ai définis dans mon **Catéchisme** réédité en septembre dernier.

Ma devise est : UNION FAIT FORCE.

TAXIL, Architecte, artilleur de la Seine, rue Pavée, 24.

PARIS, IMPRIMERIE PAUL DUPONT. — 4263.

COMITÉ
DU SALUT
DE
LA RÉPUBLIQUE

Liste de Candidats

Jules BASTIDE
Louis BLANC
BONVALET, maire du 3e arrondissement
Henri BRISSON
Jean BRUNET
Général CHANZY
Jules CLARETIE
CLÉRAY, adjoint au maire du 3e arrond.
Athanase COQUEREL
Taxile DELORD
Georges DUCHÊNE
Marc DUFRAISSE
DUPONT DE BUSSAC
François FAVRE
Jules FAVRE
Charles FLOQUET
GAMBETTA
GARIBALDI
Ferdinand GAMBON
HÉROLD
Victor HUGO
Pierre JOIGNEAUX
Louis JOURDAN
LEDRU-ROLLIN
LITTRÉ
E. LOCKROY
Henri MARTIN
MICHELET
Jules MOTTU, maire du 11e arrondissem.
MURAT, adjoint au maire du 3e arrond.
Alphonse PEYRAT
POULIZAC
F. PYAT
Edgard QUINET
RANC
Alexandre REY
Henri ROCHEFORT
Amiral SAISSET
Jules SIMON
Hippolyte STUPUY
TIRARD, maire du 2e arrondissement
TOLAIN, adjoint au maire du 11e arrondissement
Louis ULBACH

Pour le Comité,

F. BARJAUD

Ancien Notaire, Commandant en second du 2e Bataillon de la Garde civique, 16, rue Villehardouin.

Paris. — IMPRIMERIE NOUVELLE (Association Ouvrière), rue des Jeuneurs, 14. — G. Masquin et Ce.

AUX ÉLECTEURS

DE PARIS

MES CHERS CONCITOYENS,

Ennemi de toute coterie, je me présente à vos suffrages, libre de tout patronage.

Homme nouveau, je crois pouvoir être utile à notre jeune République, qui doit être une place ouverte à la jeunesse et à la virilité et surtout aux connaissances pratiques.

Comme en 1815, nous sommes en présence d'un désastre; comme en 1815, nous nous relèverons plus glorieux que jamais si, instruits par l'expérience de nos fautes, et laissant de côté toutes les divisions politiques du parti républicain, nous nous rallions tous autour du même drapeau, de ce drapeau de 1792 qui, pour affirmer sa devise, LIBERTÉ, ÉGALITÉ, FRATERNITÉ, nous crie : Guerre à l'ignorance, place aux lumières!

Le suffrage universel devait nous sauver il y a dix-huit ans; il nous a perdus parce que nous étions trop ignorants pour nous en servir au profit de la République, et par suite de la Régénération sociale.

La Prusse, à côté de laquelle nous avons vécu sans la connaître, a préparé depuis 1806 les armes qui nous ont vaincus, et ces armes ce ne sont pas les canons Krupp, non; ce sont ses grandes institutions d'éducation publique, ses grandes institutions militaires.

Croyez-moi, Citoyens, la nation prussienne, en mettant sur la tête de Guillaume la couronne impériale, a préparé la révolution qui amènera fatalement pour ce pays la République allemande.

Mes rapports de commerce avec la Prusse, rapports qui m'obligent, chaque année, à un séjour de quelques mois dans ce pays, m'ont amené à avoir une connaissance sérieuse de ses institutions et de ses mœurs.

Ces notions seront utiles pour, connaissant à fond l'esprit allemand, pouvoir lutter loyalement, mais avec des efforts d'habileté, avec la mauvaise foi et l'habileté proverbiale du diplomate qui a nom Bismark.

Je termine, Citoyens, en affirmant mon dévouement au seul gouvernement qui puisse nous sauver, la République, et jurant de ne jamais, sous un autre gouvernement, accepter aucune position officielle, fût-ce même celle de député, si le serment était obligatoire.

Liberté, Égalité, Fraternité.

FRANCK DE PRÉAUMONT,

Ingénieur civil des Mines, Négociant et Commissionnaire,

2 bis, rue Barbette.

Paris. — Imprimerie LEFEVRE, passage du Caire, 87-89.

Élections à l'Assemblée Nationale

H. BOURUET-AUBERTOT

CANDIDAT

Mes chers Concitoyens,

Je me présente à vos suffrages.

Parisien, né et élevé dans les affaires, j'ai vécu jusqu'à ce jour indépendant et loin de tous les partis politiques.

Si les douloureuses épreuves de la France ne faisaient pas un devoir à tout Français d'offrir au Pays sa bonne volonté et son expérience, je n'aurais jamais songé à solliciter vos suffrages.

L'intérêt du Pays qui m'inspire cette démarche auprès de vous tous, mes chers Concitoyens, sera l'unique mobile de ma conduite.

Mon programme est bien simple : je réclame la liberté pour chacun, l'ordre et la stabilité pour tous, car ces biens précieux sont seuls capables de réparer nos désastres et d'assurer la prospérité du Pays.

H. BOURUET-AUBERTOT

Négociant, 22, rue des Moineaux.

PARIS. — IMPRIMERIE PAUL DUPONT. — 187.2.1

LE COMMANDANT
POULIZAC
A SES CONCITOYENS

Ayant été assez heureux pour faire mon devoir de soldat pendant la campagne, mon nom, pris comme symbole de la lutte à outrance, a été porté sur plusieurs listes de candidats à l'Assemblée nationale.

Quelque pénible que soit cette mission, si toutefois les suffrages de mes concitoyens me la confient, mon devoir est d'accepter; je viens donc leur dire hautement quelle sera mon attitude.

JE VEUX :

1° Régler, le plus tôt possible, nos comptes avec l'étranger, pour qu'il ne souille pas plus longtemps le sol sacré de la patrie.

Mais si on nous propose une paix honteuse, une paix qui ne nous permette pas de préparer la vengeance, je refuse d'y adhérer.

Je me ferais couper le poignet plutôt que de signer la honte de mon pays.

2° Exiger du Gouvernement des comptes sévères sur la manière dont il a dirigé la défense et lui demander de quel droit il a compris, dans le soi-disant armistice, nos armées de province.

Ils ont donc oublié, ceux qui ont le triste honneur de nous gouverner, que le nom de Dupont fut attaché au pilori après la malheureuse capitulation de Baylen!

L'Assemblée, suivant moi, n'ayant pas d'autre mission, doit, après cela, déposer son mandat.

En résumé, tout Français qui a du sang dans les veines ne doit avoir aujourd'hui qu'une seule pensée, qu'un seul désir, qu'un seul amour au cœur : **LA VENGEANCE.**

Commandant **POULIZAC**
3e Bataillon d'Eclaireurs.

Imprimerie centrale des chemins de fer. — A. CHAIX et Ce, rue Bergère, 20, à Paris.— 900-1.

SOCIALISME DÉMOCRATIQUE

LIBERTÉ, ÉGALITÉ, FRATERNITÉ.

Du Pain!... et la Constitution de 93.

La Légalité, le Droit, et... TOT OU TARD... la Force

15 pluviose, l'an 79 de la République française.

Le, soussigné, doyen des socialistes démocrates et égalitaires, candidat à l'Assemblée nationale provisoire qui est convoquée à Bordeaux, s'engage à remplir fidèlement le mandat de représentant, limité comme il suit :

1° Traiter et discuter les questions de guerre et de paix;

2° Prendre toutes les mesures susceptibles d'assurer, pour un temps convenable, la vie morale, intellectuelle et matérielle de notre Patrie, de la France;

3° Nommer un Pouvoir intérimaire, formé d'une Commission exécutive et d'une Commission de contrôle chargée de faire appel au Peuple souverain en cas d'usurpation;

4° Prendre les meilleures mesures pour mettre au-dessus de toutes attaques la Souveraineté du Peuple, le Gouvernement républicain, la liberté de penser, de parler, d'enseigner, d'écrire; la liberté du travail, de réunion et d'association, enfin la liberté individuelle;

5° Assurer par une organisation large et démocratique de la Commune, la liberté des élections pour la future Constituante;

6° Réaliser les réformes propres à hâter sagement l'éducation morale et politique des masses;

7° Juger tous les personnages politiques dont les usurpations ou la dictature ont amené la situation présente, et renvoyer devant des tribunaux républicains les prévaricateurs, les dilapidateurs de la fortune publique, les mandataires infidèles, les traîtres.

Déclarant de plus qu'il n'épargnera rien pour faire adopter, par ses coopérateurs, tout ce qui est présentement applicable des pures doctrines du Socialisme et de la Démocratie; le soussigné, s'il est élu, accepte, dans le sens rigoureux du terme, la *responsabilité* de ceux de ses actes qui pourraient être contraires à l'engagement ci-dessus.

BANET-RIVET,

Candidat proposé et accepté dans la première réunion électorale des Républicains socialistes du IIIe arrondissement de Paris.

Paris : rue des Tournelles, 33. *Tous les jours, de* 10 *heures à midi.*

1017 — Paris. — Assoc. générale typogr., Faub.-St-Denis, 19
Berthelemy et Ce.

RÉPUBLIQUE FRANÇAISE

ORDRE ET PROGRES

Le Club positiviste de Paris propose les Candidats suivants pour représenter à l'Assemblée nationale le parti Positiviste.

Fabien MAGNIN, ouvrier menuisier, président de la Société positiviste de Paris.

Docteur ROBINET, ancien maire du VIe Arrondissement.

Gabriel MOLLIN, ouvrier doreur, membre de la Commission parisienne de l'Association Internationale.

Eugène SÉMÉRIE, docteur en médecine, ancien membre de la Commission d'Armement du IXe Arrondissement.

Imprimerie centrale des chemins de fer. — A. CHAIX et Ce, rue Bergère, 20, à Paris. — 758-1

RÉPUBLIQUE FRANÇAISE

Liberté — Égalité — Fraternité

COMITÉ CENTRAL RÉPUBLICAIN

APPEL

aux délégués des divers comités et des diverses corporations

Le Comité central républicain, composé d'industriels, d'ingénieurs, de commerçants et d'ouvriers des vingt arrondissements, reconnaît comme principe absolu le maintien de la République démocratique, et, comme conséquence, un pouvoir exécutif, émanant de l'Assemblée, élu pour un temps limité.

Il est profondément pénétré de ces sentiments, que la République ne peut être fondée définitivement qu'en rompant avec les anciens errements, et en faisant appel au dévouement d'hommes pratiques sincèrement républicains.

Réuni en permanence dans le salon Lemardelay, rue Richelieu, n° 100, il y convoque, pour *vendredi* 3 *Février, de* 10 *heures du matin à* 6 *heures du soir*, les délégués de tous les Comités républicains des corporations de la Seine, pour arrêter, avec eux, une liste définitive des Candidats à l'Assemblée nationale, et toutes les mesures qui doivent en assurer le succès.

Imprimerie centrale des chemins de fer. — A. CHAIX et Ce, rue Bergère, 20 Paris — 774-1.

MARINONI

CANDIDAT

Citoyens,

Enfant de Paris, j'ai hâte de venger l'injure de la honteuse capitulation imposée à ma ville natale et à la France.

Je demande à vous représenter à l'Assemblée qni va se réunir à Bordeaux, pour décider de notre sort à tous.

VOICI MON PROGRAMME :

Je voterai pour la République. Assez de rois! Assez d'empereurs! Ils nous ont coûté trop cher!

Plus de politique; plus de discours menteurs; travaillons et donnons bien vite à tous l'instruction gratuite, afin que la génération qui vient puisse nous aider à prendre notre revanche.

Travaillons pour reconquérir notre rang parmi les peuples.

Pour arriver à ces résultats, je voterai les mesures qui auront pour but le départ immédiat des ennem s de notre chère Patrie; chaque jour qu'ils y restent, en nous empêchant de travailler, nous coûte plus de 500 millons. Dépêchons-nous donc de les renvoyer.

Quand ils seront partis le travail reviendra et avec lui l'abondance.

Notre belle France est si vivace et si féconde que malgré les avocats, les mauvais généraux et les prussiens qui la gouvernent en ce moment, elle veut vivre et produire!

Prenons la devise des américains : GO AHEAD! ***En avant !!***

H. MARINONI,
Mécanicien, 57, *rue de Vaugirard.*

8878 Paris. — Typographie et Lithographie de RENOU et MAULDE, rue de Rivoli, 144.

ÉLECTIONS DU 8 FÉVRIER 1871

Candidat présenté pour l'Assemblée Nationale

LÉVY-BING

BANQUIER, ÉCRIVAIN
MEMBRE du CONSISTOIRE ISRAÉLITE de PARIS

Citoyens de Paris,

A travers tant de candidatures inutiles qui se produisent, les électeurs soussignés ont pensé de présenter un homme d'un mérite réel, qui jusqu'ici a voulu se soustraire aux suffrages de ses concitoyens. M. Lévy-Bing, écrivain distingué, auteur d'une lettre fort remarquable publiée dans *l'Univers Israélite* le 20 décembre dernier, est le premier à Paris ayant protesté avec éloquence et patriotisme, contre les prétentions de l'Allemagne sur nos chères provinces d'Alsace et Lorraine ; il saura donc défendre avec énergie, l'intégrité du territoire.

Les travaux scientifiques, écrits et discours, de M. Lévy-Bing le placent au premier rang des penseurs de notre pays, et des réformateurs de tant d'institutions condamnées. L'étude des choses de l'esprit n'a pas détruit chez lui les grandes aptitudes de l'économiste politique, nécessaires à la situation que nous allons traverser, où il faudra discuter au milieu des convoitises de l'ennemi et sauvegarder dans les traités futurs les intérêts commerciaux et industriels de notre pays. M. Lévy-Bing est le fils de ses œuvres ; républicain en ayant les vertus, il a su conquérir une place honorable dans le monde parisien. Chef d'une importante maison de Banque, membre du Consistoire Israélite de Paris, il trouvera dans le parti libéral et de l'ordre les sympathies que mérite un bon citoyen.

Paris, le 5 février 1871.

H. MALLET, négociant ; Maurice MI HFL, entrepositaire ; Ernest LÉVY, rentier ; J. de PAZ HULANISKI, écrivain ; CARON de BEAULIEU, journaliste ; Jules ROBIN, négociant ; Henri CARRIÈRE, rentier ; J. LIBMAN négociant.

182. — PARIS. — IMPRIMERIE VALLÉE, 16, RUE DU CROISSANT.

AMÉDÉE VALIN

CANDIDAT A L'ASSEMBLÉE NATIONALE

Dans le malheur commun, notre seul espoir est dans l'Assemblée Nationale.

Notre devoir, à tous, est donc de n'y envoyer que des hommes suffisamment capables et surtout entièrement dévoués, quels que soient leur rang et leur condition. Et tout candidat qui se présente, doit être sincèrement disposé à faire le sacrifice de sa vie, s'il est nécessaire, pour le salut de la France et de la République.

Plein d'indignation contre ceux qui n'ont pas su sauver leur patrie, et animé du désir de contribuer à la défendre, j'ose me présenter à vos suffrages.

J'ai toujours condamné l'Empire, et c'est pour cette raison que l'Empire m'a condamné par l'organe de l'ex-ministre M. Pinard, alors qu'il était Procureur général à Douai, ma ville natale, et quand moi, rédacteur du *Journal libéral*, j'ai fait imprimer ce mot significatif : *CHIFFON NATIONAL*, par allusion au drapeau, *traîné dans la boue*.

Depuis ce temps-là, j'ai été négociant et ai appris à connaître les besoins du commerce, comme j'avais appris à connaître ceux de toutes les autres classes de la société, en me dévouant toujours au service de mes concitoyens. Si mon dévouement, mis à l'épreuve dans les petites circonstances, vous inspire, et si vous ajoutez mon nom à la liste de vos Candidats, je le montrerai dans les grandes.

VIVE LA FRANCE! VIVE LA REPUBLIQUE!

AMÉDÉE VALIN

33, Boulevard des Batignolles.

Imprimerie centrale des chemins de fer, — A. CHAIX ET Cie, rue Bergère, 20, à Paris. 938-1

CANDIDAT

ARNAULD DE VRESSE

ÉDITEUR-LIBRAIRE

Capitaine commandant les Carabiniers volontaires du 14e Bataillon

RUE DE RIVOLI, 55.

Ancien directeur gérant du **Courrier Français**, condamné politique, ancien officier d'artillerie, porté au **Journal Officiel** du 23 novembre 1870, comme ayant bien mérité de la patrie, cité trois autres fois dans les numéros du 25 octobre, 2 novembre 1870 et 12 janvier 1871.

CITOYENS,

Je veux la République et la Liberté, seule forme de Gouvernement qui puisse sauver la France, et je ferai tous mes efforts pour obtenir une réparation afin de venger l'humiliation que l'ennemi nous fait subir.

Salut et Fraternité.

ARNAULD DE VRESSE.

PARIS. IMPRIMERIE PAUL DUPONT.

COMITÉ RÉPUBLICAIN
DE BERCY

Le Comité recommande les Candidats suivants agréés dans ses réunions publiques. Il regrette de n'avoir pu, par insuffisance de temps, examiner et présenter treize autres noms pour compléter la liste.

1 GAMBETTA
2 GARIBALDI
3 EDGAR QUINET
4 LOUIS BLANC
5 GRÉVY
6 DORIAN
7 EMILE BRELAY, Négoc. en Tissus.
8 PIERRE JOIGNEAUX, Agriculteur.
9 LAFERRIÈRE, Publiciste.
10 ATHANASE COQUEREL.
11 VACHEROT de l'Institut (Maire).
12 HENRI MARTIN, Historien et Maire.
13 VAUTRAIN, Maire du IVe.
14 TOLAIN, Ouvrier ciseleur, Adjoint.
15 E. TENOT, Publiciste.
16 JEAN MACÉ, Fondateur de la ligue de l'Enseignement.
17 HENRI BRISSON, Publiciste.
18 VICTOR HUGO
19 SALICIS Officier de marine.
20 FARCY, Officier de marine.
21 M. DE BEAUREPAIRE. Capitaine.
22 MARC DUFRAISSE, Publiciste, ancien Représentant.
23 COLLIN, fabricant de Meubles.
24 MINET, ouvrier Peintre sur céramique.
25 ARNAUD DE L'ARIÈGE, ancien Représentant, Maire.
26 RANC, Homme de lettres.
27 FLOQUET, Adjoint démissionnaire.
28 LAVIGNE, Lieutenant-Colonel de la Garde nationale.
29 LOCKROY, Publiciste.
30 ED. ADAM, Secrétaire au Comptoir d'escompte.

BUREAU :

BRIET, *Président.*
LANEYRIE, *Vice-Président.*
ROUX (CHARLES), *Secrétaire.*

DULERMEZ, CHAMPVAL, BEAUDOIN, BELLICARD, *Assesseurs.*

Réunions publiques à 7 heures du soir, au Rocher, 30, port de Bercy, pendant les périodes électorales.

Paris. — Imprimerie LEFEVRE, passage du Caire, 87-89.

CANDIDATS
DE LA
FUSION LIBÉRALE

Le **COMITÉ LIBERAL** du 1er Arrondissement, considérant qu'il y a nécessité absolue pour sauver le pays d'appeler à l'Assemblée Nationale des hommes capables, pratiques, dévoués et indépendants, a l'honneur de soumettre au vote des Electeurs le nom des Candidats ci-après :

1 DU QUILIO, Amiral, Commandant le 5e Secteur.
2 ALFRED CAIL, Industriel.
3 DORIAN, Ministre des Travaux Publics.
4 SAUVAGE, Directeur du Chemin de Fer de l'Est.
5 POTHUAU, Amiral.
6 STOFFEL, Colonel d'Artillerie.
7 H. VRIGNAULT, Rédacteur de la *Liberté*.
8 SÉE, Docteur en médecine.
9 E. GOUIN, Constructeur de Machines
10 SAISSET, Amiral.
11 SOLACROUP, Directeur du Chemin de fer d'Orléans.
12 THIERS.
13 H MARTIN, Historien.
14 LAMOTHE-TENET, Capitaine de Vaisseau.
15 GRÉVY.
16 Louis BLANC.
17 BOSSE, Vice-Amiral, commandant le 3e Secteur.
18 EDGAR QUINET.
19 Edmond ADAM.
20 MICHELET.
21 COSNIER, Amiral, Commandant le 4e Secteur.
22 SCHOELCHER, Colonel d'Artillerie.
23 Edmond HERVÉ, Publiciste.
24 Léon SAY.
25 SALICIS, Capitaine de Frégate.
26 D'EICHTAL, Banquier.
27 FRITZ KOECHLIN, Industriel-Manufacturier.
28 FLEURIOT DE LANGLE, Amiral.
29 HACHETTE, Libraire.
30 THUREAU D'ANGIN, Publiciste.
31 LA RONCIÈRE-LE-NOURY, Amiral.
32 TENAILLE-SALIGNY, Maire du 1er Arrondissement.
33 RASPAIL fils.
34 KRANTZ, Capitaine de Vaisseau.
35 Félix HÉMENT, Publiciste.
36 LEVASSEUR, Économiste.
37 POIRIER, Manufacturier à Saint-Denis.
38 HÉROLD, Ministre de l'Intérieur.
39 CLAPARÈDE, Constructeur-Mécanicien
40 DORÉ, Capitaine de Frégate.
41 GARNIER, Lieutenant de Vaisseau.
42 FRÉBAULT, Général d'Artillerie de Marine.
43 ACHILLE VAULABELLE, Homme de Lettres.

Paris, Imp. Paul DUPONT.

DELASALLE

Lieutenant de Vaisseau

CANDIDAT RÉPUBLICAIN

Mes chers Concitoyens.

Voici quelles sont les bases de la République que je comprends, et que je chercherai à fonder en France.

LIBERTÉS. — Libertés de la Presse, de Réunion, d'Association, etc.

Respect de la Loi.

Suppression de l'Ignorance et de l'Ivrognerie.

Respect de la Propriété.

Religion de la Famille.

Principe du concours pour tous les degrés dans les fonctions publiques.

Abolition du droit de grâce. (Aucun pouvoir ne doit être *supérieur* à la loi).

Je veux :

La République gouvernée par une Assemblée Nationale *permanente, souveraine, réellement inviolable*, ayant *seule* le droit [illegible] déclarer la guerre, de faire des traités de Paix, d'Al- [illegible]

Une réelle décentralisation, en conservant le principe de l'unité nationale.

Conseils départementaux, Réunions cantonales, Conseils municipaux.

La restitution aux *Conseils départementaux* de tous les pouvoirs qui constituent l'administration des biens et des intérêts du département. (Ces Conseils doivent être permanents et déléguer à l'un de leurs membres, l'exécution de leurs délibérations).

Les Préfets devenant de simples agents du Pouvoir exécutif, pour les intérêts généraux dans le département.

La suppression de l'Arrondissement.

La création de Réunions cantonales formées de délégués désignés par les différents Conseils municipaux du canton.

Il faut changer nos mœurs publiques, mais changer aussi nos mœurs privées.

Conserver ce qu'il y a de bon dans le caractère français, mais perdre notre *vanité* et notre *légèreté*.

Je demande bien des réformes.

J'en signale ici quelques-unes :

JUSTICE. — Concours pour l'entrée dans la Magistrature. — Introduction du principe de l'élection pour l'avancement. — Révision et codification des lois, rendues intelligibles pour tous. — Simplification du code de procédure. — Étude du régime des prisons dans le but de la moralisation des condamnés. — (*L'Ivrognerie* considérée dans tous les cas comme *circonstance aggravante*).

FINANCES. — Diminution des frais de perception de l'impôt. — Révision du Cadastre. — Suppression des Octrois, au moins en ce qui concerne les *liquides*, nécessaires pour l'approvisionnement des familles, mais un *gros impôt* sur les établissements où l'on consomme sur place. — Suppression absolue des débits en plein vent. — Révision de l'impôt des patentes qui ne doit frapper que *la fortune acquise*.

INSTRUCTION PUBLIQUE. — Gratuite à *tous les degrés* dans des externats entretenus par l'État. — Liberté entière laissée aux établissements particuliers où les enfants recevront l'éducation que veulent leur donner leurs parents. — Exercices corporels et militaires. — Bibliothèques communales. — Cours publics.

CULTES. — (Chacun doit supporter les frais de son culte). Séparation de l'Église et de l'État. — Liberté entière à tous les cultes, garantie par la loi et le respect public.

ARMÉE. — Loi militaire vraiment égalitaire. [illegible]

[illegible] rendus. — Création d'Écoles et de Bibliothèques pour les Officiers, les Sous Officiers et les Soldats. — Formation de camps d'instruction où se tiendront constamment les troupes, loin des villes où le Soldat contracte des habitudes de paresse et d'ivrognerie, et fait un service au moins inutile. — Création d'un corps nombreux de Gendarmerie aux ordres de la *Magistrature*. — La Garde nationale sédentaire composée de tous les Citoyens de 35 à 45 ans. — Suppression de l'École Polytechnique, remplacée par des Cours gratuits, spéciaux à chaque service public, où chacun doit pouvoir arriver par voie de concours. — Création d'une École toute militaire pour l'Artillerie et le Génie.

MARINE. — Mêmes principes que pour l'Armée, c'est-à-dire : Écoles, Concours pour la collation des grades, suppression du droit d'ancienneté. Nécessité pour chaque Officier de passer par les Écoles spéciales déjà existantes, d'Artillerie et d'Infanterie. — Publication à bon marché de toutes les Expériences *Françaises* et *Etrangères* intéressant la Marine. — Création de Bibliothèques de bord *sérieuses* pour les Officiers et les Matelots.

AGRICULTURE. — Étude de l'irrigation de la France. — Loi agricole encourageant l'association pour les travaux d'intérêt collectif.

TRAVAUX PUBLICS. — Principe du *concours* pour les travaux publics.

AFFAIRES ÉTRANGÈRES. — Suppression d'un grand nombre de postes diplomatiques. — Restitution des Consulats au ministère du Commerce. — Concours pour la nomination des Consuls, qui ne doivent être que des Agents commerciaux. — Réorganisation des Tribunaux consulaires.

Telles sont, mes chers Concitoyens, les Idées et les Réformes que je chercherai à faire triompher si vos suffrages m'appellent à siéger à l'Assemblée Nationale.

DELASALLE

Lieutenant de Vaisseau.

PARIS. — IMPRIMERIE Ve POITEVIN, ÉTHIOU-PÉROU ET Ce, RUE DAMIETTE, 2 ET 4.

ASSEMBLÉE NATIONALE

JULES CLARETIE

CANDIDAT

CITOYENS,

L'Assemblée nationale que Paris et la Province vont élire peut sauver la France ou elle peut la perdre.

Elle peut sauver la France en tenant haut et droit, devant l'ennemi, le drapeau troué et toujours glorieux de la Patrie.

Elle peut la sauver en maintenant fermement la République, née de la nécessité même des choses et de l'écroulement du despotisme impérial.

Elle doit faire la paix en maintenant aussi l'intégrité de la France, cette unité nationale, œuvre de nos pères, et que nous devons sauvegarder, défendre ou reconstruire.

Elle doit assurer le gouvernement de tous par tous, qui permet tous les progrès politiques et sociaux et assure toutes les libertés : liberté individuelle, liberté d'association, liberté de penser, liberté d'écrire — en un mot, la liberté.

Jamais Assemblée, depuis 1789, n'eut une si lourde, si triste et peut-être si noble tâche. Le pays doit être pour ainsi dire reconstruit, et reconstruit par les efforts et l'activité de tous, par l'instruction populaire, par le travail et par l'honneur.

Mais, pour résoudre ce problème redoutable, il faut à la fois les plus autorisés et aussi les plus laborieux de tous les citoyens, il faut concilier, unir dans un même effort, toutes les honnêtetés et tous les dévouements.

Il faut que cette Assemblée nationale soit véritablement l'image de la patrie, et que toutes les forces vives et toutes les intelligences du pays y soient représentées.

C'est pourquoi, à côté des renommées et des personnalités nationales dont le passé est glorieux, il faut des hommes pris dans ces générations nouvelles qui ont supporté le poids de ces dernières années sans avoir commis de fautes; il faut des hommes qui n'ont rien du passé que la grande tradition du vieil honneur national, qui n'ont nulle rancune personnelle, nulle haine aigrie, qui n'ont point rendu l'empire possible, qui, au contraire, ont toujours combattu cette tyrannie, des jeunes hommes comme il s'en trouva tant, même parmi les plus ignorés, aux jours pleins d'espoir de 89, des hommes qui n'ont qu'un seul amour, mais sincère et profond, l'amour de la patrie et de la République.

Des électeurs m'ont offert le mandat de représentant du peuple. Je l'accepterais avec reconnaissance comme une mission et comme un devoir.

Je serais fier de représenter à la Chambre la génération dont je suis et qui est la réserve de l'avenir.

Je mets au service de la République, qui replacera la Nation à son rang dans le monde, ma foi patriotique dans sa destinée et mon dévouement le plus profond.

Le but que je me proposerai, après avoir travaillé à obtenir la paix, la paix féconde, mais une paix honorable et fière, ce serait de consacrer ma vie entière à cette tâche dont le succès sera comme la revanche de la Patrie :

Refaire la France.

Lui donner des mœurs qui la fassent honnête.

Lui assurer des lois qui la rendent libre.

JULES CLARETIE.

Paris. — Imprimerie VIEVILLE et CAPIOMONT, rue des Poitevins, 6.

ASSEMBLÉE NATIONALE

AUX ÉLECTEURS DE PARIS,

Les opinions de Partis ont fait leurs preuves;
Je me présente sans autre principe que celui de relever l'Honneur National.

LÉON CARMINATA

275 Paris. — Typographie MORRIS père et fils, rue Amelot, 64.

CANDIDAT

De **ONZE** Comités radicaux d'arrondissement et de **CINQ** Comités centraux

PASCHAL GROUSSET

Ex-Rédacteur de la ***Marseillaise***, Volontaire aux Chasseurs à pied

IMPRIMERIE PAUL DUPONT.

Préfecture de la Gironde

RÉPUBLIQUE FRANÇAISE

Liberté, Egalité, Fraternité.

DÉPÊCHE
TÉLÉGRAPHIQUE

Le Ministre de l'Intérieur à Préfets

CIRCULAIRE

Vous savez que les personnes appartenant aux familles qui ont régné sur la France sont inéligibles en vertu de la loi du 10 avril 1832 et du décret du 9 juin 1848. Un décret du 7 février 1871 étend ces dispositions à la famille Bonaparte.

Veillez rigoureusement à ce que ces lois et décrets soient observés.

Signé : E. ARAGO

Pour copie conforme :

Le Préfet de la Gironde,

H. BARCKHAUSEN.

De toutes les incompatibilités créés par le décret du 31 janvier 1871, celles qui sont mentionnées dans la circulaire qui précède sont les seules qui soient maintenues.

Le Préfet de la Gironde,

H. BARCKHAUSEN.

Bordeaux.—Imp. administrative Ragot, rue de la Bourse, 11 et 13.

Par ordre des Autorités prussiennes, il est interdit aux personnes venant de Paris, ou voulant y aller, d'emporter de Saint-Denis, des vivres, soit par voitures ou avec des paniers et sacs.

Cette défense est absolue et tout contrevenant sera puni et ses provisions saisies.

Saint-Denis, le 9 Février 1871.

Le Général Major, Commandant la Place de Saint-Denis,

BARON DE MEDEM.

Saint-Denis. — Typographie de A. MOULIN, rue de Paris, 17.

Préfecture de la Gironde

RÉPUBLIQUE FRANÇAISE

Liberté, Égalité, Fraternité.

La République a besoin des manifestations libres de l'esprit du peuple.

Ne laissez donc pas compromettre, par des hommes inconnus dans Bordeaux, inconnus dans la démocratie, et qui par conséquent doivent nous être suspects, la bonne réputation de vos réunions et le caractère de vos manifestations publiques.

Je comprends qu'un armistice imposé par l'ennemi et des élections ordonnées dans un pareil moment vous désolent et vous inquiètent, mais la sagesse doit vous dire de tirer au moins profit pour la République et pour la Défense, des circonstances que nous ne pouvons pas empêcher.

Défiez-vous de ceux qui vous parlent d'un impossible Comité de salut public afin de vous pousser à l'abstention qui permettrait à nos adversaires d'entrer en majorité dans l'Assemblée.

Défiez-vous de ceux qui vous poussent à faire perdre le temps et l'énergie du Gouvernement lorsque tous ses instants sont précieux et ses efforts nécessaires.

Défiez-vous de ceux qui cherchent à diviser le parti démocratique et qui cherchent à envenimer encore un conflit.

Défiez-vous de ceux qui calomnient les plus purs et les plus fermes républicains et qui cherchent à priver le peuple de ses meilleurs serviteurs.

Apprêtez-vous donc, non pas à vous dépenser en démonstrations tumultueuses et en vain cris, mais à voter pour des hommes qui sont capables de diriger, sans faiblesse, les destinées de la République et de sauver notre malheureuse et chère patrie du grand péril où l'ont conduite les candidats officiels, les créatures du second empire, aujourd'hui candidats officiels de M. de Bismarck.

VIVE LA RÉPUBLIQUE !

Le Préfet de la Gironde,
H. ALLAIN-TARGÉ.

Bordeaux.—Imp. administrative Ragot, rue de la B[illegible]e. 11 et 12.

RÉPUBLIQUE FRANÇAISE

PRÉFECTURE DE POLICE

AVIS

LAISSEZ-PASSER

A partir de demain, 8 Février, la Préfecture de Police délivrera les *Laissez-passer pour l'extérieur de Paris* par l'intermédiaire des Commissaires de Police.

En conséquence, toute personne domiciliée devra s'adresser au Commissaire de son quartier et lui remettre sa demande soit écrite, soit verbale.

Les Commissariats répondront aux demandes reçues par eux.

Les personnes non domiciliées, venues à Paris pour leurs affaires et qui désireront en sortir, devront s'adresser aux Commissaires les plus voisins de la porte par où elles sortiront.

La Préfecture de Police donnera directement suite, par la *voie de la Poste*, aux demandes dont elle aura été saisie par écrit.

Paris le 7 *Février* 1871.

Paris. — BOUCQUIN, Imprimeur, rue de la Sainte-Chapelle, 5.

RÉPUBLIQUE FRANÇAISE

LIBERTÉ, ÉGALITÉ, FRATERNITÉ.

MAIRIE DE PARIS.

LE MEMBRE DU GOUVERNEMENT,

DÉLÉGUÉ A LA MAIRIE DE PARIS,

Vu l'arrêté en date du 18 janvier dernier, concernant le rationnement du pain;

ARRÊTE :

ARTICLE 1er.

Les art. 1er et 2 de l'arrêté susvisé sont modifiés ainsi qu'il suit :

ART. 2.

A partir du mercredi 8 février présent mois, le rationnement du pain, à Paris, est élevé de 300 à 400 grammes pour les adultes et de 150 à 200 grammes pour les enfants au-dessous de 5 ans.

ART. 3.

Le prix de la ration de 400 GRAMMES sera de 15 CENTIMES, et celui de la ration de 200 GRAMMES sera de 8 centimes.

ART. 4.

Il n'est en rien dérogé aux autres dispositions contenues dans l'arrêté précité du 18 janvier dernier, qui continuera à recevoir son exécution.

Fait à Paris, le 7 février 1871.

JULES FERRY.

Typ. CHARLES DE MOURGUES frères, Imp. de la Mairie de Paris, rue J.-J. Rousseau, 58.—609

Le Préfet de la Haute-Loire

AUX ÉLECTEURS

ÉLECTEURS,

Je suis injurié et calomnié dans une affiche et dans une brochure que M. Guyot-Montpayroux vient de publier. Toutes réserves faites, en ce qui me concerne, sur l'action que j'aurai le droit d'exercer ultérieurement contre cette manœuvre désespérée de la dernière heure, je donne une preuve irréfutable de la liberté électorale illimitée laissée au calomniateur, en tolérant cette publication que je pouvais empêcher.

Il me suffit aujourd'hui de publier la réponse suivante que j'ai eu l'honneur de recevoir après les explications que j'ai envoyées à Bordeaux, sur l'arrestation de M. Guyot-Montpayroux.

Bordeaux, 7 février.

Justice à Préfet le Puy

« Cher Préfet, je n'avais pas besoin d'un témoignage d'Arago pour vous connaître comme un digne et excellent républicain. Il me semble que ma dépêche qui manifeste en termes généraux mes sentiments républicains, était l'expression de votre pensée comme de la mienne et quand j'ai fini par ces mots : Restons républicains, il est bien évident que nous suivons la même ligne.

« Du reste, vous vous êtes conduit en digne administrateur en faisant exécuter la loi par l'arrestation du réfractaire et en digne ami de nos institutions en faisant mettre en liberté le candidat. Nous avons tous applaudi à ce double accomplissement d'un devoir si bien compris. Je me fais un plaisir de vous en exprimer toute ma satisfaction. »

Pour copie conforme :

Le Préfet de la Haute-Loire,
Henri LEFORT.

Le Puy, typographie de M.-P. Marchessou.

RÉPUBLIQUE FRANÇAISE.

MINISTÈRE DE L'AGRICULTURE ET DU COMMERCE.

DÉCRET.

Le Gouvernement de la Défense nationale

DÉCRÈTE :

ART. 1er. Toute réquisition, toute interdiction de vente des animaux de boucherie et des vaches laitières est levée à partir de ce jour.

Le commerce de ces animaux pourra s'opérer librement à partir de la promulgation du présent décret résultant de son insertion au *Journal officiel*.

ART. 2. Le marché aux bestiaux de la Villette sera ouvert tous les jours, comme par le passé, pour l'exposition et la vente des animaux de boucherie et des porcs.

ART. 3. La vente à la criée en gros des viandes abattues est rétablie à la halle des Prouvaires et fonctionnera comme précédemment. Une autre vente en gros à la criée des viandes abattues pourra être installée au marché aux bestiaux de la Villette. Elle sera faite par des agents publics spéciaux, désignés par l'administration municipale.

ART. 4. L'abatage des animaux achetés par les bouchers aura lieu, comme par le passé, dans les échaudoirs affectés à chacun d'eux aux abattoirs en exercice, sans préjudice néanmoins des mesures qu'il serait nécessaire de maintenir pour assurer l'approvisionnement des boucheries municipales.

ART. 5. La vente de la viande sera libre dans tous les étaux de boucherie de la Capitale. Les bouchers ne pourront vendre qu'au prix de la taxe, qui sera établie tous les quinze jours d'après la moyenne des prix de vente sur le marché de la Villette.

ART. 6. Tant que cela sera nécessaire, les boucheries municipales établies et fonctionnant par les soins des Maires d'arrondissement seront maintenues en nombre suffisant. Elles seront approvisionnées, et la distribution des viandes et autres aliments continuera d'y avoir lieu, sur la présentation des cartes de boucherie, dans les conditions de prix et de quantités déterminées par les autorités municipales.

ART. 7. Le Ministre de l'Agriculture et du Commerce, le Maire de Paris et les Maires d'arrondissement sont chargés, chacun en ce qui le concerne, de l'exécution du présent arrêté.

Fait à Paris, le 7 Février 1871.

Général TROCHU, JULES FAVRE, JULES FERRY,
ERNEST PICARD.

IMPRIMERIE NATIONALE. — Février 1871.

RÉPUBLIQUE FRANÇAISE.

MINISTÈRE DE L'AGRICULTURE ET DU COMMERCE.

DÉCRET.

Le Gouvernement de la Défense nationale,

DÉCRÈTE :

ARTICLE PREMIER.

La réquisition des grains et farines est levée.

Le commerce de ces denrées pourra s'exercer librement à partir de la promulgation du présent décret résultant de son insertion au *Journal officiel*.

ART. 2.

Le Ministre de l'Agriculture et du Commerce est chargé de l'exécution du présent décret.

Fait à Paris, le 7 février 1871.

Général TROCHU, JULES FAVRE, JULES FERRY, ERNEST PICARD.

IMPRIMERIE NATIONALE. — Février 1871.

RÉPUBLIQUE FRANÇAISE.

MINISTÈRE DE L'AGRICULTURE ET DU COMMERCE.

AVIS.

VENTE DE CHEVAUX.

Le Samedi, 11 février courant, à 2 heures de l'après-midi, aura lieu, au Marché aux chevaux (boulevard d'Enfer, n° 6), la vente aux enchères de chevaux provenant du stock d'approvisionnement et pouvant être utilisés comme chevaux de travail.

IMPRIMERIE NATIONALE. — Février 1871.

ARRÊTÉ
CONCERNANT
les Rapports avec Paris.

En suite de nouveaux accords avec le Gouvernement de la Défense nationale à Paris, il est décidé :

1. Les personnes venant de Paris pourront traverser nos avant-postes de ce côté-ci, en tant qu'elles seront munies d'un laissez-passer en leur nom personnel. Ces laissez-passer devront être rédigés en allemand et en français, et porteront la signature :

Du Général DE WALDEN, et
du Préfet de police CRESSON.

Les laissez-passer rédigés en français seulement, seront sans valeur.

2. Les laissez-passer seront revêtus d'un visa de ce côté de nos avant-postes, et les porteurs n'auront plus besoin d'aucune nouvelle autorisation pour pouvoir continuer leur voyage dans l'intérieur du pays.

3. Chaque laissez-passer n'est valable que pour une seule sortie de Paris. Les seules exceptions admises sont :

Pour le personnel des Chemins de fer attaché au service des trains.

4. Le passage par nos avant-postes pour aller à Paris est, sur la demande du Gouvernement de la Défense nationale, suspendu.

Il n'est fait d'exception que pour :

a. Le personnel des chemins de fer accompagnant les convois.

b. Les individus munis d'une autorisation personnelle du Gouvernement de la Défense nationale. Cette autorisation pourra être relatée sur le laissez-passer même ou faire l'objet d'un permis spécial, ou même encore ces individus pourront s'adresser, à ce sujet, à un commissaire français qui, dès le 8 de ce mois sera, à poste fixe, à Saint-Germain. Chaque autorisation d'entrée dans Paris n'aura de valeur que pour sa date uniquement, et cette date devra être bien clairement exprimée sur les laissez-passer et les autorisations spéciales.

A l'exception des laissez-passer, toutes les autorisations spéciales devront être présentées aux autorités militaires supérieures, soit à Asnières, soit à Saint-Denis, au fort d'Aubervilliers, à Livry, ou dans Villiers, qui les approuveront par leur visa ou en délivreront de nouvelles.

5. L'approvisionnement de Paris n'est permis que par les Chemins de fer ou les rivières qui y conduisent.

6. En conformité de la convention, il est interdit à qui que ce soit d'importer dans Paris des vivres d'aucune espèce, que ce soit à titre de trafiquant ou pour usage personnel.

Fait au quartier-général, à Margency, le 7 Février 1871.

Le Commandant en chef de l'Armée de la Meuse,

ALBERT, Prince royal de Saxe.

BESTIMMUNGEN
UBER
den Verkehr mit Paris.

Auf Grund neuer Vereinbarungen mit dem Pariser national «Vertheidigungs Gouvernement» wird angeordnet wie folgt :

1. Die von Paris kommenden Personen dürfen durch die diesseitigen Vorposten nur auf Grund eines auf ihren Namen ausgestellten Passes durchgelassen werden. Diese Passe müssen in deutscher und franzosischer Sprache abgefasst und von den :

« General VON WALDEN, » und
dem Polizei- Präfect CRESSON, unterschrieben sein.

Nur in franzosischer Sprache abgefaszte Passe sind ungültig.

2. Die Passe dieser Personen sind mit einem Visum Seitens der diesseitigen Vorposten zu versehen und ist zur weiterreise im Lande keine andere Erlaubnisz erforderlich.

3. Jeder Pasz berechtigt nur zum einmaligen Austritt aus Paris. Ausnahmen hiervon macht allein :

das « Eisenbahn Personal » welches die züge zu begleiten hat.

4. Das Passiren unserer Vorposten, um nach Paris zu gelangen, ist auf Wunsch des national « Vertheidigungs » Gouvernement auf Weiteres nich gestattet.

Ausnahmen hiervon machen allein :

a das Eisenbahnpersonal, welches die züge zu begleiten hat.

b diejenigen Personen, welche im Besitze einer personlichen Genehmigung des franzosischen Gouvernements sind. Diese Genehmigung wird von dem National « Vertheidigungs » Gouvernement entweder auf dem Passe selbst oder sonst schriftlich ertheilt, oder aber, sie ist bei einem franzosischen Comissar einzuholen, welcher von 8 d/s Monats an, in Saint-Germain stationirt sein wird. Jede Genehmigung zum Eintritt in Paris durch unsere Vorposten hat nur für einen einzigen bestimmten Tag Gültigkeit, dessen Datum auf dem Passe, oder der Special Genehmigung angegeben sein musz; mit alleiniger Ausnahme der Passe sind alle übrigen special « Genehmigungen den hoheren deutschen Commando « Behorden » in Asnières, Saint-Denis, im fort d'Aubervilliers, in Livry odèr in Villiers persohnlich vorzulegen, welche dieselben entweder signiren, oder besondere Erlaubniszcheine ausstellen werden.

5. Lebensmittel dürfen nur per Bahn, oder auf den Flüssen nach Paris heineingelangen.

6. Auszer dieser durch die Convention geregelten Verpflegung von Paris ist es Jedermann ohne Ausnahme verboten, Lebensmittel irgendwelcher Art, sei es zum Verkauf, sei es zum Privatgebrauch, nach Paris zu befördern.

Hauptquartier Margency, den 7 Februar 1871.

Der Oberbefehlshaber der Maas-Armee,

ALBERT, Kronprinz von Sachsen.

Saint-Denis. — Typographie de A. MOULIN, rue de Paris, 17.

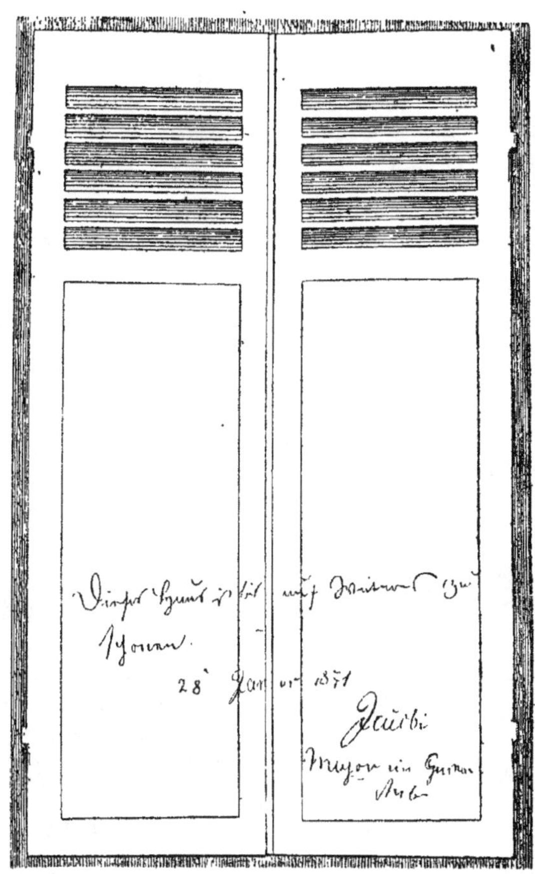

Les Prussiens ont prétendu que l'incendie de la ville de Saint-Cloud était dû aux hasards de la guerre et n'avait point été le résultat d'un plan arrêté par les chefs militaires et exécuté par ordre. Le témoignage ci-contre met à néant ces allégations : Le 28 janvier, les troupes allemandes reçurent l'ordre de brûler les maisons de Saint-Cloud; ils exécutèrent cet ordre avec une ponctualité impitoyable; le major, se tenant sur la place de l'Église, commandait ce feu d'un nouveau genre. On allait pétroler la maison où demeurait la femme B., lorsque celle-ci, se jetant aux genoux du major, le conjura de l'épargner et lui rappela les petits services qu'elle avait rendus aux Prussiens durant l'occupation. Le major ramassa alors froidement un tison à demi consumé et griffonna en allemand sur l'une des persiennes de la maison l'inscription suivante :

Cette maison est à épargner jusqu'à nouvel ordre.

28 *Janvier.*

JACOBI,

Major au quartier-général.

RÉPUBLIQUE FRANÇAISE.

MAIRIE DE PARIS.

RECENSEMENT GÉNÉRAL DES VOTES.

Le Membre du Gouvernement, délégué à la Mairie de Paris et à l'Administration de la Seine,

ARRÊTE :

Art. 1er Le recensement général des votes, pour l'élection à l'Assemblée nationale, exprimés le 8 février 1871, aura lieu le vendredi 10 février, à midi, salle Saint-Jean, à l'Hôtel de Ville.

Art. 2. La Commission chargée de ce recensement sera composée de sept Maires ou Adjoints de Paris et des Communes de la Seine.

Art. 3. Le Secrétaire général de la Mairie de Paris est chargé de l'exécution du présent arrêté.

Fait à l'Hôtel de Ville, le 8 février 1871.

Jules FERRY.

IMPRIMERIE NATIONALE. — Février 1871.

RÉPUBLIQUE FRANÇAISE.

MAIRIE DE PARIS.

RECENSEMENT GÉNÉRAL DES VOTES.

Le Membre du Gouvernement délégué à la Mairie de Paris et à l'administration du département,

Considérant qu'à raison des difficultés considérables du dépouillement, il est matériellement impossible d'opérer, dans le délai fixé par l'arrêté du 8 février, le recensement général des votes,

ARRÊTE :

Art. 1er. Le recensement général des votes, qui devait avoir lieu le vendredi 10 février, est remis au samedi 11 février, à midi.

Art. 2. Le Secrétaire général de la Mairie de Paris est chargé de l'exécution du présent arrêté.

Fait à l'Hôtel de Ville, le 9 février 1871.

Jules FERRY.

1 IMPRIMERIE NATIONALE. — Février 1871.

RÉPUBLIQUE FRANÇAISE.

MAIRIE DE PARIS.

Le Membre du Gouvernement, Maire de Paris,

ARRÊTE :

Art. 1er. A dater du 10 février, le rationnement du pain cessera d'avoir lieu.

En conséquence, l'arrêté du 18 janvier est rapporté.

Art. 2. Sont également rapportés les arrêtés du Maire de Paris, du 3 décembre 1870, limitant les livraisons de la caisse de la boulangerie; du 12 décembre, défendant la vente des farines; du 5 janvier 1871, défendant la sortie du pain; du 12 janvier, interdisant la fabrication et la vente du pain de luxe et le blutage des farines par les boulangers.

Le commerce des farines, la fabrication et le colportage du pain, sous quelque forme que ce soit, ne seront désormais soumis à aucune restriction, sauf la taxe municipale qui est maintenue jusqu'à nouvel ordre.

Art. 3. Le pain sera désormais taxé à 47 centimes et demi le kilogramme comme avant l'arrêté du 18 janvier dernier.

Fait à Paris, le 8 Février 1871.

Jules FERRY.

3 IMPRIMERIE NATIONALE. — Février 1871.

RÉPUBLIQUE FRANÇAISE.

MINISTÈRE DE L'AGRICULTURE ET DU COMMERCE.

ABATAGE DE BESTIAUX.

Les personnes qui ont l'intention de se charger de l'abatage des bœufs et des moutons pour le compte de l'Administration, dans les abattoirs de la Villette, Grenelle, Villejuif, sont priées de déposer leurs propositions au Ministère du Commerce, rue Saint-Dominique, n° 60, Bureau n° 42, où on leur donnera connaissance des conditions imposées aux concessionnaires.

Les offres devront être déposées au plus tard samedi 11 février.

Les personnes dont les offres auront été agréées en seront prévenues dimanche, pour entrer en jouissance lundi 13.

Le Ministre de l'Agriculture et du Commerce,
MAGNIN.

IMPRIMERIE NATIONALE. — Février 1871.

RÉPUBLIQUE FRANÇAISE

MINISTÈRE DE L'AGRICULTURE ET DU COMMERCE.

AVIS.

Toute personne qui justifiera par un certificat du Maire de son arrondissement de la possession d'un ou de plusieurs chevaux, pourra se présenter au Ministère de l'Agriculture et du Commerce, rue Saint-Dominique, n° 60, où il lui sera délivré, contre payement à la caisse du Ministère, des bons de livraison d'avoine et de son, au prix de 35 francs le quintal métrique pour l'avoine et de 18 francs pour le son.

On aura droit pour chaque cheval à un quintal métrique d'avoine et à un quintal métrique de son.

En ce qui concerne le son, il ne sera pas délivré de quantité inférieure à un demi-quintal.

Les bons indiqueront les magasins où il devra être pris livraison des denrées dont il s'agit.

Paris, le 9 Février 1871.

IMPRIMERIE NATIONALE. — Février 1871.

RÉPUBLIQUE FRANÇAISE

Liberté — Égalité — Fraternité

PREFECTURE DE LA LOIRE

Saint-Etienne, le 9 février 1871.

Citoyens,

Le gouvernement a donné, comme il devait le faire, des instructions pour qu'aucune espèce de pression administrative ne fut exercée dans les élections qui viennent d'avoir lieu.

La lutte a été vive entre les électeurs des diverses nuances, mais elle a été entièrement libre comme le veulent les principes républicains.

Le devoir de l'administration, qui était de rester neutre pendant le vote, n'est pas moins clair après l'accomplissement de ce grand acte de souveraineté nationale : elle doit faire respecter la volonté de la majorité légale.

Quiconque méconnaîtrait l'expression de cette volonté et tenterait de troubler l'ordre à ce sujet, ferait acte de mauvais citoyen; quels que soient les résultats du suffrage, chacun comprendra que des désordres ne pourraient servir que la Prusse et les ennemis de la République.

Le Secrétaire général délégué, faisant fonctions de Préfet de la Loire,

Alphonse MORELLET.

BENEVENT, Imprimeur de la Préfecture, place de l'Hôtel-de-Ville, 4, à Saint-Etienne.

RÉPUBLIQUE FRANÇAISE

LIBERTÉ — ÉGALITÉ — FRATERNITÉ.

MAIRIE DU 2me ARRONDISSEMENT.

DISTRIBUTION

DES

DENRÉES ANGLAISES

MM. les Délégués de la Commission Anglaise chargés de la remise des Dons en nature que nous envoie la ville de Londres, ont mis à la disposition de la Municipalité du 2me Arrondissement les Denrées suivantes :

FROMAGE	300 Kos
LARD	550 »
SUCRE.	85 »
VIANDE CONSERVÉE	875 »
SEL	125 »
RIZ	200 »
BOITES DE LAIT CONCENTRÉ. . .	500 »

Ces quantités sont insuffisantes pour être distribuées entre les 85,000 habitants de l'Arrondissement, mais la Municipalité est persuadée que les personnes qui, par leur position de fortune, sont à l'abri du besoin, abandonneront leur part au profit de celles qui ont tant souffert depuis quatre mois : tel est du reste le vœu formel des Donateurs.

En conséquence, ces Denrées ont été divisées en parts égales, aussi nombreuses que possible, et la distribution en sera faite, sur la présentation des Cartes de rationnement, LUNDI prochain, à partir de 8 heures, chez les Bouchers de l'Arrondissement, qui tous ont bien voulu prêter gratuitement leur concours.

La Municipalité du 2me Arrondissement est heureuse d'exprimer publiquement, au nom de tous les habitants, dont elle est certainement l'interprète, les sentiments de reconnaissance que lui inspirent les marques de généreuse sympathie du peuple Anglais.

La France, qui a si souvent tendu sa main fraternelle aux peuples opprimés, accepte avec une reconnaissante fierté les Dons d'un peuple ami.

La République a recueilli un douloureux héritage, mais quels que soient les périls de l'heure présente, ne perdons pas courage ; ayons foi dans l'avenir, et prouvons par notre attitude, que nous sommes dignes encore du respect et de l'amitié des peuples libres.

VIVE LA FRANCE ! VIVE LA RÉPUBLIQUE !

Paris, le 11 *Février* 1871.

Le Maire et les Adjoints,

TIRARD, E. BRELAY, CHÉRON, LOISEAU-PINSON.

Paris, — Imprimerie PRISSETTE, passage Kussner, 17 — Maison passage du Caire, 17.

PARAITRA SAMEDI

LA

COMÉDIE PATRIOTIQUE

Jouée par des Hommes et racontée par des Femmes

MÉMOIRES DES SŒURS DE FRANCE

Par Mme LIONEL DE CHABRILLAN

Publication des noms et prénoms de tous ceux qui ont employé des ruses pour se soustraire au service militaire, pendant la durée du siége de Paris, se sont sauvés ou cachés dans des caves avant le bombardement.

A l'œuvre, Citoyennes, vous qui auriez préféré la mort à la capitulation: ni trève ni repos, tant qu'on n'aura pas démasqué les traîtres, en mettant en scène les marionnettes politiques qui ne font que retourner leur cocarde au profit de députation, de croix et de places. En lumière les ficelles de ces pantins, dont les convictions se résument ainsi : *Otez-vous de là que je m'y mette.*

Citoyennes, la COMÉDIE PATRIOTIQUE est *à vous*. Envoyez-lui vos plaintes, vos accusations, avec preuves à l'appui, et l'opinion publique en prendra note, en attendant que Dieu daigne détourner les yeux de la Prusse, pour jeter un regard de pitié sur la France.

Au pilori, les marchands qui ont spéculé sur la misère de pauvres femmes, dont les enfants expiraient de froid et de faim.

Honte pour la vie à ces pourvoyeurs de la mort; ayons autant de haine pour eux que pour ceux qui nous ont vaincus.

La guerre est un duel entre deux nations. Notre chère France est cruellement blessée; mais elle n'est pas morte! Courage, citoyennes, persévérance, arrachons, un à un, les parasites qui lui rongent le cœur, et nous la sauverons, nous, dont le patriotisme est né le jour de l'invasion.

Pour tout ce qui concerne la rédaction, de 3 à 5 heures, 24, boulevard Poissonnière

30 centimes le numéro

En vente rue du Croissant, 22, chez MADRE, et chez tous les Libraires et Marchands de Journaux.

PARIS. — ASSOCIATION GÉNÉRALE TYPOGRAPHIQUE, RUE DU FAUBOURG-SAINT-DENIS, 19, BERTHELEMY ET COMP.

REPUBLIQUE FRANÇAISE

DIRECTION GÉNÉRALE DES POSTES.

AVIS AU PUBLIC.

Le Public est prévenu qu'à partir d'aujourd'hui, toutes les lettres jetées dans les boites ou déposées dans les bureaux de poste peuvent être closes.

Paris, le 12 Février 1871.

Le Directeur général des Postes,

G. RAMPONT.

IMPRIMERIE NATIONALE. — Février 1871.

RÉPUBLIQUE FRANÇAISE.

LIBERTÉ, ÉGALITÉ, FRATERNITÉ.

VILLE DE PARIS.

AVIS.

Les détaillants établis dans les Halles Centrales et dans les divers Marchés à Comestibles, ainsi que dans le Marché du Temple, sont prévenus que la perception des droits de place et des contributions de balayage est rétablie à partir du LUNDI 20 FÉVRIER 1871.

Cette mesure ne sera applicable dans les Marchés aux Fleurs qu'à dater du LUNDI 6 MARS 1871.

Paris, le 13 février 1871.

Typ. CHARLES DE MOURGUES frères, Imp. de la Mairie de Paris, rue J.-J. Rousseau, 58.—708.

Département de la Sarthe

AVIS

Considérant que la convention conclue le 28 janvier, à Versailles, entre M. le comte DE BISMARCK, chancelier de l'Empire allemand, et M. JULES FAVRE, membre du gouvernement de la Défense nationale, a réservé à chacune des deux armées belligérantes le droit de maintenir son autorité dans le territoire qu'elle occupe et d'employer les moyens que ses commandants jugeront nécessaires pour arriver à ce but :

Le Gouvernement général de Versailles a nommé le soussigné « Préfet du département de la Sarthe ; »

Et a décrété que cette nomination serait portée à la connaissance de toutes les Mairies du département, qui seront tenues de donner aux ordres du Préfet une suite immédiate.

Tous les Maires accuseront réception de la présente communication au Préfet de la Sarthe soussigné, hôtel de la Préfecture, au Mans.

Le Mans, le 13 février 1871.

Le Préfet du département de la Sarthe,

DE DRYGALSKI.

Le Mans. — Ed. Monnoyer, Imprimeur de la Mairie. — Février 1871.

RÉPUBLIQUE FRANÇAISE.

LIBERTÉ, ÉGALITÉ, FRATERNITÉ.

MAIRIE DE PARIS.

TAXE DU PAIN.

LE MEMBRE DU GOUVERNEMENT, MAIRE DE PARIS,

Vu l'arrêté en date du 21 septembre 1870, qui a rétabli la taxe du Pain à Paris;

Vu l'arrêté du 8 février présent mois;

Vu l'avis de la Commission de la Taxe du Pain, en date du 14 courant;

ARRÊTE :

ARTICLE 1er.

Du jeudi 16 au mercredi 22 février présent mois inclusivement, le prix du kilogramme de Pain, à Paris, sera de

50 CENT. LE KILOGRAMME.

ART. 2.

Pendant la même période, les quantités de pain à livrer au détail, pour des prix déterminés de 10, 15 et 20 centimes, seront réglées ainsi qu'il suit, savoir :

Pour 10 centimes. . . . 190 grammes.
Pour 15 centimes. . . . 290 grammes.
Pour 30 centimes. . . . 490 grammes.

ART. 3.

Le présent arrêté sera imprimé, publié et affiché partout où besoin sera.

Fait à Paris, le 15 février 1871.

JULES FERRY.

Typ. CHARLES DE MOURGUES frères, Imp. de la Mairie de Paris, rue J.-J. Rousseau, 58.— 688.

RÉPUBLIQUE FRANÇAISE.

DIRECTION GÉNÉRALE DES POSTES.

AVIS AU PUBLIC.

A partir d'aujourd'hui, les lettres à destination des départements français non occupés par les armées allemandes, de l'étranger et des colonies seront expédiées de Paris aux mêmes conditions qu'avant le siége.

L'expédition des chargements pour les mêmes destinations est autorisée, à l'exclusion des VALEURS DÉCLARÉES.

L'affranchissement obligatoire et l'interdiction d'envoyer des chargements ne sont maintenus que pour la correspondance à destination des territoires français occupés.

Paris, le 16 Février 1871.

Le Directeur général des Postes,

G. RAMPONT.

IMPRIMERIE NATIONALE. — Février 1871.

PROCLAMATION

Neufchâtel, le 12 février 1871.

Nommé commandant de place, le soussigné avertit les habitants de la ville de Neufchâtel et des environs jusqu'à Ménonval et Mesnières, que la nourriture des troupes prussiennes sera réglée à la mairie et par lui-même, jusqu'à la suspension d'armes (au 19 février 1871).

Il n'est permis à aucune autre troupe ni à aucune simple personne de prendre dans ce rayon de la viande fraîche, fumée, salée, ni du pain, de la farine, du grain, ni de l'avoine, du foin, du vin, du tabac, etc., etc., sans sa permission.

Le Commandant de place,

BURRUCKER.

Neufchâtel. — Imprimerie de Mme CŒURDEROY-FERAY, rue Cauchoise.

Ville de Pontoise.

AVIS

Le paiement de l'indemnité allouée par le 56e bataillon de la Landwehr de l'armée prussienne et par le Commandant des étapes, pour le logement du 16 au 31 janvier 1871, sera effectué à l'Hôtel-de-Ville (*bureau de la Caisse d'épargne*), les 14 et 15 février 1871, de midi à 2 heures et de 4 heures à 5 heures et demie.

A défaut de réclamation dans ce délai, les fonds seront déposés dans la caisse du Receveur municipal.

Imprimerie DUFEY, à Pontoise.

RÉPUBLIQUE FRANÇAISE

MAIRIE DU XIVe ARRONDISSEMENT

AVIS

Nous venons d'adresser d'urgence la lettre suivante à M. le Maire de Paris :

Paris, le 16 Février 1871.

Monsieur le Membre du Gouvernement délégué à la Mairie de Paris.

Depuis quelques jours nous recevons visites sur visites de Délégués porteurs de pouvoirs réguliers qui enlèvent à certaines Municipalités, sous des prétextes plus ou moins blessants, la distribution du cadeau anglais.

Il ne saurait nous convenir de supporter une si étrange façon d'agir, bien éloignée à coup sur des préoccupations fraternelles du généreux peuple Anglais. L'affaire, d'après le nom de ceux qui en prennent l'initiative, paraît devenir politique dans un sens que nous n'avons pas à apprécier. Nous avons fait une première distribution. Nous vous renvoyons les éléments de la seconde que nous avons reçus hier et ce matin, après avoir fait apposer les scellés sur les caisses. A vous de les faire parvenir aux Comités chargés par les mandataires de nos voisins de les remettre directement à nos Administrés. Nous déclinons toute responsabilité devant des procédés aussi parfaitement injurieux.

Agréez nos salutations empressées. . . . .

En conséquence, nous prévenons les Habitants du XIVe Arrondissement que la suite du Don anglais leur sera distribué par le comité présidé par M. Henri PLON.

Les Adjoints,
HELIGON — NÈGRE — PÉRIN.

Le Maire du XIVme Arrondissement,
LOUIS ASSELINE.

Paris. — Imprimerie A.-E. Rochette 90, boul. Montparnasse.

RÉPUBLIQUE FRANÇAISE

LIBERTÉ. — ÉGALITÉ. — FRATERNITÉ.

MAIRIE DE MÉNILMONTANT

XXme ARRONDISSEMENT.

Citoyens,

La mission purement administrative qui nous a été confiée par le Gouvernement de la Défense Nationale est arrivée à sa fin.

Nous ne comptions pas, en acceptant l'humble mais utile tâche de pourvoir aux divers services municipaux du 20e Arrondissement, conserver aussi longtemps les fonctions auxquelles nous étions appelés.

Les circonstances en ont décidé autrement.

Aujourd'hui la situation est changée :

D'une part les élections pour l'Assemblée Nationale sont faites, d'autre part le ravitaillement de Paris est un fait accompli ; le moment est donc venu, de mettre fin au provisoire qui régit notre Arrondissement.

Nous avisons le Gouvernement de notre résolution, en le priant de pourvoir à notre remplacement dans le plus bref délai possible.

Toutefois nous ne voulons pas quitter notre poste sans rendre hommage au bienveillant concours que nous a prêté la Garde Nationale, et sans remercier surtout nos Concitoyens du calme et de l'abnégation qu'ils ont montrés dans la crise douloureuse que nous venons de traverser.

Paris, le 16 *Février* 1871.

Les Membres de la Commission Administrative provisoire du 20e Arrondissement
J. CAROZ, V. SIMBOISELLE, TOPART, PAFFE,
et CHAVANON.

Paris. — Imprimerie PRISSETTE, passage Kussner, 17. — Maison passage du Caire, 17.

RÉPUBLIQUE FRANÇAISE

Liberté — Égalité — Fraternité

MAIRIE DU XIV ARRONDISSEMENT

CITOYENS,

Nous venons de donner notre démission. Nous vous adressons nos adieux.

Nous voulions le faire le jour même où nous connûmes le lamentable événement de la Capitulation de Paris. Mais nous avons craint que notre retraite, en entraînant celle de nos collaborateurs et en désorganisant tant de services si laborieusement établis, ne nuisît à vos intérêts. Nous sommes restés contre tous nos instincts politiques. On nous en a blâmés. Plus tard les gens de cœur nous approuveront.

Maintenant le ravitaillement s'opère. Nous n'avons plus à craindre pour votre alimentation. Des événements peuvent s'accomplir qui, étant donnés nos opinions d'une part et de l'autre le manque absolu d'action politique efficace des Municipalités, engageraient inutilement notre solidarité. Notre conscience, sévèrement interrogée, nous permet donc de nous retirer.

Nous croyons avoir accompli notre devoir dans les rudes et périlleuses circonstances que nous avons traversées avec vous. Nous y avons gagné la sympathie d'une partie des habitants : nous avons été exposés à des injures et à des soupçons qui ont failli en vérité dépasser les limites, pourtant bien larges, par nous posées à notre résignation devant la calomnie. Nous remercions des sympathies; nous n'en voulons pas des injures, car nous savons que la souffrance mène facilement à l'injustice. Le temps n'est pas venu de juger les Citoyens qui ont bénévolement accepté le terrible mandat d'administrer Paris pendant ces cinq mois de siége, entre un Gouvernement central avec lequel nous étions le plus souvent en lutte et une population qui faisait retomber sur nous toutes les responsabilités.

En tous cas, nous pouvons nous rendre ce témoignage que nous avons constamment essayé de travailler dans l'intérêt de ces deux grandes choses que nous unissons dans le même culte : La Patrie et la République.

Paris, le 17 Février 1871.

Les Adjoints,

HÉLIGON, NÈGRE, PÉRIN,

Le Maire du XIVe Arrondissement,

LOUIS ASSELINE.

Paris. — Imprimerie A.-E. Rochette, 90, boulevard Montparnasse.

RÉPUBLIQUE FRANÇAISE.

LIBERTÉ, ÉGALITÉ, FRATERNITÉ.

MAIRIE

DU VI^E ARRONDISSEMENT.

Une affiche non signée, sortie des presses de M. Plon, et relative à la distribution des vivres offerts par la population de Londres à la ville de Paris, a été apposée hier dans le 6e arrondissement.

Elle contient deux points sur lesquels la municipalité croit devoir des explications à ses administrés :

1° Elle fait naître une équivoque pour le moins regrettable sur une distribution qui aurait été faite, tout d'abord, au bureau de bienfaisance et aux bataillons de la garde nationale. La municipalité déclare que, fidèle à la pensée des donataires, elle a appelé indistinctement, sans prélèvement d'aucune sorte au profit de qui que ce fût, les habitants de l'arrondissement à participer à la distribution de tout ce qu'elle a reçu jusqu'à ce jour;

2° Sans juger le procédé de répartition que la commission anonyme a cru devoir adopter, la municipalité déclare qu'elle seule a été chargée par la mairie centrale de procéder à la remise des dons annoncés, que ni l'hôtel-de-ville ni les commissaires anglais ne lui ont signifié la substitution d'autres répartiteurs, et qu'elle décline toute responsabilité dans les agissements de la commission anonyme et dans les mécomptes qui pourraient en résulter pour les intéressés.

Elle ne doit compte au public que des quantités énoncées dans son affiche du 12 février, et des mesures qu'elle a prises pour en assurer l'équitable répartition. Le *Journal officiel* a annoncé d'autres envois; elle ignore s'ils lui arriveront, et elle s'empresserait de les faire parvenir à la population par les moyens que sa propre expérience ou de judicieux conseils lui feront regarder comme les meilleurs.

Paris, 17 février 1871.

Les Adjoints,
ALBERT LE ROY, MOSSOT, DELABY.

Paris.—Imprimerie de Mme Ve Bouchard-Huzard, rue de l'Eperon, 5.

RÉPUBLIQUE FRANÇAISE. — PRÉFECTURE DU NORD.

DEPECHE TELEGRAPHIQUE

Bordeaux, 17 février 1871.

Le Ministre de l'Intérieur aux Préfets.

Le Bureau de la Chambre a été constitué ainsi :

M. GRÉVY, *Président*, 519 voix sur 536. — **MM. MARTEL**, 420 voix; **BENOIST D'AZY**, 391 voix; **VITET**, 319 voix; Léon **DE MALLEVILLE**, 285 voix, *Vice-Présidents.*

MM. BAZE, 458 voix; **MARTIN DES PALLIÈRES**, 436 voix; **PRINCETEAU**, 222 voix, *Questeurs.*

MM. BETHMONT, 449 voix; De **RÉMUSAT**, 412 voix; De **BARANTE**, 330 voix; **JOHNSTON**, 259 voix, *Secrétaires.*

La proposition suivante a été déposée sur le bureau de la Chambre:

Les Représentants du peuple soussignés proposent à l'Assemblée Nationale la résolution suivante :

« M. THIERS est nommé Chef du Pouvoir exécutif de la République Française ; il exercera ses fonctions sous le contrôle de l'Assemblée Nationale et avec le concours des Ministres qu'il aura choisis et qu'il présidera. »

Signé : Dufaure, Grévy, Vitet, de Malleville, Rivet, Mathieu de la Redorte, Barthélemy Saint-Hilaire.

Cette proposition sera discutée en séance publique.

Pour copie conforme :
Le Préfet du Nord par intérim,
A. BARON.

71.983. Lille, Imprimerie de L. Danel.

HAUPTQUARTIER

Dijon, den 17ten februar 1871.

BEKANNTMACHUNG

In gemaessheit erhaltener Instructionen suspendire ich hierdürch den Praefekten der COTE-D'OR LUCE-VILLARD, von seinem amte. Der Armee, Intendant IGEL der Süd, armee ist von mir provisorisch mit der Wahrnehmung der Praefekten geschaefte beaustragt und fordere ich demgemaess saemmtliche Behoerden, Beamten und Bewohner des departements auf, den Anordnungen des p. p. IGEL in der ihm übertragenen Stellung unverweigerlich Folge zu geben.

Gez : Von MANTEUFFEL,

General der Cavallerie, General-Atjutant Seiner Majestaet des Kaisers und Koenigs und Oberbefehlshaber der Süd-Armee.

QUARTIER GENERAL

Dijon, le 17 février 1871.

AVIS

Conformément aux instructions que je viens de recevoir, je suspends M. LUCE-VILLARD des fonctions de Préfet du département de la Côte-d'Or, et je lui substitue provisoirement l'intendant en chef de l'armée du Sud, M. IGEL, en chargeant celui-ci de toute l'administration préfectorale. — En conséquence, tous les administrateurs et les habitants du département devront lui obéir en tout point, et exécuter ponctuellement ses ordres.

Signé : DE MANTEUFFEL,

Général en chef de l'armée du Sud.

PRÉFECTURE DE LA COTE-D'OR

AVIS

Conformément à la publication du général en chef baron de Manteuffel, j'informe les habitants du département de la Côte-d'Or que je me suis chargé dès hier, provisoirement, des fonctions de préfet du département.

Dijon, le 18 février 1871.

Signé : IGEL,
Intendant en chef de l'armée du Sud,
préfet provisoire.

PRÉFECTURE DE LA COTE-D'OR

AVIS

Je fais porter à la connaissance du public que le délai d'armistice a été prolongé, pour toute la France, jusqu'au 24 février, à midi.

Dijon, le 18 février 1871.

Signé : IGEL,
Intendant en chef de l'armée du Sud,
préfet provisoire.

AVIS

Une contribution de guerre infligée par ordre du quartier-général de S. M. l'Empereur d'Allemagne, roi de Prusse, à tous les territoires de la France occupés par les troupes allemandes a été fixée pour la ville d'Alençon à la somme de 980,000 francs. Les 305,000 francs versés au mois de janvier en seront soustraits, de sorte que la ville aura à payer encore la somme de 675,000 francs.

Le Conseil municipal ayant refusé le concours que le devoir lui prescrivait pour prévenir aux rigueurs beaucoup plus dures mais inévitables sans son assistance, l'autorité militaire a dû procéder seule.

Des arrestations de Conseillers municipaux et d'otages ont eu lieu.

La clôture et la saisie d'un certain nombre de magasins ont procuré une valeur correspondant à la somme désignée. Les conséquences fâcheuses qui en résultent pour un nombre relativement petit des bourgeois sont évidentes.

C'est dans l'intérêt de cette minorité et de l'équité que l'éloignement des marchandises saisies a été différé pour donner aux habitants de la ville la possibilité de prévenir la ruine de quelques-uns de leurs Concitoyens.

La somme payable est équivalente au triple du budget des recettes ordinaires de la ville d'Alençon.

Les habitants imposés sont invités à verser, dans les 48 heures, trois années du montant de leur contribution.

Une commission recevra demain, 19 février, de 9 heures du matin à 6 heures du soir et après demain, 20, de 8 heures du matin à midi, les versements à la mairie, en échange de quittances légalisées et timbrées.

Les impositions sont calculées de façon à arriver à la somme de 675,000 francs, et les marchandises saisies et destinées pour l'Allemagne seront rendues à mesure et dans la proportion des versements faits.

La mise en liberté des Conseillers municipaux et des otages dépendra de même du résultat satisfaisant de ces versements.

Dans le cas où par cette voie la contribution devrait ne pas être versée, on continuerait immédiatement, sans délai et sans égards, dans l'exécution des mesures rigoureuses entreprises.

Le Général commandant la 4e division de cavalerie,

Signé de BREDOW

RÉPUBLIQUE FRANÇAISE

Liberté, — Égalité, — Fraternité

MAIRIE du Xe ARRONDISSEMENT

Citoyens

L'abondance du pain est revenue; celle de la viande reparaît et va croissant d'après les arrivages officiels.

La liberté ayant été rendue à la boulangerie peut l'être également à la boucherie sans inconvénient pour personne, et plutôt à l'avantage de tous.

En conséquence, les boucheries, dites *municipales*, qui à travers tant de difficultés ont rendu de si grands services à la population depuis quatre mois, redeviendront *libres* **JEUDI** prochain, **23** février.

Le rationnement de la viande est supprimé à partir dudit jour, et chacun pourra acheter dans toute boucherie la quantité de viande dont il aura besoin.

Toutefois, pour être plus assurés d'être servis, les propriétaires de *Cartes* devront les conserver et les produire, selon l'occasion, dans les boucheries; ce sera pour eux un titre de préférence sur les acheteurs venant d'autres arrondissements.

Pareille liberté est étendue aux triperies.

À vous désormais le devoir de pourvoir à vos besoins et à ceux de vos familles; nous, magistrats municipaux, nous veillerons à ce que rien n'entrave votre liberté de choix et d'achat et à ce qu'il y ait de la viande pour tous.

Le Maire, **R. DUBAIL.**

Les Adjoints : Ern. BRELAY, MURAT, DEGOUVE DENUNCQUES.

Paris. Typ. et Lith. JULES JUTEAU et Fils, passage du Caire, 29 et 31.

REPUBLIQUE FRANÇAISE

Liberté — Égalité — Fraternité

MAIRIE DU 10e ARRONDISSEMENT

Officiers, Sous-Officiers et Soldats
de la Garde Nationale auxiliaire,

Vous avez, pendant la durée du siége de Paris, bien mérité de la République.

Suppléant la Garde Nationale appelée aux remparts et devant l'ennemi, où elle a fait glorieusement son devoir, vous avez veillé jour et nuit à la sécurité de l'arrondissement et au maintien de l'ordre, inséparable de la volonté.

La Municipalité vous en remercie.

Aujourd'hui que la Garde Nationale reprend dans Paris son service intérieur, tout en se remettant aux travaux professionnels qui assurent honorablement l'existence de chacun, vous pouvez rentrer dans vos foyers avec la conscience du devoir accompli et la sympathique estime de vos concitoyens.

La Garde Nationale auxiliaire n'est pas cependant dissoute; ses cadres, son effectif restent intacts, quoique au repos, et si Paris, si la République exigent encore son concours, la Mairie y compte avec confiance, et n'hésitera jamais à le réclamer.

Salut fraternel et affectueux,

Paris, le 18 *Février* 1871. *Le Maire,* **R. DUBAIL.**

Les Adjoints : Ern. BRELAY, MURAT, DEGOUVE DENUNQUES.

Typ. et Lith. JULES-JUTEAU et Fils, passage du Caire, 29, 31

MAIRIE
DU VIe ARRONDISSEMENT.

AVIS

La Municipalité a reçu, hier soir, la dépêche suivante adressée par le Ministère de l'agriculture et du commerce aux vingt Maires de Paris :

« D'après entente avec la Mairie de Paris, les boucheries munici-
« pales devront être supprimées à partir du 2 mars. La dernière
« distribution aura lieu pour celles qui prennent encore de la viande
« dans les abattoirs le mercredi 1er mars.»

La Municipalité s'empresse de communiquer aux habitants du 6e arrondissement cette décision de l'autorité supérieure, et de prévenir le public que les boucheries municipales seront fermées après épuisement de la dernière livraison.

HÉRISSON, *Maire.*

Albert LE ROY, *adjoint.* MOSSOT et DELABY, *adjoints provisoires.*

Imprimerie de Mme Ve BOUCHARD HUZARD, rue de l'Eperon, 5.

RÉPUBLIQUE FRANÇAISE. — PRÉFECTURE DU NORD.

DEPECHE TELEGRAPHIQUE

Bordeaux, 18 *février* 1871, 3 *h*. 31 *min*.

Le Ministre de l'Intérieur aux Préfets.

La séance de l'Assemblée s'est ouverte par une allocution de M. le Président GRÉVY.

Il promet de consacrer tout ce qu'il a de force, d'impartialité et de dévouement à l'accomplissement de sa mission.

Ensuite, admission des dix derniers représentants de Paris, des trois derniers représentants du Loir-et-Cher, et nomination de M. PRINCETEAU, questeur, de MM. CASTELLANE et DE MEAUX, 5e et 6e secrétaires.

M. KELLER dépose une proposition dans laquelle les représentants de l'Alsace et de la Lorraine protestent d'avance contre toute décision qui les séparerait de la patrie commune.

« La paix, dit-il, nous la voulons comme vous; mais la véritable paix est fondée sur la » justice, et ce serait ici la plus cruelle des iniquités. »

Il demande l'urgence pour sa proposition; elle est votée.

M. THIERS dit que des hommes sérieux doivent savoir s'ils entendent donner à leurs négociateurs, quels qu'ils soient, un mandat impératif, ou s'ils veulent leur laisser la liberté de négocier : Il faut prendre son parti immédiatement et ne pas se cacher derrière un délai de vingt-quatre heures.

La Chambre se retire en ses bureaux.

Rapport de M. BEULÉ proposant la résolution suivante :

L'Assemblée nationale, accueillant avec la plus vive sympathie la déclaration de M. Keller et de ses collègues, s'en remet à la sagesse et au patriotisme des négociateurs.

Cette proposition est accueillie à une très-grande majorité.

Rapport de M. Victor LEFRANC sur la proposition relative à la constitution du Pouvoir exécutif :

L'ASSEMBLÉE SOUVERAINE,

Considérant qu'il importe, en attendant qu'il soit statué sur les institutions de la France, de pourvoir immédiatement aux nécessités du Gouvernement et à la conduite des négociations;

DÉCRÈTE :

M. THIERS est nommé Chef du Pouvoir exécutif de la République Française, sous l'autorité de l'Assemblée Nationale, avec le concours des Ministres qu'il aura choisis et qu'il présidera.

M. Louis BLANC proteste contre la disposition d'esprit qui semblerait indiquer que la République n'est admissible qu'à titre provisoire; selon lui, la République est la forme nécessaire de souveraineté nationale.

La proposition de la Commission est admise à la presque unanimité,

Demain, continuation de la vérification des pouvoirs; communication du Gouvernement, s'il y a lieu.

Pour copie conforme :

Le Préfet du Nord par intérim,

A. BARON.

71.1052. Lille, Imprimerie de L. Danel.

Saint-Denis, le 19 *Février* 1871.

CHERS CONCITOYENS,

Aucune calamité ne devait être épargnée à notre ville dans cette guerre, après tous les maux qu'elle a déjà soufferts.

Voici qu'une contribution de guerre de 800,000 francs nous est imposée; une charge aussi énorme est certainement hors de proportion avec les ressources de notre ville composée pour la majeure partie d'ouvriers pauvres et épuisée par les sacrifices qu'elle a dû faire pour subvenir à leurs besoins pendant toute la durée du siége, et quelles que soient les exigences de nos vainqueurs, elles s'arrêteront nécessairement devant les limites du possible. Ce sont ces limites qu'il s'agit pour nous d'atteindre sans aucun retard, car aux termes de l'ordre qui nous est intimé, le moindre délai nous rendrait passibles des plus sévères *représailles*. C'est dans ce but que nous venons faire appel à votre patriotisme, et nous vous adjurons tous de contribuer à la rançon de notre ville en versant immédiatement, à la Mairie, la somme dont chacun de vous pourra disposer, pour être employée de suite au paiement de la contribution de guerre qui nous est imposée.

Il ne s'agit bien entendu que d'une avance momentanée, rendue nécessaire par l'exigence d'un paiement immédiat; à part l'impossibilité où se trouve la ville de contracter dès ce moment un emprunt régulier; car dès que cet emprunt pourra être réalisé, l'avance faite par chacun des déposants lui sera remboursée, à son choix, soit en espèces, soit en titres de cet emprunt lui-même. Il ne peut donc y avoir aucune crainte à concevoir pour le remboursement de la somme avancée, quelque lourde en effet que soit pour notre Ville la charge qui lui est imposée, c'est pour elle une dette de salut et d'honneur, et c'est pour nous tous la meilleure garantie.

Nous ne doutons pas que cet appel ne soit entendu de nos Concitoyens, et nous les remercions à l'avance au nom de notre chère et malheureuse Cité.

LE MAIRE,

MOREAUX.

P. S. Les versements seront effectués à la Mairie, entre les mains du Receveur municipal, tous les jours, de 9 heures à midi, et de 1 heure à 5.

D'après les termes de la Décision Prussienne, la contribution dont il s'agit ne peut être acquittée qu'en espèces d'or ou d'argent et non en valeurs; c'est donc en espèces seulement que devront être faits les versements destinés à l'acquit de cette contribution.

Saint-Denis. — Typographie de A. Moulin.

RÉPUBLIQUE FRANÇAISE.
LIBERTÉ, ÉGALITÉ, FRATERNITÉ.

MAIRIE DE PARIS.

Vente en gros, à la criée et à l'amiable, des Viandes abattues à l'Abattoir de La Villette.

LE MAIRE DE PARIS,
Vu le décret du 7 février 1871;
Vu la loi du 25 juin 1841;
Vu la loi du 18 juillet 1866;
Considérant qu'il appartient à l'Administration municipale de réglementer la vente, à cri public, des comestibles;

ARRÊTE :

ARTICLE 1er.

La rotonde de gauche, dans la cour principale de l'abattoir général de La Villette (annexe du marché à Bestiaux), est affectée, provisoirement, à la vente en gros, à la criée et à l'amiable, des viandes abattues.

Le marché sera ouvert le 15 mars prochain.

ART. 2.

Les courtiers, institués par la loi du 18 juillet 1866 susvisée, sont désignés pour vendre à la criée les viandes abattues sur ce marché.

ART. 3.

Un arrêté déterminera ultérieurement la réglementation du marché.

ART. 4.

Le présent arrêté sera publié et affiché partout ou besoin sera. Ampliation en sera adressée à M. le Préfet de Police et à M. le Président de la Chambre syndicale des courtiers assermentés.

ART. 5.

Le Directeur des Affaires municipales est chargé de l'exécution du présent arrêté.

Fait à Paris, le 20 février 1871.

Signé : J FERRY.

Pour copie conforme :

Le Secrétaire général,
JULES MAHIAS.

Typ. CHARLES DE MOURGUES frères, Imp. de la Mairie de Paris, rue J.-J. Rousseau, 58. — 831.

RÉPUBLIQUE FRANÇAISE.

MINISTÈRE DE L'AGRICULTURE ET DU COMMERCE.

VENTE
DE
VACHES LAITIÈRES.

Le Public est prévenu que, par suite de la suppression de la Vacherie nationale, établie au marché de la Villette, 200 vaches à lait seront exposées, le mardi 21, sur ledit marché de la Villette, et vendues par le ministère de M. le facteur LÉON TRINQUESSE.

La vente commencera à 10 heures et aura lieu au comptant; les animaux devront être emmenés immédiatement par leurs acquéreurs.

NOTA. Dans le but de donner le temps aux acheteurs de se procurer les fourrages nécessaires à la nourriture des animaux, l'Administration leur fera délivrer, sur leur demande, par chaque vache achetée, des bons

de 50 kilogrammes de foin, moyennant payement de la somme de	15f 00c	ensemble
de 50 kilogrammes de tourteau, moyennant payement de la somme de.	12 50	ou
de 100 kilogrammes de son, moyennant payement de la somme de.	15 00	séparément.

IMPRIMERIE NATIONALE. — Février 1871.

RÉPUBLIQUE FRANÇAISE.

MAIRIE DE PARIS.

AVIS.

L'Administration du chemin de fer du Nord, généreusement et patriotiquement inspirée, a voulu faire à la population parisienne une part dans les approvisionnements de combustibles qui lui arrivent journellement et qu'elle avait le droit de réserver exclusivement à ses services.

Elle a cédé au Gouvernement une certaine quantité de charbon de terre, qui permettra de satisfaire à des prix plus modérés que ceux que détermine la rareté actuelle de la matière, aux besoins les plus pressants des services publics et de l'industrie.

La Mairie de Paris s'est chargée de la répartition.

A cet effet, une double distribution est organisée.

La Mairie de Paris a provoqué, dans chaque arrondissement, la formation d'un ou plusieurs chantiers municipaux, dès aujourd'hui pourvus de combustible, pour les besoins des cantines municipales, des fourneaux, des écoles, et des petites industries.

Les demandes de cet ordre ne doivent pas dépasser 500 kilogrammes. Les maires des arrondissements les reçoivent et les apprécient.

Quant à l'industrie, dont il importe de faciliter la reprise dans le plus court délai, elle trouvera un premier aliment en charbon de terre dans les entrepôts que la Ville a organisés, avec le concours de l'Administration du chemin de fer du Nord.

Ces entrepôts sont ouverts, dès aujourd'hui, à la gare de la Chapelle (chemin de fer du Nord).

Les industriels qui auront besoin de charbons s'adresseront par écrit à la Mairie centrale (Hôtel de Ville). Ces demandes ne pourront être inférieures à mille kilogrammes; elles ne pourront dépasser les besoins de dix jours de travail; elles devront être visées par la Chambre syndicale de l'industrie spéciale à laquelle elles se rattacheront, et contrôlées par la Mairie centrale qui délivrera, en échange, des bons de livraisons sur la gare du Nord.

Dans ces conditions, le charbon sera vendu au prix de 40 francs les 1,000 kilogrammes pour le charbon tout-venant ou les briquettes, et de 50 francs pour la gailleterie.

Le chemin de fer du Nord est en mesure de livrer les quantités représentant *un ou plusieurs wagons complets* aux gares du chemin de fer de ceinture indiquées par l'acheteur.

Dans ce cas, l'acheteur payera le transport, de la gare du Nord aux gares du chemin de fer de ceinture, au tarif ordinaire des compagnies.

Dans les chantiers municipaux d'arrondissement, le prix de vente sera, en raison des frais spéciaux de la vente au détail, de 48 francs les 1,000 kilogrammes pour le charbon tout-venant et de 58 francs pour la gailleterie.

Le transport à domicile demeure à la charge de l'acquéreur et devra être fait par ses soins.

Paris, le 22 février 1871.

Le Maire de Paris,
JULES FERRY.

IMPRIMERIE NATIONALE. — Février 1871.

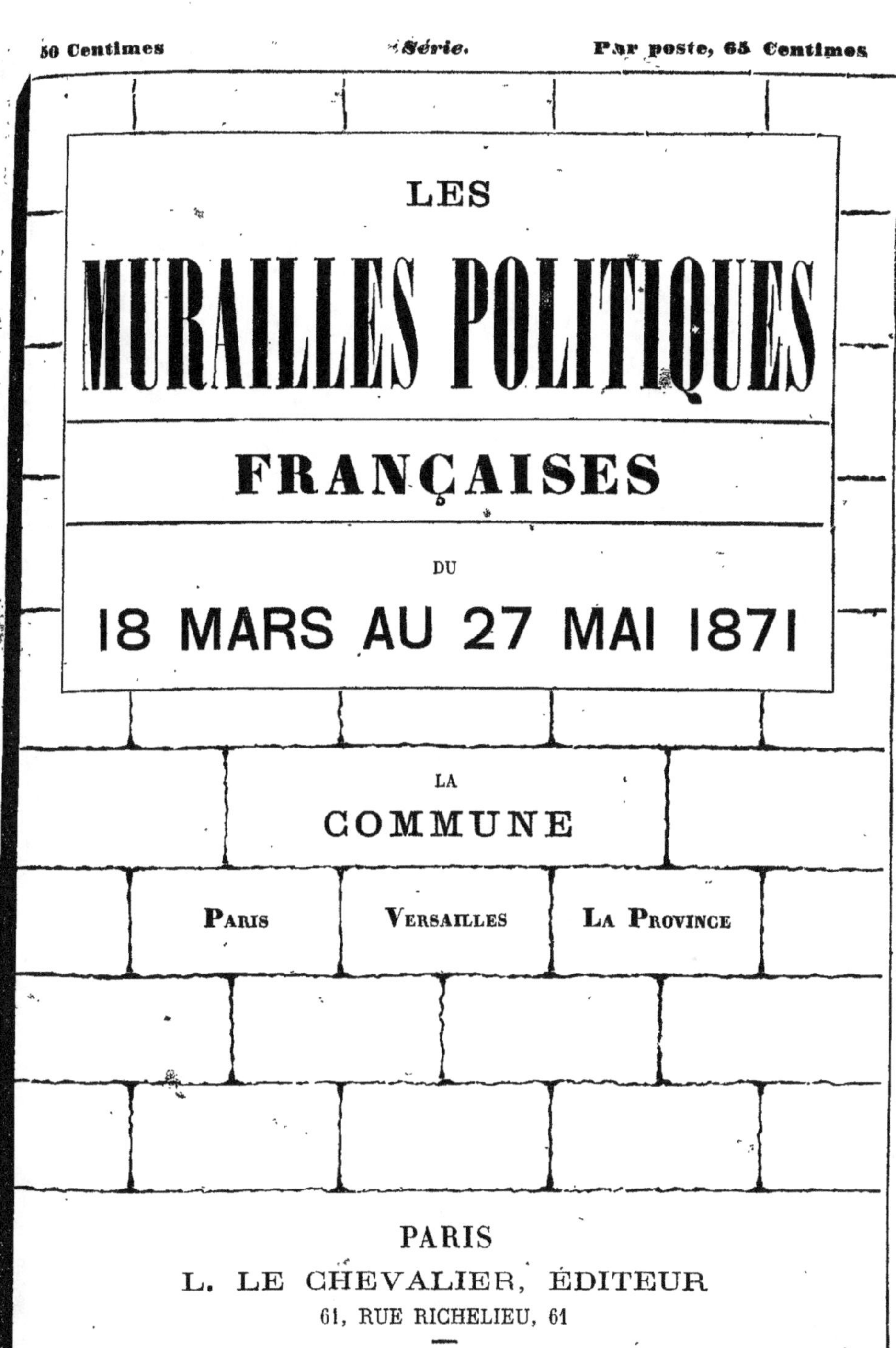

50 Centimes — Série. — Par poste, 65 Centimes

LES

MURAILLES POLITIQUES

FRANÇAISES

DU

18 MARS AU 27 MAI 1871

LA

COMMUNE

PARIS — VERSAILLES — LA PROVINCE

PARIS
L. LE CHEVALIER, ÉDITEUR
61, RUE RICHELIEU, 61

1874

MUR. POL.

LES

MURAILLES POLITIQUES

FRANÇAISES

18 MARS AU 27 MAI 1871

LA

COMMUNE

Paris | Versailles | La Province

PARIS
LE CHEVALIER, ÉDITEUR
61, RUE RICHELIEU, 61

LIGUE D'UNION RÉPUBLICAINE
DES DROITS DE PARIS

A L'ASSEMBLÉE NATIONALE
ET
A LA COMMUNE DE PARIS

CITOYENS,

Délégués du Conseil municipal de Lyon, nous n'avons pu voir, sans une profonde douleur, se prolonger la lutte sanglante entre Paris et l'Assemblée de Versailles.

Nous sommes accourus sur le champ de bataille pour tenter un effort suprême de conciliation entre les belligérants.

Où est l'ennemi? Pour nous, il n'y a parmi les combattants que des Français. Nous intervenons entre eux au nom d'un principe sacré : la Fraternité.

Nous trouvons en présence deux pouvoirs rivaux qui se disputent les destinées de la France : d'un côté, l'Assemblée nationale, dans laquelle nous respectons le principe du suffrage universel; de l'autre, la Commune, qui personnifie un droit incontestable, celui qu'ont les villes de s'administrer elles-mêmes. Nous venons leur rappeler, à tous deux, une chose plus sainte encore, le devoir d'épargner la France et la République.

A l'Assemblée nationale nous dirons : Voici déjà trop longtemps que vous dirigez contre Paris des attaques meurtrières, que vous lui faites une guerre sans trêve. Le sang coule à flots. Après le siége des Prussiens, dont vous avez pris la place, le blocus des Français contre des Français!...

Qu'espérez-vous? Votre dessein est-il d'enlever Paris d'assaut? Vous n'y entreriez, dans tous les cas, que sur des monceaux de cadavres et de ruines fumantes, poursuivis par les malédictions des veuves et des orphelins. Vous ne trouveriez devant vous qu'un spectre de ville. Et le lendemain d'une telle victoire, quelle serait votre autorité morale dans le pays? Ouvrez les yeux, il en est temps encore; reconnaissez qu'une ville qui se défend avec cet héroïsme contre toute une armée française est animée par quelque chose de plus sérieux qu'une vaine passion et une aveugle turbulence. Elle protége un droit, elle proclame une vérité.

Ne vous retranchez pas derrière une analogie qui n'est que spécieuse. Dans la guerre civile qui a désolé la grande république américaine, le Sud combattait pour le maintien de l'esclavage; Paris, au contraire, s'est soulevé au nom de la liberté. Si vous voulez emprunter des leçons à l'histoire, souvenez-vous plutôt des hommes d'Etat de la Prusse qui, au lendemain des désastres d'Iéna, donnèrent à leur pays meurtri et humilié les mâles consolations de la liberté qui relève et régénère les peuples.

A la Commune nous dirons : Prenez-y garde; en sortant du cercle de vos attributions, vous vous aliénez les esprits sincères et justes. Rentrez dans la limite des revendications municipales. Sur ce terrain, vous avez pour vous le droit et la raison. — N'employez pas, pour défendre la liberté, des armes qu'elle désavoue. Plus de suppression de journaux! Ce ne sont pas les critiques, ce sont vos propres fautes que vous devez redouter. — Plus d'arrestations arbitraires! Plus d'enrôlements forcés! Contraindre à la guerre civile, c'est violenter la conscience. — Songez, du reste, aux dangers imminents et terribles que la prolongation d'une lutte fratricide fait courir à la République. Assez de sang répandu! Vous avez le droit de sacrifier votre vie et votre mémoire; vous n'avez pas le droit d'exposer la démocratie à une défaite irréparable.

Notre mission, on le voit, est toute pacifique. Aux uns et aux autres nous crions trêve! déposez les armes, faites taire la voix du canon et écoutez celle de la justice.

Paris réclame ses franchises communales : le droit de nommer ses maires, d'organiser sa garde nationale, de pourvoir lui-même à son administration intérieure. Qui peut lui donner tort? sont-ce les hommes aujourd'hui au pouvoir, qui n'ont cessé de revendiquer pendant vingt ans le gouvernement du pays par le pays?

Que l'Assemblée nationale veuille bien y réfléchir. Sa résistance se briserait tôt ou tard contre la volonté des citoyens appuyée sur le droit; car la cause de Paris est celle de toutes les villes de France. Leurs revendications légitimes, étouffées aujourd'hui, éclateraient demain plus irrésistibles. Quand une idée a pris racine dans l'esprit des peuples, on ne l'en arrache point à coups de fusil.

C'est donc au nom de l'ordre, comme au nom de la liberté, que nous adjurons les deux partis belligérants de songer à la responsabilité de leurs actes. Derrière le voile de sang et de fumée qui couvre le terrain de la lutte, ne perdons pas de vue deux choses sinistres : la République déchirée de nos propres mains, et les Prussiens qui nous observent, la mèche allumée sur leurs canons.

BARODET,
CRESTIN,
FERROUILLAT, } Conseillers Municipaux de Lyon, délégués.
OUTHIER,
VALLIER.

Paris. — Typ. Morris père et fils, rue Amelot, 64.

RÉPUBLIQUE FRANÇAISE

N° 209 LIBERTÉ — ÉGALITÉ — FRATERNITÉ N° 209

COMMUNE DE PARIS

MAIRIE DU XIe ARRONDISSEMENT

En vertu d'un décret du 20 avril 1871, signé Cluseret, qui nomme le citoyen A. Humbert chirurgien principal de la XIe légion, les citoyens docteurs, chirurgiens, officiers de santé du XIe arrondissement et les élèves en médecine ayant 8 et 16 inscriptions sont invités à se présenter le jeudi 27 courant, à 3 heures précises, à la Mairie, place Voltaire, au Bureau du Service médical de la légion de la Garde nationale, pour s'entendre sur la réorganisation du Service médical dans les bataillons de la Garde nationale.

Paris, le 27 avril 1871.

Le chirurgien principal,
Dr A. HUMBERT.

Les Membres de la Commune
délégués à la Mairie du XIe Arrondissement,
MORTIER, VERDURE, DELESCLUZE, AVRIAL.

IMPRIMERIE NATIONALE. — Avril 1871.

RÉPUBLIQUE FRANÇAISE

N° 210 LIBERTÉ — ÉGALITÉ — FRATERNITÉ N° 210

COMMUNE DE PARIS

DIRECTION DES SERVICES PUBLICS

(INSPECTION DE LA NAVIGATION)

LA COMMISSION DES SERVICES PUBLICS,

Attendu que les règlements sur la pêche sont complétement mis en oubli par le public ;

Qu'il est urgent, vû la saison du frai, de faire cesser la pêche,

ARRÊTE :

Art. 1er. La pêche, même à la ligne flottante, est interdite dans la ville de Paris.

Art. 2. Tout contrevenant à l'article ci dessus du présent arrêté sera passible d'une amende de 10 francs et de la confiscation des engins de pêche.

Art. 3. L'ingénieur chargé du service de la navigation et des ponts de la Seine est chargé de l'exécution du présent arrêté.

Paris, le 27 avril 1871.

VU ET APPROUVÉ
par l'Ingénieur Secrétaire général des Services publics,
ED. CARON.

VU ET APPROUVÉ
par le Délégué de la Commune aux Services publics,
JULES ANDRIEU.

IMPRIMERIE NATIONALE — Avril 1871.

RÉPUBLIQUE FRANÇAISE

N° 211 LIBERTÉ — ÉGALITÉ — FRATERNITE N° 211

COMMUNE DE PARIS

MINISTÈRE DE LA GUERRE

Neuilly, 27 avril, 1 h. 5 m. du soir.

Général Dombrowski à Guerre et Exécutive.

Ce matin, à 7 heures, nos postes avancés étaient vivement attaqués par les troupes ennemies. Le 80e bataillon, après une résistance énergique, était forcé d'abandonner une barricade nouvellement construite; mais l'ennemi, pris en flanc par le 74e bataillon, est contraint de se replier et d'abandonner les positions qu'il avait prises. Nous sommes maintenant en possession de toutes nos positions. L'ennemi s'est retiré sur toute la ligne. Le feu a cessé.

Paris, le 27 avril 1871.

DOMBROWSKI.

1 IMPRIMERIE NATIONALE. — Avril 1871.

RÉPUBLIQUE FRANÇAISE

N° 212 LIBERTÉ — EGALITÉ — FRATERNITÉ N° 212

COMMUNE DE PARIS

MINISTÈRE DES TRAVAUX PUBLICS

Aprés avoir consulté les boulangers, patrons et ouvriers,
Le délégué au département du Travail et de l'Échange

ARRÊTE :

ARTICLE UNIQUE. Le travail dans les boulangeries ne pourra commencer avant 5 heures du matin.

Paris, le 27 avril 1871.

Le Délégué, membre de la Commune,
LÉO FRANKEL.

1 IMPRIMERIE NATIONALE. — Avril 1871.

VILLE DE BEAUNE

ÉLECTIONS MUNICIPALES

Citoyens,

Les hommes que vous choisirez pour faire partie du Conseil Municipal de Beaune, auront de sérieux devoirs à remplir. Il leur faudra à la fois de l'énergie, du patriotisme et de la sagesse.

Nous ne proposons donc à vos suffrages que des Citoyens résolus à maintenir la République de tout leur pouvoir, et à consacrer aux affaires publiques tout le temps nécessaire pour qu'aucune partie de leur tâche ne reste en souffrance.

Notre programme est court.

Nous voulons le maintien de la République, parce que :

Seule, la République donnera à tous les Citoyens les mêmes droits, en leur imposant les mêmes devoirs;

Seule, Elle assurera l'exercice sincère du suffrage universel par l'instruction primaire, gratuite et obligatoire;

Seule, Elle économisera les deniers de la France, par la suppression des gros traitements et des fonctionnaires inutiles;

Seule, Elle pourra assurer la séparation, si désirable, de l'Église et de l'État;

Seule, Elle permettra à tout citoyen d'aspirer aux emplois qu'il est apte à remplir, en donnant toutes les fonctions à l'examen et à l'élection;

Seule enfin, Elle garantira à chaque commune son Autonomie complète, c'est-à-dire le droit de gérer elle-même ses affaires, de nommer ses Magistrats, de disposer de ses propres deniers et de décider toutes questions purement municipales, sans l'intervention d'une autorité supérieure.

Les Citoyens que nous présentons à votre choix, sont déterminés à défendre, par tous les moyens possibles, ces principes qui, seuls, peuvent donner à la France la Paix et une Prospérité durable.

Vive la République!

LE COMITÉ DÉMOCRATIQUE.

Les Citoyens dont les noms suivent, ont adhéré au programme ci-dessus.

A. DUPONT aîné, Conseiller sortant.
J. POIDEVIN père, id.
Justin EDOUARD, id.
MIGNOTTE père, id.
DEVEVEY aîné, id.
LAMBERT, imprimeur, id.
POLLET, id.
DUMILLY-BRETTE, id.
Ferdinand FEBVRE, id.
Pierre MALLARD, cult^r, id. Challanges.
TRAPET, cult^r, id. Gigny.
Paul BOUCHARD, négociant.
Ant. BOURGEOIS, négociant.
Antoine LABUSSIÈRE, négociant.

FLASSELIER, propriétaire.
Louis CHICOTOT, négociant.
Oscar MASSON, docteur-médecin.
CHABAUX-FORGET, négociant.
Ph. ANDRÉ, négociant.
SIVRY-PETIT, marchand de meubles.
VANTELOT, mécanicien.
Jules CHOUTET, tonnelier.
Louis CHANSON, propriétaire.
Léon VIOLLAND, négociant.
CARREMANTRAND-PICARD, vigneron.
Edme GRANDPRÉ.
Théodore BEL, menuisier.

Beaune. — Imprimerie LAMBERT.

RÉPUBLIQUE FRANÇAISE

N° 213 LIBERTÉ — ÉGALITÉ — FRATERNITÉ N° 213

COMMUNE DE PARIS

LA COMMISSION EXÉCUTIVE,

Considérant que certaines administrations ont mis en usage le système des amendes ou des retenues sur les appointements et sur les salaires;

Que ces amendes sont infligées souvent sous les plus futiles prétextes et constituent une perte réelle pour l'employé et l'ouvrier;

Qu'en droit, rien n'autorise ces prélèvements arbitraires et vexatoires;

Qu'en fait, les amendes déguisent une diminution de salaire et profitent aux intérêts de ceux qui l'imposent;

Qu'aucune justice régulière ne préside à ces sortes de punitions, aussi immorales au fond que dans la forme;

Sur la proposition de la Commission du travail, de l'industrie et de l'échange,

ARRÊTE :

ARTICLE PREMIER. Aucune administration privée ou publique ne pourra imposer des amendes ou des retenues aux employés, aux ouvriers, dont les appointements, convenus d'avance, doivent être intégralement soldés.

ART. 2. Toute infraction à cette disposition sera déférée aux tribunaux.

ART. 3. Toutes les amendes et retenues infligées depuis le 18 Mars, sous prétexte de punition, devront être restituées aux ayants droit dans un délai de 15 jours, à partir de la promulgation du présent décret.

Paris, le 27 avril 1871.

La Commission exécutive,

JULES ANDRIEU, CLUSERET, LÉO FRANKEL, PASCHAL GROUSSET,
JOURDE, PROTOT, VAILLANT, VIARD.

1 IMPRIMERIE NATIONALE. — Avril 1871.

RÉPUBLIQUE FRANÇAISE

N° 214 LIBERTÉ — ÉGALITÉ — FRATERNITÉ N° 214

COMMUNE DE PARIS

MINISTÈRE DE LA GUERRE

ORDRE

L'intendance générale sera supprimée à partir du 1er mai. Elle sera remplacée par :

Un Payeur général pour le service de la solde ;

Un Directeur de la manutention pour le service des vivres ;

Un Directeur de l'habillement ;

Un Directeur du campement ;

Un Directeur des lits militaires ;

Un Directeur des hôpitaux ;

Un Directeur des approvisionnements.

Un Inspecteur général veillera à la prompte exécution des ordres.

Une Commission de contrôle vérifiera tous les comptes.

Paris, le 28 avril 1871.

Le Délégué à la Guerre,
CLUSERET.

2 IMPRIMERIE NATIONALE. — Avril 1871.

RÉPUBLIQUE FRANÇAISE

N° 216 LIBERTÉ — ÉGALITÉ — FRATERNITÉ N° 216

COMMUNE DE PARIS

MINISTÈRE DE LA GUERRE

ARRÊTÉ

LE DÉLÉGUÉ A LA GUERRE,

Considérant que la mobilité dans les grades détruit la discipline et l'organisation de la Garde nationale,

ARRÊTE :

Tout officier régulièrement élu sera muni d'une Commission délivrée par le chef de légion.

Cette Commission portera qu'elle est délivrée sur le vu du procès-verbal d'élection.

Celles des capitaines et officiers supérieurs seront visées par le Délégué à la guerre.

Une fois muni de sa commission, l'officier ne peut plus perdre son grade que par un jugement ou décret spécial du Délégué à la guerre.

Toute personne qui portera les insignes d'officier, sans être munie de sa commission, sera immédiatement arrêtée et emprisonnée quels que soient les grades qu'elle ait pu obtenir antérieurement, à l'élection ou autrement.

Paris, le 28 avril 1871.

Le Délégué à la Guerre,
CLUSERET.

8 IMPRIMERIE NATIONALE — Avril 1871.

N° 215 RÉPUBLIQUE FRANÇAISE N° 215

LIBERTÉ — ÉGALITÉ — FRATERNITÉ

COMMUNE DE PARIS

MINISTÈRE DE LA GUERRE

ORDRE

Les forces destinées à la défense de la Commune de Paris seront ainsi réparties :

La défense extérieure sera confiée aux bataillons de guerre.

Le service intérieur sera fait par la Garde nationale sédentaire.

Les forces chargées de la défense extérieure seront divisées en deux grands commandements.

Le premier, s'étendant de Saint-Ouen au Point-du-Jour, sera confié au général Dombrowski.

Le deuxième, allant du Point-du-Jour à Bercy, sera confié au général Wroblewski.

Chacun de ces commandements sera subdivisé en trois.

La 1re subdivision du premier commandement comprendra Saint-Ouen et Clichy jusqu'à la route d'Asnières.

La 2e subdivision comprendra Levallois-Perret et Neuilly jusqu'à la porte Dauphine.

La 3e subdivision comprendra la Muette, et s'étendra jusqu'au Point-du-Jour.

La 1re subdivision du deuxième commandement comprendra les forts d'Issy et de Vanves.

La 2e subdivision comprendra les forts de Montrouge et de Bicêtre.

La 3e subdivision comprendra les forts d'Ivry et l'espace compris entre Villejuif et la Seine.

Le quartier général du premier commandement sera au château de la Muette et celui du deuxième à Gentilly.

Toutes les communications relatives au service seront adressées aux délégués à la guerre par l'entremise des généraux commandants en chef. Les communications faites directement ne seront pas prises en considération.

Les Commandants en chefs établiront immédiatement à leurs quartiers généraux un Conseil de guerre en permanence et un service de prévôté.

Paris, le 28 avril 1871.

Le Délégué à la Guerre,
CLUSERET.

2 Paris, IMPRIMERIE NATIONALE. — Avril 1871.

N° 217 RÉPUBLIQUE FRANÇAISE N° 217

LIBERTÉ — ÉGALITÉ — FRATERNITÉ

COMMUNE DE PARIS

COMMISSION DE LA GUERRE

AVIS

Il faut en finir avec un abus coûteux pour la Commune. Certains officiers briguent, à l'envi, sabres et galons; puis, repoussés par leurs hommes, se retirent avec l'équipement et les armes qui ne leur appartiennent plus.

Les chefs de légion, et, après eux, les chefs de bataillon, sont chargés de faire rentrer au magasin central ce qui est le bien propre des légions et des bataillons.

Paris, le 28 avril 1871.

La Commission de la guerre,

ARNOLD, AVRIAL, DELESCLUZE, RANVIER, G. TRIDON.

2 IMPRIMERIE NATIONALE. — Avril 1871.

N° 218 RÉPUBLIQUE FRANÇAISE N° 218

LIBERTÉ — ÉGALITÉ — FRATERNITÉ

COMMUNE DE PARIS

COMMISSION DE LA GUERRE

AVIS

La Commission de la guerre rappelle à tout chef de légion qu'il est tenu d'envoyer chaque matin, rue Saint-Dominique-Saint-Germain, n° 86, salle du rapport, à 9 heures très-précises, son chef d'état-major, avec une *Situation, conforme au modèle adopté par la Commission*, de l'effectif, armement, habillement et besoins de ladite légion.

Toute demande d'effets ou d'armement qui ne passe pas par la voie du rapport est considérée comme non avenue.

Paris, le 28 avril 1871.

La Commission de la guerre,

ARNOLD, AVRIAL, DELESCLUZE, RANVIER, G. TRIDON.

2 IMPRIMERIE NATIONALE. — Avril 1871.

RÉPUBLIQUE FRANÇAISE

LIBERTÉ — ÉGALITÉ — FRATERNITÉ
SOLIDARITÉ

AUX

BATAILLONS

DU 2e ARRONDISSEMENT

La délégation Communale du 2e Arrondissement reçoit incessamment les réclamations de quelques-uns de nos Bataillons, qui se plaignent de n'être pas utilisés pour la défense.

Ces plaintes sont fondées, et c'est surtout au moment suprême où nous sommes que l'égalité devant le danger doit primer toute autre considération.

En conséquence, les Bataillons du 2e Arrondissement vont être appelés à une activité réelle et n'auront rien à envier à leurs frères héroïques des autres Arrondissements.

LA DÉLÉGATION COMMUNALE DU 2e ARRONDISSEMENT :
EUGÈNE POTTIER, A. SERAILLIER,
JACQUES DURAND, J. JOHANNARD.

Paris. — Imp. LEFEBVRE, passage du Caire, 87-89

RÉPUBLIQUE FRANÇAISE

Liberté, Egalité, Fraternité.

ENRÔLEMENTS

Autorisé par le Ministère de la Guerre, à former des Bataillons de Francs-Tireurs; j'invite tous les bons patriotes capables de porter les armes, à venir se ranger parmi les Citoyens brûlant du désir de sauver la République.

Salut et Fraternité.

Le Commandant R. Casimir.

Bureau principal d'Enrôlements, Rue Bouret, 13 (Villette).
Bureaux auxiliaires { Rue Saint-Martin, 204.
Rue de l'École-de-Médecine, 69.

Imp. Mannoury, 171, rue Lafayette.

RÉPUBLIQUE FRANÇAISE

LIBERTÉ — ÉGALITÉ — FRATERNITÉ
SOLIDARITÉ

COMMUNE DE PARIS. — 8e ARRONDISSEMENT

ÉCOLES COMMUNALES

AUX PARENTS, — AUX AMIS DE L'ENSEIGNEMENT, AUX ENFANTS

Les Ecoles communales de notre Arrondissement sont nombreuses et bien tenues. Elles sont pourtant insuffisantes pour les Elèves à instruire

Statistique de l'Arrondissement

D'après le relevé que nous avons fait faire sur les cartes de boucherie, — le nombre des enfants à instruire dans notre Arrondissement, — garçons et filles, de 7 à 15 ans, s'élève à. 6251

Nos Ecoles communales, au nombre de 14, laïques, congréganistes ou protestantes, ne reçoivent pourtant que 1453 garçons et 1577 filles, ensemble 2730 élèves. 2730

Différence. . . 3251

C'est une différence de 3,251 enfants, dont il faut maintenant retrancher les enfants que les parents font instruire à leurs frais.

Quoique considérable, cette différence s'augmenterait si nous avions calculé les enfants de 3 à 5 ans et de 5 à 7 ans. Mais nous ne parlons ici que des Ecoles communales, les *Asiles* et les *Ecoles maternelles* devant être l'objet d'une autre étude.

Cependant nous avons compté dans le nombre des 2,730 élèves ci-dessus, 271 enfants indiqués comme fréquentant les deux asiles de l'Arrondissement qui reçoivent des enfants de 3 à 7 ans.

Les Ecoles communales organisées dans notre arrondissement sont donc insuffisantes, et cependant l'Ecole des filles de la rue de la Bienfaisance est vacante et fermée : nous la faisons rouvrir.

D'autre part, au temps où nous sommes, les Ecoles libres fonctionnant peu, il y a urgence à hâter l'entrée de tous enfants aux Ecoles publiques ou libres. Nous allons aviser, dès cette semaine, à cette œuvre sérieuse. Tous les enfants de 3 à 12 ans doivent être, bon gré mal gré, mis à l'école immédiatement, à moins de prouver qu'on les instruit ou fait instr[illegible]e.

Toutefois, trois Ecoles congréganistes, celles des garçons, qui comptaient de nombreux élèves, sans que nous en sachions la cause, ont suspendu leur enseignement. Nous avons dû, pour éviter de laisser les enfants dans la rue aviser à faire faire les classes par des professeurs libres.

En cet état, toutes ces Ecoles communales étant en activité, moins une, il y a lieu d'aviser à la transformation de l'Enseignement lui-même. Nous nous proposons de profiter, dans ce but, de la réorganisation nécessaire des deux Ecoles vacantes.

Ecoles Nouvelles

L'Ecole des filles de la rue de la Bienfaisance sera la première des *Ecoles nouvelles* et la Base dont nous espérons voir sortir la Réforme. Nous nous proposons dans ce but de contribuer Nous-même à l'Enseignement pratique, et nous avons choisi pour Directrice Mme GENEVIÈVE VIVIEN, Institutrice d'un grand mérite, et celle de nos élèves qui sait mieux que personne l'importance de notre Enseignement de l'EDUCATION NOUVELLE.

Dès que les arrangements préparatoires seront terminés, le Programme en sera publié; mais les enfants y seront admis depuis l'âge de 3 ans, pour commencer à la première enfance.

Pour les enfants de 5 à 7 ans, la Lecture, l'Ecriture et le Calcul, ainsi que l'Orthographe, doivent être des faits acquis; — or, par les règlements, les Ecoles communales ne reçoivent les élèves qu'à l'âge de sept ans : il y a donc dans la réforme à faire un Enseignement entièrement nouveau à établir.

Les Cours de cette Ecole, dès qu'ils seront organisés, seront publics, afin que les parents et les professeurs puissent y assister à leur gré.

Ecoles Normales

Avec cette fondation d'une sorte d'Ecole normale primaire, nous avons déjà établi une Ecole normale gymnastique.

Dans quelques jours nous serons en mesure de faire faire la gymnastique comme enseignement régulier pour toutes les Ecoles communales.

Nous ferons aussi bientôt de même pour la musique et le dessin.

Inscriptions et Réceptions

Dans l'usage les inscriptions des élèves se faisaient aux Mairies. En ce moment ce serait une perte de temps et une impossibilité. Les Enfants allant à l'Ecole seront inscrits et reçus directement aux Ecoles mêmes. Nous prions les Parents et les Enfants d'aller faire faire eux-mêmes leur inscription sans aucun retard.

Pour l'Ecole des filles de la rue de la Bienfaisance, les inscriptions seront admises pour les enfants à partir de l'âge de *cinq* ans.

Nous aviserons ensuite et peu à peu à l'organisation de tous les Cours.

Enfin, et pour conclure, nous faisons un appel instant à toutes les consciences, ainsi qu'à toutes les intelligences, pour nous seconder dans cette œuvre, — le rêve de notre vie, que nous espérons enfin voir fleurir : —« La réforme à la fois scientifique et pratique de l'enseignement pour les Enfants.»

La Société « *la Commune Sociale de Paris*, » dont nous sommes le fondateur, nous secondera de ses lumières et de ses membres. C'est pourquoi nous la recommandons, en même temps que notre œuvre même, — aux bons désirs de tous, — pour les enfants et les familles, — que nous voulons instruire, et que bientôt aussi nous ferons travailler.

Paris, le 26 Avril 1871.

Le Membre de la Commune de Paris, faisant fonction de Maire,

JULES ALLIX.

9125. — Paris, imprimerie Jouaust, rue Saint-Honoré, 338.

RÉPUBLIQUE FRANÇAISE.

Liberté, Egalité, Fraternité.

LIGUE D'UNION RÉPUBLICAINE DES DROITS DE PARIS

La Ligue d'Union Républicaine des Droits de Paris a publié un programme qui lui paraît résumer exactement les aspirations de la population Parisienne. Elle a présenté ce programme au Chef du Pouvoir Exécutif de la République Française et à la Commune de Paris.

Les déclarations de M. Thiers à nos Délégués ne nous offrent de garantie ni pour le maintien de la République ni pour l'établissement des Libertés communales ; en un mot pour aucune de nos revendications.

Ce que nous avions annoncé s'est alors réalisé. La guerre civile, qu'il dépendait de l'Assemblée d'arrêter, a sévi avec une fureur nouvelle.

D'un autre côté la Commune, en ne formulant pas son programme et en refusant de s'expliquer sur le nôtre, enlève aux défenseurs des Droits de Paris les avantages d'un terrain nettement circonscrit.

Et cependant, en face de l'Etranger qui nous guette, nous demeurons plus que jamais convaincus que la seule issue possible du conflit est dans la transaction dont nous avons indiqué les éléments.

En cet état, nous avons le devoir de maintenir tout notre programme et de prendre les résolutions qui, suivant les diverses phases de la lutte, nous paraîtront les plus propres à assurer le triomphe de nos principes.

Dès à présent nous avons résolu de nous mettre en rapport avec les Conseils Municipaux des principales villes de France, et de leur faire connaître les vœux légitimes de Paris auxquels ils prêteront leur puissant concours.

Lyon qui a conquis sa Commune, Lille, Mâcon et d'autres villes qui comprennent que la cause de Paris est celle même de toutes les Communes de France, ont devancé notre appel.

Leur intervention est un signe qu'il serait imprudent à l'Assemblée de méconnaître. Qu'elle comprenne enfin que toutes les grandes villes de France sont résolues à maintenir envers et contre tous la forme Républicaine et à lui donner, comme base inébranlable, l'intégrité des Libertés communales.

Paris, 18 avril 1871.

BONVALET, ancien maire du 3e arrondis.
ONIMUS, docteur-médecin.
HIPPOLYTE STUPUY, publiciste.
JOBBÉ-DUVAL, peintre.
MARCEL MAUBLANC, sculpteur.
EMILE BRELAY, anc. adj. au maire du 2e ar.
PATRON.
VILLENEUVE, doct.-méd., anc. adj. au 17e ar.
CORBON, ancien représentant du peuple.
JULES MOTTU, ancien maire du XIe arrond.
G. CLÉMENCEAU, représentant démissionnaire.
AMNON, agent des mines de Saarbruck.
HENRI VILLENEUVE, étudiant en médecine.
G. MANET, avocat.
J. A. LAFONT, ex-adj. au maire du 18e arrond.
MAILLARD, chef du cont. de la comp. l'*Union*.
GUSTAVE ISAMBERT, publiciste.
DACHEUX, ex-adjoint au maire du 17e arrondis.
COUDEREAU, docteur-médecin.
FASCON, avocat.
LOISEAU-PINSON, nég., ex-adj. au 2e arrond.
ARMAND ADAM, propriétaire.
GEORGES LECHEVALIER, av., préfet démis.
TH. LEROY, négociant.
CHAMERON, manufacturier.
ANDRÉ LEFÈVRE, publiciste.
YVES GUYOT, publiciste.
A. FOUCAULT, r. enc. de la *République* de Lyon.
CARLOS DERODE, avocat.
ALMIRE BARRÉ, professeur.
CREVAT, dél. du Cercle Républicain du Xe ar.
CH. FLOQUET, représentant démissionnaire.
THAUVIN, négociant.
GUSTAVE DUMONT, comptable.
OCTAVE DULEAU, ex-command. du 207e bat.
THOMAS CLOSMADEUC, publiciste.
HENRI HARANT, ex-adjoint du 4e arrondis.
ALFRED OLLIVE, négociant.
LUCIEN LECHEVALIER, éditeur.
FRÉDÉRIC MORIN, publiciste, ancien préfet.
ANDRÉ MURAT, ex-adjoint au Xe arrondis.
E. PARAF-JAVAL, négociant.
BOUÉ, fondeur.
GOUDEAU.
GOUDOUNÈCHE, ex-adj. au maire du 17e ar.
HÉNIN, publiciste.
MARCEL MAILLARD, avocat.
AMBROISE.
JULES DURAND, ingénieur.

Paris. — Typographie MORRIS père et fils, rue Amelot, 64. 966

COMMANDEMENT SUPÉRIEUR
DE LA
3e ARMÉE.

Compiègne, le 28 Avril 1871.

MONNAIES

AVIS

D'après une communication du Substitut du Chancelier de l'Empire d'Allemagne, le Ministre des Finances, à Versailles, a fait connaître, par une circulaire en date du 2 avril, que, conformément à l'art. 15 des conventions arrêtées, les caisses publiques françaises devront recevoir les monnaies allemandes suivant le cours fixé le 11 Mars, à raison de 3 fr. 75 pour 1 thaler, et 2 fr. 15 pour 1 florin. Le public français et les autorités allemandes auront à se conformer à ces conventions, auxquelles s'appliquent également les subdivisions de monnaies.

ALBERT, duc de Saxe.

OBER COMMANDO
—
IIIe ARMÉE

Compiègne, am 28 April 1871.

ARMÉE BEFEHLE

Nach einer Mittheilung von Seiten des Vertreters des Reichs-Kanzlers hat das franzosische Finanz-Ministerium zu Versailles unter dem 2ten April a c ein Circulair erlassen, demzufolge die franzosischen offentlichen Kassen angewiesen sind, das deutsche Geld zu dem in Artikel 15 der Convention vom 11 Maerz festgesetzten Cours.— 1 r zu 3 francs 75 centimes. — 1 Gulden zu 2 francs 15 centimes sowohl vom franzosischen Publicum wie von den deutschen Behordem anzunehmen. Demgemasz bleibt das franzosische Publicum verbunden, auch in kleinem Verkehr das deutsche Geld zu dem bezeiechneten vorberegten Cours anzunehmen.

ALBERT, Herzog zu Sachsen.

Saint-Denis. — Typographie de A. MOULIN, rue de Paris, 17.

RÉPUBLIQUE FRANÇAISE.

DÉPÊCHE TÉLÉGRAPHIQUE.

LE CHEF DU POUVOIR EXÉCUTIF

A MM. les Préfets, Sous-Préfets et à toutes les Autorités civiles et militaires.

Nos troupes poursuivent leurs travaux d'approche sur le fort d'Issy; les batteries de gauche ont agi puissamment sur le parc d'Issy qui n'est plus habitable pour ceux qui l'occupaient. Le fort d'Issy ne tire presque plus.

A droite, notre cavalerie parcourant la campagne, a rencontré une bande d'insurgés. Les éclaireurs du 70e, commandés par le capitaine Santolini, ont mis en déroute cette bande, de la force d'une compagnie, et en ont ramené prisonniers le capitaine, le lieutenant et le fourrier et dix hommes. Trente ou quarante hommes sont tombés blessés ou tués; le reste des insurgés a été poursuivi jusqu'auprès des Hautes-Bruyères. Malgré la vigueur de la fusillade, nous n'avons eu de notre côté, aucune perte à déplorer.

A. THIERS.

Versailles, 28 *Avril* 1871, 1 *h. du soir.*

Versailles. — Imp. de E. AUBERT, 6, avenue de Sceaux.

RÉPUBLIQUE FRANÇAISE

N° 219 LIBERTÉ — ÉGALITÉ — FRATERNITÉ N° 219

COMMUNE DE PARIS

MAIRIE
DU Xe ARRONDISSEMENT

Le docteur BRIGUEL, chirurgien principal de la 10e légion, fait appel aux sentiments d'humanité de tous les médecins du Xe arrondissement, et les prie instamment de vouloir bien se réunir, Dimanche prochain à la Mairie dudit arrondissement, pour y recevoir des communications importantes concernant le service médical et chirurgical de la Garde nationale.

En même temps, il fait appel au dévouement de tous les étudiants en médecine et les invite à venir s'inscrire à son bureau, installé à la Mairie, et ouvert tous les jours de 1 heure à 4 heures.

Paris, le 28 avril 1871.

Le Chirurgien principal de la 10e *légion,*
Docteur BRIGUEL.

Le délégué de la Commune, président de la Commission municipale,
LEROUDIER.

IMPRIMERIE NATIONALE. — Avril 1871.

RÉPUBLIQUE FRANÇAISE

N° 220 LIBERTÉ—ÉGALITÉ—FRATERNITÉ N° 220

COMMUNE DE PARIS

MAIRIE DU XIE ARRONDISSEMENT

En vertu du décret du 20 avril 1871, signé Cluseret, qui nomme le citoyen A. Humbert, chirurgien principal de la XIe légion, les citoyens docteurs, chirurgiens, officiers de santé du XIe arrondissement et autres arrondissements, les élèves en médecine ayant 8 et 16 inscriptons, internes et externes des hôpitaux, sont invités à se présenter le 29 avril et jours suivants, à 3 heures précises, à la Mairie du XIe arrondissement, place Voltaire, au bureau du Service médical de la légion de la Garde nationale (salle des mariages) pour s'entendre sur la réorganisation du Service médical dans les bataillons de la Garde nationale.

Paris, le 28 avril 1871.

Le Chirurgien principal,
Dr A. HUMBERT.

IMPRIMERIE NATIONALE. — Avril 1871.

RÉPUBLIQUE FRANÇAISE

N° 221 LIBERTÉ — ÉGALITÉ — FRATERNITÉ N° 221

COMMUNE DE PARIS

GUERRE A EXÉCUTIVE

Paris, le 28 avril 1871.

Je reviens de visiter Issy et Vanves. La défense du fort d'Issy est héroïque. Le fort est littéralement couvert de projectiles.

Pendant que j'étais au fort de Vanves, j'ai assisté à un combat acharné entre Versaillais. Il a duré trois quarts d'heure.

Meudon est en flammes.

Le Délégué à la Guerre,
CLUSERET.

1 IMPRIMERIE NATIONALE — Avril 1871.

RÉPUBLIQUE FRANÇAISE

N° 222 LIBERTÉ — ÉGALITÉ — FRATERNITÉ N° 222

COMMUNE DE PARIS

LA COMMISSION EXÉCUTIVE,

En exécution du décret relatif au travail de nuit dans les boulangeries,

ARRÊTE :

ART. 1er. Le travail de nuit est interdit dans les boulangeries, à partir du Mercredi 3 mai.

ART. 2. Le travail ne pourra commencer avant 5 heures du matin.

ART. 3. Le Délégué aux services publics est chargé de l'exécution du présent arrêté.

Paris, le 28 avril 1871.

La Commission exécutive :
JULES ANDRIEU, CLUSERET, COURNET, LÉO FRANKEL, PASCHAL GROUSSET, JOURDE, PROTOT, VAILLANT, VIARD.

2 IMPRIMERIE NATIONALE. — Avril 1871.

LIBERTÉ, ÉGALITÉ, FRATERNITÉ.

ADRESSE
DES
ALSACIENS ET LORRAINS
AU PEUPLE DE PARIS
EN RÉPONSE A L'AVIS DU CITOYEN CLUSERET

Nous savons que le bon sens populaire comprendra les motifs qui ont dicté l'avis du citoyen Cluseret, concernant les Alsaciens et les Lorrains.

Cependant, nous croyons utile d'y ajouter un mot :

Si les Alsaciens et les Lorrains ne doivent pas être contraints à servir dans les rangs de la Garde nationale, nous déclarons, Nous, que nous considérons comme un devoir impérieux de nous inscrire tous comme volontaires.

Nous tenons à honneur de revendiquer notre part du danger.

Les Alsaciens et les Lorrains ont comme vous le cœur meurtri. En servant dans vos rangs aujourd'hui, ils poursuivent un but qui s'impose à tous : sauver la République, patrie commune de tous les peuples; frapper les traîtres qui ont livré Paris et démembré la France.

Servir dans vos rangs, c'est marcher avec le peuple à la conquête du Droit et de la Justice.

S'abstenir, c'est déserter la cause du Peuple.

Les gens de Versailles sont nos ennemis comme ils sont les vôtres.

Ils ont laissé bombarder Strasbourg et ont traité sur ses ruines; ils ont livré Metz et son héroïque population; ils ont affamé les Parisiens, entravé leur courage; ils ont rendu Paris, aujourd'hui ils le mitraillent.

Les citoyens de Paris qui ont protesté le 31 octobre et le 22 janvier contre la trahison des uns et l'incapacité des autres, qui, le 18 mars, ont chassé le honteux gouvernement de M. Thiers, protestent aujourd'hui, au nom de tous les peuples trop longtemps opprimés, contre l'asservissement et le despotisme.

Voilà pourquoi les Alsaciens et les Lorrains continueront à combattre côte à côte avec leurs frères de Paris.

Roulier, Kubler, Jaclard, Becker,
***Barois, Albu, Allons,* etc., etc.**

Paris. — Imprimerie de S. BLOC, 15, place des Abbesses (Mairie de Montmartre).

RÉPUBLIQUE FRANÇAISE

N° 223 LIBERTÉ — ÉGALITÉ — FRATERNITÉ N° 223

MAIRIE DU 3E ARRONDISSEMENT

FOURNITURES GRATUITES

AUX

ÉLÈVES DES ÉCOLES COMMUNALES

Nous informons les parents des élèves qui fréquentent nos écoles qu'à l'avenir toutes les fournitures nécessaires à l'instruction seront données gratuitement par les instituteurs qui les recevront de la Mairie.

Les instituteurs ne pourront, sous aucun prétexte, faire payer des fournitures aux élèves.

Paris, le 28 avril 1871.

Les Membres de la Commune,
ANT. ARNAUD,
DEMAY,
DUPONT,
PINDY.

IMPRIMERIE NATIONALE. — Avril 1871

RÉPUBLIQUE FRANÇAISE

N° 224 LIBERTÉ — ÉGALITÉ — FRATERNITÉ N° 224

COMMUNE DE PARIS

MAIRIE

DU XIE ARRONDISSEMENT

Les locataires demeurant en hôtel meublé sont avertis qu'ils doivent acquitter le prix de leur location, et que les bons de logement ne seront donnés à titre de secours, qu'à ceux qui prouveront qu'ils sont dans l'impossibilité de payer. Une enquête sérieuse sera faite par les soins de la Mairie.

Le bon de logement n'impose pas aux maîtres d'hôtels l'obligation de conserver les locataires qu'ils ne jugeront pas à propos de garder.

Tous différents entre les propriétaires et locataires seront tranchés à la Mairie.

Les Membres de la Commission communale :
MORTIER, DELESCLUZE, VERDURE, AVRIAL, EUDES.

IMPRIMERIE NATIONALE. — Avril 1871.

RÉPUBLIQUE FRANÇAISE

Liberté. Égalité. Fraternité.

SOUS-PRÉFECTURE DE BEAUNE

Citoyens,

Le canon prussien tonnait dans l'arrondissement de Beaune lorsque je suis arrivé au milieu de vous.

Venu pour le combat, je vous ai trouvés prêts à le soutenir vaillamment et à défendre pied à pied le sol de la Patrie!

Courageux et intrépides au jour de la bataille, vous êtes restés dignes de vous-mêmes après la lutte!

Lorsque, grâce à des conventions inouïes, l'Allemand, comme une lèpre hideuse, s'est répandu jusqu'aux frontières du Département, votre attitude est restée fière et patriotique. Vous avez subi l'invasion, mais vous ne l'avez pas acceptée. Vous avez été héroïques jusqu'au dernier jour, et les Allemands, de retour dans leurs foyers, se rappelleront longtemps les habitants de la Côte-de-Fer.

Ma tâche est terminée maintenant; mais en vous quittant j'emporterai, avec le souvenir précieux de la sympathie que vous m'avez témoignée, la pensée qu'elle est due à mes efforts incessants pour vous aider à supporter dignement les maux de la guerre, à les alléger, et à en amener la fin la plus prompte possible.

Je n'oublierai jamais les quelques mois que j'ai passés à Beaune, et, s'il peut m'être donné de vous être utile encore d'une autre manière, je serai heureux et fier d'employer mon temps à la défense de vos intérêts, et de vous payer ainsi la dette de reconnaissance que j'ai contractée comme Français, envers ceux qui ont donné à un puissant ennemi, une si haute idée de la bravoure Bourguignonne.

L'épouvantable guerre civile qui a fait couler tant de sang déjà, ne peut durer longtemps encore : Pour la faire cesser sans retard, la France tout entière doit intervenir!

Ce sera ensuite le devoir de tous les bons citoyens d'unir leurs efforts dans une pensée commune d'apaisement et de contribuer à la régénération du Pays par leur adhésion sincère aux institutions véritablement républicaines.

La République sauvera la France de la ruine, car elle économisera ses ressources et lui donnera une administration laborieuse et intelligente en nommant les fonctionnaires par la voie de l'Election et du Concours.

C'est par la persuasion et par l'exemple, c'est-à-dire par la pratique des vertus civiques que nous arriverons à faire comprendre et adopter les principes républicains par la masse de la Nation. Et alors nous pourrons espérer voir la France reprendre, dans un prochain avenir, la Richesse et la Puissance qu'elle n'aurait jamais perdues, si elle n'avait été énervée et avilie par vingt ans de servitude.

Vive la France! Vive la République!

Le Sous-Préfet de l'arrondissement de Beaune,

A. LAMARLE.

Beaune, le 29 *avril* 1871.

Beaune. — Imprimerie LAMBERT.

RÉPUBLIQUE FRANÇAISE

LIBERTÉ — ÉGALITÉ — FRATERNITÉ

FÉDÉRATION

DE LA

GARDE NATIONALE

ENROLEMENT POUR LA CAVALERIE

170, BOULEVARD MALESHERBES (DIX-SEPTIÈME ARRONDISSEMENT)
de 9 heures du matin à 5 heures du soir.

Formation du 1er Régiment de Chasseurs à cheval de la Commune.

L'armée fédérale de la Garde nationale si brave, si jeune et déjà si aguerrie, manque de cavalerie pour châtier les hordes de Versailles.

Autorisé par la délégation de la guerre *à recruter pour la cavalerie parmi les gardes à pied ou les anciens soldats*, je viens faire appel à tous les patriotes, à tous les hommes de cœur et notamment aux citoyens sachant monter à cheval, — et je compte sur leur empressement à venir se faire inscrire, armer et équiper pour défendre la République contre les royalistes.

GUILLET,
délégué comptable.

VERGÈS,
ancien sous-chef de légion.

1370 PARIS. — ASSOCIATION GÉNÉRALE TYPOGRAPHIQUE, FAUB.-SAINT-DENIS, 19, BERTHELEMY ET Cᵉ.

N° 225 — RÉPUBLIQUE FRANÇAISE — N° 225

LIBERTÉ — ÉGALITÉ — FRATERNITÉ

COMMUNE DE PARIS

MAIRIE

DU Xe ARRONDISSEMENT

La réunion des médecins du Xe arrondissement, concernant le service médical et chirurgical de la Garde nationale, aura lieu, demain dimanche 30 avril, à une heure, dans le cabinet du médecin du bureau de bienfaisance.

Paris, le 29 avril 1871.

Le Chirurgien principal de la Xe légion,
DOCTEUR BRIGUEL.

IMPRIMERIE NATIONALE. — Avril 1871.

RÉPUBLIQUE FRANÇAISE

N° 227 LIBERTÉ — ÉGALITÉ — FRATERNITÉ N° 227

COMMUNE DE PARIS

MINISTÈRE DE LA GUERRE

DIRECTION DU GÉNIE

Par ordre du citoyen délégué au Ministère de la Guerre, il est formé, dans chacune des neuf sections de l'enceinte bastionnée, une compagnie de sapeurs du Génie.

Ces neuf compagnies seront, jusqu'à nouvel ordre, casernées dans les postes-caserne de l'enceinte, et sous les ordres des ingénieurs militaires commandant le service du Génie dans les sections.

Chaque compagnie sera forte de 120 hommes, et élira un cadre de sous-officiers, composé de :

1 sergent-major,
1 sergent-fourrier,
8 sergents,
Et 12 caporaux.

Provisoirement, les ingénieurs militaires, attachés aux sections de l'enceinte bastionnée, sont détachés dans ces compagnies pour remplir les fonctions d'officiers.

Pour la formation de ces compagnies, on se fait inscrire, de 8 heures du matin à 6 heures du soir, aux adresses suivantes :

1re section, Bercy, boulevard Poniatowski, poste-caserne 4;
2e ——— Belleville, rue Haxo, 145.
3e ——— la Villette, poste-caserne du bastion 28;
4e ——— Montmartre, bastion 39 (maison Dugal);
5e ——— les Ternes, avenue Mac-Mahon, 74;
6e ——— Passy, avenue de la Muette, 1;
7e ——— Vaugirard, poste-caserne des bastions 71 et 73;
8e ——— Montparnasse, route d'Orléans, 93;
9e ——— les Gobelins, poste-caserne du bastion 90.

Paris, le 30 avril 1871.

Le Délégué à la Guerre,
CLUSERET.

2 IMPRIMERIE NATIONALE. — Avril 1871.

RÉPUBLIQUE FRANÇAISE

LIBERTÉ. — ÉGALITÉ. — FRATERNITÉ.

COMMUNE DE PARIS

MAIRIE DU 17e ARRONDISSEMENT

CITOYENS,

C'est un devoir et une satisfaction pour nous de vous tenir au courant des affaires publiques et de vous communiquer nos impressions.

De grandes et belles choses se sont accomplies depuis le 18 mars, mais notre œuvre n'est pas achevée ; de plus grandes encore doivent s'accomplir et s'accompliront, parce que nous poursuivrons notre tâche sans trêve, sans crainte dans le présent ni dans l'avenir.

Mais pour cela, il nous faut conserver tout le courage, toute l'énergie que nous avons eus jusqu'à ce jour, et, qui plus est, il faut nous préparer à de nouvelles abnégations, à tous les périls, à tous les sacrifices : plus nous serons prêts à donner, moins il nous en coûtera.

Le salut est à ce prix, et votre attitude prouve suffisamment que vous l'avez compris.

Une guerre sans exemple dans l'histoire des peuples nous est faite : elle nous honore et flétrit nos ennemis.

Vous le savez : tout ce qui est vérité, justice ou liberté n'a jamais pris sa place sous le soleil sans que le peuple ait rencontré devant lui et armés jusqu'aux dents, les intrigants, les ambitieux et les usurpateurs qui ont intérêt à étouffer nos légitimes aspirations.

Aujourd'hui, Citoyens, vous êtes en présence de deux programmes :

Le premier, celui des royalistes de Versailles, conduits par la chouannerie légitimiste et dominés par des généraux de coup d'État et des agents bonapartistes, trois partis qui se déchireraient même après la victoire, et se disputeraient les Tuileries.

Ce programme, c'est l'esclavage à perpétuité, c'est l'avilissement de tout ce qui est peuple; c'est l'étouffement de l'intelligence et de la justice; c'est le travail mercenaire : c'est le collier de misère rivé à vos cous; c'est la menace à chaque ligne. On y demande votre sang, celui de vos femmes, celui de vos enfants; on y demande nos têtes, comme si nos têtes pouvaient boucher les trous qu'ils font dans vos poitrines, comme si nos têtes tombées pouvaient ressusciter ceux qu'ils vous ont tués et fusillés !

Ce programme, c'est le peuple à l'état de bête de somme, ne travaillant que pour un amas d'exploiteurs et de parasites, que pour engraisser des têtes couronnées, des ministres, des sénateurs, des maréchaux, des archevêques et des jésuites.

C'est Jacques Bonhomme à qui l'on vend depuis ses outils jusqu'aux planches de sa cahute, depuis la jupe de sa ménagère jusqu'aux langes de ses enfants pour payer les lourds impôts qui nourrissent le roi et la noblesse, le prêtre et le gendarme.

L'autre programme, Citoyens, c'est celui pour lequel vous avez fait trois révolutions; c'est celui pour lequel vous combattez aujourd'hui; c'est celui de la Commune, le vôtre enfin.

Ce programme, c'est la revendication des droits de l'homme; c'est le peuple maître de ses destinées; c'est la justice et le droit de vivre en travaillant; c'est le sceptre des tyrans brisé sous le marteau de l'ouvrier; c'est l'outil légal du capital; c'est l'intelligence primant la ruse et la sottise; c'est l'égalité d'après la naissance et la mort.

[illegible] Paris est votre camp !

Non, ce n'est plus cette poignée de braves retranchés derrière une barricade manquant de cartouches et de commandement; ce n'est plus un 1830 ni un 48; c'est le soulèvement d'un grand peuple qui veut vivre libre ou mourir.

Et il faut vaincre, parce que la défaite ferait de vos veuves des victimes pourchassées, maltraitées et vouées au courroux de vainqueurs farouches; parce que vos orphelins seraient livrés à leur merci et poursuivis comme de petits criminels, parce que Cayenne serait repeuplé et que les travailleurs y finiraient leurs jours rivés à la même chaîne que les voleurs, les faussaires et les assassins; parce que demain les prisons seraient pleines et que les sergents de ville solliciteraient l'honneur d'être vos geôliers et les gendarmes vos gardes chiourmes; parce que les fusillades de juin recommenceraient plus nombreuses et plus sanglantes !

Vainqueurs, c'est non-seulement votre salut, celui de vos femmes, celui de vos enfants, mais encore celui de la République et de tous les peuples !

Pas d'équivoque, celui qui s'abstient ne peut même pas se dire républicain.

Ceux que la couleur de notre drapeau effrayait doivent être rassurés ; il n'est que rouge du sang du peuple et non d'un autre.

Les royalistes, eux, ont ensanglanté leur loque blanche ; les impérialistes ont vendu le drapeau tricolore, sans se soucier de ses souvenirs glorieux; seul le drapeau rouge flotte partout et le peuple a partout pardonné; seul il flotte vierge de honte et d'infamie.

Courage donc, nous touchons au terme de nos souffrances. Il ne se peut pas que Paris s'abaisse au point de supporter qu'un Bonaparte le reprenne d'assaut. Il ne se peut pas qu'on rentre ici régner sur des ruines et sur des cadavres! Il ne se peut pas qu'on subisse le joug des traîtres qui restèrent des mois entiers sans tirer sur les Prussiens et qui ne restent pas une heure sans nous mitrailler.

Des femmes, des enfants, des vieillards, des innocents sont tombés sous leurs coups ; ce n'est plus seulement Paris qui est frémissant de rage et d'indignation, mais la France, la France tout entière s'agite écœurée, furieuse ! Cette belle France qu'ils ont ruinée et livrée et dont ils voudraient se partager les restes comme des oiseaux de proie abattus dans un champ de carnage!

Allons, pas d'inutiles. Que les femmes consolent les blessés ; que les vieillards encouragent les jeunes gens ; que les hommes valides ne regardent pas à quelques années près pour suivre leurs frères et partager leur péril.

Ceux qui, ayant la force, se disent hors d'âge, se mettent dans le cas que la Liberté les mette un jour hors la loi. Et quelle honte pour ceux-là !

C'est une dérision ! Les gens de Versailles, Citoyens, vous disent découragés et fatigués ; ils mentent et le savent bien. Est-ce quand tout le monde vient à vous; est-ce quand de tous les coins de Paris on se range sous votre drapeau ; est-ce quand les soldats de la ligne, vos frères, vos amis, se retournent et tirent sur les gendarmes et les sergents de ville qui les poussent à vous assassiner ; est-ce quand la désertion se met dans les rangs de nos ennemis, quand le désordre, l'insurrection règnent parmi eux et que la peur les terrifie, que vous pouvez être découragés et désespérer de la victoire?

Est-ce quand la France tout entière se lève et vous tend la main ; est-ce quand on a su souffrir si héroïquement pendant huit mois, qu'on se fatiguerait de n'avoir plus que quelques jours à souffrir, surtout quand la liberté est au bout de la lutte?

Non! il faut vaincre et vaincre vite; et avec la paix le laboureur retournera à sa charrue, l'artiste à ses pinceaux, l'ouvrier à son atelier; la terre redeviendra féconde et le travail reprendra. Avec la paix nous accrocherons nos fusils et reprendrons nos outils et, heureux d'avoir bien rempli notre devoir, nous aurons le droit de dire un jour :

Je suis un Soldat-Citoyen de la Grande Révolution.

Les Membres de la Commune :

Paris, le 29 Avril 1871.

GERARDIN, E. CLEMENT, CHALIN, A. DUPONT, MALON.

Imprimerie centrale des chemins de fer. — A. CHAIX et Ce, rue Bergère, 20, à Paris. — 3818-1   J. BLOT, 15, place des Abbesses (Montmartre)

(EN FORMATION)

LES

ZOUAVES

DE LA RÉPUBLIQUE

AUX HOMMES DE COEUR

CITOYENS,

Au moment où les Gardes Nationaux défenseurs de la République et de la Commune, tombent sous le plomb des assassins de Versailles, malgré leur titre inviolable de prisonniers de guerre; nos cœurs ont bondi d'indignation, et nous jetons au milieu de vous, Citoyens, notre cri patriotique : **VENGEANCE**!!! aidez-nous à l'assurer complète.

Et vous, enfants de la commune de Lyon, venez à nous pour combattre sous le drapeau que les premiers vous avez arboré.

L'habillement, la solde et les vivres sont assurés aussitôt après l'enrôlement, armes à tir rapide; les hommes inscrits à l'avance faisaient tous partie des anciennes compagnies de Francs-Tireurs.

MÊME SOLDE QUE LA GARDE NATIONALE

Le décret de la Commune relatif aux veuves, orphelins et blessés est applicable aux Zouaves de la République.

Les Bureaux pour l'enrôlement sont situés :

1er Bureau	— 10e Arrondissement,	Faubourg Saint-Martin, Mairie
2e »	— 11e	»	Place Voltaire, Mairie
3e »	— 18e	»	Rue des Abbesses, 8, Montmartre
4e »	— 20e	»	Belleville, Mairie

De 9 heures à 11 heures, et de 2 heures à 6 heures.

L'Adjudant-Major, **RUMEAU.**

Le Comt des Zouaves de la République, **LECAUDEY.**

NOTA. Le Bataillon ne sera composé que de 500 hommes.

Paris. — Typ. Edouard VERT, rue Notre-Dame-de-Nazareth, 50.

RÉPUBLIQUE FRANÇAISE

Liberté, Egalité, Fraternité.

COMMUNE DE PARIS

XIIe ARRONDISSEMENT

Les MEMBRES DE LA COMMUNE, composant la Municipalité du XIIme Arrondissement;

CONSIDÉRANT qu'aujourd'hui le devoir de tout Citoyen est de voler à la défense de Paris, outrageusement bombardé par les ex-membres du Gouvernement de la Défense nationale, alliés aux capitulards bonapartistes;

ATTENDU que l'élan spontané de la 12me Légion se trouve refroidi d'une façon compromettante pour le salut de notre cité, par la lâcheté et la trahison de ceux qui fuient ou se cachent;

Vu qu'il est du devoir des Municipalités de faire exécuter les décrets de la Commune;

ATTENDU que certains employés du chemin de fer de Paris-Lyon-Méditerranée prétendent s'exempter du service de la Garde nationale en s'abritant derrière un décret issu de l'ex-gouvernement déchu;

Qu'au point de vue de la morale, il est urgent de remédier à un état de choses qui ne tendrait à rien moins qu'à désorganiser la Garde nationale et à servir les desseins les plus infâmes de la réaction royaliste;

ARRÊTENT :

ART. 1er. — Les Employés du matériel roulant du chemin de fer de Paris-Lyon-Méditerranée, c'est-à-dire Conducteurs, Chauffeurs, Mécaniciens, Serre-Frein, les Employés de la Gare de Bercy et ceux du service actif de la voie, sont seuls exemptés du service de la Garde Nationale.

ART. 2. — Un délai de quarante-huit heures est donné aux Citoyens de 19 à 40 ans ne faisant pas partie des catégories ci-dessus pour reprendre leur service ou se faire incorporer.

ART. 3. — Tout contrevenant sera immédiatement arrêté et mis à la disposition du Conseil de guerre.

ART. 4. — Les Bataillons de la 12me Légion sont chargés de l'exécution du présent arrêté.

Les Membres de la Commune pour le 12e Arrondissement,

GERESME, LONCLAS, PHILIPPE, THEISZ.

Paris. — Typ. Morris père et fils, rue Amelot, 64.

MEMBRES DE LA COMMUNE

A PARIS

CITOYENS,

Le soussigné a l'honneur de vous exposer les persécutions auxquelles il a été en butte de la part des autorités locales pour être agréables au gouvernement de Versailles, dans le voyage qu'il vient de faire à Toulon (Var), sa ville natale, où il est établi depuis plus de vingt ans, comme tapissier, marchand de meubles et fournisseur de la marine nationale, ayant aussi domicile privé et maison d'achats à Paris, rue Meslay, 22.

Parti de Paris, le 28 mars dernier, après l'installation du gouvernement de la Commune, dont je suis un des plus ardents défenseurs, admirateur de ses décrets et propagateur libre de la démocratie sociale.

J'ai dû, après neuf mois d'absence, aller contrôler mes employés et les affaires de ma maison de Toulon,

qu'aucun journal républicain n'a encore franchi les portes de la province, et, jusqu'à ce jour, journaux et lettres sont essentiellement arrêtés par Versailles, ces pauvres gens n'ont pour s'instruire absolument que les nouvelles mensongères propagées par les journaux de Versailles et les dépêches trompeuses et stupides de Thiers.

Malgré cela, l'esprit républicain a saisi les masses et adhésion est acquise à la Commune de Paris, tous les citoyens sont préparés au vote pour les Conseils municipaux, et vous pouvez être assurés que le choix sera Républicain.

A Toulon, tous mes camarades sont Conseillers ou Officiers de la Garde Nationale, mais les Procureurs, Juges des Tribunaux, Préfets, Sous-Préfets ainsi que les Chefs des Administra-

res du matin, au tribunal correctionnel de Toulon, je fus averti par un ami que j'avais à me tenir sur mes gardes, que le Procureur de la République (Impériale) voulait me faire arrêter vu les sens de ma citation à Ménard, croyant que mon intention était de défendre le Comité de Paris. Le Procureur avouant ne pouvoir autoriser une telle thèse, qui défendit *un gouvernement d'insurgés*, j'écrivis à ce procureur implacable étant annonçai qu'il n'était nullement dans mon intention de défendre le Comité, que ce dernier était assez fort pour le faire lui-même, mais que je voulais seulement faire punir Ménard pour les bruits absurdes qu'il avait répandus dans le pays contre moi et m'ayant porté un préjudice dans mon commerce, attendu que les personnes avec lesquelles nous travaillons sont presque toutes riches ou

à Mâcon, n'ayant ni passeport, ni papier constatant notre identité. Furieux de colère, pensant à mes alguazils, l'idée me vint que j'avais sur moi ma carte de laissez-passer de l'arsenal de Toulon aux armes impériales; sur cette exhibition, la police me relâcha, et ce fut avec bonheur qu'il me fut permis de remonter dans le train de Paris, où je suis arrivé sans autre désagrément dans la ville sainte, dans ce beau pays que j'aime tous les jours davantage, seule ville en France où l'on peut vaquer librement malgré l'opinion que l'on veuille professer.

Pendant mon séjour en province, j'ai pu constater que les commerçants des provinces sont à court des produits de la capitale, et que, si ce n'était les mensonges prodigués dans les villes de province par le gouvernement de Versailles, Paris serait en-

ayant souffert toutes les péripéties du siége, et appartenant à la garde nationale sédentaire, où je crois avoir rempli mon devoir, je mentirais si je vous disais que j'ai supporté avec résignation toutes les infamies que le gouvernement dit *de la Défense nationale* nous a imposées, ainsi que les lâchetés des généraux qui, comme vous le savez, nous ont conduits à la ruine et au déshonneur.

Heureux de pouvoir contrôler si les départements du Midi, comme on nous l'avait toujours dit, avaient été réellement levés en masse de 19 à 45 ans, mariés ou non, pour venir au secours de la Capitale, eh bien! j'ai le regret de vous faire savoir que personne n'a bougé, et que toutes ces promesses tant de fois renouvelées par Trochu, J. Favre et consorts n'étaient que des mensonges, que la plus grande indifférence patriotique n'a cessé de se produire dans tous les départements du Midi, paralysés par la combinaison de Thiers et Cie, à empêcher la résistance demandée par les masses républicaines.

Arrivé à Toulon, le 29 mars, et y étant généralement connu comme enfant du pays et comme négociant, à cause de l'importance des travaux que j'y ai faits, j'étais à chaque pas interrogé sur les effets du siége de Paris, je fus même prié, dans une grande réunion qui eut lieu au théâtre, le 30, où 4,000 personnes étaient réunies, d'y raconter les événements survenus; là, sous la seule pensée d'être utile à mon pays et à la République, j'ai, pendant deux heures, donné tous les détails qui se sont produits dans Paris de l'investissement au jour de la trahison, jusqu'à la proclamation de la Commune, c'est-à-dire la résurrection nationale; pour tions ne sont que misérable choix et triste faisceau, tous ou presque tous réactionnaires, les explications que j'ai eu l'avantage de leur faire entendre, ont eu pour effet de me dénoncer comme faisant partie du Comité de la Commune de Paris ou de l'Internationale et d'être un envoyé exprès; enfin j'ai supporté plusieurs discussions, une entre autres où l'on m'a traité, ainsi que tous les membres du Comité de Paris, de *Repris de justice* et ceci en plein Café devant plus de cent personnes Civils, et Officiers supérieurs de tous grades; sans les efforts qui ont paralysé mon bras, j'aurais souffleté ce misérable; le lendemain matin, j'adressais à mon insulteur le cartel suivant :

« Monsieur Ménard, Pharmacien,
« à Toulon,

« Monsieur, je vous prie de rétracter les paroles blessantes que vous avez prononcées, hier, dans la soirée, au Café de Paris, non-seulement me concernant, mais concernant aussi les Membres du Comité siégeant à l'Hôtel de Ville de Paris, en les qualifiant tous de *Repris de justice*.

« J'insiste, Monsieur, pour que, d'ici à ce soir, vous m'adressiez des excuses par écrit, à défaut je me tiens à votre disposition. Choisissez entre ces deux moyens de reconnaître vos erreurs, sinon, vous me mettriez dans la triste nécessité de vous traduire devant les tribunaux. Je vous salue. B. Délaury, Tapissier. Cour Lafayette, 115, à Toulon, Garde Nationale, 88e Bataillon, 1re Cie, Sédentaire, Paris, Rue de Meslay, 22. »

attachées au gouvernement monarchique et que cette supposition suffisait pour éloigner de ma maison la meilleure partie de ma clientèle, de plus que j'étais libre d'accepter les effets produits par le Comité et que cela ne regardait personne, enfin je ne pouvais entendre être réputé ni Membre du Comité, ni de l'International, attendu que je n'étais nullement connu de ces honnêtes gens, malgré que je fusse un de leurs chauds partisans; suivant moi, je ne pouvais me parer d'un titre trop honorable pour moi et duquel je n'étais nullement investi.

M'étant présenté à l'heure de l'audience, mon contradicteur ayant sollicité un renvoi à huitaine, j'insistai auprès du Président que l'affaire fût jugée le lendemain samedi, expliquant qu'il me fallait aller à Bordeaux, où un client important m'attendait pour une commande de travaux, ensuite qu'il fallait que j'eusse à me présenter, le 28 courant, jour de l'expiration de la permission de mon capitaine; sur ce, le Président me demanda : ce que j'étais? quelle était cette permission? ce capitaine? et à quelle garde nationale j'appartenais? Sur ma réponse que j'étais négociant à Paris comme à Toulon, que j'étais de la garde nationale de Paris. — De Paris, me répondit le président, nous ne reconnaissons pas cela, renvoyé à huitaine! Je m'inclinai sur cette décision arbitraire. Deux heures étaient à peine écoulées qu'un mandat d'amener fut lancé contre moi, et les gendarmes étaient à ma poursuite. Ce fait me fut connu et je n'ai dû le succès de ma fuite qu'à un bateau qui me conduisit sur un rivage voisin, où je pus une heure après prendre le train de Marseille, puis de Lyon. Reparti à 11 heures de cette

combré d'acheteurs, vu que tout manque, et que, depuis dix mois, les maisons de la province ont écoulé leurs marchandises.

J'ai affirmé à mes amis que tous les bruits dangereux répandus par Versailles sur Paris étaient faux et entachés de crime; que, depuis le 4 septembre, on n'avait pas insulté un chat ni dérobé un tuyau de pipe, et que, dans les quartiers autrefois dits les plus dangereux où l'on était arrêté en plein midi, l'on pouvait s'y promener avec un sac d'argent sur son épaule sans crainte d'être volé tant la nuit que le jour.

C'est sous l'influence de ce que j'ai l'honneur de vous raconter ci-dessus, que j'attends, avec patience, le jour solennel où ce gouvernement de misérables sera chassé de France pour pouvoir retourner à Toulon, me faire rendre justice pour les insultes que j'y ai supportées et continuer les malédictions que j'ai commencé à déchaîner contre les misérables qui ont trahi la France et solliciter de tous les citoyens du Var les votes qu'ils ont promis aux défenseurs de la République et de la Commune de Paris.

Salut fraternel,

B. DELAURY.

P.-S.— Il serait très-utile, je crois, de faire savoir, dans chaque département, que Paris est comme toujours très-tranquille, que chacun y vacque à ses affaires et que les commerçants de province peuvent y venir faire leurs achats et commandes, en étant munis d'un passeport comme du temps des rois.

RÉPUBLIQUE FRANÇAISE

N° 226 LIBERTÉ — ÉGALITÉ — FRATERNITÉ N° 226

COMMUNE DE PARIS

COMMISSION D'ENQUETE

ASSASSINAT
DE QUATRE PRISONNIERS

Le 25 courant, quatre gardes nationaux du 185e bataillon de marche ont été surpris et entourés, à la Belle Epine, près Villejuif, par deux cents chasseurs à cheval environ. Sommés de se rendre, ils ont déposé leurs armes. Les chasseurs à cheval ont fait les quatre gardes nationaux prisonniers, sans exercer contre eux aucune violence. Mais tout à coup est accouru un capitaine de chasseurs à cheval, le revolver au poing; dès qu'il fut près des prisonniers, il fit feu sur l'un d'eux, le citoyen COLSON, clairon, et l'étendit roide mort; d'un second coup, il frappa en pleine poitrine le citoyen SCHEFFER, garde national, qui tomba près de son camarade. Ce misérable se précipita ensuite sur les deux derniers prisonniers, dont l'un se nomme JOUANNY, et l'autre est encore inconnu; il tua ces malheureux de deux autres coups de son revolver.

Lorsque les quatre victimes furent étendues à ses pieds, ce féroce capitaine s'en fut avec ses soldats terrifiés, abandonnant les cadavres des prisonniers lâchement assassinés.

Après le départ de la troupe, l'une des victimes, le citoyen SCHEFFER, se releva avec beaucoup de peine, et parvint à se traîner à quelque distance de son bataillon, qui l'aperçut, le rejoignit et lui donna les premiers soins.

Ce malheureux fut transporté d'abord à l'hospice de Bicêtre, et de là à l'ambulance du XIIIe arrondissement. Une balle, reçue en pleine poitrine, a pénétré jusque dans les intestins; néanmoins le docteur espère le sauver. Il est père de famille, et sa femme vient d'accoucher d'un second enfant.

L'un de ses compagnons d'infortune a pu se traîner à quelque distance du lieu du crime, où il a expiré, et où son cadavre a été relevé; quant aux deux autres, il n'a pas été possible de les retrouver.

Ce quadruple assassinat a été froidement accompli par le capitaine assassin, dont il a été impossible de découvrir le nom.

Les citoyens qui pourraient fournir des renseignements sur ce criminel sont priés de les transmettre à la Commune, afin qu'elle provoque le juste châtiment de ce misérable par tous les moyens qui seront en son pouvoir. Dès à présent, elle le dénonce à la justice du peuple et de l'armée.

Les Membres de la Commission d'enquête :
VÉSINIER, G. LANGEVIN, GAMBON.

1 IMPRIMERIE NATIONALE. — Avril 1871.

RÉPONSE A [illegible] CRITIQUES

Le Président du Pouvoir exécutif de la République est « L'HOMME DE LA SITUATION ! » ont dit [illegible] pété avec le même entêtement que le premier jour les aveugles qui s'obstinent à fermer les yeux à la log[illegible]

Mais personne n'a pu, en s'attachant à la réalité des choses, m'opposer un seul acte — pas un seul [illegible] qui puisse montrer dans M. Thiers l'homme d'Etat capable de comprendre et de réaliser les revendica[illegible] de la démocratie.

Personne n'a pu contester ce témoignage écrasant de tout son passé, nous montrant dans le mi[illegible] d'une Révolution, l'ennemi le plus rebelle, le plus acharné du parti républicain.

Personne n'a pu me citer un acte de son gouvernement qui puisse se concilier avec le maintien des [illegible] titutions républicaines. Questions politiques, questions d'affaires, loi des échéances, loi de presse, lo[illegible] locations, circulaire Dufaure, tout se succède et s'enchaîne avec un caractère de réaction si passionné [illegible] la trinité Thiers, Favre et Picard représente absolument, et par les paroles et par les actes, la trinité [illegible] signy, Rouher, Ollivier.

Qu'importent les hommes, si les actes apportent la même politique, les mêmes haines, les mêmes [illegible] comptes, les mêmes turpitudes et les mêmes ruines ?

On s'obstine à répéter que M. Thiers soutient et engage son honneur à soutenir la République. N[illegible] savons et nous reconnaissons que le citoyen Thiers va même jusqu'à dire : « TANT QUE JE SERAI [illegible] POUVOIR ! » Aveu précieux et qui pourrait nous dispenser de toute réponse ; car en voyant tomber [illegible] champ de la politique tant de semences monarchiques, on peut se demander si les citoyens doivent co[illegible] sur une moisson républicaine.

D'autres ont dit encore : — Mais la démission de M. Thiers vous mettrait en présence de l'Assemblée [illegible] que pouvez-vous attendre d'une majorité hostile à vos idées ?

Je réponds :

L'Assemblée Nationale est moins hostile que le Gouvernement à l'adoption des franchises municipale[illegible] j'en trouve la preuve dans ce vote de la majorité, qui enlevait au pouvoir la nomination des Maires [illegible] que le chef du pouvoir exécutif a cru devoir faire annuler, en forçant l'Assemblée à se déjuger et en r[illegible] tant dans la main du Gouvernement l'administration des plus grandes villes du Pays !

Est ce là l'autonomie des communes reconnue par M. Thiers, et qu'il avait PROMISE A PARIS PA[illegible] BOUCHE DE L'AMIRAL SAISSET ?

Est-ce là le témoignage de sa droiture et de sa bonne foi qu'on m'accuse d'avoir injustement mécon[illegible]

Sa bonne foi ! J'avais entre les mains une preuve écrasante de la versatilité de son esprit sur la g[illegible] question même qui nous agite en ce moment, je ne l'ai pas rappelée, le premier jour, pour ne pas m[illegible] brutalement en contradiction avec lui-même, le chef du Pouvoir exécutif ; mais, puisqu'à sa place c'es[illegible] qui me vois en butte au même reproche, je tiens à prouver ici que pas un homme d'Etat, pas un mi[illegible] pas un homme politique, pas un orateur n'a défendu l'indépendance absolue de la Commune avec [illegible] d'énergie que le Président actuel de la République.

Voici le discours que prononçait M. Thiers à la tribune du Corps législatif dans la session de 186[illegible] cours qu'il avait soin de faire distribuer à domicile aux électeurs de la 2e circonscription qui l'a[illegible] envoyé à la Chambre.

M. Thiers, après avoir accusé vigoureusement les gaspillages honteux du préfet Haussmann, démontre que le b[illegible] Paris, qui n'était que de 80 millions sous M. Rambuteau, s'est élevé à 250 millions sous M. Haussmann, c'est-à-dire [illegible] *le budget de la Bavière, presque deux fois celui de la Belgique, la moitié du budget de la Prusse d'il y a* [illegible] (sic), et s'écrie :

« Eh bien, quels moyens avons-nous à notre disposition pour remédier à un tel état de choses ? Messieurs, nous s'[illegible] expédient (*mouvement*) : Le budget de la ville de Paris sera voté par le Corps législatif.

« Il ne faut pas vous le dissimuler ; cet expédient est une violation de tous les principes ; car enfin il n'y a pas de [illegible] *France* qui ne soit appelée à voter elle-même les *impôts perçus sur sa propre subsistance.*

« Pour les impôts généraux qui sont affectés au service de l'Etat, c'est vous qui les votez, rien de plus naturel ; ma[illegible] toutes les villes, grandes et petites, doivent seules voter leurs impôts et leurs propres dépenses.

« Eh bien ! cette ville de Paris que vous appelez la reine des cités, sur laquelle vous posez une couronne, cette vill[illegible] l'avoir bien louée, bien magnifiée, vous venez lui dire : *Vous êtes incapable de vous gouverner vous même ; nous vous* [illegible] *nerons, et nous arrêterons nous-mêmes votre budget.*

« Cette reine des cités, c'est la traiter d'une manière bien étrange ! Comment, tandis que les cités qui ne sont pa[illegible] s'administrent elles-mêmes, la reine des cités sera administrée par un conseil judiciaire ?

« Quant à moi, messieurs, ce n'est pas une flatterie que je vous adresse, je ne vous flatte jamais, j'ai l'habitude de [illegible] personne ; mais je le dis sincèrement, j'ai parfaite confiance dans le Corps législatif, dans celui qui existe comme dans [illegible]

[illegible], et je n'ai pas pour la ville de Paris d'inquiétude sur la manière dont vous gérerez ses affaires ; toutefois il faut l'avouer, [illegible] est *une violation étrange de tous les principes.*

[illegible] lorsque je dis à beaucoup d'hommes sensés de cette chambre, avec lesquels j'ai l'honneur de m'entretenir quelquefois [illegible] questions, lorsque je leur dis : Il faut donner à Paris le régime qu'on a donné à toutes les autres villes de France, [illegible] épouvante sur leurs visages, et ils me répondent :

[illegible], *vous, M. Thiers, qui avez la prétention d'être un homme d'ordre, vous voulez établir à Paris un conseil* [illegible]

[illegible] je m'arrête devant cette épouvante ; mais permettez-moi, messieurs, de vous exprimer très-simplement une remarque que [illegible] m'empêcher de faire à cette occasion !

[illegible] Paris a été administré pendant seize ans par l'excellent comte de Rambuteau au moyen d'un conseil électif.

[illegible] membre — C'était le suffrage universel restreint.

M. Thiers. — Ah ! j'attendais cette réponse ; oui, c'était le suffrage universel restreint.

[illegible] bien ! je dénonce une comédie qui depuis quelques années se joue dans le pays, et qu'on ne devrait pas jouer plus long-[illegible] (*Très-bien ! à la gauche de l'orateur*).

[illegible] lorsqu'il s'agit de vous qualifier de gouvernement national, lorsqu'il s'agit de donner au trône l'appui de ce grand principe [illegible] appelée tout entière à voter, vous nous dites, à nous qui demandons la liberté : Taisez-vous, vous avez le suffrage [illegible] vous êtes la plus libre des nations ! — Et quand il s'agit de venir vous demander l'application de ce principe qui, [illegible] constitue votre caractère national, vous dites : *Non, non, n'y songez pas, ce serait trop dangereux.*

[illegible] moi je vous réponds :

[illegible] qu'il faut cesser de vous vanter d'avoir fait reposer le gouvernement sur un principe essentiellement national, ou il faut [illegible], si vous ne croyez pas pouvoir rendre à Paris ses droits, qu'au fond vous vous êtes conduits comme les plus imprudents [illegible]. C'est à vous à sortir de cette alternative :

[illegible] donner à Paris tous ses droits, ou cessez de nous dire que vous avez fait reposer le gouvernement sur la nation tout [illegible] (*Très-bien ! sur plusieurs bancs à la gauche de l'orateur. — Mouvements divers.*)

[illegible] qu'il en soit, j'accepte l'expédient en le condamnant, je l'accepte parce qu'on n'en offre pas d'autre. Mais en l'acceptant, [illegible] *laisse la responsabilité.*

[illegible] cruel, en effet, lorsqu'on est entraîné dans ce torrent de folies et quand on cherche à s'attacher à une branche, de [illegible] dans la main, pour branche unique, qu'une éclatante violation de tous les principes. (*Vive approbation à la gauche de* [illegible])

[illegible] pourrais-je ajouter à ce discours ?

[illegible] pas un membre de la Commune qui puisse se vanter d'avoir prononcé une plus éloquente défense des fran-[illegible] municipales ?

[illegible] pouvons-nous attendre d'hommes politiques qui n'ont d'autre mobile que leur intérêt, d'autre ambition que celle [illegible] propre fortune, d'autre règle que celle des inconséquences et des contradictions dont ils ont rempli leur vie ?

[illegible] moi en finissant.

[illegible] quant « *l'homme indispensable,* » je n'ai fait qu'obéir au cri de ma conscience.

[illegible] donc que le même aveuglement nous conduise toujours aux mêmes désastres ?

[illegible] lendemain de l'entrevue de Ferrières, quiconque eût osé attaquer Jules Favre disant : « Ni un pouce de notre [illegible], ni une pierre de nos forteresses, » eût été mis en pièces !

[illegible] lendemain du 31 octobre, quiconque osait s'attaquer au général Trochu était considéré comme vendu aux [illegible]

[illegible] le témoignage des hommes du 4 septembre est là pour confirmer mon dire. Quelques jours après le retour [illegible] Ferrières, en allant me présenter à l'Hôtel-de-Ville pour une mission périlleuse, j'ai dit aux membres du Gouverne-[illegible] de la Défense nationale qu'ils n'avaient pas l'énergie nécessaire pour sauver le pays et qu'ils succomberaient à la [illegible]

[illegible] lendemain du 31 octobre, le jour où le général Trochu flétrissait cette journée « comme criminelle, » je lui répon-[illegible] par une adresse publiée dans tous les journaux démocratiques et je lui disais que « je revendiquais ma part de ce [illegible] et que cette journée glorieuse pour la démocratie serait un jour sa condamnation éclatante. » — Qui a eu tort ? [illegible] raison ?

[illegible] dernière fois, faut-il donc attendre que le chef exécutif du gouvernement de la République ait livré, pieds et [illegible] liés, la démocratie à la réaction triomphante, pour croire à un écrasement auprès duquel pâliront les souvenirs [illegible] transportation de Juin et du 2 décembre !

[illegible] persistons à demander la démission du Président de la République, parce que cette démission rend manifeste-[illegible] la solution plus facile.

[illegible] demande la Commune et la République ; la ligue des villes, chaque jour grandissante, nous est un sûr garant [illegible] l'Assemblée s'empresserait de les acclamer.

[illegible], une dernière fois, Citoyen Président, faites cesser le feu et donnez votre démission.

CH. BESLAY,

MEMBRE DE LA COMMUNE.

[illegible] — Imp. VICTOR GOUPY, rue Garancière, 5.

RÉPUBLIQUE FRANÇAISE

Liberté, Égalité, Fraternité

MANIFESTE

A NOS FRÈRES DU DÉPARTEMENT DE L'OISE

CHERS CONCITOYENS,

Originaires du département de l'Oise, résidant à Paris, ayant au milieu de vous des parents, des amis, d'ineffaçables souvenirs, nous avons considéré comme un sérieux devoir de nous réunir, de nous consulter, et, en dehors de toute pression, de tout parti pris, par un élan spontané, nous avons résolu de vous tenir le langage du patriotisme mûri par de douloureuses épreuves.

Malgré la distance, la lutte et la calomnie, nous nous adressons à vous tous, citoyens, à votre bon sens, à votre droiture, à votre cœur, espérant projeter la lumière de la vérité sur des faits que la passion politique a l'audace de travestir.

La volonté d'un homme, d'un seul homme, aventurier despote, soutenu par une infâme coterie, a corrompu et précipité la nation dans un abîme de désastres et de deuil : c'est le couronnement de l'édifice impérial.

Par leur ineptie ou leur trahison, les hommes du 4 Septembre ont comprimé l'ardeur de la défense et n'ont pas profité des formidables ressources de Paris; le dernier rempart de la France a été livré, et notre courage s'est brisé devant une subite et honteuse capitulation.

[illegible] stabilité de [illegible] République; de là les légitimes revendications [illegible] et le soulèvement du 18 mars.

Ainsi, à la guerre avec l'étranger, guerre mal commencée, plus mal finie encore, succède la guerre civile, acharnée, épouvantable. Notre France si grande, si généreuse, si florissante depuis 89, est maintenant humiliée et meurtrie.

C'est une leçon de l'histoire : lorsqu'un peuple arrive à une sorte d'abaissement moral, sinon à la décadence, résultat du despotisme, il faut une crise énorme, une révolution considérable pour le sauver.

Or, la République est la base des droits généraux d'un peuple, comme la Commune est la garantie des droits individuels. La République est l'organisation gouvernementale la plus économe dans ses dépenses, la plus sincère dans son contrôle, la plus durable dans ses institutions. C'est donc le régime le plus sage pour éclairer les esprits, rassurer les intérêts, et cimenter notre alliance fraternelle, c'est, enfin, le seul régime possible, nécessaire, indiscutable, pour régénérer la France.

Car la monarchie, depuis quatre-vingts ans, loin de hâter le développement matériel, intellectuel et moral de la société française, l'a toujours entravé ; loin de clore la série des révolutions périodiques, les a fait surgir. D'ailleurs, citoyens, pour comprendre notre époque, pour être à la hauteur des événements, nous devons nous rencontrer sur un terrain neutre, sous peine d'accroître les antagonismes et de priver notre pays des conquêtes du progrès et de la civilisation.

Voilà pourquoi nous voulons le maintien de la République, gouvernement du pays par le pays, gouvernement de tous par tous et pour tous. Puisque alors par un juste renversement, le peuple est le seul souverain, le seul maître, l'unique arbitre de ses destinées.

Mais comment, chers compatriotes, faire cesser le malentendu, le différend entre Paris et Versailles? Comment arrêter l'effusion du sang et les horreurs de ce duel fratricide? Nous qui sommes vos fils, vos frères, vos amis, nous vous exhortons à vous grouper, à vous concerter, à joindre vos efforts aux nôtres pour obtenir, par voie de pétitions, ce que la Démocratie réclame depuis longtemps : les franchises municipales de Paris et de toutes les communes de France.

N'en doutez pas, citoyens, Paris, autant et plus que vous, appelle la fin de cette guerre affreuse; Paris veut l'ordre, la paix, le travail et la sécurité. Paris, pas plus que vous, ne repousse l'autorité d'un gouvernement central; pas plus que vous, il n'entend se séparer de la grande famille française, et ne songe à rompre notre ancienne et admirable unité.

Mais Paris ne reconnaît à l'Assemblée actuelle qu'un mandat restreint au vote de la paix ou de la guerre avec l'étranger; à l'heure présente, cette Assemblée outrepasse son mandat et n'a plus sa raison d'être.

Maintenant, quelle confiance aurons-nous dans le pouvoir exécutif lui-même, quand il renvoie à une date postérieure la forme définitive du gouvernement de la nation? Quand les membres de la Chambre, les ministres surtout, sont une perpétuelle menace contre la République? Voilà pourquoi nous craignons un prochain plébiscite pareil aux précédents; ce serait encore le moyen de surprendre notre bonne foi et d'aider à une restauration trop éphémère.

Croyez-le, citoyens, on vous trompe : Paris ne s'insurge pas contre la France, mais il demande son droit; il ne songe pas plus à se séparer des départements qu'à exercer sur eux la moindre domination. Il veut ce que tous vous voulez : connaître les affaires publiques, surveiller les recettes, examiner les dépenses de la Ville ; pourvoir par ses mandataires réguliers, à son administration municipale; posséder enfin, comme les plus petites bourgades, son conseil communal, ses maires et ses adjoints librement élus.

Que veut ensuite Paris? Le maintien de la garde nationale. Car l'armée permanente a toujours été un instrument de servitude aux mains du despotisme ; tandis que la milice citoyenne, c'est la nation, c'est le droit armé contre les intrigues, les violences, les coups d'Etat, attentatoires à la souveraineté imprescriptible du peuple.

Pour mettre fin à ce terrible conflit, nous vous en conjurons, citoyens-compatriotes, hâtez-vous! n'hésitez pas à réclamer la dissolution immé-

[illegible] Chambre actuelle n'ayant plus d'attribution [illegible] situation, la Commune de Paris rentrera dans ses attributions purement locales et administratives.

Si, inspirés comme nous des périls de notre malheureuse patrie, vous désirez son salut, nous vous adjurons de vous adresser à nos députés ; vous les éclairerez sur l'état réel de la capitale, qui reste calme malgré le bruit du canon et de la fusillade à ses portes. Sauf de rares exceptions, inhérentes à la guerre civile, quoi qu'en dise Versailles, l'ordre et la liberté règnent dans nos murs. En effet, ni pillage, ni vol, ni assassinat, aucun excès, comme on l'a faussement déclaré.

Assez de combats, assez de massacres! Que la conciliation se fasse! Que le pouvoir exécutif et l'Assemblée ne contestent plus nos légitimes revendications. Unissez vos efforts aux nôtres, citoyens! Il importe de ramener la paix, la concorde et la prospérité, après tant d'agitations et de souffrances. Il importe aussi que l'étranger n'occupe plus notre département. Nos villes sont épuisées, nos campagnes dévastées. Que l'ennemi parte donc au plus vite et que la France se reconstitue. Il faut enfin que, par la force de nos institutions et la reprise du travail, un ordre nouveau, une richesse nouvelle succèdent à la ruine et à l'anarchie. Frères, au nom de l'humanité, au nom de la patrie, trêve à tant de sang, trêve à tant de victimes!—VIVE LA FRANCE! VIVE LA REPUBLIQUE!

ALEXANDRE, de Nogent-les-Vierges.

BLESSEL, d'Escles.
BOLLÉ, de Montataire.
BOUTARD.
BREMENT.
BRILLE, de Crèvecœur.

CANELLE (A.).
CANELLE (H.), de Bonneuil-Senlis.
CAPRON.
CHASLES, de Laboissière.
COURTIN DE FLEURY, Quincampoix.
COFFARD, de Clermont.

DELORMEL, de l'Eglantier.
DEMARSEILLE, de Senantes.
DENNEVAL.
DINOUARD, de Beauvais.
DUBARLE, de Barberie-Senlis.
DUBUS, de Mouy.
DUFOUR, de Breteuil.
DUMONT (Léon), de Molliens.
DUPUIS.

FAGARD, de Lassigny.
FLOURY, de Cauvy.
FOURNIER (Ch.), de Maignelay.

GALLOT (Aristide), de Saint-Paul.
GANCE, de Noyon.
GAUTIER, de Mouy.
GRÉGOIRE, de Crévecœur.
GUIGNARD, de Ressons.
GUILLAUMONT, de Noyon.

HÉRY (Martin), de Liancourt.

LABBÉ, de Clermont.
SALY, de Lahérelle.
LEQUENNE, de Maisoncelle.
LEQUIN, de La Croix-Compiègne.
LESADDEI.
LÉTHEL (A.), de Montjavoult.
LETHEL (L.)

MONTILLET.

PISSOT (Désiré), de Méru.
PISSOT (Jules), de Meru.
POILLEUX.
PRAGUIN (Ch.), de Compiègne.

SANCUIER.

THOMAS (E.), de Péroy-en-Gambries.

VAILLANT, de Catillon.

Paris. — Association générale typographique, rue du Faubourg-St-Denis, 19.

RÉPUBLIQUE FRANÇAISE

N° 228 LIBERTÉ — ÉGALITÉ — FRATERNITÉ N° 228

COMMUNE DE PARIS

MINISTÈRE DE LA GUERRE

ORDRE

Il y a, dans le service médical de la Garde nationale, des personnes qui portent les insignes et l'uniforme d'emploi et de titre auxquels elles n'ont aucun droit, et prennent même des qualifications qui ne leur ont pas été régulièrement conférées.

Le Citoyen délégué au Ministère de la Guerre les prévient qu'elles s'exposent à des poursuites sérieuses pour infraction aux lois.

Les insignes adoptés par la Convention de Genève ne doivent être portés que sur le champ de bataille. Les personnes qui les porteraient en ville en dehors du service pourront être arrêtées.

Paris, le 30 avril 1871.

Le Délégué à la Guerre,
CLUSERET.

IMPRIMERIE NATIONALE.— Avril 1871.

RÉPUBLIQUE FRANÇAISE

DÉPÊCHE TÉLÉGRAPHIQUE.

LE CHEF DU POUVOIR EXÉCUTIF
A toutes les Autorités civiles et militaires.

Les travaux d'approche contre le fort d'Issy ont continué, et le Gouvernement a reçu les dépêches suivantes qu'il s'empresse de publier.

« Bel-Air, 30 Avril 1871, 5 h. 5 matin.

« *Le Général de Cissey à M. le Chef du Pouvoir exécutif et à M. le* « *Maréchal commandant en chef à Versailles.*

« Le coup de main sur la ferme de Bonnamy, en avant de Châtillon, a « été exécuté par une compagnie du 70e et la compagnie des éclaireurs du « 71e. Deux officiers insurgés ont été tués et 30 insurgés tués ou blessés. « On a fait 75 prisonniers dont 4 officiers qui arriveront dans la matinée « à Versailles. De notre côté 1 sergent et 2 hommes tués et 6 blessés.

« On ne saurait accorder trop d'éloges à ces troupes et surtout aux capi- « taines Dumonchel du 70e et Broussier du 71e.

« A plus tard les détails de l'affaire d'Issy.»

« Bel-Air, le 30 Avril 1871, 6 h. 53 matin.

« *Le général de Cissey à MM. le Chef du Pouvoir exécutif et le maré-* « *chal de Mac-Mahon, à Versailles.*

« Je reçois du général Faron la dépêche suivante :

« Fleury, le 30 Avril, 6 h. matin.

« Opération bien réussie. Le cimetière, les tranchées, les carrières et le « parc d'Issy ont été enlevés avec beaucoup d'élan, par les bataillons des « brigades Deroja, Paturel et Berthe, avec le concours des fusiliers marins. « Nous occupons fortement les nouvelles positions très-rapprochées des « saillants et de l'entrée du fort. Le parc est relié au chemin de fer par « une tranchée passant en avant du cimetière.

« De notre côté peu de morts, une vingtaine de blessés. Les insurgés, « en très-grand nombre, se sont précipitamment retirés en laissant de « nombreux morts et des blessés, ainsi qu'une centaine de prisonniers, « huit pièces d'artillerie, beaucoup de munitions et huit chevaux. »

A. THIERS.

Versailles, 30 *Avril* 1871, *midi*.

Versailles. — Imprimerie de E. AUBERT, 6, avenue de Sceaux.

REPUBLIQUE FRANÇAISE

Nº 229 LIBERTÉ — ÉGALITÉ — FRATERNITÉ Nº 229

COMMUNE DE PARIS

MINISTÈRE DE LA GUERRE

ORDRE

Le service médical se compose :

1º Du chirurgien en chef de l'armée;

2º Du chirurgien principal de l'état-major de la place et de son aide-major;

3º D'un chirurgien principal par légion ou arrondissement;

4º D'un chirurgien-major, d'un médecin-major et d'un aide-major par bataillon.

L'aide-major de bataillon seulement peut n'être qu'officier de santé ou élève en médecine.

ATTRIBUTIONS

Le chirurgien de légions est chargé, non-seulement de veiller à l'organisation du service médical du bataillon de son arrondissement et à celui du champ de bataille, mais encore d'inspecter et de surveiller les ambulances.

Les chirurgiens et médecins-majors doivent suivre leurs bataillons, et au besoin se porter à l'endroit du danger, sur l'ordre du chirurgien principal.

Paris, le 30 avril 1871.

Le Chirurgien en chef de l'Armée,
COURTILLIER.

1 IMPRIMERIE NATIONALE. — Avril 1871.

RÉPUBLIQUE FRANÇAISE

Nº 230 LIBERTÉ — ÉGALITÉ — FRATERNITÉ Nº 230

COMMUNE DE PARIS

LA COMMISSION EXECUTIVE

ARRÊTE :

Le Citoyen ROSSEL est chargé, à titre provisoire, des fonctions de Délégué à la guerre.

Paris, 30 avril 1871.

La Commission exécutive :
JULES ANDRIEU, PASCHAL GROUSSET, E. VAILLANT, F. COURNET, JOURDE, LÉO FRANKEL, VIARD, PROTOT.

2 IMPRIMERIE NATIONALE. — Avril 1871.

RÉPUBLIQUE FRANÇAISE

N° 31 LIBERTÉ — ÉGALITÉ — FRATERNITÉ N° 231

COMMUNE DE PARIS

AUX CITOYENS MEMBRES DE LA COMMISSION EXÉCUTIVE

CITOYENS,

J'ai l'honneur de vous accuser réception de l'ordre par lequel vous me chargez, à titre provisoire, des fonctions de Délégué à la guerre.

J'accepte ces difficiles fonctions; mais j'ai besoin de votre concours le plus entier, le plus absolu, pour ne pas succomber sous le poids des circonstances.

Salut et fraternité.

Paris, 30 avril 1871.

Le Colonel du génie,
ROSSEL.

2 IMPRIMERIE NATIONALE. — Avril 1871.

RÉPUBLIQUE FRANÇAISE

N° 232 LIBERTÉ — ÉGALITÉ — FRATERNITÉ N° 232

COMMUNE DE PARIS

MINISTÈRE DE LA GUERRE

Attendu qu'il y a intérêt, en ce moment, à centraliser le service de l'artillerie,

Toutes les batteries, montées ou non, qui ne sont pas au feu, ou dont le service n'est pas utile à la défense des remparts, devront être rendues demain, avant midi, à l'École-Militaire.

Toutes celles qui n'obéiront pas perdront leur droit à la solde.

Paris, 30 avril 1871.

Le Délégué à la Guerre.
ROSSEL.

2 IMPRIMERIE NATIONALE. — Avril 1871.

RÉPUBLIQUE FRANÇAISE

N° 233 LIBERTÉ — ÉGALITÉ — FRATERNITÉ N° 233

COMMUNE DE PARIS

MINISTÈRE DE LA GUERRE

ORDRE

Tous les Officiers d'état-major dont le grade n'a pas été conféré à l'élection devront se présenter immédiatement au Ministère de la Guerre, 86, rue Saint-Dominique, bureau du Personnel, qu'ils aient été commissionnés ou non.

Ils se muniront de leurs titres et états de services, et il leur sera remis, après examen, une commission régulière.

Tous ceux qui ne se rendraient pas à cette invitation seront considérés comme portant illégalement les insignes militaires.

Paris, le 1er Mai 1871.

Le Délégué à la Guerre,
ROSSEL.

2 IMPRIMERIE NATIONALE. — Mai 1871.

RÉPUBLIQUE FRANÇAISE

LIBERTÉ, ÉGALITÉ, FRATERNITÉ

COMMUNE DE LYON

Citoyens,

De bien douloureux événements se sont accomplis hier. Au nom de la République, au nom de l'humanité, unissons nos efforts pour que de pareilles calamités ne se renouvellent pas.

Ces agitations ne sont provoquées que par nos ennemis, dans un but de restauration monarchique. Les continuer serait mettre le comble aux malheurs qui affligent notre patrie; nous en appelons à votre cœur, à votre amour des institutions républicaines qu'on voudrait détruire, et qui ne peuvent se fonder que par l'ordre, le travail, le respect du suffrage universel et la saine pratique de la liberté.

CITOYENS,

Fermez l'oreille aux mauvais conseils d'hommes qui vous sont étrangers; songez à l'envahisseur et à la conservation de la République.

Lyon, le 1er Mai 1871.

Le Maire de Lyon,
HÉNON.

LES ADJOINTS:
CHEPIÉ, CONDAMIN, BARODET,
CHAVEROT, CHAVANNE.

Le général de la Garde nationale,
BOURRAS.

Lyon, imp. Rey et Sézanne, rue St-Côme, 2.

DEMAIN LUNDI

1er Mai, à une heure,

AU CIRQUE NATIONAL

BOULEVARD DES FILLES-DU-CALVAIRE,

COMMUNICATION

Des Délégués de la Haute-Marne, revenant de Versailles

AUX HABITANTS DE PARIS, ORIGINAIRES DE LA PROVINCE

CONCITOYENS,

Nous venons de Versailles. Nous avons vu, — non pas les Membres du Pouvoir Exécutif, — mais, et individuellement, nos députés présents. Presque tous, et nous nous en doutions, ignorent absolument le véritable état des esprits et des choses à Paris. Aussi, l'accueil qui nous a été fait à nous, qui venions sincèrement exposer ce qui est, nous permet-il de vous dire : Nous sommes profondément convaincus que :

« UN ARMISTICE IMMÉDIAT, BIENTOT SUIVI D'UNE ENTENTE DÉFINITIVE EST
» POSSIBLE et sera très-probablement obtenue à la demande qui en serait facilement
» présentée à la Chambre par une voie autorisée et appuyée par les Députés des dépar-
» tements, au nom de leurs Compatriotes respectifs résidant à Paris, si ceux-ci veulent
» bien le solliciter sur les bases suivantes :
» 1° Sortie du Pouvoir exécutif des Hommes du 4 Septembre;
» 2° Droit d'Élection pour Paris de sa Municipalité (Maire et Conseil), dont la liberté
» d'action sera pleine et entière pour l'exercice de ses fonctions Communales;
» 3° Organisation et Direction de la Police Urbaine de Paris, par la Municipalité;
» 4° Suppression des fonctions de Préfet de Police à Paris, le Gouvernement conser-
» vant la direction et le soin de sa Police extérieure;
» 5° La République — avec le respect réel de la propriété de toutes les convictions et
» libertés sans licence, — n'étant pas généralement contestée, ne peut faire ques-
» tion. »

CONCITOYENS,

Si ce programme essentiel vous satisfait, aidez-nous à en assurer l'acceptation et l'accomplissement pacifiques. A cette fin, répondez à notre appel et faites comme nous, choisissez parmi vos compatriotes des hommes sérieux, des dévouements énergiques qui, sans attache politique d'ailleurs, iront, eux aussi, en appeler à la sagesse des députés de leur pays natal et les éclaireront de plus en plus sur la position qui nous est faite et sur nos besoins impérieux, dont, sachez-le bien, les Représentants de la Province sont loin d'avoir une parfaite connaissance, grâce à ce système d'isolement et de calomnie sous l'action duquel on voudrait étouffer vainement la grande voix de Paris revendiquant ses droits.

CHAMEROY, fabricant de cuirs et négociant, 71, rue Marcadet, et rue de Bondy, 74.
DECHANET, fabricant bijoutier (suppléant **M. MULOT**), 6, passage St-Avoye, rue du Temple.
PIONNIER (de la maison CAUSEL et PIONNIER, 47, quai de Bercy), négociant en vins, 31, rue Saint-André-des-Arts.

Paris, le 30 *Avril* 1871.

ORDRE :

Pour éviter toute confusion, et la réunion ayant d'ailleurs un caractère spécial, il ne sera émis aucune motion, ni élevé aucune discussion relative au programme ci-dessus qui, du reste, ne pourrait être étendu, si on veut aboutir en temps utile.

Toute personne ayant par elle-même ou autrement la possibilité d'aider ou recommander par d'utiles influences, les démarches à faire près d'un ou plusieurs Députés de la Province, est instamment suppliée de se faire connaître à l'un des trois délégués HAUT-MARNAIS ci-dessus nommés ou à M. TOURNOT, 48, rue d'Angoulême, et M. DAUBRIVE, 13, Boulevard du Prince-Eugène, autres délégués, chargés d'une mission spéciale à Paris.

DROIT ET MODE D'ENTRÉE, A UNE HEURE

25 *centimes, pour toutes personnes pouvant les payer. — Cartes gratuites à ceux qui CONSCIENCIEUSEMENT ne le pourraient pas.*

LES CARTES D'ENTRÉE SERONT DISTRIBUÉES LUNDI MATIN, SAVOIR :

1° A partir de 8 heures et pour les personnes payantes, aux deux guichets de chaque côté de la porte principale du Cirque,

2° Et de midi à une heure, pour les personnes non payantes, aux deux entrées extrêmes et aux guichets latéraux.

POUR TOUT LE MONDE

Il ne sera délivré de carte que contre la remise d'un bulletin indiquant les noms, adresse, profession, lieu de naissance (avec département), de la personne qui désire assister à la séance.

Enfin on se groupera par département dont chacun sera indiqué en gros caractères parfaitement visibles de tous les points de la salle.

Paris. — Imprimerie MORRIS père et fils, rue Amelot, 64.

République Française

LIBERTÉ — ÉGALITÉ — FRATERNITÉ

ORPHELINATS

DE LA

Garde Nationale de Paris

POUR LES VICTIMES DE LA GUERRE

Administration : Boulevard Victor-Hugo, n° 40

(Ancien Boulevard Haussmann)

Hommes qui combattez pour la défense de nos droits et de nos libertés, femmes qui travaillez pour vêtir nos frères ou panser leurs blessures, si vous avez des enfants que la situation actuelle privent de vos soins, amenez-les, ils trouveront, près de nous, le coucher, la nourriture, les vêtements et le dévouement de la famille.

L'Administration de cette Œuvre si patriotique est établie au boulevard Victor-Hugo, n° 40 (derrière le nouvel Opéra) : un vaste Orphelinat, récemment autorisé par l'Intendance générale militaire, y fonctionne déjà depuis plusieurs mois; d'autres Orphelinats seront prochainement ouverts par les soins du Comité de l'Œuvre sur divers points de Paris, et suivant sa dernière délibération.

Les Orphelins des vingt arrondissements de Paris pourront y être reçus tous les jours, de 1 heure à 4 heures.

Les dames, *les veuves surtout*, qui voudront généreusement donner des soins à nos pauvres Orphelins, sont invitées à se faire inscrire tous les jours, de 1 heure à 4 heures, dans nos bureaux, à l'adresse ci-dessus.

LE COMITÉ DES DAMES :	L'INSPECTRICE :	LE DIRECTEUR :
ANNA DE LAGRANGE, Vᵉ LEROY, DESLANDES, LAGNÉ, CHAUVET, LE NOIR.	**H. MAILLIOT.**	**RAYMOND.**

Paris. — Imprimerie Alcan-Lévy, rue Lafayette, 61, et passage des Deux-Sœurs.

2^E CORPS D'ARMÉE

SERVICE DES TRANCHÉES

SOMMATION

Au nom et par ordre de M. le Maréchal commandant en chef l'armée,

Nous, Major de tranchée, SOMMONS le Commandant des insurgés réunis en ce moment au fort d'Issy d'avoir à se rendre lui et tout le personnel enfermé dans ledit fort.

Un délai d'un quart d'heure est accordé pour répondre à la présente sommation.

Si le Commandant des forces insurgées déclare par écrit, en son nom et au nom de la garnison tout entière du fort d'Issy, qu'il se soumet, lui et les siens, à la présente sommation sans autre condition que d'obtenir la vie sauve et la liberté, moins l'autorisation de résider dans Paris, cette faveur sera accordée.

Faute par lui de ne pas répondre dans le délai indiqué plus haut, toute la garnison sera passée par les armes.

Tranchées, devant le fort d'Issy, le 30 avril 1871.

Le Colonel d'état-major, Major de tranchée,

R. LEPERCHE.

RÉPUBLIQUE FRANÇAISE

N° 234 — LIBERTÉ — ÉGALITÉ — FRATERNITÉ — N° 234

COMMUNE DE PARIS

RÉPONSE

Paris, 1er mai 1871.

Au Citoyen LEPERCHE, Major de tranchée devant le fort d'Issy.

Mon cher Camarade,

La prochaine fois que vous vous permettrez de nous envoyer une sommation aussi insolente que votre lettre autographe d'hier, je ferai fusiller votre parlementaire, conformément aux usages de la guerre.

Votre dévoué Camarade,

ROSSEL,

Délégué de la Commune de Paris.

2 IMPRIMERIE NATIONALE. — Mai 1871.

RÉPUBLIQUE FRANÇAISE

LIBERTÉ — ÉGALITÉ — FRATERNITÉ

COMMUNE DE PARIS

XVIIᴱ ARRONDISSEMENT

EXTRAIT DE LA CIRCULAIRE DU

COMITÉ CENTRAL

EN DATE DU 19 AVRIL 1871

Chaque compagnie doit élire trois délégués, sans distinction de grade, pour former le cercle du bataillon, avec un officier nommé par le corps des officiers et le chef de bataillon.

Les cercles des bataillons d'un arrondissement doivent élire deux délégués pour former le conseil de légion avec les chefs de bataillon de l'arrondissement.

Les conseils de légion de chaque arrondissement doivent élire trois délégués pour former le Comité central.

Les chefs de bataillons d'un arrondissement désignent à l'élection l'un d'eux comme chef de légion pour faire également partie du Comité central.

Paris, le 9 avril 1871.

Signé, le Comité central :

G. ARNOLD, ANDIGNOUX, AUDOYNAUD, AVOINE FILS, BAROND, BOUIT, L. BOURSIER, H. CHAUTON, A. DU CAMP, FABRE, FERRAT, FOUGERET, C. GANDIER, GROLARD, GOUHIER, GRELLIER, GUIRAL, LAVALETTE, ED. MOREAU, PRUDHOMME, ROUSSEAU.

Approuvé : le délégué à la guerre,

Contresigné : CLUSERET.

Pour se conformer pleinement aux prescriptions qui précèdent et pour mettre un terme à des conflits qui auraient, s'ils se prolongeaient, les conséquences les plus désastreuses, étant considéré que le XVIIᵉ arrondissement est exceptionnellement attaqué par l'agression versaillaise,

Les soussignés arrêtent :

Art. 1er — Les compagnies des bataillons de la 17ᵉ légion sont convoqués à l'effet d'élire trois délégués par compagnie, pour former les cercles de bataillons. Les élections se feront du 4 au 6 mai.

Art. 2. — Les délégués formant les cercles de bataillons se réuniront le 7 mai pour nommer un conseil de légion.

Art. 3. — Les chefs de bataillon du XVIIᵉ arrondissement sont invités à se réunir dans le plus bref délai pour procéder à l'élection d'un chef de légion.

Paris-Batignolles, le 2 mai 1871.

Les membres de la Commune,

CHALIN, CLÉMENT, DUPONT, GÉRARDIN, MALON.

Les membres de la commission communale,

BONNEFOND, E. BAZIER, DAVOUST, DIANOUX, ESTIEN, JACQUIN, B. LECAMP, MARTINE, MICHEL, PICOT, RAMA, JULES SASSIN.

Les chefs de bataillon,

, 33ᵉ; ARMAND, 34ᵉ; BENECH, 90ᵉ; , 91ᵉ; MONTPELLIER, 202ᵉ; DUPRAT, 223ᵉ; MONGÈS, 257ᵉ; BASTIEN GRANTIL, 259ᵉ de guerre; CHAPUIS, 259ᵉ de guerre.

1370 Association générale typographique, faub. St-Denis, 19.

RÉPUBLIQUE FRANÇAISE.

DÉPÊCHE TÉLÉGRAPHIQUE.

LE CHEF DU POUVOIR EXÉCUTIF

A toutes les Autorités civiles et militaires.

OPÉRATIONS DE L'ARMÉE.

Le fort d'Issy, accablé par le feu de nos batteries, avait arboré le drapeau parlementaire et allait se rendre, lorsqu'un envoyé de la Commune, arrivant soudainement, a empêché les défenseurs de déposer les armes. Le feu a recommencé sur-le-champ et a continué ses ravages. Cette nuit, le général La Mariouze (de la division Faron), à la tête de deux bataillons, un du 35e, et un du 42e, a emporté le château d'Issy avec la plus grande vigueur. Pendant ce temps, le 22e de chasseurs à pied, de la brigade Berthe, s'approchant en silence de la gare de Clamart, l'a enlevée à la baïonnette presque sans tirer. Les insurgés, dans ces deux actions, ont fait des pertes considérables. Ils ont laissé 300 morts sur le terrain, et environ 400 prisonniers.

En ce moment, le fort, complétement investi et isolé de Paris, sera bientôt en notre pouvoir, ou par reddition ou par force.

Nos opérations continuent donc selon un plan bien muri, et de manière à amener des résultats prochains. Pendant ce temps, la Commune, délaissée par les électeurs de toute la France, et menacée par notre armée, commet des actes qui sont ceux du désespoir. Elle arrête ses généraux, pour les fusiller, et institue un comité de salut public, qui indignera tout le monde, sans faire trembler personne. Elle est évidemment au terme de son délire, et il ne lui reste que la ressource, dont elle use tous les jours, d'annoncer aux Parisiens qu'elle est partout victorieuse. Toujours est-il qu'en quatre jours le fort d'Issy a été éteint et entièrement isolé de Paris par un investissement actuellement complet.

A. THIERS.

Versailles, 2 *Mai* 1871, 2 *h. du soir.*

Versailles. — Imp. de E. AUBERT, 6, avenue de Sceaux.

RÉPUBLIQUE FRANÇAISE

N° 104 LIBERTÉ — ÉGALITÉ — FRATERNITÉ N° 104

COMMUNE DE PARIS

MAIRIE DU VIIe ARRONDISSEMENT

ÉLECTIONS

Vu le décret de la Commune en date du 6 avril ;

Vu la démission du citoyen LEFEVRE ;

Les électeurs du VIIe arrondissement sont convoqués, dans leurs sections respectives, pour élire un représentant à la Commune, Lundi 10 avril 1871.

Le scrutin sera ouvert de 8 heures du matin à 8 heures du soir, dans les sections ordinaires.

Les cartes électorales du dernier vote serviront au vote du 10 avril.

En Mairie, le 8 avril 1871.

Pour la délégation du VIIe arrondissement,

Le Membre de la Commune,

URBAIN.

IMPRIMERIE NATIONALE. — Avril 1871

REPUBLIQUE FRANÇAISE.

LIBERTÉ. — ÉGALITÉ. — FRATERNITÉ.

VILLE DE PARIS.

19e Arrondissement

8 *Avril* 1871.

ORDRE

Les Gardes Nationaux de l'Arrondissement qui ne font pas de service, sont priés de se présenter à la Mairie dans les 24 heures, sous peine d'être désarmés et poursuivis par les lois.

Les Membres de la Commission communale du 19me Arrondissement,

PASSEDOUET, PASCAL, P. MALLET, ANSEL, PICHOT, POUJOIS, GUYOT, VINCENT, SCHILMANN, DEBEAUMONT.

Paris, — Imprimerie PRISSETTE, pass. Kusner, 17. — Maison pass. du Caire, 17.

RÉPUBLIQUE FRANÇAISE

No 105. LIBERTÉ — ÉGALITÉ — FRATERNITÉ No 105.

COMMUNE DE PARIS.

MINISTÈRE DE LA GUERRE

Une Commission des barricades, présidée par le commandant de place et composée des capitaines du génie, de deux membres de la Commune et d'un membre élu par chaque arrondissement, est instituée à partir du 9 avril.

Elle se réunira à l'État-major de la place le 9 avril, à 1 heure.

Paris, le 8 avril 1871.

Le Délégué à la guerre,

G. CLUSERET.

1 IMPRIMERIE NATIONALE. — Avril 1871.

RÉPUBLIQUE FRANÇAISE

N° 106 LIBERTÉ — ÉGALITÉ — FRATERNITÉ N° 106

COMMUNE DE PARIS

Considérant qu'il est matériellement impossible de convoquer au scrutin les électeurs qui défendent les remparts de la Cité.

DÉCRÈTE :

Les élections sont ajournées.

La date de la nouvelle convocation des électeurs sera prochainement fixée.

Paris, le 9 avril 1871.

LA COMMUNE DE PARIS.

2 IMPRIMERIE NATIONALE. — Avril 1871.

RÉPUBLIQUE FRANÇAISE

N° 107 LIBERTÉ — ÉGALITÉ — FRATERNITÉ N° 107

COMMUNE DE PARIS

ÉTAT-MAJOR

AUX CITOYENS MÉDECINS,

Nous faisons appel au patriotisme et à l'humanité de tous les médecins, pour se présenter de suite dans leurs circonscriptions, au titre de chirurgien de la Garde nationale.

Paris, le 9 Avril 1871.

P. O. Pour le Chirurgien principal :
L'Aide-major, Secrétaire,
DELASAIGNE.

1 IMPRIMERIE NATIONALE. — Avril 1871.

RÉPUBLIQUE FRANÇAISE

Nº 108 LIBERTÉ — ÉGALITÉ — FRATERNITÉ Nº 108

COMMUNE DE PARIS

ARTILLERIE DE MARCHE

DE LA GARDE NATIONALE

Attendu que les fatigues auxquelles sont assujettis les artilleurs justifient une augmentation de solde;

Par ordre de la Commune :

La solde des artilleurs de profession est portée à 3 francs par jour, et les vivres.

Tous les artilleurs qui veulent prendre du service dans l'artillerie s'adresseront au bureau d'enrôlement, au Ministère de la guerre.

Ils auront à produire leurs états de service et seront casernés à l'École militaire.

Les anciens artilleurs jouiront de la même paye après s'être fait inscrire de nouveau.

Paris, le 9 avril 1871.

Le Délégué à la guerre,
CLUSERET.

APPROUVÉ : *Pour la Commission exécutive :*
FÉLIX PYAT, DELESCLUZE.

IMPRIMERIE NATIONALE. — Avril 1871.

REPUBLIQUE FRANÇAISE

Liberté, Égalité, Solidarité

COMMUNE DE PARIS

La délégation communale du 1er Arrondissement croit devoir rappeler à ses concitoyens que le décret émanant du Ministère de la Guerre, ordonnant l'incorporation dans les compagnies de marche des citoyens de 19 à 40 ans, ne dispense nullement du service obligatoire, dans les bataillons sédentaires ceux qui ont dépassé cet âge.

La délégation communale,
PILLOT, TOUSSAINT, WINANT
TANGUY, JOLLY, SALLÉE

Paris. Association générale typographique, rue du Faubourg-Saint-Denis, 19. (Berthelemy et Cie)

LIGUE D'UNION RÉPUBLICAINE

DES

DROITS DE PARIS

COMITÉ DE LA SALLE VALENTINO

RÉUNION PUBLIQUE

Dimanche 9 avril, à trois heures

Paris. — Imp. Emile VOITELAIN et Cᵉ, rue J.-J.-Rousseau, 61.

RÉPUBLIQUE FRANÇAISE

N° 109 LIBERTÉ — ÉGALITÉ — FRATERNITÉ N° 109

SERVICE MÉDICAL

AVIS

Les citoyens chefs de bataillon sont priés d'informer la Commission médicale de l'Hôtel-de-Ville si le service médical des Ambulances de leur bataillon est organisé comme personnel et matériel. Dans le cas contraire, le Médecin en chef de l'Hôtel-de-Ville pourvoira immédiatement aux besoins de ce service.

Paris, le 10 Avril 1871. *Le Médecin en chef de l'Hôtel-de-Ville,*

Dr HERZFELD.

IMPRIMERIE NATIONALE. — Avril 1871.

RÉPUBLIQUE FRANÇAISE

N° 110 LIBERTÉ — ÉGALITÉ — FRATERNITÉ N° 110

COMMUNE DE PARIS

AVIS

Par autorisation du Ministre de la guerre, les citoyens anciens vétérans du XIe arrondissement qui désirent former le 271e bataillon, et concourir au salut de la République et de la Commune, pour soulager ledit arrondissement dans le service de l'intérieur, sont priés de se faire inscrire rue Basfroi, 10.

Notre but est de rechercher les citoyens en âge de porter les armes et qui se cachent, de faire la police de leur arrondissement au moyen des patrouilles et de la garde des postes.

Ne seront admis que ceux qui, d'après les décrets du Ministère de la guerre, ne font pas partie de la garde nationale.

Paris, le 10 Avril 1871.

Les Délégués du XIe arrondissement, formant le Bureau d'inscription :

PICARD père, décoré de Juillet 1830,
BÉTAUT, ancien invalide,
PICARD fils, secrétaire,

IMPRIMERIE NATIONALE.— Avril 1871.

RÉPUBLIQUE FRANÇAISE.

DÉPÊCHE TÉLÉGRAPHIQUE.

LE CHEF DU POUVOIR EXÉCUTIF

A MM. les Préfets, Sous-Préfets et à toutes les Autorités civiles et militaires.

La situation n'a pas sensiblement changé depuis trois jours.

A Marseille, le désarmement continue sans trouble.

A Toulouse, les Communistes ont essayé d'élever une barricade, enlevée sans résistance par un simple détachement.

Partout ailleurs règnent l'ordre et l'obéissance au Gouvernement légal.

A Paris, les insurgés se sont montrés de nouveau à Asnières et ont disparu sous la fusillade de nos soldats. Au pont de Neuilly, nos troupes achèvent la tête de pont et consolident la possession de ce point important.

La conduite des troupes est admirable partout et notre Armée se montre digne des meilleurs temps.

Le gouvernement poursuit avec fermeté l'accomplissement du plan qu'il a adopté, et, loin de s'inquiéter, les bons citoyens n'ont jamais eu plus de raison de prendre confiance dans l'avenir.

Versailles, 10 *Avril* 1871, 3 *h.* 45 *du soir.*

A. THIERS

Versailles.—Imprimerie de E. AUBERT, 6, avenue de Sceaux.

RÉPUBLIQUE FRANÇAISE

N° 111 LIBERTÉ — ÉGALITÉ — FRATERNITÉ N° 111

COMMUNE DE PARIS

MINISTÈRE DE LA GUERRE

CITOYENS,

Je rappelle aux Gardes nationaux de Paris qu'il est absolument interdit de passer en armes sur la zone neutre qui entoure Paris.

Les Prussiens sont rigides exécuteurs de la convention et veulent qu'on l'exécute de même. Ils sont dans leur droit et nous devons le respecter.

En conséquence, j'engage formellement les Gardes nationaux à ne pas se promener en armes sur la zone neutre.

Le Délégué à la Guerre,
CLUSERET.

1 IMPRIMERIE NATIONALE. — Avril 1871.

RÉPUBLIQUE FRANÇAISE

LIBERTÉ — ÉGALITÉ — FRATERNITÉ

Les Gardes nationaux faisant partie des 6me et 253me bataillons sont invités à se présenter, dans les quarante-huit heures, au bureau du Chef de la Légion du IXe arrondissement, à la mairie Drouot.

Paris, le 10 *Avril* 1871.

Le Chef de la Légion,
L. COURGEON.

Imprimerie du IXe Arrondissement. — A. CHAIX ET Ce, rue Bergère, 20. — 2620-1.

RÉPUBLIQUE FRANÇAISE

N° 112 LIBERTÉ — ÉGALITÉ — FRATERNITÉ N° 112

COMMUNE DE PARIS

LA COMMUNE DE PARIS,

Ayant adopté les veuves et les enfants de tous les citoyens morts pour la défense des droits du peuple :

DÉCRÈTE :

ART. 1er. Une pension de 600 francs sera accordée à la femme du garde national tué pour la défense des droits du peuple, après enquête qui établira ses droits et ses besoins.

ART. 2. Chacun des enfants, reconnus ou non, recevra, jusqu'à l'âge de dix-huit ans, une pension annuelle de 365 francs, payable par douzièmes.

ART. 3. Dans le cas où les enfants seraient déjà privés de leur mère, ils seront élevés aux frais de la Commune, qui leur fera donner l'éducation intégrale nécessaire pour être à même de se suffire dans la société.

ART. 4. Les ascendants, père, mère, frères et sœurs de tout citoyen mort pour la défense des droits de Paris, et qui prouveront que le défunt était pour eux un soutien nécessaire, pourront être admis à recevoir une pension proportionnelle à leurs besoins, dans les limites de 100 à 800 francs par personne.

ART. 5. Toute enquête nécessitée par l'application des articles ci-dessus, sera faite par une commission spéciale, composée de six membres délégués à cet effet dans chaque arrondissement et présidée par un membre de la Commune appartenant à l'arrondissement.

ART. 6. Un comité, composé de trois membres de la Commune, centralisera les résultats produits par l'enquête et statuera en dernier ressort.

Paris, le 10 avril 1871.

LA COMMUNE DE PARIS.

2 IMPRIMERIE NATIONALE. — Avril 1871.

RÉPUBLIQUE FRANÇAISE

N° 113 LIBERTÉ — ÉGALITÉ — FRATERNITÉ N° 113

COMMUNE DE PARIS

10 avril 1871.

PLACE, A EXÉCUTIVE ET GUERRE.

Les troupes se sont installées définitivement dans leurs positions à Asnières. Wagons blindés commencent leurs opérations, et, par leur mouvement sur lignes Versailles, Saint-Germain, couvrent la ligne entre Colombes, Garennes et Courbevoie. Nos postes à Villiers et à Levallois se sont avancés, et nous sommes en possession de toute la partie Nord-Est de Neuilly.

J'ai fait avec tout mon état-major une reconnaissance par Levallois, Villiers, Neuilly, jusqu'au rond-point du boulevard du Roule, et nous sommes rentrés par porte des Ternes. La situation Porte-Maillot est beaucoup améliorée par suite du relâchement du bombardement; pendant la nuit nous avons pu réparer les dégâts causés par le feu ennemi et commencer constructions.

Un ordre parfait a régné pendant toute la nuit dans les postes, et les bruits sur l'abandon de diverses positions sont des inventions de la réaction dans le but de démoraliser la population.

Le Commandant de place,
DOMBROWSKI.

1 IMPRIMERIE NATIONALE. — Avril 1871.

VIENT DE PARAITRE

LE DEVOIR

DEVANT LA

PATRIE NAUFRAGÉE

CE QUE DOIT ÊTRE LA RÉVOLUTION

POLITIQUE ET ÉCONOMIQUE

Prix : 50 centimes

N. B. — Nous nous faisons un devoir d'informer le public que les bénéfices de la vente sont destinés à fonder des magasins coopératifs au profit des classes laborieuses, œuvre urgente, morale et utile tout à la fois

EN VENTE : A L'ASSOCIATION GÉNÉRALE TYPOGRAPHIQUE, faubourg Saint-Denis, 19; chez LACROIX, VERBOECKHOVEN et Ce, 15, boulevard Montmartre, et chez tous les libraires.

1187 Paris. — Association générale typographique, 19, Faubourg St-Denis; Berthelemy et Ce. Affichage Renier, rue d'Aboukir, 3.

LIGUE

D'UNION RÉPUBLICAINE

DES DROITS DE PARIS

On reçoit ici

LES ADHÉSIONS

665. Paris. — Imprimerie MORRIS, rue Amelot, 64.

Préfecture de la Gironde

RÉPUBLIQUE FRANÇAISE

Liberté — Égalité — Fraternité

Dépêche Télégraphique

CIRCULAIRE

Versailles, 11 avril 1871, 10 h. 30 du matin.

Le Chef du Pouvoir exécutif de la République française, aux Préfets, etc., etc,

Rien de nouveau.

Le plus grand calme règne dans nos cantonnements.

Aujourd'hui, le maréchal Mac-Mahon, les généraux de Cissey, Ladmirauld, prennent possession de leur commandement.

Le général Vinoy conserve le commandement de l'armée de réserve.

L'armée s'organise et augmente chaque jour davantage.

Ne croyez à aucun des faux bruits qu'on répand. Le Président du Conseil n'a pas songé un instant à donner sa démission, étant parfaitement uni avec l'Assemblée nationale et profondément dévoué à ses devoirs, quelque difficiles qu'ils soient. Quant à une conspiration contre la République qui tendrait à la renverser, démentez ce bruit absurde et perfide; il n'y a de conspiration contre la République que de la part des insurgés de Paris. Mais on prépare contre eux des moyens irrésistibles et qu'on ne cherche à rendre tels que dans le désir et l'espérance d'épargner l'effusion du sang.

Que les bons citoyens, sincères dans leurs alarmes, se rassurent. — Il ne surviendra pas un seul événement sans qu'on le leur fasse connaître et il n'y en a aucun de funeste à prévoir ou à craindre.

A. THIERS.

Pour copie conforme :

Le Secrétaire général,

R. de JOUVENEL.

Bordeaux.—Imp, administrative Ragot, rue de la Bourse, 11 et 13.

N° 114 REPUBLIQUE FRANÇAISE N° 114

LIBERTÉ — ÉGALITÉ — FRATERNITÉ

COMMUNE DE PARIS

Appel aux fabricants DE MUNITIONS DE GUERRE

Toutes les personnes qui ont fabriqué des munitions de guerre pendant le siége sont invitées à se présenter immédiatement au Ministère de la guerre pour s'entendre, de gré à gré, sur la reprise de la fabrication.

Elles s'adresseront au Cabinet du Délégué.

Paris, le 11 avril 1871.

Le Délégué à la guerre,
CLUSERET.

1 IMPRIMERIE NATIONALE. — Avril 1871

N° 115 RÉPUBLIQUE FRANÇAISE N° 115

LIBERTÉ — ÉGALITÉ — FRATERNITÉ

COMMUNE DE PARIS

IVᴱ ARRONDISSEMENT

Vu le décret de la Commune, en date du 11 avril 1871, concernant les pensions à accorder aux veuves et enfants des Gardes nationaux tués au service de la Commune;

Vu l'article 5 portant création d'une Commission d'enquête par arrondissement;

Considérant qu'il est juste que ces intéressés concourent à la formation de cette Commission,

Les Membres de la Commune, élus par le IVᵉ arrondissement,

ARRÈTENT :

Les Délégués des compagnies des onze bataillons de la Garde nationale, de l'artillerie et des marins sauveteurs, sont convoqués pour le Mercredi 12 avril, à l'effet de nommer les *six Membres* devant composer ladite Commission d'enquête.

L'élection aura lieu *Salle des Fêtes, à la Mairie, à 8 heures du soir*, sous la présidence d'un des Membres de la Commune.

Paris, le 11 avril 1871.

Les Membres de la Commune :
AMOUROUX, ARTHUR ARNOULD, CLÉMENCE,
GÉRARDIN, LEFRANÇAIS.

1 IMPRIMERIE NATIONALE. — Avril 1871.

RÉPUBLIQUE FRANÇAISE

Nº 116 LIBERTÉ — ÉGALITÉ — FRATERNITÉ Nº 116

MINISTÈRE DES FINANCES

ADMINISTRATION

DES DOMAINES ET DE L'ATELIER DU TIMBRE

Les citoyens et citoyennes employés des Domaines et de l'Atelier général du Timbre sont invités à se présenter dans le délai de trois jours à l'administration, pour reprendre leurs travaux.

Faute de se rendre à cet appel, qui sera le dernier, ils seront considérés comme démissionnaires et irrévocablement rayés des cadres de l'administration.

Paris, 11 avril 1871.

Le Directeur des Domaines,
Chef de l'Atelier général du Timbre,
J. FONTAINE.

IMPRIMERIE NATIONALE. — Avril 1871

REPUBLIQUE FRANÇAISE

Nº 117 LIBERTÉ — ÉGALITÉ — FRATERNITÉ Nº 117

COMMUNE DE PARIS

Avis aux Négociants

Le Délégué à la perception des loyers communaux n'a trouvé, à son entrée en fonctions, aucunes pièces ou documents constatant le rang et la priorité des diverses demandes antérieurement formées pour locations de magasins.

Il prévient tous les négociants que les inscriptions auront lieu, à partir de ce jour, de 2 heures à 5 heures du soir, au local habituel, et qu'une suite immédiate sera donnée à leurs demandes.

Paris, 11 avril 1871.

Le Délégué à la perception des loyers communaux,

APPROUVÉ :

Le Délégué à la Direction des Contributions directes,
A. COMBAULT.

IMPRIMERIE NATIONALE — Avril 1871.

REPUBLIQUE FRANÇAISE.

N° 118 LIBERTÉ — ÉGALITÉ — FRATERNITÉ N° 118

COMMUNE DE PARIS

Aux Négociants

Il importe que tous les citoyens s'unissent pour assurer, par leur patriotique concours, le libre exercice des administrations communales, qui sont la meilleure garantie des intérêts commerciaux.

En conséquence, le Délégué à la Direction des contributions directes invite les négociants à acquitter, dans le plus bref délai, le loyer des magasins qu'ils occupent dans l'Entrepôt, ce qu'ils n'avaient pu faire encore, par suite de la désorganisation jetée, à dessein, dans les services publics, par le Gouvernement fugitif.

Paris, le 11 avril 1871.

Le Délégué à la Direction des Contributions directes,

A. COMBAULT.

IMPRIMERIE NATIONALE. — Avril 1871.

RÉPUBLIQUE FRANÇAISE

N° 119 LIBERTÉ — ÉGALITÉ — FRATERNITÉ N° 119

DÉLÉGATION DES FINANCES

DIRECTION

DES CONTRIBUTIONS INDIRECTES DE LA SEINE

Le Délégué à la Direction des Contributions indirectes de la Seine invite tous les entrepreneurs de voitures publiques, anciens ou nouveaux, à se présenter dans un délai de trois jours dans les bureaux de la Recette principale des Contributions indirectes, rue Duphot, 12, à Paris, à l'effet d'y renouveler la déclaration de leur matériel roulant et du siége de leur entreprise.

Paris, le 11 avril 1871.

Le Directeur des Contributions indirectes de la Seine,

A. BASTELICA.

IMPRIMERIE NATIONALE. — Avril 1871.

RÉPUBLIQUE FRANÇAISE

N° 120 LIBERTÉ — ÉGALITÉ — FRATERNITÉ N° 120

COMMUNE DE PARIS

XIE ARRONDISSEMENT

Vu le décret de la Commune, en date du 11 avril 1871, concernant les pensions à accorder aux veuves et enfants des Gardes nationaux tués au service de la Commune;

Vu l'article 5 portant création d'une Commission d'enquête par arrondissement;

Considérant qu'il est juste que ces intéressés concourent à la formation de cette Commission,

Les Membres de la Commune, élus par le XIe arrondissement.

ARRÊTENT :

Les délégués des compagnies des vingt-sept bataillons de la Garde nationale, de l'artillerie et des marins sauveteurs, sont convoqués à l'effet de nommer les six Membres devant composer ladite Commission d'enquête.

L'élection aura lieu le jeudi 13 avril, maison communale du XIe arrondissement, salle des mariages, à 8 heures du soir, sous la présidence d'un Membre de la Commune.

Paris, le 11 avril 1871.

Les Membres de la Commune :

MORTIER, DELESCLUZE, VERDURE, AVRIAL, PROTOT.

IMPRIMERIE NATIONALE. — Avril 1871.

RÉPUBLIQUE FRANÇAISE

N° 121 LIBERTÉ — ÉGALITÉ — FRATERNITÉ N° 121

COMMUNE DE PARIS

La Commune de Paris,

Sur la proposition du Comité de sûreté générale;

Attendu que le prix des passe-ports, fixé jusqu'ici, d'après les anciens règlements, à 2 francs, est inabordable pour la plupart des citoyens;

Que journellement des passe-ports sont réclamés par des femmes et des enfants,

ARRÊTE :

ART. 1er. Le prix des passe-ports est fixé à 50 centimes.

ART. 2. Les Mairies pourront délivrer des certificats sur le vu desquels le Comité de sûreté générale donnera des passe-ports gratuits.

Paris, le 11 avril 1871.

LA COMMUNE DE PARIS.

IMPRIMERIE NATIONALE. — Avril 1871.

RÉPUBLIQUE FRANÇAISE

GARDE NATIONALE DE LA SEINE

149e BATAILLON

ÉLECTIONS

Conformément à l'ordre donné par le Commandant légionnaire, les Citoyens appartenant au 149e Bataillon sont *convoqués pour le* ***JEUDI*** 13 *courant, à* ***HUIT*** *heures précises du matin,* ***PALAIS DE LA BOURSE****,* pour y procéder à la reconstitution de leurs cadres et à l'élection des Officiers, Sous-Officiers et Caporaux, démissionnaires ou non-réélus.

Tout manquant à cette convocation sera considéré comme démissionnaire.

Vous êtes également prévenus que les *Gardes des Compagnies sédentaires, dans la limite d'âge de 19 à 40, doivent y assister et se faire incorporer dans les Compagnies de guerre.*

Le Chef de Bataillon prévient également qu'aussitôt la complète réorganisation des Compagnies terminée, il fera procéder à un vote sur son changement ou la confirmation de son élection.

Le Chef de Bataillon,

G. PÉLIN.

Paris. — Imp. LEFEBVRE, passage du Caire, 87-89.

RÉPUBLIQUE FRANÇAISE

No 122 LIBERTÉ — ÉGALITÉ — FRATERNITÉ No 122

COMMUNE DE PARIS

11 avril, 8 heures du soir.

Guerre à exécutive.

Forte canonnade sur toute la ligne des forts du sud. Les Versaillais s'avancent. Nos troupes font bonne contenance. Mousqueterie très-vive, surtout aux forts de Vanves et d'Issy.

P. O. : *Le Chef d'état-major.*

---

12 avril, minuit 35 minutes.

Guerre à exécutive.

Mon aide-de-camp revient des forts avec rapport écrit des trois commandants et du général Eudes. Tout va bien. Ennemi repoussé sur toute la ligne.

P. O. : *Le Chef d'état-major.*

IMPRIMERIE NATIONALE. — Avril 1871.

RÉPUBLIQUE FRANÇAISE

N° 123 **LIBERTÉ — ÉGALITÉ — FRATERNITÉ** N° 123

COMMUNE DE PARIS

LA COMMUNE DE PARIS,

Considérant que le gouvernement de Versailles se vante ouvertement d'avoir introduit dans les bataillons de la Garde nationale des agents qui cherchent à y jeter le désordre;

Considérant que les ennemis de la République et de la Commune cherchent par tous les moyens possibles à produire dans ses bataillons l'indiscipline, espérant désarmer ainsi ceux qu'ils ne peuvent vaincre par les armes;

Considérant qu'il ne peut y avoir de force militaire sans ordre, et qu'il est nécessaire, en face de la gravité des circonstances, d'établir une rigoureuse discipline, qui donne à la Garde nationale une cohésion qui la rende invincible,

DÉCRÈTE :

Art. 1er. Il sera immédiatement institué un conseil de guerre dans chaque légion.

Art. 2. Ces conseils de guerre seront composés de sept membres, savoir :
Un officier supérieur président;
Deux officiers;
Deux sous-officiers et deux gardes.

Art. 3. Il y aura un conseil disciplinaire par bataillon.

Art. 4. Les conseils disciplinaires seront composés d'autant de membres qu'il y aura de compagnies dans le bataillon, à raison d'un membre par compagnie, sans distinction de grade.

Ils seront nommés à l'élection et toujours révocables par la commission exécutive, sur la proposition du délégué à la guerre.

Art. 5. Les membres des conseils de guerre seront élus par les délégués des compagnies.

Art. 6. Seront justiciables des conseils de guerre et disciplinaires les Gardes nationaux de la légion et du bataillon.

Art. 7. Le conseil de guerre prononcera toutes les peines *en usage*.

Art. 8. Aucune condamnation afflictive ou infamante, prononcée par les conseils de guerre, ne pourra être exécutée sans qu'elle ait été soumise à la ratification d'une cour de révision spécialement créée à cet effet.

Cette commission de révision se composera de sept membres tirés au sort parmi les membres élus des conseils de guerre de la Garde nationale avant leur entrée en fonctions.

Art. 9. Le conseil disciplinaire pourra prononcer la prison depuis un jour jusqu'à trente.

Art. 10. Tout officier peut infliger de un à cinq jours d'emprisonnement à tout subordonné, mais il sera tenu de justifier immédiatement devant le conseil disciplinaire des motifs de la punition prononcée.

Art. 11. Il sera tenu dans chaque bataillon et légion un état des punitions infligées dans les vingt-quatre heures, lequel sera envoyé chaque matin au rapport de la place.

Art. 12. Aucune condamnation capitale ne recevra son exécution avant que la grosse du jugement ou de l'arrêt n'ait été visée par la commission exécutive.

Art. 13. Les dispositions du présent décret ne seront en vigueur que pendant la durée de la guerre.

Paris, le 11 avril 1871.

LA COMMUNE DE PARIS.

IMPRIMERIE NATIONALE. — Avril 1871.

ANCIEN COMITÉ DE CONCILIATION

LIGUE D'UNION RÉPUBLICAINE DES DROITS DE PARIS

COMITÉ DU 6e ARRONDISSEMENT

Les Citoyens soussignés, sous la dénomination de **LIGUE D'UNION RÉPUBLICAINE DES DROITS DE PARIS**, ont adopté le programme suivant, qui leur paraît exprimer les vœux de la Population parisienne :

Reconnaissance de la République ;

Reconnaissance des droits de Paris à se gouverner, à régler, par un Conseil librement élu et souverain dans la limite de ses attributions, sa Police, ses Finances, son Assistance publique, son Enseignement et l'exercice de la Liberté de conscience ;

La Garde de Paris exclusivement confiée à la Garde nationale composée de tous les électeurs valides.

C'est à la défense de ce Programme que les Membres de la Ligue veulent consacrer tous leurs efforts, et ils engagent tous les Citoyens à les aider dans cette tâche, en faisant connaître leur adhésion, afin que les Membres de la Ligue, forts de cette adhésion, puissent exercer une énergique action médiatrice, capable d'amener le rétablissement de la paix et de maintenir la République.

LES MEMBRES DE LA LIGUE.

RÉUNION publique JEUDI 13 AVRIL, 4 heures

A L'ÉCOLE DE MÉDECINE (Grand Amphithéâtre).

LE BUREAU ÉLU :

GOUDEAU, Rue Madame, 11.

BARRÉ (Almire), *président*, Rue Bréa, 18.

BOUÉ, Boulevard Montparnasse, 116.

Dr DEREINS, Rue Bréa, 23.

MAGNIER, 18, rue Bréa.

Paris, imp. Paul DUPONT.

RÉPUBLIQUE FRANÇAISE — COMMUNE DE PARIS

Liberté, Égalité, Solidarité

1ER ARRONDISSEMENT

ORDRE

Considérant qu'il m'arrive de tous côtés des plaintes sur le mauvais vouloir que certains bataillons de la garde nationale mettent à se former, entravant l'organisation générale, paralysant la bonne volonté des citoyens dévoués, et par leur attitude hostile créant une inquiétude dans la pensée de beaucoup,

ARRÊTE :

Les 1er, 5e, 12e, 13e, 14e, 111e, 171e bataillons sont dissous.

Il sera procédé immédiatement à la réorganisation de ces bataillons par les soins de la municipalité.

Le délégué à la guerre,

Signé : CLUSERET.

12 avril 1871.

Le bureau fonctionnant à la mairie pour la réorganisation est seul autorisé.

PARIS. — ASSOCIATION GÉNÉRALE TYPOGRAPHIQUE, RUE DU FAUBOURG-SAINT-DENIS, 19, BERTHELEMY ET COMP.

Les citoyennes patriotes sont informées que le Comité de l'Union des Femmes pour la défense de Paris et les soins aux blessés fonctionne dès aujourd'hui à la mairie du 20e arrondissement, de 8 heures du matin à 10 heures du soir. Les inscriptions pour Ambulances, Fourneaux et Barricades, ainsi que les Versements, se font au Comité tous les jours.

REPUBLIQUE FRANÇAISE.

DÉPÊCHE TÉLÉGRAPHIQUE.

LE CHEF DU POUVOIR EXÉCUTIF

A MM. les Préfets, Sous-Préfets, et à toutes les Autorités civiles et militaires.

Ne vous laissez pas inquiéter par de faux bruits. L'ordre le plus parfait règne en France, Paris seul excepté. Le Gouvernement suit son plan, et il n'agira que lorsqu'il jugera le moment venu.

Jusque là, les événements de nos avant-postes sont insignifiants. Les récits de la Commune sont aussi faux que ses principes. Les écrivains de l'insurrection prétendent qu'ils ont remporté une victoire du côté de Châtillon. Opposez un démenti formel à ces mensonges ridicules. Ordre est donné aux avant-postes de ne dépenser inutilement ni la poudre ni le sang de nos soldats. Cette nuit, vers Clamart, les insurgés ont canonné, fusillé dans le vide, sans que nos soldats, devant lesquels ils fuient à toutes jambes, aient daigné riposter.

Notre armée, tranquille et confiante, attend le moment décisif avec une parfaite assurance, et si le Gouvernement la fait attendre, c'est pour rendre la victoire moins sanglante et plus certaine.

L'insurrection donne plusieurs signes de fatigue et d'épuisement. Bien des intermédiaires sont venus à Versailles, porter des paroles non pas au nom de la Commune (sachant qu'à ce titre ils n'auraient pas même été reçus), mais au nom des républicains sincères qui demandent le maintien de la République, et qui voudraient voir appliquer des traitements modérés aux insurgés vaincus.

La réponse a été invariable : Personne ne menace la République, si ce n'est l'insurrection elle-même. Le Chef du Pouvoir exécutif persévèrera loyalement dans les déclarations qu'il a faites à plusieurs reprises. Quant aux insurgés, les assassins exceptés, ceux qui déposeront les armes auront la vie sauve.

Les ouvriers malheureux conserveront pendant quelques semaines le subside qui les faisait vivre. Paris jouira, comme Lyon, comme Marseille, d'une représentation municipale élue, et, comme les autres villes de France, fera librement les affaires de la cité. Mais, pour les villes, comme pour les citoyens, il n'y aura qu'une loi, une seule, et il n'y aura de priviléges pour personne. Toute tentative de sécession essayée par une partie quelconque du territoire sera énergiquement réprimée en France ainsi qu'elle l'a été en Amérique.

Telle a été la réponse sans cesse répétée, non pas aux représentants de la Commune, que le Gouvernement ne saurait admettre auprès de lui, mais à tous les hommes de bonne foi qui sont venus à Versailles s'informer des intentions du Gouvernement.

A. THIERS.

Versailles, 12 *avril* 1871, 5 *h*. 30 *du soir*.

Versailles. — Imp. E. AUBERT, 6, avenue de Sceaux.

RÉPUBLIQUE FRANÇAISE.

LIBERTÉ, ÉGALITÉ, FRATERNITÉ.

COMITÉ CENTRAL.

AUX CITOYENS DU VIe ARRONDISSEMENT.

CITOYENS,

Devant le *crime* les opinions politiques s'effacent et la neutralité est inadmissible.

On est toujours responsable du mal que l'on voit faire quand on ne tente rien pour l'empêcher ou pour le châtier.

En face de l'immonde assemblée de Versailles et des monstres qui constituent son gouvernement, quiconque se retranche derrière une opinion politique ou se déclare neutre est un lâche ou un complice.

En conséquence,

Considérant qu'il est du devoir de tous les citoyens d'empêcher la justice et le droit de succomber;

Considérant que, pour sauver le monde moral en péril, il importe d'écraser au plus vite les lâches auteurs de nos maux et leurs assassins à gages,

Le chargé de pouvoirs du Comité central, muni de ses instructions, avec la Municipalité du 6e arrondissement, arrête :

1° Tous les bataillons du 6e arrondissement feront parvenir, dans le plus bref délai, au Comité central, le contrôle des compagnies;

2° Tous les citoyens appelés par le décret du 7 avril 1871 et non encore inscrits devront se faire inscrire sur les registres ouverts à cet effet, par les soins de la Municipalité, dans le délai de 48 heures, à partir de l'affichage du présent arrêté;

3° Tous les citoyens valides, au-dessus de la limite d'âge fixée par le décret ci-dessus, feront partie de la garde sédentaire, et devront se faire inscrire, s'ils ne le sont déjà;

4° Une commission est nommée à l'effet de relever, sur les registres de l'État civil, sur les listes électorales, sur les livres de police et le rôle des contributions, la liste des citoyens compris dans les diverses catégories d'âge, afin de déférer à une cour martiale les déserteurs et les réfractaires, et de provoquer, en outre, la suppression de leurs droits civiques : *car il faut absolument que les lâches traînent, dans la cité, sous l'œil et le mépris de leurs concitoyens, la marque de leur ignominie.*

Paris, 12 avril 1871.

Pour le Comité central :
Le chargé de pouvoirs,
LACORD.

Imprimerie de Mme Ve BOUCHARD-HUZARD, rue de l'Éperon, 5.

RÉPUBLIQUE FRANÇAISE

N° 124 LIBERTÉ — ÉGALITÉ — FRATERNITÉ N° 124

COMMUNE DE PARIS

MINISTÈRE DE LA GUERRE

L'ennemi, profitant de l'obscurité de la nuit dernière, a démasqué toutes ses batteries et tenté une attaque de vive force sur les forts du sud-ouest. Il a été repoussé vigoureusement. Nos pertes s'élèvent à deux blessés et un tué (seul chiffre parvenu jusqu'à présent).

Dans cette attaque de nuit, opération de guerre toujours difficile à repousser pour des troupes jeunes, il n'y a pas eu un moment d'hésitation. Les enfants de Paris se sont conduits en républicains, c'est-à-dire en hommes.

Je porte à l'ordre de l'armée les 208e et 179e bataillons pour leur entrain et leur bonne tenue.

Paris, le 12 avril 1871.

Le Délégué à la Guerre,
CLUSERET.

2 IMPRIMERIE NATIONALE. — Avril 1871.

RÉPUBLIQUE FRANÇAISE

N° 125 LIBERTÉ — ÉGALITÉ — FRATERNITÉ N° 125

COMMUNE DE PARIS

MINISTÈRE DE LA GUERRE

Tous les isolés seront mis à la disposition du Directeur du Génie pour les travaux de réparations à l'enceinte.

Ils toucheront la solde de la Garde nationale.

Paris, le 12 avril 1871.

Le Délégué à la guerre,
CLUSERET.

IMPRIMERIE NATIONALE. — Avril 1871.

RÉPUBLIQUE FRANÇAISE

N° 126 LIBERTÉ — ÉGALITÉ — FRATERNITÉ N° 126

COMMUNE DE PARIS

12 avril, midi.

PLACE A COMMUNE.

Je reçois du général Dombrowski excellentes nouvelles. Sommes en possession des trois quarts de Neuilly. Faisons siége en règle. L'un après l'autre, chaque jardin tombe en notre pouvoir.

J'espère ce soir être sur le pont de Neuilly.

Le Colonel d'État-major,

HENRY.

1 IMPRIMERIE NATIONALE. — Avril 1871.

République française. — Liberté, Egalité, Fraternité

COMMUNE DE PARIS

GARDE NATIONALE

DU Xe ARRONDISSEMENT

AVIS

La Commission d'enquête pour les *Veuves et les Orphelins* des blessés et des disparus qui ont droit à une pension, en vertu du décret de la Commune du 10 avril 1871, informe que le Bureau est constitué à la Mairie du Xe Arrondissement, dans le fond de la cour, à droite, au premier étage, et qu'elle recevra les réclamations tous les jours, de neuf à onze heures du matin et de deux à cinq du soir.

Il faut se munir de toutes les pièces nécessaires pour prouver l'identité.

Le Secrétaire de la Commission,

TH. PAULIN.

000 Paris. — Association générale typographique, rue du Faubourg-St-Denis, 19.

RÉPUBLIQUE FRANÇAISE

N° 127 LIBERTÉ — ÉGALITÉ — FRATERNITÉ N° 127

COMMUNE DE PARIS

MINISTÈRE DE LA GUERRE

Considérant que la Cavalerie et l'Artillerie ont besoin de chevaux, qu'il en existe un grand nombre dans Paris appartenant à l'Etat, employés indûment par des officiers qui n'ont pas droit à être montés ou par des citoyens qui se les sont appropriés,

ARRÊTE :

Tous les chevaux appartenant à l'État qui ne sont pas en service régulier devront être immédiatement saisis sur la voie publique ou à domicile et amenés à l'École militaire.

Sont considérés comme étant en service régulier les chevaux de la cavalerie et du train.

Dans la garde nationale à pied, ont droit à être montés les chefs de légion seulement et deux officiers d'état-major.

Tout autre officier qui aurait cru pouvoir disposer d'un cheval le versera immédiatement à la remonte.

Ordre est donné à tous gardes nationaux de prêter main-forte aux cavaliers chargés d'exécuter le présent arrêté.

Paris, le 12 avril 1871.

Le Délégué à la guerre,
CLUSERET.

APPROUVÉ :
Pour la Commission exécutive,
Ch. DELESCLUZE, A. VERMOREL.

2 IMPRIMERIE NATIONALE. — Avril 1871.

A

L'ASSEMBLÉE NATIONALE

Le Gouvernement, s'inspirant de sentiments généreux, vient, dans une proclamation digne et ferme, de s'adresser aux Parisiens. Pourquoi l'Assemblée nationale ne le ferait-elle point directement aussi?

Une Proclamation dernière, émanant de la Chambre elle-même en qui réside la souveraineté véritable, et par conséquent faite au nom de toute la France, n'aurait-elle pas encore son importance?

Aujourd'hui que les forces de l'insurrection, refoulée et presque domptée, commencent à se décourager, grâces en soient rendues à la valeur, à la discipline et au dévouement de nos braves soldats! que la division se met entre les chefs devenus chaque jour plus odieux à l'immense majorité de la population qui ne les subit qu'en frémissant, cette proclamation dernière ne saurait-elle donc enfin être efficace?

Dans tous les cas, un pareil acte d'initiative de la Chambre ne pourra que l'honorer et la grandir dans l'opinion comme devant le Pays qu'elle représente.

Poursuivie avec un acharnement sans exemple, sous les yeux de l'étranger dont elle fait la force et la joie secrète, cette horrible lutte fratricide, hélas! ne dure-t-elle point depuis trop longtemps? Sans motif sérieux et avouable, n'a-t-elle point causé assez d'humiliations et de ruines? Et notre Patrie autrefois si fière n'est-elle pas aujourd'hui assez malheureuse? Enfin, ce sang qui coule n'est-il pas le sang de la France, le sang précieux de nos généraux, de nos soldats? Et n'en aurons-nous pas peut-être besoin bientôt contre l'ennemi qui foule aujourd'hui insolemment notre sol?

Faire un nouvel effort pour tenter de mettre fin à cette horrible lutte, ou au moins arriver à une trêve qui pourrait être encore si utile! n'est-ce pas, à cette heure suprême, de la part de la Chambre et notamment de courageux députés de Paris, le plus grand, le plus impérieux des devoirs?

Versailles, 12 Avril.

DES AMIS SINCÈRES DE LEUR PAYS.

Versailles. — CRETE, Imprimeur de la Préfecture, rue Colbert, 15.

RÉPUBLIQUE FRANÇAISE

N° 128 LIBERTÉ — ÉGALITÉ — FRATERNITÉ N° 128

COMMUNE DE PARIS

La Commune autorise le citoyen G. COURBET, nommé en assemblée générale Président de la Société des Peintres, à rétablir, dans le plus bref délai, les Musées de la Ville de Paris dans leur état normal, d'ouvrir les galeries au public et d'y favoriser le travail qui s'y fait habituellement.

La Commune autorisera à cet effet les quarante-six délégués qui seront nommés demain *Jeudi*, 13 *avril*, en séance publique à l'École de médecine (grand amphithéâtre), à *deux heures précises*.

De plus, elle autorise le citoyen COURBET, ainsi que cette assemblée, à rétablir l'Exposition annuelle aux Champs-Élysées.

Paris, le 12 avril 1871.

La Commission exécutive,

AVRIAL, F. COURNET, CH. DELESCLUZE, FÉLIX PYAT, G. TRIDON, A. VERMOREL, E. VAILLANT.

2 IMPRIMERIE NATIONALE. — Avril 1871.

RÉPUBLIQUE FRANÇAISE,

LIBERTÉ — ÉGALITÉ — FRATERNITÉ.

COMMUNE DE PARIS.

ORDRE DU JOUR.

Le Commandant en chef de la 6e Légion signale aux gardes nationaux la brillante conduite du 83e bataillon, qui, dans un combat de plusieurs heures, de maison en maison et presque corps à corps, vient d'avoir quatre citoyens (un officier et trois gardes) tués à l'ennemi.

CITOYENS DE LA 6e LÉGION,

Le 83e bataillon vous a ouvert le chemin; quand l'heure sera venue, élancez-vous, volez sur ses traces, prouvez que vous n'êtes pas en arrière des autres légions, que votre cœur est le même, et que l'on vous a calomniés quand on a dit que la réaction rampe dans vos rangs.

Faites comme le 83e à Neuilly, et la Commune, c'est-à-dire la Révolution, par la moralité et la liberté, rayonnera puissante en vous appelant ses sauveurs.

Vive la Commune! Vive la République!

Quartier général de la 6e Légion.

Le Commandant en chef,

J. LUCIEN COMBATZ.

Paris. — Imp. de Mme Ve BOUCHARD-HUZARD, r. de l'Éperon, 5.

N° 129 RÉPUBLIQUE FRANÇAISE N° 129

LIBERTÉ — ÉGALITÉ — FRATERNITÉ

COMMUNE DE PARIS

COMMISSION
DES BARRICADES

La Commission des barricades arrête ainsi qu'il suit le tracé des barricades, sauf modifications dans les cas particuliers :

Chaque barricade sera composée des deux portions appuyées l'une au côté droit, l'autre au côté gauche de la rue, et laissant entre elles et les maisons un passage de 3 mètres. Cependant, dans les voies qui ne seront pas nécessaires à la circulation des voitures, on ne fera qu'une barricade, avec un passage de 1 mètre de largeur à l'une des extrémités.

La Commission arrête ainsi qu'il suit le profil d'une barricade pour grandes voies de communication :

Profondeur du fossé	2m,00
Largeur	ce qu'il faudra pour le massif.
Hauteur de la barricade	4m,00
Epaisseur en haut	6 00
Largeur de la banquette de tir	2 50
Talus du côté de l'ennemi	4 80 de base.
Talus montant à la banquette	5 50 de base.
Epaisseur totale	19 00
Hauteur du massif de pavés	2 50

a Commission [illegible]

	2m,00
Profondeur du fossé	ce qu'il faudra.
Largeur	3m,00
Hauteur de la barricade	2 00
Epaisseur en haut	2 50
Largeur de la banquette	3 00
Talus du côté de l'ennemi	3 50
Talus montant à la banquette	11 00
Epaisseur au pied	1 60
Hauteur du massif de pavés	8 00
Epaisseur au pied	3 50
Epaisseur en haut	0 80 de profondeur.
Fossé intérieur, pas plus de	

La Commission décide que la conservation des tuyaux du gaz et de l'eau sera assurée jusqu'au moment de l'attaque, aussi bien que celle des égouts, qu'il n'est pas nécessaire d'ouvrir pour les mines.

La Commission arrête, ainsi qu'il suit, l'emploi des égouts pour les mines ;

Elle répudie absolument, comme trop lente, toute construction et fouille de galeries de mine, mais elle admet que des fourneaux de mines seront faits au fond et sur le côté des égouts, et arrête ainsi qu'il suit leur position et leur charge :

Premier fourneau à 20 mètres en avant du fossé, charge	40 kilogrammes de poudre.
Second — à 12 mètres plus loin	100 *idem.*
Troisième — à 12 mètres plus loin que le deuxième	100 *idem.*

et ainsi de suite.

Si les circonstances le permettent, toujours avec la charge de 100 kilogrammes, chaque fourneau devra être amorcé séparément.

La Commission décide que le procès-verbal de la séance sera publié et affiché, à l'exception des mesures qui règlent l'emplacement et la stratégie des barricades.

La Commission charge le citoyen Gaillard père de faire lithographier et livrer au public et au commerce les profils recommandés par la Commission.

Les citoyens Norel (4e arrondissement), Thirion (8e arr.), Jean, génie ; Guilbot (11e arr.), Buyat (14e arr.), Leduc (15e arr.), Darnal (16e arr.), Gaillard père (1er et 20e arr.), reçoivent pleins pouvoirs pour l'organisation des barricades dans leurs arrondissements.

La Commission décide que la rue du Rempart sera barricadée de chaque côté de chaque porte, ainsi que toutes les voies aboutissant aux portes, et que les maisons d'encoignure seront organisées militairement.

La Commission décide que la prochaine séance aura lieu demain 13 avril, à 5 heures après midi, au Ministère de la guerre ; on y examinera les mesures prises et les études faites dans chaque arrondissement. En attendant, chaque délégué doit opérer d'urgence et faire commencer le travail avec le concours de la délégation communale, en se conformant au plan d'ensemble adopté.

Paris, le 13 avril 1871.

LA COMMISSION DES BARRICADES.

IMPRIMERIE NATIONALE. — Avril 1871.

RÉPUBLIQUE FRANÇAISE

N° 130 LIBERTÉ — ÉGALITÉ — FRATERNITÉ N° 130

COMMUNE DE PARIS

Le Délégué civil à l'ex-préfecture de police,

Considérant que l'approvisionnement des Halles centrales intéresse essentiellement la population de Paris et doit être l'objet de la constante sollicitude de l'Administration;

Que, néanmoins, il est journellement entravé par des marchands de denrées et articles divers, qui stationnent depuis quelque temps sur les voies couvertes et aux abords desdites Halles;

Que cet état de choses ne saurait être toléré plus longtemps sans nuire à l'approvisionnement, gêner la circulation et compromettre la sûreté des citoyens,

ARRETE :

ARTICLE UNIQUE. Il est défendu aux marchands regrattiers et d'articles divers de stationner sur les voies couvertes et aux abords des Halles centrales, à partir de vendredi prochain 14 courant.

Paris, le 12 avril 1871.

Raoul RIGAULT.

1 IMPRIMERIE NATIONALE. — Avril 1871.

RÉPUBLIQUE FRANÇAISE

LIBERTÉ, ÉGALITÉ, FRATERNITÉ

FORMATION
D'UN
Bataillon de Volontaires

Un avis, en date du 5 de ce mois, a fait connaître qu'il sera organisé dans le département un bataillon de Volontaires pour défendre l'Assemblée nationale et pouvant être mobilisé immédiatement sur l'ordre du Gouvernement.

Les engagements sont reçus de 9 heures à 11 heures du matin et de 2 heures à 4 heures de l'après-midi, à la Préfecture (bureau du Secrétariat), pour l'arrondissement de Dijon, et aux Sous-Préfectures de Beaune, Châtillon et Semur.

Les Volontaires n'ayant pas encore servi devront être munis d'un certificat de bonnes vie et mœurs du maire de leur commune, et ceux ayant servi d'un certificat de bonne conduite de leur régiment.

Ils devront, en outre, être porteurs d'un certificat d'aptitude délivré par l'officier de gendarmerie de l'arrondissement.

Dijon, le 12 Avril 1871.

Le Préfet de la Côte-d'Or,

P. DE BRANCION.

(362) Imp. Jobard.

RÉPUBLIQUE FRANÇAISE

N° 131 LIBERTÉ — ÉGALITÉ — FRATERNITÉ N° 131

COMMUNE DE PARIS

13 avril 1871.

GUERRE A EXÉCUTIVE.

Une attaque très-vive a eu lieu hier soir, à deux reprises différentes, sur toute la ligne; elle a été repoussée avec succès et sans pertes.

Le général Dombrowski est à cent mètres du pont de Neuilly.

Ce village a dû être repris maison par maison. Nos pertes, dans la journée, sont de 5 blessés et 2 tués.

L'ennemi tient mal.

Le Délégué à la Guerre,
CLUSERET.

IMPRIMERIE NATIONALE. — Avril 1871.

RÉPUBLIQUE FRANÇAISE

N° 132 LIBERTÉ — ÉGALITÉ — FRATERNITÉ N° 132

COMMUNE DE PARIS

LA COMMUNE DE PARIS,

Vu l'avis du Délégué à la Guerre, qui s'engage à rendre le vote possible à tous les citoyens appelés aux avant-postes pour la défense de leurs droits,

DÉCRÈTE :

Art. 1er. Les élections communales complémentaires auront lieu le dimanche 16 avril.

Art. 2. Le scrutin sera ouvert de 8 heures du matin à 8 heures du soir.

Art. 3. Le dépouillement se fera immédiatement.

Le nombre des Membres à élire est de :

Arrondissement	Membres	Arrondissement	Membres
1er arrondissement	4	12e arrrondissement	2
2e	4	13e	1
3e	1	16e	2
6e	3	17e	2
7e	1	18e	2
8e	1	19e	1
9e	5	20e	1

Les municipalités d'arrondissement sont chargées de l'exécution du présent décret.

Paris, le 12 avril 1871.

La Commission exécutive :
AVRIAL, F. COURNET, Ch. DELESCLUZE, Félix PYAT, G. TRIDON, A. VERMOREL, E. VAILLANT.

IMPRIMERIE NATIONALE. — Avril 1871.

RÉPUBLIQUE FRANÇAISE

N° 133 LIBERTÉ — ÉGALITÉ — FRATERNITÉ N° 133

AVIS IMPORTANT

SERVICE MÉDICAL DE LA GARDE NATIONALE

Pour tout ce qui concerne le service de la Garde nationale, chirurgiens-majors, aides-majors et brancardiers, s'adresser au chirurgien principal, Etat-major de la Place, place Vendôme.

Et pour tout ce qui est service civil, ambulances de ville, matériel, médicaments, etc., s'adresser au service médical, Hôtel-de-Ville.

Paris, le 13 avril 1871.

Le Chirurgien principal de la Garde nationale,
Dr COURTILLIER.

Le Médecin en chef de l'Hôtel-de-Ville,
Dr HERZFELD.

1 IMPRIMERIE NATIONALE. — Avril 1871

RÉPUBLIQUE FRANÇAISE

N° 134 LIBERTÉ — ÉGALITÉ — FRATERNITÉ N° 134

COMMUNE DE PARIS

Aux Membres de la Commune.

Je viens d'inspecter les forts du sud et, généralement, la ligne de défense de Montrouge à la Muette.

Mon impression est très-favorable.

Les attaques d'hier et d'avant-hier, faites avec un grand nombre d'hommes de la part de l'ennemi, ont été repoussées si facilement et avec si peu de pertes qu'elles doivent inspirer une entière confiance dans l'avenir.

La batterie de 24, cours du Trocadéro, a parfaitement porté dans les bâtiments du Mont-Valérien. C'était tout ce dont nous voulions nous assurer pour le moment.

J'attire l'attention de la Commune sur la bonne tenue des troupes et sur l'ordre exceptionnel qui règne au Point-du-Jour. Hommes et choses sont en bon ordre et dénotent, de la part du commandant, de l'énergie, de l'activité et de la compétence. Vanves et Montrouge sont en bon état. Du côté de l'ennemi, même disposition d'artillerie que du temps des Prussiens. Quant à leur infanterie, elle est peu nombreuse et sans grande consistance.

Quand le moment sera venu, j'ai tout lieu de croire que la résistance des Versaillais ne sera pas au-dessus de nos efforts.

13 avril 1871.

Le Délégué à la Guerre,
CLUSERET.

2 IMPRIMERIE NATIONALE. — Avril 1871.

RÉPUBLIQUE FRANÇAISE

N° 135 LIBERTÉ — ÉGALITÉ — FRATERNITÉ N° 135

MAIRIE
DU
IIIe ARRONDISSEMENT

ELECTIONS A LA COMMUNE

L'impossibilité seule de faire voter les Gardes nationaux en présence de l'ennemi a fait retarder les élections complémentaires à la Commune.

Des mesures étant prises pour remédier à cet inconvénient, nous portons à la connaissance de nos concitoyens que les élections auront lieu *dimanche* 16 *avril prochain sans aucune remise.*

Le scrutin sera ouvert de 8 heures du matin à 8 heures du soir.

Le dépouillement aura lieu immédiatement.

Par suite de la démission du citoyen Murat, le IIIe arrondissement a à élire un Membre à la Commune.

Nous espérons que tous nos concitoyens, qui ont affirmé leurs votes révolutionnaires le 26 mars dernier, tiendront à honneur de remplir ce devoir civique.

Paris, le 13 avril 1871.

Les Membres de la Commune,
élus du IIIe arrondissement :
ARNAUD (ANTOINE),
DEMAY,
DUPONT (CLOVIS),
PINDY.

IMPRIMERIE NATIONALE. — Avril 1871.

Préfecture de la Gironde.

RÉPUBLIQUE FRANÇAISE

LIBERTÉ. — ÉGALITÉ. — FRATERNITÉ.

Habitants de la Gironde,

Le Chef du Pouvoir exécutif m'a fait l'honneur de me choisir pour représenter dans votre département le Gouvernement de la République. Je viens servir et défendre avec vous ce gouvernement issu de la souveraineté nationale.

Je sais que je puis compter sur votre concours. Je sais que dans l'accomplissement de mes devoirs, je serai soutenu énergiquement par la grande ville intelligente et fière qui, par son attitude calme et digne, vient de montrer qu'elle répudie le désordre et la violence, et qu'elle veut que la République rassure tous les intérêts et sauvegarde tous les droits.

Vous m'accorderez votre confiance comme vous l'aviez accordée à mon honorable prédécesseur. Je crois y avoir droit par mon dévouement aux idées d'ordre et de liberté que le département de la Gironde a tenu à honneur de professer dans tous les temps. Vous m'aiderez à obtenir de tous le maintien de la paix publique et le respect de la loi.

Le Préfet de la Gironde,
Ferdinand DUVAL.

Bordeaux. — Imp. administrative Ragot, rue de la Bourse, 11 et 13.

A

L'ASSEMBLÉE NATIONALE

ET

A L'ARMÉE

Tout pour la patrie, par la liberté et avec l'ordre.

CITOYENS,

La Commune, campant indûment à l'Hôtel-de-Ville, vient de passer la revue des siens.

Pourquoi l'Assemblée nationale ne passerait-elle pas aussi une revue de notre armée, la *véritable armée de la France? Que n'arbore-t-elle*, comme dans un camp, sur un point comme Sèvres, Passy, Courbevoie, son *noble Drapeau*, celui de l'honneur, de la liberté sage, de la République, le *véritable Drapeau de la France?* Avec un général comme Mac-Mahon, apprécié et aimé de tous, nos braves soldats, pleins de confiance, ne sont-ils pas déjà certains de la victoire!

Que leur cri de : *Vive la France!* dominant de sa grandeur celui de la Commune, se fasse entendre, unanime, généreux, et aussi retentissant que le bruit du canon! Bientôt sera intimidée une minorité de factieux qui suppléent à leur faiblesse par une extrême audace, et se croient puissants parce qu'ils sont dangereux.

Il est temps que de mauvais citoyens, indignes de la qualité de français, qu'aucune concession raisonnable ne saurait désarmer, que nul moyen de persuasion ne peut convaincre, et qui, *dans un pays de suffrage universel, en appellent sans cesse à la violence*, soient réduits à l'impuissance de nuire, et cessent enfin de déshonorer la capitale et notre pays, déjà trop malheureux!

Debout! Français, soldats, citoyens, *et du cœur!* Que chacun grandissant son âme, comprenne et fasse courageusement son devoir! Que la garde nationale, d'abord surprise, se reconnaisse et marche résolument au devant de l'armée : volontaires, mobiles, marins et soldats, tous étroitement unis par un ardent patriotisme. Cette union, gage de notre force, assure déjà la victoire. Que la Chambre elle-même, s'élevant à la hauteur de la situation, se montre enfin, et donne l'exemple des sacrifices et d'un généreux dévouement! que des députés, parmi les plus courageux, s'inspirant d'une grande et douloureuse époque, partent de suite pour éclairer et entraîner la province justement indignée. Que le Gouvernement qui émane de cette Chambre, et le chef illustre et vraiment patriote qui la dirige, *se hâtent d'agir*; le temps presse, le moment, encore une fois, est décisif, irréparable peut-être, et l'heure des grands devoirs, en présence de l'étranger qui nous menace, *Français, ne l'oublions pas*, a sonné pour tous!

Versailles, 12 *Avril* 1871.

DES AMIS SINCÈRES DE LEUR PAYS.

Versailles. — CRÉTÉ, imprimeur de la Préfecture, rue Colbert, 15.

18e ARRONDISSEMENT

ÉLECTIONS COMMUNALES

du 16 avril 1871

CANDIDATS RÉVOLUTIONNAIRES SOCIALISTES

Gal CLUSERET

DUPAS

Paris. — IMPRIMERIE NOUVELLE (Association ouvrière), rue des Jeûneurs, 14.

ÉLECTIONS DU 16 AVRIL 1871

3ME ARRONDISSEMENT

CANDIDAT A LA COMMUNE

ALBERT MAY

5179. Paris. — Imprimerie et Lithographie Julien Gaben et Dennery, 22, rue Rambuteau (cité Noël). Typ. A.-E. Rochette.

RÉPUBLIQUE FRANÇAISE

N° 136 LIBERTÉ — ÉGALITÉ — FRATERNITÉ N° 136

COMMUNE DE PARIS

LA COMMUNE DE PARIS,

Considérant que l'organisation du service de santé dans la Garde nationale est tout à fait défectueuse;

Qu'il est constant que beaucoup de bataillons sont allés au feu sans chirurgien;

Qu'il est impossible à un certain nombre de bataillons de trouver des chirurgiens; que même le chiffre réglementaire de deux chirurgiens par bataillon, lorsqu'il est atteint, est insuffisant lorsque le bataillon combat; que ce nombre est inutile en dehors de l'action,

DÉCRÈTE :

1° Il sera formé des compagnies d'ambulances, chacune de :
20 docteurs et officiers de santé;
60 élèves en médecine,
Ayant sous leurs ordres :
10 voitures du train des ambulances, portant chacune un sac d'ambulance bien garni;
Et 120 brancardiers, portant trente brancards.
Chaque compagnie est divisée en dix escouades.

2° Deux escouades au moins, quatre escouades au plus siégeront dans chaque arrondissement. Les municipalités mettront un local à leur disposition.

3° On inscrira autant que possible dans ces escouades les docteurs et élèves volontaires de l'arrondissement. Il en sera de même pour les conducteurs du train des ambulances et pour les brancardiers.

Si le nombre des docteurs et élèves volontaires n'était pas suffisant, on requerrait ceux qui rentrent dans la classe des hommes de vingt à quarante ans.

4° A chaque escouade seront adjointes deux ambulancières, qui marcheront avec les brancardiers et auront pour mission de donner à boire aux blessés.

5° Les escouades marcheront sur la demande de la guerre ou de la place, transmise par la Commission médicale de l'Hôtel-de-Ville, qui connaîtra du roulement par arrondissement, et quand même les bataillons de l'arrondissement ne marcheraient pas.

6° Un ou deux postes médicaux sédentaires seront établis dans chaque arrondissement. Deux docteurs seront attachés à chacun de ces postes, et devront délivrer les certificats d'exemption de service, et constater les maladies graves à domicile. Une voiture sera mise à la disposition de chaque poste.

Ne seront acceptés pour les postes sédentaires que les docteurs ou officiers de santé âgés au moins de quarante ans.

7° Il sera alloué comme indemnité : aux docteurs, la solde des capitaines des compagnies de guerre; aux officiers de santé, la solde de lieutenant; aux élèves, la solde de sous-lieutenant; les sous-officiers de brancardiers, les conducteurs, brancardiers et les ambulancières toucheront la solde et les vivres alloués aux sous-officiers et gardes.

8° Lorsque les compagnies constituées par le présent décret auront complété leurs cadres, il sera loisible aux chirurgiens qui n'y seront pas compris de s'inscrire spécialement dans un bataillon. Ce droit sera immédiat pour les docteurs âgés de plus de quarante ans.

9° La Commission médicale de l'Hôtel-de-Ville est chargée de l'exécution du présent décret, et s'entendra à ce sujet avec les municipalités.

Paris, le 13 avril 1871.

LA COMMUNE DE PARIS.

1 IMPRIMERIE NATIONALE. — Avril 1871.

REPUBLIQUE FRANÇAISE.

COMMUNE DE PARIS

LIBERTÉ — ÉGALITÉ — SOLIDARITÉ

AVIS

Les Membres de la Délégation communale du 1er Arrondissement engagent les citoyens qui auraient des plaintes à faire contre leur propriétaire ou leur concierge à venir exposer leurs griefs à la Mairie du 1er Arrondissement. Il y sera fait droit.

Mais nous engageons expressément les bons citoyens à ne pas se faire justice eux-mêmes ni à insulter personne, car nous nous verrions forcés de sévir contre eux au lieu de les protéger.

Nous voulons être une administration bienveillante et fraternelle, protégeant le faible contre le fort et sauvegardant, par la justice, les intérêts de chacun.

C'est pourquoi nous faisons appel aux sentiments de ceux qui possèdent pour venir en aide aux déshérités.

Nous voulons, autant qu'il sera en notre pouvoir, que notre devise : LIBERTÉ, ÉGALITÉ, SOLIDARITÉ, soit enfin une vérité, pour que la fraternité ne soit pas un vain mot.

Nous voulons affranchir le prolétariat, nous voulons que chacun puisse vivre de son travail.

Plus de paresseux ! Plus de parasites ! Plus d'exploiteurs ! Plus d'exploités !

Vivre en travaillant ou mourir en combattant !

Les Membres de la Délégation communale :

TOUSSAINT, WINANT, TANGUY, SALLÉE.

PARIS. — ASSOCIATION GÉNÉRALE TYPOGRAPHIQUE, RUE DU FAUBOURG-SAINT-DENIS, 19, (BERTHELEMY ET Cᵉ)

RÉPUBLIQUE FRANÇAISE.

LIBERTÉ. — ÉGALITÉ. — FRATERNITÉ.

COMMUNE DE PARIS.

VOIRIE URBAINE.

MAIRIE DU VIe ARRONDISSEMENT.

Les délégués à la Mairie du 6e arrondissement informent leurs administrés qu'en vue de faciliter et d'activer les rapports des intéressés avec le service de la voirie de Paris, et d'accord avec l'architecte commissaire-voyer délégué, des bureaux viennent d'être établis, à cet effet, à la Mairie de l'arrondissement.

En conséquence, outre les bureaux de l'Hôtel de ville, on pourra adresser à la Mairie toutes les demandes *d'alignement, d'autorisation de construire, de réparations, ravalements, ouvertures, installation d'auvents, échoppes, lanternes,* etc.; *placement d'enseignes, écussons,* etc., et *saillies sur la voie publique.*

Celles concernant *les cabinets et fosses d'aisances, étaux de boucherie, fournils de boulangeries, logements insalubres, bâtiments en péril, nettoyage de façades de maisons,* etc., etc., et, en général, toutes les opérations de grande et petite voirie.

Les membres de la Commune,

BESLAY, VARLIN, COURBET,

Paris — Imprimerie de Mme Ve Bouchard-Huzard, rue de l'Eperon, 5

RÉPUBLIQUE FRANÇAISE

Liberté, Égalité, Fraternité, Solidarité

ELECTIONS COMMUNALES

REUNIONS ELECTORALES

SAMEDI 15 AVRIL A HUIT HEURES DU SOIR :

Salle de l'Elysée-Montmartre ;

Salle Perrot, 5, Grande-Rue de La Chapelle.

1240-Paris. — Association générale typographique, rue du Faubourg-Saint-Denis, 19 (Berthelemy et Cᵉ).

ÉLECTIONS A LA COMMUNE DE PARIS

DIMANCHE 16 AVRIL

CLUB DU COMITÉ ÉLECTORAL RÉPUBLICAIN

et des Gardes nationaux fédérés du 1er arrondissement

CANDIDATS :

GRANDJEAN COMMANDANT DU 186ᵉ

PILLOT DOCTEUR

VESINIER PUBLICISTE

JOLY MICHEL COMPTABLE

Paris. — Imprimerie EMILE VOITELAIN et Cᵉ, rue J.-J. Rousseau, 61.

RÉPUBLIQUE FRANÇAISE.

Liberté, Égalité, Fraternité.

Troisième Arrondissement

ÉLECTION A LA COMMUNE

DU DIMANCHE 16 AVRIL 1871

CITOYENS,

Voulez-vous repousser l'agression féodale de Versailles?

Voulez-vous empêcher que les chouans, les ventrus orléanistes et les hommes de Décembre conjurés ne réalisent leurs projets infâmes?

Voulez-vous, par quelques jours d'énergique patience, assurer la paix et la sécurité de la cité?

Voulez-vous que vos enfants ne soient plus périodiquement mis en coupe réglée pour satisfaire la folie féroce et l'ambition de quelques monstres couronnés?

Voulez-vous la mise en accusation des traîtres et des assassins à graines d'épinards qui sont à Versailles et qui ne combattent la Commune que parce qu'ils savent que cette Commune abolira les armées permanentes et, par conséquent, supprimera les gros traitements?

Voulez-vous que le travail reprenne calme et heureux à l'abri des franchises communales de la Ville de Paris?

Voulez-vous, bourgeois et ouvriers, que vos enfants ne souffrent pas ce que vous avez souffert de honte et de servitude?

Voulez-vous enfin le maintien de la République, des principes de 89 et des conquêtes morales de 92 et 93, la libre et calme solution des questions sociales, l'instruction pour tous?

Voulez-vous, en un mot, que Paris, insulté par les vieilleries rurales de Versailles, reprenne son rang et montre à l'Europe que si Paris n'a pas vaincu l'étranger, c'est qu'il était vendu par des bandits titrés, mitrés et décorés?

Voulez-vous être représentés par des hommes énergiques, ne reculant devant aucun sacrifice, même celui de leur vie, pour défendre vos libertés et assurer votre droit communal?

Je suis un de ces hommes.

J'ai échappé aux fusillades réactionnaires de Marseille, le 4 avril dernier.

Ma vie appartient à Paris.

B. LANDECK ∴

Délégué du Comité central près la ville de Marseille.

Paris. — Typ. Morris père et fils, rue Amelot, 64.

RÉPUBLIQUE FRANÇAISE

Liberté, Égalité, Fraternité.

VILLE DE PARIS

XXME ARRONDISSEMENT

CITOYENS,

Désireux de partager les dangers de notre situation, et regardant comme un devoir d'accepter aujourd'hui la candidature à la Commune que m'ont offerte un groupe d'amis, je viens donc, citoyens, vous déclarer que ma vie appartient à la République, et que je la consacrerai tout entière à la défense de nos principes.

Je ne vous ferai pas une autre profession de foi, j'accepte le mandat impératif.

Je suis donc tout entier à votre disposition, et si vous m'honorez de vos suffrages, je saurai remplir mon devoir.

VIVE LA COMMUNE, VIVE LA RÉPUBLIQUE !

A vous,

L. P. TAVERNIER

Paris, 14 Avril 1871. 27, Boulevard Ménilmontant (Père Lachaise).

Paris. — Typ. Morris père et fils, rue Amelot, 64.

RÉPUBLIQUE FRANÇAISE.

LIBERTÉ. — ÉGALITÉ. — FRATERNITÉ.

COMMUNE DE PARIS

MINISTÈRE DE LA GUERRE

CITOYENS,

Par ordre de la Commission des Barricades, le citoyen GAILLARD père, membre de la Commission, est autorisé à faire des Barricades au XXe et au 1er arrondissement.

Prêtez main-forte au besoin.

Pour le président de la Commission,

Le colonel d'état-major,
ROUSSEL.

Pour légalisation, le sous-chef de cabinet,
SEGRAY.

CITOYENS,

La Commission des Barricades, dont je suis membre, m'a confié la direction des Barricades à construire dans le Ier et le XXe arrondissement. Pour que ma mission soit promptement remplie, je fais appel au dévouement de tous les citoyens jaloux de la défense de nos droits. Le système de Barricades stratégiques qui vont être construites ne vont effrayer que les royalistes de Versailles, notre but étant de garantir Paris contre une surprise ou une trahison, et donner la sécurité aux familles des citoyens qui combattent l'ennemi. A l'œuvre donc, et que bientôt Paris soit une forteresse formidable, contre laquelle viendront se briser tous les efforts des barbares ligués contre nous et la République.

En attendant que des bureaux spéciaux soient formés, tout travailleur, terrassier, manouvrier et autres, pourront se faire inscrire à la Mairie du 1er arrondissement.

La solde allouée sera de 4 francs par jour.

(Appel est également fait aux ingénieurs et architectes.)

Salut et fraternité,

GAILLARD père,

Membre de la Commission des Barricades.

Paris, le 14 avril 1871.

1293 Paris. Association générale typographique, rue du Faubourg-Saint-Denis, 19 (Berthelemy et Ce)

MAIRIE

D'ARGENTEUIL

GARDE NATIONALE

Les Habitants sont prévenus que la Garde Nationale est rétablie d'une manière générale et que, par suite, on procédera le Dimanche 23 de ce mois, à des Elections pour compléter les cadres.

Jusqu'à cette époque, les Officiers actuels voudront bien assurer le service.

L'Administration est certaine que les Gardes Nationaux rempliront leur devoir avec zèle et dévouement.

Argenteuil, le 14 Avril 1871.

Le Lieutenant-Colonel,
DERIVEAU.

Le Maire et les Adjoints provisoires,
TAILLANDIER, CODEBECQ ET CAILLÉ.

Argenteuil. — Imprimerie P. WORMS.

RÉPUBLIQUE FRANÇAISE

COMMUNE DE PARIS

LIBERTÉ — ÉGALITÉ — SOLIDARITÉ

AUX CITOYENS
DU

1ER ARRONDISSEMENT

Les Membres de la Délégation communale du 1er arrondissement, soussignés;

Considérant que les véritables principes républicains sont, pour la Commune, la représentation exacte de tous les intérêts qui la composent;

Considérant qu'il importe, pour atteindre ce but, d'organiser, dans chaque quartier, des groupes qui nommeront leurs délégués;

Que ces délégués formeront un conseil consultatif devant seconder les membres de la Commune, en les aidant de leurs lumières et de leurs conseils, et en représentant directement les besoins de la population, avec laquelle ils seront en communication constante;

Invitons les citoyens à se réunir *vendredi* et *samedi*, à huit heures du soir, tant pour discuter les candidats à la Commune, que pour nommer cette Commission, qui se composera de six membres par quartier :

1° *Rue Jean-Lantier*, 15, *salle des Ecoles;*
2° *Rue des Prêtres-Saint-Germain-l'Auxerrois, salle des Ecoles;*
3° *Rue Saint-Honoré*, 236, *salle des Ecoles;*
4° *Rue Jean-Jacques-Rousseau*, 35, *salle de la Redoute.*

Les Membres de la Délégation communale :
TOUSSAINT, WINANT, TANGUY, SALLÉE.

1293. — Association générale typographique, rue du Faubourg-Saint-Denis, 10 (Berthelemy et Ce).

ALLIANCE RÉPUBLICAINE

Liberté, — Égalité, — Fraternité

AU PEUPLE DE PARIS

CITOYENS,

Vous êtes appelés à un vote complémentaire des Élections communales.

Dans les circonstances solennelles que nous traversons, il n'est permis à personne de déserter ses devoirs de citoyen, pas plus qu'il n'est permis au soldat de déserter, pendant le combat, le poste qu'il a choisi.

Paris va présenter le spectacle inouï d'une population tout entière debout, les armes à la main, combattant héroïquement pour la revendication de ses libertés communales et pour le maintien de la République une et indivisible, et se livrant au milieu de la lutte, avec le calme et la maturité de la force, à l'exercice légal de ces mêmes droits pour lesquels elle combat.

Citoyens, la révolution du 18 Mars est une régénération. — C'est une ère nouvelle. Nommez des hommes nouveaux ; vos élus sauront que, en même temps qu'ils doivent apporter à la Commune le plus dévoué et le plus énergique concours, vous ne leur permettez, quelque lourde que soit la tâche et quelque grave que soit la responsabilité, ni les défaillances ni les désertions dont quelques-uns ont donné l'exemple.

Vous aurez ainsi assuré le maintien et la sauvegarde de la République et de la Commune.

Vive la République une et indivisible!
Vive la Commune!

Secrétaires-Assesseurs,
Ch. QUENTIN.
A. PEYROUTON.

Le Président,
BRIVES.
Ancien Representant du Peuple.

1868 Paris.— EDOUARD BLOT, rue Bleue, 7, au coin de la cité Trévise.

RÉPUBLIQUE FRANÇAISE

Nº 396 LIBERTÉ — ÉGALITÉ — FRATERNITÉ Nº 396

COMMUNE DE PARIS

COMITÉ DE SALUT PUBLIC

Le Comité de Salut public ARRÊTE :

ART. 1er. Les persiennes ou volets de toutes les fenêtres demeureront ouverts.

ART. 2. Toute maison de laquelle partira un seul coup de fusil ou une agression quelconque contre la Garde nationale sera immédiatement brûlée.

ART. 3. La Garde nationale est chargée de veiller à l'exécution stricte du présent arrêté.

Hôtel de Ville, le 3 prairial an 79.

Le Comité de Salut public :

ANT. ARNAUD, E. EUDES, F. GAMBON, G. RANVIER.

2. IMPRIMERIE NATIONALE. — Mai 1871.

COMMUNALES

FFICIELLES)

N° 397 # RÉPUBLIQUE FRANÇAISE N° 397

LIBERTÉ — ÉGALITÉ — FRATERNITÉ

COMMUNE DE PARIS

FÉDÉRATION RÉPUBLICAINE

DE LA

GARDE NATIONALE

COMITÉ CENTRAL

Au moment où les deux camps se recueillent, s'observent et prennent leurs positions stratégiques;

A cet instant suprême où toute une population, arrivée au paroxysme de l'exaspération, est décidée à vaincre ou à mourir pour le maintien de ses droits,

Le Comité central veut faire entendre sa voix.

Nons n'avons lutté que contre un ennemi : *la guerre civile*. Conséquents avec nous-mêmes, soit lorsque nous étions une administration provisoire, soit depuis que nous sommes entièrement éloignés des affaires, nous avons pensé, parlé, agi en ce sens;

Aujourd'hui et pour une dernière fois, en présence des malheurs qui pourraient fondre sur tous,

Nous proposons à l'héroïque Peuple armé qui nous a nommés, nous proposons aux hommes égarés qui nous attaquent la seule solution capable d'arrêter l'effusion du sang, tout en sauvegardant les droits légitimes que Paris a conquis :

1° L'Assemblée nationale, dont le rôle est terminé, doit se dissoudre;

2° La Commune se dissoudra également;

3° L'armée dite *régulière* quittera Paris, et devra s'en éloigner d'au moins 25 kilom.;

4° Il sera nommé un pouvoir intérimaire, composé des délégués des villes de 50,000 habitants. Ce pouvoir choisira parmi ses membres un Gouvernement provisoire, qui aura la mission de faire procéder aux élections d'une Constituante et de la Commune de Paris;

5° Il ne sera exercé de représailles ni contre les membres de l'Assemblée, ni contre les membres de la Commune, pour tous les faits postérieurs au 26 mars.

Voilà les seules conditions acceptables.

Que tout le sang versé dans une lutte fratricide retombe sur la tête de ceux qui les repousseraient.

Quant à nous, comme par le passé, nous remplirons notre devoir jusqu'au bout.

4 prairial an 79. *Les membres du Comité central,*

MOREAU, PIAT, B. LACORRE, GEOFFROY, GOUHIER, PRUDHOMME, GAUDIER, FABRE, TIERSONNIER, BONNEFOY, LACORD, TOURNOIS, BAROUD, ROUSSEAU, LAROQUE, MARÉCHAL, BISSON, OUZELOT, BRIN, MARCEAU, LÉVÊQUE, CHOUTEAU, AVOINE fils, NAVARRE, HUSSON, LAGARDE, AUDOYNAUD, HANSER, SOUDRY, LAVALLETTE, CHATEAU, VALATS, PATRIS, FOUGERET, MILLET, BOULLENGER, BOUIT, GRELIER, DREVET.

IMPRIMERIE NATIONALE. — Mai 1871.

MURAILLES

(AFFICHE

RÉPUBLIQUE FRANÇAISE

N° 308 LIBERTÉ — ÉGALITÉ — FRATERNITÉ N° 308

COMMUNE DE PARIS

ORDRE DU JOUR

Le citoyen Delescluze, Délégué civil à la Guerre, aux citoyens membres de la Commune.

CITOYENS,

Je viens vous demander la mise à l'ordre du jour, par affiche, du 128e bataillon de la Garde nationale, qui, cette nuit, sous la conduite du général Dombrowski, a nettoyé le parc de Sablonville des Versaillais qui l'occupaient, et l'a fait avec un merveilleux entrain.

Je me propose d'offrir des revolvers d'honneur à quelques-uns des officiers et soldats qui se sont principalement distingués. Mais une déclaration de la Commune aura un bien autre effet sur les esprits.

Le Délégué civil à la Guerre,

DELESCLUZE

La Commune, à l'unanimité,

DÉCRÈTE :

Le 128e bataillon a bien mérité de la République et de la Commune.

Paris le 12 mai 1871.

2, IMPRIMERIE NATIONALE — Mai 1871.

COMMUNALES

OFFICIELLES)

RÉPUBLIQUE FRANÇAISE

N° 392 LIBERTÉ — ÉGALITÉ — FRATERNITÉ N° 392

COMMUNE DE PARIS

AUX GRANDES VILLES

Après deux mois d'une bataille de toutes les heures, Paris n'est ni las ni entamé.

Paris lutte toujours, sans trêve et sans repos, infatigable, héroïque, invaincu.

Paris a fait un pacte avec la mort. Derrière ses forts, il a ses murs; derrière ses murs ses barricades; derrière ses barricades ses maisons, qu'il faudrait lui arracher une à une, et qu'il ferait sauter, au besoin, plutôt que de se rendre à merci.

Grandes villes de France, assisterez-vous immobiles et impassibles à ce duel à mort de l'Avenir contre le Passé, de la République contre la monarchie?

Ou verrez-vous enfin que Paris est le champion de la France et du monde, et que ne pas l'aider, c'est le trahir...

Vous voulez la République, ou vos votes n'ont aucun sens; vous voulez la Commune, car la repousser, ce serait abdiquer votre part de souveraineté nationale; vous voulez la liberté politique et l'égalité sociale, puisque vous l'écrivez sur vos programmes; vous voyez clairement que l'armée de Versailles est l'armée du bonapartisme, du centralisme monarchique, du despotisme et du privilège, car vous connaissez ses chefs et vous vous rappelez leur passé.

Qu'attendez-vous donc pour vous lever? Qu'attendez-vous pour chasser de votre sein les infâmes agents de ce gouvernement de capitulation et de honte qui mendie et achète, à cette heure même, de l'armée prussienne, les moyens de bombarder Paris par tous les côtés à la fois?

Attendez-vous que les soldats du droit soient tombés jusqu'au dernier sous les balles empoisonnées de Versailles?

Attendez-vous que Paris soit transformé en cimetière et chacune de ses maisons en tombeau?

Grandes villes, vous lui avez envoyé votre adhésion fraternelle ; vous lui avez dit : « De cœur, je suis avec toi! »

Grandes villes, le temps n'est plus aux manifestes : le temps est aux actes, quand la parole est au canon.

Assez de sympathies platoniques. Vous avez des fusils et des munitions : aux armes! Debout les villes de France!

Paris vous regarde ; Paris attend que votre cercle se serre autour de ses lâches bombardeurs et les empêche d'échapper au châtiment qu'il leur réserve.

Paris fera son devoir et le fera jusqu'au bout.

Mais ne l'oubliez pas, Lyon, Marseille, Lille, Toulouse, Nantes, Bordeaux et les autres...

Si Paris succombait pour la liberté du monde, l'histoire vengeresse aurait le droit de dire que Paris a été égorgé parce que vous avez laissé s'accomplir l'assassinat.

Paris, le 15 mai 1871.

Le Délégué de la Commune aux Relations extérieures,
PASCHAL GROUSSET.

IMPRIMERIE NATIONALE. — Mai 1871.

MURAILLES
(AFFICHE

RÉPUBLIQUE FRANÇAISE

N° 305 LIBERTÉ, ÉGALITÉ, FRATERNITÉ N° 305

COMMUNE DE PARIS

COMITÉ DE SALUT PUBLIC

AU PEUPLE DE PARIS

CITOYENS,

La Commune et la République viennent d'échapper à un péril mortel.

La trahison s'était glissée dans nos rangs.

Désespérant de vaincre Paris par les armes, la réaction avait tenté de désorganiser ses forces par la corruption. Son or, jeté à pleines mains, avait trouvé jusque parmi nous des consciences à acheter.

L'abandon du fort d'Issy, annoncé dans une affiche impie par le misérable qui l'a livré, n'était que le premier acte du drame : une insurrection monarchique à l'intérieur, coïncidant avec la livraison d'une de nos portes, devait le suivre et nous plonger au fond de l'abîme.

Mais, cette fois encore, la victoire reste au droit.

Tous les fils de la trame ténébreuse dans laquelle la Révolution devait se trouver prise sont, à l'heure présente, entre nos mains.

La plupart des coupables sont arrêtés. Si leur crime est effroyable, leur châtiment sera exemplaire. La Cour martiale siège en permanence; justice sera faite.

CITOYENS,

La Révolution ne peut pas être vaincue. Elle ne le sera pas.

Mais s'il faut montrer au monarchisme que la Commune est prête à tout, plutôt que de voir le drapeau rouge brisé entre ses mains, il faut que le Peuple sache bien aussi que de lui, de lui seul et de sa vigilance, de son énergie, de son union, dépend le succès définitif.

Ce que la réaction n'a pu faire hier, demain elle va le tenter encore.

Que tous les yeux soient ouverts sur ses agissements; que tous les bras soient prêts à frapper impitoyablement les traîtres; que toutes les forces vives de la Révolution se groupent pour l'effort suprême, et alors, alors seulement, le triomphe est assuré!

A l'Hôtel de Ville, 12 mai 1871.

Le Comité de Salut public,

ANT. ARNAUD, EUDES, GAMBON, G. RANVIER.

2 IMPRIMERIE NATIONALE. — Mai 1871

COMMUNALES
OFFICIELLES)

RÉPUBLIQUE FRANÇAISE

N° 386 LIBERTÉ — ÉGALITÉ — FRATERNITÉ N° 386

COMMUNE DE PARIS

Au Peuple de Paris,

A la Garde nationale.

CITOYENS,

Assez de militarisme, plus d'états-majors galonnés et dorés sur toutes les coutures ! Place au Peuple, aux combattants, aux bras nus ! L'heure de la guerre révolutionnaire a sonné.

Le Peuple ne connaît rien aux manœuvres savantes; mais quand il a un fusil à la main, du pavé sous les pieds, il ne craint pas tous les stratégistes de l'école monarchiste.

Aux armes ! citoyens, aux armes ! Il s'agit, vous le savez, de vaincre ou de tomber dans les mains impitoyables des réactionnaires et des cléricaux de Versailles, de ces misérables qui ont, de parti pris, livré la France aux Prussiens, et qui nous font payer la rançon de leurs trahisons !

Si vous voulez que le sang généreux, qui a coulé comme de l'eau depuis six semaines, ne soit pas infécond; si vous voulez vivre libres dans la France libre et égalitaire; si vous voulez épargner à vos enfants et vos douleurs et vos misères, vous vous lèverez comme un seul homme, et, devant votre formidable résistance, l'ennemi, qui se flatte de vous remettre au joug, en sera pour sa honte des crimes inutiles dont il s'est souillé depuis deux mois.

Citoyens, vos mandataires combattront et mourront avec vous, s'il le faut; mais au nom de cette glorieuse France, mère de toutes les révolutions populaires, foyer permanent des idées de justice et de solidarité qui doivent être et seront les lois du monde, marchez à l'ennemi, et que votre énergie révolutionnaire lui montre qu'on peut vendre Paris, mais qu'on ne peut ni le livrer ni le vaincre.

La Commune compte sur vous, comptez sur la Commune.

1er prairial, an 79.

Le Délégué civil à la Guerre,
CH. DELESCLUZE.

Le Comité de Salut public,
ANT. ARNAUD, BILLIORAY, E. EUDES,
F. GAMBON, G. RANVIER.

2 IMPRIMERIE NATIONALE — Mai 1871.

MURAILLES
(AFFICHE

RÉPUBLIQUE FRANÇAISE

N° 395 LIBERTÉ — ÉGALITÉ — FRATERNITÉ N° 395

COMMUNE DE PARIS

LE PEUPLE DE PARIS

AUX SOLDATS DE VERSAILLES

FRÈRES !

L'heure du grand combat des Peuples contre leurs oppresseurs est arrivée !

N'abandonnez pas la cause des Travailleurs

Faites comme vos frères du 18 Mars !

Unissez-vous au Peuple, dont vous faites partie !

Laissez les aristocrates, les privilégiés, les bourreaux de l'humanité se défendre eux-mêmes, et le règne de la Justice sera facile à établir.

Quittez vos rangs !

Entrez dans nos demeures.

Venez à nous, au milieu de nos familles. Vous serez accueillis fraternellement et avec joie.

Le Peuple de Paris a confiance en votre patriotisme.

VIVE LA RÉPUBLIQUE !

VIVE LA COMMUNE !

3 prairial an 79.

LA COMMUNE DE PARIS.

2 IMPRIMERIE NATIONALE. — Mai 1871.

COMMUNALES
OFFICIELLES)

RÉPUBLIQUE FRANÇAISE

LIBERTÉ. — ÉGALITÉ. — FRATERNITÉ.

COMMUNE DE PARIS

CITOYENS DU XXme ARRONDISSEMENT,

Le moment est venu de combattre avec acharnement un ennemi qui nous fait depuis deux mois une guerre sans pitié.

Si nous succombions, vous savez quel sort nous serait réservé. Aux armes ! donc, et ne les quittons plus qu'après la victoire. De la vigilance, surtout la nuit. Soyons toujours prêts, afin d'éviter les ruses de guerre de nos ennemis.

Je viens donc dans un intérêt commun, au nom de la solidarité qui unit en ce moment tous les révolutionnaires, vous demander d'exécuter fidèlement les ordres qui vous seront transmis.

Il est un grave danger que je veux vous signaler, c'est le refus de la garde nationale de se porter en avant, sous le prétexte de garder les barricades de quartiers qui ne sont point menacés. Prêtez votre concours au XIXe Arrondissement, aidez-le à repousser l'ennemi, là est votre sécurité, et la victoire est à ce prix.

N'attendez pas que Belleville soit lui-même attaqué, il serait peut-être trop tard. En avant donc ! et Belleville aura encore une fois triomphé.

Vive la République !

Belleville, 25 mai 1871.

Le Membre du Comité de Salut public,
G. RANVIER.

Les Membres de la Commune,
BERGERET, VIARD, TRINQUET.

Paris. — Imprimerie PRISSETTE, passage Kuszner, 17. — Maison passage du Caire, 17.

RÉPUBLIQUE FRANÇAISE

N° 368 LIBERTÉ — ÉGALITÉ — FRATERNITÉ N° 368

COMMUNE DE PARIS

COMITÉ DE SALUT PUBLIC

Que tous les bons citoyens se lèvent !

Aux barricades ! L'ennemi est dans nos murs !

Pas d'hésitation !

En avant pour la République, pour la Commune et pour la Liberté !

AUX ARMES !

Paris, le 22 mai 1871.

Le Comité de Salut public,

ANT. ARNAUD, BILLIORAY, E. EUDES,
F. GAMBON, G. RANVIER.

2 IMPRIMERIE NATIONALE. — Mai 1871

RÉPUBLIQUE FRANÇAISE

N° 392 LIBERTÉ — ÉGALITÉ — FRATERNITÉ N° 392

COMMUNE DE PARIS

COMITÉ DE SALUT PUBLIC

Au Peuple de Paris.

CITOYENS,

La porte de Saint-Cloud, assiégée de quatre côtés à la fois par les feux du Mont-Valérien, de la butte Mortemart, des Moulineaux et du fort d'Issy, que la trahison a livré; la porte de Saint-Cloud a été forcée par les Versaillais, qui se sont répandus sur une partie du territoire parisien.

Ce revers, loin de nous abattre, doit être un stimulant énergique; le Peuple qui détrône les rois, qui détruit les Bastilles; le peuple de 89 et de 93, le Peuple de la Révolution, ne peut perdre en un jour le fruit de l'émancipation du 18 Mars.

Parisiens, la lutte engagée ne saurait être désertée par personne; car c'est la lutte de l'avenir contre le passé, de la Liberté contre le despotisme, de l'Égalité contre le monopole, de la Fraternité contre la servitude, de la Solidarité des peuples contre l'égoïsme des oppresseurs.

AUX ARMES !

Donc, AUX ARMES! Que Paris se hérisse de barricades, et que, derrière ces remparts improvisés, il jette encore à ses ennemis son cri de guerre, cri d'orgueil, cri de défi, mais aussi cri de victoire; car Paris, avec ses barricades, est inexpugnable.

Que les rues soient toutes dépavées : d'abord, parce que les projectiles ennemis, tombant sur la terre, sont moins dangereux; ensuite, parce que ces pavés, nouveaux moyens de défense, devront être accumulés, de distance en distance, sur les balcons des étages supérieurs des maisons.

Que le Paris révolutionnaire, le Paris des grands jours, fasse son devoir; la Commune et le Comité de Salut public feront le leur.

Hôtel-de-Ville, le 2 prairial an 79.

Le Comité de Salut public,

Ant. ARNAUD, EUDES, J. GAMBON, G. RANVIER.

1 IMPRIMERIE NATIONALE. — Mai 1871.

MURAILLES
(AFFICHE

RÉPUBLIQUE FRANÇAISE

LIBERTÉ, ÉGALITÉ, FRATERNITÉ.

COMMUNE DE PARIS

VI^E^ ARRONDISSEMENT

Les bombes et les obus des soi-disant *défenseurs de l'ordre* pleuvent sur nos quartiers excentriques.

De nombreuses familles sont obligées de quitter leurs maisons détruites pour venir chercher un refuge au centre de la ville. Nous leur devons une fraternelle hospitalité.

Déjà la Commune a pris des mesures générales, mais il incombe aux municipalités le soin de fournir des logements.

Dans notre arrondissement les locaux libres sont en grand nombre; il importe de les mettre immédiatement à la disposition de nos concitoyens qui viennent nous demander asile.

A cet effet, nous invitons les propriétaires et concierges des maisons où se trouvent des logements vacants ou abandonnés à venir en faire la déclaration à la Mairie dans le plus bref délai.

Tous les bons citoyens sont invités à contrôler et compléter, au besoin, les déclarations des propriétaires et concierges.

Les Membres de la Commune.

CH. BESLAY, E. VARLIN, COURBET

Imprimerie de Mme Ve BOUCHARD-HUZARD, rue de l'Éperon, 5.

COMMUNALES
OFFICIELLES)

RÉPUBLIQUE FRANÇAISE

N° 351 LIBERTÉ — ÉGALITÉ — FRATERNITÉ N° 351

COMMUNE DE PARIS

Aux Gardes nationaux de Paris

Vos ennemis, ne pouvant vous vaincre, voudraient vous déshonorer. Ils vous jettent les épithètes de brigands et de pillards, en ajoutant ainsi la calomnie à la série de leurs crimes. Répondre par la force à leurs attentats contre la République, voilà le brigandage; lutter pour le triomphe des franchises communales, voilà le pillage.

Bonapartistes, orléanistes et chouans sont ligués contre vous et n'ont de lien commun que leur haine pour la Révolution. Ils rêvent de rétablir un trône qui servirait de rempart à leurs privilèges, et ils voudraient écraser la République, garantie de tous les progrès, sous l'ignorance des campagnes qu'ils égarent ou corrompent.

Vous déjouerez leurs projets liberticides par votre discipline et votre héroïsme. Leurs trahisons nous ont empêchés de sauver l'intégrité de notre patrie, mais elles n'auront pas la puissance de nous rejeter sous le joug, même passager, d'une restauration monarchique.

Il faut que ces insurgés contre les droits du Peuple en prennent leur parti : nous réaliserons le sublime programme tracé par nos pères en 92. L'ordre dans la République, la liberté, l'égalité, la fraternité, ne demeureront pas lettre morte. La lutte soutenue en France depuis quatre-vingts ans contre le vieux monde va toucher à son dénoûment.

Si vous remplissez vos devoirs, il n'est pas douteux : c'est Paris triomphant, ce sont les villes qui brûlent de suivre votre exemple, ce sont les campagnes élevées à la notion de leurs droits, c'est la République devenue inébranlable et affranchissant le Peuple de l'ignorance et de la misère, c'est une ère nouvelle ouverte à tous les progrès.

Si, au contraire, vous hésitiez ou vous reculiez, ce serait Paris livré aux vengeances féroces des sicaires de Versailles et noyé dans des flots de sang : ce serait la dévastation et le carnage dans toutes les rues, l'égorgement et la déportation des Républicains dans toute la France, le deuil de la République ajouté au deuil national, l'esclavage du citoyen greffé sur la Patrie démembrée, une rétrogradation effroyable dans toutes les orgies du royalisme.

Gardes nationaux! votre choix est fait : vous combattrez pour la République, pour votre salut, pour la plus noble des causes, et vous vaincrez!

VIVE LA RÉPUBLIQUE!
VIVE LA COMMUNE!

Paris, le 27 floréal an 79.

LE COMITÉ DE SALUT PUBLIC.

2 IMPRIMERIE NATIONALE. — Mai 1871.

RÉPUBLIQUE FRANÇAISE

N° 345 LIBERTÉ, ÉGALITÉ, FRATERNITÉ N° 345

COMMUNE DE PARIS

COMITÉ DE SALUT PUBLIC

Le gouvernement de Versailles vient de se souiller d'un nouveau crime, le plus épouvantable et le plus lâche de tous.

Ses agents ont mis le feu à la cartoucherie de l'avenue Rapp et provoqué une explosion effroyable.

On évalue à plus de cent le nombre des victimes. Des femmes, un enfant à la mamelle, ont été mis en lambeaux.

Quatre des coupables sont entre les mains de la Sûreté générale.

Paris, le 27 floréal 1871.

Le Comité de Salut public,
Ant. ARNAUD, BILLIORAY, E. EUDES,
F. GAMBON, G. RANVIER.

IMPRIMERIE NATIONALE. — Mai 1871.

COMMUNALES
(OFFICIELLES)

RÉPUBLIQUE FRANÇAISE

Nº 389 LIBERTÉ — ÉGALITÉ — FRATERNITÉ Nº 389

COMMUNE DE PARIS

COMITÉ DE SALUT PUBLIC

Soldats de l'Armée de Versailles,

Le peuple de Paris ne croira jamais que vous puissiez diriger contre lui vos armes quand sa poitrine touchera les vôtres; vos mains reculeraient devant un acte qui serait un véritable fratricide.

Comme nous, vous êtes prolétaires; comme nous, vous avez intérêt à ne plus laisser aux monarchistes conjurés le droit de boire votre sang comme ils boivent nos sueurs.

Ce que vous avez fait le 18 Mars, vous le ferez encore, et le peuple n'aura pas la douleur de combattre des hommes qu'ils regarde comme des frères et qu'il voudrait voir s'asseoir avec lui au banquet civique de la Liberté et de l'Égalité.

Venez à nous, Frères, venez à nous; nos bras vous sont ouverts!

3 prairial, an 79.

Le Comité de Salut public,
ANT. ARNAUD, EUDES, BILLIORAY,
F. GAMBON, G. RANVIER.

2 IMPRIMERIE NATIONALE. — Mai 1871.

RÉPUBLIQUE FRANÇAISE

N° 59 LIBERTÉ — ÉGALITÉ — FRATERNITÉ N° 59

COMMUNE DE PARIS

LA COMMUNE DE PARIS,

Considérant que le premier des principes de la République française est la liberté ;

Considérant que la liberté de conscience est la première des libertés ;

Considérant que le budget des cultes est contraire au principe, puisqu'il impose les citoyens contre leur propre foi ;

Considérant, en fait, que le clergé a été le complice des crimes de la monarchie contre la liberté,

DÉCRÈTE :

ART. 1er. L'Église est séparée de l'État.

ART. 2. Le budget des cultes est supprimé.

ART. 3. Les biens dits de mainmorte, appartenant aux congrégations religieuses, meubles et immeubles, sont déclarés propriétés nationales.

ART. 4. Une enquête sera faite immédiatement sur ces biens, pour en constater la nature et les mettre à la disposition de la Nation.

LA COMMUNE DE PARIS.

Paris, le 3 avril 1871.

2 IMPRIMERIE NATIONALE. — Avril 1871.

COMMUNALES

:S OFFICIELLES)

RÉPUBLIQUE FRANÇAISE

N° 112 LIBERTÉ — ÉGALITÉ — FRATERNITÉ N° 112

COMMUNE DE PARIS

LA COMMUNE DE PARIS,

Ayant adopté les veuves et les enfants de tous les citoyens morts pour la défense des droits du peuple :

DÉCRÈTE :

ART. 1er. Une pension de 600 francs sera accordée à la femme du garde national tué pour la défense des droits du peuple, après enquête qui établira ses droits et besoins.

ART. 2. Chacun des enfants, reconnus ou non, recevra, jusqu'à l'âge de dix-huit ans, une pension annuelle de 365 francs, payable par douzièmes.

ART. 3. Dans le cas où les enfants seraient déjà privés de leur mère, ils seront élevés aux frais de la Commune, qui leur fera donner l'éducation intégrale nécessaire pour être à même de se suffire dans la société.

ART. 4. Les ascendants, père, mère, frères et sœurs de tout citoyen mort pour la défense des droits de Paris, et qui prouveront que le défunt était pour eux un soutien nécessaire, pourront être admis à recevoir une pension proportionnelle à leurs besoins, dans les limites de 100 à 800 francs par personne.

ART. 5. Toute enquête nécessitée par l'application des articles ci-dessus sera faite par une commission spéciale, composée de six membres délégués à cet effet dans chaque arrondissement et présidée par un membre de la Commune appartenant à l'arrondissement.

ART. 6. Un comité, composé de trois membres de la Commune, centralisera les résultats produits par l'enquête et statuera en dernier ressort.

Paris, le 10 avril 1871.

LA COMMUNE DE PARIS

2. IMPRIMERIE NATIONALE. — Avril 1871.

MURAILLES COMMUNALES
(AFFICHES OFFICIELLES)

N° 37 **RÉPUBLIQUE FRANÇAISE** N° 37

LIBERTÉ — ÉGALITÉ — FRATERNITÉ

FÉDÉRATION RÉPUBLICAINE
DE LA GARDE NATIONALE

COMITÉ CENTRAL

Citoyens,

Aujourd'hui, il nous a été donné d'assister au spectacle populaire le plus grandiose qui ait jamais frappé nos yeux, qui ait jamais ému nos âmes : Paris saluait, acclamait sa Révolution ; Paris ouvrait à une page blanche le livre de l'histoire et y inscrivait son nom puissant.

Deux cent mille hommes libres sont venus affirmer leur liberté et proclamer au bruit du canon l'institution nouvelle. Que les espions de Versailles, qui rôdent autour de nos murs, aillent dire à leurs maîtres quelles sont les vibrations qui sortent de la poitrine d'une population tout entière, comme elles emplissent la Cité et franchissent les murailles ; que ces espions, glissés dans nos rangs, leur rapportent l'image de ce spectacle grandiose d'un peuple reprenant sa souveraineté, et, sublime ambitieux, le faisant en criant ces mots :

Mourir pour la Patrie!

Citoyens,

Nous venons de remettre en vos mains l'œuvre que vous nous avez chargés d'établir, et, à ce dernier moment de notre éphémère pouvoir, avant de rentrer définitivement dans les attributions du Comité de la Garde nationale, attributions d'où les événements nous avaient fait sortir, nous voulons vous dire un mot de remerciement.

Aidés dans notre tâche par votre admirable patriotisme et par votre sagesse, nous avons, sans violence, mais sans faiblesse, accompli les clauses de notre mandat. Entravés dans notre marche par la loyauté qui nous interdisait de faire acte de gouvernement, nous avons néanmoins pu, en nous appuyant sur vous, préparer en huit jours une révolution radicale. Nos actes vous sont connus, et c'est avec l'orgueil du devoir accompli que nous nous soumettons à votre jugement. Mais avant de passer nous-mêmes au tribunal de votre opinion, nous voulons dire que rien n'a été fait en bien que par vous ; nous voulons proclamer bien haut que, maître absolu et légitime, vous avez affirmé votre force surtout par votre générosité, et que, si vous avez réclamé et imposé les revendications, vous n'avez jamais usé de représailles.

La France, coupable de vingt années de faiblesse, a besoin de se régénérer des tyrannies et des mollesses passées par une liberté calme et par un travail assidu. Votre liberté, les élus d'aujourd'hui la garantiront avec énergie, la consacreront à tout jamais : le travail dépend de vous seuls ; les rédemptions sont personnelles. Groupez-vous donc avec confiance autour de votre Commune, facilitez ses travaux en vous prêtant aux réformes indispensables ; frères entre vous, laissez-vous guider par des frères ; marchez dans la voie de l'avenir avec fermeté, avec vaillance ; prêchez d'exemple en prouvant la valeur de la liberté, et vous arriverez sûrement au but prochain :

LA RÉPUBLIQUE UNIVERSELLE

Hôtel de Ville de Paris, 28 mars 1871.

Les Membres du Comité central :

AVOINE fils, Ant. ARNAUD, G. ARNOLD, ASSI, ANDIGNOUX, BOUIT, Jules BERGERET, BABICK, BAROUD, BILLIORAY, BLANCHET, L. BOURSIER, CASTIONI, CHOUTEAU, C. DUPONT, FABRE, FERRAT, HENRY Fortuné, FLEURY, FOUGERET, C. GAUDIER, GOUHIER, H. GERESME, GROLARD, GROLIER, JOURDE, JOSSELIN, LAVALETTE, MALJOURNAL, Ed. MOREAU, MORTIER, PRUDHOMME, ROUSSEAU, RANVIER, VARLIN, A. DU CAMP.

1. IMPRIMERIE NATIONALE. — Mars 1871.

MURAILLES

(AFFICHES

RÉPUBLIQUE FRANCAISE

LIBERTÉ, EGALITÉ, FRATERNITÉ

Paris, 25 Mars 1871

CITOYENS,

Dans Paris, où le Pouvoir législatif a refusé de siéger, d'où le Pouvoir exécutif est absent, il s'agit de savoir si le conflit qui s'est élevé entre des Citoyens également dévoués à la République doit être vidé par la force matérielle ou par la force morale.

Nous avons la conscience d'avoir fait tout ce que nous pouvions pour que la Loi ordinaire fût appliquée à la crise exceptionnelle que nous traversons.

Nous avons proposé à l'Assemblée nationale toutes les mesures de conciliation propres à apaiser les esprits et à éviter la guerre civile.

Vos Maires élus se sont transportés à Versailles et se sont faits l'écho des réclamations légitimes de ceux qui veulent que Paris ne soit pas tout à la fois déchu de sa situation de Capitale et privé des droits municipaux qui appartiennent à toutes les villes, à toutes les communes de la République.

Ni vos Maires élus, ni vos Représentants à l'Assemblée nationale n'ont pu réussir à obtenir une conciliation.

Aujourd'hui, placés entre la guerre civile pour nos concitoyens et une grave responsabilité pour nous-mêmes, décidés à tout plutôt qu'à laisser couler une goutte de ce sang parisien que naguère vous offriez tout entier pour la défense et l'honneur de la France, nous venons vous dire : terminons le conflit par le vote, non par les armes.

Votons, puisqu'en votant nous nous donnons le Conseil municipal élu que nous devrions avoir depuis plusieurs mois.

Votons, puisqu'en votant nous investirons du Pouvoir municipal des Républicains honnêtes et énergiques qui, en sauvegardant l'ordre dans Paris, épargneront à la France le terrible danger des retours offensifs de la Prusse et les tentatives téméraires des prétentions dynastiques.

Nous avons dit hier à l'Assemblée nationale que nous prendrions sous notre responsabilité toutes les mesures qui pourraient éviter l'effusion du sang.

Nous avons fait notre devoir en vous disant notre pensée.

Vive la France! Vive la République!

Les Représentants de la Seine présents à Paris.

V. SCHŒLCHER, CH. FLOQUET, ED. LOCKROY,
G. CLEMENCEAU, TOLAIN, GREPPO.

PARIS — IMPRIMERIE PAUL DUPONT.

OMMUNALES

FFICIELLES)

RÉPUBLIQUE FRANÇAISE

N° 44 LIBERTÉ — ÉGALITÉ — FRATERNITÉ. N° 44

COMMUNE DE PARIS

CITOYENS,

Votre Commune est constituée.

Le vote du 26 mars a sanctionné la Révolution victorieuse.

Un pouvoir lâchement agresseur vous avait pris à la gorge : vous avez, dans votre légitime défense, repoussé de vos murs ce gouvernement qui voulait vous déshonorer en vous imposant un roi.

Aujourd'hui, les criminels que vous n'avez même pas voulu poursuivre abusent de votre magnanimité pour organiser aux portes même de la cité un foyer de conspiration monarchique. Ils invoquent la guerre civile; ils mettent en œuvre toutes les corruptions; ils acceptent toutes les complicités; ils ont osé mendier jusqu'à l'appui de l'étranger.

Nous en appelons de ces menées exécrables au jugement de la France et du monde.

CITOYENS,

Vous venez de vous donner des institutions qui défient toutes les tentatives.

Vous êtes maîtres de vos destinées. Forte de votre appui, la représentation que vous venez d'établir va réparer les désastres causés par le pouvoir déchu : l'industrie compromise, le travail suspendu, les transactions commerciales paralysées, vont recevoir une impulsion vigoureuse.

Dès aujourd'hui, la décision attendue sur les loyers;

Demain, celle des échéances;

Tous les services publics rétablis et simplifiés;

La garde nationale, désormais seule force armée de la cité, réorganisée sans délai.

Tels seront nos premiers actes.

Les élus du peuple ne lui demandent, pour assurer le triomphe de la République, que de les soutenir de sa confiance.

Quant à eux, ils feront leur devoir.

Hôtel-de-Ville de Paris, le 29 mars 1871.

LA COMMUNE DE PARIS.

IMPRIMERIE NATIONALE — Mars 1871.

Préfecture de la Gironde

RÉPUBLIQUE FRANÇAISE

Liberté — Égalité — Fraternité

DÉPÊCHE TÉLÉGRAPHIQUE

Versailles, le 21 mars 1871, à 8 h. du matin.

Le Président du Gouvernement, chef du Pouvoir exécutif aux Généraux de divisions territoriales, aux Procureurs-Généraux, Trésoriers-Payeurs Généraux, à toutes les Autorités civiles et militaires.

Les nouvelles de toute la France sont parfaitement rassurantes. Les hommes de désordre ne triomphent nulle part, et à Paris même les bons citoyens se rallient et s'organisent pour comprimer la sédition.

A Versailles, l'Assemblée, le Gouvernement ralliés, entourés d'une armée de 45,000 hommes nullement ébranlée, sont en mesure de dominer les événements et les dominent dès aujourd'hui.

Hier l'Assemblée a tenu sa première séance et s'est montrée calme, unie et résolue. Elle a formé une Commission qui s'est entendue avec le chef du Pouvoir exécutif et qui est convenue avec lui de toutes les mesures à prendre dans les circonstances actuelles.

Lille, Lyon, Marseille, Bordeaux, sont tranquilles.

Vous pouvez donner aux populations ces nouvelles, qui sont rigoureusement exactes, car le Gouvernement qui vous les adresse est un gouvernement de vérité. Qu'il reste bien entendu que tout agent de l'autorité qui pactiserait avec le désordre sera poursuivi selon les lois comme coupable de forfaiture.

A. THIERS.

Pour copie conforme :

Le Préfet de la Gironde,

H. BARCKHAUSEN.

Bordeaux. — Imp. administrative Ragot, rue de la Bourse, 11 et 11

ɔMMUNALES

ꟳICIELLES)

RÉPUBLIQUE FRANÇAISE

LIBERTÉ — ÉGALITE — FRATERNITÉ

COMITÉ CENTRAL

CITOYENS,

Le gouvernement, fugitif à Versailles, a cherché à faire le vide autour de vous; la province s'est trouvée tout à coup privée de toutes nouvelles de Paris.

Mais l'isolement dans lequel on a voulu vous mettre n'a pas réussi à empêcher le souffle révolutionnaire de se frayer un passage à travers toutes ces précautions.

Le Comité central a reçu hier et aujourd'hui plusieurs délégations des villes de Lyon, Bordeaux, Marseille, Rouen, etc., qui sont venues savoir quelle était la nature de notre Révolution et qui sont reparties au plus vite pour aller donner le signal d'un mouvement analogue, qui est préparé partout.

VIVE LA FRANCE, VIVE LA RÉPUBLIQUE !

Hôtel de Ville, 23 mars 1871.

Le Comité central de la Garde nationale :

ANT. ARNAUD, ASSI, BILLIORAY, FERRAT, BABICK, ED. MOREAU, C. DUPONT, VARLIN, GOUHIER, LAVALETTE, FR. JOURDE, ROUSSEAU, G. ARNOLD, VIARD, BLANCHET, J. GROLARD, BAROUD, H. GERESME, FABRE, FOUGERET, BOUIT, H. CHOUTEAU, ANDIGNOUX, C. GAUDIER, CASTIONI, PRUDHOMME, JOSSELIN, MAXIME LISBONNE, J. BERGERET, MALJOURNAL, RANVIER, FLEURY, AVOINE FILS, GUILLER.

IMPRIMERIE NATIONALE — Mars 1871, 20 4

MURAILLES COMMUNALES

(AFFICHES OFFICIELLES)

N° 170 — **RÉPUBLIQUE FRANÇAISE** — N° 170

Liberté. — Égalité. — Fraternité

COMMUNE DE PARIS

DÉCLARATION

AU PEUPLE FRANÇAIS

Dans le conflit douloureux et terrible qui impose une fois encore à Paris les horreurs du siège et du bombardement, qui fait couler le sang français, qui fait périr nos frères, nos femmes, nos enfants écrasés sous les obus et la mitraille, il est nécessaire que l'opinion publique ne soit pas divisée, que la conscience nationale ne soit point troublée.

Il faut que Paris et le Pays tout entier sachent quelle est la nature, la raison, le but de la Révolution qui s'accomplit; il faut, enfin, que la responsabilité des deuils, des souffrances et des malheurs dont nous sommes les victimes, retombe sur ceux qui, après avoir trahi la France et livré Paris à l'étranger, poursuivent avec une aveugle et cruelle obstination la ruine de la Capitale, afin d'enterrer, dans le désastre de la République et de la Liberté, le double témoignage de leur trahison et de leur crime.

La Commune a le devoir d'affirmer et de déterminer les aspirations et les vœux de la population de Paris; de préciser le caractère du mouvement du 18 mars, incompris, inconnu et calomnié par les hommes politiques qui siègent à Versailles.

Cette fois encore Paris travaille et souffre pour la France entière, dont il prépare, par ses combats et ses sacrifices, la régénération intellectuelle, morale, administrative et économique, la gloire et la prospérité.

Que demande-t-il?

La reconnaissance et la consolidation de la République, seule forme de gouvernement compatible avec les droits du Peuple et le développement régulier et libre de la société.

L'autonomie absolue de la Commune étendue à toutes les localités de la France et assurant à chacune l'intégralité de ses droits, et à tout Français le plein exercice de ses facultés et de ses aptitudes, comme homme, citoyen et travailleur.

L'autonomie de la Commune n'aura pour limites que le droit d'autonomie égal pour toutes les autres communes adhérentes au contrat, dont l'association doit assurer l'Unité française.

Les droits inhérents à la Commune sont :

Le vote du budget communal, recettes et dépenses; la fixation et la répartition de l'impôt; la direction des services locaux; l'organisation de sa magistrature, de la police intérieure et de l'enseignement; l'administration des biens appartenant à la Commune.

Le choix par l'élection ou le concours, avec la responsabilité, et le droit permanent de contrôle et de révocation des magistrats ou fonctionnaires communaux de tous ordres.

La garantie absolue de la liberté individuelle, de la liberté de conscience et la liberté de travail.

L'intervention permanente des citoyens dans les affaires communales par la libre manifestation de leurs idées, la libre défense de leurs intérêts : garantie donnée à ces manifestations par la Commune, seule chargée de surveiller et d'assurer le libre et juste exercice du droit de réunion et de publicité.

L'organisation de la défense urbaine et de la Garde nationale, qui élit ses chefs et veille seule au maintien de l'ordre dans la Cité.

Paris ne veut rien de plus à titre de garanties locales, à condition, bien entendu, de retrouver dans la grande administration centrale, délégation des communes fédérées, la réalisation et la pratique des mêmes principes.

Mais, à la faveur de son autonomie et profitant de sa liberté d'action, Paris se réserve d'opérer comme il l'entendra, chez lui, les réformes administratives et économiques que réclame sa population; de créer des institutions propres à développer et propager l'instruction, la production, l'échange et le crédit; à universaliser le pouvoir et la propriété, suivant les nécessités du moment, le vœu des intéressés et les données fournies par l'expérience.

Nos ennemis se trompent ou trompent le Pays quand ils accusent Paris de vouloir imposer sa volonté ou sa suprématie au reste de la nation, et de prétendre à une dictature qui serait un véritable attentat contre l'indépendance et la souveraineté des autres communes.

Ils se trompent ou trompent le Pays quand ils accusent Paris de poursuivre la destruction de l'Unité française constituée par la Révolution aux acclamations de nos pères, accourus à la fête de la Fédération de tous les points de la vieille France.

L'Unité, telle qu'elle nous a été imposée jusqu'à ce jour par l'empire, la monarchie et le parlementarisme, n'est que la centralisation despotique, inintelligente, arbitraire ou onéreuse.

L'Unité politique, telle que la veut Paris, c'est l'association volontaire de toutes les initiatives locales, le concours spontané et libre de toutes les énergies individuelles en vue d'un but commun, le bien-être, la liberté et la sécurité de tous.

La Révolution communale, commencée par l'initiative populaire du 18 mars, inaugure une ère nouvelle de politique expérimentale, positive, scientifique.

C'est la fin du vieux monde gouvernemental et clérical, du militarisme, du fonctionnarisme, de l'exploitation, de l'agiotage, des monopoles, des privilèges, auxquels le prolétariat doit son servage, la Patrie ses malheurs et ses désastres.

Que cette chère et grande Patrie, trompée par les mensonges et les calomnies, se rassure donc!

La lutte engagée entre Paris et Versailles est de celles qui ne peuvent se terminer par des compromis illusoires; l'issue n'en saurait être douteuse. La victoire, poursuivie avec une indomptable énergie par la Garde nationale, restera à l'idée et au droit.

Nous en appelons à la France.

Avertie que Paris en armes possède autant de calme que de bravoure; qu'il soutient l'ordre avec autant d'énergie que d'enthousiasme; qu'il se sacrifie avec autant de raison que d'héroïsme; qu'il ne s'est armé que par dévouement pour la liberté et la gloire de tous, que la France fasse cesser ce sanglant conflit!

C'est à la France à désarmer Versailles, par la manifestation solennelle de son irrésistible volonté.

Appelée à bénéficier de nos conquêtes, qu'elle se déclare solidaire de nos efforts; qu'elle soit notre alliée dans ce combat qui ne peut finir que par le triomphe de l'idée communale ou par la ruine de Paris!

Quant à nous, citoyens de Paris, nous avons la mission d'accomplir la Révolution moderne, la plus large et la plus féconde de toutes celles qui ont illuminé l'histoire.

Nous avons le devoir de lutter et de vaincre.

19 Avril 1871.

LA COMMUNE DE PARIS.

IMPRIMERIE NATIONALE. — Avril 1871.

MURAILLES COMMUNALES

(AFFICHES OFFICIELLES)

RÉPUBLIQUE FRANÇAISE

LIBERTÉ — ÉGALITÉ — FRATERNITÉ

FÉDÉRATION RÉPUBLICAINE

DE LA GARDE NATIONALE

A NOS ADVERSAIRES

Citoyens,

La cause de nos divisions repose sur un malentendu. En adversaires loyaux, voulant le dissiper, nous exprimerons encore nos légitimes griefs.

Le gouvernement, suspect à la Démocratie par sa composition même, avait néanmoins été accepté par nous, en nous réservant de veiller à ce qu'il ne trahît pas la République après avoir trahi Paris.

Nous avons fait, sans coup férir, une Révolution; c'était un devoir sacré; en voici les preuves :

Que demandions-nous?

Le maintien de la République comme gouvernement, seul possible et indiscutable.

Le droit commun pour Paris, c'est-à-dire un conseil communal élu.

La suppression de la préfecture de police, que le préfet de Kératry avait lui-même réclamée.

La suppression de l'armée permanente et le droit pour vous, Garde nationale, d'être seule à assurer l'ordre dans Paris.

Le droit de nommer tous nos chefs.

Enfin, la réorganisation de la Garde nationale sur des bases qui donneraient des garanties au Peuple.

Comment le gouvernement a-t-il répondu à cette revendication légitime?

Il a rétabli l'état de siège tombé en désuétude, et donné le commandement à Vinoy, qui s'est installé la menace à la bouche.

Il a porté la main sur la liberté de la presse en supprimant six journaux.

Il a nommé au commandement de la Garde nationale un général impopulaire, qui avait mission de l'assujettir à une discipline de fer et de la réorganiser sur les vieilles bases antidémocratiques.

Il nous a mis la gendarmerie à la préfecture dans la personne du général Valentin, ex-colonel des gendarmes.

L'Assemblée même n'a pas craint de souffleter Paris, qui venait de prouver son héroïsme.

Nous gardions, jusqu'à notre réorganisation, des canons payés par nous et que nous avions soustraits aux Prussiens. On a tenté de s'en emparer par des entreprises nocturnes et les armes à la main.

On ne voulait rien accorder; il fallait obtenir, et nous nous sommes levés pacifiquement, mais en masse.

On nous objecte aujourd'hui que l'Assemblée, saisie de peur, nous promet, pour un temps (non déterminé), l'élection communale et celle de nos chefs, et que, dès lors, notre résistance au pouvoir n'a plus à se prolonger.

La raison est mauvaise. Nous avons été trompés trop de fois pour ne pas l'être encore; la main gauche, tout au moins, reprendrait ce qu'aurait donné la droite, et le Peuple, encore une fois évincé, serait une fois de plus la victime du mensonge et de la trahison.

Voyez, en effet, ce que le gouvernement fait déjà!

Il vient de jeter à la Chambre, par la voix de Jules Favre, le plus épouvantable appel à la guerre civile, à la destruction de Paris par la province, et déverse sur nous les calomnies les plus odieuses.

Citoyens,

Notre cause est juste, notre cause est la vôtre; joignez-vous donc à nous pour son triomphe. Ne prêtez pas l'oreille aux conseils de quelques hommes soldés qui cherchent à semer la division dans nos rangs, et, enfin, si vos convictions sont autres, venez donc protester par des bulletins blancs, comme c'est le devoir de tout bon citoyen.

Déserter les urnes n'est pas prouver qu'on a raison; c'est, au contraire, user de subterfuge pour s'assimiler, comme voix d'abstentions, les défaillances des indifférents, des paresseux, ou des citoyens sans foi poltique.

Les hommes honnêtes répudient d'habitude de semblables compromissions.

Avant l'accomplissement de l'acte après lequel nous devons disparaître, nous avons voulu tenter cet appel à la raison et à la vérité.

Notre devoir est accompli.

Hôtel-de-Ville, 24 mars 1871.

Le Comité central de la Garde nationale :

AVOINE, fils, Ant. ARNAUD, G. ARNOLD, ASSI, ANDIGNOUX, BOUIT, Jules BERGERET, BABICK, BAROUD, BILLIORAY, BLANCHET, CASTIONI, CHOUTEAU, C. DUPONT, FABRE, FERRAT, Henri FORTUNÉ, FLEURY, FOUGERET, C. GAUDIER, GOUHIER, H. GERESME, GROLARD, JOURDE, JOSSELIN, LAVALETTE, MALJOURNAL, Ed. MOREAU, MORTIER, PRUDHOMME, ROUSSEAU, RANVIER, VARLIN.

IMPRIMERIE NATIONALE. — Mars 1871. — 25

RÉPUBLIQUE FRANÇAISE

LIBERTÉ, ÉGALITÉ, FRATERNITÉ.

Mairie du XVIIIe Arrondissement

APPEL AUX BONS CITOYENS

Nos morts ont bien mérité de Paris et de la République.

Hier, les Membres de la Commune assistaient à leurs funérailles, et plus de cent cinquante mille citoyens les suivaient, pleins de calme, de résignation et de douleur.

Mais nous avons des veuves et des orphelins.

Chacun, dans les mesures de ses moyens, doit leur tendre fraternellement la main.

Ceux qui sont tombés frappés par nos ennemis combattaient pour notre salut.

La Liberté est le seul héritage que le Peuple entend laisser à ses enfants, et c'est pour elle qu'ils sont morts.

En conséquence, nous faisons appel aux bons citoyens. Un Bureau est ouvert à la MAISON COMMUNALE du XVIIIe arrondissement pour recevoir les dons fraternels et patriotiques destinés aux familles des blessés et des morts.

Vive la Commune!

Paris, le 8 Avril 1871.

Les Membres de la Commune :

DEREURE. — J.-B. CLÉMENT.

Paris. — Imprimerie S. BLOC, 15, place des Abbesses (Mairie de Montmartre)

COMMUNALES
OFFICIELLES)

No 226 — RÉPUBLIQUE FRANÇAISE — No 226

LIBERTÉ — ÉGALITÉ — FRATERNITÉ

COMMUNE DE PARIS

COMMISSION D'ENQUÊTE

ASSASSINAT
DE QUATRE PRISONNIERS

Le 25 courant, quatre gardes nationaux du 185e bataillon de marche ont été surpris et entourés, à la Belle-Epine, près Villejuif, par deux cents chasseurs à cheval environ. Sommés de se rendre, ils ont déposé leurs armes. Les chasseurs à cheval ont fait les quatre gardes nationaux prisonniers, sans exercer contre eux aucune violence. Mais tout à coup est accouru un capitaine de chasseurs à cheval, le revolver au poing; dès qu'il fut près des prisonniers, il fit feu sur l'un d'eux, le citoyen COLSON, clairon, et l'étendit roide mort; d'un second coup, il frappa en pleine poitrine le citoyen SCHEFFER, garde national, qui tomba près de son camarade. Ce misérable se précipita ensuite sur les deux derniers prisonniers, dont l'un se nomme JOUANNY. et l'autre est encore inconnu; il tua ces malheureux de deux autres coups de son revolver.

Lorsque les quatre victimes furent étendues à ses pieds, ce féroce capitaine s'en fut avec ses soldats terrifiés, abandonnant les cadavres des prisonniers lâchement assassinés.

Après le départ de la troupe, l'une des victimes, le citoyen SCHEFFER, se releva avec beaucoup de peine, et parvint à se traîner à quelque distance de son bataillon, qui l'aperçut, le rejoignit et lui donna les premiers soins.

Ce malheureux fut transporté d'abord à l'hospice de Bicêtre, et de là à l'ambulance du XIIIe arrondissement. Une balle, reçue en pleine poitrine, a pénétré jusque dans les intestins; néanmoins le docteur espère le sauver. Il est père de famille, et sa femme vient d'accoucher d'un second enfant.

L'un de ses compagnons d'infortune a pu se traîner à quelque distance du lieu du crime, où il a expiré, et où son cadavre a été relevé; quant aux deux autres, il n'a pas été possible de les retrouver.

Ce quadruple assassinat a été froidement accompli par le capitaine assassin, dont il a été impossible de découvrir le nom.

Les citoyens qui pourraient fournir des renseignements sur ce criminel sont priés de les transmettre à la Commune, afin qu'elle provoque le juste châtiment de ce misérable par tous les moyens qui seront en son pouvoir. Dès à présent, elle le dénonce à la justice du peuple et de l'armée.

Les Membres de la Commission d'enquête :
VÉSINIER, G. LANGEVIN, GAMBON.

1. IMPRIMERIE NATIONALE. — Avril 1871.

RÉPUBLIQUE FRANÇAISE

N° 260 LIBERTÉ — ÉGALITÉ — FRATERNITÉ N° 260

COMMUNE DE PARIS

LE COMITÉ DE SALUT PUBLIC

Considérant que l'immeuble connu sous le nom de *Chapelle expiatoire de Louis XVI*, est une insulte permanente à la première Révolution, et une protestation perpétuelle de la réaction contre la justice du Peuple,

ARRÊTE :

Art. 1er. La chapelle, dite *expiatoire de Louis XVI*, sera détruite.

Art. 2. Les matériaux seront vendus aux enchères publiques au profit de l'administration des domaines.

Art. 3. Le Directeur des domaines fera procéder, dans les huit jours, à l'exécution du présent arrêté.

Paris, le 16 floréal an 79.

Le Comité de Salut public,
Ant. ARNAUD, Ch. GIRARDIN, Léo MEILLET,
Félix PYAT, RANVIER.

1. IMPRIMERIE NATIONALE. — Mai 1871.

COMMUNALES
OFFICIELLES)

RÉPUBLIQUE FRANÇAISE

N° 293 LIBERTÉ — ÉGALITÉ — FRATERNITÉ N° 293

COMMUNE DE PARIS

A LA GARDE NATIONALE

CITOYENS,

La Commune m'a délégué au Ministère de la Guerre; elle a pensé que son représentant dans l'Administration militaire devait appartenir à l'élément civil. Si je ne consultais que mes forces, j'aurais décliné cette fonction périlleuse; mais j'ai compté sur votre patriotisme pour m'en rendre l'accomplissement plus facile.

La situation est grave, vous le savez; l'horrible guerre que vous font les féodaux, conjurés avec les débris des régimes monarchiques, vous a déjà coûté bien du sang généreux, et cependant, tout en déplorant ces pertes douloureuses, quand j'envisage le sublime avenir qui s'ouvrira pour nos enfants, et lors même qu'il ne nous serait pas donné de récolter ce que nous avons semé, je saluerais encore avec enthousiasme la Révolution du 18 Mars, qui a ouvert à la France et à l'Europe des perspectives que nul de nous n'osait espérer il y a trois mois.

Donc, à vos rangs, Citoyens, et tenez ferme devant l'ennemi! Nos remparts sont solides comme vos bras, comme vos cœurs. Vous n'ignorez pas, d'ailleurs, que vous combattez pour votre liberté et pour l'égalité sociale, cette promesse qui vous a si longtemps échappé; que, si vos poitrines sont exposées aux balles et aux obus des Versaillais, le prix qui vous est assuré, c'est l'affranchissement de la France et du monde, la sécurité de votre foyer et la vie de vos femmes et de vos enfants.

Vous vaincrez donc. Le monde, qui vous contemple et applaudit à vos magnanimes efforts, s'apprête à célébrer votre triomphe, qui sera le salut de tous les peuples.

Paris, le 11 mai 1871.

VIVE LA RÉPUBLIQUE UNIVERSELLE!
VIVE LA COMMUNE!

Le Délégué civil à la Guerre,
DELESCLUZE

1 IMPRIMERIE NATIONALE. — Mai 1871.

RÉPUBLIQUE FRANÇAISE

N° 293 LIBERTÉ — ÉGALITÉ — FRATERNITÉ N° 293

COMMUNE DE PARIS

A LA GARDE NATIONALE

CITOYENS,

La Commune m'a délégué au Ministère de la Guerre; elle a pensé que son représentant dans l'Administration militaire devait appartenir à l'élément civil. Si je ne consultais que mes forces, j'aurais décliné cette fonction périlleuse; mais j'ai compté sur votre patriotisme pour m'en rendre l'accomplissement plus facile.

La situation est grave, vous le savez; l'horrible guerre que vous font les féodaux, conjurés avec les débris des régimes monarchiques, vous a déjà coûté bien du sang généreux, et cependant, tout en déplorant ces pertes douloureuses, quand j'envisage le sublime avenir qui s'ouvrira pour nos enfants, et lors même qu'il ne nous serait pas donné de récolter ce que nous avons semé, je saluerais encore avec enthousiasme la Révolution du 18 Mars, qui a ouvert à la France et à l'Europe des perspectives que nul de nous n'osait espérer il y a trois mois.

Donc, à vos rangs, Citoyens, et tenez ferme devant l'ennemi! Nos remparts sont solides comme vos bras, comme vos cœurs. Vous n'ignorez pas, d'ailleurs, que vous combattez pour votre liberté et pour l'égalité sociale, cette promesse qui vous a si longtemps échappé; que, si vos poitrines sont exposées aux balles et aux obus des Versaillais, le prix qui vous est assuré, c'est l'affranchissement de la France et du monde, la sécurité de votre foyer et la vie de vos femmes et de vos enfants.

Vous vaincrez donc. Le monde, qui vous contemple et applaudit à vos magnanimes efforts, s'apprête à célébrer votre triomphe, qui sera le salut de tous les peuples.

Paris, le 11 mai 1871.

VIVE LA RÉPUBLIQUE UNIVERSELLE!
VIVE LA COMMUNE!

Le Délégué civil à la Guerre,
DELESCLUZE.

1. IMPRIMERIE NATIONALE. — Mai 1871.

RÉPUBLIQUE FRANÇAISE

No 305 LIBERTÉ — ÉGALITÉ — FTATERNITÉ No 305

COMMUNE DE PARIS

COMITÉ DE SALUT PUBLIC

AU PEUPLE DE PARIS

CITOYENS,

La Commune et la République viennent d'échapper à un péril mortel.

La trahison s'était glissée dans nos rangs.

Désespérant de vaincre Paris par les armes, la réaction avait tenté de désorganiser ses forces par la corruption. Son or, jeté à pleines mains, avait trouvé jusque parmi nous des consciences à acheter.

L'abandon du fort d'Issy, annoncé dans une affiche impie par le misérable qui l'a livré, n'était que le premier acte du drame : une insurrection monarchique à l'intérieur, coïncidant avec la livraison d'une de nos portes, devait le suivre et nous plonger au fond de l'abîme.

Mais, cette fois encore, la victoire reste au droit.

Tous les fils de la trame ténébreuse dans laquelle la Révolution devait se trouver prise sont, à l'heure présente, entre nos mains.

La plupart des coupables sont arrêtés. Si leur crime est effroyable, leur châtiment sera exemplaire. La Cour martiale siège en permanence; justice sera faite.

CITOYENS,

La Révolution ne peut pas être vaincue. Elle ne le sera pas.

Mais s'il faut montrer au monarchisme que la Commune est prête à tout, plutôt que de voir le drapeau rouge brisé entre ses mains, il faut que le Peuple sache bien aussi que de lui, de lui seul et de sa vigilance, de son énergie, de son union, dépend le succès définitif.

Ce que la réaction n'a pu faire hier, demain elle va le tenter encore.

Que tous les yeux soient ouverts sur ses agissements; que tous les bras soient prêts à frapper impitoyablement les traîtres; que toutes les forces vives de la Révolution se groupent pour l'effort suprême, et alors, alors seulement, le triomphe est assuré !

A l'Hôtel-de-Ville, 12 mai 1871.

Le Comité de Salut public,

ANT. ARNAUD, EUDES, GAMBON, G. RANVIER.

2 IMPRIMERIE NATIONALE. — Mai 1871.

RÉPUBLIQUE FRANÇAISE

N° 239 LIBERTÉ — ÉGALITÉ — FRATERNITÉ N° 239

COMMUNE DE PARIS

COMITÉ DE SALUT PUBLIC

Paris, le 5 mai 1871.

Nous croyons devoir communiquer à la brave population de Paris la circulaire suivante adressée par le Gouvernement de Versailles aux commissions de surveillance administrative dans les différentes gares de chemin de fer.

Nous publions sans commentaires cette pièce, en déclarant toutefois que notre approvisionnement s'effectue toujours avec la plus complète régularité.

« Versailles, le 25 avril 1871.

« Monsieur le Chef du pouvoir exécutif vient de décider que tous les convois de vivres, tous les approvisionnements dirigés sur Paris, seraient arrêtés à dater d'aujourd'hui. Je vous prie de prendre d'urgence toutes les mesures que vous jugerez utiles pour l'exécution de cette décision. Vous visiterez avec la plus vigilante exactitude tous les trains de chemins de fer, toutes les voitures à destination de Paris, *et vous ferez refluer vers le point d'expédition les approvisionnements que vous aurez découverts.*

« Vous vous concerterez, à cet effet, avec le chef de gare et avec le commandant des forces militaires de la localité où vous aurez votre résidence.

« Recevez, etc.

« *Le Général délégué aux fonctions de Préfet de police,*
« VALENTIN. »

IMPRIMERIE NATIONALE. — Mai 1871.

COMMUNALES
(OFFICIELLES)

RÉPUBLIQUE FRANÇAISE

LIBERTÉ — ÉGALITÉ — FRATERNITÉ

COMMUNE DE PARIS

MANIFESTE

DU

COMITE CENTRAL DE L'UNION DES FEMMES

POUR LA DÉFENSE DE PARIS ET LES SOINS AUX BLESSÉS

Au nom de la Révolution sociale que nous acclamons, au nom de la revendication des droits du travail, de l'égalité et de la justice, l'Union des Femmes pour la défense de Paris et les soins aux blessés proteste de toutes ses forces contre l'indigne proclamation aux citoyennes, parue et affichée avant-hier, et émanant d'un groupe anonyme de réactionnaires.

Ladite proclamation porte que les femmes de Paris en appellent à la générosité de Versailles et demandent la paix à tout prix...

La générosité de lâches assassins !

Une conciliation entre la liberté et le despotisme, entre le Peuple et ses bourreaux !

Non, ce n'est pas la paix, mais bien la guerre à outrance que les travailleuses de Paris viennent réclamer !

Aujourd'hui, une conciliation serait une trahison !... Ce serait renier toutes les aspirations ouvrières, acclamant la rénovation sociale absolue, l'anéantissement de tous les rapports juridiques et sociaux existant actuellement, la suppression de tous les privilèges, de toutes les exploitations, la substitution du règne du travail à celui du capital, en un mot, l'affranchissement du travailleur par lui-même !...

Six mois de souffrances et de trahison pendant le siège, six semaines de lutte gigantesque contre les exploiteurs coalisés, les flots de sang versés pour la cause de la liberté sont nos titres de gloire et de vengeance !...

La lutte actuelle ne peut avoir pour issue que le triomphe de la cause populaire... Paris ne reculera pas, car il porte le drapeau de l'avenir. L'heure suprême a sonné... place aux travailleurs, arrière à leurs bourreaux !...

Des actes, de l'énergie !...

L'arbre de la liberté croît arrosé par le sang de ses ennemis !...

Toutes unies et résolues, grandies et éclairées par les souffrances que les crises sociales entraînent toujours à leur suite, profondément convaincues que la Commune, représentante des principes internationaux et révolutionnaires des peuples, porte en elle les germes de la révolution sociale, les Femmes de Paris prouveront à la France et au monde qu'elles aussi sauront, au moment du danger suprême, — aux barricades, sur les remparts de Paris, si la réaction forçait les portes, — donner comme leurs frères leur sang et leur vie pour la défense et le triomphe de la Commune, c'est-à-dire du Peuple !

Alors, victorieux, à même de s'unir et de s'entendre sur leurs intérêts communs, travailleurs et travailleuses, tous solidaires, par un dernier effort anéantiront à jamais tout vestige d'exploitation et d'exploiteurs !...

VIVE LA RÉPUBLIQUE SOCIALE ET UNIVERSELLE !...
VIVE LE TRAVAIL !...
VIVE LA COMMUNE !...

La Commission exécutive du Comité central,

Paris, le 6 mai 1871.

LE MEL,
JACQUIER,
LEFEVRE,
LELOUP,
DMITRIEFF.

I. IMPRIMERIE NATIONALE. — Mai 1871.

RÉPUBLIQUE FRANÇAISE

N° 213 LIBERTÉ — ÉGALITÉ — FRATERNITÉ N° 213

COMMUNE DE PARIS

LA COMMISSION EXÉCUTIVE,

Considérant que certaines administrations ont mis en usage le système des amendes ou des retenues sur les appointements et sur les salaires ;

Que ces amendes sont infligées souvent sous les plus futiles prétextes et constituent une perte réelle pour l'employé et l'ouvrier ;

Qu'en droit, rien n'autorise ces prélèvements arbitraires et vexatoires ;

Qu'en fait, les amendes déguisent une diminution de salaire et profitent aux intérêts de ceux qui l'imposent ;

Qu'aucune justice régulière ne préside à ces sortes de punitions, aussi immorales au fond que dans la forme ;

Sur la proposition de la Commission du travail, de l'industrie et de l'échange,

ARRÊTE :

ARTICLE PREMIER. Aucune administration privée ou publique ne pourra imposer des amendes ou des retenues aux employés, aux ouvriers, dont les appointements, convenus d'avance, doivent être intégralement soldés.

ART. 2. Toute infraction à cette disposition sera déférée aux tribunaux.

ART. 3. Toutes les amendes et retenues infligées depuis le 18 mars, sous prétexte de punition, devront être restituées aux ayants droit dans un délai de 15 jours, à partir de la promulgation du présent décret.

Paris, le 27 avril 1871.

La Commission exécutive,

JULES ANDRIEU, CLUSERET, LÉO FRANKEL, PASCHAL GROUSSET,
JOURDE, PROTOT, VAILLANT, VIARD.

I. IMPRIMERIE NATIONALE — Avril 1871

OMMUNALES

FFICIELLES)

RÉPUBLIQUE FRANÇAISE

LIBERTÉ — ÉGALITÉ — FRATERNITÉ

COMMUNE DE PARIS

VI^E ARRONDISSEMENT

Les bombes et les obus des soi-disant **DÉFENSEURS DE L'ORDRE** pleuvent sur nos quartiers excentriques.

De nombreuses familles sont obligées de quitter leurs maisons détruites pour venir chercher un refuge au centre de la ville. Nous leur devons une fraternelle hospitalité.

Déjà la Commune a pris des mesures générales, mais il incombe aux municipalités le soin de fournir des logements.

Dans notre arrondissement les locaux libres sont en grand nombre ; il importe de les mettre immédiatement à la disposition de nos concitoyens qui viennent nous demander asile.

A cet effet, nous invitons les propriétaires et concierges des maisons où se trouvent des logements vacants ou abandonnés à venir en faire la déclaration à la Mairie dans le plus bref délai.

Tous les bons citoyens sont invités à contrôler et compléter, au besoin, les déclarations des propriétaires et concierges.

Les Membres de la Commune,

CH. BESLAY, E. VARLIN, COURBET

Imprimerie de Mme Ve BOUCHARD-HUZARD, rue de l'Eperon, 5

RÉPUBLIQUE FRANÇAISE

COMMUNE DE PARIS

MAIRIE DU IXme ARRONDISSEMENT

Aux Habitants du IXme Arrondissement.

CITOYENS,

Nous assistons à un fait sans précédent! Paris bombardé par ceux-là même qui, il y a deux mois, protestaient à la face du monde contre la barbarie Prussienne.

Les Victimes sont nombreuses; les obus n'ont épargné ni les Femmes, ni les Enfants.

De grands devoirs nous restent à accomplir.

Des *Ambulances Municipales* vont être installées dans l'Arrondissement.

Nous avons dès à présent, grâce au concours empressé des Habitants, en quantité suffisante, des lits, des matelas et des couvertures. Mais il nous faut du linge pour faire des bandes, de la charpie, et surtout de l'argent pour secourir les Mères, les Femmes, les Enfants de ceux qui ont donné leur vie pour la défense de nos libertés.

Un bureau est installé à la Mairie pour recevoir le linge, la charpie et les dons en argent.

Au nom de la solidarité qui doit tous nous unir, je fais appel à votre patriotisme; au nom de l'humanité, je fais appel à vos cœurs.

L'Administrateur délégué au IXme Arrondissement,

BAYEUX DUMESNIL

Imprimerie de la Mairie du IXe Arrondissement — A. Chaix et Cie, rue Bergère, 20, à Paris. — 2672-1.

COMMUNALES
OFFICIELLES)

RÉPUBLIQUE FRANÇAISE

N° 156 LIBERTÉ — ÉGALITÉ — FRATERNITÉ N° 156

COMMUNE DE PARIS

DÉLÉGATION COMMUNALE
DU XIE ARRONDISSEMENT

Un grand nombre de nos amis, de nos frères, sont déjà victimes de la guerre commencée par les assassins de Versailles ; d'autres le seront encore.

Nous venons faire un appel chaleureux à la généreuse et patriotique population du XIe arrondissement, et nous nous adressons particulièrement aux citoyennes, si dévouées à la cause du peuple, si sensibles à tous les malheurs.

Il faut des secours à nos chers blessés. Les femmes surtout sont capables de les leur procurer. Qu'elles forment dans chaque rue des comités; qu'elles aillent tendre la main à toutes les portes, à tous les étages; qu'elles sollicitent même; elles obtiendront beaucoup, car le cœur les rendra éloquentes. L'obole qu'on ne demande pas pour soi, on peut sans rougir la demander pour autrui.

Les offrandes les plus minimes seront accueillies avec la même reconnaissance. Pendant que les hommes versent leur sang aux tranchées pour le salut de la République, les femmes ne seront pas moins utiles par leur modeste et infatigable dévouement.

Des pouvoirs réguliers seront délivrés à la Mairie du XIe arrondissement aux groupes de citoyennes qui en feront la demande.

Paris, le 14 avril 1871.

Les membres de la Commune, élus du XIe arrondissement :

A. VERDURE, H. MORTIER, ASSI, DELESCLUZE, AVRIAL.

1. IMPRIMERIE NATIONALE. — Avril 1871.

RÉPUBLIQUE FRANÇAISE

N° 92 LIBERTÉ — ÉGALITÉ — FRATERNITÉ N° 92

COMMUNE DE PARIS

CITOYENS,

Le *Journal Officiel* de Versailles contient ce qui suit :

« Quelques hommes, reconnus pour appartenir à l'armée et saisis les armes à la main, ont été passés par les armes, suivant la rigueur de la loi militaire qui frappe les soldats combattant leur drapeau. »

Cet horrible aveu n'a pas besoin de commentaires. Chaque mot crie vengeance!

Justice! Elle ne sera pas attendue ; la violence de nos ennemis prouve leur faiblesse. Ils assassinent; les républicains combattent : la République vaincra!

Paris, le 7 Avril 1871.

La Commission exécutive :

F. COURNET, CH. DELESCLUZE, FÉLIX PYAT, G. TRIDON,
E. VAILLANT, A. VERMOREL.

2. IMPRIMERIE NATIONALE. — Avril 1871.

COMMUNALES
OFFICIELLES)

Préfecture de la Gironde

RÉPUBLIQUE FRANÇAISE

Liberté — Égalité — Fraternité

Dépêche Télégraphique

CIRCULAIRE

Versailles, 11 avril 1871, 10 h. 30 du matin.

Le Chef du Pouvoir exécutif de la République française, aux Préfets, etc., etc.

Rien de nouveau.

Le plus grand calme règne dans nos cantonnements.

Aujourd'hui, le maréchal Mac-Mahon, les généraux de Cissey, Ladmirauld, prennent possession de leur commandement.

Le général Vinoy conserve le commandement de l'armée de réserve.

L'armée s'organise et augmente chaque jour davantage.

Ne croyez à aucun des faux bruits qu'on répand. Le Président du Conseil n'a pas songé un instant à donner sa démission, étant parfaitement uni avec l'Assemblée nationale et profondément dévoué à ses devoirs, quelque difficiles qu'ils soient. Quant à une conspiration contre la République qui tendrait à la renverser, démentez ce bruit absurde et perfide; il n'y a de conspiration contre la République que de la part des insurgés de Paris. Mais on prépare contre eux des moyens irrésistibles et qu'on ne cherche à rendre tels que dans le désir et l'espérance d'épargner l'effusion du sang.

Que les bons citoyens, sincères dans leurs alarmes, se rassurent. — Il ne surviendra pas un seul événement sans qu'on le leur fasse connaître et il n'y en a aucun de funeste à prévoir ou à craindre.

A. THIERS.

Pour copie conforme :
Le Secrétaire général,
R. de JOUVENEL.

Bordeaux. — Imp. administrative Ragot, rue de la Bourse, 11 et 13

RÉPUBLIQUE FRANÇAISE

N° 66 LIBERTÉ — ÉGALITÉ — FRATERNITÉ N° 66

COMMUNE DE PARIS

CITOYENS,

Chaque jour les bandits de Versailles égorgent ou fusillent nos prisonniers, et pas d'heure ne s'écoule sans nous apporter la nouvelle d'un de ces assassinats. Les coupables, vous les connaissez, ce sont les gendarmes et les sergents de ville de l'Empire, ce sont les royalistes de Charrette et de Cathelineau, qui marchent contre Paris au cri de *Vive le roi!* et drapeau blanc en tête.

Le gouvernement de Versailles se met en dehors des lois de la guerre et de l'humanité; force vous sera d'user de représailles.

Si, continuant à méconnaître les conditions habituelles de la guerre entre peuples civilisés, nos ennemis massacrent encore un seul de nos soldats, nous répondrons par l'exécution d'un nombre égal ou double de prisonniers.

Toujours généreux et juste, même dans sa colère, le Peuple abhorre le sang comme il abhorre la guerre civile; mais il a le devoir de se protéger contre les attentats sauvages de ses ennemis, et quoiqu'il lui en coûte, il prendra œil pour œil, dent pour dent.

Paris, le 5 avril 1871.

LA COMMUNE DE PARIS.

1 IMPRIMERIE NATIONALE. — Avril 1871.

COMMUNALES
OFFICIELLES)

RÉPUBLIQUE FRANÇAISE.

DÉPÊCHE TÉLÉGRAPHIQUE.

LE CHEF DU POUVOIR EXÉCUTIF

A MM. les Préfets, Sous-Préfets, et à toutes les Autorités civiles et militaires.

Le Gouvernement s'est tu hier parce qu'il n'y avait aucun événement à faire connaître au public, et s'il parle aujourd'hui, c'est pour que les alarmistes malintentionnés ne puissent abuser de son silence pour semer de faux bruits. La canonnade, sur les deux extrémités de nos positions, Châtillon au Sud, Courbevoie au Nord, a été fort insignifiante cette nuit. Nos troupes s'habituent à dormir au bruit de ces canons qui ne tirent que pour les éveiller. Nous n'avons donc rien à raconter, si ce n'est que les insurgés vident les principales maisons de Paris, pour en mettre en vente le mobilier au profit de la Commune, ce qui constitue la plus odieuse des spoliations.

Le Gouvernement persiste dans son système de temporisation, pour deux motifs, qu'il peut avouer, c'est d'abord de réunir des forces tellement imposantes que la résistance soit impossible, et dès lors peu sanglante ; c'est ensuite pour laisser à des hommes égarés le temps de revenir à la raison.

On leur dit que le Gouvernement veut détruire la République, ce qui est absolument faux, sa seule occupation étant de mettre fin à la guerre civile, de rétablir l'ordre, le crédit, le travail, et d'opérer enfin l'évacuation du territoire par l'acquittement des obligations contractées envers la Prusse. On dit à ces mêmes hommes égarés qu'on veut les fusiller tous, ce qui est encore faux, le Gouvernement faisant grâce à tous ceux qui mettent bas les armes, comme il a fait à l'égard de deux mille prisonniers qu'il nourrit à Belle-Isle, sans en tirer aucun service. On leur dit enfin que, privés du subside qui les fait vivre, on les forcera à mourir de faim, ce qui est aussi faux que tout le reste, puisque le Gouvernement leur a promis encore quelques semaines de ce subside pour leur fournir le moyen d'attendre la reprise du travail, reprise certaine si l'ordre est rétabli et la soumission à la loi obtenue.

Eclairer les hommes égarés, tout en préparant les moyens infaillibles de réprimer leur égarement s'ils y persistent, tel est le sens de l'attitude du Gouvernement, et si quelques coups de canon se font entendre, ce n'est pas son fait, c'est celui de quelques insurgés voulant faire croire qu'ils combattent lorsqu'ils osent à peine se faire voir.

La vérité de la situation, la voilà tout entière, et pour un certain nombre de jours elle sera la même. Nous prions donc les bons citoyens de ne pas s'alarmer, si tel ou tel jour, le Gouvernement, faute d'avoir rien à dire, aime mieux se taire. Il agit, et l'action ne se révèle que par les résultats. Or ces résultats, il faut savoir les attendre. Loin de les hâter, on les retarde en voulant les précipiter.

A. THIERS.

Versailles, 16 *Avril* 1871, 5 *h.* 45 *du soir*.

Versailles. — Imp. de E. AUBERT, 6, avenue de Sceaux.

RÉPUBLIQUE FRANÇAISE.

Dépêche de Versailles du 23 Mars 1871

3 heures 55 minutes du soir.

MINISTRE de L'INTÉRIEUR

Aux PRÉFETS des départements du Nord, de l'Ouest et du Centre.

Une fraction considérable de la population et de la Garde nationale de Paris sollicite le concours des départements pour le rétablissement de l'ordre. Formez et organisez des bataillons de volontaires pour répondre à cet appel et à celui de l'Assemblée nationale.

Pour copie conforme,

Le Secrétaire général, Préfet par intérim,

Signé : E. DE LANNOY.

CHERS CONCITOYENS

Ce n'est pas en vain, nous en sommes certain, que la Garde nationale de Paris, le Gouvernement de Versailles et vos Représentants auront fait appel à votre courage et à votre patriotisme.

Il est temps d'en finir avec le désordre et l'assassinat qui souillent et désolent la Ville de Paris.

En 1848, dans les mêmes circonstances, les habitants d'Arras n'ont pas hésité à marcher.

Unis dans une même pensée, vous vous montrerez dignes de vos aînés.

Dès ce moment, les VOLONTAIRES *peuvent s'inscrire à l'Hôtel-de-Ville, des munitions leur seront distribuées.*

AUX ARMES ! *chers Concitoyens ; il ne s'agit pas seulement de rétablir l'ordre, mais de sauver la liberté, l'indépendance et l'honneur de la République et de la France.*

Le Président de la Commission municipale exécutive de la Ville d'Arras,

E. DEUSY.

Arras, typ. Schoutheer, rue des Trois-Visages, 53.

OMMUNALES

FICIELLES)

RÉPUBLIQUE FRANÇAISE

N° 54 LIBERTÉ — ÉGALITÉ — FRATERNITÉ. N° 54

COMMUNE DE PARIS

A LA GARDE NATIONALE
DE PARIS

Les conspirateurs royalistes ont ATTAQUÉ.

Malgré la modération de notre attitude, ils ont ATTAQUÉ.

Ne pouvant plus compter sur l'armée française, ils ont ATTAQUÉ avec les zouaves pontificaux et la police impériale.

Non contents de couper les correspondances avec la province et de faire de vains efforts pour nous réduire par la famine, ces furieux ont voulu imiter jusqu'au bout les Prussiens et bombarder la capitale.

Ce matin, les chouans de Charette, les Vendéens de Cathelineau, les Bretons de Trochu, flanqués des gendarmes de Valentin, ont couvert de mitraille et d'obus le village inoffensif de Neuilly et engagé la guerre civile avec nos gardes nationaux.

Il y a eu des morts et des blessés.

Élus par la population de Paris, notre devoir est de défendre la grande cité contre ces coupables agresseurs. Avec votre aide, nous la défendrons.

Paris, 2 avril 1871.

La Commission exécutive :

BERGERET, EUDES, DUVAL, LEFRANÇAIS, FÉLIX PYAT, G. TRIDON, E. VAILLANT.

1. IMPRIMERIE NATIONALE. — Avril 1871.

MURAILLE

(AFFICH

RÉPUBLIQUE FRANÇAISE

LIBERTÉ — ÉGALITÉ — FRATERNITÉ

COMITÉ CENTRAL

ÉLECTIONS A LA COMMUNE

CITOYENS,

Notre mission est terminée; nous allons céder la place dans votre Hôtel de Ville à vos nouveaux élus, à vos mandataires réguliers.

Aidés par votre patriotisme et votre dévouement, nous avons pu mener à bonne fin l'œuvre difficile entreprise en votre nom. Merci de votre concours persévérant; la solidarité n'est plus un vain mot: le salut de la République est assuré.

Si nos conseils peuvent avoir quelque poids dans vos résolutions, permettez à vos plus zélés serviteurs de vous faire connaître, avant le scrutin, ce qu'ils attendent du vote d'aujourd'hui.

CITOYENS,

Ne perdez pas de vue que les hommes qui vous serviront le mieux sont ceux que vous choisirez parmi vous, vivant de votre propre vie, souffrant des mêmes maux.

Défiez-vous autant des ambitieux que des parvenus; les uns comme les autres ne consultent que leur propre intérêt et finissent toujours par se considérer comme indispensables.

Défiez-vous également des parleurs, incapables de passer à l'action; ils sacrifieront tout à un discours, à un effet oratoire ou à un mot spirituel. — Évitez également ceux que la fortune a trop favorisés, car trop rarement celui qui possède la fortune est disposé à regarder le travailleur comme un frère.

Enfin, cherchez des hommes aux convictions sincères, des hommes du Peuple, résolus, actifs, ayant un sens droit et une honnêteté reconnue. — Portez vos préférences sur ceux qui ne brigueront pas vos suffrages; le véritable mérite est modeste, et c'est aux électeurs à connaître leurs hommes, et non à ceux-ci de se présenter.

Nous sommes convaincus que, si vous tenez compte de ces observations, vous aurez enfin inauguré la véritable représentation populaire, vous aurez trouvé des mandataires qui ne se considéreront jamais comme vos maîtres.

Hôtel de Ville, 25 mars 1871.

Le Comité central de la Garde nationale :

AVOINE fils, ARNAUD, G. ARNOLD, ASSI, ANDIGNOUX, BOUIT, Jules BERGERET, BABICK, BAROUD, BILLIORAY, L. BOURSIER, BLANCHET, CASTIONI, CHOUTEAU, C. DUPONT, FABRE, FERRAT, FLEURY, FOUGERET, C. GAUDIER, GOUHIER, H. GERESME, GRELIER, GROLARD, JOSSELIN, Fr. JOURDE, LAVALETTE, HENRY (Fortuné), MALJOURNAL, Edouard MOREAU, MORTIER, PRUDHOMME, ROUSSEAU, RANVIER, VARLIN.

1. IMPRIMERIE NATIONALE. — Mars 1871. — 31.

COMMUNALES

S OFFICIELLES)

RÉPUBLIQUE FRANÇAISE

DÉPÊCHE TÉLÉGRAPHIQUE

LE CHEF DU POUVOIR EXÉCUTIF

AUX

Préfets, Sous-Préfets et à toutes les Autorités civiles et militaires.

Les opérations de la journée d'hier ont été terminées ce matin avec la plus grande vigueur. Les troupes étaient restées devant la redoute de Châtillon, où des travaux considérables avaient été faits contre les Prussiens.

A 5 heures du matin, la brigade Déroja et la division Pellé étaient en face de cet ouvrage important. Deux batteries de 12 étaient chargées d'en éteindre le feu.

Les troupes, dans leur ardeur, n'ont pas voulu attendre que ces batteries eussent accompli leur tâche, elles ont enlevé la redoute au pas de course ; elles ont eu quelques blessés et elles ont fait 1,500 prisonniers.

Deux généraux improvisés par les révoltés, l'un appelé Duval, a été tué, et l'autre, appelé Henry, a été fait prisonnier. La cavalerie, qui escortait les prisonniers, a eu la plus grande peine, à son entrée à Versailles, à les protéger contre l'irritation populaire. Jamais la basse démagogie n'avait offert, aux regards affligés des honnêtes gens, des visages plus ignobles.

L'armée poursuit sa marche sur Châtillon et Clamart. Le brave général Pellé, l'un des meilleurs officiers de l'armée, a été blessé à la cuisse d'un éclat d'obus.

Les troupes réunies aux portes de Marseille pour y faire cesser la triste parodie de la Commune de Paris, se sont emparées ce matin de la gare du chemin de fer et sont en marche vers la Préfecture.

A. THIERS.

Versailles, le 4 Avril 1871, 2 h. 55 m. du soir.

Versailles. — Imp. de E. AUBERT, 6, avenue de Sceaux.